文喆 祖籍江西省萍乡市，1941 年生于北京。1964 年毕业于北京师范学院（今首都师范大学）中文系，后历任中学语文教师、教研组长、副教导主任、副校长、校长。曾在小学担任语文和自然学科教师。1989 年调任北京市教育局副局长，主管招生考试、课程教材教学研究和教育科研工作。1996 年任北京市教育委员会专职委员兼北京市教育科学研究院副院长。曾任北京市西城区人大代表、北京市人大代表、北京市人大常委会委员，第八、九、十届全国政协委员，全国政协教科文卫体委员会委员。先后担任北京师范大学兼职教授、教育部国家教育发展研究中心咨询委员、全国教育科学规划基础教育专家组成员、国家督学、教育部基础教育课程改革专家工作委员会委员、北京市基础教育课程改革实验领导小组副组长、中国教育学会学术委员会委员、北京教育学会学术委员会主任。现任中国教育学会学术委员会常务副主任。主持“北京市面向 21 世纪基础教育课程改革方案”的研制，撰写的研究报告获第六届北京市哲学社会科学优秀成果一等奖。在《教育研究》、《人民教育》、《教育科学研究》、《中小学管理》、《光明日报》、《中国教育报》等报刊发表论文、随笔数十篇；撰著、主编有《门里门外谈教育》、《走创新之路》等。

“十五”国家重点图书出版规划项目

中国当代教育论丛

中国教育学会教育学分会组编

中国当代教育论丛

（按出版时间排序）

超越与创新	鲁　洁
教育论集	王策三
现代教育论集	成有信
教育改革与学术争鸣	萧宗六
教育问题的理论求索	孙喜亭
教育：传统与变革	顾明远
历史经验与教育改革	黄　济
高等教育：历史、现实与未来	潘懋元
优教与忧思	王逢贤
教育学的探究	瞿葆奎
教育理念的沉思与言说	胡德海
教育的困惑与诠释	李　放
教育：求真留痕	金一鸣
教学的理论与艺术	董远骞
教育：让历史启示未来	吴式颖
寻找把教育学托上天空的彩云	王炳照
教育事业·教育科学·教育艺术	吕型伟
教育学与心理学的和谐变奏	燕国材
现代教学论生成发展之思	裴娣娜
基础教育政策与课程教学改革	文　喆

中国当代教育论丛

基础教育政策与课程教学改革

文 喆 著

人民教育出版社

·北京·

图书在版编目（CIP）数据

基础教育政策与课程教学改革/文喆著. —北京：人民教育出版社，2012.12

（中国当代教育论丛）

ISBN 978-7-107-25338-6

Ⅰ.①基…　Ⅱ.①文…　Ⅲ.①基础教育—课程改革—研究—中国　Ⅳ.①G632.3

中国版本图书馆CIP数据核字（2012）第298182号

人民教育出版社出版发行

网址：http://www.pep.com.cn

人民教育出版社印刷厂印装　全国新华书店经销

2012年12月第1版　2013年1月第1次印刷

开本：890毫米×1 240毫米　1/32　印张：22.75　插页：1

字数：585千字　　印数：0 001～3 000册

定价：40.50元

如发现印、装质量问题，影响阅读，请与本社出版科联系调换。

（联系地址：北京市海淀区中关村南大街17号院1号楼　邮编：100081）

《中国当代教育论丛》
出版说明

新中国成立以来，特别是改革开放以来，随着教育改革和发展的深入进行，我国教育科学研究取得了丰硕的成果。教育理论界不少学者在理论研究与学术实践中进行了艰辛的思考与探索。他们学风正派，治学严谨，几十年如一日追求真理，坚持真理，坚持科学精神，坚持理论与实践相结合。他们的精辟见解大都集中反映在凝聚着他们心血的一部部鸿篇巨制和大量学术论文之中。

系统地、科学地总结五十多年来特别是改革开放二十多年来教育理论的研究成果，这对于廓清教育理论研究的发展过程，从过去的经验中吸取精华，揭示规律，为今后的教育研究提供参考与借鉴，促进新世纪教育科学的发展具有重要的意义。为此，中国教育学会教育学分会组织编辑了这套《中国当代教育论丛》，由人民教育出版社资助出版。这套《论丛》经国家新闻出版总署批准，已列为“十五”国家重点图书出版规划项目。

这套《论丛》各卷的作者大多数是新中国第一代教育理论家。在长期的教育科学研究中，他们坚持以马克思主义为指导，学术思想开放，工于学理分析，尽可能地揭示教育的客观规律，促进教育学科学化是他们不懈的追求。特别是十一届三中全会以后，他们始终关注着现实的重大教育问题，或系统阐述，或直书议论，或发表评论，或提出商榷，撰写了一批对我国教育改革与发展产生重要影响的学术专著及论文。这些专著和论文荟萃了我国教育理论研究的精华，折射出我国老一辈教育家对教育改革的艰辛探索与奉献。有的论文提出了不同的学术观点，甚至尖锐对立的学术观点，我们相信，实践会作出检验，时间会作出评判，读者会作出思辨。

这套《论丛》主要采取论文选辑的形式，每人一卷；收入的选文精选自著者发表过的有关论文，并附有题解；各卷的选文主题相对集中，一般按发表的时间排序；出于种种考虑，我们对每卷篇幅有所限制，对有些内容不得不忍痛割爱，这是需要向作者和读者特别说明的。

这套《论丛》的选编、出版，是我们系统总结新中国教育理论学术成果的初步尝试。教育学术界学者以及社会各界有识之士给予了热情关注，并提出了宝贵意见。各卷作者付出了辛勤劳动。人民教育出版社一贯以教育事业为重，以学术为重，给予了大力支持和资助。对此，我们深表谢意。限于水平，这套《论丛》的编辑、出版工作中存在的不妥和不足，敬请读者不吝指教为感！

中国教育学会教育学分会

2001年10月

自序：在教育实践中学习思考

呈现在读者面前的这本书，是我二十多年来对中国基础教育若干理论与实践问题的思考，承蒙人民教育出版社和中国教育学会教育学分会的美意，得以作为《中国当代教育论丛》之一结集出版，既感到荣幸又颇为惶恐。因为，我虽然一直从事基础教育工作，却缺少专业教育理论学习经历。收集在本书中的文字，大多是我在做教育管理工作以后，对工作中碰到的一些无法绕过的难题进行思考的所得，是为了推动工作而不得不说服自己、说服他人的历史记录。把这类文字辑印成册，纳入汇集多位前辈毕生心血结晶的丛书之中，确有附骥的嫌疑。但是我还是不揣浅陋，把这些文字整理出来，一则以为读者或可从中看出二十多年来中国基础教育改革发展若干热点的变化过程，二则是借人民教育出版社和中国教育学会教育学分会的好意为个人的工作留下一点印记，算是半生从事教育实践、思考教育生活的一个交代。

遵从人民教育出版社和中国教育学会教育学分会的要求，收入本集的文字按所论的问题与文体性质分为三篇：上篇是教育政策与素质教育，中篇是课程改革与课堂教学改革，下篇是教育随笔与教育图书评论。每篇的文章都按时间为序，以便读者了解我个人对教育认识的变与不变的过程。这些文字大多发表过，收入本书时，观点不做修改，只在文字上做了一点订正。时代变化太快，认识也在发展，现在重看二十多年前书刊上的文字，一些提法，一些议论，难免有些异样的感觉；而二十多年中，我自己的一些看法，一些概念、话语也发生了不小的变化，不论是今是而昨非，还是昨是而今非，都可留给读者诸君评判。但是，无论如何，我们的国家、社会、教育，近几十年确乎发生了带有根本性的变化，这或者才是最有意义的事实。昔人云“穷则变，变则通”，国家、社会是如此，个人认识也是如此，即使是不得不尔，但也确实有益。

从经历上说，我是个教育实践工作者，说得好听一点，是个喜欢思考的教育实践工作者，是个不满足于现成理论或既有模式的教育实践工作者。几年以前，读到叶秀山先生的大作《学与思的轮回》，心中感动莫名，以为这位毕生兢兢业业在学与思的轮回中安身立命、潜心研究的学者，确实抓住了学术生涯或一切有意义的生命过程的本质。人活一辈子，不就是学与思的轮回吗？不学无以思，不思不成学，越学越思而成其深，越思越学以成其广，学是扩其识，不论是书本还是社会实践，都是信息源，都是思（即比较、分析）的材料；思是深其识，是在比较、分析、推衍、综合的过程中，把所学知识整合、归纳，有所取舍、有所扬弃，从而深化个人对自己或他者的认识，形成或改变人生的态度。所谓科学的批判性思考，所谓建设性怀疑态度，都是指这种学思结合的研究或生活的态度、方法。就个人学养水平而言，我自然无法望叶先生等学者的项背，而对叶先生主张的“学与思的轮回”的态度方式，我又确实有“虽不能至，而心向往之”的感喟。

二十多年来，我一直在尝试着边学边思，边思边学，尝试着以著名哲人的“凡事都要问个为什么，想一想它是否合乎实际，是否真有道理”的态度来约束自己，其实也并非由于信仰或选择的坚定，只是因为从幼时起就一直向往“活个明白”而又自许过高，这才会屡遭“批判”而甚少悔改，成为别人看来“各色”（这是若干朋友背后所赐），而自己却并不自知的另类。远的不说，即以专注于教育管理工作以后而言，我之所以不惮烦地就一些教育热点屡屡陈说浅见，一则是这些都是我应推动而又很难推动的工作，是我自己和教育同仁乃至社会相关人士都不太了然或不太认同的变革，不想明白，不说服自己，根本没办法做工作；再则作为党外干部，既没有组织力量可以动员，又不能用行政手段去压服，只剩下摆事实讲道理之一途，或者还可以争取教育同仁和民众的支持，使工作能做下去，能做到有所收获。说来凑巧，基础教育似乎进入了多事之秋，多年来一直热点不断、争议多多，从“就近入学”到“素质教育”，从“信息技术与课堂教学整合”到“课程改革”……几乎都是社会与媒体关注的重点，自己也一直在社会的争议、质疑、观望中工作。许多问题，或者没有答案，或者有答案而自己或他人不满意，或者答案太多又难以取舍，都要求自己反复思考去尝试回答。人们常问的研究的问题从哪里来？对我来说，是当前的教育实践一直在向我提问题，我的同事或工作对象也一直在给我出题目。为工作而研究，只研究教育实践中的真问题，随着工作变化而改变研究重点，是我这些年来教育研究的出发点和归宿。收在本集中的文字之所以包括“教育政策与素质教育”和“课程改革与教学改革”两大部分，而“教育政策与素质教育”部分的首篇文字之所以会是“关于改进初中入学办法的若干思考”，都反映我为工作而研究的状态，也证实我充其量只是个肯动点脑筋的教育实践工作者的本来面目。当然，在一个大变革的时代，围绕教育实践中的真实问题，围绕改革的热点或难点去展开思考，有能够避开空论尽量求实的好处，也有受现实条件制约，常会陷入就事论事只求可行而不讲道理的弱点。就我本人的研究实践而言，解决这一矛盾的主要方法是“跳出去”，是跳到教育之外去看教育，跳到学校之外去看学校，跳到所思考研究的难点之外去思考研究这些热点、难点的社会背景与社会影响。尽量避免就事论事，也尽量避免“自说自话”“关起门来头头是道，打开门来人人质疑”的尴尬。因为，教育尽管是一门社会科学学科，也确乎存在若干规律性的现象；然而，作为人类社会生活中与生产劳动活动几乎有同样悠久历史，又几乎是深入到社会全部领域的实践活动，它的包容性太广，复杂程度也难以估量。

而当前的中国又处在一个革故鼎新的大变动时代，很多教育理念、模式、方法与实践活动都在变化之中，都在改造与萌生之中，看不明白，说不清楚，各说各话，主张歧异……都是时代使然也是事物使然的事。所以坚持科学的求实精神，为一切看不准的变化留出实验、尝试的空间和时间，在心平气和的讨论中为未来形成“共识”准备条件，就应是每个教育理论或实践工作者该采取的态度。自己当然有自己的道理，别人也会有别人的道理，多数道理都有事实和“大道理”或多或少的支持，而且事实是多侧面的，也许不止一个，“大道理”则更是层出不穷，各有忠诚的信奉者，各美其美，求同存异，这不正是“和谐世界”的本质特征吗，何必非要尝试定于一尊呢？历史上的那些曾经的“一尊”，又何尝真能定下来而亘古不变呢？由是，作为教育事业门里人，我常常从门外的角度去评量教育的是非，去思考教育同仁的主张或建议，成功与否说不清楚，但这种跳出去的愿望确是始终存乎于心的。

当然，“横看成岭侧成峰，远近高低各不同”，并不是陷入完全的相对主义，像后现代主义那样以为事物没有什么“本质”。因为我虽然主张在碰到问题时多侧面、多角度思考，然而由于自身的立场其实很难彻底改变，最多不过是在综合不同侧面、角度、立场、观点的观察分析之后，对自家主张的正当性多了一点“存疑”或“求证”态度而已。这样说的证据呢？证据就是本书中的文字，尽管教育界同仁或有批评与不满，而就社会大众的感受而言，他们还认为是在为教育辩解，是教育门里人在讲教育的话。这当然也是无可奈何之事，从根本上说，是人们的社会存在决定人们的意识，不论是否心甘情愿，自己毕竟做了四十多年基础教育工作，这个痕迹是永远抹不掉的。

除了注意研究真实的教育问题，注意多角度，特别是跳出教育去思考教育问题之外，多年来的思考实践，又使我越来越怀疑自己，甚至怀疑“教育学”是否真是“科学”。这也是收在本书中的文字所流露的怀疑色彩随着时间渐浓的一个原因。一般说来，教育学作为社会科学或人文科学的一个门类，经常借用哲学、社会学、心理学等学科的理论或方法来观察、解释教育实践活动，教育学当然也有自己的术语系统或规则（规律）的归纳，但是这些术语概念往往带有比喻色彩，其内涵与外延并不确定，至少是在教育理论工作者那里还远未形成共识，一些教育概念或术语的表层意义与深层意义差距颇大，不论是“就近入学”，还是“义务教育”，不论是“教育”还是“教学”，教育学者与大众传媒和社会公众的解读都不相同，以致各执一端，难以正常对话。如果说教育学是“科学”，那么为什么教育学家不能像力学家那样对“教育”有个像“力”一样的经典定义呢？如果说因为教育实践太复杂，有太多变化，那么，“商品”“生产活动”，不是同样复杂多变，而经济学家的认识不也渐趋一致了吗？由此可否认为，我们对教育实践的认识与分析还没有做到家呢？当然，由于本人教育学基本理论修养不足，而对于国外学界基于拉丁文、英文或德文的语言分析成果也难以把握，实在不敢真正去尝试教育概念的解析。但是，作为在理论门外彷徨游走的教育实践工作者，心里又多少对把哲学变成语言学，对总想从拉丁文或希腊文的词根演变的角度去剖析概念的本义的倾向有点怀疑，至少是怀疑它们似乎不是中国哲学或教育研究的正途。因为汉字并不只是汉语的记音符号，李泽厚曾怀疑若干汉字与汉语似乎是相伴相生，而汉字的表意（至少是表示词语意义的类别）功能，不但使西方传统的“文字是记音符号”的认识增添了例外，而且为每个认识汉字的人掌握词语的意义提供的帮助也进行了限制。从这个角度说，虽然我试图从汉语文应用的角度去归纳、界定一些教育概念术语意义的做法难说成功，然而注意概念的基本意义，注意论证的逻辑关系，的确为我的学习与思考增添了助力。如果我的努力能为读者提供一个思路，即尽量从汉语文的语境和中国社会生活习惯的角度去观察教育实践，去思考教育理论，那将是我个人的意外之喜，因为若不是有更多的人去尝试，怎么去证实这条路能否走通呢？在我看来，不论外国人怎么想怎么说，中国人口毕竟占了世界的五分之一，谁也没有力量把这么多人的文化、语言、历史和生活习惯都彻底改变，中华民族还是要用自己的语言，用自己的思维方式去学习、思考、生活。汉语文是中华民族的根，未来的中国人只能在这个根底的基础上发展前行，中国教育也必须学会用自己的话说自己的事。

努力学习，认真思考，学习思考到最后，甚至连什么叫“教育”，什么叫“培养”，什么叫“办学”，什么叫“学校”等，都有些纠缠不清了。孔子说“学而不思则罔，思而不学则殆”，或者还是学习不够吧，怎么会有“危机”或“危险”的感觉呢？只要生命不止，当然还会学习下去，思考下去，也会努力同读者交流讨论，因为这是我追求的生存方式。

最后，向帮助本书编选出版的郭戈、吕达、刘立德、诸惠芳、王莉、韩华球、朱珊等同仁，向督促我写出本书中若干文字的耿申、赵福江、梁威、梁伟国、赵学勤等朋友表示感谢，没有他们的帮助，就不会有这本书。我的研究伙伴商发明、谢春风、梁威、陆沈娟、季苹，为了比较完整地反映北京面向21世纪课程改革方案的研究成果，他们大度地允许我把他们起草我修改定稿的三篇文章收进本书，这也是应该特别说明并表示感谢的。

2012年9月10日于北京

目　录

上篇　教育政策与素质教育

中篇　课程改革与课堂教学改革

下篇　教育随笔与教育图书评论

上篇

教育政策与素质教育

1

关于改进初中入学办法的若干思考

一、改进初中入学办法，是为了全面贯彻《中华人民共和国义务教育法》（以下简称《义务教育法》）及其实施细则，是为了执行国家教委关于减轻学生过重课业负担、全面提高义务教育质量的指示。《义务教育法》明确规定，“地方各级人民政府应合理设置小学、初级中等学校，使儿童、少年就近入学”。这是国家法律规定，是贯彻依法治教的要求。学术上的歧见，利益上的分野，都不能妨碍我们遵守法律，执行法律，这是现代社会生活的基本要求，也是全体公民与政府机关的基本义务与责任。

二、《义务教育法》中关于“就近入学”的规定，是总结了世界各国实行义务教育的历史经验，遵照义务教育的规律提出来的科学要求。从 1619 年德意志魏玛邦公布学校法令，要求父母必须送 6～12 岁的子女入学开始，义务教育经历了三百多年的发展历史，普及到一百多个国家，逐渐形成了某些世界性的共同特点与社会共识。义务教育一般具有如下特点。

强制性 这种强制性既是对国家，又是对个人乃至社会的强制：国家必须设置学校，依法敦促公民让子女接受教育；公民必须保证自己的子女接受教育；社会必须消除一切不利于儿童、少年接受义务教育的不良影响，任何企业都不得雇用童工等。

免费 义务教育是不收学费的。随着社会经济的发展，国家经济实力的增强，各国免费的范围还有扩大的趋势。例如，免收书费，免费提供小学生牛奶，免费午餐，免费接送路远的中小学生上学等。但是，免费也不是免除一切费用。例如，日本的义务教育，虽然有许多免费服务项目，但同时又要收取入学用品费、学校教育费、教具费等，平均每人每年共需 31.2 万日元（约合人民币 1.4 万元）左右。①

免试 义务教育是施加于全社会所有学龄儿童少年的，当然就不应再用考试的办法加以甄别、挑选。所以世界各国（包括中国在内）都不再举行小学招生考试，许多国家还特别注意保证一般弱智儿童接受义务教育的权利。随着义务教育年限的延长，世界上绝大多数国家也取消了小学升入中学的招生考试，甚至完全取消义务教育阶段的一切考试。例如，在德国，学生的成绩主要是依据学生日常表现（包括作业、回答问题、学习能力等）来确定，因为考试会造成压力，不利于学生身心发展。受传统教育观念影响较强的英国，近年来也取消了“11 岁考试”（相当于我国的小学毕业考试），并正酝酿改革“16 岁考试”的问题。近年经济崛起的韩国，在普及义务教育之前的 1969 年就取消了小学毕业生升学考试，到 1984 年才颁布普及九年义务教育的决定。从中可以看出，免试入学对推进义务教育的作用。

就近入学 义务教育管理地方化，是世界教育发展的通例。在许多国家，义务教育的年限、学制、教学要求、教材……都由地方政府立法规定，各州各省之间可以有较大出入，学校享有较大的自主权，家长对学校工作也有较大程度的参与。有些国家，学校重大决策须向家长通报，教材的选用、课程的设置，要由教师与家长商

---

① 据《日本学校学费高昂》一文提供的资料测算，详见《编译参考》1992 年第 10 期。

量决定……凡此种种，都加强了学校与社区及地方政府的关系。居民子女进入居住地所在的学校读书，是公民权利，即使美国政府近年来提倡家长可以挑选学校，其特定含义也仅指某个社区的学校如果有空余的学额，可以接纳外社区的孩子就学。至于本地区孩子"就近入学"的权利，则谁也无权剥夺。这正是义务教育的又一个特点。从这个特定的意义上说，正是"胡同决定升学"，但不是"胡同决定命运"。因为就近入学与学校管理地方化，是为了优化社区教育环境，促进地区教育发展，办好一切学校。

上述四个特点①，集中地表现了义务教育就其本质来说是一种平等的教育，是面向社会全体公民子女的平等权利。因而，在义务教育的发展过程中存在着学校办学条件均衡化的倾向。比如苏联的义务教育质量之高，是世界闻名的，它的所有一贯制的学校几乎都是同样的校舍、设备，彼此差别甚微。为了贯彻这种平等接受义务教育的原则，我们主要是要提高办学条件较差的学校。而不应该再设立重点小学、重点初中，不要再人为地拉大学校办学条件的差距。

三、在中共中央、国务院联合发布的《中国教育改革和发展纲要》中，对我国教育面临的形势与任务，特别是基础教育的形势与任务曾作出一段精辟的分析："为了完成党的十四大确定的九十年代的主要任务，必须把经济建设转到依靠科技进步和提高劳动者素质的轨道上来。我国企业经济效益低、产品缺乏竞争能力的状况之所以长期得不到改变，农业科学技术之所以得不到普遍推广，宝贵的资源和生态环境之所以不能得到充分利用和保护，人口增长之所以不能得到有效的控制，一些不良的社会风气之所以屡禁不止，原

① 关于义务教育的规律与特点，可以参阅李仲汉、韩其洲著：《世界初等教育的发展与改革》一书，人民教育出版社1992年版。

因固然很多，但一个重要的原因是劳动者素质低。发展教育事业，提高全民族的素质，把沉重的人口负担转化为人力资源优势，这是我国实现社会主义现代化的一条必由之路。”

“当今世界政治风云变幻，国际竞争日趋激烈，科学技术发展迅速。世界范围的经济竞争、综合国力竞争，实质上是科学技术的竞争和民族素质的竞争。从这个意义上说，谁掌握了面向21世纪的教育，谁就能在21世纪的国际竞争中处于战略主动地位。”

如何才能实现党的十四大所提出的战略性任务呢？大力增加义务教育投入，大力加强教师培训，坚决改革教育制度、内容和方法，包括改进初中入学办法，都是实现上述战略任务的必要环节。

显然，“提高全民族的素质，把沉重的人口负担转化为人力资源优势”的历史性责任，也落在了义务教育工作者肩上。我们必须从“三个面向”要求的高度着眼，全面研究我国义务教育的现状，研究我国义务教育的改革。要改变一切有悖于义务教育规律的习惯性做法，要转变用考试领导教育的错误工作方法，要扭转重分数轻能力、重书本轻实践、重智育轻德、体诸育等不正确的倾向。

四、在改进初中入学办法，取消重点初级中学的问题上，存在着如何看待竞争、引导竞争的问题。有些同志认为，我们要建立社会主义市场经济的经济运行体制，而市场经济的基本特点就是存在着激烈的竞争；既然应该培养竞争精神，那么保留入学统考，不是有利于儿童之间的竞争吗？而且各所小学都去敦促本校学生争取统考高分数，不正是促进学校教育质量的提高吗？

以上的看法并不全面。其一，考试成绩竞争并不是值得大力强化的竞争。目前我们进行的小学毕业统一考试所引导的只是语文、数学两科的一次性考分竞争，不但不能体现教育方针的全面要求，即使仅从智育，甚至从语文、数学两科教学要求看，也存在着以偏概全的倾向。而且由于它含有强烈的选拔功能，所以对学生发展的负面导向作用是不容忽视的。其二，培养竞争精神，不能通过过早地用一把尺子把儿童少年分成上中下三类，然后再用优等生上优等校的办法来实现。在资本主义市场经济的运行中，竞争空前激烈。但是，恰恰正是这些发达国家一直在倡导平等的义务教育权利，一直在倡导免试教育，一直在倡导儿童、少年的自主发展，而这并未影响这类国家民众的竞争精神与竞争能力。儿童少年（未来社会的公民）处在身心稚嫩的发展时期，一切过激过早的竞争与过重的精神、物质压力都是有害的。而且，一味引导孩子在记忆知识应付考试上竞争也不是促进他们健康成长的好办法。其三，从世界各国义务教育发展的历史看，培养竞争能力促进儿童少年主动发展的主要途径是成功教育，是引导学生发挥优势积极进取。日本人有很强的竞争精神，可是“在义务教育的年限中，日本的教育制度尽量避免根据学生能力和成绩对他们进行区分，不设不同的途径，不按能力编班，不设补习项目和选修课。只要学生上课，升级几乎是自动的，学生几乎从来不留级或跳级”①。无独有偶，1983 年法国学者路易·勒格朗受法国政府委托进行教育改革研究提出的报告中也主张“要消灭由于对学生进行过早的淘汰性选择，而造成的初中教育各个阶段相互割裂的局面；要坚决地同学业失败现象作斗争；要发展学生自立能力和责任感：要使初中教育能够满足由于民族文化水平和职业能力的提高，而产生的新的社会需要”②。这一报告的基本观点已被法国社会党政府接受并在实施之中。因为在儿童少年身心发展时期，教育的责任是尽量开发他们的潜能，培养他们自主自

① 国家教育发展研究中心编：《发达国家教育改革的动向和趋势》（二），人民教育出版社 1987 年版，第 509 页。

② 国家教育发展研究中心编：《发达国家教育改革的动向和趋势》（一），人民教育出版社 1986 年版，第 223 页。

强的精神，引导他们满怀信心地去迎接学业与生活的挑战，而不是靠人为地施加压力来迫使他们学习，更不应用“打击”他们的办法迫使他们读书（具有强烈选拔功能的考试，对多数失败者而言，就是一种“打击”）。著名教育家苏霍姆林斯基、布卢姆、陶行知等都不约而同地主张成功教育，主张不给学生坏分数，提倡愉快教育思想，都指出了培养竞争能力与进取精神的正确途径。其四，目前实行的统一考试、统一阅卷、统一按分数排序择优录取的办法，不但把学生、家长、任课教师捆在考试竞争的战车上，而且把各小学的校长、主任及社会上方方面面与学生有关的力量，也捆在考试竞争的战车上，大家都拼命地争高分，都要压倒对方，以便使本方获得实际利益：家长督学生升入重点中学，教师获得荣誉与奖励，学校则是获得声誉与更多的社会赞助，社会力量则关注着自己教育投入的价值并借此确定下一轮投入的方向……当所有这些利益都要通过十一二岁的孩子笔下的试卷成绩来实现时，请问，这种竞争压力又有多大的合理性呢，又怎么会不过度地加重学生的课业负担呢？我们认为，学校之间的竞争，应该是办学水平的竞争，是贯彻党的教育方针的竞争，是积极进行教育改革全面提高教育质量的竞争。社会主义中国的义务教育，由于它的普及性、基础性以及真正全民性的特点。学校与学校之间是共同发展的竞争，而不是彼枯我荣的淘汰性竞争。每一个地方都要普及义务教育，每一个儿童少年都要完成义务教育，这种竞争的结果，应该是办好每一所学校，教好每一个学生，而不是搞垮一批学校，放弃一批学生。在这里，不能机械地搬用市场运行机制。

五、从中国的国情考虑，参照世界上许多国家普及义务教育的经验，都要求我们在发展义务教育时充分调动地方与社会力量的积极性，而不能仅仅靠国家拨款来办学。“人民教育人民办，办好教育为人民”的口号是一个十分正确的口号。依靠人民办教育，就必须把教育与人民实实在在地联系在一起，就必须想办法让人民把中小学校看成是“自己的学校”（而不是“国家的学校”），看成是本地社会的一个有机构成部分。这样他们才会自觉地增加投入来优化社区教育环境，才会长久地而不是暂时地（当他们有子女在其中就读时）关心学校的各方面工作。中小学分级管理的体制改革、就近入学等措施，都是为了加强地方各级政府与社区民众与学校的天然联系，都是为了以此来促进义务教育的发展。从全国的情况看，这种通过实现就近入学，促使地方社会关心义务教育，改善办学条件，全面提高教育质量的先进典型不胜枚举。如辽宁省大连市、营口市，湖北省武汉市武昌区、北京市燕山地区和顺义县等，都是突出的代表。

“就近入学”之所以成为义务教育的规律之一，就是因为这一入学办法有助于把学校与社会联系起来，从而为学校的发展创造良好的条件。所以，是否实行就近入学，在某种意义上反映了我们是否希望建立一种促进义务教育发展的机制，甚至反映了我们是否真正希望全方位地普及义务教育的问题。我们希望，通过逐步实现“就近入学”，能够把过于集中到重点中小学的社会投入，逐渐分散到所有的中小学上来。进而刺激社会增加更多的投入（帮助一所“自己的”基础薄弱校赶上来，显然要比“锦上添花”更费时、费钱、费力），使所有的中小学都能得到较快的发展，都成为令社会满意、让家长放心的合格学校，从而有效地全面提高义务教育质量。上述设想并不完全是人们的一厢情愿。近年来北京农村地区中小学办学条件的改善，乡村两级政府与广大农民积极筹款办学的热潮，正说明了上述设想的现实性。中共中央、国务院联合发布的《中国教育改革和发展纲要》提出的“支持和鼓励中小学同附近的企业事业单位、街道或村民委员会建立社区教育组织，吸引社会各界支持学校建设，参与学校管理，优化育人环境，探索出符合中小学特点的教育与社会结合的形式”的要求，也只有在“就近入学”

的条件下才较易实现。

六、改进初中入学办法的预期目标应该定在哪里，是完全就近入学还是基本或绝大多数就近入学？在实行就近入学的情况下是否还允许学生选择学校就读？在这两个问题上，社会各方面的看法相去甚远，很难统一。

我们认为，从世界各国义务教育发展的历史与现实状况看，从儿童少年身心发展的个体差异的实际状况看，都应该在保证每一个儿童少年就近入学权利的基础上，允许有少数智力超常或确有特殊才能的儿童少年受到特殊的对待。这种特殊对待，可以是在随班就读的情况下予以特殊的教育，也可以是为他们设立特别的班级、特别的学校，实行特别的教学计划与教学安排，如文艺班、体育班或超常少年班等。在多数资本主义国家，存在着就近入学的公立学校，同时，也存在着相当多的私立学校。其中至少有相当部分私立学校是为了满足学生家长的特殊教育需求而办的（当然，这中间更多的是为统治阶级培养接班人的所谓“贵族学校”）。在我国，由于学校建设投入较高而一般家庭经济承受能力有限，私立中小学近期内还不会有很大的发展，所以这种对特殊儿童少年的培养任务主要还需由公立学校承担。换言之，我们还应该办一些不实行就近入学或不完全实行就近入学的实验学校，其中也包括对盲聋残疾或弱智儿童施加专门教育的学校，以给予特殊儿童以特殊教育。从调查统计数字看，这种特殊儿童占同龄人的5%左右，所以这类学校与班级也不宜办得过多。

值得注意的是，在城市中心地区，由于重点中学与基础薄弱中学确实存在较大差距；由于传统教育观念在社会各方面尤其是在教育层次较高的人士中间存在较强的影响（应该承认，多年来我们并没有义务教育的经验，在没有普及义务教育的时期，我们的教育容易受到英才教育、选拔教育的影响，而人们又习惯于用自己受教育或从事教育的旧经验来判断义务教育）；由于实行就近入学会触及各方面的既得利益，会给一些已经习惯于受到特殊关照（特殊的生源，较多的社会赞助……）的学校带来新的困难；由于相当一批家长对子女教育有较高需求，存在强烈的选校就读心理……这就为城市中心区的入学改革提出了新的难题。我们认为，为了从实际出发积极稳妥地推进初中入学改革，可以考虑大城市尤其是其中心地区的特殊困难而相对放慢进度，也可以在短期内暂时维持已存在的较高选校就读比例。但是，改革的终极目标则不能动摇，特殊学生特殊对待的比例也必须最终按照教育统计的科学结论来确定。问题很明显，所有的义务教育都应该遵循普遍规律，越是在大城市，越应该办好每一所中小学，这是基础教育面向 21 世纪的需要。

教育改革的出路在于让社会普遍接受现代教育思想、现代教育观念。这一点，在大城市推进改革时尤其显得重要。

七、基础薄弱初中的存在，是社会各界特别是高修养层次人士对就近入学心存疑虑的主要原因；然而现行的用统一考试分数排序择优录取的办法，在很大程度上又正是薄弱初中之所以薄弱的原因。当然，不同的基础薄弱初中形成的历史并不相同，现在的办学条件也有区别，而生源差则是共同特点。我们认为，现在需要考虑的，并不是哪些孩子应该在薄弱初中上学，而是如何才能彻底消除这类让社会、家长不满意不放心的学校。所以坚持统一考试择优录取的做法，尽管看来是保证了一部分考试分数高的学生选校入学的权利，实际上同时也就剥夺了另一批考试分数较差的学生平等接受教育的权利，也就剥夺了一批薄弱学校的师生与其他学校在同一起点平等竞争的权利。

当然，基础薄弱初中除了生源差以外，有些学校还存在这样那样的问题，而生源差的学校也有些是与地区社会文化背景有关的，并不仅仅是因为考试择优的入学办法造成的。所以，改变基础薄弱初中是一项复杂的系统工程，需要全社会的支持与理解，甚至需要我们付出相应的代价，要走一点曲折而艰辛的道路。在这个同题上，有几点认识必须逐步统一。第一，基础薄弱初中是客观存在，尽管大家都不愿自己的子女在这类学校入学，任何一位教师也不情愿在这类学校工作，但现实的情况是，有相当一批学生和教师不得不在这类学校里学习与工作。他们承受着巨大的社会压力甚至是歧视，许多干部教师默默耕耘、无私奉献，承受着付出劳动甚巨而收获甚微的痛苦与辛酸的折磨。在这类学校，教师教好书不容易，学生念好书也不容易。为了振兴中华，为了提高全民族素质，社会的责任是为基础薄弱初中创造彻底改变面貌的条件，而不能继续加重它们的社会压力与工作负担。第二，生源差这一关键因素，不但直接影响了这类学校的社会声誉，使家长、学生望而却步，而且会导致师资、设备、经费等各方面的条件受到损害：本校的优秀教师希望向重点学校转移，新分来的大学生不愿报到，社会的各种资助性投入当然也都集中到升学率高的学校，各种评优、奖励、表彰也很难落到这类学校身上。由此可见，尽力改善薄弱学校的生源状况，同改善这些学校的设备、师资条件必须同步进行。大连、武昌、沈阳等地的经验表明，只要地方政府痛下决心，把这项工作作为一项系统工程来抓，少则二三年，多则三五年，这些学校的面貌是会彻底变化的，义务教育的总体质量也会有一个飞跃。

当前，这些基础薄弱初中都有学生在校学习，社会上也有相当一批学校处在这种令人尴尬的地位。改进初中入学办法，办好每一所学校，才有可能提高下一代全体公民的素质。人们说，不重视教育的领导者，是不成熟的领导者。我们想补充说，重视教育，却不重视基础教育特别是薄弱初中建设的领导者，也很难说是成熟的领导者。

八、改进初中入学办法，当然必须取消各种形式的统一考试或选拔考试，这会不会降低小学教学质量，会不会使小学教育陷入无政府状态？这是社会各界对入学改革的另一忧虑。当然，在经过十年浩劫之后，面对着教育界疮痍满目，百废待举的局面，为了规范教学内容和教学要求，为了克服学校教育的无秩序无要求无责任状态，恢复统一考试，强化教学管理，是完全必要的正确决策。然而，经过这十多年的努力，学校的教育、教学及运作管理程序，已经步入正轨，带有选拔功能的统一考试的负面影响也就日益尖锐地表现出来，已经到了非改不可的程度。一般来说，有两种统一考试，一种是水平考试，一种是选拔考试。我们认为，选拔性的统一考试弊大于利，应该考虑彻底的改革方案，这不但指小学毕业统考，而且含初中毕业统考与全国目前正实行的高等学校入学统考。

首先，选拔性统一考试的根本弊端在于它用一把尺子量所有的人，忽视人们的个性特点，削足适履，强行把各行各业的人才拉到一个秤上去称量，这对于义务教育阶段的儿童少年尤其有不利的导向。因为义务教育之后他们会踏上完全不同的生活道路，需要的知识与能力结构差异很大。在义务教育阶段，在儿童少年中间，最需要的不是呆板一致，而是多样性，丰富性，是生动活泼主动地发展。法兰西学院的全体教授于 1985 年向法国政府提出的《对未来教育的建议》指出："学校教育形式的多样化，可以把教师从依据一种唯一的模式造就和评价所有学生的现状中解放出来，使学校对于那些家庭条件差的学生来说，不再是一个失败伤心的场所，而是一处任何人都能够从中找到成功妙法的乐园。"①

其次，为了实现优中选优的目的，这种选拔性的统一考试的择优面越小，其命题就越要难为教师和学生，要千方百计出人意料，实际上就是出偏题、怪题。另一方面，应试的学生及其辅导教师也

---

① 国家教育发展研究中心编：《发达国家教育改革的动向和趋势》(一)，人民教育出版社 1986 年版，第 289 页。

要挖空心思猜题、押题，甚至在复习时互相保密互相封锁信息，目的是压倒竞争同伴，使自己获胜。提倡了多年素质教育、全面发展，却收效甚微，并没有彻底改变学生负担过重的现象，原因就在于一直没有改变“考试领导教育”这种怪现象。每年那几份统考试卷，不但可以汇编成册卖钱，还可以生发出许许多多花样来指挥学生指挥教师，编出五花八门的图书去占领书籍市场：什么“考试作文评析”，什么“试题分析与解疑”，什么“考试补充练习”，什么“应试要领”“答题秘诀”，什么这个“选”那个“选”，不一而足，光怪陆离。这种考试导向，完全背离了党的教育方针，大大加重了学生的课业负担和教师的工作负担，也没有真正给学生带来知识与能力的长进。

再次，由于传统的陈旧的教育思想作怪，由于相当一些学校、教育行政部门甚至地方政府的领导者的简单化管理（在统一考试的同时搞分数排队），某些同志就以统考分数高低作为评价教育、评价学生、评价教师的唯一手段。及格率、优秀率、平均分，都成了评价教师工作甚至是评价学校工作的“硬指标”。这种现象并不是统一考试的必然结果，但是统一考试的存在为这种不正确的评价教育、领导教育的方法创造了便利条件。多年来，虽然社会各方面与教育行政部门多次批评此类现象，但是收效不大。彻底取消小学毕业生的统一考试，倒不失为一种釜底抽薪的办法。

最后，任何考试都有它的局限性，都不能代替对受教育者的综合评估，而统一考试，由于技术上的限制与实施中管理的困难，它的局限性更大。例如，分散的考试可以进行口试，可以进行操作能力的考试。而统一考试，由于难于保证评分标准的一致，由于场地交通条件的种种困难，却很难进行这类测试。统一考试富有强大的选拔功能，师生的注意力与精力都不能不去偏重应试的需要，所以，即使从智育的角度看，这种统一考试的导向作用也很成问题。近年来，社会各界对教育质量议论甚多，诸如负担过重，身体素质下降，文明行为不好，学习积极性不高，表达能力操作能力不强，字写得太坏，等等，其原因当然很多，这种选拔性统一考试的负面导向作用，不能说不是重要的原因之一。因此，不搞这种考试，并不意味着教学质量必然下降。相反的，在我们为学校的校长教师创造较为宽松的教学改革环境以后，只要加强管理，大家共同努力，反而会促使学校教育质量再上台阶。

取消选拔性的统一考试之后，必须加强教育教学的过程管理，加强对学校教育的督导评估工作。近年来，各地都在研究制订学校工作质量、学生教育质量的评估方案，并据此对各类学校进行评估验收，积累了丰富的经验，也收到了较好的效果。所以，取消小学统考，并不是对学校教育的放任不管，而是更加重了校长、教师与教育行政部门的责任。而且，由于在相当一批地区，在取消统一的小学毕业升学考试的同时，还保留着小学推荐保送本校学生升入实验学校的做法，而这种推荐保送指标的多少在很大程度上又与学校办学的整体质量息息相关。所以，社会各界大可不必为取消统一考试后的学校教育质量过分忧虑。在各行各业都在扩大企业的自主权，都在为企业创造施展才能的天地、解除束缚企业发展的绳索的时候，为什么偏偏对取消小学毕业统考那么放心不下呢？难道我们的校长、教师在除掉统一考试的绳索之后，会连起码的事业心与责任感也丧失殆尽吗？

九、改进初中入学办法，是个艰难的系统工程。之所以艰难，一是由于这件事涉及方方面面的实际利益，与传统教育观念发生撞击，必然会招致社会各界与教育系统内诸多方面的抵制与怀疑。二是这件工作涉及学校教育全方位的改革，是从小学到中学、从基础薄弱校到原重点中学都要参与进去，都要进行工作调整，抛弃旧有模式学习新方法的改革。任务重，困难多，许多新情况要适应，许多新问题要研究解决。三是这项改革，从长远看是有利于提高教育质量的，但是由于它需要人们的教育观念、质量观念在改革中同步转变，要求教育工作者的教育方法、教育思想在改革中弃旧图新，而这一切又不容易立即实现，所以“穿新鞋走老路”、面对新问题束手无策的现象，碰到新困难消极报怨复旧回归的倾向，以及徘徊犹豫观望等待的情绪等都有可能产生。这样就会出现某些消极后果，甚至会出现与我们改革初衷相背离的局面。

因此，我们对于面临的困难必须有足够的估计，对改革的进程也不能盲目乐观。只有痛下决心推进改革，只有咬紧牙关度过改革初期的“阵痛”时期，才有可能赢得改革的初步成功，达到预期的全面提高义务教育质量的目标。大连、武昌、沈阳等地的经验表明，社会的习惯势力的影响是十分强大的，只有在改革带来普遍质量提高的结果之后，群众才会对这项改革基本认同。一般需要三五年，甚至七八年的时间。即使是在三五年、七八年以后，社会上也还会有人对自己的子女没得到特殊对待而不满意，对这项改革说长道短。因为，时至今日，全世界也还有许多人不承认义务教育的本质是一种平等的受教育的权利，他们还习惯于用英才教育的观点、选拔教育的观点来判断就近入学的是与非。

总之，改进初中入学办法，实行就近入学，理论上是正确的，实践上是可行的，从发展趋势看是合乎世界潮流的，然而它的推进又是艰难的，对它的是非对错的争论也是持久的，这项改革的发展历程更是充满曲折的。对此，我们应该有清醒的认识，也要有长期奋斗的思想准备。今天，我们必须努力推进这项改革，因为它是基础教育深入发展的希望之所在，也是提高全民族素质，迎接21世纪国际竞争的希望之所在。

（原载《中小学管理》1993年第3期，署名劳文）

2

就近入学与义务教育的发展

一、从一般习惯的说法看，本文的题目似乎应该改为“就近入学与义务教育的改革和发展”。我们之所以免去了“改革”一词，并不是认为我国的义务教育已经尽善尽美无须改革了，正相反，我们认为目前所实施的中小学教育，还不是严格意义上的义务教育，在某种程度上，在相当广的范围内违背了义务教育的一般原则。所以，当前许多地区、许多学校所面临的主要任务，不是改革义务教育，而是改革旧有的教育思想与办学模式，以向义务教育的要求靠拢，从而发展真正意义上的义务教育。

当然，要实现义务教育的发展，有许多事情可做，有许多教育内外的先决条件需要创造，“就近入学”只是促进义务教育发展的条件之一。从整个系统工程的角度看，在当前一些中小学已基本达到办学标准的地区，“就近入学”所处位置确实是促进义务教育均衡发展的关键环节，是一个可以操作可以检测的发展义务教育工作的切入口。

二、义务教育的根本特点是它的平等性。免费、免试、强迫入学、就近入学等都是义务教育平等性原则的体现，都是为了保证居民子女享有平等地接受教育的权利。

在世界教育的发展历史上，义务教育是在第二次世界大战以后，尤其是在1948年联合国大会通过了《世界人权宣言》之后获得明显进展的。《世界人权宣言》第26条明确规定："人人都有受教育的权利。教育应当免费，至少在初级和基本阶段应如此。初级教育应属义务性质。技术和职业教育应普遍设立。高等教育应根据成绩而对一切人平等开放。"这一规定不但肯定了每个人受教育的平等权利，而且区别了义务教育与非义务教育阶段"平等"的不同含义：在高等教育阶段，是成绩面前人人平等，而在义务教育阶段则没有这种成绩的限制，是绝对意义上的平等。当然，这一平等的原则并没有在许多国家与地区得到实现，但是作为一种社会共识，它却得到世界上多数国家与地区的确认，推动了教育民主化的进程。

正是基于上述认识，世界上绝大多数实施义务教育的国家与地区，都免除入学考试，都摒弃在义务教育阶段设立重点学校的做法，都提倡办学条件标准化、均衡化，都特别关注贫困边远地区的学校建设（在日本，在我国台湾，甚至出现越是边远农村地区办学条件反而大大优于城市中心地区的情况），都特别关注盲聋弱智儿童与少数民族子弟随班就读纳入主流教育渠道的问题。因此，"就近入学"，主要不是一个入学的地域概念，而是入学平等权利思想的反映，也许用"无选择入学"来说明义务教育的入学方式可能更为确切。这里所说的"无选择"，首先是学校无权选择学生，学校无权拒绝本社区的公民子女入学；其次公民及其子女也无权拒绝儿童少年在本社区的义务教育学校就读，除非你肯为个人的选择支付额外的教育费用（如自费去私立学校就读）。两个"无选择"，第一个"学校的无选择"是绝对的，作为公立学校，作为国家用公民税收支持的学校，必须承担本社区的义务教育责任；第二个"个人的无选择"有一定相对性，即只要你不妨碍其他人的合法入学权益，只要你肯为个人支付教育费用，那么你就有一定意义的选择权。

在议论选择入学的问题时，一些同志往往喜欢用“公民自由”“市场经济就是选择经济”一类的说法为自己辩解。其实，当他们强调“学校有选择权”时，不但会剥夺社区以外学生的选择权，而且会剥夺社区内学生的基本就学权。作为义务教育实施责任者的公立学校，其实是没有拒绝社区内学生入学的“自由”的，这是学校的“义务”，而义务是无可逃避的。如果上述的论断不误的话，用“市场经济”来为义务教育选择入学辩解也是无效的。实施义务教育既然是公立学校的责任，那么不论实行何种经济制度，义务教育的强制性都不会改变。实际上，任何既实行市场经济制度又实行义务教育制度的国家或地区，都不应该实行小学或初中的选择入学，中国怎么就该例外呢？

平等入学既然是义务教育的基本要求，不平等就会挫伤多数学校与学生的积极性（择优总是少数人的权利，因为不论用什么办法择优，被择的也不会是多数：超常儿童少年是极少数，培养这类学生或自以为是这类学生的学校也不会很多），我们必须注意保护大多数，满足大多数的心理需求与实际需要。

三、平等是人类社会的理想，平等入学也会满足社会多数成员的需要。但是，我国教育与公益事业的发展大大滞后于社会需要的发展，现实的情况是学校有差距，学生有区别，一味强调义务教育的平等性，而经济力量又不允许把所有中小学都办成重点校、窗口校的水平，那么，这种平等的呼唤会不会陷于空想，就近入学会不会降低重点校的水平，会不会挫伤好学生、成绩优异者的积极性？

在制定工作方针时，一方面必须坚持最终的理想，坚持始终关注事业发展的方向与发展的基本原则；另一方面也必须从实际出发，要避免因采用空想的、不切实际的政策措施而干扰事业的发展。那么，在中国当前社会经济发展条件下推行义务教育的“就近入学”“无选择入学”是否过于超前而陷入空想呢？当然不是。

首先有事实为证。就社会经济发展水平而言，就当前京津沪三市为代表的城市中小学校办学条件与教育发展水平而言，应该说，不但远远比日本、韩国等周边国家与中国台湾20世纪五六十年代情况为好，而且更远远超过东北三省、南昌、武汉等地方80年代末期的情况，还远远超过这些大城市郊区农村现在的社会经济与教育的发展情况，然而这些地方却早于我们这些大城市几十年、十来年就已实行了无选择入学，即已坚持贯彻了义务教育的根本原则，并且已经带来或正在带来国民素质水平稳步提高的效果。那么，我们这些大城市又为什么做不到呢？有人喜欢用发达国家目前的办学条件与我国情况对比，似乎只有达到发达国家目前的学校条件才有可能实现平等的入学权利，才能实施无选择入学。其实那些国家在开始实施义务教育的时候并没有达到目前的教育发展水平，正是因为实施了义务教育，大大提高了国民素质，人口负担转化成为人力资源优势，才有了高速的经济发展，也才有了教育设施的全面更新与改造。

其次，从义务教育的发展历史看，平等的入学权利、办学条件的均衡化，都不是一次完成而是逐步实现的。不论是先采用行政措施，立即实行就近入学，然后再逐步加强较差学校的建设；还是逐步加强较差学校建设并逐步扩大就近入学比例改善较差学校的生源，都必须将生源改善与学校建设挂钩，二者必须同步进行。因此，幻想“把差校建设好了再实行就近入学”，就如同我们要求一间工厂必须先用劣质原料生产出优质产品之后才肯供给它合格的原料一样，是一种不近情理的苛求。从实际情况出发，逐步扩大“就近入学”比例，正是逐步改善较差学校面貌的一项有重大意义的举措，正是避免把理想沦为空想的具体工作步骤。当然，在这种逐步变化的过程中，总会有一部分学生失掉进入重点学校的机会，总会有一些人感到个人的利益受到“损失”。然而，如果我们不“损失”任何受到特殊关照者的利益而总在义务教育阶段挑选出一些人来予以特殊关照，那么，又怎么保证义务教育的平等原则，又怎么改变一大批人利益长期受损害的现状，又怎么全面提高每个中国未来公民的素质呢？我们毕竟应该向理想世界靠拢，而不能总把理想的要求放在现实考虑之外呀！

重点中学怎么办？窗口学校怎么办？重点中学、窗口学校都是为整个教育的发展探索道路作出示范的学校，张承先同志主张这类学校应该实行无选择入学，以增强这些学校先进经验的说服力与推广价值，我以为这是极具指导意义的主张。当然，由于学校情况不同，实验任务各异，也不排除个别学校实行选择入学（如办天才儿童少年班之类的特殊实验班级），更不排除将多数重点中学办成纯高中校以发挥资源优势提高办学效益。从另一个角度说，我们主张重点学校、优秀学校在义务教育阶段摈除选拔入学的方式，还基于这样一种认识，即我们认为优秀儿童少年的成长应该尽可能放在常态的环境之中。在一个孩子五六岁、十来岁的时候，仅仅依据一两次考试成绩或者其效应尚待验证的所谓检测办法，便对一些孩子加冠加冕，把他们放在一个特殊的环境中加以特殊的关照，把他们封闭起来加以培养，这样做是不科学的。这样做会不会滋长孩子的虚荣心？会不会加大这些儿童少年的心理与生活压力？会不会强化他们与常态孩子的隔膜并妨碍他们长大以后与社会中的多数公民正常相处？会不会使一些人产生孤芳自赏的“贵族”情绪而与社会主流格格不入？这些问题都需要认真考虑，都需要在教育发展的实践中认真解决或采取措施防止。

我们并不反对少数学校进行这样或那样的试验，但是，在需要全面推进义务教育发展、需要大力提高义务教育质量的今天，我们不赞成在小学和初中存在太多的选拔和淘汰。

四、国家的财力物力有限，为了更有效地发挥有限教育资源的优势，为了尽快为国家培养出高质量的人才，难道不能遵循“效率优先，兼顾公平”的原则，先集中力量办好重点小学、重点中学，先集中力量培养那些学习上的尖子，从而提高教育的社会效益、促进经济的快速健康发展吗？

在回答上述责难之前，必须先明确一个问题，即妨碍我国经济发展、影响我国综合国力迅猛提高的根本原因是什么？这个问题尽管可以见仁见智，但还是《中国教育改革和发展纲要》中的分析最准确，最有权威性：“我国企业经济效益低、产品缺乏竞争能力的状况之所以长期得不到改变，农业科学技术之所以得不到普遍推广，宝贵的资源和生态环境之所以不能得到充分利用和保护，人口增长之所以不能得到有效的控制，一些不良的社会风气之所以屡禁不止，原因固然很多，但一个重要的原因是劳动者素质低。发展教育事业，提高全民族的素质，把沉重的人口负担转化为人力资源优势，这是我国实现社会主义现代化的一条必由之路。”在一年以前，我已经在一篇文章中引用了这一论断，之所以在本文中又一次引用它，主要是因为这一论断在两方面深深地触动了我：第一，它深刻地说明了我国经济社会发展滞后的根本原因，再一次重申了实现社会主义现代化的必由之路；第二，它不无酸楚地承认了一个我们长期不愿面对的事实：当代中国的人口素质有待提高。作为以有悠久文明历史而自豪的中华民族的一分子，作为一名教育工作者，我们能不感到肩上所负历史重担的分量吗？我们能以培养出若干尖子学生或办出过若干重点学校的成绩来回避这个历史责任吗？体育竞赛可以搞点金牌战略，而提高国民素质，提高社会生产力水平，则不能靠拿一两块金牌来实现。

义务教育是整个教育的奠基工程，是全面提高民族素质的关键环节。因此，要积极创造条件使每个未来的公民都能受到良好的义务教育，要采取有效措施来鼓励未来的公民积极主动地接受义务教育，提高个人的劳动技能与基本素质。显然，要实现上述两项要求，平等入学、公平竞争无疑是极为重要的条件。如果只注意少数人才、少数学校的积极性而不惜伤害多数学生、多数学校的心理需求，如果不注意教育资源的公平分配，那就会引起社会的震荡。同是“以权入学”，同是“用钱换分”，群众对发生在义务教育阶段的此类丑事反响就格外强烈，这就说明社会各方面已经开始确立义务教育是平等教育的意识，这是所有教育的领导者与从业人员必须重视并尊重的现实。

五、义务教育是一种素质教育，素质教育是培养人造就人的教育，是促进受教育者实现德智体诸方面发展成为有理想、有道德、有文化、有纪律的新人的过程。联合国教科文组织亚太地区教育主任拉贾·罗伊·辛格先生，多年来致力于亚太地区教育发展工作，1990年教科文驻亚太地区办事处在曼谷召开了题为“为满足二十一世纪的要求，当今教育应具备的质量地区性研讨会”，辛格先生受委托总结综述与会专家的研讨成果，他在一本名为《二十一世纪亚太地区教育展望》的书中提出，“面向未来的教育的基本原则是教育以及任何有关它的体系必须以人为核心”，他还着重指出这种以人为核心的教育就意味着“优先培养和开发受教育者个人和集体的创造力”，意味着“给予受教育者高度的自由，使他们能够任意探索、学习，提高自我意识，形成个性”等，而另一种与之对立的教育模式，他认为会导致“加剧社会两极分化的趋势，尤其明显的是分为掌握控制经济实力杠杆的所谓‘知识拥有者’和那些被教育系统所忽略的阶层”。义务教育作为每个人未来发展的奠基工程，应该为人的自由主动发展创造机会，而不能使未来公民从小就分成“知识拥有者”与“知识贫乏者”两个不同的阶层，这是义务教育的目标，也是我国社会主义国家性质所规定的原则。

发展义务教育，就应该把学生当成真正的人，当成有独立人格有选择权利的人来尊重，而不能当成一架录音机、一个传声筒来看待，不能仅仅依据学生是否可以准确地复述教师的讲授来评判他们学业的优劣，更不应仅仅依据几科识记性知识考试分数高低来区别“好学生”或“坏学生”。时任沈阳市市长武迪生曾经这样评价我们的教育，他说：“我们教育下一代的标准是老实听话，无论是在家庭，还是在学校，填鸭似地灌输给孩子们那些传统加教条的知识和学习方法，而忽视对他们探索精神、创造风格的启蒙和塑造。中国教育最大的悲剧在于受教育者缺乏独立的人格意识，从而导致了一个民族惰性的蔓延。”作为一名始终关心群众实际利益坚持带领群众努力促进城市发展的平民市长，我们能不能从这种认识中找到他在沈阳市大力发展义务教育、坚决实行就近入学的认识依据呢？每个儿童少年都有各自不同的生长点，每个儿童少年都可能会有不同的成长速度和能力倾向。素质教育正是从人的差异性出发，尊重孩子们自主发展的权利，这不是不要对他们的发展加以引导和支持，而是要尽量为他们提供较为广阔的发展天地。少一点压力，多一点鼓舞；少一点灌输，多一点创造，少一点个人竞争，多一点合作发展，这样做是不是对孩子的成长更为有利呢？

发展义务教育就要承认每个学生身上都存在待开发的宝藏，都有潜在的智慧与才能，虽然他们的发展方向不同，但除了极少数天才或先天痴愚弱智以外，人与人之间并不存在质的差别，在这个意义上，他们也是平等的，社会也要平等地对待他们。我国目前的教育制度受传统观念的制约，习惯于用文化考试成绩来区分优劣，这对于多数人是不公平的，也是不利于我国社会主义经济建设事业发展的。根据目前和未来的社会经济发展来分析中国的产业结构与人才需求，则多数人将要从事或正在从事的是操作性很强的劳动，一个好的技工或营销人员对社会的贡献并不一定比理论工作者少，然而他们的技能水平却不能用一般的文化课考试来衡量，他们的成长也需要教育在传授文化知识之外提供更多的实践活动与操作训练的机会。所以，承认义务教育是素质教育，就要求改造现有中小学教育的课程结构，就要改变单一用文化考试分数评价学生的方法，就要更好地把学校教育与社会大系统结合起来。换言之，发展义务教育不但是数量的增长，不但是传统意义上的质量提高，而且意味着新的模式、新的质量观、新的发展方向。

六、就近入学或曰无选择入学，还象征着义务教育从封闭走向开放。小平同志为景山学校题词的“三个面向”，大家往往比较重视其中的三个名词，而对那一再重复的动词“面向”则注意不够。其实，对于学校教育这个一向习惯于封闭管理的系统来说，加大开放程度，自觉地将学校教育纳入社会大系统之中，是更应下工夫的事情。“就近入学”“无选择入学”就是学校向社区所在的全体居民开放，孔夫子说“自行束修以上，吾未尝无诲也”，又主张“有教无类”。可惜在存在阶级压迫的社会，这只能是善良的愿望，在实施义务教育的现代中国，能不能比孔夫子做得好一点呢？能不能在免交“束修”（假如“束修”真是一束干肉条的话）的条件下对社区居民子弟一视同仁同等施教呢？

实行无选择入学，必然大大密切学校与社区、教师与家长、教师与学生、学生与学生的联系与交往，必然会加大社区各方面力量及学生家长对学校教育的干预程度，这固然会带来若干资金设备方面的支援（例如，农村乡镇与行政村的支援办学和农民的自愿集资建校），同时也会使社会力量与学生家长就具体的教育教学问题发表意见甚至干涉指挥，后者可能会使学校的同志感到不习惯而难以接受。在某种意义上，这或者是发展义务教育乃至发展整个教育事业的必由之路。教育要为地方经济建设服务，教育出来的各层次人才要走向劳动力市场，教育就不能仅仅依据自家的一厢情愿去制定发展规划与培养目标，而必须及时了解社会需求信息，必须依据社会经济发展的要求来确定人才的知识能力结构。为此，要加强学校教育的开放程度，充分利用校舍设备条件，吸纳社区各方面的力量，使学校不仅是实施义务教育的场所，而且逐渐成为社区的文化活动中心、社区成员交往与交流的中心，从而在地方两个文明的建设中发挥更大的作用。这样做，不但于地方发展有益，而且于义务教育、学校教育的发展有益。近年来，学校总为社会滋扰所苦恼，学校周边居民与学生发生冲突的消息也时有所闻，公安部门也制定了若干规定，也曾派驻过警力，然而效果并不显著。这一现象能给我们什么启示呢？除了强调依法保护学校惩办不法分子以外，我们的学校可否也做些事情来化解矛盾、优化社区教育环境呢？倘若能够真正把学校教育与社会大教育融为一体，能够逐步让社区的居民像关注楼群间的环境卫生与绿化美化成果一样关心社区的学校，学校的师生也像关注学校建设一样关注着社区的公益活动，那么我们的义务教育将会在何等和谐的环境中发展啊！

发展义务教育，提高义务教育质量，贯彻义务教育的基本原则，按照义务教育的规律来办义务教育，无论是在统一认识上还是在实施操作上，都还有漫长的道路要走。我们不能毕其功于一役，我们也不能迷失方向或失掉信心。

（原载《中小学管理》1994 年第 7～8 期，署名劳文）

3

对“就近入学”的几点认识

自从《中华人民共和国义务教育法》规定我国小学、初中实行就近入学以来，对这个问题的争论就没有平息过，特别是在近几年京津沪等大城市也开始推行这项办法，更引起了社会舆论的关注。作为从事教育的工作人员，我很愿意谈谈自己的几点认识。

一、“就近入学”的好处

“就近入学”是义务教育平等原则的基本标志，其主要含义是“无选择入学”。就是说，学校不能挑学生，学生也不能挑学校，大家都按照属地原则办事：学校在哪个地区，就收那个地区的学生入学；学生住在哪里，就进那里的学校上学。

这种办法，把学校、学生与社区结合起来，一则有利于保证学生的入学权利的实现，因为它明确了地方政府的责任，便于执法检查；二则有利于学校的发展，有利于优化学校外部环境与内部条件，因为社区居民的利益与学校利益统一起来了，居民就是学生或家长，他们当然会较好地维护社区内的学校；三则有利于中小学生的成长，有利于为中小学生创造相对宽松的发展条件，因为他们上学不用跑远路，比较安全，又没有激烈的竞争，压力较小，便于发挥主动性和创造性。

二、“胡同定终生”的是与非

由居住地决定学生入学，是不是“胡同定终生”？应该说，是，也不是。

人的生存与发展离不开人们所处的环境，包括地理环境，这是社会学的基本常识，所以，每个人都在一定意义上是由“胡同”（假设它是地理环境的代名词）决定的。农村的孩子享受不到城市的生活条件，山里的居民也没有闹市区的居民那么多的就业与发展机会，这都是事实。同样，在义务教育的发展条件上，中国各个省区之间也有极大的差异，处在经济发达地区的居民子女当然会得天独厚，而边远贫困地区的居民子女受教育条件则会差得多，不论国家用什么办法来补偿或平衡，这种“定终生”的作用在现阶段也是无法完全改变的。这是发展中的矛盾，也是发展中必须面对的事实。只有在社会高度发展以后，这种现象才会逐步扭转。

说不是“胡同定终生”，因为在一个地区内实行“就近入学”，正是为了改变地区内学校差异过大的现状，为了逐步办好地区内所有的学校，“定”一个有利于每个人发展的好的“终生”。其实，在小学实行了就近入学之后，一个班的学生，六年都在一起生活，并没有给他们“定”什么，为什么到第七年的时候，就必须人为地规定若干条件，把他们分成三六九等，然后再把其中最差的集中在一起“定终生”呢？在儿童少年身心发展最活跃的时期做这种筛选合理吗？我们的区别甄选办法科学吗？这样会不会损害大多数儿童、少年的身心健康？

在义务教育阶段摈弃选拔与淘汰，为每个儿童少年创造相对均等的发展机会与宽松的生长环境，努力办好社区内的每一所学校，这些都不是消极意义上的“胡同定终生”，而是积极地全面提高义务教育质量。事实上，只有实现了全民的高质量义务教育，才有可能彻底解决各种各样的不合理的“定终生”的现象。

三、在自然的社会氛围中成长

实施了义务教育制度，就意味着未来社会的全体公民，都要从义务教育学校这扇大门步入社会。

无论是未来的航天专家、生物工程学者、园艺工人、厨师或美容美发师，还是未来的职业军官、艺术家或中小学教师，尽管他们未来的发展倾向与知识能力结构相去甚远，但是，都要同样地接受九年义务教育，都应在类似的学校中受到最基本的培养与训练。这一事实，就决定了义务教育必须有最广的适应性、最强的基础性。它应该有利于所有人的未来发展，它应该能够鼓舞从这扇大门走出的每个人都能满怀信心地面向未来。

从上述要求出发，义务教育摈弃选拔与淘汰，不赞成过早地、草率地给孩子下个或优或劣的结论，特别是不能仅仅依据一两次个别科目考试分数的高低来下结论。

不急于给孩子们下结论，多一点鼓励，多一点诱导，多一点自主发展；少一点指责，少一点划一的要求，少一点限制，这可能是成功的教育方法。爱因斯坦、爱迪生都曾被学校的教师视为差学生，小学教师评选出来的三好生、优秀干部，到中学以后也颇有一些人表现平平，天才少年长大以后多数也同常人一样，这些事实说明我们尚不能完全科学准确地评价学生，那么，又为什么偏要用那些尚可怀疑的评价来决定学生的未来呢？让一代人在比较自然的社会氛围中成长不更好一些吗？

四、淡化考试，减轻分数压力

实行就近入学，并不是不要考试，而是要在义务教育阶段恢复考试的本来面目，让已经被异化的考试制度重新成为一种教育手段。

在用统一考试选拔学生的情况下，这种考试成为压在学校、教师、学生，乃至教育行政部门、地方政府官员头上的一座大山。用考试成绩来区分学校、学生、教师的优劣好坏，用考试成绩来分配教师的奖金或评定他们的职称，用考试成绩来决定学生的命运或学校获得社会赞助的多少，甚至用考试成绩来衡量地方政府政绩……当这许多与考试不相关的功能都被强加在考试之上的时候，又怎么能不使其异化成为师生的压迫力量呢？

在存在种种差别的条件下，在只能选择一部分人接受高等教育的时候，上述考试异化的现象有某种程度的不可避免性。但是，在已经普及九年义务教育的地区，可否推迟这种考试竞争，尽量使其消极作用降到最低程度呢？北京市之所以取消小学毕业区（县）统考，把命题权交给各小学校长，就是在尝试淡化考试的社会功能，就是试图减轻各小学之间的分数竞争，从而通过减轻校长与教师精神压力来适当减轻学生的课业压力。两年来的实践表明，这样做是有效果的，减轻分数压力以后，学校教师的教改积极性有了较大的提高，学生与教师的教学活动也有了比较宽松的天地。

当然，要想真正实现考试的本来意义——反馈教育信息的功能，要想真正使考试成为"教师与学生自己的事情"，即使在义务教育阶段，也还要经过许多努力，还有艰苦的道路要走。

五、一条渐进的改革之路

北京在推进初中入学办法改革时选择的是一条渐进的改革之路。北京没有像沈阳、大连那样一步到位、实行完全就近入学，也没有像上海那样始终坚持用一定范围的统一考试来选择学生；而是一方面取消了一切形式的统一考试，另一方面又允许相当数量的学生有选择学校就读的权利。这种学生的资格认定，要通过保送、推荐的程序来完成。

从道理上说，完全可以证明全面评价（尽管其准确性、可信性也有若干可怀疑之处）比单凭一次性考试评价更合理、更科学。有人会问："在当前这样的社会风气条件下，能保证学校的干部、教师不会以权谋私吗？"确实，会有个别人在保送推荐过程中以权谋私，正如执法部门或行政管理机构会有人贪赃枉法一样。但是，从北京市多年来实施保送工作的实际情况看，“以权谋私”“以钱开路”的现象都是极个别的，而且一经发现，都采取了坚决的纠正措施。从总体上评价，绝大部分保送生的质量是可信的，各所学校在推举少数优秀学生上是公正的，其工作程序与工作效果是经得起检查的。当然，由于对“好学生”的标准理解不同，由于教育观念的分歧，对某个具体学生的评价不能说没有判断错误或不准确的情况，但这是需要今后提高水平、统一认识的问题，与以权谋私是两回事。

不论今后北京市在义务教育阶段是否还保留少量的特殊入学途径，都必须进一步摸索全面科学评价学生的办法。目前，北京市正在小学生中推广综合评价的方法，正在改一次性评价为多次连续评价，正在变仅仅由教师评价学生为组织教师、家长与学生本人共同评价，正在努力促使学生由被动地接受评价转为主动地进行自我评价，并进而利用评价手段来发展自己、完善自己。显然，这些努力必将推动学生生动活泼主动地获得发展，必将有利于义务教育质量的全面提高。但是，这样做必将触动传统的质量观、评价观，必须破除“只有考试最公平”的传统观念，而这一点恰恰是社会反响最强烈的地方。其实，只要看一看世界发达国家的教育情况，只要想一想市场经济人才竞争的实例，无论有多大阻力，也应该坚持新的评价办法，抛弃陈旧的教育质量观。

六、公平优先，兼顾效率

促进义务教育办学条件均衡化，推进“就近入学”，是不是搞绝对平均主义，是不是要了公平丢了效率?

其实，在义务教育法规定的由地方政府负责义务教育的条款中，就已经决定了我国义务教育的政策不是绝对平均主义。在经济发展程度不同的地方，不论是义务教育的设施、师资条件，还是义务教育的年限以及义务教育的教育内容，都允许而且实际存在着差别，并没有人想在短期间内把它们拉平。问题在于，在同一城市的具体区域，由同一个政府财政支持的几所学校之间，应不应该再分成三六九等呢？应不应该使本地区居民的子女仅仅因为多写了两个错字或看错了一道数学题，就得入另册，成为二等甚至三等学生呢？究竟哪种办法对所有人的发展更有利，对社会进步更有利呢？

在义务教育资源的分配上，我们主张应该实行区域内的“公平优先，兼顾效率”的原则。因此，应该实行就近入学，应该逐渐淡化乃至取消重点小学、重点初中，应该促进本地区义务教育学校办学条件标准化、均衡化等。由于义务教育是全民性的，由于义务教育在一定意义上决定着本地区人口质量，所以，保证每个公民子女都受到合格的教育，能够成长为合格的公民，就是在最大程度上实现了教育的最佳效益，效率的原则也就得到了保证。因为发展中国家发展的最大障碍并不是缺乏高层次人才，而是缺乏合格的质量较高的劳动力大军。

其实，对地方政府来说，搞一两个窗口样板之类的学校并不困难，真正办好本地区的每所义务教育学校则相当艰难。只有真正下决心对民族未来负责的人，才会大力推进义务教育各项原则的落实。那么，社会舆论是否应该多给他们一点理解与支持呢？

七、一项亟须推进的改革

实行“就近入学”，只是推进义务教育工作中的一项任务，全面实施义务教育，还有许多工作要做，还有许多观念要转变。

过去，我们常把各级教育的结构比喻成金字塔，小学是底座，摊子最大，经过多次筛选，剩下一个金字塔尖，是大学，是硕士、博士乃至博士后。现在看来，这种比喻显然不符合实际了，九年义务教育，摈除了淘汰，整整齐齐一个方阵，义务教育基础上也不再是一个塔尖，既然我们承认“三百六十行，行行出状元”，那么就会有或高或低的许多尖塔，放置在义务教育的平台上，义务教育都有为它们输送合格后备力量的任务，都应该考虑该类人才成长的特殊需要。这样，义务教育，从内容和方法上看，就应该具备极大的丰富性，就应该充分考虑民族的、地域的、经济的、文化的不同特点，而不能是一纲一本，千篇一律，整齐划一。当然，这不是说国家不应规定义务教育的基本原则，也不是说国家不应对义务教育的内容与方法做出基本的规定。

义务教育的丰富多样性，义务教育的基础性与广泛适应性，与义务教育的平等性一样，都是义务教育的本质特点，并因此而与以升学为最高目标的精英教育区别开来。应该说，到目前为止，我们对此还缺乏深入的认识与切实的体会。习惯了用考试和淘汰来指挥教育，习惯了用分数作为评价学生的唯一标准，习惯了用唯一尺度来区别“好学生”与“坏学生”，习惯了“老师讲学生听”“老师考学生背”，我们的中小学即使承担了义务教育的责任，即使实行了“就近入学”，也很难真正体现义务教育的精神，实现义务教育的目标。

一些同志往往津津乐道地说我国的基础教育质量高，举出的例子无非是我们的中小学生会做题，或者是在什么竞赛中获奖等。然而，如果换一个角度，从一代人的生活能力与创造精神，从一代人的身心素质与品德修养方面去评价，不又是普遍地对我们的教育不满意吗？在未来世纪的国际竞争中，到底是通过考试来一比高低，还是在现实生活中实地较量呢？

这样说，并不是全盘否定中国的基础教育，只不过是想说明中国的基础教育确实应该深化改革，而“就近入学”即是这样一项亟须推进的改革。也许它会使有些人不习惯，也许它还有许多的完善之路要走，但它却是中国义务教育进一步发展的必要条件。对此，不应动摇。

（原载 1995 年 2 月 11 日《中国教育报》）

4

一锤不能定音

随着全国普及九年义务教育工作的深入展开，在沿海发达地区和若干大中城市普及高中阶段教育的任务已经提到了议事日程，并且正在日益受到社会各方面的关注。在非普及高中阶段教育的条件下，用选拔性文化课考试的方式挑选一部分初中毕业生进入高一级学校深造，有某种程度的合理性，也得到了社会的认同。但是，在普及高中阶段教育之后，如何让所有的初中毕业生都获得适合于他本人未来发展的受教育机会呢？是不是还用传统的文化课考试成绩作为区分学生的唯一标准呢？这些问题，正等待着我们用实践来回答。

一、目前，各地的高级中等学校招生考试制度虽然有些差异，但是多数地区是把初中毕业考试与高级中等学校招生考试合并进行，即“两卷合一”或“两考合一”，然后把考试成绩的总分排序，按照高分优先的原则录取。有些地区实行“两考合一”，但在把毕业考试成绩换算为升学总分时，毕业考试成绩所占比例较小；有些地区则实行“两卷合一”，无所谓毕业成绩与升学成绩的区别。尤其是“两卷合一”的方法，存在着试题赋值不合理的弊端：虽然试卷在形式上合一了，实际上毕业考试的水平性试题与升学考试的选拔性试题的难易程度差别很大。为了照顾学生毕业的需要，往往是水平性试题赋值偏高而选拔性试题赋值偏低。在这种情况下，如果一名考生把选拔性考题全做对了，但由于马虎做错了两道水平性试题，其得分可能会低于那些水平性试题不出错而选拔性试题不会做的考生。无论是地区统一命题的“两卷合一”，还是毕业与升学的“两考统一”，录取的标准则大同小异，除了少数学生可以保送、推荐，大多数学生是由一次性的统一考试成绩来决定其到哪类学校中去学习，即所谓的“在分数面前人人平等”。

这种办法，一方面，它肯定有某种现实的合理性：它标准统一，便于操作，可以防止某些人为的干扰；可以引导学生更加重视考试科目的学习和考试成绩；可以为家庭困难或边远地区的学生提供“苦读成材”的机会……另一方面，它也有许多致命的弱点：在社会普遍存在着对教育期望值偏高、存在着“学历至上”的严重影响、存在着较大城乡差别的条件下，为了“跳龙门”或“跳农门”，这种单一的考试方法与招生标准，大大加重了学生的课业负担和心理压力。于是，在一部分学生获得“成功”的同时，必然有更多的学生带着苦涩的失落感走上社会；厌学、弃学成为金牌战略与追求升学率的伴生物。为了通过考试或追求金牌，学生牺牲了课余爱好，甚至牺牲了身心健康，他们的学习积极性也受到了极大的挫伤。从整个社会的范围看，强化这种功能异化的考试的后果是以牺牲一代人发展的多样性为代价，换来了一个所谓的“公平”和“高质量”。

之所以说它是所谓的“公平”，是因为由于各地的经济发达程度不同、学生的家庭经济文化背景不同、学校的师资和设备条件不同，两个智商相近、努力程度相同的学生并不会在这种考试中得到同样多的分数，而这些由非学生个体因素造成的差别，是不应该由学生本人来承担责任的。所以，这种“平等”，对于那些社会、家庭、学校背景处于不利地位的学生来说，其实是不平等。之所以说它是所谓的“高质量”，是因为在以识记性知识为主要内容的考试中，考查的主要是学生对教师所传授的知识的掌握程度，而不是学生自己学习知识的能力和积极性，更谈不上学生德智体全面发展的情况。当然，我们不应该把考试成绩与学生的品性、能力对立起来，也不能说考试分数高的学生就一定不是全面发展，但是，应该承认的事实是，社会各方面人士都在忧虑中国下一代的整体素质，各类学校的校长和教师都在抱怨入学新生的“高分低能”；然而，从各类考试成绩的统计数字上来看，学生的分数却逐年有所提高。如是，难道我们不应该在这个以较高分数为标志的“质量”二字上加个引号吗？

在没有普及高中阶段教育的情况下，迫于升学竞争的压力，无论这种考试有多少毛病，由于它已经被社会所习惯，由于它操作方便，还可以承认它的现实必要性。但是，在普及高中阶段教育的时候，当社会要为每个初中毕业生提供学习机会的时候，当社会的每一位新成员都必须通过这种统一考试走向未来生活的时候，我们是否应该重新审视一下这种考试方法的科学性与合理性呢？即使人们有理由说这种考试分数高的学生适合上普通高中，又有什么理由说这种考试分数低的学生就一定适合上职业高中或技工学校呢？用一把统一的尺子，试图把继续学习和参加各种职业训练的人同时区分出来，到底是否科学合理呢？

二、为了保证普及九年制义务教育的质量，为了全方位提高国民素质，在义务教育终结的时候进行社会性的基础教育质量检测是必要的。这种质量检测，应该是一种水平性检测；应该以国家确定的义务教育质量目标为参照系，考查学生达到目标的程度；其重点不在于学生之间的横向比较，而在于每个学生自身实现目标的努力程度或进步程度。另一方面，国家确定的义务教育目标系统，应该考虑社会各行各业的实际需要，考虑公民的未来发展和个体差异。这个目标系统应该是最基本的，有一定弹性的；既包含德智体诸方面的要求，又有相对的选择性，从而给学生发展自己特长和发挥自身优势以机会。

之所以强调义务教育质量目标的基础性、全面性和选择性，强调目标检测是水平检测，而不强调学生之间的横向比较，主要是着眼于社会整体教育目标的实现，着眼于每个受教育者都能获得最适合其自身发展的机会。社会主义国家的义务教育目标，应该而且必须是实现社会发展目标的手段之一，而社会主义现代化的实现，又只能通过最广大人民群众的积极支持与主动参与才有可能。“各尽所能”是社会主义现代化事业对社会成员的最基本要求。社会成员个人的聪明才智和体力精力发挥得越充分，社会主义现代化事业就越加朝气蓬勃。义务教育是帮助儿童少年从不成熟走向成熟的必要条件，是促进未来公民最大限度发挥潜能的教育过程。由于个体差异的客观存在和社会发展的复杂多样性，在实施义务教育的过程中，应该特别关注因材施教的问题，应该尽可能创造比较宽松的条件，让儿童少年有自由支配的时间，有学习选择的自由，有发挥主动性和创造性的机会。划一而且悬格过高的标准，过早地用重点学校与非重点学校的区别来决定儿童少年的未来，过于沉重的升学竞争，过于崇高的社会荣誉或父母期望所带来的心理压力，都不利于儿童少年个体与群体的发展，都有可能给他们带来长久的损害。

在承认上述原则的基础上，在义务教育结束时（或每学科课业完成时），可以进行必要的水平性测试，以确保学科教育目标的实现，并激励每个学生完成国家规定的学科学习基本要求。但是，学生个人品行和学识能力的发展，并不是都能通过学科考试来检测的，也不是都能予以量化的。所以，我们在据此评价学生的时候，必须十分小心谨慎，必须辅以其他定性评价的手段，以便全面地、发展地看待每个学生。其实，对于发展中的儿童少年来说，肯定他们的优点比指责他们的不足更有激励作用和教育作用。许多有经验的教育工作者，几乎都是通过发现“后进生”身上的闪光点而找到打开其心灵大门的钥匙的。因此，从全面发展的高度，实事求是而且积极主动地发现每个学生的优点或长处，不仅是进行教育评价的需要，而且也是实施教育计划的需要。应该把对学生发展水平与能力倾向的肯定性分析，摆在与对学生认知目标达成度的评价同等重要的位置上。在义务教育结束时，应该让每一个十五六岁的少年都能抬头挺胸地走向未来，都能知道自己应该走向什么样的工作岗位、承担什么样的社会角色，这才是进行义务教育质量评价的根本目的。

三、我国是一个发展中国家，是一个有着优秀文化传统与沉重历史因袭包袱的国家，又是一个正在从事建设有中国特色社会主义伟大事业的国家。艰巨而光荣的历史使命、生活中存在的种种不尽如人意的事实以及信息时代日益激烈的国际竞争的压力，都容易使我们这个民族产生普遍的躁动不安，滋生急于事功、盲目攀比的情绪，并因而导致或夜郎自大或妄自菲薄的社会思潮。也就是说，容易"刮风"，容易把握不住"自我"，容易用"一刀切"的思维模式考虑问题。所以，在义务教育普及之后，如何安排各类高级中等教育的结构比例，如何引导十几岁的少年及其家长选择适合该少年自身发展方向的教育，如何为各类不同的学校选择适合于该类教育的学生，以便实现人人都能在社会主义现代化事业中"各尽所能"的目标，将是一个相当复杂的难题。

首先，必须在以下命题中求得社会共识。(1) 社会不同的行业和岗位需要知识能力结构不同的人，而每个知识能力结构不同的人都可以在个性品质上获得充分的发展，其间没有优劣之分。(2) 由于社会机遇与个人先天条件的差异，人的发展方向和发展目标的达成必然有一定差异，但是这种差异并不影响人格的平等，其间也不宜用优劣来简单评价。(3) 在同一次考试中，得100分的学生并不一定比得80分的学生高明或聪明。承认上述命题，就应该承认初中毕业后学生分流的平等性，就应该承认这种分流不应该建立在淘汰的基础上，而应该建立在双向选择，特别是学生个人主动选择的基础上。当然，由于社会经济及其他差别的客观存在，由于传统观念和社会舆论的强烈影响，学生及其家长必然要做功利性的考虑，必然或冷或热地选择某个专业或学校，因而竞争仍然是不可避免的，但是，至少应该在努力方向上，朝着理想目标靠拢。

为了缓解矛盾，实现分流的理想目标，可以采取以下几项措施。

（1）要打破统一考试的模式，提倡选拔标准的多元化和选拔方式的多样化，让不同类别的教育从自身培养人才的需要出发，确定本类学校或专业的选拔标准和方式。多立几把尺子，多树几个标杆，为义务教育阶段的儿童少年多开几个门，多辟几条路，条条大路通向成功，打破用一把尺子量所有的人的分流机制。

（2）要加强各类高级中等教育的横向联系，建立不同类别、性质的学校互相承认学分、正常转学的机制，下决心改变“一条道走到黑”，“明明不适应、学不下去，也必须混下去”的传统做法。人生道路应该是多次选择的结果，而不应该在其身心尚且幼稚的时期就“一锤定音”。“一锤定音”的做法，既不公平，也不科学；不但加剧了竞争的激烈程度，而且会造成教育资源的浪费。

（3）要把选拔入学与登记入学结合起来，让学生自己选择入学的方式。在实施普及高中阶段教育之后，某些学校（如重点中学）和某些热门专业，会有较多的入学竞争者，可以通过某种考核办法来竞争学习机会；而相当一批学校或专业，没有那么多的竞争者，就可以实行登记入学。学生的兴趣不同，心理素质也不同，并非所有的学生都愿意参与竞争，既然如此，那又何必把所有的学生都捆在一次考试上排队呢？暂时不参与竞争的学生并不是失败者，他们将会有新的竞争机会与成功机会。

（4）要尽量冲淡升学竞争中的非学习因素，冲淡由于社会差异带来的矛盾。目前，农村的少年急于转户口、“跳农门”，所以千方百计报考中等专业学校；若干城市就业压力大，所以学生千方百计挤入“包分配”“保证就业机会”的学校。凡此种种，实际上学生是在“考户口”“考工作”，而并非是对某个学校或专业感兴趣。这种情况应该改变。要打破几类学校的界限，不论是什么学校、什么专业，学生毕业后都应该进入人才市场，都应该根据就业需要再决定转户口与分配工作问题，而不应该用升学考试来决定这些可能关系到学生一生命运的大事。试想想，几科最基本的常识性科目的成绩，上下差不了几分，就可能决定学生个人一生的命运，这又有多少科学依据呢？又怎么会不加重课业负担与心理压力呢？

当然，实施上述改革设想会有不少现实上或政策上的困难，而且即使实现了上述设想，也还会存在相当程度的竞争。但是，只要世界上存在着差异，十全十美的方案是没有的。弊端既已看清，改总比不改强，早改总比晚改好。所以，在义务教育基本普及之后，在实施普及高中阶段教育时，应该积极推进高中招生考试改革。这个改革是一个复杂的系统工程，需要反复调查研究、周密设计与精心施工。为此，笔者提出了上述不成熟的设想，借以抛砖引玉，恳请关心此事的读者批评指正。

（原载《中小学管理》1995 年第 5 期，署名劳文）

5

当前教育科研面临的形势与任务

一、在国民经济转轨时期，教育科研将面临新的挑战

中央提出国民经济要实现两个转轨，即经济上要从社会主义计划经济体制向社会主义市场经济体制转轨，经济运作上要从粗放型向集约型转轨。两个转轨的任务应该说是全国各行各业都面临的新形势，包括教育科研和整个教育工作，也有一个转轨的任务。教育要从为社会主义计划经济服务，转向为社会主义市场经济服务。过去，我国的经济方式是粗放型的，因此，我们所需要的人才是适应粗放型经济需要的人才。现在要转轨，必然是需要为集约化经济所需之人才。这就有一个教育如何为经济服务、如何适应经济发展的问题。从根本上说，教育转轨的任务是相当艰巨的。而且，就中国的教育来讲，还有一个很大的问题，就是普及义务教育。我们现在正在普及或已经普及了九年义务教育，北京正准备普及高中阶段教育，即普及高中阶段义务教育。这样，教育将面临许多新的问题、新的挑战，我们要充分认识到这一点。教育的问题也就是教育科研的问题，一些新的问题，新的难题需要解决，新的挑战要应付。这就需要教育科研领先，带头去研究解决这些问题。

二、在教育和教育科研如何面对市场经济的问题上，要防止认识上的误区

在教育和教育科研如何面对社会主义市场经济的问题上，也要防止一种认识上的误区。教育和教育科研究竟应该如何适应社会主义市场经济？我认为，不能简单地把教育推向市场，或者把教育科研推向市场。社会主义市场经济体制的建立，对于社会生活的方方面面都是一个挑战，都有一个如何面对转轨的任务。但是各个层面所肩负的转轨任务、所面对的复杂情况是不同的。如果把教育为社会主义市场经济服务，简单地理解为教育直接进入市场，或教育科研直接进入市场，采取市场机制的运作方式来从事教育、从事教育科研，我以为都未见得妥善。比如，前一段出现的高价择校的问题，就是在教育如何为市场经济服务问题上的一种认识误区，是简单地把市场运作机制运用到教育上来，出现了教育行为市场化的倾向。

我认为，在市场经济条件下，由于教育特别是基础教育的特殊性，决定了教育不是商品，不能实行简单的等价交换，也不能简单地运用市场竞争机制管理教育活动。那么，教育科研能不能市场化？我认为，也不能市场化。因为，从本质上来说教育是人类社会延续和发展的基础条件之一，它肩负着延续人类文明的积淀和一切发展成果、促进社会发展与进步的使命。教育担负着将一代代未来公民培养成合格接班人的任务。它是一种社会行为，是整个社会延续与发展的基本条件，所以，教育是一种公益事业。即使在市场经济很发达的国家，也未把教育完全市场化，它们依然实行义务教育、免费教育。它们也没有完全实行成本收费教育，包括美国的私立大学，也是准成本收费。总体上看世界各国没有以教育营利的趋势，大家都不是把教育当做一种商业或商务活动，而是当做一种公益事业。比如，国外的一些民办学校，既拿政府的补贴，又要执行政府要求它完成的一定任务，要接受国家对于学校教育质量、教育

目标的监控。这些都与市场经济的自由竞争、优胜劣汰不相同。教育不能市场化，教育科研也就难于市场化。教育本身就是一种长线行为，教育科研更要有较长周期才能有较准确的结果，才能较准确地评价其利弊得失，所以教育科研不会立竿见影，也无法直接转化成为经济效益。

对于面向社会主义市场经济的教育和教育科研来说，要有一种冷眼观潮的态度。第一，要认识到教育应该为市场经济的发展服务；第二，要不急于立即去实现这种价值，立即去实现这种服务。要认真地研究，教育如何才能为社会主义市场经济服务，寻找服务的最佳途径和最佳方式。为什么说冷眼观潮呢？在百业从商、百业市场化的条件下，教育不要急于实现经济价值，应该从整个民族的未来，从国民经济的长远发展去考虑，教育的价值，归根到底是在实现其社会效益的基础上，最终促成国民素质全面提高，从而带来整个社会的总体发展水平的跃升，这是一种最广义的经济价值。

三、教育科研面临的重大任务

研究新的市场经济对人的素质、人的才能等各方面的要求是什么，人的发展目标如何实现，寻找实现教育最佳目标的途径，这是教育科研面临的一个重大任务。过去，教育为计划经济服务，是在培养一种人；现在，教育为市场经济服务，还是在培养人。总任务没有变，但是人的素质要求不同，培养途径、培养方式、教育原则等都可能有区别。两者有区别，也有共同点。要准确地找到这种区别。要在认真研究的基础上，继承我们传统的教育观念、教育技术中那些比较好的内容，适应于社会主义市场经济的内容；并逐步修正、改变那些过去适应计划经济，而现在不完全适应市场经济的内容，审慎地加以取舍，探索新的道路。对于教育科研来讲，这是个很重要的任务。

关于研究人的发展目标，作为市场经济条件下的人和计划经济条件下的人，或者说工业社会、后工业社会、信息社会的人，在本质上有何不同？社会对人的素质要求有何区别？如果说过去我们更多地强调人是集体中的一分子，是一个大机器上的部件，强调人的社会性，在工业社会，在无产阶级夺取政权时期，这无疑是必要的，也是正确的；而在社会主义市场经济运作中，由于竞争的需要，社会发展节奏加快，它可能更强调人的主观能动性和创造性，强调人的个性特长的发挥，强调一个人既要是社会的负责的成员，又应是一个获得充分发展的人。只有每个人的才智得到充分发挥，才能使社会获得更大利益，才能使社会经济发展更加生机勃勃，充满活力。因此，我们需要更多地关注人的个性发展和人的潜能开发。从“应试教育”那种主要目的是促成受教育者符合一定规格转向着力发挥每一个受教育者的才能，教育目标和教育手段上必然会有变化。那么，究竟如何实施这种转变，如何实现这种教育？其中有很多文章可做，这正是教育科研的任务。

四、开辟新的研究角度和研究新的评价方法

就教育效益而言，它既有短期效益，又是一种滞后效应很明显的活动，它的获益很难做到立竿见影，它的近期结果和长远结果有时并不完全一致。教育与社会经济发展相比，也是相对滞后的。尽管教育应该超前发展，但在观念形态上，它往往落后于现实。人们常常以自己受教育的经验与过去接触教育工作的体验来评价当前的教育活动，在这种情况下，评价者的观念肯定有不适应社会经济发展趋势的东西。同样，我们这些从事教育与教育科研的人员也会有类似的难题。当前，社会主义市场经济正处在发育过程中，我们对这一转轨换型的任务本身还知道得不清楚，也缺乏可以拿来就用的有效办法。我们并不十分清楚转轨要求教育的是什么，也不十分清楚未来社会经济对人的确切要求是什么，然而我们培养出来的人却一定要去迎接21世纪的挑战。这就为教育改革带来一系列新课题，为教育科研开辟了广阔的工作领域。

总之，要创造条件自己去研究，当然，也要借鉴外国的经验。一些实行多年市场经济的国家，它们的教育有什么特点？有没有可以学习的东西？过去大家都认为我们的基础教育是很好的，总说国外的基础教育有很多问题，外国人对孩子太放纵了，学生的基础知识、基本能力不如我们的学生扎实。这些都有道理，然而，就是这一些基础并不太好的人，最后却创造了很发达的现代科学技术，生产出质量很高的产品，而我们自己呢，在世界最新的科学发明上，并不占据优越的位置，我们生产出来的产品甚至包括用进口设备进口零件组装的商品，质量都往往不尽如人意。这是偶然的呢还是必然的呢？这些当然不能全都归咎于教育，但是，我们能否根据这诸多事实，重新审视一下我们自以为是很高明的基础教育呢？在我们基础教育的优点后面有没有隐忧？我想在我们引以为豪的东西里面，既有应该继承的方面，也有与市场经济发展不相适应的方面，而国外基础教育的某些“缺点”也许对孩子的个性发展反而有利。诸如此类的事情很多，都需要教育科研工作者去探索、去开辟新的研究角度和研究新的评价方法。

五、共同探索，转变观念

转变观念是一个长期的、复杂的课题，需要大家共同探索，这也是教育科研的一项重要任务。

转变观念的问题很复杂，但首先要承认我们需要转变观念，这个问题大家并非都认识一致。比如，从“应试教育”转向素质教育，相当一些同志就不赞成这个提法。他们总是抓住“素质教育的提法科学不科学”“用‘应试教育’概括传统教育是否正确”“这种提法是不是对我们教育的否定”等问题反复讨论。其实，根子上是一种不承认，不承认要从根本上变一下，不承认过去的一套有很多不适应新情况。因此，我们首先必须明确，转变观念不能在枝节上纠缠。

具体讲，哪些观念需要转变？我想，从精英教育向大众教育转变，就是一个大的观念变化。如果说过去我们长期实行的主要是一种精英教育的话，那么，现在我们要的是真正的大众教育。过去我们要选择好的孩子来教育，现在我们是要教育好每个孩子。到今天为止，绝大部分国家的教育还是在选择好的孩子来教育。特别是在义务教育以后，为什么少数人上大学，多数人上不了？就是在不断地选择，谁好谁上（当然这个好是有不同标准的，有社会性质的差别）。选择的结果是大多数人被淘汰，社会上出现了许多落伍者，没有发展希望的人。这是资本主义制度的痼疾。我们希望共同富裕，要实现共产主义理想。马克思主义讲，我们要让每个人获得充分的发展，让每个人都成为自在的人。核心问题就是应该承认每个人都有长处，每个人都可以在生活中找到恰当的位置，实际上就是要教育好每个人。所谓"教育好"，也不是把所有的人都教育成诺贝尔奖获得者，而是通过教育使人的潜能得到发挥，使他在生活中能够找到最适宜发挥自己才能的位置，使他一生过得幸福。使尽可能多的人都成为社会发展的动力，这就是教育的最主要的任务。显然，第二种理解与第一种理解是不同的，第二种教育观念要求于教育者的行为准则也是不同的，这就带来了一系列的观念转变问题。

又如人才观念问题，过去我们认为，只有具备特殊才能的人，才是人才。实际上应该说每个人都可以成为人才。现在研究素质教育，是不是又列出一个长长的单子，列出若干项目，提出这样那样的要求，让每个人都去"达标"？我想这可能并不全面，也不够准确。素质教育，要从人的差异性出发，要尊重受教育者的选择权利，要承认每个人的先天资质与后天发展倾向是不尽相同的，所以虽然应该对人的德智体诸方面有原则性的要求，但是，又允许每个人在发展方向与发展程度上有区别，不要简单地做横向比较。一个优秀的厨师，一个优秀的警察和一个优秀的教师，三个人的能力、知识结构都不一样，很难说谁发展得更好，只能说在不同的发展方向上都很出色。我是不赞成所谓金字塔结构的教育的，我认为新的教育应该是一种寺庙里塔院型的结构，在义务教育的平台上有很多高低不同的塔，有很多尖端，每个人都可以走到自己的顶峰。教育者对学生应该分类指导。有人说分层指导，其实是用同一把尺子衡量所有的人，谁是低层、谁是高层，谁是优秀的、谁是较差的。这种分法很容易把多数人打到一个低层面去。如果实行分类指导，一个学生数学不太好，他会不会擅长语文？如果语文也不太好，那么他动手能力怎么样？形象思维能力又如何？……教师这样想了，着眼点放在受教育者能力的开掘上了，就会对每个人（至少是绝大多数孩子）有信心，就会出现许多意想不到的结果。如果看不到这一点，就可能扼杀很多天才，扼杀很多有造诣、有发展潜力的人。发挥每个人的才能，让每个人在生活中都能充分发挥作用，是社会充分发展的需要，也是市场经济建设的需要。诸如此类的问题，是不是要转变观念呢？所以，转变观念是一个长期的、复杂的课题，需要大家共同探索，这也是教育科研的一项重要任务。

六、在经济转轨时期，教育科研特别要重视研究现实

要认真地总结和分析我们过去的经验和教训。在计划经济条件下，我们积累了一些经验，其中，哪些经验是成功的？哪些经验是需要重新审视的？重新审视并不等于它原来不成功，只是说，原有经验未见得适应新的形势。所以，我们要认真总结经验，把好经验保留下来，传下去；改变或逐步调整与新形势不适应的东西。

与此同时，我们要正确地把握现实，认识市场经济的要求。市场经济的发展、完成，从初步建成格局以至最终实现，要经过一个很长的历史时期，它的完全发育和机制健全运作，可能需要更长的时间。在这样一个相当长的时间里，两种经济体制并存，会产生很多复杂的问题。我们既要研究理想的社会主义市场经济条件下教育

如何运作，更要研究在转轨换型的过渡期间，教育应该怎样运作。人的发展是一个非常严肃的课题，我们可以搞教改实验，但是，任何一个儿童少年都不能作为实验品。自然科学的实验允许有成功和失败，教育改革的实验则必须在能够预期到它的结果肯定是积极的（至少是没有大的负面影响的）前提下，才能够实施于孩子们身上。这种近乎苛刻的要求，是教育工作者职业道德的要求，是我们对历史负责的表现，因此，我们应该特别关注社会教育中的热点问题、现实问题，要积极创造条件去减少现实工作的失误、决策的失误，要认真研究如何在新旧体制交替时期把教育中的损失减少到最低程度，要研究非理想状态下的教育运行规律，努力创造新经验，提出新的切实可行的建议。所以，在这一时期，教育科研要特别重视研究现实，研究现实当中的一些困惑，一些难点，提出改革的对策。

七、耐住寂寞，肯于奉献

冷眼观潮，耐得住寂寞，教育科研工作者要有一种追求真理的渴望，要有奉献精神。

现在，应该说是教育科研非常好的时机，社会主义市场经济的发育过程，是人们的思想观念发生撞击的过程，是各种矛盾和问题充分暴露的过程，也是我们科研工作者大有作为的过程。那么，前提就是要冷眼观潮，耐得住寂寞，要有坐冷板凳的精神。因为，这既是一个极好的研究机会，也有使人心态失衡的可能，看见别人发财了，看见别人因短期行为致富了，自己也会坐不住了。如果没有一种追求真理的渴望，没有一种锲而不舍的精神，那我们就很难抓住这些非常严肃的、深层次的问题，抓住这样一个提高的机会，也很难取得成果。而且，这些题目没有一个是好做的，没有一个是可以靠短期行为，靠小聪明，搞一两篇文章就能够解释清楚的，也没有一个问题是你研究出一个道理，就很容易被群众接受的。因为，它是深层次的东西，有长期的社会积淀做背景，社会又在转轨换型，新旧杂糅。在这种情况下，即使你的研究结论正确，也很难当时就被人接受，要做大量的复杂艰苦的工作，要做大量的说服解释工作，也很可能需要一个长期的历史考验。那么没有一点长远打算，没有一点物质上、精神上的牺牲，又怎么会坚持下来呢？所以，教育科研面对社会主义市场经济，有一个很广阔的天地，关键是要有一点奉献精神。

（原载《教育科学研究》1996 年第 2 期）

6

浅谈义务教育与高价择校

一、义务教育应该是平等的教育

义务教育的根本要求是公平，是机会均等，这是义务教育的本质决定的。在 1986 年《中华人民共和国义务教育法》颁布以前，中华大地上并没有法制意义上的义务教育，并没有强制每个公民必须让其子女接受一定年限的教育。在那种情况下，中小学校之间存在较大差异，是合法的，人们选择条件较好的学校就读，是合理的，条件好的学校由于学额限制而从申请者中间选拔优秀的学生入学，也是必然的，这就是“学生要选好学校，学校要挑好学生”的社会背景。

实施义务教育，强制公民必须送子女入学，就不能强制公民送子女进不合格、不放心的学校，这是公民履行义务的前提。所以，实施义务教育就应该让每所小学、初中都合格，消除学校间的过大差异，这是实施义务教育的条件。当然，由于中国地域辽阔，地区经济发展极不平衡，所以在相当时间内，地区间义务教育机构的差异是很难消除的，不能搞绝对平均主义。但同一区域，在同一批居民中间，应该保证其子女有均等的受教育条件、受教育机会，这是合乎情理的要求，也是世界各国发展义务教育的通则。然而在社会主义市场经济发展初期，为了有效动员各方面力量，最大限度地促进社会经济发展，在追求共同富裕的理想的同时，必须允许一部分人先富起来，这就意味着“先富起来”的人群有可能在社会生活的若干方面得到更好的服务，那么可否将义务教育也纳入这种“优质服务”的范围，在同一地域内将义务教育区别为高低不同的层次呢？我以为，就政府行为而言，这样做有悖义务教育的原则，不利于社会整体最大利益，不利于保障“后富”人群的公民基本权利，是不可取的。

义务教育摈弃选拔，还因为它是全民教育，是每个未来公民必经的培养阶梯。义务教育的性质决定了它必须有由政府制订的统一的计划、统一的要求，那么，如何保证公民的多样性，保护他们基于不同先天条件与逐渐形成的个性特长带来的独特性，如何帮助每个未来的公民都能在社会生活中找到最适合本人特点、最有利于个人为社会作出贡献的位置或岗位，就是摆在义务教育政策制定者与实际工作者面前的十分困难又必须很好实现的课题。为了保证人才的多样性，一方面要求义务教育自身具备广泛适应性与内容丰富性，要涵盖各方面各层次人才的基本素质要求，同时又要求义务教育为未来公民奠定一生不断学习不断进取的信心。面对这样的要求，最科学、最慎重的办法就是给每个儿童少年以均等的发展机会，给他们以同样的鼓励，让他们在不断变化的选择与尝试中，寻找到个人的最佳生长点、最佳发展方向，而不要急于给他们定性，给予“区别对待”。更何况人才的成长，少年儿童的发展，是极复杂多变的过程，我们对它的规律的认识还很不清晰，有许多尚待探求的领域，又何必用那些并不准确的考评给孩子们定优劣，并因而给他们过于悬殊的对待呢？功能过强、压力过大的考试对儿童少年有很大的负面影响，近年来，某市取消了区县小学统考，保留初中升学统考，不久前，有人对该市中小学非毕业年级学生进行学习负担与心理健康的问卷调查，结果表明有不足8%的小学生与三分之一以上中学生缺乏学习兴趣，尽管这只是一次调查的初步结果，中小学生学习兴趣差异如此之大，中学生缺乏学习兴趣的学生比例如此之高，能不能说明这种统考对青少年负面影响确实太大呢？从这个意义上说，在义务教育阶段，在同一居住区域，用权、用钱、用分择校都不是好策略。作为发展中的国家，中国只能走办好每一所义务教育学校，全面提高公民素质的道路，因此，义务教育法规定了我国小学初中实行就近入学，是正确的科学的决策。

二、高价择校反映了教育管理思想的混乱

义务教育是政府行为，政府有责任合理设置小学、初级中学，并使这些公立学校在数量上、质量上满足公众要求，从而使儿童、少年就近入学。我国是从 1986 年才开始推进义务教育的，前此已存在的小学、初中的办学条件、教育质量并不均衡，在义务教育法颁布之后，各地政府都面临着如何调整教育投资力度，以达到义务教育实施标准的问题。为此，要逐渐取消重点小学、重点初中，把地方教育投入的重点转移到相对条件较差的学校上去，要促进小学、初中办学条件均衡化、标准化，要推进九年一贯制，建立义务教育学校等。这些都是摆在各级政府面前的具体责任，也是调整管理行为的当务之急。然而，由于教育决策者与社会权力部门、单位对义务教育本质的理解不同，其管理行为也有较大的差别。一些大城市，一些传统的精英教育思想影响较强的地区，较难接受“义务教育是平等教育”的观念，沿袭旧的教育管理思想、管理模式，多年来的关注与投入重点始终围绕着“窗口”“重点”“示范”学校，热心于锦上添花，继续扩大“重点校”与一般校的差距，从而增加了在这些地区实施就近入学的困难。所以，在义务教育法颁布之后，地方政府对义务教育学校的管理失当，扩大了校际办学条件差距，是诱发高价择校的首要原因。

诱发高价择校的原因之二，是政府与学校校长的管理职能错位。由于政府将自身的责任推给了学校校长，从而失掉了严格约束学校行为的道义勇气，在一定程度上形成或加剧了教育收费管理的

混乱。前面已经说过，由于义务教育承担着保证未来公民基本素质与未来劳动力基本质量的任务，承担着在一个存在差别的社会里为公民的未来提供希望以维系社会稳定的任务，所以，世界各国的义务教育都是政府行为；都要由政府提出教育教学的基本要求，由政府提供合格的师资并保证其能安心从教。在我国的一些地区，特别是在一些改革开放步幅较大，居民收入差距明显的地区，当地政府或教育行政部门，一方面受到教育发展投入不足与教师队伍不稳定的巨大压力，另一方面又由于对义务教育的特殊性质认识不足，在前一阶段推进教育管理体制改革时，强调让学校利用自身条件“创收”，实现“经费自筹”，甚至用“开放工资收入”的办法来激励中小学校创收的“积极性”。这样，一方面是政府行为不到位，没有承担好应负的经济保证责任，另一方面又对学校开了“自主经营”的口子，并且促成了若干在校舍、场地、位置、办学条件上有优势的中小学利用这些条件“先富起来”的“范例”，这时那种原先还打着“共建”“捐资办学”招牌的用钱换分、高价择校现象就公开化了，成为部分中小学实现单位、个人利益甚至是维系学校生存的重要途径。而当一些中小学校已经用高价生的收益来改善办学条件、改善教工待遇时，地方政府又怎么能凭一纸命令使这种已经高涨起来的物质需求回落到初始状态呢？对政府部门来说，难题还在于：这种靠收高价生改善学校条件与教师待遇的学校在任何地区都是少数，因此，即使地方政府可以搞到一笔经费来补贴这些学校，其后果必然是挫伤那些不能或未曾招收高价生的学校，从而导致教育管理的更大混乱；何况在财政偏紧的条件下，似乎任何地方政府也无力保证前一阶段少数中小学利用高价择校实现的投入水平。

产生高价择校的原因之三，是人们对教育如何适应社会主义市场经济的认识分歧，社会在市场大潮中对教育尤其是对义务教育本质的认识迷误。一时以来，教育市场化的议论甚为风行，“以教育养教育”成为苦于投入不足的政府部门与学校的“希望”所在，民办学校收取高额学费，收取高额“赞助费”“储备金”，公立学校收取高价生，若干名校以办“分校”的名义换取赞助费，等等，都属此类应急行为。教育尤其是义务教育能不能营利，能不能市场化经营？这首先是个法律问题。《中华人民共和国教育法》明确规定了教育的非营利性，又规定义务教育应予免费，义务教育学校应该按法律办事。其次，教育不应市场化，这是由教育的本质决定的。教育特别是义务教育只能是社会公益事业，只能由政府这个社会共同利益的最终代表者来主持。实行教育市场化会导致各种短期行为，现代社会运作中，企业经营者为了赢利会在无意中危害社会整体长远利益，所以凡涉及社会整体长远利益的事都不能采用利润驱动机制，都不能简单套用市场调节的办法，公安、司法、公共卫生、大型基础设施工程等都是如此，教育更不例外。就教育而言，实行因材施教，会使社会人力资源得到最好的开发，会尽可能使每个受教育者“人尽其才”“各得其所”，促进社会整体进步。反之，实行“因财施教”“因权施教”，既造成教育资源和人才的浪费，又会给社会发展带来极大负面影响。

还应该说明两点。第一，在分析高价择校现象时，我没有采用“供求矛盾”的说法。我认为，说“群众渴望高质量教育，好学校又少，这才导致高价择校”，是用市场供求理论，用“物以稀为贵”来解释教育问题，本身即是“教育市场化”认识的表现，议论的出发点即违背教育本质。其实，即使从群众教育需求讲，人民最需求国家又无力满足的是上大学，尤其是上北大、清华这样的一流大学的愿望，那里并没有高价生。而在中小学，包括在有严格统一考试制度的高中里，却存在着高价生，可见关键不在供求失调，而在管理思想、管理行为失当，在社会性的（包括部分学校与家长）对市场机制的误解与滥用。第二，不赞成高价择校并不是不赞成有偿教育。在非义务教育阶段，也包括在家长拒绝接受公立学校义务教育的特殊情况下，依据教育成本与群众的承受能力，对优先或提出特别要求享受教育机会的人，适当收取补偿费用，是合理的，是世界各国惯常做法，也是中国教育改革的必经之路。应该强调指出，这种收费教育必须同时辅以切实有效的奖学金、贷学金制度，以保证公民子女，保证一切具有较好发展潜能的人，不因经济原因而失去深造的机会；同时，有偿教育不能是高价的，收费应低于教育成本。这样要求，并不仅是考虑居民承受力，而是主张教育必须保持公益事业的性质，主张让受教育者从事实中体验并形成个人发展应“取诸社会，还于社会”的历史责任感。

上述分析说明，实行“就近入学”并不是高价择校的直接肇因，认为只有恢复统一考试，继续实行精英教育才能解决高价择校的议论也并不符合实际。当然，在实施就近入学以后，社会上会有一部分人不习惯，在政府管理行为不当、同一区域义务教育学校办学条件差距过大的情况下，会形成较强的社会择校要求。这种要求，只有在社会普遍误解市场机制适用范围，并且伴之以政府未尽到管理责任的条件下，才会形成以钱择校（不仅择幼儿园、小学而且择中学，包括高中）的社会风气和舆论环境。说高价择校与就近入学有关联，关联即在此，舍此之外，对“就近入学”的过多责难，不过反映了论者的偏见。

三、对制止高价择校的几点建议

既然义务教育高价择校是违法的，已经给教育的发展与社会稳定带来诸多负面影响，制止高价择校现象就成为各级政府与教育行政部门的重要责任，必须坚决落实，当然，积重难返，真正做起来，会有不少障碍要克服，也不会毕其功于一役，为此，提出以下建议。

制止高价择校，首先要统一各级政府、各级财政，教育领导部门的认识。制止高价择校是要付出代价的，要减少一笔并不值得夸耀的教育投入，为了社会长远发展，为了转变社会风气促进稳定的大局，这样做是必要的，也是应该的；但是，这一沉重的责任，不能只由学校负担，需要各级政府的领导者下决心在其他方面忍耐一点，甚至牺牲一点速度，以保证教育特别是义务教育的经费投入，不能再让中小学校将发展教育与提高待遇的希望寄托在自己创收上。从北京开始的中小学内部管理体制改革，有不可否认的历史贡献，但它也有着致命的弱点，某些政府在“下放权力”的同时，在某种程度上也“下放难题”，“经费自筹”在一部分学校是“经费自愁”，一部分学校是“经费乱筹”，这是诱发学校国有资产隐性流失、乱收费、高价生等问题的直接原因。政府部门要下决心，至少在义务教育阶段，全面承担起保证教师工资和学校教育行政费用的责任。特别是在高价生现象较严重的城区，更应加大政府统筹的力度，规范义务教育学校的管理，学校的收费制度、工资制度、建设设备标准……都应朝着法制化标准化的方向努力。这样做，固然要求政府加大财政投入的力度，同时也可以通过合理布局统一筹划的办法，把各校分散经营的校办企业、分散出租的校舍场地统管起来，调剂余缺，公平分配，通过正当途径增加政府经费拨付。

其次，要加强教育法规的学习与宣传，进而统一社会各方面对义务教育的认识，统一对教育与社会主义市场经济关系的认识，以调整和规范社会、学校、家庭的教育行为。既然公立学校高收费违反义务教育法，各级政府就应该严格执法，制止此类现象。要把解决经费困难、统一社会认识与严肃法纪区别开来，从执法入手，先在义务教育阶段停收高价生，再创造条件解决其他问题。在当今社会转轨换型发展时期，法规不健全与执法不严格都会有，也会成为一些人钻空子破坏法制的借口，而为了推进社会进步，促进事业健康发展，教育界应该有率先守法、执法的决心与勇气，从自身做起，以拒绝高价择校的行为，在拜金主义大潮的冲击中，恢复和保留一方净土。在规范教育收费问题上，应充分发挥正确舆论的导向作用，在一些时候，正确的舆论也有强大力量，相反，如果总宣传

“以钱换分”比“以权换分”进步，宣传违背义务教育法的陈旧的观念，那么也会为高价择校的滋生提供土壤。在这方面，理论界、舆论界有强大的影响，我们希望各方面的有识之士审慎地发挥影响力。因为，如果政府社会与教育界认识一致，态度坚决，制止高价择校并不是难事。

再次，要加大教育改革力度，调整政府办学行为。只有制止学校差距拉大的趋势，才能从根本上弱化社会择校的需要。为此，一方面要取消义务教育阶段的重点校，一方面要下力量推进学校标准化，有计划地建设好基础薄弱校，地区政府必须下决心调整学校布局，通过加强、合并、裁撤等手段在较短时间内把所有学校办合格，办得让人民放心；让每个地区的公众与学校的师生，从事实中体验到均等的教育发展机会，让“办好每所学校，教育好每个学生”从口号变成现实。这样要求，并不是不承认学校之间存在区别，而是拒绝扩大差别；也不是主张搞平调，而是要求教育管理部门利用政策导向，调整社会行为，以促进义务教育的均衡发展。目前，各地政府都办了一批样板中小学，有些学校的校舍设施条件甚至超过了发达国家的先进水平，这种投资值不值得提倡，这类学校有否实际的示范价值？都需另外论证。现在要研究的，是在推进标准化办学时对这类学校怎么办？我想，可以采取以下措施。第一，将部分完全中学改为纯高中，扩大高中，取消初中，既可充分利用高水平校舍设施，又解决了其他学校与社会心态的不平衡。第二，改变人员设施的“单位所有制”，将一个学校先进设施向地区内所有学校、学生开放，通过联网等形式，把这类学校办成社区教育中心，实现资源共享，发挥辐射作用。第三，把这类学校办成地区教师培训中心，同时还可以向社会成人开放，将其办成社区文化活动与继续教育中心，成、职、普三位一体，依据地区需要，逐渐转换性质。总之，要从实际出发，区别对待。当然，这种调整要触及许多社会集团的既得利益，传统观念的影响与实际困难都不可小视，解决起来阻力多，压力大，要有充分思想准备，也需要分步到位，逐渐推进。

最后，为了满足部分精英观念顽固的人群为子女择校的要求，可以按发达国家的惯例，适度发展私立学校，或者试行举办少数公办民助的义务教育学校，实行收费的九年制教育，但应十分注意控制这类教育的发展规模与办学方向。在中国这个以共同富裕为理想又有强大的传统教育观念的国家里，实行教育机会均等，虽然对社会发展更具根本意义，但也更艰难，所以在适度满足先富起来人群的需求时，要警惕追求“脱离大众”的“贵族”待遇成为社会时尚，要防止把“上私立学校”变成群众企盼的目标，因为这些都不符合有中国特色社会主义理想的方向。要明确，解决高价择校根本出路并不在于公立学校改制，也不在于大力发展收费高的民办教育，不应在这些方面寄予太大的希望，更不能将其作为推脱政府责任，转嫁投入困难的办法。

（原载 1996 年 5 月 21 日《光明日报》，署名劳文）

7

高级中等教育改革势在必行

随着国民经济和社会发展“九五”计划和2010年远景目标纲要的逐步实施，随着20世纪末在全国范围基本普及九年制义务教育目标的逐年推进，在中国这个独生子女率与家庭对子女教育期望值都极高的国家里，进一步普及高中阶段教育的社会需要，开始摆在各级政府，特别是发达地区、大中城市政府的面前。在今后的几年内，这种社会需求会越来越强烈，虽然它不一定完全符合当地社会经济发展的实际需要与实际可能，但作为社会心理需要，会给地方政府造成相当大的压力，甚至会迫使政府仓促做出普及高中教育的决定。因此，必须及早统一认识，正确决策，科学、健康地发展高级中等教育，以促进我国国民全面素质的进一步提高。

一、依据不同门类，采取不同办法

作为世界上最大的发展中国家，我国城乡、地区与行业之间，从基础设施条件，基本的工作、生活条件，到收入水平、生活质量，都存在较大差别，且很难在短时间内消除。所以，在努力创造条件实施九年制义务教育、保障公民子女最基本的受教育权利的同时，普及高中阶段教育，不宜采取延长义务教育年限的策略，而应实行有偿教育，采用依据高级中等学校的不同门类有区别地收取教育补偿金的办法。

之所以提出上述建议，第一，是基于“穷国办大教育”的现实。即使到20世纪末实现人均国民产值翻两番的目标，我国国民产值的人均水平仍然很低，所以国家无力承担让每个公民子女都受满12年教育的义务。只有在国家投入大部分办学经费、公民个人自愿投入少部分办学经费的条件下，才能延长国民平均受教育年限。这部分“自愿投入”的公民，或者是先富起来的人群，或者是自愿降低其他个人需要、靠节衣缩食积蓄教育基金的人群。这种公民个人投入是自愿选择的，不具有强制性，但可以有导向性，因而同样可以促进高中阶段教育的发展，可以为高中阶段教育建立更广泛的资金渠道。当然为了保证社会急需的优秀人才的成长，在实行高中阶段有偿教育的同时，要建立切实可行的奖学金、贷学金制度，让一切真正有发展前途的人，能够人尽其才，尽可能地获得深造机会。第二，由于行业之间、地区之间存在明显的收益差别，而从总体上看，在今后一个时期内，中国的经济发展水平仍会落后于发达国家，社会生产生活急缺的仍将是大量初中级人才，因此不宜盲目提倡追求高学历。必须注意用考试的、管理的、经济的等多种杠杆去调节人才流向。就公民个人而言，当然希望学好专业，拿高学历，去好地方、好单位；对社会而言，则必须是百业俱兴，行行处处都有接班人与建设者才行。实行有区别的收费制度，恰是调节社会人才结构的手段之一。第三，接受了九年义务教育的少年，不论是先天的生理、心理素质，还是在义务教育阶段形成的学识、修养、才能以及意志等精神品质与身体发育程度，都有了较大的差异，也开始形成了不同的兴趣爱好、个性特长和不同的生活态度与生活理想。所以，他们应该开始学习选择。义务教育强调平等，高中阶段教育从本质上说是分流教育，应该在根本方向（做“社会主义的建设者与接班人”）一致的前提下，强调区别，强调把能力倾向、发展方向不同的人送到适合其本人发展而又为社会需要的岗位上去，让每个受教育者各得其所。划一的高中教育并不一定适合每个人的选择，只有增加高中阶段教育的门类，才有可能为全体少年提供成才的机会。

二、政策相应调整，合理规划分流

既然从本质上说，高中阶段教育是分流教育，那么这种分流就必须尽量分得合理，分得于社会于个人都有利。具体说来，一要有利于实现社会的最大利益即实现“人尽其才”；二是有利于保障未来公民的合法权利，从制度上让每个人都有选择发展方向的机会；三要有利于社会形成合理的人才结构，促使社会主义中国兴旺发达，人们都能乐其业、美其俗，热爱自己的工作。为此，考虑到经济起飞阶段社会发展快、变化力度大，考虑到十五六岁的少年身心发展的不成熟与不稳定性，在实施普及高中阶段教育时，除了应加强指导，帮助初中毕业生尽可能做好人生第一次选择外，还必须允许已作出选择的高中学生重新选择，要建立起不同门类的高级中学在一定条件下相互承认学分、相互接受转学的机制。

因此，要重新研究高中阶段教育的性质与任务，规划高中阶段教育的门类与专业设置。在现存的普通高中（包括国家教委最近提出的四类普通高中）、职业高中、中等专业学校、技工学校的基础上，重新调整学校的分类与课程的设置，并理顺各类学校之间的关系。在文化课的设置上，要从国民经济与社会发展的现实与长远需要出发，在基本文化课的基本要求上（请注意，这里与下面所言都是基本的，也是最核心、最必要的，否则后患无穷），强调趋同，强调规范一致、共同达标，而且各类高中学校的这类基本要求，都应加强与社会经济生活的联系。至于各类学校的专业课程，也应该从科技现代化需要的角度，从经济发展要求劳动者具有转换岗位能力的角度考虑，强调通用的基本知识和技能的学习与培养；在技术类的学校之间，在普通高中与技术类学校之间，促进此类课程的接近与统一（例如，计算机课，基础性的金工、木工、电工课等）。

只有课程设置与教学要求有接近之处，不同门类学校之间才有可能在一定条件下相互承认全部或部分学分，才有可能达成相互转学。

要实现上述目标，在管理体制上、政策上也要做相应调整。许多国家的中等教育都选择了综合高中的模式，其教育行政部门把中等教育作为一个教育阶段统筹规划管理，这是有道理的，也有实际需要。我国目前对中等教育实行部门负责，分头管理，不但重复建设严重，浪费教育资源，而且不同门类学校之间互不往来，缺乏协调，不利于人才合理分流与建立再选择机制。应该创造条件，尽早统一领导体制。只有领导体制统一了，真正把所有门类的高级中等教育学校纳入统一发展规划了，其间的政策、管理办法、学制、课程等方面的矛盾才会逐渐得到解决。为了促进此项改革，可以在各类学校领属关系不变的条件下，先从改革会考制度入手，调整会考及升学考试政策。调整会考政策包括：调整会考科目，减少必考科目，设置选考科目，实行“必考＋选考”制度；扩大会考对象，使所有高级中等学校学生都可自愿参加；调整会考功能，使之逐渐成为国家高级中等教育文凭考试，学生获此资格，除了可以作为一定学历证明、从事某种专业工作以外，也能帮助其在一定条件下升入大学等。这样做还有一个好处：文凭管住了，办学及入学就可以适当放开，有利于动员社会力量兴办高级中等教育学校，有利于加快普及高中阶段教育的步伐。调整升学政策，就是说改变除了普通高中毕业生外一般不准其他门类高级中等学校毕业生考大学的规定，准许一切获得会考证书的学生报考大学。这也是建立再选择机制，是于社会于个人都有激励作用与实际利益的事。当然，这又要相应调整中专等类学校的管理政策，例如，改变农业人口升学转户口以及包分配的政策等。

三、尊重受教育者的选择权利

高中阶段的学生既然是成长中的选择主体，是正在继续学习

（这种学习包括知识能力的准备与身心的准备）的选择者，所以，管理高中阶段教育，一个非常突出的要求是要更加尊重学生的选择权利。

我国教育的最大优越性，是党和国家为我们明确规定了教育方针，向每个受教育者提出了具体的目标要求，从而保证一代人能够沿着正确的方向发展。但是，受社会与个人条件的限制，教育目标所规定的诸多要求在每个受教育者身上的实际达成度与侧重点都是不同的。“德智体全面发展”既不是一个人各方面的“齐头并进”，也不是所有人的“齐步走”“一刀切”。所以，在提倡全面发展的同时，要鼓励每个受教育者发展个性和特长。

上述认识，虽然并无新意，然而在实际的学校管理尤其是高中管理中却很难落实。实行多年的全国统一的选拔性高等学校入学考试以及“应试教育”的严重弊病，把学校和学生紧紧地捆在“一分之差定终身”的竞争战车上，在很大程度上抑制了学生个性特长的形成。虽然我们每年有上百万升学竞争的“成功者”，其中也不乏人才，却同时让更多同龄人（其中也包括一些“成功者”）或变成平均发展的庸才，或变成只知死记硬背的书呆子，乃至变成在压力下苦苦挣扎逐渐失去朝气、失去自信的失败者。从这种意义上说，改革高级中等教育特别是普通高中教育，改革高等教育入学考试制度，是普及高中阶段教育的前提，如果一切都原封不动地按现行模式那样去普及高中阶段教育，则会带来相当严重的负面影响。

从我国当前的社会经济发展状况与国民心态考虑，高等学校入学统一考试在近期内很难取消（当然，是不是必须维持全国统一考试，恐怕大有商量余地）。但是，为了减少这种过于划一的录取标准带来的负面影响，国家应该大力推进高校招生办法改革的试点工作，探索多种改革方案。例如，试行部分学校（或系、科）自主招生，由中学依据限定条件、名额，推荐优质学生报考；也可以适当扩大保送试点，并实行保送生试读制度，以建立反馈调控机制，强化保送方与被保送人的责任意识；还可以试行少数地方大学对走读生宽进严出和学分制的办法（面授加函授。申请读此类学校的学生可免入学考试，但会考成绩要达到规定等，例如，要求几科优或良，修业年限要稍长，然后参加严格的大学学科考试，凡在限定年限达不到规定学分者将被取消学籍）。凡此种种办法，一方面可为高校招生改革探索道路，有利于打破一统模式，为各类人才开辟接受教育与成长的机会，另一方面也会在一定程度上为普通高中改革松绑，缓解中学师生过重的心理压力。当然，这些试验都有风险，也会有这样那样的实际困难，但教育管理部门应该有“大胆试、大胆闯”的精神，一方面大力进行各种改革试验，一方面适当扩大地方对高教的管理权限。在高校招生改革问题上，权力部门偏于保守，顾虑太多，似乎是多年来此项改革始终缺乏突破的根本原因。

在当前普通高中的教学管理中，最大的问题是盲目地跟着高考指挥棒转，教学内容过于求全，教学要求过于求深，从而限制了学生的主动精神与个性特长的发展。一些学校、教师不考虑学生实际知识能力水平，从高一年级起即力图按高考要求授课，大量的重复性的作业与考试，把学生变成了被动的受训者。这种“应试教育”虽然可能提高部分学生的考试成绩，却往往影响学生的身心健康与发展的主动性，其消极作用，特别是对那些升学竞争失败者的消极作用，无论怎么说都是过于沉重了。一切关注民族未来的教育工作者，都应抵制短期效应的诱惑，都要有向国家民族前途负责的精神，在支持学生全面发展的同时，鼓励他们学会有所侧重，有所选择；要指导他们通过自学拓宽知识视野，掌握学习方法，形成兴趣特长；要引导他们自己发现生活中的问题，在探索中学习科学研究的方法，学会科学地认识世界的思维模式。这些要求对教学双方都是挑战，都有一定风险，所以除应辅之以高考改革等条件外，也需要社会及家长的理解支持。当前尤其需要加大社会舆论宣传的力度，应该破除陈旧的人才观、质量观，应该倡导按照“三个面向”

的要求改革我国的高中教育，还应该大力提倡尊重青年人的选择权力，让年轻人学会生活，学会自己生活，学会自己创造新生活。

为了逐步实现高中学生的主体地位，在高中教学中应该实行“降低起点、夯实基础、让学生主动成长”的策略。这些年来，由于一次性统考的社会功能过强，中小学生虽做了不少习题，但实际的思考分析能力、操作能力与全面修养水平并未同步提高，“高分低能”几乎成了中国教育的痼疾。特别是在实施九年义务教育课程标准以后，对义务教育阶段的文化课课程要求有所降低，而高中教学大纲调整力度不足，加上五天工作制的实行，以及为高考复习赶进度的需要，“课时不够”成了所有高中教师的共同感受。在这种情况下，压缩饼干式的教学，盲目攀比进度、难度的教学，大量增加课时剥夺师生休息权利的血汗教学等，成为高中教学中相当普遍的偏向。当教育管理者用分解升学指标的办法来管理教育，用学生考试成绩来评价教师、分配奖金之后，上述偏向带来的负面影响就更加强烈。因此，教育管理部门必须主动承担社会压力，要下决心，哪怕是影响一点升学率，影响一点分数，也要保证教学双方的主动性、积极性，为教学改革创造相对宽松的社会环境。许多优秀教师的经验证明，起点降低，进度放慢，尽管在初期会影响考试成绩，然而只要学生基础夯实了，信心增强了，最终的效果往往会比赶进度好得多。而盲目赶进度等加重负担的教学方式，即使对那些成绩优秀的学生也有不利影响，例如，会损害学生学习的主动性与学习兴趣，会滋长一些人的虚荣心，会诱使一些人过于谨小慎微、过分计较分数得失等。人们都懂得对植物不能拔苗助长的道理，在实际生活中，却有许多人在儿童少年身上重复同类错误而不以为怪，这实在是中国社会教育观念的严重误区。多年来我们重视学习在积累知识方面的作用，却往往忽视学习在促进人的发展方面的价值，重视以知识为人的发展基础，却往往忽视发展其身心品质。应该说，这种带有普遍性的“忽视”给我国的基础教育带来了严重的不良影响，已到了彻底解决的时候了。

尊重学生的主体地位，让学生在选择中学习选择，是高级中等教育适应社会主义市场经济需要的要求；从学生实际出发组织教学，鼓励学生根据社会需要、自身条件来确定个人的学习重点与发展方向，又是这些接近成熟的学习者实现主体地位的基本标志，我以为这就是高级中等教育教学改革应该努力实现的目标。

四、加强高中阶段教师队伍建设

加强教师队伍建设，是提高教学质量的关键，这已经引起各方人士的广泛关注。考虑到普通高中的性质、任务及深化改革的需要，在高中教师队伍建设中，我认为应该特别注意以下两个问题。

首先，要进一步把握队伍建设的方向，明确队伍建设工作的重点。在小学生心目中，最好的教师是充满爱心的老师；在初中生心目中，最好的教师是人品好的老师，是能够公正无私地对待他们的老师；而一个高中学生关注的是教师的学识水平、文化修养，是专业知识的广度与深度（这样说并不是其他方面的要求不重要，只是说提到的这些方面对该年龄段的学生最具吸引力而已）。因此，高中教师队伍建设要在提高教师的全面文化修养与专业知识能力水平上下工夫，不但要鼓励教师成为本学科的教学专家，熟悉中学学科大纲与教材，而且要鼓励高中教师了解高一级学校的教学情况，关注与本学科有关的高新科技进展，以便高屋建瓴地从较高的学术层次上把握高中教学内容，指导学生学习。优秀的高中教师不仅能指导学生正确地学习教科书规定的教学内容，而且会引导学生理解人类认识不断深化的规律，激发他们攀登科学高峰的兴趣与决心。从这个角度说，高中教学既要遵循教学大纲，又不应该为大纲所限制。一个成功的教师，应该指导那些对该学科确有兴趣且学有余力的学生学得更多、更深、更活一点。这方面，由于受“应试教育”的影响与教师自身水平的限制，做起来很难，但这是培养尖子人才、全面提高高中质量必不可缺的一个方面。为此，要鼓励教师学习新知识，鼓励教师加强与大专院校教师及科研、科普工作者的联系，乃至鼓励有条件的教师参与科学研究。当前，由于高中教师队伍数量不足，教育管理部门往往不太敢支持中学教师在专业方面的深造。其实不要怕教师“不务正业”，不要怕确有造诣的中学教师“跳槽”到高层次的教学科研机构去，因为大家都“取法乎上”，即使有部分优秀者离开了中学岗位，也会带来队伍素质的全面提高。

其次，加强高中教师队伍建设的另一个关键是调动教师工作的主动性，为教师创造能够主动工作的条件。优秀的教育管理者，应该通过自己的工作，让不合格的教师成为合格的教师，让合格的教师创造性地工作。一些教育管理部门对学校教学管得太多，限制得太死，且往往与各种奖罚条例配套，学校教师几乎变成种种统考统测或教学指导书练习册的提线木偶，不准越雷池一步，这怎么能发挥教师的主动性呢？又怎么能让教师创造性地劳动呢？所以，要限制这类复习资料在学校里的应用，要取消或大大减少统测统考。首先由管理者给教师松绑，教师才能给学生松绑，学生才能生动、活泼、主动地发展。成功的教师，不仅不应该用别人的（哪怕是权威的）现成教案来应付自己的学生，而且应该区别对待每个学生，给他们提供选择机会，提出切合学生个人实际的建议。一位英国教育专家认为，当教师自己编写或重组教材时，其教学效果最好。受各种条件限制，我们不能要求每位中学教师都自编教材，但在教学内容、教学目标、教学进度、教育技术以及复习考核方式等方面，给一线教师更大的权力，则是十分必要的，也是完全可行的。只有改变陈旧的教学管理方式，严格制止仅凭学生成绩奖罚教师的错误做法，才会真正赋予教师更大的教学自主权，这是加强普通高中教学管理的重要方面，也是加强普通高中教师队伍建设的基本要求。

当然，各地各校情况不同，高中教师队伍建设中存在的问题与现实的要求也会有很大区别。上述两点建议，针对的既是当前高中教学管理中比较普遍的偏向问题，又是进一步提高高中教育质量的关键问题，应该引起大家的注意。

（原载《中小学管理》1996 年第 10 期，署名劳文）

8

强化政府行为，改造基础薄弱的义务教育学校

1986 年颁布的《中华人民共和国义务教育法》（以下简称《义务教育法》），规定公民必须送子女接受义务教育，就是说，义务教育是强制性的。那么，公民就有权利要求政府提供合格的学校，提供均等的机会，让他的子女受到与其他公民一样的对待。义务教育的平等性，是义务教育的基本特点，是义务教育强制性的前提，否则公民有权拒绝“差的教育”，拒绝让自己的子女“入另册”到“不合格”“信不过”的学校去受教育。从这个意义上说，办好每一所学校，消灭让公民不放心的学校，促进义务教育学校办学条件的标准化、均衡化，就是地方政府实施《义务教育法》的最重要的责任，是政府在督促公民履行让子女接受义务教育时，必须先行尽到的法律义务。

因此，一些已宣布普及九年义务教育的地区，群众对部分学校办学条件与其他学校，特别是与名优学校相去甚远、教育教学质量低下的状况反应强烈，并认为这些学校让人“不放心”“信不过”，是基础薄弱学校。这是社会公众在维护自身合法权益，也是公众在督促地方政府全面履行实施义务教育的责任。

当然，我国地域辽阔，城乡之间，各个不同发达程度的地区之间，目前尚不可能有完全统一的义务教育办学标准，我们主张的办学条件标准化、均衡化，首先是指在同一地区经济背景的条件下，

政府应该按同一标准实施义务教育，不使各学校之间条件过于悬殊。

义务教育阶段之所以出现薄弱学校，就具体的每所学校而言，可能是受到地理环境、历史沿革、办学条件、师资水平、班子建设等各种因素影响；而从总体上说，主要是在颁布了《义务教育法》以后，地方政府与教育管理部门，未能清醒地把握义务教育的本质特点，沿袭了旧的管理思想与管理模式，其教育管理行为举措不当所造成或强化的。

这种政府行为的举措不当反映在两个方面。第一，教育管理者未能认清义务教育是平等的教育，继续扩大或支持社会扩大校际差距，在政策、师资、办学软硬件投入等方面过多地向“重点”“窗口”倾斜，甚至在领导者的感情投入上也只是关注那些样板学校，从而人为地拉大这些学校与一般学校的差距，引起社会、家长普遍的心态失衡。第二，对义务教育是国民教育，其根本任务是提高国民素质这一性质理解不深，所以对薄弱学校问题的严重性认识不足，甚至以“学校有差距是正常的”“一切工作都应有重点”为理由，在相当长的时间里没有把工作重点转移过来，摆不上领导者工作日程，甚至满足于“自己跟自己比也有进步”，听任这些学校处于被遗忘境地。

这样，一方面是极力加强重点，一方面是以各种理由（甚至是以难以突出“政绩”为理由）放松、放弃对薄弱校的改造工作，使本来就存在差距的学校之间更加不平衡，从而严重地影响这些地方全面实施《义务教育法》。

所以，从根本上说，“投入不足”是制约教育发展也包括制约义务教育发展的根本问题，人们当然希望并力促政府增加投入。但是，我们也必须承认，这种对教育投入的使用不当，也是制约义务教育健康发展的重要原因。在力争增加投入的同时，必须充分关注其合理分配问题。

薄弱学校的存在，还与社会性的教育观念陈旧有关，在某种意义上可以说，薄弱学校是“应试教育”必然造成的恶果，是单纯用考试指挥教育给基础教育带来的惩罚。

在实施《义务教育法》以后，每个儿童少年都必须经过九年义务教育，所以个人实现其社会化的转变，基本上是在学校里完成的。儿童先天的差异并不明显。那么，为什么经过六年或九年的教育，会出现“双差生”呢？我们是依据什么标准来判定儿童少年的“优”“劣”呢？都说薄弱校“生源差”，这些“差”的生源又是怎么形成的呢？

当教育从少数人走向多数人以至变成所有人的权利时，教育的内容与形式，教育的性质与功能，必须随之而变化。普及九年义务教育，把教育施加于每一个儿童少年，就必须考虑其于每个儿童少年的发展是否有利、是否有用，就应该从全体儿童少年的发展的要求来规定政策，把握工作方向。由于我国有几千年精英教育的影响，而实行义务教育不过十年，应该承认我们对上述问题的思考深度并不够，我们的工作也未必都得法，而相当一些“双差生”恰是教育不得法造成的。

社会上各行各业的人需要不同的知识、能力结构，其发展轨迹也相去甚远，加上每个儿童少年先后天条件也有区别，本不应用同一把尺子去简单地予以评价，更不宜依据这种评价而过早地给予过分悬殊的对待。因此，我们强调义务教育的平等性，并强调义务教育的普遍适应性或基础性，以为各类发展倾向不同的人创造相对宽松的成长环境，让每个儿童少年都有可能成功。

然而，由于种种社会原因（如家长期望值过高，普遍迷信考试的“公正性”，早期成才的宣传误导，等等），由于我国教育、社会改革特别是招生考试制度改革、人事劳动制度改革相对滞后，长期以来，简单的以一次性文化科考试定优劣的招生考试制度对教育、对人的发展造成了相当严重的负面影响。归根到底，我国目前只有不足8%的同龄人可以升入高等学校，建筑在层层选拔、层层准备应付这种选拔考试基础上的教育制度，怎么会不挫伤那92%的人的积极性呢？又怎么会不给这8%的“成功者”以过大的心理压力呢？在要求社会、要求基础教育克服“应试教育”的影响的同时，是不是也必须着力对这种以高考为代表的“一分之差定优劣”的考试制度加以改革呢？

要想彻底解决薄弱校问题，必须大力推进基础教育从“应试教育”向素质教育转变，必须积极进行义务教育的教学内容、教学方式的改革，必须从社会经济发展的实际需要与儿童少年身心发展的规律出发重新审视、确定义务教育的教学要求和质量标准。唯智主义的教育思想在我国基础教育中的潜在影响是比较强大的，学科中心、教师中心、教材中心的教育观念比较适应目标单一、标准划一的“应试教育”模式，而并不符合实施素质教育的需要。因此，必须全面推进教材教法改革，必须给每个学生创造成功的机会，必须让下一代的潜能得到全面开发。

普及义务教育，并不是把过去施加于少数人的教育简单地移到全体学生身上，也不是把所有的学校都“提高”到重点学校水平，这样要求既不合理，也不可能实现。因为，过去的要求，更多地是考虑升学的需要，考虑学术研究人才的成长需要，而没有全面顾及大多数操作型人才的成长需要。如在科举时代，会背四书五经是对一切上私塾孩子的基本要求，而兴新学之后就在这方面“降低质量”，教育“普及”与“非普及”，施加于少数与施加于多数，一定会有不同质量标准。不变化，就无法普及；硬性普及，就会出现“差生”“差校”，就必然挫伤一批人的积极性，也必然会影响教育满足社会经济发展多方面多层次的需要。

所以，要彻底解决基础薄弱校问题，就要改革基础教育，要改变一些对中小学习惯的想法与习惯的做法，努力创造一种真正面向全体学生的德、智、体全面主动发展的教育。

薄弱校的出现并成为问题，实际上是在颁布《义务教育法》以后，社会性的对义务教育的性质、功能、政策、内容、方法等缺乏全面统一的认识的反映，是对义务教育的领导管理未能跟上时代发展的反映，也是基础教育诸多因袭下来的困难与问题的集中反映，甚至还是经济转型期各种社会矛盾的一个重要的反映。因此，解决这个问题并不容易，要有配套的政策，要动员社会各方面的力量，调整政府行为，加大教育改革及社会、人事、劳动改革的力度，从这个意义上说，基础薄弱校问题的整体解决不会立竿见影，需要有一段落实工作要求的时间。

但是，这并不意味着这个问题可以久拖不决，也不是对于各级政府没有紧迫意义。因为归根到底，它涉及我们将以什么样的准备去迎接 21 世纪国际竞争的问题，所以各级政府与教育管理部门应该从执行法律严肃性的角度，以只争朝夕的精神来创造条件，尽快交出一份让本地区公众满意的答卷。

从各地成功地实施九年义务教育的经验看，关键是要解决政府领导层的认识问题。要通过人大、政协等各方面的监督、舆论力量，督促政府全面履行实施义务教育的责任。建议把限期改造基础薄弱校、推进义务教育办学条件标准化列入政府责任目标，由各地政府领导人每年向人大、政协会议专题报告，接受审议咨询；凡在这方面动作不力、态度不坚决的地方，不能评选教育先进区县，已达标的要撤销其义务教育达标资格，乃至在评议政府工作时可以一票否决。因为，如果地方政府不关注薄弱校问题，就是不关心本地居民的人口素质，不关心本地社会经济的长远发展，也是不关心本地区的长治久安。所以，在这个问题上强化对地方政府的约束、监督机制，是十分必要的。

薄弱校的建设问题，必须同实施素质教育结合起来，必须同正确认识市场经济与教育的关系，坚决制止各种借教育以牟利的活动结合起来，也必须同高考、中考等考试招生制度改革同步进行。薄弱校建设之所以主要是政府的责任，是社会的共同责任，其原因即在于上述种种结合的要求，都必须政府牵头，社会共同参与，而不是一两所学校能独立完成的。薄弱校改造成功的标志，主要不是一两所学校办学的硬件条件有无改善，也不是那里的师生能否靠血汗教学或其他办法把升学率搞上去，更不是要求哪所学校可以靠某种优惠政策去从更困难的学校挖几个好学生。这个问题根本解决的标志，是地区义务教育条件比较均衡，社会各界对学校普遍认可，中小学教育思想普遍比较端正，所有学生都可以在比较宽松自由的环境中全面发展，学校教师都可以全面贯彻党的教育方针。

（原载《民主》1996 年第 11 期）

9

关于实施素质教育的几点认识

一

素质教育口号的提出，是中国社会经济发展步入新的历史阶段的反映，是整个社会对经济社会发展与教育发展关系的认识产生飞跃的表现。

中国经济改革的根本问题，是推进经济体制改革和经济增长方式的根本转变。十年浩劫之后，首先解决管理体制问题，调动劳动者的生产积极性，可以说安徽的“大包干”尝试，启动了我国经济体制改革的车轮，经过二十余年的积极探索与多方验证，我国终于确立了实行社会主义市场经济体制与建设现代企业制度这条体制改革之路。尽管建立并完善社会主义市场经济体制还有许多困难要克服，还有许多工作要做，但是，“坚冰已经打破，航程已经指明”，改变经济管理体制，已经成为不可逆转的历史潮流。

另一方面，经济增长方式转变的历程却要复杂得多。在经济体制改革前景尚不明晰时，其实并不具备推进经济增长方式转变的条件。因为中国经济发展除了存在体制性障碍以外，还存在数量增长的现实需求，我国经济发展起点低、基础设施相对落后，在土地、劳力、资本等有形投入方面下功夫，不但确实能够较快地增加地方产值，增加个人收入，从而获得较快的 GDP 增长速度，而且会为社会大众带来实在的利益；而且，在投资拉动经济的实际作用下，社会各方面都较难察觉转变经济增长方式的直接需要。相当长一段时间内，中国经济重复着多次经济发展速度上的大起大落，各式各样的热点，如基建热、开发区热、合资热、房地产热层出不穷，不但说明粗放型增长方式对经济发展的干扰，而且说明这种增长方式有其现实需要与可能，说明中国经济尚未进入必须转变经济增长方式的发展阶段。

20 世纪 90 年代以来，随着社会经济改革的进一步深化，我国整体经济实力进一步增强，粗放型经济增长方式带来的社会矛盾也日益明显，社会经济可持续发展理论逐渐为人们所接受，各方面人士才真正在“产值增加”与“经济发展”的关系上开始取得共识，才真正理解小平同志在改革开放之初即提出的两个文明一起抓，“百年大计，教育为本”的思想，才开始认识到，即使只讲经济发展，单靠劳力、资本、土地等有形投入来增加产值，不论是数量上还是时间上，都是有限的。经济发展的持续动力和恒久基础，是不断提高劳动生产率，提高经济增长的科技含量，提高经济发展的质量水平，而这三者，最终都是与人口质量（或曰国民素质），与科技、教育、文化、社会的发展分不开的。1992 年江泽民同志在十四大政治报告中明确指出：“科技进步、经济繁荣和社会发展，从根本上取决于劳动者的素质，培养大批人才。我们必须把教育摆在优先发展的战略地位，努力提高全民族的思想道德和科学文化水平，这是实现我国现代化的根本大计。”1993 年 2 月颁布的《中国教育改革和发展纲要》，以更坚定的态度宣称，“发展教育事业，提高全民族素质，把沉重的人口负担转化为人力资源优势，这是我国实现现代化的一条必由之路。”刚刚发布的《中共中央关于加强精神文明建设若干重要问题的决议》，也再次把“培养有理想、有道德、有纪律、有文化的社会主义公民，提高全民族的思想道德素质和科学文化素质”列入精神文明建设总的指导思想与总要求之中，并且将“实现以思想道德修养、科学教育水平、民主法制观念为主要内容的公民素质的显著提高”，纳入我国今后15年精神文明建设的主要目标。几年时间里，中共中央多次用中央文件的形式，反复强调提高民族素质的重要意义，明确教育在提高民族素质、促进社会经济发展中的先导作用，并最终提出了“科教兴国”的战略方针，可以看出党和国家在这个问题上的深刻认识与坚定决心。在这样的背景下去理解“实施素质教育”的要求，才能抓住素质教育的本质，才会有决心去推进这项工作。

实施素质教育，不仅是教育改革和发展的需要，也不仅是出于对受教育者发展权利的理解与尊重，从根本上说，它也是我国社会经济发展的需要，是努力开发人力资源、促进经济增长方式转变的需要，是我国迎接21世纪国际竞争，社会经济走向综合发展可持续发展道路的需要，是我国坚持建设有中国特色社会主义道路、促进全体国民共同富裕的需要。

提出实施素质教育的要求，标志着我国社会经济发展步入良性循环的历史阶段；也标志着我国教育“优先发展”的地位开始全面落实。把素质教育作为国家教育改革的目标，作为国家教育改革的方向，虽然是中国较早提出的，但是把教育、把人的素质同社会经济发展联系起来思考，把教育质量和国民素质作为国家社会经济发展的强大后盾，却是20世纪70年代以来许多国家政府和社会公众的共识，也是许多国家正在努力推进的教育改革方案的根本宗旨和基本动力。

早在20世纪70年代，著名学者阿历克斯·英格尔斯即提出，“(经济)最终所要求的是人在素质方面的改变，这种改革是获得更大发展的先决条件方式，同时也是发展过程自身的伟大目标之一”①。进入90年代，印度裔著名的发展经济学家、哈佛大学教授阿玛蒂亚·森则进一步指出，（经济）发展的目标应该是“人民能力增强，而不是增加人均产出”。他说的“能力”，不仅包括一般意义的生产能力、接受处理信息的能力，而且包括有充足的收入以购买食物、衣着、房屋，有充裕的时间享受闲暇和文化生活，以及有参与直接影响他们生活的决策能力等。② 在这里，他把经济增长、社会发展以及个人发展列入了同一指标体系中，这种“以自由看待发展”的发展观，对当代世界产生了重要影响。

实际上，20世纪80年代以来，许多国家都在研讨本国社会经济发展战略，研究经济发展与教育发展的关系。随着“人力资本”“开发人力资源”的理论逐渐被社会认可，许多国家也再次把改革教育视为本国迎接21世纪挑战的重要法宝。80年代末，联合国教科文组织邀请亚洲及太平洋地区教育学者、未来学者及各方面专家，展望21世纪亚太地区教育发展前景，经过讨论，与会专家一致认为，“教育的目的是培养并促进受教育者多方面的发展，如体能（包括营养和健康保护）、情感、智力、社会能力和道德水平等”③。显然，这一认识与我国提出的素质教育思想，在总体方向和具体要求上都很相似。在此期间，日本、韩国、马来西亚、瑞典、丹麦、美国等许多国家，都提出了本国的教育改革计划，其中也有许多主张与我国的素质教育的观点基本一致。例如，马来西亚在其1989年颁发的《国家教育宗旨》中宣称：“马来西亚的教育正致力于以整体和综合的方式进一步开发每个人的潜力，以造就智

①② 转引自孟宪忠，李今朝：《面向21世纪的社会发展理论与社会发展战略》，载《社会科学战线》1995年第4期。

③ ［印度］拉费·罗伊·辛格著，樊大跃等译：《21世纪亚太地区教育展望》，甘肃教育出版社1993年版，第36页。

力、精神、情感和体力平衡和谐发展的个人。这项努力要使马来西亚公民……能为改革社会和国家做出贡献”①。而韩国在其向联合国科教文组织第41届教育大会提交的报告中，阐明了韩国政府的主张，提出“教育目标之一是激发人民搜集、发展并向下一代传授国家文化遗产的积极性”，面对形势不断变化，“受教育者必须有广阔的知识，能适应复杂的人际关系”，“有健康的体魄”，并且特别说明“如果教育者不摆脱传统的知识传播的方式，不采用新方法来发挥创造潜力，国家将落在后面”。为此他们提出了“具有个人特性的教育”“教育为了未来”“不断完善教育”等改革教育原则②。

在这方面，日本的教育改革经验，对我们有更多的启发意义。从1984到1987年，日本的临时教育审议会先后提出了四次审议报告，对当时被美国人称之为“某些成就如同其经济发展一样的是独一无二”的日本现代教育提出了严厉批评。如1985年提出的《关于教育改革的第一次审议报告》中，批评日本的教育“过多培养以死记硬背为中心的、缺乏主见和创造能力的、没有个性的模式化人才，这些人往往很缺乏作为日本人的责任感”，报告又对以“激烈的入学考试竞争、欺负弱小同学、逃学、校内暴力、青少年道德行为不良等”为标志的“教育荒废”现象进行指责，提出了改革教育的八点指导思想，其中包括“重视个性的原则”“重视基础”“培养创造性思考和表达能力”“适应国际化社会”等。在阐释这些原则时，报告特别指出，“所谓个性，不仅指个人的个性，同时还意味着家庭、学校、社区、国家的文化和时代特性。各个个性之间不是毫无关系而独立存在的”，“自由伴随着对社会的神圣责任。但当人们生活在自由选择增多的社会里的时候，一面享受着自由，一面又

① 《市场经济与教育改革》，第251页。

② 国家教育发展研究中心、中国联合国教科文组织全国委员会编：《三十五国教育发展》，人民教育出版社1990年版，第748页。

为自由尽自己的义务”；还说，“我们必须强调德、智、体协调发展，再加上实践与技能的培养教育”，“教育不仅仅是单纯获得知识和信息的途径，还必须重视自如的运用各种知识及技能，培养独立思考、创新、活用的能力”。报告分析了由于“学校中存在过于激烈的考试竞争，使学生之间，甚至师生之间失去了正常谈心和交流思想的机会，有时失去友情和相互间的信赖”，“学生们失去了在大自然中相互进行切磋的机会”，“因此，今后需要重新考虑学校，家庭和社区的教育职能，探索家庭和社区教育的新方式”等等。① 虽然在以后提出的几次报告中，对若干提法进行了调整，例如八点指导思想被归结为“重视人性的原则”等三项要求，但是改革的总体方向，对日本教育弊端的批评精神则全部保留下来了，并且作为迎接21世纪的教育改革设想，对推进日本教育改革发挥着重要的影响。

在思考我国基础教育改革问题，思考我国由“应试教育”转向素质教育的必要性时，上述国际教育改革的动向，尤其是经济发达国家的改革实践，对我们有相当的启发与借鉴意义，必能增强我们推进基础教育改革的决心与信心。

应该怎样理解“素质教育”这一概念的内涵？教育学家，心理学家可以从不同学科的角度，作出各种不同的解释。实际上，作为教育改革的目标，它是一个约定俗成的概念，是根据全面贯彻党的教育方针，转变人才培养模式，提高国民素质的要求，由实践教育工作者创造出来的概念。

李岚清副总理指出，“素质教育体现了基础教育的本质，它从‘培养有理想，有道德，有文化，有纪律的社会主义公民’出发，以全面培养受教育者高尚的思想道德情操，丰富的科学文化知识，良好的身体和心理素质，较强的实践和动手能力以及健康的个性为

① 国家教育发展研究中心编：《发达国家教育改革动向和趋势》（一），人民教育出版社1986年版，第36页。

宗旨。面向全体学生，为学生学会做人，学会求知，学会劳动，学会生活，学会健体，学会审美打下扎实基础，使学生在德，智，体等方面得到全面协调的发展”①。

国家教委副主任柳斌同志认为，“素质教育是与应试教育相对的，它是以全面提高公民思想品德，科学文化和身体、心理、劳动、技能素质培养能力，发展个性为目的的基础教育”，相对于“应试教育”来讲，素质教育是“符合教育规律的更高层次，更高水平，更高质量的教育”。② 在另一次讲话中，柳斌同志强调素质教育有三个“要义”，一是“面向全体学生”，二是“要德智体美全面发展”，三是“要学生主动发展”。③

何东昌同志认为，素质教育就是“为实现教育方针规定的目标，按照教育规律，以使学生在德、智、体等方面素质全面地得到提高为主要目标并不懈地进行革新的教育”④。

陶西平同志认为，“素质教育是以全面提高全体受教育者的基础教育水平和个性发展水平为目的的教育”，并且认为小平同志提出的培养人才的“质量标准”是“使受教育者在德育、智育、体育几方面都得到发展，成为有社会主义觉悟的有文化的劳动者”，以及要“使我们的各民族人民成为有理想，有道德，有文化，守纪律的人民”的论述，是“明确了我国教育的培养目标，概括了素质教育的基础内涵”。⑤

---

① 李岚清：《基础教育是提高国民素质和培养跨世纪人才的奠基工程》，载《人民日报》1996 年 4 月 12 日。

② 柳斌：《关于素质教育问题的思考》，载《人民教育》1995 年第 7～8 期。

③ 柳斌在全国督导室主任会议上的讲话。

④ 何东昌：《坚定信心，实现基础教育转变，保证教育全面提高》，载《人民教育》1996 年第 5 期。

⑤ 陶西平：《学习邓小平教育思想，加快基础教育改革》，载《中小学管理》1995 年第 6 期。

比较上述对素质教育的分析，可以看出素质教育与党的教育方针的内在联系，也可以发现上述阐述加深了我们对教育方针的理解，强化了其中若干要求。例如，在德、智、体等传统要求之外，论者大多特别提到了心理素质、劳动技能等要求；又如在强调全面发展的同时，论者大多提到了发展个性的问题；再如论者大都强调了学生要“学会”（重点为笔者所加）、要“主动”，是“更高水平”“更高质量”等。这些新的理解或强调，并不偶然，是与前述世界教育发展趋势一致的，或者说，是广泛借鉴世界教育发展趋势得出的新认识、新要求，是我们创立以提高民族素质为目标的教育模式的历史性尝试。归根到底，素质教育就是按照党的方针，促进全体儿童少年在德、智、体诸方面全面、主动地发展的教育，就是以人为核心，促进每个个体在与社会发展目标和谐一致的条件下，主动开发个人潜能，以争取个性最佳发展，努力为人类为国家作出最大贡献，并幸福美满地度过个人一生的教育。素质教育是一种全新的教育模式，是以提高全民族素质为目标的全方位社会性教育改革。它不仅仅是一个口号、一个方向性的期望，而应该是一个行动计划，是可操作、可检测的具体的改革教育的实践活动或系统工程。

只有这样理解素质教育的主张，才能解释为什么在有关法律、文件中已经明确了党和国家的教育方针之后，还要提出素质教育的要求，也才能说明实施素质教育，并不是游离于党和国家教育方针之外的事情，恰恰相反，它是保证在社会主义建设新时期全面深入贯彻党的教育方针的有力措施。

二

关于素质教育的特点，教育理论界有过很好的概括。陶西平同志较早提出了“整体性”“全面性与综合性”“因材性”“实效性”四个“基本内涵”；陈孝彬教授则从五个方面分析了素质教育的特点："坚持从学生实际出发""面向全体学生""学习对学生来说既是艰苦又是愉快的事情""教育过程有些是线性的，而大量是非线性的""提高教学质量必须从改变教学结构和教学方式人手"，以及"学习是学生的自觉行为"。而杨银付同志在归纳了各家说法后，提出素质教育的特性是"主体性""全体性（包括差异性）""全面性（整体性）""基础性""普遍性""发展性"六点。对比上述诸家说法，在全面性、全体性以及主体性或主动性上，认识比较一致，而对差异性、基础性、普遍性的说法则有所区别。如果从中小学教育实现由"应试教育"向素质教育的转变，从承认中小学教育本身的基础性特点的角度去归纳，我以为素质教育的特性主要有以下四点，即全员性（或曰全体性、大众性）、整体性（一般叫全面性）、主体性和差异性。

全员性，指素质教育的着眼点与着力点都是面向全体儿童少年，旨在促进每一个学生的发展。这本是党的教育方针的一贯要求。但在社会经济条件的制约和旨在选拔的"应试教育"影响下，长期以来并未真正落实。

承认教育对象的全员性，就意味着不但要保障儿童少年受教育的权利，而且还应给他们以均等的机会，促使每个人都获得成功。这方面，瑞典的做法是个突出的例子，20世纪80年代中期，瑞典议会通过了一个教育工作目标："建立适合于所有人的学校，而不仅仅是让所有的学生上学读书。每一个人，无论其经济、社会和文化的背景如何，都需要并有权享受好的教育。这同时也意味着学习不好的学生应获得成功"①。这种全员性的原则贯彻得是如此坚决，所以瑞典学校甚至为生活不能自理的残疾儿童，为完全不懂瑞典语言的难民、移民子女设立了专门的课程，聘请专门的教师与辅助人

① 国家教育发展研究中心、中国联合国教科文组织全国委员会编：《三十五国教育发展》，人民教育出版社1990年版，第583页。

员；他们还在学校中取消考试，取消留级，千方百计地保护学生的自尊心，帮助学生学会某些生活、劳动技能，以使他们尝到“成功”的欢悦。

当然，受到经济条件的限制，我国尚不能像瑞典那样全面地实施义务教育（不但许多残疾人，即使是身心完全正常的流动人口子女的入学问题，现在也未完全解决），但是，应该从这些做法中得到启发。尊重人的发展权利，努力开发每个人的潜能，从而尽量地努力增加社会发展的积极力量，减少社会发展的障碍，这不但是社会主义教育的根本性质要求我们的，也是最好地保障社会主义共同利益的手段。所以坚持教育对象的全员性，是素质教育的根本特点之一。这种全员意识，应该体现在教育政策制定、内容方法选择以及整个教育实施过程之中。

整体性，又称全面性。即要求受教育者德、智、体诸方面全面发展，要让受教育者成为有理想、有道德、有文化、有纪律的社会主义建设者和接班人，形成合理的包含思想品德、知识技能、身体心理诸方面要求的素质结构。例如，一些国内外专家在 1984 年就提出七条 21 世纪人才的素质要求：“积极进取、开拓精神；崇高的道德品质和对人类的责任感；在急剧的变化和竞争中有较强的适应能力；有宽厚、扎实的基础知识和基本技能；学会学习，适应科学技术领域的综合化；有多种的个性和特长；具有与他人协作和进行国际交往的能力。”①。

对人的发展的全面性，应更多地从人发展的整体性的角度去解释。人的发展应该是全方位的。德、智、体、美、劳各方面，身体、心理、技能、知识、品德、情操等都是人发展目标的组成部分，人不是工具，不是马戏团的动物，不可能也不应该进行畸形、

① 安文铸：《教育管理者面临着什么样的“新时期”》，载《中小学管理》1995 年第 4 期。

片面的训练，不能只关注某一方面的“特长”而使人的整体发展受损。因为每个人都全面享有生活的权利，每个儿童少年都可以而且应该拥有丰富情感与各种生活要求。

强调发展的全面性，还应避免对人求全责备，不能把人当成机器来全面“组合”或全面“训练”。德、智、体诸方面的要求，是人正常发展的必然趋势，是生命自身发展的需要，而不是强加于人身上的外在要求。叶澜教授指出：“生命有各方面的需要：生理的、心理的、社会的、物质的、精神的、行为的、认识的、价值的、信仰的；任何一种活动，人都是以一个完整的生命体的方式参与和投入。”① 所以，只要不是外在影响畸形化，各种活动对人发展的影响总是全面的。例如人们听一首乐曲，不但会对其情感过程产生影响，而且必然会对其知识、思想、处世为人等各方面发生潜移默化的影响。

在理解和实施素质教育时，一要反对教育目标片面化，把人当成考试机器去训练是一种片面化的培养目标；二是要反对把全面发展的要求绝对化，求全责备，多方训练，也会扼杀个性，会妨碍儿童少年真正实现全面发展。

主体性，又称主动性。马克思主义认识论告诉我们，内因是变化的根据，外因是变化的条件，外因要通过内因起作用。因此，学生的学习过程，必然是主动获取、主动发展的过程，而不是被动地接受灌输或塑造的过程。但是，由于儿童少年的自我意识以及兴趣、爱好、特长等个性心理品质，都是在接受教育的过程中，在成人的影响下逐渐形成，并逐渐对其自身的学习实践活动产生影响的（一个一年级小学生与一个即将毕业的大学生，他们的主体性与自我意识水平必然相去甚远）。于是，成人（包括教师）往往会忽略

① 叶澜：《时代精神与新教育理想的构造》，载《教育研究》1994 年第 10 期。

这种每天都在发生的微小量变，并最终导致对其主体地位的忽视。多年来，我们的教师习惯于“我说你听”“我讲你做”，越俎代庖地替学生做选择、做决定，最终把教育过程变成简单的训练过程，甚至是简单的“刺激—反应”过程。

是否真正尊重学生的主体性的基本标志，是看我们是否承认学生有犯错误的权利，是否给他们改正错误的机会。儿童少年是自己生命的主人，有权利探求学习与发展的机会，这就意味着他们有权利失败，有权利在失败后重新开始，有权利在失败后作出别样的选择。然而，我们这里太多的是成人强迫儿童少年接受自己的意志，是不许他们犯错误（例如，要求孩子考试得100分，要求孩子每次作业都得小红旗之类），是犯一点错误就严厉惩罚（例如，差一两分就入另册，分入不同的学校、班级，用各种办法将落后者示众，羞辱他们等）。这类做法只能迫使儿童少年亦步亦趋地模仿成人，做教育者的“应声虫”“传声筒”，既无法构建他们的主体地位，也不能帮助他们主动地发展自己。

差异性。承认素质教育的全员性，就必须同时承认素质教育的差异性。人与人的差异，不仅仅表现在学生先天的遗传因素有区别，而且表现在其身心成长与智能发展的后天条件有区别，因而其逐渐形成的自我意识水平与兴趣、爱好、个性特长也有区别，每个人的发展方向、发展速度乃至最终能达到的发展水平都会是不同的。教育者应该尊重这种差别，针对这种差别开展工作。尊重，包括承认个人的选择权利，承认个体有脱出常规模式确定个人发展方向与发展方式的权利，乃至承认个体有落后的权利。针对差别开展工作，就是说，差异既是教育的出发点，又是教育的最终结果，不应该也不能够用同一模式要求所有的受教育者。

我们不否认个性当中有共性，也不否认人类社会对其成员必然有某种共同要求，例如，应有基本的读、写、算以及动手能力，有创新意识，尊重社会公德，等等。但除了最基本的要求（其内容要认真研究确定）以外，所有的社会性要求，都应是成人对下一代的一种劝告、一种建议、一种为其准备好可供选择的发展条件与发展机会，而不能是一种强迫。成功的教育是为受教育者提供发展机会，提供可选择的学习框架，而不是强迫他们“达标”，更不能以其是否“达标”来记录优劣，给予奖罚，特别是在成人把这些“目标”定得过高的时候，就更不能这样做。

任何一种划一的强制性目标要求，哪怕是身高或体重，也会成为一部分儿童少年“过重的负担”，成为他们被人嘲讽，被人蔑视的“理由”。所以，在确定教育目标系统（在任何时期，这种共同性要求都有其必然性）的同时，就应同时承认这个目标系统是开放的，是可选择的，因而承认例外，尊重例外。承认人的差异性，不轻易以简单划一的标准去分优劣，鼓励人才的多层次与多规格，正是素质教育区别于“精英教育”“应试教育”的最大特点。

三

综上所述，素质教育是一项涉及教育性质、教育功能、教育制度以及教育内容方法等诸多方面的全方位、综合性教育模式的改革，是涉及价值观念、人才观念、教育质量观念以及劳动人事、考试招生制度的社会性教育改革。它是我国为实现经济工作的两个转轨，为实现社会可持续发展，为实施科教兴国战略方针而必须进行的具有根本意义的教育改革，是自教育管理体制改革以来，中国基础教育最深刻的改革。

在听取汨罗市教育改革经验的汇报时，李岚清副总理就如何实施素质教育提出了四点要求：一是“转变观念，特别是各级领导的观念”；二是“创造一个较好的素质教育的外部环境”；三是“构建素质教育的运行机制，包括有效的导向机制，有力的制约机制，科学的评估机制，广泛的社会参与机制”；四是“对校长、教师提出更高的要求”。由此可知，实施素质教育，首先是政府行为，是必须由各级政府及其教育管理部门来负责的教育改革。

实施素质教育之所以首先是政府行为，是由这项改革的深刻性与影响的广泛性决定的。素质教育要求我们把全体儿童少年的全面主动发展列为基础教育必须实现的硬任务，要求我们改变只重视知识传授，忽视个体知、情、意、行全面发展的做法，特别是还要求我们为全体受教育者创造主动发展的社会条件和教育机会，这些都不仅是学校校长、教师的事，也不是仅靠教育工作者努力即能奏效的。加上它还涉及社会与家长、学生利益格局的调整，没有政府统筹协调，就不可能获得成功。

其次，素质教育是教育模式的改革，是涉及宏观教育管理制度与运行机制的变革，必须由各级政府宏观把握、全面决策，这是此项改革首先是政府行为的第二点理由。在学校专业设置、学制、考试招生制度以及社会劳动人事制度等方面，要有完整的规划设计，有通盘的改革设想；至少也要有地区性的相互衔接、相互协调配合的政策规定，这些事情不仅教育管理部门要主动研究，还必须有政府的人事、财政、劳动计划等部门的共同参与、通力合作。例如，正因为汨罗市政府把限制复读生的要求列入了乡镇政府领导人的责任目标，才使教育部门实施素质教育有一个良好的开端，才避免了学校与复读生家长的直接冲突。

最后，实施素质教育之所以首先是政府行为，也是由这一改革的全面性决定的。为了实施素质教育，我们必须对基础教育的教育目标、教学要求乃至课程、教材做出必要的调整，从时间、空间上保证受教育者自主发展的机会；我们还必须帮助校长、教师转变观念，学会方法，以适应新的任务。这些都必须有全国、全省、全市的统筹安排，都要由政府保证其运作条件。至于全面实施素质教育还需要办好每一所学校，为所有中小学生提供比较均衡的发展条件等，则更是地方政府责无旁贷的任务，也是全面落实《中华人民共和国义务教育法》（以下简称《义务教育法》）的执法要求，必须由政府负责。

凡此种种，都说明实施素质教育，首先是政府行为。其实自20世纪70年代以来，世界各国的教育改革都带有政府行为的色彩。各国都由政府或政府指定研究机构研究本国的教育教学改革，力图为下一代公民提供更科学、更切实的发展条件，并由政府制定与颁布教育、课程改革计划，如美国“2061计划”之类。教育改革逐渐上升到政府行为是一件好事，教育改革由教师行为（主要是教学方法改革）发展成学校行为（教育管理改革、教育思想改革，如校长负责制、愉快教育、成功教育等），再发展上升到政府行为（如全方位的社会性教育模式改革：素质教育），正反映了教育改革的逐步深化，反映了教育改革的力度在加大，反映了社会对教育的愈加重视。深层的改革必然包括对浅层改革的要求，强调实施素质教育的责任首先在政府，并不会减轻学校、教师的责任，正相反，由于这项改革涉及从政府到学生家长等各个方面，学校的校长、教师所面临的改革任务会更全面、更深刻、更艰巨，所受到的社会监督也会更直接、更及时、更深入。

四

在推进素质教育改革的过程中，对《中国教育改革和发展纲要》提出的“中小学要由‘应试教育’转向全面提高国民素质的轨道”，对《中华人民共和国国民经济和社会发展“九五”计划和2010年远景目标纲要》提出的“改革人才培养模式，由‘应试教育’向全面素质教育转变”的提法，有些同志表示不理解，认为“转轨说”有“否定一切”的味道，对“应试教育”的提法感情上难以接受等。这是推进基础教育“转轨”的主要思想障碍，应给予必要的解释说明。

首先，实施素质教育是社会经济发展进入新阶段的要求，是我们对社会主义现代化的含义认识深化的结果。正因为时代变化了，社会经济发展对教育提出的要求变了，所以教育自身也必须随之变化。这里并不是或说主要不是“今是昨非”或“昨是今非”的问题，提倡“转轨”或“转变”并不意味着否定过去的一切，更不意味着否定一些事物在“昨天”的合理性。

对比20世纪80年代以前，我们对“什么是社会主义”“什么是社会主义的经济管理体制”“什么是社会经济增长的主要方式”等问题的认识，都与今天相去甚远；而可持续发展理论、“科教兴国”战略等初步成为全党及全国的共识，并在生活中开始付诸实践，应该说也只是近年来，特别是十四大以来的新事情。这些社会经济发展的变化情况，已经并必然对教育产生深远影响，不论把教育视为上层建筑，还是把教育看成是人类社会再生产的一个必要环节，它都必须适应并服务于社会经济发展的需要。因此在我国社会经济迈入新阶段，在我国社会经济发展发生飞跃变化、发生“转轨”的时候，说教育也应该“转轨”或“转变”，就是题中应有之义，而不含任何褒贬的色彩。相反，如果以为为昨天计划经济服务的教育可以原封不动地适应社会主义市场经济的需要，那才是犯了历史性的错误。

其次，“应试教育”作为一种教育模式，在中国存在了几千年，它当然有其存在的社会基础，也有其存在的历史必然性。一般来说，凡是存在“选拔”“招聘”，被选一方难免会有“应试”的准备，在非普及教育的条件下，在社会地位、待遇差别甚大的条件下，为争取机会的应试训练有其不可避免性。从这个意义上说，实现“转轨”首先是义务教育的事情，而在其他教育阶段，某种程度的“应试教育”影响还会较长时期存在。当然，从我国社会发展需要考虑，从国际上大力开发人力资源的现状与我国参与国际竞争更需要创造型人才的角度考虑，在这些存在强烈选拔竞争的教育领域，也要努力实施素质教育，也要大力推进人的全面主动发展，这也就是为什么中央要向整个教育领域提出“转变人才培养模式”要求的原因。

“应试教育”的负面影响，主要表现在它对“多数”的忽视，乃至为了少数而在一定程度上忽视甚至牺牲了多数。所以，“应试教育”的“成功者”，那些被选拔出来并加以特殊培养的人，是可以也应该成为人才的，不但新中国的“应试教育”可以培养人才，资本主义的“精英教育”，旧中国的半殖民地半封建教育，隋唐以来的科举制度，何尝没有“培养”出人才来？关键是人才规模，是代价的大小，是面临21世纪的挑战，这样的办法还行不行，够不够？这样的办法能不能满足“全面提高国民素质”的社会发展需要？

从另一方面说，在面临新时期的挑战时，“应试教育”即使对那些成功者来说，其负面影响也过于沉重。这种以某种硬性指标作为选拔标准，鼓励儿童少年个体之间“你上我下”“你优我劣”的以一分之差定英雄的“竞争”，并不利于每个人的全面发展，更不利于他们做自己的主人，去发展或发挥创造精神，当然也不利于激励他们从切身感受中形成关心社会、关心他人、努力在实现社会共同发展目标中发展自己的精神品格。近年来，随着儿童少年年龄的增长，知识的加多，学历层次的提高，社会却多有抱怨青少年的思想情操和全面修养并没有完全同步发展的声音，甚至还出现了学历层次提高而全面修养水平反而倒退的现象，这恰好说明“应试教育”模式不利于全面贯彻党的教育方针，说明即使是“成功者”，“应试教育”也对他们的发展形成了若干不利因素。

在不同时期，我国的“应试教育”表现程度是不同的。20世纪50、60年代，由于政治上“左”的影响，选拔标准不仅是考试成绩，家庭出身、个人的“政治表现”，在许多时候也是起至关重要作用的，所以“应试教育”的表现不如当前强烈；“文化大革命”

中，否定文化、否定教育的思潮甚嚣尘上，没有“应试”，在很长时间内也没有或基本没有“教育”；近年来，在发展教育、提高教育质量、加强教育管理的过程中，由于旧观念作祟，迷信考试的风气抬头，升学竞争激烈，一些政府部门用“升学率”之类的指标奖罚教师、学校，甚至作为地方政府政绩的考核标准，而社会的方方面面为了自身利益又对此推波助澜，鼓噪有加。这才是使“应试教育”成为时尚，成为教育痼疾的现实背景。即以“习题集”“辅导用书”为例，“文化大革命”前出版的数量、品种，与今日泛滥成灾的“题库”“题海”相比，几乎不可同日而语。所以“应试教育”确乎是“古而有之”，说它“于今为烈”怕也是事实，说提倡素质教育，要否定一些东西的话，所否定的，不过是上述种种怪现象的恶性膨胀而已。

再次，强调“转轨”或“转变”，无非是强调两种教育模式存在质的区别，而存在质的区别的两个事物之间，仍可存在继承性，仍可有共同因素。社会发展阶段是如此，不同的教育模式之间也是如此。实施素质教育，要继承传统教育的精华，要发扬传统教育中一切有利于人的全面发展的教育原则与方法，要摒弃的是那种违背素质教育要求的想法和做法。

在看到新旧模式关联之处的同时，要注意其间的本质区别，不应延宕或否认这一根本性的转变。前面已经说过，素质教育的根本要义是促进每个受教育者的全面主动发展，是促进受教育者个性与人格的养成，所以这是一种真正面向全体儿童少年的教育，是国民教育。“应试教育”的直接目标，是要把优异者筛选出来，它所关注的总是人群中的少数，它所设计的教育内容与教育方法，都是从这少数人的成长需要考虑的，是建筑在为少数人形成合理的知识能力结构基础上的。要“建立适合于所有人的学校”，要让“学习不好的学生也获得成功”，并不是只靠加大教育投入，然后把过去那套旨在培养少数人的教育办法扩大到所有人身上就可实现的。优秀的美容师、勤勉的装配工人、勇敢的职业军人和睿智的法律专家、技术高超的外科医生，他们都是21世纪的公民，肯定应该有许多共同的特点，他们又都是知识能力结构相距很远的人才，彼此相比较，他们也必然有许多不如他人之处。既然这些人都要经过基础教育这一共同发展阶段，而且应该在这一阶段为其奠定毕生发展的基础。那么，我们就必须重新审视传统教育的全部内涵，就必须设计出确实于全体受教育者发展有利，而不是只利于一部分人发展的教育模式来。显然，在普及九年义务教育的今天，在我国与世界都在研究开掘人力资源的今天，应该树立新的人才观念与教育质量观念，应该努力开创新的教育局面，而不必讳言其与传统教育之间存在质的区别。

最后，这里说的“转变”，是“模式”、实践的转变，所以尽管党的教育方针的表述没有变，在教育实践活动中，仍然可以有“转轨”的要求。

党的教育方针，特别是毛泽东、邓小平等老一辈无产阶级革命家的教育思想，是依据马克思主义基本原理与中国教育发展实际提出来的，是具有前瞻性的指导方针，它应该而且必将在相当长的历史阶段起作用，犹如共产主义理想及其主张的社会运行机制与经济分配原则会在长远历史时期起作用一样。但是，在不同的历史时期，共产主义的理想及其各项原则，并不是一成不变的实现于社会生活之中，尤其不是普适于每个社会成员的，例如，对共产党员的要求与对一般群众的要求就是有质的区别的。所以，同一个理想、原则，在不同的社会经济发展阶段，其实施的重点与实施的要求并不相同，小平同志对社会主义理论的根本性贡献，是恢复了马克思主义实事求是的原则，确立了建设有中国特色的社会主义的具体道路。虽然中国共产党人从来没有离开过马克思主义的根本目标与基本原则，但任何人也无法否认，十一届三中全会以来我国的社会主义实践确实发生了根本性的转变。

那么，是否可以认为，我国教育领域当前也在发生类似的、静悄悄的根本性变化，在指导思想、根本目标不变的条件下，正在实现一个质的飞跃？在颁布《义务教育法》之前，在城乡差别悬殊且广大农民自身无法改变生活方式，只能“唯农”（其他都是“资本主义尾巴”，要割掉）的条件下，在经济体制、就业机制单一，个人只能等待国家“分配工作”的条件下，在各种选拔考试都面临大量的竞争者，而“招聘启事”却难得一见的时期，追求人的全面、主动、生动活泼的发展，在很大程度上是理想性要求，很难成为全体或多数未成年人的实践活动。这就是我们喊了多年的“减轻过重课业负担”，反对了多年的“片面追求升学率”，而这些问题又始终像梦魇一样困扰着中国基础教育的根本原因。从这个意义上说，正是从20世纪80年代以来，特别是在《义务教育法》颁布之后，在中国经济体制与经济增长方式两大改革起步实施，在“科教兴国”与“可持续发展”方针正在稳步推进之后，社会经济环境开始发生根本性的变化，党的教育方针才有全面落实的条件，中国基础教育才有转变教育模式的可能性。

当然，由于我国地区之间社会经济发展不平衡，实现教育全面转轨，在不同地区之间有条件上、力度上的差别，需要有一段转变时间。但是，在义务教育范围内，在就业条件、个人成长机会都比较宽松的发达地区，为了中华民族与发达国家在21世纪竞争的需要，应率先实现“转轨”，这不是过于苛刻的要求，而是这些地区对中华民族未来肩负着的历史性责任。

由于整个教育系统在十年浩劫中遭到灾难性破坏，我国教育界的同志们对比较激烈的批评性意见都格外敏感，大家十分担心“否定一切”的错误思潮会卷土重来，甚至存在着某种集体防卫心理与防卫机制，不太情愿承认已熟悉多年的传统做法有根本改革的必要，也很少主动研究社会经济发展的新情况、新问题，这也是难于推进“转轨”的一个深层次的原因。马克思主义的历史观告诉我们，人类社会就是在不断自我否定中走向新生的，世界各国都在推进教育改革，都在倡导开发人力资源，倡导创造意识，倡导发展个性，我国的基础教育不能故步自封，不能拒绝用批判的态度来看待我们已经做过的工作，尤其不能在党和社会已经向我们提出“转变人才培养模式”的要求以后，仍然拒绝研究新情况，解决新问题。日本、韩国等亚洲国家，同我国一样都长期受到“应试教育”的困扰，他们都曾十分坚决地揭露本国教育的种种弊端，坚定地推行全方位的改革教育的计划。我们应该比他们有更大的勇气与更科学的态度去做好“转轨”这篇文章。

实现由“应试教育”向素质教育的转变，是一个相当长的实践过程，这不仅因为我们对素质教育的实施方法要有一个长期的探索过程，主要还因为我国的社会经济改革与发展必然经过一个长期实践过程。教育应该优先发展，从“面向未来”的需要考虑，教育也应该努力争取超前于时代，但新的教育模式不可能大大超前于社会经济发展所提供的实际可能性。

承认“转轨”是长期的实践课题，并不能减轻我们推进“转轨”的责任。21 世纪的国际竞争迫在眉睫，联合国教科文组织继发展《学会生存——教育世界的今天和明天》之后，又集世界当代教育与科学最新认识之大成，提出了 21 世纪教育的战略性思路与行动建议，发表了题为《教育——财富蕴藏其中》的专题报告，报告高度评价了教育在社会与人发展中的基础性作用，报告的序言强调，“教育的任务是毫无例外地使所有人的创造才能和创造潜力都能结出丰硕的果实，这就要求每个人都有自我负责和实现个人计划的能力”。并认为“这长期而艰巨的目标的实现，将为寻求一个更加美好更加公正的世界作出重大贡献”。① 在这个南北差距悬殊、

① ［法］雅克·德洛尔等著：《学习：内在的财富》，教育科学出版社 1996 年版，第 6 页。

每年有数百万、数千万的人处在饿死边缘，而超级大国一心称霸的世界里；在这个虽然有了世界贸易组织而那些经济强国仍在企图控制世界经济、随时转嫁国内经济危机的世界里，在全球实现报告中的构想，无疑带有过多的理想色彩。但是，作为社会主义国家，作为以共同富裕为奋斗宗旨的中国人，却不能不注意这个报告的若干观点，不能不从中汲取一切有益于我们发展壮大自己的人类历史经验。

要有危机感，也要有紧迫感，因为我们都生活在“地球村”。只有一个世界性的市场。同发达国家比，我们发展的起点要低得多，但国际竞争的目标只有一个。既然人本身已经成为地球上最具开发潜力的最后一个自然资源，既然发达国家已经在开发人的创造能力方面领先我们一步，我们有什么理由还在左等右靠而不奋起直追呢？这不但是各级政府和整个社会的责任，也是广大教育工作者的义务。为此，各方面都要下大决心，也要有艰苦奋斗的准备，还应该有一种“敢为天下先”的勇气和气魄。

（原载《中小学管理》1997 年第 1、2 期）

10

现代教育的开放性与远距离教育

从邓小平同志提出建设中国特色的社会主义理论以来，以经济建设为中心，坚持四项基本原则，坚持改革开放的党的基本路线，已经成为国人的共识。开放是现代社会经济发展的共同规律，但是，由于各国发展起点不同，社会、经济、自然条件与民族历史、文化背景不同，在开放的世界社会发展格局中，各民族国家并不处在同样的竞争条件下，开放带给各国的机遇与挑战也不具相同的意义，然而，开放是历史的必然选择。

教育，尤其是基础教育，就其本性而言是最具封闭自足特点的，但在开放的时代，也必须走向开放，这是世界性的教育改革与发展的趋势。教育的开放性是全方位、全过程的。在实现教育特别是基础教育的开放时，远距离教育思想与现代信息技术，都有启发意义与实际效用，充分认识并借鉴远距离教育理论与技术，是促进基础教育深化改革，更好地适应社会、经济发展需要的重要途径。

一、改革开放，是中国社会主义现代化建设的必由之路，也是世界各国社会、经济发展的基本特征

邓小平同志建设中国特色社会主义理论的精髓，是“解放思想，实事求是”。它要求人们的认识随着历史的前进、时代的发展、实践的深化而不断提高。因此，无论是社会主义现代化事业，还是

我们对中国特色社会主义规律的认识，都是一个开放的系统，都是一个不断变化的过程。

开放性，是现代世界的基本特点。跨国公司、世界关贸总协定、世界性的合资、引资、跨国投资热潮……都反映了世界经济一体化的进程在加快，中国必须也只能加入到这一潮流中去。

可持续发展理论、现代信息技术的发展与信息高速公路从设想进入实施，拉近了各国的距离。“我们只有一个地球”逐渐为各国公众所认识。人们认识到要为21世纪做准备，必须在某种意义上超越民族、国家利益的局限，必须照顾到地球上各个民族地区的共同利益。非洲的饥馑、温室效应、南极洲上空臭氧层空洞问题，已开始成为人类的共同问题。当然，发展程度不同，承担的责任与义务也不同，要警惕发达国家转嫁危机，尤其要警惕发达国家借此遏制发展中国家的发展。

1. 从十一届三中全会以来，中国的社会主义现代化事业，取得了长足进步。以邓小平同志1992年年初重要谈话和党的十四大为标志，我国改革开放和现代化建设事业进入了一个新的发展阶段。十四大明确提出的建设社会主义市场经济体制以及随后提出的积极推进经济体制和经济增长方式的两个转变的根本要求，反映了我们对社会主义现代化事业的发展规律有了更深刻的认识，为深化改革开放奠定了坚实的理论基础。

2. 中国的开放是全方位、全过程的，目的是“充分利用竞争与国际经济合作，发挥我国经济的比较优势，发展开放型经济，使国内经济与国际经济实现互接互补”，不断提高民族经济的竞争力，提高综合经济实力。

以建立经济特区为试点，推动沿海、沿江和内陆中心城市的对外开放，发挥开放地区的辐射与带动作用；利用兴办开发区、保税区、高新技术科技区等多种形式，形成不同层次、特点的全方位开放格局；不断拓展开放的领域，加大生产要素的流动和交换：从轻纺工业、高新技术领域，扩展到基础产业、城市基础设施、房地产、商贸金融业、若干服务业等；加快外贸体制、财政金融体制改革，建立与国际经贸通行规则接轨的运行机制，推动国有企业向海外发展业务，发展国际性跨行业企业集团，积极参与国际商贸竞争。

中国经济发展的开放程度在扩大，国内经济建设与国际经济发展联系日益加深。（见表1、表2）

表1 中国国内生产总值与出口额对比

年份	国内生产总值（亿元）（1975年以前为工农业总产值）	出口总值（亿元）	出口贸易占国内生产总值比例（%）
1952	827	27.1	3.27
1957	1 241	54.5	4.39
1965	1 984	63.1	3.18
1975	4 504	143.0	3.17
1980	4 518	约277.23	6.13
1985	8 995	约809.56	9
1990	18 531	约2 936.86	15.85
1994	45 006	约10 215.7	22.69
1995	57 733	约12 900.9	22.34

注：1980年以后出口总值按美元值折算，因汇率变化较快，只是大约数字。本表依据国家统计局公布数据测算。

作为对比，列出如下数字（1993年出口贸易占国内生产总值百分比）：美国7.3%，日本8.6%，德国22.15%，英国19%，加拿大26.93%，印度约为9%，韩国25.04%，马来西亚76.68%，巴西33.08%，印尼23.48%。

要说明一点，有些国家转口贸易或出口加工区发达，其出口贸易比例甚高，并不一定说明该国经济实力雄厚。

表 2　中国全社会固定资产投资变化情况

年份	全社会固定资产投资总额（亿元人民币）	其中外商直接投资额（亿美元）	外商投资额折算后占全社会投资额比例（%）
1980	910.85	15	2.51
1985	2 543.19	16.61	1.93
1990	4 449.29	34.87	3.7
1994	16 370.33	337.67	17.4
1995	19 445	377	16.78

注：本表依据国家统计局公布数据测算，其中外商投资额比例按当年外汇年末中间价折算后比较。

1980 年以前我国没有外商直接投资，1980 年起步阶段，当年约有 360 个投资项目，到 1995 年已注册外商投资企业达 23.4 万家，“九五”期间实际利用外资总计 1 600 亿美元，外商直接投资占 70%。15 年来，外商投资企业增加了 650 倍。

3. 可持续发展理论的提出，从更深的层次上证明了现代社会开放的必要性；而信息技术的飞速进步、信息高速公路进入家庭，使各国之间联系愈加紧密。发达国家、发展中国家等各类国家之间合作的加强与竞争的激烈都是空前的。

作为发展中的社会主义国家，中国只能承担与其经济实力相对应的义务，在开放中，必须保持发扬民族优秀文化传统，坚持有中国特色的社会主义道路。

二、教育，尤其是基础教育，从封闭走向开放，是当代社会发展的必然结果，也是教育改革和发展的必然趋势

邓小平同志“教育要面向现代化，面向世界，面向未来”的指示，从内涵、时间、空间等多维角度揭示了教育全方位开放性的本

质特点，体现了大教育观念，是指导教育改革与教育实践的原则。

社会的开放性决定了教育的开放性。旨在为开放的现代社会经济发展服务的教育，必须是一个开放的系统，必须要不断地更新其教育计划、要求、内容及方法；也必须不断拓展其服务领域，加强教育活动与非教育活动的接近与融合，并在渗透与借鉴中发展本国教育，这已成为一种国际共识。

20 世纪 70 年代以来，各种教育改革实践与现代信息技术和大众传媒的发展，既证明了教育走向开放的必然性与可能性，又说明了基础教育的本质特点决定它的不可替代性及必须具备相对稳定的计划性与系统性。教育不能也没有必要营造与社会大系统隔离的“优化的教育环境”，教育又必须学会利用两个系统的交互影响，努力实现自身的目标。

1. 教育的开放是有条件的，现代社会的开放性是建筑在现代科学技术、经济实力、大众传媒的飞速发展之上的，也是建筑在社会管理与人类企盼生活方式的不断变革的意愿之上的，是不可阻遏的世界潮流。

教育的开放性是教育适应社会经济变革的具体表现。《21 世纪亚太地区教育展望》一书，汇集了联合国教科文组织邀集亚洲太平洋地区教育专家、未来学者等各方人士讨论本地区教育发展趋势所得到的一致认识，“教育系统是一个开放的系统”是该书的一个重要结论。该书指出：“正规教育体制和一般社会环境中的教育活动和机构之间的分界线将会渐渐模糊，从而两个体系都会敞开大门。双方的相互影响将会不断增加，会成为促进革新的重要因素。正规的教育机构将开发新的途径，满足社区发展和培训的需要。同时，文化机构及其他机构也将提高自己的教育水平，促进人类多方面愿望的实现。”

丹麦在向联合国教科文组织第 41 届国际教育会议提交的国家报告中主张：“教育体制应形成一个网络，使每个人面对社会发展提出的新挑战，有不断充实和提高其职业能力的可能性。因此，教育当局积极赞成建立一个面向所有人的开放型教育网络和采取各种新的教育形式。教育内容和教育能力应根据日益增强的市场调节机制和服务对象的要求而加以更新”。

2. 现代社会经济的发展，使各国都把迎接国际竞争挑战的希望寄托在人力资源的开发上。延长义务教育年限，推进精英教育向大众教育转化，推进教育民主化的进程，采用多种形式进一步普及义务教育，发展大众教育与社会教育，是二战以来由发达国家开始的教育改革发展的趋势。

“开放教育”“非学校论”“教育平等”“终身教育”……都是在上述社会背景中产生发展的，在推进学校教育改革，推动学校加强与社区联系，扩大教育对象范围和教育促进社会进步等方面都发挥了某种积极作用。人们对这些理论的探讨，使残疾儿童教育、弱智儿童教育、少数民族和移民后代教育、流动人口教育等逐步纳入主流教育；同时又加大了社会、家长对学校教育的干预程度，促进了教育内容的更新与改革。简言之，都在促进教育的开放。

过激的主张又从反面证实了学校教育的价值，证实了教育改革只能采取渐进的态度与方法。

3. 大众传媒技术的飞速发展，特别是计算机网络化和信息高速公路的开通，使现代学校教育无法把自身封闭起来。教师从“唯一的”“至高无上”的导师地位上跌落下来，成为学生诸多信息来源之一，尽管有种种教育行政手段极力维护教师的权威地位，但这种地位确实开始动摇了。

因特网开始进入中国，给学校教育带来巨大的机遇与挑战，一方面加速了信息传输速度，缩短了科技文献传入的周期；另一方面又以其包括人类活动的各个方面，如天文地理、科学技术与各种视听材料等丰富的内容，为学校教育改革提供了丰富的资料。同时也要警惕黄色、反动及西方文化的消极影响，要善于利用现代信息技术传播社会主义的物质、精神文明成果。开放，要有准备，也要有条件。

三、教育开放性是全方位全过程的

在当前基础教育改革实验中，应该强调把校外世界引入课堂，加强学校教育与社会大教育活动的联系，从而给成长中的少年儿童更多的有组织的接触社会实践的机会，把学校教育更自觉更及时地纳入社会大系统之中。教育工作者应该学会并习惯于在复杂的、开放的社会大系统中开展教育工作，应该主动地迎接复杂的信息时代的挑战，与学生一起学会选择，学会把握方向，学会把教育推向开放。

1. 由于义务教育的普及，学生的在校时间增多，学校完全是被迫承担了原属父母或祖父母的教育任务。这类发展变化定会影响到学校教育教学。学校不能将自己的任务仅局限在传递一整套结构良好的、以书本为基础的知识信息，而必须面向校外世界扩大其职能范围。我们需要把校外世界引入课堂，从而把教学建立在学生更多经验的基础上。这也意味着需要取得除专业教师之外的人的帮助。每一个成年人都是潜在的教育者，因为他们不仅拥有某种职业，而且作为一名积极的公民，有着可与他人分享的经验。

2. 教育开放性的若干表现

（1）时间的开放性。教育工作者再也不能把自己的任务限制在课堂上的45（或40）分钟之内了，甚至也不仅仅是在校学习期间，教师的影响，学校教育的影响不仅表现在学生系统学习受教育的期间，而且会持续他的一生。“对学生的一生负责”，不仅是口号，而应该是教师考虑教育活动的出发点与归宿，学生一生都在受教育，都在学习。学校外面的世界很精彩，它同学校的教育教学活动有着千丝万缕的联系，我们要善于利用它来实现学校教育的目标，并依据它来及时调整学校教育目标。

（2）内容的开放性。在规定的教学大纲与审定过的教材之外，一切学生现在与未来生活需要的知识与能力，一切与规定内容相关的外面世界的信息，都可能成为必须添加进去的教学内容。

各类教育在内容上都应做相应调整，都应从人的整体发展与人格培养的角度，从个体会不断随社会发展需要更新岗位终身学习的角度去充实完善教学要求。

要承认社会系统对教育的影响，善于利用大众传媒的影响，要用系统的教育来包容或阐释社会的庞杂零乱的信息，把它们组织到实现教育方针的努力之中去。

（3）对象的开放性。注册在籍的学生之外，还有没有学习者？

应该怎样看待“适龄儿童少年”这个概念？“残疾人”“弱智”“心理障碍儿童”与“流动人口子女”是否“适龄”？

特殊教育（包括残疾儿童与品德障碍儿童少年的教育）的最佳形式是什么？纳入主流后又无法适应该怎样处理？

“职前教育”与“职后培训”有必要区别吗？成人教育学校吸纳应届毕业生的做法说明了什么？应不应该严格制止？

类似的问题很多，不论人们认识如何分歧，政策如何难于调整，但教育对象仍在走向开放。

（4）教育者的开放性。教师是崇高的职业，教师是指一批受过专门训练，以教育学生，向学生传授知识、技能为主要任务的专业工作者。依据《中华人民共和国教师法》的规定，教师是专指“具有教师资格、专门从事教育教学工作的人员”。

然而，“社区中的智者”、乡镇中德高望重的革命前辈，工厂、农村中那些技高一筹的能工巧匠，社会中那些成就大事业、作出大贡献的明星式的人物，以至那些频频在大众传媒中露面的主持人、记者、评论家或学者、专家等，难道就不在起着教师的作用？

要通过聘请、自荐等多种途径，像当年邀请雷锋做校外辅导员那样，吸引那些知识、经验、技术专长、兴趣爱好不同的人来参与学校教育活动，要打破学校围墙的限制，让大学、中学、专业学校与各种专业工作者相互结识，取长补短，要有意识地利用学校、社区、家庭的各种各样的实际起着教育作用的人员，让这些人共同影响下一代，共同开发未来的人才。

（5）软化各类教育的边界。软化学科教学的边界、各类教育（包括各专业、各层次的教育）的边界，是教育系统自身各子系统相互开放，提高整体效益、整体质量的需要。

门类众多，相互封闭的教育体制，不但造成机构重复、专业结构不合理、浪费教育资源等现象；而且影响了人才的成长，阻绝了学生再选择的机会，不利于每个人的潜能充分发挥，浪费了宝贵的人力资源。

要研究更为科学合理的教育结构与教育管理体制——包括考试、升学、升级、转学等管理办法，要营造相对宽松的教育管理环境，加强学科与学科，学科与学校，学校与学校的联系，软化边界，加强渗透与融通，目的是让每个受教育者都有机会学习选择，都有可能找到最有利于个人为社会贡献力量的机会。

要允许优秀者脱颖而出。不拘一格，允许例外，鼓励例外，关键是要从实际出发建立一种机制，让每个青少年都能各得其所。多种学校、多种教育与非教育形式并存，不要相互排斥，而是通过一定办法彼此接纳，这正是发达国家教育改革正在走的路。

（6）教育与非教育的接近与融合。19 世纪以来，函授教育，特别是 20 世纪中叶以来的广播电视教育发展很快。近十几年来广播电视、报刊等大众传媒愈加重视教育、科技节目，普通教育日益引进现代教育技术，以及现代信息技术的飞速进步等，都促进了教育与非教育的接近与融合。

教育，不再仅是学校教育工作者的事情了，传统的学校教育形式正在被打破，正在努力借鉴社会教育的方式。社会教育正在加强其自身的系统性、计划性，正日益成为学校教育的有益补充，“动物世界”“人与自然”“长城内外”一类的电视节目不但是生物、地理、历史、社会等学科教师的有力助手，而且在学生德智体全面成长中发挥着重要作用。

教育与培训的区别在逐渐模糊，大教育正向我们走来，正规教育与非正规教育，学校教育与社区教育、家庭教育，系统的教育与零星的学习机会之间都应该并正在建立某种联系，都应该并可能汇入到同一个大系统之中，都必然并正在发生多层次多方面的交互作用。因为诸多渠道传输过来的信息，都要用同一个大脑去进行筛选、加工、整理，人类正在走向学习化的社会。

四、发展远距离教育，努力推进基础教育的开放

远距离教育是指利用媒体技术手段进行教学以代替教师课堂面授的各类教育的总称。广义的远距离教育包括利用大众交流工具进行的各种社会教育（科学普及、卫生保健、法律常识、幼儿教育等），狭义的则专指运用媒体技术进行的学历教育。

远距离教育主要特点有五个：

（1）师生分离，面授不起主导作用；

（2）利用媒体，特别是利用现代信息技术实施教学；

（3）有统一的教育管理机构与教学计划、教材等；

（4）学生以自学为主，有相对的学习自主权；

（5）在师生间存在双向反馈机制。

正规大学首先开始实施远距离教育，近年来，由于经济的原因和发达国家开发廉价人力资源与扩大本国经济文化影响的需要，大学及大学后的教育正大力加强其远距离教育学院的建设，扩大其远距离教育规模。

由远距离社会教育、远距离高等教育、远距离中等教育发展而来，部分国家（如澳大利亚）正在实施远距离基础教育、义务教育，以帮助偏远地区或有行动障碍儿童、少年接受义务教育。特别是在电脑进入家庭以后，从技术上说，基础教育的相当一部分学习任务，可以在家庭中完成。要注意，基础教育的内容具有极大丰富性，其教育目标要求也是全方位的，一般来说，不应设想用电脑代替教师、用家庭代替学校和课堂。

1. 利用远距离教育，丰富基础教育内容

义务教育，或者再加上基础教育，由于其作为全体未来公民的必经的成长阶梯，作为个体实现社会化的主要途径，随着其普及程度的日益提高和教学内容广泛适应性（或曰基础性）与丰富性的要求，也会日益强烈。特别是在面对高速发展的社会经济需求与学术科技进步时，如何在不影响儿童少年全面发展、不加重学生课业负担的前提下，更多地充实基础教育教学内容，几乎成为教育工作者面前的一道无解方程。

要更新教育观念，要大胆削减传统的但已渐过时的教学内容，改变传统的但已渐过时的教学要求，就像废科举兴学堂时砍掉四书五经的背诵学习一样，重新审定现行的教学内容、要求，汰旧纳新。

要改变教育思想，把握现代科技发展的趋势，把握现代生活、生产技术的特点，把握人类认知发展的规律，科学地确定何者应“知其然”，何者应“知其所以然”，在重视学习知识的同时，更加关注学生学习的科学性。

要充分利用现代教育技术，利用多种媒体的组合，直观、形象、生动地展示大千世界的缤纷色彩，多角度、立体式地展示人类社会生活、科技世界的复杂联系与交互影响，还受教育者以客观世界的本来面目。传统教材提供给学生的，往往是世界的简约的图示型的模本，有必要性，也有局限性。

远距离教育，能大大丰富充实学校教育的教学内容，能以非传统的方式提供大量传统教学内容以外的信息。人类的学习过程既要循序渐进，又是一个跳跃式前进的过程，是有意的学习、有计划的学习与无意的学习、无计划的学习并存的过程。现在学生课业负担过重，原因不在学习内容数量太多，关键是学习者没有主动权，没有兴趣。当允许学习者作出选择时，学习内容越丰富，越能切合每个人的特点，越有利于每个人的发展。

2. 利用远距离教育技术，扩大义务教育对象范围，提高义务教育、基础教育普及率

发达国家比较普遍地运用计算机辅助教学手段来帮助学习困难的儿童、少年，一些残疾儿童也可以靠现代信息技术加入到接受义务教育者的行列中。

在中国，因经济条件的限制，还不能普遍采用计算机手段或电视技术来实施义务教育。但是，在一些经济发达而又地广人稀的牧区，在一些边境边远地区，是否可以运用远距离教育技术来弥补学校教育之不足，是否可用以普及农牧业技术，进行必要的职业技术培训，增加人们受教育的机会。

远距离教育，可以作为学校教育的有益补充，加强宏观规划，加强学校教育与广播电视机构的联系，并充分利用教育电视台的播出力量，可以营造一个校内外、课内外结合的教育网络，可以从时间、空间上增加儿童、少年接受教育的机会。因此，还会把成年人吸引过来，以帮助成人辅导子女的形式，帮助他们了解基础教育、义务教育，可能会附带帮助他们弥补个人教育的不足。

3. 借鉴远距离教育思想，推进基础教育观念变革，努力建构学生的主体地位

远距离教育较之传统的学校教育，更有利于体现学生的主体地位，更注重对学生自学能力的培养。

由于信息渠道多样化，学习时间可以自主调控（广播与电视内容都可以复制，从而使学习者有了主动权），学习内容与进度要求也有相当的调整余地，所以远距离教育是以学习者为主的教育，它

在一定意义上体现了学习者的主体地位。学校教育，应该借鉴学习远距离教育的思想、方法。

学校教育在充分发挥教师的主导作用的同时，应该致力于开拓教育信息渠道，使学习者有选择的机会，以培养学生的选择能力、决断能力；应该组合多种媒体，让学生用多种感官参与认知活动，以提高学习效果；应该积极组织多种形式的教学活动与实践活动，以整合学生全部知情意行的学习行为……从而最终建立学生的主体地位。

成功的学习者，一定是自觉的学习者，一定是会自主学习的学习者，一定是会自学的学习者，对远距离教育是如此，对学校教育也是如此。

4. 借助远距离教育，推进基础教育民主化，使基础教育办学条件走向均衡化

在今天的中国，由于受到社会经济条件的制约，人们接受教育的条件仍存在较大差异。且不论各类学校在师资、设备、校舍等方面的差异，仅就信息来源的数量看，就可以明显地区别出信息占有量的多与少了，在今天，信息量的多寡，可能是影响个体发展的关键因素。（见表 3）

表 3 北京市区与郊县学校若干信息条件比较表

	市重点中学	县重点中学	乡镇中学	农村小学	市重点与乡镇中学之间的倍数关系
学校报纸种数	85	43	19	8	4.5
学校期刊种数	378	81	54	15	7
图书馆藏书册数		50 000	23 880	850	
录音带种数	303	168	11	1	27.5

注：据两区县选样调查结果制表。

远距离教育，特别是现代信息技术，是帮助落后地区、偏远地区的学生跟上时代步伐的重要手段，也是以较少代价为更多的儿童少年争取到平等的教育机会的唯一办法。为此，要加强符合中国国情的社会化计算机网络建设，要下决心在别的方面节省一点，把有限的钱用在教育技术现代化上，让每个学校的学生都有机会接触到省（市）内、国内乃至国际上最先进的事物和最新的信息。要超越一班一校的配置，由教育行政部门统筹协调，加强地区联网的建设与管理。运用电视、广播技术，让更多的学生接受优秀教师的教育，让更多的青年教师接受优秀教师的指导。

远距离教育可以推动学校向其他学校和社会的开放，为个别化教育创造更多的机会。“开眼界”“见世面”，往往是一个人走向成功的开始，也是学生成才的必要条件。

小　结

开放性是现代社会的基本特征，对发达程度不同的国家，“开放”的含义及其所带来的后果并不相同。邓小平同志提出改革开放的基本构想，既表现了无产阶级战略家的理论与实践勇气，又是社会主义中国的唯一选择。

教育的开放，是教育适应现代社会发展的需要，也是教育自身改革与发展的需要。

二战以来，世界各国在教育上的各种探索，都与教育开放有关。科技的飞速发展，大众传媒与现代信息技术的进步，向教育提出开放的需要，又为教育提供开放的可能。

教育的开放是全过程、全方位的，教育的开放也是有条件的。在一定意义上，要注意教育的系统性与计划性的特点，在可预见的未来，正规教育与非正规教育的区别仍将存在，而正规教育还会是人类接受教育的最主要的形式。

教育的开放性有多种表现形式：时间的开放、内容的开放、对象的开放、从教者的开放、各类教育之间及教育与非教育之间的相互开放。

可以充分利用远距离教育的思想、内容、形式、技术，为推进教育的开放服务，特别是要借鉴远距离教育推动普通教育改革，以促进其实现提高教育质量、提高教育效益的转变。

教育工作者自身应该解放思想，主动推进基础教育走向开放。

（原载《中国电化教育》1997年第1、2期）

11

素质教育是一种新的教育模式

一、素质教育是一种教育模式

素质教育是一种人才培养模式，这是《关于国民经济和社会发展“九五”计划和2010年远景目标纲要》提出转变任务时对素质教育性质的定位，也是国家及地方教育管理部门在实施素质教育时认识的出发点。

人才培养模式，应该说就是教育模式，顾明远教授主编的“教育大辞典”对教育模式有如下解释：

教育模式（educational pattern）

①教育在一定社会条件下形成的具体式样。日本村井富把社会历史发展中先后出现的教育模式概括为：手工模式、农耕模式和生产模式。手工模式把教育比喻为制作东西，把儿童当做被制作的黏土，可捏造成型；农耕模式把儿童比作植物，具有自然生长力，强调儿童自然成长；生产模式把儿童看做材料，把教育看做工厂，经过一定程序把儿童加工成国家有用的人才，其共同点，都不把儿童当人看待。他主张现代教育应该是人类模式，即把儿童当人看待。

②反映某个国家教育制度上的特点的模式。如苏联模式，强调国家办学，集中统一……

③某种教育和教学过程的模式，反映活动过程的程序和方法。

具有代表性的有赫尔巴特的教学模式和杜威的教学模式。①

就是说，从不同的层面可以概括出不同的模式，而村井富所归纳的四种模式，前三种与第四种又有本质的区别，尽管理论出发点不尽相同，却颇近似于我们今天的对两种模式的区分。

在查有梁教授的专著《教育模式》一书中则把模式看成是一种研究方法，他对教育模式的解释是：

教育模式是在一定教育理论指导下，对教育过程组织方式的简要表述。

这里是把教育模式看成是一种对现存或待创造的客观事物的表述，是一种认识方式。然而他又说：

教育模式，推上，有理论基础；推下，有操作程序。模式处于理论与应用的中介。在理论与实践之间，模式能够承上启下，所以意义重大。

可以把模式（模型）方法表为：

理论⟸⟹模式（模型）⟸⟹实践②

这显然主要视模式为一种理论建构，一种科学的设计，值得注意的是，在查教授的定义中反复强调了模式的可操作性特点，强调模式与实践联系。

其实，在中国传统语汇中，“模式”本来就是“事物的标准样式”的意思。所以，教育模式，固然可在由人们依据一定理念去构建创造，而更多地则反映了人们对客观存在的事物全过程的认识归纳，是客观存在的一种反映。教育模式可以有多种层面的区分方法，当我们说素质教育是种教育模式时，意指它是一种宏观的教育模式。宏观的教育模式与教育思想的区别在于，宏观教育模式是一

① 顾明远主编：《教育大辞典》第一卷，上海教育出版社 1990 年版，第 23 页。

② 查有梁著：《教育模式》，教育科学出版社 1992 年版，第 8 页。

种具体的式样，是在一定教育观念或公开或隐蔽地指导下形成的，包括制度、结构、内容、方法和管理评估等在内的教育活动系统、操作系统，是一个正在运行或者可以付之运行的教育范式。

强调素质教育是一种教育模式，是为了强调素质教育的实践性特点，强调要动员全社会各方面的力量去完成实践、共同创造这样一种适应中国社会主义现代化事业需要的新型教育。教育思想、教育观念，可以着重从理论上阐述；而教育模式则只能存在于实际生活中，存在于社会教育实践中，并且应该随着社会生活的发展变化而不断演进。所以作为一种教育模式，素质教育一定会表现出当前的时代特点，小平同志提出的三个面向的指示，关键是“面向现代化”，而素质教育，正是基础教育实现教育现代化的核心要求。素质教育的具体目标，是依据三个面向的指导，在广泛借鉴前人与世界各国社会经济发展经验教训的基础上提出来的；素质教育的实施方法，也只能在改革开放的社会发展条件下才会逐渐形成。从有人类教育活动以来，促进人的全面发展一直是教育的理想目标，只是到了马克思主义的创始人那里，才第一次揭示出人畸形、片面发展的根本原因；才科学地说明了人的发展与他所处的时代、他人及历史的辩证关系，并说明了在一定社会生产力条件下社会分工与多数人的片面发展的历史必然性；也才寻找到了实现人的全面发展的历史必由之路。从这个意义上说，在社会主义中国，我们今天在做的事情主要不是重新构建教育理想，而是探索实现教育理想的具体途径。强调素质教育作为一种教育模式，正是突出了这一努力的重点所在，当然，在探索过程中，人们又必然会加深对理想的认识与理解，也必然会有新的发现与创造。

二、素质教育是一种全方位的教育改革

作为教育模式，人们可以从不同的角度加以分类，也可以归纳出许多具体的操作样式。那么，把今天的基础教育分成“应试教

育”与素质教育这样两个基本类型是否合理呢？我们所说的素质教育是否真是一种新的教育模式呢？

1990年8月，在泰国首都曼谷组织了一次地区性研讨会，探讨亚太地区教育如何改革，如何适应21世纪要求等问题，包括中国、日本及苏联等26个国家的高级官员与专家参加了讨论。会后，由时任联合国科教文组织助理总干事、驻亚太地区总办事处主任贾·罗伊·辛格先生汇总了讨论情况，提出了个人的报告《21世纪亚太地区教育展望》，在这本书中，辛格先生提出了在教育中存在“两种对立的模式”（当然不排除其间有个双方相互重合的“灰色”区域），他概括的这两种对立的模式有四个方面的差异①，列表对比如下。

第一种模式	第二种模式
A：教育的目的是培养并促进受教育者多方面的发展，如体能、情感、智力、社会能力和道德水平等。	教育的目的应该仅仅限于读、写、算基本能力的培养，使学生通过4～5年的教育，熟练地掌握这些技能。
B：教育的目的是为受教育者提供一种较为宽泛和自由框架内的高质量、高水平教育。设想中的普通教育应该： 1. 恰当形式的综合教育…… 2. 帮助受教育者理解并使用人类的不同认识方式…… 3. 在教育结构中最大限度地认识并使用各种教育途径，以拓宽受教育者选择的余地。	教育的目的在于受教育者集中学习几门挑选的课程。 集中培养学生的智力而完全排斥或不重视学习的其他方面。 集中培养技能和能力。强调通过考试挑选人才和提高受教育者的竞争能力。 以经济活动的指标衡量教育的价值。

① ［印度］拉贾·罗伊·辛格著，樊大跃等译：《21世纪亚太地区教育展望》，甘肃教育出版社1993年版，第36～38页。

续表

第一种模式	第二种模式
C：教育的基本原则是教育以及任何有关它的体系必须以人为核心。 这意味着优先培养和开发受教育者个人和集体的创造力，给予受教育者高度的自由，实行创造性教育方法，强调学习过程就是人与人交往的过程，包括师生之间、学生之间和学生与社区智者之间的交往。	根据“赶超”式思维和计划，教育几乎完全成为用系统的术语描述的一种技术模式（要不要联想起“升学率”之类的指标系统？——引者按）于是，强调教育活动是塑造教育者行为的重要手段，按照商业企业模式建立教育体制，从而使公众对学校的支持明显减少，加剧社会两极分化的趋势。
D：要勾画未来的教育，人们需要更新观念，要进一步强调教育的社会目的和责任，因而要明确认识到当代社会和发展中出现的问题，对民族文化的多元性有更强烈的意识，积极参与全社会和社区的各种计划。	社会问题一般要依靠技术手段和机构控制加以解决，而不依赖于教育，对社会问题的认识忽视了跨国和国际环境。

当然，辛格先生没有讲素质教育，也没有讲“应试教育”，但从他的对比中，我们是否可以看出在世纪之交，世界上有许多人（至少是亚太地区有许多人），正在思考着同我们一样的问题呢？他们所批评的“模式”及他们所欲创造的“模式”，同我们的思考结果是否也有许多相似之处呢？实际上，在“开发人力资源”的口号中，世界各国对本国教育都在进行彻底的检讨，当然由于国情、教情不同，其批评的矛头指向并不一致，而基于近似的对未来世纪的预测，各国对新的教育模式的构想，及对教育在社会发展中所起作用的估计，则不无相近之处。

一些国家的教育改革计划不但有教育目标、教育观念的原则性说明，而且包括学制、学校责任、课程设置、时间安排、教学大纲、评价方法以及教师培养管理等各方面的详细规定，我们也可以把它看成是一个教育模式的改革。如瑞典、日本、美国、韩国……都在进行类似的研讨，提出了各式各样的教育改革计划，目的都是企图创造一种能够迎接21世纪挑战的新的教育，新的教育模式。

所以，从中国教育发展的现状出发，提出从“应试教育”转向全面素质教育，应该说是顺理成章的事。这不但是参照国际性的对迄今为止的基础教育主流活动方式反思的成果，要求在迎接信息时代时，基础教育应该且必须有个大的变革；而且是从我国社会经济发展的需要以及我国教育多年来思想与现实差距过大的实际状况出发，提出的在一个历史时期内的中国基础教育改革总目标，是在新的社会经济教育条件下真正全面落实国家教育方针的创举。

作为一种教育模式改革，素质教育是在现阶段实现小平同志“三个面向”指示的具体途径与核心要求，所以它是一种从观念制度到操作、反馈评估的全方位的教育改革，是从教育的领导、管理到社会对教育的监督与期望目标都须进行调整修正的社会性教育改革，是必须由政府牵头操作的教育改革。这一方面说明这场改革的全面性、彻底性，另一方面也说明这场改革的艰巨性、长期性。这场改革的中心任务，是创造“以人为核心”的教育，是创造一个以有效的提高民族素质为目标的教育模式，是创造按照党的教育方针，促进儿童、少年在德、智、体诸方面的全面、主动发展，促使每个受教育者在与社会发展目标和谐一致的前提下，主动开发潜能，争取为人类、为国家作出最大贡献，并幸福美满地度过一生的教育模式。因此，它是实现中国社会主义现代化的重要组成部分，是当前中国“基础教育的紧迫任务”。

三、一个历史性的进步

素质教育目标的提出，是一个历史性的进步，它使我们贯彻党的教育方针、促进人的全面发展的努力，进入了一个比较规范，计划性、操作性与检测性也都更强的阶段。

第一，素质教育目标的提出，反映了我国社会经济发展进入了历史新时期，反映了社会主义现代化建设对教育发展提出了新的需求，也提供了新的发展机会。在迎接21世纪世界经济竞争时，在迎接即将来到的加入世界关贸总协定逐步开放国内市场的挑战时，我们除了走提高劳动者素质这条“必由之路”以外别无选择。因此，是经济与社会发展而不是教育发展首先提出了转变的需要，是时代变化促进了教育的变化。

在这里，关键是客观地估计“转变”的现实条件，也要充分认识未来社会发展对“教育转变”的急切需求，充分认识未来世界经济竞争的巨大压力，还要充分认识教育在促进经济社会发展方面的巨大力量并真心实意地依靠这一力量，说“教育救国”“教育兴国”，在今天的中国是有理由的，因为我们已经解决了国家领导权问题，解决了国家政权的人民本位问题。

第二，素质教育目标的提出，也反映了我们对马克思主义人的全面发展的理论，对党和国家的教育方针的认识，有了更深入、更全面的理解。人的发展离不开社会发展，当人类社会进入可持续发展的时代，当世界各国逐渐在经济增长、社会公平（包括代际之间的公平与同代人之间的公平）与环境保护的关系上取得若干共识时，当世界进入信息时代，因特网号称要改变世界，而发达国家争先恐后地力图占领中国市场时，留给我国人民的赶超机会就显得格外宝贵也格外紧缺，只有抓住发展教育事业提高国民素质这一根本大计，才有可能以较小的代价与较短的时间实现社会经济发展的总目标。转变唯智主义教育思想，转变应试教育模式，是促进人的全面发展，尤其是促进人的社会责任感，创造性与自主学习能力发展的重要条件，是促进社会主义“四有”新人成长的重要条件。

从这个意义上说，实施素质教育，是我们努力实现全面发展教育的一个历史组成部分，是一个阶段性目标。

第三，素质教育目标的提出，反映了社会对教育改革的整体性、社会性特点有了新的认识。教育本来就是人类社会为维系自身的生存与发展所创造的公益事业，教育活动的成效大小本来就会直接影响人们的生活质量，所以关注教育，关注教育改革一直是人类社会的特点。在我们这个提倡共同富裕，主张人民当家做主的社会主义国家里，广大人民群众对教育的支持与参与更是教育改革发展的生命线。但是，在传统的学校教育体制下，在某种意义上，教育变成了专门家、专业工作者的事情，人民群众对教育的关注并没有充分有效地加以利用，也没有形成有力的制约与监督机制；同时，一些群众中间的陈旧教育思想、教育观念的影响也没有受到重视和进行科学的疏导，这就造成了学校教育与家庭教育、社会大教育的某种疏离、脱节甚至相悖的现象，这也是影响我国教育改革与发展，影响我国国民素质全面提高的重要因素之一。

实施素质教育，首先要转变观念，要转变领导者、教育工作者的观念，也要转变社会观念，转变家长与学生的观念，不但要从宣传上舆论上加强转变观念的力度，而且要从制度上，从教育活动教育政策的运作与施行上，保证观念转变的方向，汨罗、招远、大连都是恰当地运用招生政策、重点学校改革等杠杆，促进社会观念转变，并使整个基础教育工作逐步纳入素质教育轨道。所以，素质教育不但是教育工程，而且是社会工程，是需要全方位操作的社会工程。

这种整体性与社会性还表现在教育事业的全面发展上。实施素质教育，促进从“应试教育”向全面素质教育的转变，在目前主要是义务教育阶段的任务，首先，是已经普及九年义务教育地区的任务。但是，没有整体教育结构的合理调整，没有非义务教育阶段教育的科学的发展，没有终身教育体系的基本确立，换言之，没有儿童、少年在义务教育以后充分可选择的较宽松的发展机会，素质教育在义务教育阶段的实施也是不牢靠或说是不可能持久的。

因此，素质教育一定是个社会性的教育改革计划，必须在全社会的参与支持下才有可能进行下去。

第四，在国家提出素质教育目标的同时，已经规定这一教育改革的领导者与保障者是各级人民政府，这就使这一包含大量教学内容、方法、管理、评价改革要求在内的教育改革获得了前所未有的重要地位——它是政府行为；这也使素质教育与成功教育、愉快教育、激励教育、情境教育等学校教育模式改革划清了界限。素质教育是全局性、整体性的改革，而其他种种教育改革，是学校内部实施素质教育的具体教育模式。有人说，教育模式是多种多样的，不能用一种模式取代所有模式，也不宜只提倡一种模式，对前述成功教育等模式而言，这话是对的；但是模式要分层次，不能把不同层次的模式并列，而在素质教育与“应试教育”这个层面上，只能提倡从应试教育转向全面素质教育，因为这是时代进步、时代发展的需要。

强调素质教育的政府行为性质，是为了保证素质教育作为全局性整体性教育模式改革的运作条件，是推进这项改革的基础，也是保证改革目标的前提。从国家教委目前实行的以县为单位区域推进素质的实施策略看，从一些先进地区的成功经验看，只要抓住这个环节，即使社会经济发展条件尚不宽松，各地区的人民政府还是可以有所作为的，只要地方政府加大投入，努力促进地方教育事业发展，而且领导者又比较开明，敢于承担压力为学校松绑，那么学校的校长教师同样也是可以大有作为的。

归根到底，实施素质教育，是为受教育者的发展创造相对宽松的发展条件。政府、社会、学校教师，都应该而且可能尽自己的一份责任、出自己的一份力量。

（原载《上海教育科研》1997年第9期）

12

略谈我国义务教育的深入发展问题

——中国教育面向21世纪发展的一个主要任务

从1986年颁布《中华人民共和国义务教育法》(以下简称《义务教育法》)以来，特别是从20世纪90年代以来，中国义务教育事业有了长足的发展。根据国家教委统计，到1997年年底，全国累计有1 882个县（市）和其他行政区划单位通过了“两基”评估验收，全国实现“两基”地区的人口覆盖率超过65%，“一片”已有五省市在全省（市）范围内实现了“两基”“二片”“三片”的普九规划也在顺利实施。1994年李鹏总理代表党中央、国务院宣布的“要力争到本世纪末在百分之八十五左右人口地区普及九年义务教育，使青壮年中的非文盲率达到百分之九十五左右”的目标，应该是有把握实现的。显然，这是一个了不起的成就，是各地人民政府在党中央、国务院的正确领导下，坚决贯彻《中华人民共和国教育法》和《义务教育法》，坚决执行科教兴国战略的结果，也是广大人民群众尊师重教、依法兴教的结果。

然而，也必须指出，过去十年里实施《义务教育法》，存在三个不容忽视的问题。一是由于国民经济总体发展滞后，国家财政（包括各地地方政府财政）教育投入严重不足，进入20世纪90年代，国家财政对教育的投入，由占GDP的3.6%下降为仅占2.44%（1996年数字），从而造成我国普及九年制义务教育从总体上看仍然是低水平的普及，在办学的基础设施条件与义务教育的保障机制等方面，不仅无法与发达国家相比，甚至也低于许多发展中国家的水平。由于我们大力提倡“人民教育人民办，办好教育为人民”，采取了多渠道集资改善办学条件的策略，以及从1992年以来国家加大了对贫困地区实施义务教育经费支持的力度，希望工程之类的各种社会捐助的增加以及逐渐成了风气，我们也确乎走出了一条国家为主、分级负责、充分依靠社会力量因地制宜的发展义务教育的路子。在某种意义上甚至可以说，这是当前中国实施义务教育唯一可行的途径，但是也必须充分认识到它使中国的义务教育在投入保障机制方面带有某种不确定性，从而会带来若干问题，带来一些影响义务教育深入发展的问题。第二，过于强调地方负责，必然会加大由地区经济发展不平衡带来的教育发展差距。改革开放二十年来，原本存在较大差异的东部与西部、沿海与内地、城市与边远乡村之间，由于发展速度、开放程度以及若干产业、价格、投资政策的导向作用，其差距已拉得更大了。尽管这是发展初期不可避免的现象，尽管国家已关注且开始采取若干措施来加以解决，但是它仍然影响了并将继续影响义务教育在全国范围的实施。例如，它使我们至今无法制定出国家的《义务教育法》实施细则，无法制定出义务教育的国家投入、设施、质量标准，从而影响了国家对义务教育的宏观管理力度；而国内不同地区的义务教育质量差异过大，又会影响国民素质的总体水平，也会萌生普及义务教育过程中的新的困难和问题。第三，由于《义务教育法》是在我国颁行的第一部教育法律，因而社会各方面对法律条文的解释、理解以及执行法律的自觉性等，都存在不少问题。许多人，甚至包括教育行政部门、实际教育工作者，都把“普及九年义务教育”解释成“普及小学、初中教育”，于是沿用陈旧的教育观念与管理思想去实施义务教育：地方政府把自身的责任仅限于为提供学校校舍设施，而没有全面承担起执法责任；在已经普及九年义务教育的地区，管理部门沿袭

"办重点学校"的思路，仍在人为地扩大学校间办学条件的差距，对基础薄弱学校的存在熟视无睹；社会方方面面对"择优""选拔考试"等管理办法不以为非，而对"就近入学""教育机会均等"则多有怀疑；报刊杂志中"英才计划"的宣传与"应试教育"的资料书籍的泛滥成灾，等等。这些现象不但反映了各界对义务教育的本质特征缺乏共识，反映了传统的精英教育思想在我国现实生活中不可低估的影响力，也反映了我国在义务教育管理方面存在某种混乱的现状。从这个角度说，在大力推进两基目标之外，为进一步推进义务教育的健康发展，我们还有许多工作要做。

《义务教育法》规定，义务教育必须贯彻国家的教育方针，使儿童、少年在品德、智力、体质等方面全面发展，为提高全民族素质，培养有理想、有道德、有文化、有纪律的社会主义建设人才奠定基础。因此，实施义务教育的根本目的，是促进全体儿童、少年的全面发展，是为全面提高民族素质奠定基础。颁布并实施义务教育法，是国家通过法律形式，保障满足未来公民基本学习需要，使他们在读、写、算以及表达、技能、态度等方面获得必要的知识、能力与基本素养，从而能够开发每个人的潜能，努力实现他们在当今社会与个人条件允许下的最佳发展，使他们能在此后的生活中寻找到既有利于个人为国家、民族发挥才能，作出贡献，又有利于幸福圆满度过一生的社会角色位置。在我们这个以共同富裕为理想的社会主义国家里，义务教育的这一基础性的"开发"任务，这一通过促进个人的充分发展来促进社会、经济发展的奠基性任务，就决定了义务教育不仅仅具有个人教育上的意义，它还是实现"共同富裕"理想的一个重要基础性条件，是推进中国政治民主、经济民主建设的一个必要环节，也是在中国实现社会主义现代化的一个关键工程。因此，在初步实现实施义务教育要求的地区，必须继续推进义务教育的深入发展，必须更全面、更准确地把握义务教育的准则，从整体上提高义务教育的法制化、规范化水平，提高义务教育的质量与办学效益。为此，笔者以为，应该在以下三个方面统一思想，努力实现推进基础教育从“应试教育”向全面素质教育转变的国家目标，并从这些地区开始全面提高我国义务教育的法制化水平与教育质量。

第一，要规范这些地区的义务教育法律文件，并尽快制定国家的义务教育法实施细则，在义务教育的投入机制、保障条件、办学设施、教育质量管理等方面，实现标准化、均衡化。为中国未来公民提供均等的教育机会，是实施义务教育法的要求，也是实现教育民主化的要求。前面已经说过，由于我国实施义务教育的经济、地域及观念条件的制约，已实现九年义务教育的省市之间，省市内部的地区之间、城乡之间甚至同一地区的学校之间，在办学条件方面差距是很大的，一些地方甚至以地方法规形式规定了义务教育学校可以有若干级类办学标准，而不同地区的规定上也相去甚远，以至有些地方的“较好”“一般”标准甚至不如另一地区的“合格”要求。这样，在“赶超”心理及地方政府任期政绩需要的影响下，一些地方政府或学校盲目向外国、外地看齐，不切实际地提出要办“世界一流”“中国一流”教育的口号，从而加剧了省市、地区之间、学校之间盲目攀比硬件投入的竞赛误区，把本来有限的教育投入过度地向地区的“窗口”“示范”“重点”“样板”学校倾斜，进一步加大地区内义务教育学校办学条件与教育质量的不平衡，违背了义务教育机会均等的原则。这种做法，一方面加剧了本地区的义务教育阶段升学竞争，使“就近入学”的要求难于贯彻，使考试“择优”，以权择校、“以钱择校”禁而不止；另方面则从机制上肯定了基础薄弱学校的存在，也就无法真正实现全面提高国民素质的目标，从而违背了实施义务教育的根本宗旨。

办学条件、办学标准的不一致，盲目追求过高的脱离国情的义务教育办学标准，再加上优质教育资源的不公平分配，最终会影响国家对未来人力资源的合理开发与利用，会影响未来公民走向共同富裕之路。所以，它既不利于我国社会经济全面发展，也不利于社会稳定、社会公平。义务教育机会均等，是国家为了补偿由于自然的、经济的、文化的、社会的低下状况给部分公民带来的不利局面，使这些人或是其子女有机会改变个人的不利处境，享受社会经济发展成果，走向共同富裕的道路。因此，在义务教育阶段决不能继续强化等级体制，更不能加剧教育排斥现象，只有推进办学条件标准化、均衡化。努力促使整个国家逐步实现义务教育的规范化办学，才会真正有利于全面提高国民素质，也才有可能全面实现中国社会主义现代化的建设目标。

在这个问题上，必须旗帜鲜明。习惯了精英教育的中国社会，总认为“学校有差距是正常的”，认为搞几个超乎寻常的高设施水平的学校是地区的脸面和光荣，而在反对绝对平均主义的旗号下往往又潜藏着本人（或是本阶层、部门、类别）的子女受到特别对待的期望（这种社会心理，可以从“贵族”“皇家”之类的招牌在一段时间内风行一时中看出端倪），于是对“标准化”信心不足，兴趣不大。这种社会心理及教育管理行为，是中国义务教育深入发展的严重障碍，是必须解决的第一个问题。

第二，要正确理解义务教育的任务，要从儿童少年发展的需要出发，大力推进义务教育的多样化，要努力改造现有的学校教育，推进义务教育从“应试教育”转向素质教育。要求义务教育办学条件标准化、均衡化，提倡义务教育机会平等，并不是要求义务教育教学要求划一，也不是提倡用一把刚性过强的尺度去衡量所有的人。早在1972年发表的联合国教科文组织国际教育发展委员会的报告《学会生存》就指出，教育机会平等是“要肯定每一个人都能受到适当的教育，而且这种教育的进度和方法是适合个人的特点的”，“平等的机会必须包括同样成功的机会”。因此，义务教育的发展又要求义务教育的多样化，要求义务教育的发展方向、发展速率、发展程度为逐渐形成差异的儿童、少年提供一个内容广泛、选择余地较大且又包含最基本学习要求的框架内的教育，这一框架应该符合中国特色社会主义发展目标的要求，应该切合保存与发扬中华民族优良传统的要求，应该有利于广泛借鉴世界各国社会文化经济发展的经验，也应该适合儿童、少年各个年龄阶段的生理、心理特点。显然，不论是过去或现行的小学、初中教学计划，都未必能够完全满足这样的要求，所以，它是一个尚待进一步创造完善的课程体系和教育模式，是素质教育模式，也是终身教育的一个基础环节。

义务教育的多样化发展，是在保证儿童、少年基本学习需要的基础上，由成长中的学习主体尝试选择的结果，而不能由成人或施教者依据某种尺度或标准去筛选、指定。在普及义务教育以后，由于受到社会发展程度与各种尚较滞后的劳动人事制度的制约，由于社会普遍存在的精英教育思想与传统的人才观、质量观的影响，由于高中阶段及高中以后教育尚不普及而选拔学生的标准与方法又过于单一，各地的义务教育学校里，依照考试成绩把学生分类，“让学不好文化课的人去发展动手能力”，以及歧视、排斥学习困难学生的现象都相当普遍。“分流差生”“教育排斥”成为片面追求升学率的有效措施，这显然不符合义务教育的精神，更不是义务教育多样化追求的目标。义务教育多样化，首先是教育内容的多样化，要依据人的全面发展的需要，调整义务教育的内容，特别是充实与学生生活、发展能力密切相关的内容，同时要适当删除部分陈旧过时的内容。为此应该进一步修改现行的九年义务教育教学大纲，恰当地规定全国统一的基本教学要求，科学地为全体未来公民奠定基本的素质基础。其次，多样化又意味着弹性加大，选择性加强。除了最基本的学习需要所要求的内容以外，这个内容广泛的学习框架内的相当一部分要求，应该是允许尝试也允许放弃的，要给儿童、少年以选择的机会，给他们失败后重新开始的机会。成功的人生往往是多次选择的结果，一个人的主动精神、决断能力和对社会、他人、自己的责任感，都是在多次选择的实践中锻炼出来的。再次，义务教育多样化又意味着教育途径、方式、方法的多样化。要把社会教育与学校教育结合起来，在终身教育的系统内构建义务教育机制，要允许儿童、少年选择不同的学习方式与不同的发展途径。保障未来公民的义务教育权利，不只是强迫他们到学校来就够了，还应想办法让学校适合于他们，从内容到形式都适合于他们，保证他们不会在学校受到歧视与排斥，给他们在学校里获得成功获得自信的机会。同时，对于那些在某些方面确有特殊才智的儿童、少年，多样化的教育方式方法也意味着他们可以发挥自身的优势，可以在自己喜欢或擅长的方面获得更好的发展。义务教育多样化要求避免“一刀切”，实施因人施教，但是拒绝用简单划一的尺度去区别“优”“劣”，更拒绝用静止的形而上学的观点去看待发展中的儿童、少年。

特别应该说明的是，由于我国社会中实际存在着种种差别，所以对不同发展方向的儿童少年提供多样化的教育选择的合理主张，是很容易滑到用传统的价值观念区别对待奖“优”汰“劣”的老路上去的。为此，一方面需要我们运用改革劳动人事工资制度和发展终身教育这些杠杆去加以弥补，同时又要求社会与教育部门加大新的人才观、质量观、教育观的宣传，力争在一定程度上弱化那些陈旧观念与经济体制的负面影响。

第三，推进义务教育体制的进一步开放化。这种开放，既包括学校教育向大教育的开放，包括义务教育向整个社会的开放，又包括中国教育向世界教育的开放。现代社会的开放性越来越强，特别是随着世界经济一体化进程的加快，随着因特网及其他国际信息交换系统的开通，未来公民所面临的是一个复杂多变的世界。在信息的海洋里保持冷静头脑，作出明智的抉择，是建设中国特色社会主义的需要，也是维护中华民族民族权利的需要。为此，应该也只能在一个开放的系统中培养儿童、少年的主人翁意识，培养他们在全球范围内实现中华民族伟大复兴的能力与强烈的责任感。

长期以来，学校教育习惯于在一个给定的封闭系统中操作，用精选的有限的教学内容来完成确定的教学计划，实现既定的教育目标。应该说，这些都是必要的，也应该在实施义务教育的过程中坚持其中的合理方面。但是在人类即将进入21世纪时，仅仅维持上述做法已经大大不够了，现代信息技术打破了学校教育的封闭环境，多样的大众传媒和信息网络把教师从至高无上的导师地位降了下来；从信息占有的角度看，教师与学生的地位正在发生变化，教师非但不是学生信息的唯一来源，甚至在某些时候、某些方面，学生反而会是“信息富有者”，他们比教师更熟悉一些现代信息技术的进展。学校外面的世界既精彩又混乱，教师不可能对之采取视而不见的态度，而应给学生以批判性的引导；学生也不能“一心只读圣贤书”，他们总会不时地心骛八极、神驰天外，他们不仅必须学习选择，而且确实又时时事事在进行选择。要有意识地把社会影响与学校教育结合起来，要主动地迎接社会思潮与多变信息的挑战，给学生留出足够的接收、判断、选择的时间与空间，因为学校无法包办教育，不能代替也不应限制学生直接接触社会、接触自然。如果我们既注意学校教育的多样化，又注意学校教育的走向开放，并能有意识利用这种变化的积极影响，那么就会在双重意义上加强学习者的主体地位，强化对他们选择决断能力及责任感的培养，从而更好地实现义务教育的最终目标。

学校教育从封闭走向开放，将是一个逐步发展变化的过程，因为在义务教育的不同阶段，这种开放会有程度区别；另一方面它又同整个社会的现代化进程有关，同现代信息技术自身的发展及其深入学校教育的程度有关。但是，无论如何，学校教育走向开放，一定会给学校管理思想、管理行为带来许多变化，例如，随着信息技术的进展，它将在一些方面打破学校的单位限制，它将推动学校与学校之间在信息、设备、图书资料上互通有无，会实现学生的跨校学习与教师的跨校授课，甚至会实现学生在一定范围内学校间的自主流动，实现学生在学校与非学校的教育机构内的自主流动，乃至最终会形成在更大程度上将学校、家庭与社区连为一体的社会化学校教育系统，从而更有效地利用各种教育资源，为发展中的儿童、少年提供更为宽松、更为广阔的发展条件。因此，如果充分考虑到这种发展前景，在研究义务教育办学设备配置标准时，在规划社区义务教育学校的布局蓝图时，就应该重新思考一下配置或规划的原则与依据，应该通过政策调整去促进这种义务教育模式改革目标的实现，至少在当前可以破除按校配置的思路，进一步实现某些义务教育资源的学校乃至社会的共享共管。

在思考面向21世纪的中国教育时，最关键的问题还是全面实施义务教育法，是按照义务教育的规律去发展完善中国的义务教育制度。深入发展完善义务教育制度，应该从发达地区入手，这就是本文之所以重点讨论已普九达标地区义务教育问题的原因。当然，在初步实现九年义务教育的地区，如何推进义务教育的深入发展，是个方向性、政策性很强的问题，也是很复杂的问题，本文提出的办学条件标准化，教育内容、形式方法多样化以及推进义务教育的进一步开放，仅仅是其中的一部分问题，是其中与实现教育民主化、全面提高中国义务教育质量与效益密切相关的问题。至于更根本的如投入保障机制问题，对党的教育方针及向素质教育转变的理解问题，尚没有全面涉及。从这个意义上说，我们今天还处在全面贯彻义务教育法的起始阶段，今后还会有大量的工作要做，有很长的路要走。我想，只要我们高举邓小平理论的伟大旗帜，在以江泽民同志为核心的党中央领导下，坚持科教兴国，依法治教，就一定会实现我们的目标，一定会迎来义务教育的更大繁荣与发展。

（本文系在深圳1997年“跨世纪中国教育的发展——内地与香港研讨会”上的发言）

13

素质教育三题

一、实施素质教育的条件

实施素质教育，实现中小学教育由“应试教育”转向全面素质教育，是中国社会经济发展进入新的历史时期的反映，它不仅适应了中国迎接21世纪国际竞争挑战的需要，而且说明中国社会经济发展的整体水平已经初步达到了实施素质教育所要求的基本条件。

实施素质教育的根本意义是促进全体儿童、少年的全面主动发展。人的全面发展，一直是人类社会追求的理想境界，但是，“如果这个人的生活条件使他只能牺牲其他一切特性而单方面地发展某一特性，如果生活条件只提供给他发展这一特性的材料和时间，那么这个人就不能超出单方面的、畸形的发展。”① 所以，只有人们的“生活条件”，即只有社会经济发展到一定程度，提供了这方面的可能并提出了这方面的需要时，才有可能实现人们在一定条件下的全面发展。那么，当我们要求基础教育实现从“应试教育”转向全面素质教育时，当代中国儿童、少年的“生活条件”是否具备了实现这种转变的可能与需要呢？特别是在党的十五大再次明确了中国社会主义初级阶段的长期性以后，这种转变的要求，是否属于那

① 《马克思恩格斯全集》第3卷，第295页。

种“超越阶段的错误观念和政策”呢?

应该说，新中国建立以来，特别是改革开放20年来，中国确实发生了重大的变化，在以下几个方面，今天中国人的“生活条件”已经发生了显著的变化，在相当广泛的地区为实施素质教育提供了初步的基础条件。

第一，“我国已经形成可观的综合国力，改革开放为现代化建设创造了良好的体制条件，开辟了广阔的市场需求和资金来源，亿万人民新的创造活力进一步发挥出来。”① 从而有可能为发展方向各异、发展程度有别的年轻一代提供较为宽泛的职业选择机会，可以更主动更全面地开发年轻一代的潜能，开始具备“数以亿计高素质的劳动者和数以千万计的专门人才”成长的社会经济条件。

第二，随着《中华人民共和国义务教育法》和《中华人民共和国教育法》的颁行，特别是随着20世纪90年代以来“普九”工作力度加大，在全国大部分地区初步建立了保证未来公民基本发展权利的义务教育体制，发展了多种形式的职业培训与终身教育机构，到1997年年底，全国已实现“普九”的县（市）和其他行政区划单位达1 882个，“普九”人口覆盖率超过了65%。可以说，今天中国不但以法律形式保证了年轻一代的基本发展权利，而且在实际生活中也确实可以在满足大多数儿童、少年的基本学习需要并获得基础发展能力与品性的培养以后，为其中相当多的有志学习的人提供职前或职后的继续学习的机会。

第三，随着“科教兴国”战略方针的逐步落实，特别是随着社会主义初级阶段基本纲领中把教育发展纳入建设有中国特色社会主义的经济、政治、文化的基本目标和基本政策之中，成为其“有机统一，不可分割”的一部分以后，新的教育观、人才观、质量观正

① 江泽民：《高举邓小平理论伟大旗帜，把建设有中国特色社会主义事业全面推向二十一世纪》。

在为更多的社会人士所认可；基础教育应该转向素质教育也逐渐成为社会共识。儿童、少年的成长环境比过去有所宽松，尊重发展方向、发展速率乃至最终发展程度不同的年轻一代的发展权，已经开始为广大教育实践工作者所接受。教育歧视与教育排斥现象有明显减少。随着各地区开始推进招生考试方法的改革，用一把尺子度量所有学生的现象正在改变之中，标准的多样化必将带来教育的多样化与人才的多样化。

第四，在大力推进素质教育的进程中，课程教材改革已经进入实施阶段，努力为受教育者提供一种内容相对宽泛、可选择的高质量基础教育，努力扩大受教育者直接接触社会、接触自然、参与实践的机会，努力为地方政府、为学校、为教师乃至为学生增加选择机会、加大选择权利，不仅已成为教育管理部门和校长教师的共识，而且用国家行政规章的形式肯定了下来，从而有了较好的实施基础。

当然，由于社会主义初级阶段是一个相当长的历史过程，中国逐步摆脱不发达状态，基本实现社会主义现代化，“至少需要一百年时间”。因此，比之于发达国家，我们实施素质教育的条件应该说是不充分的；我们所努力实现的“人的全面发展”也还是初步的。但是，我们不能推迟这一历史性转变，因为，在人类迈向21世纪时，我们正面对着极为严峻的历史性挑战，正如江泽民同志在党的十五大报告中指出的那样，“我国现代化建设的进程，在很大程度上取决于国民素质的提高和人才资源的开发。面对科学技术迅猛发展和综合国力剧烈竞争，面对世界范围各种思想文化相互激荡，面对小康社会人民群众日益增长的文化需求，全党必须从社会主义事业兴旺发达和民族振兴的高度，充分认识文化建设的重要性和紧迫性”，而“建设有中国特色社会主义，必须着力提高全民族的思想道德素质和科学文化素质。”既然“发展教育和科学，是文化建设的基础工程”，按照邓小平同志“三个面向”的要求，中国教育的改革与发展就必须“面向未来”，有一定的超前性。这是一种需要，是时代社会经济发展对教育的需要，也是促进实施素质教育的另一项重要的条件。

二、关于“发展”

我以为，促进人作为人而不是作为工具的发展，促进受教育者独立人格意识与生存能力的逐步形成，是实施素质教育的根本性要求。无论是“建设者”还是“接班人”，他们首先都是人，不是知识的容器，也不是被动的任由教师去捏塑的泥巴。只有抓住学习者作为人的全面主动发展，才算是抓到了实施素质教育的精髓。因此，实施素质教育，要求教育者（包括校长、教师，也包括教育管理者、政府官员、学生家长及一切向年轻一代施加影响的人们）全面理解“发展”二字的含义，树立辩证唯物主义的发展观，在一个倡导可持续发展观念的世界里从人一生的持续发展的角度，在一个终身教育的社会里从人一生不断学习的角度，去看待发展问题，去培养、尊重儿童、少年发展的主动性。

其实进入20世纪后半叶，尤其是进入90年代以来，对社会发展与人的发展问题，世界各国的有识之士都进行了新的探索，1992年通过的《21世纪议程》所倡导的“可持续发展”的思想，1995年《哥本哈根社会发展问题宣言》进一步对“可持续发展”概念的解释，都具有划时代的意义，并将会深刻地影响人类对社会发展与人的发展的关系的认识。已故中国现代化问题研究专家罗荣渠先生总结各国学者对“发展”问题的认识，认为在五个方面存在着共识。这就是：“发展是多模式的”；“确立以人为中心的发展指导思想”；“提高个人的、民族的、社会的内在发展动力，加强发展的自主性，减少外在依存性，是社会发展的基本导向”；“维护生产力尺度与生态尺度的统一，是新的发展观的重要内涵”；“世界经济一体化的趋势与各国发展的不平衡性，正在造成国际社会系统的新矛盾……只有建立相互协调型的增长，才能迎来下世纪的共同发展”。在这里，罗先生是从“社会发展”的角度归纳了关于“发展”问题认识上的共识，其中“以人为中心的发展指导思想”，强调“发展权利是每个人不可剥夺的人权，每个人及各国人民均有权参与、促进并享受经济、社会、文化和政治的发展，在这种发展中所有人权和基本自由都能获得充分实现”的思想；① 强调发展的整体性，主张“经济发展、社会发展和环境保护是可持续发展的相互依赖互为加强的组成部分，而可持续发展是我们努力实现全体人民更高的生活质量的框架”的思想，对我们进一步深入认识“人的发展”这一概念，深入认识党的教育方针都有重要的启示。

首先，不能离开社会发展去谈人的发展，因为人的发展总要受到社会经济发展的制约与激励；同样，也不能离开人的发展去谈社会发展，因为人的发展不仅是社会经济发展的最终目的，而且是社会经济发展的基本动力所在，社会经济发展从根本上说要依靠科技进步和提高劳动者素质。把人的发展问题与社会发展结合起来，着重从社会发展的大系统中来认识并推进人的发展，推进教育改革，这正是实施素质教育以来的新认识与新的工作思路。同过去强调“全面贯彻党的教育方针”，反对“片面追求升学率”不同，在推进素质教育的过程中，比较强调各级政府要端正教育思想，正确管理基础教育，比较强调政府和社会要为学校实施素质教育创造宽松的环境。这些都反映了社会各方面对党的教育方针的认识有所深化，反映了社会各方面对人的发展与社会发展关系的认识有所深化。这是极有利于教育改革和发展的良好态势，作为教育工作者，应该抓住机遇，推进改革，而不应局限于概念的争论而延宕改革的深入发展。当然，也应该说明，上述认识转变还是初步的，特别是在不能

① 联合国：《发展权利宣言》，联合国1986年第41/128号决议通过。

离开人的发展去谈社会发展，亦即应该全面认识“科教兴国”战略的含义方面，还存在一些认识误区，还应该大力加强这方面的理论研究与宣传解释工作。

其次，以人为核心的发展观意味着我们对人的发展的特点有了新的认识，发展的主体性（主动性）、整体性（全面性）和差异性（多样性），是人的发展的基本特点。吕型伟先生主张改“因材施教”的传统说法为“因人施教”。“材”与“人”虽然只是一字之差，却反映了两种教育思想，反映了两种教育对象观、学生观。教师要把学生真正当成人，当成正在学习做社会人的人，当成正在逐步走向成熟、走向自觉的学习主体，当成正在学习选择、学习承担社会责任的未来的国家主人，发展只能是他们的主动行为，没有主动性就没有发展。主体性是新发展观的核心内容，是素质教育的要义，也是在实施素质教育的过程极易受到忽视、受到损害的方面。前一阶段，有相当多的地区或学校把“活动”形式化，把“发展”培训化，正是由于没有牢牢把握“发展是个人的自主行为”这一要义，结果虽然各种活动热热闹闹，学生教师疲惫不堪，而学生的素质却没有很大的提高；学生依然是教师手中的提线木偶，他们还只是“材”（材料），而不是“人”，不是那种有权学习决定自己发展方向、发展速率与最终发展程度的自己生命的主人。

承认发展的主动性，就必然会承认发展的整体性与差异性，就应该把发展中的主体作为人来尊重，接受他们可能作出的错误选择，帮助他们学会从错误和挫折中认识世界、认识自己，学会从错误走向正确。理论上没有任何一位教育工作者不承认人与人有差异，在实践中，由于我们往往“不允许出错”，由于我们太热心“区分优劣”，太热心把最终的发展目标分解为人生各个阶段的奋斗目标（这中间有两个误区：一是以为人的发展一定是线性的，是直线上升的；二是以为人的发展一定是循序渐进的，是可以划一的分解成若干阶段的），所以我们实际上往往是否认差异的，我们会用一切评价与教育批评手段把受教育者“规范”到一个划一的模式中去，从而扼杀了个性的自主发展。发展的整体性，不仅表现为人与社会发展的互动关系，而且表现为人的知情意行等各方面发展的互动关系，表现为对人的主动精神的认可与尊重，表现为对教育活动影响的全面性的自觉认识与细心把握。承认发展的差异性，是对人的多样化发展的承认，是对社会多样性的承认。它首先要求教育工作者在教育标准、教育内容与教育方法和途径方面实现多样化，要求我们平等地对待有差异的个体，平等地看待在某些方面发展程度不同的受教育者，不但不歧视暂时或长远“后进”的人们，而且要承认其有处于后进的权利。国际21世纪教育委员会报告中提倡“学会共同生活”，其中的要义是在一个存在差异的社会里学会与有差异的人特别是某些方面明显不如自己，或自己不习惯的人共同生活。要让学生真正学会这一点，教育工作者首先要做到这一点，首先要做到正确地对待有差异的学生。

最后，促进人的发展，实现以人为核心的发展，还要求我们科学地规划设计教育行为，要让受教育者从切身体验中认识到发展的意义，获得成功的情绪体验，从而坚定他们发展的决心，进一步激发他们发展的主动性，培养他们在学习化社会里终身学习的信念与能力。从这个意义上说，今天的教育，应该让学生感受到学习是幸福的，发展是快乐的，要提倡愉快教育、成功教育，要让儿童、少年乐学、善学。长期以来，我国教育受苦教苦学的影响很深，诸如“头悬梁、锥刺骨”“囊萤映雪”一类的故事，“书山有路勤为径，学海无涯苦作舟”一类的格言，往往成为教育工作者和成人强制儿童、少年苦读苦学的依据。实际上，这些观念虽然可以激励少数人奋发努力，也确实反映了学习生活中的部分规律，但是它们并没有反映人类学习生活的全部本质，也没有反映人类发展的根本规律。人生来是追求幸福的，人只有从幸福的情绪体验中才会笃信真理的价值。所以，仅仅一味强调苦读，并不能真正激发受教育者持久追求真理的热情。实施素质教育，促进人的全面发展，应该是为了儿童、少年今天和明天的幸福，而不仅是为了明天的幸福。不要把“明天的幸福”与“今天的幸福”对立起来，不要忽视让儿童、少年在今天感受幸福。当然，幸福是一个含义深刻、内容广泛的概念，不同理解、不同价值与不同层面的幸福，其构成与本源都不相同。儿童、少年的幸福感受也有一个发展与形成过程，提倡让学生在今天感受幸福，并不是一味强调让学生“玩”，让学生“快乐”，这一点也应该特别说明。

三、关于素质教育的目标

当前，许多教育实践工作者和理论工作者都在努力探索素质教育目标体系，都在努力研制素质教育评价方案，这无疑是十分有益、十分必要的。但是，从中国传统的陈旧的教育思想的影响尚且十分强大这一现实出发，要十分重视目标的可行性，要以发展的观点、辩证的观点来处理全面发展与培养个性的关系，要给发展中的主体留出足够的选择机会和主动发展的空间与时间。那种过分求全，过分理想化的目标系统，反而会使有心探索素质教育的实践工作者望而却步，或者使一些对素质教育心有疑虑的同志找到不赞成素质教育的理由。因为那些五花八门求全责备的要求也会加重学生的负担，也会使受教育者忙于接受各种各样的培训，反而失掉了发展个性、培养独立人格意识的可能。

我以为，从迎接21世纪国际竞争的需要考虑，从当前我国中小学教育现状考虑，在实施素质教育时，应该有计划地分步推进。当前，我们应抓住“责任感”“好奇心”和“求知欲”、“自主学习能力”（包括理论与实践的学习能力）这三个方面，作为主要目标，作为检测实施效果的主要标准。这三项要求，是围绕着学生主体意识的发展提出的，既是主体意识的外显标志，又是它的发展途径，也是“应试教育”最容易忽略甚至挫伤的方面。“应试教育”直接的工作目标是达成升学考试的各项要求，是让受教育者最大限度的记牢标准答案，所以它必须排斥学生的主动发挥与“个人理解”，必然不欢迎学生在考试要求之外的对时间和精力的“浪费”。在“应试教育”思想的影响下，家庭或学校往往会对那些心有旁骛的学生（例如喜欢看点小说、下下围棋或踢两下足球的学生）提出“有时间不如多做点题”或“不如多看看课本”这类劝告。它反映了“应试教育”的狭隘性，反映了“应试教育”不关心学习者的主动性、不关心学习者兴趣、爱好、求知欲望的特点。当然，有时家长或学校也会关注某些似乎与考试无关的活动，那多数是因为这些活动（主要是“竞赛”之类）与破格升学有关，或者是可以为家庭、学校带来其他利益（例如荣誉或者奖励），那其实也是另外一种“应试”。

“责任感”“好奇心”与“自主学习能力”，是一个人一生持续发展的基础，也是个人生存能力的重要方面，要成为社会主义建设者与接班人，就应该具备这些基本素质。“责任感”是一个人意识到并下决心履行个人的社会角色义务的反映，是个人发展目标与国家民族发展目标协调一致的具体表现，也是个人发展的动力基础。我们要培养的新一代，是对民族对历史有充分责任心的人，是能主动履行社会主义中国公民义务的人，是肯于也勇于对社会对自己负责的人。理想、道德、纪律，都会表现为个人的责任感，也应该落实在个人的负责的行为方式上，在这一点上，怎么强调都不过分。“好奇心”，是人与生俱来的特点，也是在传统教育中极易挫伤的基本素质。它是创造意识、创造精神的基础，也是主动学习精神的最初源泉，是保持人不断进取不断探究的动力因素之一。在当前这个科学技术飞速发展的时代，失掉“好奇心”与“求知欲”，不但无法在终身教育中受益，而且会阻滞人的持续发展。“自主学习能力”（其中包括学习书本知识的能力与学习实践技能的能力），更是在信息时代必须具备的基本要求，是保证一个人一生不断发展的基本能力。这种自主学习能力，包括自我筛选、设定目标，自己寻找学习内容，自己确定学习方法与途径，以及自我管理学习过程等。它是成熟主体面对复杂多样的社会需求与社会诱惑时，能够坚持既定的方向、不断完善人生价值追求精神的反映，是素质教育在个人能力开发上的最重要的目标。上述三项要求，都可以表现在一个人的外显行为中，可以在一个学生具体的学习与生活实践中被人感知并评价，作为工作目标，具有可测性。当然，不是要搞 100 分或 98 分那样的过于琐碎的定量评价，而是做出基本的定性或分类判断。对于实施素质教育而言，本来就不应该提倡那些过分琐碎的区别。

在目前，促进基础教育实现从“应试教育”向素质教育的转变，是项并不轻松的任务。然而只要各级政府充分认识到这一转变的社会历史意义，认识到在世纪之交促成这一转变的必要性与迫切性，并且能够坚决地端正自身的教育思想与管理行为，能够正确引导社会认识与社会舆论，那么，在这个问题上，广大中小学校的干部教师是可以而且应该有所作为的，迄今为止各地成功实施素质教育的典型，都证明了这一点。

实施素质教育确实有不少困难，实施素质教育确实需要各个方面配合，确实应该有总体规划，也确实会引发新的矛盾和问题，在某种意义上甚至可以说，我们永远也不会等到充分具备实现“转轨”条件的那一天，因为，它是个动态发展过程，是个不断向更高标准更理想的运作模式前进的过程。所以，对于实际教育工作者而言，要下决心各尽其责，不等不靠，努力推进这一转变，要从点滴入手促进素质教育的思想在自己的职责范围内落实、体现，因为，这是时代赋予我们的历史责任，是建设有中国特色社会主义的需要。

（原载《教育研究》1998 年第 3 期）

14

教育科学研究与教育改革和发展

从邓小平同志提出“科学技术是第一生产力”论断以来，教育理论界与教育实际工作者就一直在关注教育科学研究与教育改革和发展实践的关系问题。一些同志（其中也包括笔者）曾经认为，正如自然科学研究，尤其是现代技术发展，给经济生活、给人类的生产活动带来革命性的影响一样，教育科学研究、教育技术的发展，也是当代教育改革与发展的动力源泉，也会深刻地左右甚至决定教育改革与发展的方向和进程。因此，教育科学研究，也是教育改革与发展的“第一生产力”，“科教兴国”，教育是基础，是先导，教育科学研究则是“基础的基础”“先导的先导”。

然而，令人尴尬的是，无论理论与实际工作者如何强调教育科学研究的“基础”与“先导”地位，近年来教育科学研究的实际影响不仅没有提高，反而有所降低。一方面，是教育科学研究不景气，教育科学研究成果在实际教育活动中难以发挥作用。这些年教育期刊、书籍出版了不少，研究工作者引进的教育理论、教育模式以及他们自行创建开发的教育理论、教育模式也不算少；然而，走到大中小学教育教学实际活动中去看，不但少有一线的实际工作者在尝试验证这些理论假说运作模式，而且连知道这种种研究成果的也不多。另一方面，再看政府或教育行政机关大力推进的种种改革设想，看一线教育工作者正在积极或消极地应对的各种改革建议，却又往往是相当一批教育理论、教育研究工作者不甚以为然，认为“了无新意”，“缺乏理论依据”，乃至“自相矛盾”的“口号”或主张。不论是中小学的“素质教育”，还是大专院校的“产学研结合”或以“规模办学”与“联合”“兼并”为基调的“211工程”等，都是如此。

首先，我们应该承认，这种理论与实践在一定程度上疏离，在一定程度上理论研究滞后于社会实践的现象，可能是一切涉及社会生活与群众实践活动的科学理论研究的共同现象，是社会科学研究的共同现象。在自然科学研究领域，一定是先有了原子弹的理论与设计思想，才能够制造出原子武器；在社会科学领域，却只能是先产生了资本主义生产方式的事实，才会逐渐总结出资本主义的运行轨迹与运作规律。邓小平同志是中国改革开放的总设计师，但是，邓小平同志并不是先勾勒出中国特色的社会主义蓝图的全部细节才去推动中国社会主义自我完善；他是本着“摸着石头过河”的精神，不断总结中国广大干部群众的实践经验，最终为我们规划出“中国特色社会主义”的基本框架与主要内容。

另一方面，我们也要承认，教育改革，同一切涉及千万群众利益，必须动员千万群众参与的其他改革（例如，经济管理体制改革、医疗保险制度改革、住房制度改革、劳动人事制度改革）一样，都是一种整体性的社会利益格局与价值选择的调整，都是对已经实行多年的某种社会运行机制的变革，是涉及需要亿万民众改变已习焉不察或积非成是的观念认识的社会难题。所以，它不可能从某一理论设计的固定模式出发，它也不会只有一种变革途径。于是，在这种社会性的变革中，理论研究主要不体现在其先导上，而是体现在其“及时”上；体现在及时发现社会中的新鲜事物，及时发现那些于全面变革有促进意义的新鲜做法或关键措施，并及时加以总结、归纳、论证、提高，从而为整体性的社会变革奠定理论与实践的基础。这显然是另一种“先导”，是建立在承认“生活之树常青”认识基础上的“先导”，是建立在广大群众是社会主义改革事业先锋的认识基础上的“先导”。

承认在社会性实践活动变革中实践具有创造性特点，承认社会科学理论研究的某种“滞后性”，并不是不承认理论研究在社会科学领域也一样重要，并不是不承认理论研究在社会科学领域一样有某种“第一生产力”的作用。因为，尽管民众有极其伟大的创造性，尽管社会生活领域每天都会出现具有开创意义的新鲜事物，都在发生种种有根本意义的变化，但是，并不是每个人都能从数以千万计的事件中区别出这些革命性的变化，也不是任何人都能够发现这些变化的革命性意义。安徽凤阳小岗村的农民并没有意识到自己的行动掀起了中国现代历史的新篇章，中国的第一家合资企业也不会预见到它的后继者成千上万，只是由于小平同志高屋建瓴，见微知著，这才有了十一届三中全会以来改革开放的新历史。甚至理论工作者有时也未必能够认识理论的巨大价值，二十年前关于真理标准的讨论，即使是最早著文提出这一问题的几位作者，恐怕当时也没有达到邓小平同志对此把握的历史深度与高度，也不曾预见到这场讨论对实现中华民族伟大复兴的根本性作用。“从群众中来，到群众中去”，是毛泽东同志总结的指导社会实践活动的工作方法，也是创建和发展社会科学理论的基本方法，是一切先进的思想观念影响社会生活的主要方法。任何高明的教育科学理论，任何先进的教育模式方法，都不会是在书斋中凭空构想出来的，而只能是在群众实践活动中概括发掘出来，并经过去粗取精，去伪存真的加工提炼过程，最终在更大的范围与更深的层面上发挥作用。在这里实践的根基是重要的，理论的加工与提炼也是重要的。没有实践的根基，即说明它没有社会存在的基础，它就很难为广大实际工作者所接受、所理解，于是就更难真正体现在实际工作者的工作方式之中；没有理论的加工与提炼，即说明它还没有上升为理性认识，还带有很多个别的、偶然的、局限于一隅的因素，它就很难适应更大的范围，于是也无法真正传播、推广，难以被更多的处境不同的实际工作者认同。在这里，理论研究所起到的催化作用是无可取代的，这也是一种类似第一生产力的作用。

从这个角度去观察，我以为近年来教育科学研究的某种式微现象，恰恰反映了部分教育科学研究自身的问题，反映了教育科学研究应该加快自身的改革与建设步伐。具体说来，我以为，在以下几个方面应该作更大的努力。

第一，要加强对中国社会经济发展现状的研究，要加强对邓小平理论和邓小平教育理论的研究。长期以来，教育科学研究工作往往局限于教育领域，除了投入问题以外，对教育与社会经济发展的相互制约、相互促进的关系，似乎关注得不够，对社会经济与个人对教育的需求，似乎也研究得并不充分。举例来说，在教育发展战略的研究上，从概念，从理性要求的角度提出的建议多，而从实证分析，从社会经济背景提出的可行性论证少。例如，近年来许多人都在提倡高等教育大众化，都在提倡教育产业化，甚至认定教育会成为中国经济的最新生长点，其论据主要是城乡居民五万亿存款余额以及部分居民的自费升学热。然而，到底这五万亿存款的储户结构如何，其中一般居民真正用于教育的储备到底有多少，现在正在就读的学生其家长收入水平是什么状况，其中有多大比例属于那种有相当教育储备的家庭？此外，中国经济在未来 20 年内的走向与发展程度到底会怎样，中国经济在未来 20 年中实际需要的劳动力人才结构是什么？还有中国教育，特别是高等教育的平均成本到底是多少，中国居民的收入水平可以承担多大的分摊比例……这一系列问题，至今没有比较科学的实证分析与权威预测统计数据，那么，建立在估计、愿望或类比推断基础上的政策建议，就很难被决策机构或社会大众所接受。

从这个意义上说，加强教育科研工作，强化教育科研对教育决策与教育实践活动的影响，功夫首先应该下在纯教育科学研究以外。教育科研工作者，应该更关心、了解中国社会经济发展问题，应该更关注教育发展与社会经济发展的关系问题，应该更注意从教育以外的角度去看待教育问题，从大社会大教育的角度来分析学校教育问题。江泽民同志在十五大政治报告中十分强调社会主义现代化事业的整体性，并且在党的文件上把教育发展纳入了中国特色社会主义文化建设之中，这些都给我们以深刻启示，促使我们更全面地认识教育改革与发展中的诸多困难，更有针对性地提出政策建议。

第二，要推动教育科研的发展，要发挥教育科研在教育决策与教育实践中的导向作用，还应该强调教育科学研究工作者深入实际，强调教育科研工作者主动与教育实际工作者的结合。

教育是人类重要的社会性实践活动，任何先进的教育理论，高明的教育模式或方法，只要不被实际教育工作者所认同，不被实际教育管理者所接受，它们就只能是停留在书本上、文章中的设想，就不可能转化为实际的教育行为。因此，教育理论研究成果要有“根”，要有传播的渠道。就是说，这些成果应该有实在的教育实践和人类认识活动的基础，这样才会植根于实际教育活动之中，才会通过示范性的活动为更多的实际工作者理解与接受。这些年来我们引进的理论、假说、模式，再加上创造的各种范例、模式、方法，应该说是红火热闹过好一阵，然而最终在中国教育实践中积淀下来并真正发挥影响的并不多，大中小学教育教学实践中真正起作用的几乎还是老一套的东西，还是那种灌输式的传统教育。许多理论假说似乎都经历过“一试验就成功，一推广就失败”的历史，我以为主要原因正在于教育活动具有群体性与社会实践性特点。就是说，其一它是社会活动，要与社会背景共同发生作用；其二它是群体性活动，只有群体意识转变到一定程度，才会有新的社会性实践行为。以布卢姆的目标教学为例，这种产生于美国的理论，是建立在美国不存在全国统一的教学要求，而一般中小学文化课内容要求又低于中国传统要求的基础；再加上美国人对儿童健康与交往能力的重视至少不低于对学业的重视，美国人也不需要通过考试来解决农业户口或就业问题。在这样基础上产生了“掌握学习”的理论，产生了“每个儿童、少年都可以达到目标”的设想。然而中国却是另一种情况，中国是世界第一考试大国，是少有的几乎只能通过考试来转变社会地位的国家，是教学内容要求极高而学校教学与师资条件又远远不够的国家，是社会普遍望子成龙而教育机会又严重短缺的国家。在这样的国家里，“掌握学习”“目标教学”，虽然引进时也出了“修订本”，注意了目标的重新定位，还是很快就变成了一种训练手段，变成了一大批练习册与考试题，变成了一种应试工具。国情不同，价值观念不同，“目标”的含义与标准不同，教师与社会各方面的教育理念也不同，结果种瓜得豆，大失引进的初衷。

在这里，我并不是否定目标教学理论及其引进的积极作用，更不是反对学习国外或国内的先进经验，只不过是想强调教育理论与教育技术同其产生的社会背景的紧密联系，想强调教育实际工作者群体的教育观念对传播或推广先进教育的理念的制约作用。我想，正是由于存在着这种“紧密联系”与“制约作用”，我们的教育科研工作者才更有必要深入到教育实际工作中去，才更有必要结合当地的实际，为每个地区、每个有共同特殊背景的群体，开发出适合于他们工作与认识实际的理论或经验的文本，让他们读得懂，接受得了，用得上。如果不在理论或经验的“中国化”“本土化”上做文章，再好的假说，再好的经验，也不会在实际的教育生活中产生作用，这似乎是近年来教育改革的现实告诉给我们的一个教训。

第三，就教育科学研究的总体发展而言，我以为，当务之急是整合各方面的研究力量，大力加强教育改革的宏观研究，大力加强教育改革的综合性研究、整体性研究。

中国正处在社会经济发展的转轨换型时期，社会主义市场机制的发育，经济增长方式的逐渐转变，新的发展理念与新的发展模式的萌发与成长，社会各种利益集团利益格局的不断调整，都会给教育的改革与发展带来冲击、影响，都会促使教育发生这样那样的变化。因此，必须加强宏观的、综合性的研究，必须动员政府、企业及各种社会团体，动员教育、经济、社会科学各方人士，共同研究教育问题，共同策划“科教兴国”的实施方略，共同推进教育改革发展。以课题方式组织教育科研，以及院校分割、缺乏强有力的中央教育科研管理的现状，对教育科学研究，尤其是对宏观的综合性的教育决策研究有不利的影响。它不利于从根本理论与长远方向上搞清一些基础性的问题，不利于为政府重大决策奠定坚实的理论基础，也不利于在重大理论问题上统一教育系统的认识。

我以为，要研究教育科研的管理体制问题，要力争建立能够统一指导组织全国教育科研力量的中央一级的指挥系统，努力整合各方面的研究力量；同时应该建立中央一级的教育决策咨询机构，要健全国家教育决策的咨询、论证机制，通过公开招标，公开听证，广泛吸纳社会各方面的意见，广泛推动社会在教育决策方面形成共识，从而为教育改革和发展创设更为有利的社会环境。从《中国教育改革和发展纲要》发布以来，虽然许多重大的教育实际问题都已有了明确的“说法”，教育改革、发展的目标也有了原则规定，但是，为了真正将纲要中的要求付诸实施，还需要进行许多艰苦的论证与研讨工作。因此，要格外重视这些“大事”，注意组织力量研讨“大事”，研讨这些事关全局的政策，也是中国教育健康发展，少走弯路的需要。

（原载《中央教育科学研究所重建二十周年纪念文集》）

15

努力创造新的教育

一

面对知识经济的悄然到来和国际经济一体化的严峻挑战，面对实现中华民族伟大复兴的历史性号召，中国的基础教育工作者，应该有勇气创造新的教育，创造出一种既能继承传统教育全部精华，又能坚决摒除传统教育弱点的教育；创造出一种既能适应中国现实条件，为大众所接受，又能真正迎合时代发展要求，能为中华民族开辟光辉前景的教育。

多年来，由于教育机会短缺，社会教育价值取向单一，以及国家不发达的现实，教育承担了过多的社会功能：通过教育改变社会地位，通过教育改善生活条件，通过教育转变生活地点……从而更使基础教育长期处在供不应求的位置上，好学校、好教师、好的升学机会始终是社会追求的目标。于是，基础教育工作者往往“自我感觉良好”，大家已经习惯了挑选学生，教训家长，指责社会，而不情愿承认自身的工作有根本转变的必要；已经习惯了以对愿望的评价来代替对实践的评价，而不愿意思考社会普遍对学校毕业生质量不满时，自己对此该负多少责任；甚至在违反教育原则、法规酿成重大事故时，还在强调“动机是好的”。我们已经习惯了在一个封闭的系统（各级教育及用考试连接的系统）中追求一个有限的目标（帮助、促成更多的人考上上一级学校），而对受教育者的其他身心发展需求缺乏关心，对那些我们认定其毫无希望升学的受教育者态度冷漠。

另一方面，“家长往往是保守的”。虽然邓小平同志要求教育面向未来，社会上大多数人却常常面向过去评价教育；人们往往依据自己受教育的经验评价教育，有影响的评价者又是传统教育体制中获益最多的人，是传统教育的成功者，是选拔中的幸运儿，这就使他们的评价经常失之片面。他们常会发出“过去的教育还要好些”的感慨，常常担心新的变化会带来更多不确定因素，也常常囿于缺乏亲身体验对教育排斥现象视若无睹、过分宽容，在效率优先的氛围中，社会缺少对处境不利家庭子女享有平等教育权利的认同；对教育民主化的价值与意义更缺乏广泛的理解与重视……

诸多的教育内外因素，都使得基础教育的根本性变革举步维艰，使得在大变革时代基础教育的深刻反思难以实现。1993 年 2 月，中共中央、国务院颁布的《中国教育改革和发展纲要》，石破天惊地提出“中小学要由‘应试教育’转向全面提高国民素质的轨道”，它引起的震荡至今尚未平息，而它所主张的根本性变革精神却已经被磨得见不到多少棱角。诸如“不要轻易否定一切”呀，“多年来一直在全面贯彻方针”呀，“‘应试教育’是对传统教育弊端的概括”呀，“考试不可取代，应试能力也是素质的重要构成部分”呀……铺天盖地地向我们涌来，却难得见到几篇认真分析基础教育问题的业内人士的文章。为什么基础教育的集体防卫心理这样强烈呢？难道真是被十年浩劫的全盘否定吓怕了吗？还是我们确实缺乏批判性思维能力，确实对时代的巨大根本性变革缺乏敏感呢？在整个社会对社会主义的认识，对社会发展战略、发展方式的认识，对人的目的性与工具性关系的认识，都正在发生或已经发生重大变化的今天，难道还能坚持基础教育旧有的全部原则、体系与教育教学观念不作重大改变吗？

在此，我并不想过多地批评新中国成立以来的中国基础教育。凡是存在的，都是合理的。在计划经济时代，在重新创业时期，中国基础教育都曾发挥过不可或缺的作用，为中国的社会经济发展作出过重要贡献，有其合理存在价值，也有许多必须继承与发扬的优良传统。然而，时代变化了，经济、社会的要求变化了，发展理念与发展方式变化了，人们不能用马拉牛耕去建设信息社会，人们也不能用多年不变的模式、方法去实现可持续发展。因此，要创新，要坚决走一条基础教育创新之路；要在广泛借鉴世界各国发展经验的基础上，走一条与可持续发展、科教兴国相互适应相互促进的基础教育改革之路，走一条世界上还没有人走过的，真正实现经济、社会、文化、教育包括基础教育有机统一、和谐发展的道路。

这是一条充满艰辛的路，也是一条需要付出牺牲、充满挑战的路。

二

毫无疑问，教育的根本目的是培养社会主义建设者和接班人，培养“有理想、有道德、有文化、有纪律的社会主义新人”。这些建设者和接班人是整整一代人、几代、几十代人，是人的群体。所以，他们是不同的人，是有着多样化的追求与个性特征的个体的集合，他们不是，也不能是千人一面的模式化人才！

在我看来，现代教育、素质教育、社会主义新时期的教育最根本的特点，是以人为核心，以促进人的发展为目的。教育当然具有社会与个人的双重价值，即一方面促进社会发展，保证人类文明的传承，一方面促进个人发展，帮助个人实现生活理想、生活追求。然而，只有实现教育的个人功能，才能实现教育的社会功能，因为社会是由个人组成的，社会的目标要通过个人去实现，要通过组合起来的人类群体去实现。个人是群体中的个人，群体是个人组合起来的群体，两者相互影响，相互促进。所以，我们主张现代教育应该“以人为本”，主张教育的全部价值只有通过促进人的发展才能实现，这里的人，就是这种生活在一定时代，一定区域，一定民族文化背景和群体中的个体，是具体而不是抽象意义的人，是不断发展变化的而不是静止不变的人。中国的社会主义建设者和接班人不同于其他社会主义国家的人，20 世纪 90 年代的建设者和接班人不同于 50 年代、70 年代的人，广东的建设者和接班人不同于广西或山西的人，城市地区的建设者和接班人也会有别于农村地区的人。承认人的多样性，承认社会主义建设者和接班人可以有不同的发展特点、发展速率与发展程度，才会有真正的以人为核心的教育，才会有真正面向实际生活的教育，才能实现邓小平同志提出的“三个面向”的伟大目标。

社会主义建设者和接班人是主体人，是有人格自尊的人，是国家的主人，也是自己生命的主人，是可以“不是作为奴隶般的工具，而是在自己的领域内独立地进行创造”① 的人，是在一个以选择为标志的社会主义市场经济体制中，在一个以创新为特征的知识经济体系中，能够选择，能够创新的人。这样的建设者和接班人的成长，不但需要扎实的基础知识与基本能力，而且需要高度的人格自觉，需要儿童少年的主体意识与学习能力的健康发育，而这些恰恰是基础教育的最重要的责任。一般来说，中小学生的主体性是在受教育过程中逐渐发展的，它们逐渐展开表现在能动性、自主性与创造性三个层面上，儿童少年在学习区别主体与客体的同时，逐渐形成对自我与外在世界关系的正确认识。基础教育的责任，是帮助儿童少年最终实现在实践活动中，在认识主体与客体、主体与其他

① 《马克思恩格斯全集》第 1 卷，第 458 页。

主体的关系中认识自我，认识世界，适应并改造外在世界，实现生存的价值，成长为负责任的社会主义公民。我想，从根本上说，人的主体性是人的目的性与工具性的辩证统一，是人的社会本质的个性化表现。为了实现社会主义现代化事业的理想，必须强调人是经济社会发展的根本目的与最终动力来源，这就是人的目的性，就是“一切为了人民”“一切为了人的发展”的根本意义；但是，在实际生活中，每个个体都承担着促进人类发展的责任，个人的努力是人类追求理想努力的一个组成部分，每个人又承担着一定的社会责任与社会义务，这里就包含了工具的意义：当中国人民解放军官兵冲上 1998 年抗洪第一线的时候，这支部队，这支部队的每一名官兵，是作为无产阶级专政与社会主义现代化事业的柱石冲上去的，人的工具性与人的目的性因此得到了充分体现。人民军队的根本宗旨是保卫人民（包括每一位官兵）的生命安全，军队成员自觉地把“人民利益高于一切”作为自己的行动准则，于是，工具性与目的性统一在对祖国、对人民、对自己的高度负责上，统一在对社会主义现代化事业、对党和人民的忠诚上。强调人的主体性，并不会导致极端个人主义的泛滥，相反，建筑在高度自觉、高度社会责任感基础上的能动性、自主性与创造精神，正是社会充满活力、不断创新的基础，是社会经济可持续发展的前提条件。

社会主义建设者和接班人，应该是富有创新精神的人。江泽民同志要求我们高度重视知识创新、人才开发对经济发展和社会进步的重大作用，要求高度重视对创新意识与创造能力的培养，正是抓住了经济社会发展模式与发展理念变化的关键。高度重视人才开发，高度重视创新意识与创造能力的培养，不但是高等教育的重大责任，也是新时期基础教育的重要特点。

人的创造性，建筑在人的主体性基础上。只有敢于思考，敢于提出问题，敢于冒失败风险并不怕承担责任的人，才会始终保持创新的坚强决心；只有始终把人民的利益、时代的进步放在个人心目中最崇高位置的人，才能在百折不回的探索中品尝到创造的果实。创造当然有方法，有技巧，有这样那样的必要的知识能力条件；但是，创造性从根本上说不是技巧和方法，它是人的自主性与责任感高扬的产物，是人之所以为人的一个重要标志。当然，由于受到生存条件制约，由于发展环境不同，人们并不能随心所欲地创造。“人们自己创造自己的历史，但是他们并不是随心所欲地创造，并不是在他们与已选定的条件下创造，而是在直接碰到的、既定的，从过去承继下来的条件下创造。”① 于是，创造有时会是模仿，是重复，甚至是倒退；人们的创造性也常会受到压抑，受到损伤，甚至会消失得无影无踪。因为人们的生活条件会制约、窒息创造性，人们的教育活动也会制约、窒息创造性。“教育既有培养创造精神的力量，也有压抑创造精神的力量，教育在这个范围内有它复杂的任务。这些任务有：保持一个人的首创精神和创造力量而不放弃把他放在真实生活中的需要：传递文化而不用现成的模式去压抑他；鼓励他发挥他的天才、能力和个人的表达方式，而不助成他的个人主义；密切注意每一个人的独特性，而不忽视创造也是一种集体活动。”② 保持与开发人的创造精神既不是容易的事情，又是与社会主义市场经济发展，与迎接知识经济挑战密切相关且影响成败的事情。我们不仅要极其重视创造性的培养问题，而且应该千方百计地改革旧的教育体制，努力探索开发创造精神的途径与方法，因为这是中国传统教育中最为薄弱的环节，是中国基础教育最需要改造的部分。

社会主义建设者和接班人是不断发展的人，是具备可持续发展意识与可持续发展能力的人，是在学习化的社会中能够不断学习，

---

① 《马克思恩格斯选集》第1卷，第603页。

② 联合国教科文组织国际教育发展委员会编著，华东师范大学比较教育研究所译：《学会生存》，教育科学出版社1996年版，第180页。

不断进步的人。“现代科学指出，人在生理上尚未完成，这一点对我们认识人，是有独特贡献的。我们可以说，人永远不会变成一个成人，他的生存是一个无止境的完善过程和学习过程，人和其他生物的不同点主要就是由于他的未完成性。事实上，他必须从他的环境中不断地学习那些自然和本能所没有赋予他的生存技术。为了求生存和求发展，他不得不继续学习。”① 人的未完成性，为人的持续发展提供了可能，而变革的时代更需要不断发展的人，需要“活到老，学到老”，能与时代变化保持同步的人，需要能够促进时代变革的人。这样的人，要永远保持学习的愿望与能力，要能够独立地从生活中、从人们习以为常的事物中发现并解决问题，要能够保持激情，承受挫折，勇于打破平衡，自加压力，主动地推动社会变革。是否承认每个人都有不断发展的潜在可能，是否把每个人都视为可开掘的社会发展的动力源泉，是否能跳出仅视人为人力资源的狭隘经济学观点，从人的目的性出发，全面估价人在社会经济发展中的作用与价值，都直接影响我们对社会主义建设者和接班人本质的认识。

多样性、主体性、创造性、发展性，是面向 21 世纪挑战的社会主义建设者和接班人的重要特点，是“有理想、有道德、有文化、有纪律”的一代新人的基本特点，也是社会主义现代化事业蓬勃兴旺的力量源泉。“教育不仅是为了给经济界提供人才：它不是把人作为经济工具而是作为发展的目的加以对待的。”② 把人的目的性与工具性统一起来，在充分认识人是社会进步目的的同时充分发挥人在促进社会发展中的作用，这是中国实现社会主义现代化的

① 联合国教科文组织国际教育发展委员会编著，华东师范大学比较教育研究所译：《学会生存》，教育科学出版社 1996 年版，第 196 页。

② 国际 21 世纪教育委员会报告，联合国教科文组织总部中文科译：《教育——财富蕴藏其中》，教育科学出版社 1996 年版，第 70 页。

希望所在，也是有中国特色社会主义建设的基本目标与基本原则。

三

号称“平民市长”的前沈阳市长武迪生生前曾经说过这样的话，他说：“世界上最可悲的就是不把人当人待。中国的教育也存在着这样的问题，不把人当人教，而是当成一架录音机，一个传声筒。在这样的环境中培养出来的人，是不会创造出一个充满希望的中国的。”① 在思考社会主义建设者和接班人的培养途径与方法时，应该说，武迪生的话是有启发意义的，纵使听起来多少有些刺耳。实现“把人当成人来培养”，而不是当成一个容器，用来灌输知识，也不是当成一段木料，一块毛坯，用来加工成器物，在中国，还有许多转变工作要做。

首先，要转变观念，要学会尊重培养对象，学会尊重被教育者的人格与意愿，特别是在这种人格与意愿还不成熟，还有这样那样的失误与不足时，也要尊重他们，也要说服、诱导而不是强迫他们接受成人的观念。把学生看成容器，以为知识是由教师讲给学生的；教师以知识的传道士与维护者自居，在学生与教师产生矛盾时，一定要学生向教师靠拢，一定以教师的是非为是非，一定要记住书上的结论，是我们的传统做法。视学生为待加工的材料或毛坯，要由教师去修理、纠正才会成才；以为学生的自发行为多是不良倾向，需要不断约束规范；认定习惯成自然，以为不必顾及学习者个人的情绪体验，只要强制要求就会收到训练成效，也是我们的传统做法。

应该说，这些做法包含一定的合理成分，儿童少年的不成熟

① 郑重：《市长难当》，载《文汇报》1994 年 2 月 18 日。

性，儿童少年发展的反复变化及其与生俱来的对亲人的依附与依赖心理，都为教育的“灌输”或“修正”的做法，提供了事实与心理学依据，需要教育与训练的恰当结合。但是现代教育学、心理学研究告诉我们，儿童少年的自我意识及其个人认知体系，是在生长发育和受教育过程中逐渐走向成熟的，而成长中的自我意识及其认知体系，又会对主体的人格、个性成长与知识能力的发展产生重大影响。所以，人不仅是先天生理、心理条件及环境（包括教育）的产物，人还是他自身努力的产物。人在学习、改造客观世界的同时还在不断发展自己，改造自己，成年人是如此，儿童少年也是如此。从这个角度说，要“把人当成人来教育”，关键是要承认人有主观意愿、主观选择，有权“自己决定自己”；要承认人有区别、有差异，可以有不同的发展方向、发展速率与最终的发展程度；要承认发展是人的主动行为，一切外在努力，只能促成或延缓他们的发展，而不能代替他们的主动行为。

承认儿童少年是自己生命的主人，承认他们有权学习生活，承认他们只能从选择中学习选择，从尝试中学会负责，从参与中发展自我。这样想并这样做了，才能培养出有责任感、上进心，有自主发展能力的一代新人，才能培养出自己生命的主人，国家与民族的主人，地球村的合格公民。因此，要为儿童少年的成长创造相对宽松的环境，努力消除影响他们主动发展的外在束缚条件。东方国家中师道尊严的思想影响较强，大多信奉权威主义的教育哲学，强调对学习者基础知识与基本能力的严格训练，于是学习者的主动性往往受到较大影响，创造性思维能力明显低于其他文化背景的国家与地区。近年来，日本经过多年思考，提出了“轻松宽裕”的教育改革目标，下决心扭转以“考试地狱”著称的日本中学教育；我国台湾在李远哲先生主持下，提出了“教育松绑”的口号；中国大陆的教育工作者也提出了“创造相对宽松的发展条件”，“让课堂教学充满生命活力”的要求，说明创造宽松的发展条件，是这些国家、地区教育改革的首选目标，也说明这些国家、地区教育改革有共同的价值取向。当然，作为世界上最大的发展中国家，中国要创造相对宽松的发展条件，不仅涉及教育观念的变化，还要大力发展教育，大力增加年轻一代受教育的机会。因为，从根本上说，首先是中国的不发达现状限制了儿童少年的全面、主动发展，是教育机会的不充分才使他们只能针对选拔考试的要求来追求发展机会，从这个意义上说，中国教育的不宽松不仅是教育问题，更是社会主义初级阶段的阶段特点，我们只能追求相对宽松，而无法实现真正意义的宽松。

其次，要“把人当成人来教育”，还应该创造多样的教育条件，创造多样的教育机会与评价标准。仅仅是在态度上“尊重”学生，而不承认学生可以有不同的发展，不承认不同的发展方向之间不具有可比性，不承认不应该用同一把尺子度量所有的学生，同样不会实现真正的人的教育。

多样化是世界的本质特征，也是社会发展生机蓬勃的动力所在。正是由于世界上万事万物彼此不同，才会有相反相成、相克相生的五彩缤纷的复杂变化，才会有在变化中不断发展的大千世界。同生物的多样性一样，人的不同发展方向、发展速率与发展程度，不同民族、不同时代、不同地域、不同文化背景与生活境遇下的不同追求，也是人类社会不断前进的永恒动力。从教育工作的角度看，关键是要为年轻一代创造多样的发展机会，提倡多元的评价标准，引导受教育者选择适合于自己的发展方向与发展模式，并且在他们选择失误时及时鼓励他们重新开始，尝试新的选择。

多样选择与多次选择的理念，要求成人们以更宽容的态度对待成长中的儿童少年。在“应试教育”的影响下，人们实际上对学生越来越苛刻，“百分竞赛”，“小红花评比”，不断强化的各种竞赛或竞争，往往只能培养亦步亦趋、谨小慎微的“乖孩子”，而且会给成长中的个体带来长久的精神伤害。今天，我们每个人都承认儿童少年有发展的权利，而如贝赖特尔所说，承认某一个人的权利，这就等于承认了其犯错误的机会；承认某一个人自己决定自己的成长方向，就等于承认了其接受错误教育的权利，或完全不接受教育的权利。错误不但是正确的先导，错误也是发展的伴生物。又要求主动发展，又不允许出现失误，实际上只能阻碍一代人的主动发展，只能妨碍他们成为有创新意识又敢于迎接生活挑战的人。

强调发展的多样性，强调未来的社会主义建设者与接班人应该更具个性风采，并不是否认人有共同特点，也不是不承认社会主义“四有”新人应该是有某些共同的本质特点。我想，社会主义建设者和接班人的共同追求共同特点，应该具体地表现在每个个体上，应该与每个个体的个性特征紧密结为一体，于是他们的表现与展开形式必然是多种多样，丰富多彩的，而不仅仅是抽象的原则或规定；另一方面，这种展现在个体身上的共同追求共同特点，又是一个不断发展不断实现的过程，而不是某种静止不变的完成状态，它们的不断变化、不断生长与不断组合，就从另一方面构成了社会主义建设者与接班人的主动多样性。因此，追求人的多样化发展与追求社会发展的共同理想并不矛盾，其实，恰恰是在社会主流意识影响下的人的多样化主动发展，才是实现社会共同理想的最佳途径，才是社会永葆生机与活力的关键。

最后，实现“把人当成人来教育”，还要转变传统的教学观念，要更新对教学本质的认识，更新对教师在学生发展中作用的认识。

教学过程是教师的讲授过程还是学生的学习过程，知识是教师讲会的还是学生学会的，在不同的教学观念的影响下，每个教育工作者实际都有不同的答案。我们认为，教学过程的本质是教师组织学生学习的过程，是教师指导学生从特定的资源库（教材）中获取信息，学会学习的过程。教师当然会在教学活动中进行讲解，会展示各种图片、图表或实物，也会在教学中运用多种媒体或组织各种实践活动，然而所有这些与教师、教学有关的活动，都是在为学生的学习创造条件，都是为了有效地组织学生参与，组织学生自己学习，组织学生把种种新的信息、知识同他头脑中固有的认识联系起来，实现认识的变化或飞跃，实现同化或顺应、建构或解构。因为，唯有发生在学生头脑中的、与学生的实践和参与密切关联的这种认识的变化或飞跃，这种同化或顺应，建构或解构的心理过程，才是学习的本质，才是教学活动的终极目的，才是实现人的认识、能力、态度与价值观念变化的唯一途径。

只要承认教学过程的本质是学生的学习过程，是学生认识、能力与人格的主动发展过程，那么对教师在新的教学体系中的地位与作用的认识必然会发生变化。教师不再是，或不再主要是知识的传授者与真理的卫道士：他们还要讲解真理，但主要是帮助学习者发现问题，探究真知；他们还要订正错误，但主要是帮助学习者发现不同认识之间的矛盾，让他们学会自己纠正自己；他们也会组织各种活动，展示各种事物，而这种展示或活动将不再是为了印证教师的结论，而是为了帮助学习者学会观察分析事物……凡此种种变化，都让教师从演员变成导演，从权威变成朋友，从评价者变成参与者，变成学生在探求未知世界的指导者和鼓舞者。

教师角色的变化不是减轻了而是加重了教师的责任。既然照本宣科地讲解已证明不是有效的教学，教师就需要比过去更深入地研究学生、研究教材，就需要在构建学习环境上下更大的力气。教师的责任是深入地研究教材与社会生活及学生发展的关系，全面把握学生的学习基础及随时发生的需求与心态变化，设计有助于激发学习兴趣与灵感的教学环境，教师作为学生学习环境的主要构造者，他们还需要根据学生情况的变化及时调整改变教学进度与教学内容。教师从事的是把国家规定的、普适于所有同龄人的教学计划或教材，同每个具体的中小学生结合起来的工作；是把国家与社会的价值追求与社会规范，通过恰当的方法，转化成为学生的自觉认识与自愿行为的工作，这显然是极富挑战性且常做常新的创造性工作。

教学观念与教师角色的转变，不仅会有效地促进学习，而且会有效地促进儿童少年的人格发展，促进其作为社会主义建设者和接班人的主动成长。教学活动是学校教育中占时间最多也是最重要的活动，既然要培养主动多样发展的新一代，当然应该在教学中让学生主动发展，让他们有机会尝试主动求知，主动做事，主动与人合作，让他们有机会尝试“自己决定自己”。作为学生学习环境的设计者与组织实施的主导力量的教师，是学生学习走向社会，学习与他人共同生活的中介或桥梁，是学生发展成长的保障力量。创造新的教育，创造有助于学生全面主动多样发展的宽松的民主的教育，要靠教师来完成，实现“把人当成人来教育”，也要靠每位教师的不懈努力。要解放学生，先要解放教师，尊重教师的创造性劳动，为教师创造主动多样发展的机会，在工作实践中帮助教师转变观念，提高自身的素养水平，不但是实现教育观念与教师角色转换的关键，也是创造新的教育的关键。

这是各级政府与教育管理者的责任，政府与教育行政部门应该承担并尽好这个责任。

四

基础教育改革的另一个重要课题，是重新认识基础。

首先，要认识基础的全面性，要把传统的文化基础拓展为人发展的全面基础。儿童少年到学校接受教育，目的是促进自身向社会人转化，是为了在学校的帮助下尽快地掌握人类积淀下来的认识成果，能够更快更好地适应生活，求得发展。他们在学校里不但要学习知识，发展自己的认识能力，而且要学会做人，学会做事，学会审美，学会健体，学会一切与他们生存发展提高生活质量有关的事情，这不但使教学内容越来越丰富多样，也是多年来中小学教材只做加法，不做减法的重要原因。

我想，应该坚持基础的全面性思想，应该尽量把与人长远发展密切相关的知识、技能、态度与价值观念的学习培养纳入中小学教学范围；但是，要防止对全面性的误解，要反对对儿童少年求全责备。因为，人们所说的德、智、体、美、劳全面发展，人们所说的全面提高国民素质，都是从人发展的整体性角度立论的，是为了强调人的各方面发展息息相关，相辅相成，是为了反对片面、畸形地把人当成某种专用工具来训练，而不是要求人的平均发展，更不是罗列出一大批烦琐的训练项目让人去“达标”。在现实的教育实践中，既存在对基础的狭义解释，于是有仅重视文化课教学，仅重视高考、中考相关学科教学的“应试教育”倾向；也存在无限扩大基础的内涵，把一切成年人认为重要的知识全摆进基础这只筐子里面，导致中小学课程、教材不断膨胀，学生教师苦不堪言的现象。因此，坚持基础的全面性与坚持基础的基础性、发展性与多样性等特点是统一的，强调基础的全面性，并不要求把所有人一生中的需要全放进基础课里面来，也不是要把所有学科的重要知识全放进中小学教材。我们所希望的，是真正尊重学习者的实际需要与可能，关心学习者学习时的情绪体验与内心感受；在把他们当成有意志、有愿望、有情感也有选择权利的人的条件下，关注他们思想、情操、品德、行为、知识与能力技艺的全面发展，关注他们作为人的整体性发展，让他们有机会有可能成为自主而负责的人。从这个意义上说，全面性首先不是对数量或内容广泛性的追求，它是态度的变化，是教育观念的变化，是对教育的全面价值与全面影响的追求。

其次，要强调基础的基础性。就是说，被列入基础的，必须是像建筑物的根基那样的事物，是人生存与发展的地基或起点，是最重要、有最广的适用性的知识、能力与态度、价值观，是每个人都不可或缺的事物。例如基本的读、写、算能力，基本的操作与从事实践活动的能力，基本的直觉与逻辑推理能力，以及基本的公民素养与不断学习、不断进取的精神等等，都是基础的重要内容。

人类的发展史，是人类认识工具与认识方法不断改进不断完善的历史。在即将跨入21世纪的时刻，人类已经掌握并构建出多样的、复杂的认识工具与认识方法，发展出许多不同的符号系统，每种符号系统都有自己特有的语义系统与逻辑运算规则。人类不但有各种民族的口头与书面语言，而且发展了艺术语言、形体语言，以及物理、化学、生物学等不同的语言，每种语言都能从一个侧面、一个角度帮助人类探求事物的本质，帮助人们发展自我，实现人生的价值追求。毫无疑问，对于学习者来说，尽可能多且尽量深入地掌握这些符号系统，是一件好事，也是一件难事。由于科学的不断进步，这些符号系统自身的发展与完善程度已今非昔比，它们不但又分化滋生出新的更狭窄也更深入更严密的符号系统，自身也变得更为专门化，更为复杂。那么，当我们强调掌握基本的认识工具时，这里的"基本"二字应该如何把握呢？怎样做才能既跟得上时代的发展而又能顾及学生的实际可能呢？由一批美国科学家与教育学家提出的"2061计划"主张："为了确保所有学生具有科学基础知识，必须改变课程，减少教学内容的绝对数，软化或排除僵死的科目界限，更多地注重科学、数学和技术之间的相互联系，指明科学事业是一个社会性事业，它强烈地影响人的思维和行为，同时又受人的思想和行动的影响，培养科学的思维方法。"① 我想，这里提出的"改变课程"，"减少教学内容的绝对数"，"软化或排除"学科界限，以及把科学教育与态度、价值观教育结合起来的建议，都是有效的强化基础教学的方法，也是有利于从科学思想、科学方法的层面上统一对符号系统的认识，加强基础课程的基础性的

① 美国科学促进协会：《普及科学——美国2061计划》，载《发达国家教育改革的动向和趋势》第4集，人民教育出版社1992年版，第5页。

办法。

此外，在强调优选基础知识并加强教学的综合性的同时，如果能给学生更多的选择机会，让他们有权在若干并列的学习内容之间有所取舍、有所突出；让他们在循序渐进之余，可以尝试“网上冲浪”或检索式学习，也会有助于克服基础知识不断膨胀与学生学时有限的矛盾，也会有利于在加强基础的基础性的同时实现基础的多样性。

再次，要承认基础的发展性。基础的发展性有两层含义：一方面，基础的内涵是在不断发展的，不同的时代，有不同的生活方式与生产方式，因而对人的生存与发展能力就会有不同的要求，于是基础的含义就会不断变化；另一方面，对同一个人来说，在其生命的不同阶段，由于时代的变化与个人生活工作条件的变化，也会需要不同的基础知识与基本能力，需要不同发展水平、不同发展方向的基础知识、基本能力。

发展性的第一层意义比较好理解。游牧时代，骑马、牧羊是每个男人都必须掌握的基础性生活技能；农业时代，基本的耕作技术，天象知识，基本的运算知识以及敬天畏命的生活态度等，可以说是发展了的基础的重要内涵；而在工业时代、后工业时代，基础的含义当然也会发生或正发生变化：旧的基础被取代了，失掉了重要价值，新的基础添加进来，为了适应新的生活，一些基础性要求改变了形态，另一些基础性要求甚至面目全非。例如，用笔写字，对古代人是学习的基本要求，甚至是谋生的基本手段，对今天的人似乎还是文化水平的重要标志，那么当网络技术、多媒体技术更深入到生活领域时，人们还会花那么多时间练习写字吗？它会不会变成一种艺术形式只为少数人所掌握呢？再例如针织和刺绣技术，在电脑时代，这些曾让人类引以为豪的精巧技艺正在被电脑控制下的机器所取代，开始失掉其作为女性基本生活技术的地位。与此同时，一大批过去时代的尖端科学，一些不久前的先进科技被纳入基础知识的领域，进入了常识或基本生活能力的范围，例如，经典力学理论、遗传科学，以及计算机科学、网络技术等，都是近百年或近几年进入基础行列的。

另一方面，在人的一生中，他的基础也在不断增厚、加深，不断发展、变化。人并不是只在儿童少年时代打基础，也不可能在学生时代为一生打下不变的基础。实际上，在人生活的每一阶段，前一阶段的一切收获与发展，都是当前发展的基础与条件，而当今的一切收获与发展，又在为下一个生活阶段打基础。从这个角度去认识，人的基础并不像建筑物的基础那样历久不变，而是在日日发展，年年更新。认识基础的发展性，就不应再企望基础的一次性完成，不应再要求儿童少年去学习那些虽然可能在成年时代有用，却又与他们当前的生活相去甚远的东西，就不应再用成年人才能把握的广度或深度来要求儿童少年。

强调基础是在人生活中发展的，强调人们的基础不是一次完成的，不但可以帮助我们辩证地安排儿童少年的学习内容与规定学习要求，而且可以帮助我们正确地评价不同的学习者，正确地对待那些发展速率较慢的儿童少年，给他们更多的时间与机会。当然，说基础有终身的发展性，强调人们会不断加厚加深自己的发展基础，并不是不承认某些知识或能力在人的一生中有最有利于学习把握的黄金阶段，不是不承认就某些特殊能力而言，有错过了最佳发展期就会永远无法掌握的问题。所以，既要看到发展的恒久性，也要看到发展的阶段性或某些发展的特定时限要求，要从人身心发展的规律出发，科学地安排基础教学，从而促进每个人的最好发展。

最后，要尊重基础的多样性。基础的多样性是由人的多样性、社会的多样性决定的。既然世界上存在着不同的民族、不同的自然与社会条件，存在着不同的行业、阶级、阶层，怎么可能有完全统一的一种基础来适应所有这些不同的人呢？说基础应该具有民族、地域文化特点，应该具有行业或阶层特点，不是完全应该吗？

世界经济一体化的趋势在加快，信息网络技术缩小了民族、国家间的距离，开放是世界性的潮流，于是人们的认识，不同地域、民族的价值观与态度也在互相影响，西方国家的意识形态正凭借着它们的经济、技术优势，深刻地影响着发展中国家。在这样的条件下，强调基础的民族、地域特点，是不是违背世界发展趋势呢？会不会延缓落后国家的现代化进程呢？我想是不会的，理由有三。首先，民族、区域等的差别是客观存在，而且不能在短时间改变。所以，越是民族的，越是世界的。不但国与国之间基础的含义不同，地区与地区，这部分人与那部分人之间基础的要求也会有区别。实事求是是马克思主义的基本原则，不管人们主观愿望如何，考虑问题只能从事实出发。其次，发达国家的发展模式已被证明是无法持续与不可推广的。美国以世界5%的人口却消耗了世界商业能源的30%以上，地球难道还能承载第二个美国吗？中国或其他发展中国家只能独立探求一条新的可持续发展的道路，当然就会形成各自不同的发展基础，形成那些有助于他们走上独特发展道路的基础，形成那些有助于他们的公民从本国实际出发迎接挑战的知识基础、能力基础，从而极大地丰富了基础的多样性。再次，人们从来不能凭空创造历史，每个民族，每个区域人们的认识，都是在过去积淀下来的历史遗产影响下形成的。正像人不能手拔自己的头发离开大地一样，人也不能抛弃那些正在影响整个社会生活的习俗与观念去从零开始创造或发展，可以说，正是历史形成的多样性决定了现实与未来的多样性，决定了基础内涵的多样存在。

承认基础的多样性，有利于从实际出发组织有成效的学习活动，有利于学校教育与社会系统的结合，有利于增强学校教育适应社会经济发展要求，增强教育为社会经济与人的发展服务的自觉性。

总而言之，全面性、基础性、发展性与多样性，是新时期基础教育基础的主要特点，是促进基础教育改革的重要价值取向。我们主张基础教育工作者要“重新认识基础”，主张基础教育要“回到基础去”，这里所说的基础，就是这种全面的、基本的、发展的、多样的基础，是立足于促进所有不同的人实现不同发展的基础。

五

努力创造新的教育，是时代性的任务，世界性的课题，也是坚持有中国特色社会主义道路的需要。当然，新教育是在旧教育的基础上发展起来的，迄今为止的中国社会主义教育取得了许多骄人的成绩，也会在新的教育的发展中保存与发扬它的优良传统。但是，我们还是要改造现行的教育，创造新的教育，创造一种更为适应社会主义市场经济发育与社会主义现代化建设需要的新的基础教育，创造以素质教育为基本价值取向的现代化教育。

这样的教育应该是以人为本的，以促进人的全面主动多样发展为目的，以培养社会主义建设者与接班人为己任的教育；应该是开放的教育，是主动把学校教育与社会经济发展需要结合起来，主动为社会经济发展服务，为知识经济与“创新体系”的发展服务的教育，这样的教育应该是民主的教育，是充分尊重学习者发展权利，充分调动从教者与社会公众积极性与主动性的教育；这样的教育还应该是充分利用现代信息技术、媒体技术，以现代自然科学、心理科学、人文科学的最新研究成果为技术与思想支撑的教育，是能够为不同的人同样打下坚实基础的教育。

这是一种待创造的教育，需要全社会的共同努力。

（原载《前进论坛》1999 年第 7 期，又载《我的教育观——基础教育卷》，广西教育出版社 2000 年版）

16

为学生全面、主动、多样化发展创造相对宽松的环境

21世纪的国力竞争，归根结底是国民素质的竞争，是人才的竞争。培养生生不息的高素质国民和拔尖人才，是中国教育为实现中华民族伟大复兴所应作出的历史性贡献。

这是一项十分艰巨的任务。既要着力于全体国民素质的提高，又要努力为少数优秀人才的脱颖而出创造条件，既要满足每一个公民的学习需求，又要实行科学的选拔，既要对学生的发展提出具体要求和基本标准，又要承认人各有志，人各有才，每个人的发展方向、发展速率、发展方式与最终发展程度都应该有所区别。解决问题的出路在哪里？出路之一，就在于要改革过于呆板划一的教育制度和教育方法，努力为学生全面、主动、多样化发展创造相对宽松的环境。

一

改革开放以来，尽管中国社会经济与教育都取得了令世人瞩目的进步，儿童、少年的学习机会与发展条件也有了极大改善，但是，必须承认，生活在社会主义初级阶段的中国，儿童少年的成长环境并不宽松。

首先，中国的教育机会不充分。九年义务教育尚未普及，高等教育的入学率很低，相当数量有潜力的中国青少年没有获得充分的发展机会。为了争取到有限的学位，许多中国孩子从童年起就不得不牺牲自己的兴趣、爱好，投身于激烈的考试竞争。

其次，教育体制单一，办学模式陈旧。长期以来，人们已经习惯了一次性的“正规”的学校教育制度，习惯了各成体系、彼此封闭隔绝的教育分类模式。近年来虽然兴办了若干成人教育、继续教育机构，但是至今也难以真正纳入国民教育的系统之中，难以真正为社会所认可。“正规教育”与“非正规教育”，“初始学历”与“后续学历”，“国家承认的文凭”与“国家不承认的文凭”之类的或见诸政府文件，或出自社会舆论的说法，都激化了人们对有限的“正规”“名牌”教育机会的争夺，强化了“千军万马过独木桥”的局面。

最后，教育观念陈旧。以传授、灌输知识为教学要义的教学观念，以考试成绩为衡量教育成果唯一标准的质量观念，以“塑造”“加工”为己任而忽视学习主体个人意愿的教育观念，以“学历水平”、竞赛成绩为唯一尺度的人才观念等，都加强了社会对呆板划一的教育标准的追求，成为影响学习主体全面、主动、多样化发展的不利因素，成为学生过重的课业负担几十年来愈演愈烈的根本原因。

此外，城乡差距、脑体劳动差距的存在，劳动人事改革的滞后，都使得人们把竞争有限的教育机会作为个人和子女改善处境或保持竞争优势的出路。这些因素极大地强化了教育竞争，强化了“考试领导教育”的不正常状态。

一方面是社会经济发展需要各种层次的多样化的劳动者，是社会能提供的教育机会不足；另一方面又是社会教育追求的形式化、趋同化，是劳动人事与教育管理制度对这种追求的诱导与鼓励。这就形成了中国教育改革与发展中的最大的悖论。它不仅是学习主体发展环境不宽松的综合反映，也是中国教育改革与发展必须解决的难题。

二

解决上述难题，从根本上说，要实施科教兴国战略，大力发展教育。教育事业尤其是基础教育的发展需要巨大的投入。1999年，中共中央、国务院颁布的《关于深化教育改革全面推进素质教育的决定》重申，要坚决贯彻邓小平同志关于“我们要千方百计，在别的方面忍耐一些，甚至于牺牲一点速度，把教育问题解决好”的指示，以及中央决定连续五年增加教育支出比例，都证明了以江泽民同志为核心的党的第三代中央领导集体实施科教兴国战略的决心。“忍耐”不仅是政府行为，而且要成为社会行为、家庭行为与个人行为。要在整个社会提倡“忍耐”与“艰苦奋斗”，提倡“教育成本分担”，提倡用各种办法尽最大可能支教兴教。在穷国办大教育的背景下，只有尽最大可能集中财力、物力、人力，只有像当年抓“两弹一星”工程那样，把教育当做实现中华民族伟大复兴的奠基工程来抓，才有可能在教育投入上有历史性的突破，才能够真正把“科教兴国”作为发展战略落到实处。

除了增加投入，发展教育要有新方法、新思路。江泽民同志在1999年召开的全教会上强调指出，“学校要进一步向社会开放，发挥学历教育、非学历教育、继续教育、职业技术培训教育等多种功能。普通教育、职业教育、成人教育和高等教育要加强相互间的衔接与沟通，为学习者提供多种多次受教育的机会。要以远程教育网络为依托，形成覆盖全国城乡的开放教育系统，为各类社会成员提供多层次、多样化的教育服务”。这就为我们指出了今后我国教育发展的基本方略。我们应该打破“正规”教育与“非正规”教育的森严壁垒，打破“国办”教育与“民办”教育的僵化界限，打破学校自我封闭、各类教育彼此隔绝的现状，在学校与学校、学校与社会以及各类教育的沟通与连接上做文章。要提倡一校资源多用，多校资源联用，学校与社会之间资源共享，大力提高现有教育资源的利用水平，大大增加受教育者通过不同渠道、选择不同时间来实现多样化发展的机会，从而在“穷国办大教育”的条件下，办出一个开放高效的“大教育”，办出一个多种体制并存且相互沟通的“大教育”，为中国真正成为“人人皆学之邦”创造条件。

三

为学生创造宽松的发展环境，还需要进一步深化教育改革，大胆推进教育创新。应该下决心改变若干我们已经习惯了的但却不能满足人民群众教育需求的观念与制度，应该创造一种更有利于受教育者全面、主动、多样化发展的新的教育。

首先，要大力推进学校管理体制改革，要以尊重学生的学习权利为中心来思考学校管理改革问题。要在充分利用社会教育资源，充分利用信息网络与远程教育系统的条件下，加强学校之间、学校与社会之间的联系，让学生实现“跨校选课”“网上学习”“自主学习”以及选择性学习，还应该给他们更多的参与社会实践的机会。如果把未来的学校视为社会教育网络系统中的一个节点的话，那么网络的所有运行规则都应该有利于学生充分利用网络，而不是用规则将其封闭在某一个营垒里面。现在，不同的学校相互承认学分，学生跨校选课，在校大学生在学习期间申请离校工作等，这些过去不允许的做法都在尝试。那些不准某类学生报考大学，不准退学学生重新报考，以及限制学生转学、转系、调换专业的种种规定，也应该重新考虑，应该在最终有利于每个人为民族作出最大贡献的条件下做出必要的修正。

其次，要坚决改变一套或几套教材统治全国，一种教材十几年、几十年不变的状况，大力推动课程与教材的多样化，在多种教材相互竞争、允许师生自主选择的条件下，提高教材质量，加快教材更新的步伐。课程教材要成为开放的体系，要加大教材的弹性，要有相当数量的选学与选教的内容，要努力促成理论知识与社会生活、生产实践的联系，要鼓励教师与学生把个人的经验与课程教材的规定内容联系起来，从而实现教育与社会、科技、经济的最新进展的紧密结合。

再次，要积极推进评价制度的改革与建设。改革评价制度，关键是改变评价的观念，改变人才、质量的衡量标准，要承认人的发展的多样性，要避免用同一把尺子衡量所有的人，也要避免用固定不变的标准衡量不同时期、不同地域的人。评价要为教育教学服务，要让评价成为激励师生双方积极性的工具，而不能只是评判优劣、予以奖惩的手段。要变只重视终结评价为既重视终结评价更重视过程评价；变只重视课业评价为既重视课业评价更重视综合评价；变只重视自上而下的他评为既重视他评更重视自我评价、社会评价。总之，要科学地辩证地对待评价，要更加关注评价过程的教育功能，强化评价的导向作用而淡化评价的判别作用，因为好学生、优秀的拔尖人才，首先是自己学出来的，干出来的，离开这个根本点，评与考便无意义。在普遍重视科学管理、普遍注意量化评价的方法时，要防止评价的神化与滥用。

改革考试招生制度，特别是改革高考制度，既是评价制度改革的一部分，又是教育评价全面改革的结果。高考改革的根本方向，是要适应高等教育多样化与学生发展多样化的要求，变一次性全国统考为统一考试与联合考试、单独招生相结合；变一律“严进宽出”为“严进宽出”与“宽进严出”“推荐＋考核”相结合；变以卷面试题为主为多种考核方法与适当参照平时成绩相结合；变全部由中央命题考试为以地方命题、学校命题为主，等等。总之，要把招生权力更多地赋予办学单位，要在高校管理权下放的同时下放招生考试权力，要努力促使高校入学考试更符合地方教育发展的实际与需要，更有利于人才的多样化发展。

最后，改革教育教学，是为受教育者创设宽松的发展环境的紧迫任务。这个问题涉及教育观念、制度、内容、方法诸多层面，并且与教师素质特别是教师修养有极大关系，需要专门论述。但是，当前存在的相当一批在基础教育第一线工作的教师不敢改、不愿改以及不会改的问题，应该优先解决，否则，为学生创设宽松的发展环境只能是空话。

不敢改，是因为上级领导还是搞分数排队，还是根据升学率高低奖罚教师，所以教师不敢尝试新办法，不敢在政治思想工作或全面发展上下更多的功夫。千好万好就是考分最好最实惠，轻车熟路最保险。不愿改，是因为在许多教师和家长的心目中，既然升学还是凭考分，只要能让学生争到宝贵的升学机会，即使于健康有所影响，也是“得大于失”的付出，于是不想真正去“减负”。不会改，是因为有些教师自以为是“教书的”，一份教材，有许多参考资料，总可以给学生讲明白，实在不行，还可以让学生多念几遍背下来。而学生千差万别，兴趣爱好不同，要在课堂教学中全面实施素质教育，有针对性地做思想工作，这对一些教师来讲，比单纯教书复杂多了，改起来确实不容易。

不敢改、不愿改、不会改，是教师中存在的实际思想障碍，应在推进素质教育的过程中逐步解决。关键是要做好宣传引导工作，要帮助家长和教师端正教育思想，增强他们从国家、民族整体利益思考问题的自觉性，把家长与教师的积极性引导到教育改革事业中来。有些事情，从个人角度、小团体角度看是一种情况，从国家、民族发展的大局看又是一种情况，那么就要把两种情况结合起来，小道理要服从大道理。例如，中小学生课业负担过重问题，个别教师、个别家长从一己之利出发，可以将其看成是“得大于失”的付出，但从民族国家、从一代人的发展的角度看，沉重的负担不仅会损害许多青少年的健康，而且会影响他们接触社会、接触生活，影响他们在实践活动中增长才干、提高觉悟，会让大多数考试竞争的失利者心情沮丧，影响他们积极地迎接生活挑战，不利于国民素质的整体提高。如此这般，课业负担过重还能看成是“得大于失”的付出吗？

总之，改革教育教学，在并不完全宽松的条件下为学生创造宽松的环境，是个困难的、需要付出艰苦努力的创新性课题。这是一个需要学校和社会配合实施的系统工程。只要我们从国运兴衰的高度认识它，真正下功夫用力气去实施，就有可能取得扎扎实实的成效。

（原载《求是》2000年第7期）

17

创造适合儿童的教育

一、一个历史性的跨越

随着义务教育的普及与高等教育大众化的方兴未艾，中国教育正在从“选择适合于教育的儿童”，转向“创造适合于儿童的教育”。

现在，人们越加关注对学习者的全面研究，越加强调教育与教学活动应该适应每位学习者的实际发展需要。实现“选择适合于教育的儿童”到“创造适合于儿童的教育”这样一个历史性的跨越，不仅仅表现了教育改革正在超越赫尔巴特与杜威的对立，而且反映了中国教育正日益自觉地与社会经济发展要求结合起来，正在实现自身的现代发展规划，努力成为社会主义现代化进程的有机构成部分，成为社会主义现代化事业的最重要的“基础设施”之一。

在推进课程改革与发展时，人们不仅要从社会的角度规划传统的目标、内容、方式、要求等，更要从学习者的实际需要与实际可能出发，对这些统一规划的必要性、可行性等进行评量，依据评量结果对统一规划进行调整，并且鼓励课程计划的实践者针对此时此地的学习者与学习条件及实际状况，再对上述统一规划做出必要的调整、删减或者补充。

二、不断发展变化的学校课程

从实施的角度看，可以说，一切课程都是学校课程，一切课程在学校的实际操作中都在发生变化，都在不断发展，可以认为实际生活中存在着四种课程。

设想的课程 以课程标准、教学计划与教学大纲为代表，是主流社会对下一代培养计划的全面设计，是统一的强制性规定，体现国家意志与社会的传统要求，在相当程度上指导并决定着学校的教学活动。但除了表现为课表以外，它并不直接与学生发生关系，它的影响更多地表现在对教材编写的指导与限定上。

设计的课程 以各种各样的教科书与教学辅助读物为代表，是由少数专家、教师在国家颁布的标准与大纲的指导下编制的。它们是与学校教师、学生直接发生联系的，主要以文字文本形式出现，可以认为，它们是教学领域国家意志与社会要求的具体代表。人们常说的“以‘纲’为纲，以‘本’为本”，正反映了教科书在中小学教育中的权威地位。在实际生活中，中小学生几乎从来不去阅读课程标准或教学大纲，相当多的教师也不大依据大纲来组织教学活动，师生说起课程，就是说教科书；完成教学计划，就是把书上的某章某节讲完或学完。所以教科书，就是具体的课程，是一种可触摸把握的课程。

实施的课程 课表上规定的课程，教科书上载明的要求，并不一定是通过教师操作在学校中实际运行的课程。为了应试的需要，把课表上规定的非升学考试科目的课时，部分或全部让给升学考试科目，这已经成为中国基础教育公开的秘密；而在与考试相关科目的教学中，强化应试需要的知识或能力训练，弱化甚至删除那些不会列入当年试题的教学要求，也是广为师生双方认可的教学不二法门。所以实施的课程，才是真正与学生发生实际关系的课程，它是由校长教师重新调整组合过的课程，是比较广泛地受到现实考试升学制度影响的课程。

实现的课程　学校的教学活动的本质是在教师组织、指导下的学生的学习活动，是学生通过交流、对话、自主探究和体验而实现的、对人类文明成果的积极接受或再发现。因此，无论学校、教师进行了怎样精心的设计与安排，如果没有学习者的主动获取，任何课程都是空中楼阁。正像泰勒所说的那样，对一位在教师精彩讲授的课堂上正认真准备课后篮球比赛的学生而言，无论课表上安排的、教师讲解的是什么课程，他则只是在上篮球比赛准备课。设想的课程，设计的课程，实施的课程，都与学生有关，都会对学生产生直接或间接的影响，而最终对学生起作用的，是实现的课程，是师生双方在国家、社会以及教育行政诸多方面影响下最终实现的课程。

三、教师——实践行为的主动设计者与推进者

从设想的课程转变为实现的课程，起关键作用的是学校的教师。因为只有教师才是把文字的设计转化成为师生双方的实践行为的主动设计者与推进者，是能够全面接触到教学活动各个要素的关键。

教师有可能改变教学计划、课程安排、教学内容与要求，也有机会影响学习者的学习愿望与学习行为。当然，在传统的学校教育实践中，教师的此项权力，是一种隐性权力，是一种每位教师都在行使而又并非充分自觉意识到的权力，一种常被误用甚至滥用的权力。

不久前，教育部颁发了《基础教育课程改革纲要（试行）》，使学校、教师在课程方面的权力显性化，是以法规形式保障了学校、教师在课程方面的权力，保障了学校、教师因人施教的权力，从而最终保障了“创造适合于学生的教育”的权力。

制订和实施统一的国家规定的课程计划是必要的，因为它可以更宏观地保障学习者的基本权利，保障所确定的教学内容与教学要求更具普遍性、权威性，比较科学、准确，从而不仅保证了国家基础教育的统一性，而且保证了国家基础教育的公平、公正，从而保障了处境不利地区或人群的基本权利，保障了未来公民的基本素质水平。

但是，无论人们如何精心构建统一的课程标准，无论专家们怎样科学地研发统一的教材，正是由于它要面对全国并且经过长期策划、反复试验修改，所以，这类统一的课程计划与教材先天带来两项弱点：一是它总会带有某种滞后性，很难及时跟上时代发展与科技进步，比起时时更新的网络世界与教师随时可做的补充与调整，统一印制的教科书难免显得“旧”；二是它似乎可以满足所有人，又难以满足所有人，特别是在中国，二元社会结构的客观存在，在东西部之间，城乡之间，以及不同的行业、部门与阶层之间，基点不同、需求不同、态度不同，难以左右逢源，或者以为过易，或者以为过难，或者以为超前，或者以为陈旧，于是不仅无法满足各地区学习者的全部需求，而且难以满足同一地区每个学习者的不同需求。三级课程管理体制的确立，正是针对上述弱点而采取的积极措施，力图以学校、教师主动行使权力的方式弥补上述不足。所以，在行使学校课程权力时，必须明确学校课程的根本目的是为了适应学习者的实际需要，是为了“创造适合于学生的教育”。这是设计与实施学校课程计划、方案的出发点，也是它的归宿。

四、学校特色应有不同的含义与指向

义务教育学校和普通高中都应享有创设开发实施学校课程的权力，但由于两种教育性质不同，学校任务及学生入学方式有别，在建设学校课程方面，二者应有不同的发展目标与发展特点，学校的“特色”也应该有不同的含义与指向。

义务教育学校，承担着提高未来全体国民基本素质的任务，承担着强制教育性的责任，实行无选择、无淘汰的就近入学制度，是

公民权利的一种具体体现。所以，学校的课程、学校的特色，更应该关注公民与社会的普遍要求，关注社会经济发展的共同趋势。它所要适应的，主要是地域的或时代的共同需求，而不是学校自身发展的需要。例如，陕西的学校可以在艺术课上多讲点秦腔，北京的学校则要介绍京剧，或者是开放程度较强的东部地区学校要强化外语口语教学等。对于同一地区的义务学校而言，其学校课程往往共性较多，往往与地方课程更加接近，相互之间学习借鉴、移植也较为常见。

高中教育，由于是建立在个人选择入学基础上的，是带有相当程度的分流与分类型培训性质的教育，所以学校课程的开发，应该具有更多的个性色彩，应该给学校更大的创造权力。高中学校可以在全面把握社会经济发展趋势与学习者发展要求的基础上，主动从本校条件出发，创设某些旨在满足部分学习者需要或满足社会发展个别要求的特色课程，以吸引在这些方面有特长或有发展意愿的学生。高中学校的学校课程，其地区特色可能并不明显，其类型或适应社会经济发展特殊需要的趋势或者会更强烈。于是，在同一地区不同类型学校之间共性的东西会少一点，而不同地区同类型学校的共性会多一点，这样的学校课程建设工作可能会走出地域的限制，在更大的范围内找到合作伙伴与借鉴对象。说得直白一点，虽然设立学校课程的根本目的是为了强调课程适应学生个性发展需要，但在具体操作上，义务教育的学校课程，是强调共性之中有个性，强调个性的共同特点；而高中教育的学校课程，则是强调在实现个性发展、满足个性需要中实现共性要求。

近年来，在学校课程建设开发上面，在学校办学特色的创立方面，许多中小学校都做了许多有成效的工作。但是，有些学校采取了为创特色而创特色的态度，也有些学校只从本校师资设施条件来考虑学校课程的设置，而不太关心学习者的实际需求与实际条件，因而出现了全校学生齐奏二胡或同做一种航模的现象。应该说，以划一的态度设置并要求学生学习学校课程的做法，不仅违背了学校课程设置的初衷，而且违背了现代教育的发展要求，是一种颠倒服务者与服务对象的主客体关系的错误做法，应该引起各方关注并及时纠正。

五、学校课程开发的四种途径

学校课程是为学生发展服务的，是为了适应学习者的实际需要而设立的，所以学校课程应该是一种充分体现学生选择权利并努力培养学生选择意向和能力的课程。

当前已在中小学校开设或构建的学校课程，大体有以下几种形式：有旨在对学科性课程进行深化或拓展的，如"趣味数学"或"物理实验技术"；有意在培养学生创新精神或探究能力的，如"科学小论文写作"或"科技制作"；有着重培养学生社会实践能力和生活能力的，如"综合社会实践活动"或"社会调查"；有力图满足学生多样化发展要求、提高人文素养的，如"舞蹈形体课"和"诗歌欣赏"；有关注科学技术进展与社会热点问题的，如"现代科技"或"WTO与中国"等。这些课程都是本着紧跟时代发展，适应地方社会经济发展需要，满足学生身心发展需要的原则设立的，或者兼顾三两个方面，或者着重满足一个方面的要求，并因其满足程度不同或方向选择恰当与否而具有不同的生命力。在课程开发与设计的思路上，也有不同的侧重，不同的途径。

第一种开发途径，是学校、教师对国家颁发的标准或大纲进行了重新诠释，是结合本校学生的需要对标准、大纲、通用教材进行调整、重组或拓展、延伸。一般来说，这种拓展或延伸是在各学科的分支上做文章，或者选用少数高等教育教学内容来加深学生对某些问题的理解。这样开发出来的学校课程，与学科课程有密切联系而又不为学科课程标准所限。搞得好的，可以为学生进入高等学校深造或在学科学习领域自主发展创造条件，可以满足部分学有余力而又喜欢某门学科的学生提供深入学习的机会；搞得不好会成为应试训练的合法借口，会妨碍学生形成真正的学习兴趣。

第二种开发途径，是在改变学习方式上动脑筋，是力图通过教学与学习方式的转变，给学校课程带来新鲜感，带来活力，实现学生主体地位的构建与创新精神、实践能力的培养。社会实践活动、研究性学习、学生的集体创作或集体制作等，都是转变接受学习为主的学校教学的有效尝试，都会对学校课堂教学模式改革与学生的生动活泼、主动多样的发展产生积极影响。这种学习方式的变化，可以影响教学组织形式与教学实践过程，也会影响考核评价方式与考核标准。但是，由于受到学生年龄及知识、经验基础的限制，可以作为教学内容的社会资源是相对稀缺的，再加上受到教学时间的限制，以主题展开形式的调查或探究活动可以在点上尝试，可以作为某种补充形式，但似乎还难以成为学生学习的主要方式。这种学习方式的存在与发展，是当前中国教育改革的重要环节，必须予以充分关注、支持和鼓励。作为学校课程形式之一，它是富有发展潜力与生命活力的形式。

第三种开发途径，是紧密跟踪现代社会经济与科学技术的发展进步，在拓宽中小学教学内容选择领域上做文章。例如开设“现代科技”“股票知识”“心理健康”或“交响乐名曲介绍”之类的课程。由于现代生活与科技进步节奏加快，各种热点不断涌现，中小学生也有较高的学习热情，这类课程是学校课程中较受欢迎也较易推开的。只要有相应的教师，注意收集相关资料，开设这类课程似乎很容易。如有了绵羊多丽就讲“克隆”，发生了“9·11”事件就讲“国际政治与恐怖主义”……课程跟着新闻走，不同年级共听一个讲座或报告，是这类课程的优势，但也是它的劣势。因为只是基于一般常识的介绍或仿效科普讲座的教学，虽然应该在学校教育中占据一定位置，却注定不能成为主要形式。中小学教育是基础教育，人的认识基础或者发展基础，都应该建筑在合理的系统的结构性的知识基础之上，仅仅是东一点西一点的片断及零星的知识，是无法为学习者的长远发展提供强有力支持与发展后劲的。

第四种开发途径，是在开发者与开发手段、开发途径上做文章，即充分利用信息网络技术，利用学习主体——学生进行课程开发。这将使教育者和学习者的区分淡化起来，把系统内与系统外的教育资源都利用好，在一定程度上实现教育的社会化和开放化。例如，可以发动学生为学科教学设计和制作课件、网页，可以发动学生办校园网的网站，也可以发动学生创办校内电子期刊、学科学习资源库等。这类学校课程，其实是把“学科作业”课程化，是利用作业的形式让学生自主寻找学习资料，自主重组教材，进行自我监控的深入学习和广泛学习。这种课程开发，无需教师设计教学计划，甚至无需教师做太多的具体指导，只要教师能够针对学生的实际状况与社会要求，提出恰当的任务要求，并给予必要时间保证与技术支持，就可以让学生从各自条件出发，自己设计目标，自己提出要求，自己进行学习并相互启发借鉴，激励促进。这些年来，我们比较注意计算机与网络的知识与能力教育，而不太注意利用信息技术改变我们的学校教育，改变基础教育的课程与教学形式。其实，比起具体的知识与能力的教学来，这种教学观念与行为的变化，才是现代信息技术带给教育的最重要的变化，才是更具革命意义的转换。在开发学校课程以及施教传统课程过程中，都可以主动地利用它来改变传统的教学模式，使学习任务更能够适应每一位学习者，更能够激励每一位学习者，并尝试把学习活动与发现、创造活动较好地结合起来。

六、课程开发要适应学生的需要

学校课程开发建设并不只有上述四种途径，上述四种途径也不是孤立的存在，可以而且经常被综合运用于课程建设之中。无论如何应用，都要恰当地将各种方式结合起来，主动地适应学生的需要因此，在学校课程的开发建设过程中，应该注意以下问题。

第一，必须牢牢把握学校课程的根本目的。以“创造适合于学生的教育为宗旨”，以是否能够满足各类学习者的不同要求为检验标准来把握学校课程的建设方向。

第二，学校课程的建设过程，是动态发展过程，是不断生长变化的过程。学校课程不要过分追求正规化，不要一定向标准教材看齐。有些学校课程更不宜编写教材，有些学校课程也可以没有校内统一的大纲或计划，而应该鼓励它们在变动中满足学生需要。

第三，名为学校课程，一定不要限制在学校之内。这里的“学校”二字，主要是指管理、计划与组织的权限，是由学校牵头来办的事情。所谓不为学校所限，一指内容与教学场所不为学校所限，要引导学生走向社会、走向生活、走向网络世界、走向现代科技；二指要动员学校内的各种教育资源，更要动员社会方方面面的教育资源。能者为师，要把课堂拓展到商店、工厂、机关、社区、农村、网络、传媒、大自然等各个领域中去，实践社会教育资源的重新整合与充分利用。

第四，名为学校课程，一定不要只强调学校行政权力，而要让教师、学生更主动地投入到课程开发建设上来。在一定意义上实现让教师与学生教和学自己编写的教材，给师生更多的创造空间，让他们做自己喜欢做的事情，让他们尝试做别人没有做过的事情。在学校课程的范围内，应该更放手鼓励教师创新课型，创新教学方法，创新教学形式。学校课程，应该成为学校教学改革最活跃的领域，应该积极利用学校课程建设开发与实施的成功经验，去改造传统的学科教学，从而使学校课程不仅能够满足学生发展要求，而且成为传统教育改革的突破口。

第五，学校课程必须保证学生的选择权利，必须允许学生选择与重新选择。无论是学校课程还是学校的全部活动，都存在着如何在班级授课制条件下尊重个人发展权的问题，都存在着将异质同步教学改造为异质异步教学的问题。不应该回避学生自主选择会带来的各种难题，而要在允许学生选择的试验中探索新的管理方法，要在组织、指导学生选择的过程中提高学生的选择能力，培养学生的选择意识。

第六，要注意经验的总结，积累与交流，要注意运用科学的方法推动学校课程建设。学校课程确实是学校的权力，是学校在教育教学中培植特色、创立良好社会声誉的机会。但是，学校之间有共性，学校之外也有共性存在，所以在开发的态度上应提倡以校为本，强调不等不靠，而在具体工作中又应持开放的态度，提倡合作、交流、借鉴、学习。

（原载 2001 年 11 月 14 日、11 月 21 日《现代教育报》）

18

教育，实际上也是社会再分配的一个调节手段

山东省寿光市教育均衡发展的经验很好，促进义务教育均衡发展，是由义务教育的本质决定的。一方面，义务教育作为一种强迫教育，从根本上来讲，就是机会均等的教育，政府有义务合理设置学校，设置办学条件相对均衡的学校，以满足广大城乡受教育者的需求；另一方面，它又是中国义务教育发展到较高水平以后提出的新问题，包括北京，在推进义务教育发展的过程中，实行的也是分类推进，按三种标准，即按基本标准、一般标准、较高标准办不同的学校。但那是适应当时尚未普及义务教育的情况，既要根据《中华人民共和国义务教育法》去推进义务教育，又不可能一下子使所有学校都办得非常好，所以各地实行所谓分级、分类推进，最多的分成三级九类（办学条件按城、乡分成有区别的三级，每个级里面还有一、二、三类），意在激励地方政府和学校去提高办学水平，去争取一步步达标，应该说，这是有效的推进办法。但是，这个第九类的学校的牌子该怎么挂？哪位家长会愿意把孩子送进最差的学校受教育？义务教育发展到今天，确实应该研究义务教育均衡发展问题。应该说这是义务教育深入发展的必然结果，是广大人民群众权利意识增长和我们社会主义现代化事业发展到新阶段的必然要求，所以，这个问题是非常重要的。因为所谓的现代教育，从根本上来说，首先它应该是民主的教育，是保证所有受教育者基本权利

的教育，现在讲实施素质教育，说推进教育现代化，其实都是讲发展现代教育。

现代教育有两大基本特点。第一，它是非常发达的教育，是能较好地满足学习者多样化需求的教育，教育不发达，不可能是现代化的；第二，它应该是具备现代性的，具有现代特点的教育。我们今天讲的现代特点，比如说，以人为本、民主、开放、信息网络支撑、中国特色等等，都是中国现代教育的基本特点。其中教育民主、保障受教育者的基本权利，更是现代教育一个非常重要的特征，它不仅是实现教育现代化的需要，而且是实现中国社会主义现代化的基础条件，因此我非常赞赏寿光的做法。

推进基础教育均衡发展，存在很多问题，很多困难，做起来不容易。一个根本的问题，就是我们国家的实力，还不能充分满足所有受教育者的需要。在全国政协会议上，一个记者找我，拿着一封人民来信，要求建立国家的公民教育保障体制，就是说要保障每个公民的全部教育需求。我跟他讲，在今天的中国，这个体制还建立不起来。在义务教育阶段，我们应该保障每个公民的受教育的基本权利，而在非义务教育阶段，在高中和高等教育阶段，现在还只能实行一种有选择的教育，只能是在有上学愿望，又具备上学能力的学生中间，努力建立一种教育权利的保障制度，也就是说你首先要考得上，然后不要因为经济原因受限制，而不可能保证每个想上学的都能上学，因为我们的高中、大学没有那么大的招生容量。其实，即使保障义务教育的权利，在边远农村地区，也有不少困难，还要做大量工作，让每个人都受教育尚且难，都受条件均衡的教育就会更难。我想，这是第一个障碍。

第二个障碍，改革开放以来，我们实行的是一种差异发展战略。小平同志提倡允许一部分人先富起来，打破了平均主义的倾向，为社会发展带来了生命活力。从改革开放到今天，各个地区都在快速发展，而区域差异、城乡差异、社会的阶层差异也在拉大。

以教育投入来说，可能西部的省区和北京市、上海市就差十几倍、几十倍。在这种情况下，现在在全国范围内实现义务教育均衡发展是不可能的。所以，这里讲义务教育均衡发展，只能是努力推进区域内的均衡发展，而区域间的教育不平衡、教育差距，则不宜再继续扩大，国家还应该通过财政转移支付等手段尽可能地缩小。

第三个障碍，在当前发展阶段，强势群体的声音是大的，弱势群体的声音是小的，社会民主意识不发达，从而影响了人们对均衡问题的关注。最近几年，党中央、社会各界，大家都在关注弱势群体，这是个好的趋势。因为确确实实有些情况真是极不平衡，已经影响了社会的持续发展，影响了社会稳定。应该说，在发展初期，方方面面更关注的是效率，而对公平的呼吁相对地受到影响。这个事实对实现义务教育均衡发展是不利的。

第四个障碍，就是我们的传统观念。比如，在教育上，好学生上好学校，差学生上差学校，好像天经地义，根据一个学生的智商，把学生送到不同的学校，就完全合情合理。各界的精英人物、企业主管、高层知识分子，谈起来都是说怎么才能让儿子、孙子上好学校。大家有一种强烈的优质教育需求。而实际上，所谓的优质教育经常是以排斥多数一般学生为代价形成的，这种“优质”教育是不可能永远存在的。类似的观念、类似的社会追求，不仅影响着区域内的教育均衡发展，也在影响着区域间的教育均衡发展。

区域义务教育均衡发展，是当前基础教育发展的重要问题。因为教育是面向未来的，教育实际上也是社会再分配的一个调节手段。我们总强调物质的再分配调节手段，比如说，下岗职工的救济啊，社会保障啊，实际上，给下岗者或贫困子弟提供教育保障，也是稳定社会、维系民心，给弱势群体以希望的重要的途径和手段。应该说，中国的基尼系数已经很大了，到底是 0.39 还是 0.48，已经说不清了。但是，在这种状态下，为什么我们中国总体上还是比较稳定的呢？我觉得有两个因素，第一个是党的富民政策给大家以希望，大家还在寻找机遇，努力奋斗，“从头再来”；还有一个，就是长期以来，我们中国人有一种重教传统，很多家长都是节衣缩食，把希望都寄托在孩子的教育上，寄托在家庭的未来上。如果不意识到教育有这样一种维系社会稳定，调整二次分配的功能，把教育看做一种产业，一种消费，谁有钱谁受好的教育，这不但理论上是错误的，而且在实践上也是非常危险的。所以我非常赞成义务教育要均衡发展的决策。

从北京市的情况来看，北京市教委最近也在朝义务教育均衡发展的方向努力。

第一，北京市正在准备颁布新的义务教育办学标准，这个标准不再分三级，而是统一的一个标准，城乡一体，全部是一个标准。这个标准比过去的平均标准要高，但也不强调学校超过这个标准多少，就是要达标，要让学校从办学条件上达到基本均衡。当然，学校规模不同，设施条件也要有不同。但从总体上来讲，不再以城乡区别学校的办学标准，而是统一为一个标准。这是一个很重要的变化。

第二，要实现教育的均衡发展，还要研究、明确两个事情。第一个，谁是办学主体？就义务教育来说，办学主体是政府，也就是政府办学，校长管学。学校的硬件设施的改善和保障，是政府的责任，应该是由政府利用纳税人的钱为老百姓提供相对均衡的学校条件。这一点明确了，就不会有校自为战，自谋出路的做法了，提高办学条件的标准，统一标准，按标准为学校提供配置，责任都在政府；其次，既然义务教育是政府的责任，政府就要办好一个地区的教育，而不是办好一所两所学校。因此，在义务教育的管理上，应该实现区域的资源共享，促进教育资源在区域内的合理流动。北京市这次在确定办学标准的时候，就把有些设施，比如像劳动技术设施、信息网络设施、图书等，都列为可以实现区域资源共享的项目。不必每一所学校都有一个图书馆，一定要有多少册图书；也不必每一所学校都有一个劳技中心，然后搞一套设备。在穷国办大教育的条件下，要最大限度地发挥资源的作用。包括已经配到学校的设施，也应该实现一定程度的资源共享，不能每所学校都去搞一个中心网站，每所学校都搞一个局域网，实际上许多设施如果实现区域化的配置，就可以使有限的教育投入发挥更大的效用。同样的，过去的教师管理，是把教师固定到学校，由原来的国家的教师变成了一个单位的教师，甚至是一个校长可以任意高聘低聘的教师，这也不是十分合理的。有些学校规模比较小，一所学校就一个化学老师，一个音乐老师、一个美术老师、一个地理老师……他们没有办法和别人交流，甚至连一位老师工作任务都不饱和，只能兼一些并非自己所长的工作。在这种情况下，教师的自由流动，比如学校联聘，或者跨校兼课，校际轮换，都是非常必要的。北京市现在正在想做的，就是逐渐从优秀教师做起，实现一种区域内的共享，让特级教师、优秀教师，在更大的范围发挥作用。我想，这也是促进教育均衡发展很重要的一个方面。在我看来，教育资源共享是实现教育均衡发展一个很重要的途径。

此外，通过互联网，通过远程教育，实现优质资源共享，也是实现教育均衡发展的一个具体办法。

寿光的一些做法是有启发的，作为一个县级市，一个确实存在着城镇地区和农村地区差异的地方，能够率先做这件事情，他们的勇气和认识都很值得钦佩。寿光能做的，北京、上海等发达地区应该更有条件做得更好，关键是政府、社会与教育管理部门认识要到位。

义务教育均衡发展问题，从当前的社会经济发展和教育发展的角度来看，是非常重要、必须认真做好的事情，也是有很多困难的事情。但是，只要认真去做，是可以逐渐有结果的。解决好这个问题，会给基础教育的发展带来一个根本性的促进，比如大家现在十分关注的流动人口的入学问题，小升初的电脑派位问题，我觉得，要釜底抽薪地解决这些问题，都需要推动义务教育的均衡发展。

（原载《人民教育》2002 年第 4 期）

19

关于中小学校办学条件标准的若干问题

刚刚迈入新千年的时候，北京市决定修订原有的中小学办学条件标准，并将其作为首都在 2008 年基本实现现代化的教育发展要求之一，用以引领北京地区基础教育除经费、师资以外的办学条件建设方向，这无疑十分必要也十分及时。

一

在 20 世纪 80 年代，为贯彻实施义务教育法，为推动基础教育在拨乱反正以后的健康发展，北京同全国大多数地区一样，曾制定过以政府相关部门联合颁发形式下发的中小学办学条件标准；而且同全国大多数地区一样，这个标准以分类的形式出现。当然，作为一个市，不论地域差距与经济实力状况，都与省或自治区有很大区别，所以北京市的办学条件标准只分成基本、一般与较高三个类别，而不像有些省区那样分成三级九等。应该说，正是这类以承认地区内差异为标志的地区办学条件标准，为各地区义务教育健康发展发挥了巨大导向作用。它适应了当时国内各区域内教育基础、教育条件十分脆弱且极不均衡的现实，引导社会从“一无两有”的最低要求的现状出发，一方面开始了新一轮的农村地区校舍建设、基础教育设施建设、实验室和图书室建设等，另一方面又同时促进条件较好的城镇地区继续改善所属中小学校办学条件，在扩大人均教育资源占有数量及改善学校现代教育技术条件上下功夫，从而带来了90年代以后中小学办学条件的普遍改善，带来了各地区义务教育质量的普遍提升。

这个以承认办学条件差异为标志的办学条件标准的最大价值在于，它是一个立足现实的，既承认差异又不满足于差异的标准。承认差异的实事求是态度，使它所规定的各类标准具有较强的可操作、可达成性，从而在其作为上级政府对下级的强制性要求及达成责任部署下去以后，能够为区域内不同经济发展水平地区的下级政府与社会各界所接受，并能引导他们去积极履行自己的办学条件达标责任，因为不论从地区政府社会财力物力的承受能力或从地区竞争的角度，这种分类标准都为人们的改善办学条件活动提出了一个有诱惑又力所能及的具体目标，都会使他们投资教育的行政努力得到必要的回报、反馈。另一方面，由于三类或多类标准的存在且早已公布于世，又必然会促使落后地区的教育领导者与政府部门，不甘心也不能甘心于本区域的落后状态。他们或者努力提升本地区学校办学条件的整体的或部分的达标等级，尽力让本区域内的公民子女享受更好的教育，或者是着力提升本区域龙头学校、标志性学校的办学条件，用“窗口校”或“示范校”的形式，办出少数高标准学校以显示本届政府的“政绩”。当然，后一种做法又会使学校办学条件差距近距离化、明显化，这固然有利于满足区域内少部分人高质量教育的需求，也会引发本区域其他公民的不满，以至最终带动地区办学条件的整体提升。应该说，正是由于由地方政府颁行的分类分级办学条件标准坚持了整体推进、分类指导的原则，又因为从20世纪90年代以来在中央财政加大了对各地义务教育支持力度的同时，中央政府也强化了省市政府在普九达标方面的领导责任，各地义务教育学校的办学条件办学质量的改善得到社会各方面的普遍认同，中国基础教育确实进入了一个历史上最好的发展时期。

20世纪90年代后期，一方面，随着经济社会的飞快发展，国家与地方财力物力明显提高，而网络信息技术及全球经济一体化的前景也为教育发展带来空前的机遇与挑战。另一方面，随着流动人口子女教育问题日益为社会关注，在普遍推进小升初就近入学改革进程中，城市居民对子女享受平等教育权利的要求也日益强烈，那种以分级分类承认学校办学条件差异合理性为基础的办学条件标准的局限性，也日益显现出来。特别是在党的十六大提出全面建设小康社会的历史性社会经济发展目标，提出建设与全面小康社会相适应的完善国民教育体系的具体要求以后，全面提升国民素质，全面提升国民教育水平的要求，正在成为各级政府与所有义务教育学校的不可推卸的共同责任，区域内的基础教育均衡发展，已经初步成为社会与政府的共识，成为政府与教育管理部门的责任目标。在这样的条件下，修订完善中小学校办学条件标准，用新的理念引导基础教育作为新时期社会经济发展的“基础设施”来建设与发展，从而为社会奉献出一个能够顺应全面建设小康社会需要，符合国际基础教育发展趋势的现代中小学校体系，则当然地成为各地政府与教育行政管理部门的责任。

修订完善中小学办学条件标准，既是教育现代发展的需要，也是社会经济现代化发展的需要，是中国作为后发展国家，需要进一步整合社会、教育资源，努力创新发展模式，实现教育的跨越式发展的需要。所以，修订完善办学条件标准，不是对前此工作的否定，而正是在前此工作的基础上与时俱进、进一步提升工作质量与工作水平的表现，对此，必须有清醒求实的科学态度。

二

在新的历史阶段修订完善中小学办学条件标准，关键是明确教育现代化发展的方向，在社会发展、教育发展以及学校与社会、社区，学校与学校的关系上求得共识。十六大的召开及全面建设小康社会任务的提出，不但为我国明确了今后几十年的建设与发展目标，而且为现代教育发展规定了具体的任务。进一步完善国民教育体系也罢，建立学习型社会也罢，都要求我们摆脱就教育论教育、就学校看学校的狭隘的思维模式，而要把学校（包括中小学校）的建设与发展纳入社会经济发展的总目标之中。在充分利用信息网络技术等现代科技成果的基础上，在社会经济可持续发展理念的规划下，要更主动地促进学校教育的开放化、民主化以及人本化，更积极地从社会发展的整体需要与资源利用合理化要求的角度，考虑和规划中小学校的建设与利用问题，要打破那种自我封闭、自成系统的思维模式与工作习惯，积极主动地以全面服务社会的态度来博取社会、社区对学校建设的全面理解与全面支持。

所以，在研究制定新的中小学校办学条件标准时，要慎重思考在全面建设小康社会，努力推动中国特色社会主义现代化进程中，中小学校应该承担什么角色，在学习型社区精神文明建设与文化发展中，中小学校可以发挥什么作用，在社会主义市场经济发展和完善的过程中，中小学校的办学主体是谁，发展责任到底应该落在谁的肩上，我们又应该为全面小康的中国社会构造怎样的现代中小学校体系？这些问题需要我们对现代中小学校的性质任务，对新时期中小学，学校与学校、学校与社区、学校与社会的关系，进行重新思考，还需要我们打破常规，有勇气提出创新的办学模式与发展思路，从而能真正引领地区内的学校实现跨越式发展，实现学校与社区、社会的优势互补、协调发展，并争取实现整体社会教育资源利用的最大化与优化。

现代教育的本质特点是以人为本、以学生发展为本，所以，现代中小学校办学条件，也应该坚持人本化的要求。按照传统的看法，“学校是人类进行自觉的教育活动，传递社会知识文化，有目的、有计划、有组织地为一定社会培养所需人才的机构”。这个定义当然有道理，时至今日，培养社会主义建设者和接班人仍是中国教育的法定义务，而接班人和建设者的成长需要学习知识技能，需传承文明成果，也没有人会提出异议。但是，在中国颁行了九年义务教育法之后，在中国政府正式承诺把教育权、发展权列入基本人权范畴加以保障以来，学校，特别是以普通中小学为主体的义务教育学校，就不再仅仅是“人才”培养机构，而且是一切公民生存与发展的当然权利的保障机构，是他们生存与发展的必经之所，必处之地。现代中小学校是面向一切成长中的公民的，应该满足所有人的发展需要，满足人的发展的所有需要。从这个意义上说，现代学校，用美国学者厄内斯特·波伊尔的话来说，“应成为社区大家庭”。当然，这种“社区大家庭”仍然要以促进学习为目标，要围绕促进学习的需要去整合各种资源，组织各项工作，去发挥教师、家长与学生各自的积极作用，但是，把学校作为“社区大家庭”这一构想，不是为我们勾勒出学校建设的另一方面的要求吗？如果仅仅是“人才”成长学习的摇篮，我们就可以不去考虑普通人的需求，如果仅仅是学习和传承的场所，我们又可以不去考虑或很少考虑学习以外的需求，特别是在中国，在传统观念的影响下，这种学习需求往往更被窄化为学习传统文化课甚至是应对考试的需求。然而，作为一切人成长的必经阶梯，作为“社区大家庭”，我们可能不但要考虑一般学生的需要，还要考虑特殊儿童的需要（例如，有没有无障碍通道，能不能让残障儿童随班就读）；不但要考虑学生学习文化课的需要，还要考虑他们休闲、娱乐以及补充体力的需要（例如，有没有供暂时无课的学生自习、休息的开放空间，有没有让没来及吃早餐的学生补充营养的条件，有没有供学生在课余交流、沟通，发展个人兴趣的场所）。同样，为了方便家庭与学校的沟通，为了让家长与社区在中小学生成长与发展中承担更大的责任，参与更多的工作，当前在中国中小学校中盛极一时的所谓“封闭式管理”及其校园设计、学校管理模式，恐怕也必须有所改变、有所调整。凡此种种变化，都说明在现代教育理念影响下，中小学校即使仅仅从促进中小学生发展的角度考虑，也应该在学校设置与资源配置方面做若干调整，也应该从全面关注所有人需要的角度来重新设计、改善管理，在传统的班级教室、实验室、图书阅览室和计算机房之外，更要增添多种多样大大小小的活动空间，从而满足学生多样化发展，诸如学习选修课程，开展自主学习以及小组活动、社团活动的需要。

现代中小学校办学条件设置、装备应该考虑的另一个问题，是怎样实现现代教育开放的要求，怎样正确定位学校与社区、社会的关系。在可持续发展理念的影响下，作为世界上人均资源占有并不丰富的人口大国，中国社会与中国教育的发展，都必须拒绝美国等发达国家曾走过的以浪费资源为标志的不可持续的发展模式，必须努力探求一条以加强社会统筹、促进资源整合与充分利用的可持续发展之路，必须以提高效益为中心来促成社会教育资源的有效利用。从当前现实看，各种各样的重复建设、无效投入令人触目惊心，中小学校建设中自成体系、攀比豪华的现象也相当突出。因此，在社会与学校的关系上，必须持开放的态度，就是说，现代中小学校应该以新的发展理念去看待学校建设和资源利用，应该学会主动面向社会、面向社区；以“不求所有，但求所用”的态度去积极利用社会教育资源；同时又以最大的热情来主动介入社会、社区文化建设，实现多种多样的培训与服务功能。打破学校的封闭状态，努力使学校与社会、社区更紧密地联系、结合起来，在条件允许的情况下，让学校及其设施为职业培训、成人学习和社区文化事业服务，逐步使中小学校成为学习化社区建设的中坚力量，成为社区的文化中心之一。这是现代中小学发展的一种理想状态，也是教育资源优化利用的实际需要。从这个角度看学校办学条件，就应该支持农村及不发达地区的学校建设得更全面优厚一点，设施更齐备充分一点，不但要考虑中小学生的需要，而且要兼顾社区与社会文化建设的需要；而在公共文化体育教育设施比较发达、交通比较方便的城市中心地区，则应鼓励学校之间资源共享与学校更多地利用公共设施，以促成资源的充分利用，促成中小学校与社区的更为紧密的联系。

当然，在当前体制不顺管理分割的条件下，开放学校教育，促成学校与社区教育资源的融通互补，促成学校社区教育一体化，并不是容易的事。但是，作为面向未来发展的中小学校办学条件标准，应该也必须从地区统筹的角度和以资源共享的原则来处理学校设施配置与地区教育资源整合的问题，必须运用各种鼓励政策来引导、促成这种开放与整合，必须把支持学校社区一体化发展作为今后学校建设的方向。从这个角度说，新的中小学校办学条件标准，不只是针对一所学校的，也不是把一所学校当成孤立的样板来建设的。我们所着力建设的，是社会社区教育大系统中的子系统，是社区教育网络中的一个站点，一个与其他站点、其他成员有着千丝万缕联系的站点。每所中小学，都应是一个开放的，具有扩张与生长潜力的活跃的生命系统，都应成为生机勃勃的社会发展的促进力量。毛泽东同志曾经设想过学校的多种功能，江泽民同志则要求“学校要进一步向社会开放，发挥学历教育、非学历教育、继续教育、职业技术培训教育等多种功能”，从中小学校地域分布的普遍性及其与地方群众联系的密切程度看，它们应该最有条件实现这一要求，应该能够在加强与其他教育形式的衔接与沟通的条件下，真正成为开放教育系统为社会服务的最基层也是最基本的力量。

现代中小学校资源配置应该考虑的另一个问题，即是以均衡发展的办学条件来促进教育民主化的问题。教育民主化并不限于办学条件的均衡发展，但是，为了实现保证所有人享有同等的义务教育、基础性培训的权利，必须努力促进城乡学校、城市区域内不同学校的均衡发展。为此在制定标准时，我们必须选择，在面对全面提高公民素质、全面保障公民的教育权利的任务时，是继续沿用三类或多类标准的办学要求，还是要促进基础教育的均衡发展，用统一的但又可能有地区差别的标准来取代分类标准？是坚持以政府办学为主，将发展现代学校的主要责任放在各级政府肩上，还是以学校自主建设、自由竞争为主，提倡每所学校利用各自的特殊优势去追求差距的扩大？

这个问题的解决，首先取决于我们对基础教育性质及基础教育主要应该由谁来举办的认识。作为个人生存发展的奠基工程，作为国家与社会公民成长的基础阶段，义务教育当然是国家与社会的责任，随着国力增强，国家还应该延长义务教育年限。因为，不论是从人力资源开发的角度，从尊重保护公民基本发展权利的角度，还是从提高公民个人教育水平以提升公民个人收入水平的角度，或者从以保证教育机会公平来调节社会收入分配差距的角度，积极延长义务教育年限，促进教育的均衡发展，整体提高每所学校的质量，都是有利于社会经济可持续发展，有利于社会稳定民心安定的事情，都是今天中国必须予以关注并切实解决的事情。

主张基础教育，首先是义务教育办学条件的均衡发展，主张用一个标准来取代多个标准，还因为今天中国各个地区已经有一定的经济实力来统一标准，提升农村或后进地区的办学水平；又因为在陈旧教育观念影响下，各地政府还蕴涵着极大的继续拉大学校差距，以“中国需要人才，人才要早期培养”为理由大办各种以高标准硬件设施为标志的示范中小学校的积极性。因为，近百年来，中国中小学教育发展的过程，一直就存在着精英与大众教育的争论，“教育公平”“教育平等”等教育民主化的要求一直难以实现。只是在新中国成立以后，真正开始关注普通劳动人民及其子弟的发展权利，才开始民主化的尝试。但是，由于中国区域差异与城乡差距过大，由于我们有漫长的封建等级社会影响，所以，时至今日，用各种人为的标准把学生区别为优生或劣生，然后以“优生也应优待”

为理由来提倡扩大教育差别，来理直气壮地坚持一些违背教育民主化发展原则的主张，在中国还有一定的舆论市场，因为所谓的“精英”或“贵族”学校，不但常常是办学者的追求目标，往往也是老百姓的向往目标。从这个角度看，推进教育民主化，推动义务教育或基础教育的均衡发展，还有许多工作要做，还会有一个艰难的工作过程，把多个办学标准统一为一个标准，就是这个艰难转变过程的第一步。

用统一的办学标准取代分级分类标准，不是用新的一刀切来取代区别对待。因为，新的统一标准一方面是建立在较高要求基础上的，对大多数中小学校而言，它依然是一个发展目标，是一个建设与进步目标，所以并不存在普遍地迁就落后或阻碍发展的问题。另一方面，这个统一标准也还有若干可供学校选择配置的要求，有若干弹性相当强的项目，这不但是为让各区县在推进学校办学条件现代发展时，可以从区情区力出发有所侧重、有缓有急，而且是为了让区县可以因社会教育资源丰富程度有别而做不同的处理，为了让区县可以对后进地区的学校有更多关爱，并促成这些学校在地区文明建设中发挥更多的作用。另外，作为政府办学的指导性文件，统一的办学条件标准主要是引导政府投资行为，是规范政府的教育经费的支配方式。换言之，它只是要求政府在花费纳税人的钱时要公平第一、照顾弱势，它并没有限制社会的投入，也没有限制社会多种形式办学的资源配置。所以，作为统一的也是强制的要求，它是高标准的但又只是下限，它不会限制学校的自主改善，也不会阻碍社会捐资助学。当然，从穷国办大教育的实际出发，从中国基础教育的健康发展与资源的有效利用出发，即使用外国人的钱，我们也不赞成个别中小学校在办学条件上的盲目攀比追求奢华，我们主张“适度超前”和以“实用、适用、够用”为原则来建设学校。

三

在研制中小学校办学条件标准、规范中小学校发展时，还必须考虑的一个问题，是在新的历史时期网络信息技术到底能给学校建设带来什么机遇？所谓“用信息化促进教育现代化”的理念应该怎样成为现实？

在思考这一问题时，既要反对技术迷信，过分夸大网络系统、计算机技术带来的冲击，用所谓“学习革命”的口号迷惑自己，也要反对保守偏狭，一味强调传统的办学模式、办学经验，在资源配置与学校建设上故步自封，墨守成规。总体说来，信息网络技术有利于学校教育资源的整合与充分利用，所以，在网络进校进教室的条件下，可以弱化学校对某些硬件软件设施如图书资料和部分挂图仪器等方面的要求，可以加强学校之间在教师以及其他软件资源方面的共享程度，还可以强化同一所学校不同校区之间的联系与沟通，从而减少其在管理上的困难，等等。但是，所有这些措施虽然在数量上可能对减少固定资产购置经费投入有帮助，它们却可能又同时增加了学校的运营成本，因为不但上网要付费，网络的管理以及越来越快的网络设备的更新速度，也是不小的负担。因此，如果仅从资源代替与资源共享的角度来看网络建设，在设计配置计划时，一定要注意量力而行，绝不是越多越好、越新越好。

其实，网络信息技术带给学校办学条件的影响可能会更加深广，也许还有许多更重要的方面、更有价值的作用，我们还未充分发掘。举例来说，在城市学校发展中，校舍占地面积一直是学校发展的难题。即使想列入城市改造计划，由于既成的学校布局分散又占地很小而难以集中。那么，在信息网络条件下，我们是否可以把一校两地或三地作为城市学校的常态呢？能否不再费精神劳气力地去搬迁学校、购买土地，而就在几个分散的地址上安排不同的年级，同时又用学校的局域网把师生连接在一起，从而大大减少学校搬迁的费用，又实现了学校规范化办学的效果呢？再比如说，网络信息软硬件设施更新速度甚快，网络信息技术人才知识老化速度也很快，大多数学校常常苦于没有足够的财力保证设施的先进性，也难以留住高层次人才。那么，能不能改变以学校为单位设立工作站或网站的传统做法，或几校集中设置，或以区域为单位设置中心工作站，集中最好的设备与软硬件人才，一方面辐射相关学校、承担各种服务与指导工作、承担建设中心站点与资源库等任务，另一方面又面向社会，作为公司实体，作为网络学校，承担各种设计与服务工作，用技术服务的收益来提高信息技术人员的待遇和改善软硬件环境。把作为事业的教育与作为产业服务的教育结合起来，把知识的传播与知识的生产与创新结合起来，这会不会是网络技术与学校教育结合的一条新路呢？

当然，以上两种设想，虽然在一些学校已有程度不同的尝试，但总体上看尚未形成规模，也未最终总结出规范的操作方法，所以还不能说已有理想的模式。但是，无论如何，在研究新时期中小学办学条件时，应更重视信息网络技术带来的新挑战与新机遇，应该更充分地更大胆地用信息网络所提供的技术条件来改善中小学校办学条件，则是确定无疑的。特别是对于偏远山区或农村地区而言，在改善办学条件时，更充分地发挥信息网络技术的作用，可能会是一个有效的策略。

四

遵照现代教育发展，或说遵照教育现代化的要求去规划中小学校办学条件标准，用教育的人本化、开放化、均衡化来引导现代中小学发展，在充分发挥信息网络技术优势的条件下，努力探求现代中小学新的发展模式与办学模式，都是带着理想主义色彩的设想，都带有某种超前性或不确定性。因此，在提倡以上述新认识去引领中小学办学条件标准的研制时，必须同时清楚地意识到这种转变将会是一个漫长的过程，是一个在碰撞中反复磨合、反复调整，且不断有所妥协、修正的过程。

在制定新的中小学办学条件标准时，没有较宽广的视野和较前瞻的认识是不行的。教育本来就是“三个面向”的事业，在当代中国这样充满变革创新与发展机遇的社会里，教育发展当然更需要有足够长远的眼光，有足够充分的设计。因为，作为世界上的人口大国，我国的中小学教育所面临的对象，是数以亿计的群体，对他们未来的任何设计的疏忽，都将造成极其严重的损失，我们有责任也有义务，努力为新一代的中小学生设计出更加符合中国国情的现代中小学校。从这个角度看，坚持现代教育理念与坚持从中国国情出发，既是统一的，又是矛盾的，其间的出路，就在于找到两者之间的平衡点，就在于不失掉现代化根本方向的同时坚持实事求是，一切从实际可能出发。

从总体上看，人本也罢，开放也罢，民主也罢，甚至包括信息网络技术也罢，肯定是现代教育所追求的基本目标，也必然要在学校办学条件及学校设计的诸多方面体现出来。我们在研制中小学办学条件标准时，把握这些原则，坚持不为教育的现代发展设置障碍，当然是避免浪费，避免走回头路的基本要求。但是，这些教育理念或原则要求，又不会在一个早晨实现于中华大地之上，其中某些要求也可能还会与现实人群中许多人的短期利益相冲突。所以，在制定具体标准时，尤其在把标准的建议转化为有实操性的政府文件时，又必须与理想的原则拉开适当的距离，要更关心可行性与可达成性的问题。从这个角度去分析颁行的《北京市中小学校办学条件标准》（以下简称《标准》），不但会发现其与本文作者的主张不尽一致之处，也会发现与《标准》的研制者在其个人论著中所反映的观点也有距离。我想，这是一切理性认识转化为决策建议或政府规章时的必然现象，也是合理的。文件代表的是社会的共同意志，是社会的共识，它应该与个人的认识有区别。

当然，即使是这个已与理想要求拉开距离的政府文件，它同教育实际、社会实际还会有明显落差，还会与人们传统认识有若干矛盾冲突，它的全面贯彻落实，也还需要相应的时间保证，还会有一个较长的努力过程。但是，在我看来，不论是为了政府决策的严肃性，还是为了首都教育的率先发展，现代发展，这个《标准》所规定的要求，都应该在未来的几年中尽快落实。因为，只有这样，首都的中小学校，才会是具有现代办学条件的学校，它们的发展，才会真正与首都社会经济现代化发展同步，才能成为首都社会经济现代化事业的奠基工程。

（原载《教育科学研究》2004 年第 2 期）

20

教育改革与管理创新

一、新时期教育改革的基调——教育创新

从根本上说，是中国社会经济的跨越性变化，引发了中国基础教育的整体性改革。教育管理创新，只不过是中国基础教育整体性改革的一个有机组成部分。

没有人怀疑中国社会经济发生了天翻地覆的变化，和二十多年前相比，今天的中国人，对社会主义市场经济以及个人与国家、社会的关系，都有了全然不同的实践体验。十六届三中全会确定的全面、协调、可持续的科学发展观，高扬以人为本的执政新理念，为社会与人的全面协调发展增添了活力。从号召人们“做革命的螺丝钉”，到提倡培养“四有”新人，强调“创新精神和实践能力”的重要价值，都说明时代对教育的要求发生了带有根本意义的变化。创造新的教育，正成为新时期教育改革的基调。

二、教育是社会实践活动

什么是教育？教育是有目的、有计划地影响人的发展的社会实践活动。

有人说，“教育是计划经济的最后堡垒”，其实，教育并不只为计划经济服务。从有人类以来，就逐渐产生了原始的教育活动，它比计划经济的历史要久远得多。但是，教育活动始终有某种计划

性，也就是说，有目的、有设计、有具体的安排，不论计划周密还是粗糙，也不论从事教育的人自觉与否，教育作为面向未来的活动，它不能由教育者随心所欲、任意而为，说教育要有计划不应包含贬义，也不必为此而惭愧。正因为教育必须有计划、有设计，因而必然有计划与设计的实施，必然有组织及其管理，也就是说，教育管理是由教育的计划带来的结果。

然而，现代研究表明，教育不仅是教育者、教育管理者的事，在相当程度上还取决于受教育者、学习者。因为，所谓“促进”或“影响”人的发展的实践活动，已经说明教育者只是人的发展的外在因素，而人的一切发展行为，都是主体自觉活动的过程及结果。从这个角度说，不论教育管理者和教育者对教育环境作何等精心的安排，不论他们对教育计划、对教育的活动过程作何等科学的组织，如果没有受教育者，也就是学习主体的积极认同、主动参与，所有科学计划与良好环境，都不能自动地促成学习主体的积极发展，都不会为他们带来任何身心方面的实质性变化。

统一的计划或相对统一的设计，与成长中的、不成熟的但又初具个性差异的儿童、少年相遇，即使在一线教师的全力协调与组织引导之下，也会产生多姿多彩的不可预见的变数，也会为教育计划增添诸多不确定的因素。所以，教育是计划的管理，也应该是艺术的管理。

然而，艺术能管理吗？

其实，现代教育正是在这种可以管理又似乎不可管理的冲突中发展的，统一计划与因人施教都有道理，也都有偏颇，关键是要把握其间的尺度，实现技术、计划与艺术的相反相生，相异相成。

三、教育在现代社会中的变化

说现代教育与传统教育有根本区别，原因也来自教育自身在现代社会中地位与作用的变化。

在传统社会里，接受学校教育是一种特权，是少数人才能享有的权利。在封建时代，识文断字，能够在国家考试中达到基本标准的人——秀才，不但可以免除税赋，而且有了与县太爷平起平坐的资格。所以，传统教育一直与选拔制度紧密相关，一直建立在考试淘汰的基础上。在现代社会，受教育权是人类发展权的核心内容，应由国家依法保证，1948 年联合国大会通过的《世界人权宣言》第 26 条明确规定："人人都有受教育的权利，教育应当免费，至少在初级和基本阶段应如此。初级教育应属义务性质，技术和职业教育应普遍设立，高等教育应根据成绩而对一切人平等开放。"

据此，可以认为，现代教育与传统教育之间的根本性变化是：教育，从选择适合教育的儿童，转向创造适合儿童的教育。

把受教育权视为基本人权，把所有儿童、少年都视为教育的对象，并且努力使他们从中获得实在益处，实现真正的发展，就必须把千百年传承下来的旨在培养少数优异人才、领袖人物的教育，改造成真正对于各种不同发展方向、不同兴趣追求、不同能力与智力结构，乃至各种不同个性特征的儿童、少年，都有实在好处的教育，都有不可或缺价值的教育。这中间显然有一个十分艰难的转变过程。

普及九年义务教育，普及高中阶段教育，实现高等教育大众化等，显然需要规模发展、数量扩张，而本质则是性质转换。因为上述任务，都不能仅靠多投资、多办学校、多聘教师、多招学生这类发展方式来解决，都需要教育自身发生某种质的变化，要创造不同于以往的教育，来适应新进入教育范围的人群的实际需要，包括创设新的教育目标、新的教育模式与方法、新的教育内容和评价等。旧的教育面向的是少数人，受教育后也会走向社会的特定阶层与特别行业；而新的教育，不论是学生来源或毕业生走向，都将面向整个社会，社会有多丰富复杂，学生及其学习也应该同样丰富复杂。

四、教育改革的基础动力

现代教育改革的第三项动力来自现代心理学、教育学、社会学、学习科学以及信息网络技术的发展。

假若承认教育不仅取决于教育者与社会，而且取决于接受教育者与学习者自身，假若承认教育过程是一种特殊的人际交往过程、一种特殊的学习过程，我们就必须十分关注现代心理学、教育学、社会学、学习科学以及网络技术发展带给人们对学习活动的新认识。

学习仅只是一种知识传授过程，还是集传授、体验、探究于一体的综合过程?

学习的结果仅只是学习者认知和能力的变化，还是一个人的整体发展，是一个人在知识、能力、态度、价值选择等方面或多或少、或隐或显、或久或暂的变化过程?

学习活动仅只是依靠人类本能、依靠个体的所谓“建构”即可完成，还是需要建立在人类历史积淀的文明成果的基础上，需要学习并掌握人类积淀的认识工具——各种语言符号系统与物质工具来完成?

学习活动仅是个体的实践活动，还是包括人类群体的共同活动?

学习活动仅只是在学校教师影响下开展的活动，还是同时受到网络世界、校园与社会环境的深刻影响，有时甚至是在后者的决定性影响下开展的活动?

……

所有这些问题，目前都有争议，都没有完全一致的答案。但是，正由于在这些问题上出现的种种争论、种种新的认识，才使当代教育改革不但有了需要，而且有了可能。因为，正是这些方面的研究进展，为学习者与教育者转变自己的学习与教育方式，提供了方法论与技术手段的支持，从而使得在同一学校和不同学校中创造适合儿童的教育成为可能。

五、教育改革的复杂性与长期性

在我们充分肯定中国教育应该、也正在发生根本性变化的同时，必须明确，这种变化只能是一场渐进式改革的最终目标与长远结果，它不会也不应是所谓的“革命”，不可能在过短的时间内迅速完成。

教育作为文化现象，必然受到社会经济制度与人们观念形态的制约，教育固然应该争取“超前发展”，但这种“发展”更多地表现在数量与规模上，而较难充分表现在质的转换上。从当前中国社会经济发展的现实看，一方面中国经济建设确实有了长足的进步，各项社会体制改革也在有条不紊地进行，社会大众对中国特色社会主义市场经济的体验与认识正在逐步加深，中共中央提出的全面、协调、可持续的科学发展观与“五个统筹”的思想，正在引领中国的社会经济及其改革步入健康快速的发展轨道；另一方面，不仅经济发展模式转换这样的深层次问题远未解决，城乡差距、区域差距也有逐渐扩大的趋势，社会上长期积淀下来的传统观念与各种外来影响的碰撞与冲突日益强烈，加上国际局势动荡多变，环境问题、资源问题与国际贸易冲突等问题，都为中国的经济与社会发展带来种种不确定因素。所以，中国的教育发展与教育改革，往往是多重社会力量与多种动因联合作用的结果，往往会出现互相矛盾、互相冲突的主张都有市场，在不同层面、不同领域都得到支持的现象，甚至会出现同一个主体支持或主张方向相悖的两种改革潮流的现象。例如，作为一名校长，当学校向教育行政部门争取办学自主权时，他可能主张扩大“民主”，而为了应对学校之间的竞争，求得本校利益最大化，他可能又要去限制学生、家长的自由，限制教师的权利，主张加强“集中”。再比如，有的地方政府，当他们希望招商引资时，肯定强调“科教兴市”“科教兴区”，大讲提高人口素质，而一旦学校要求给予实际支持时，却又不肯增加教育投入，反倒鼓励学校用招生“创收”，甚至主张出售“优质教育”资源来“以教养教”，都是此类矛盾现象的反映。

在我看来，一定程度的教育理念、教育主张甚至教育管理认识的混乱，既是坏事也是好事。因为，在一个变革与创新的时代，没有对旧教育的全面冲击，就不可能打破传统认识对人们头脑的束缚，而没有多种多样的改革尝试（包括有些注定不会成功的尝试），也无法在全民性的探索中真正找到可行的中国教育自我创新之路。旧体制是个有序运行的世界，新教育也必将形成独具特色的运行规范，然而在两个有序之间，总会有一个或长或短、或隐或显的无序过程，有个旧秩序逐渐解体、失效，而新秩序逐渐生长、完善的过程。所以，一定程度、一定范围内的暂时无序与多样化的变革尝试，都应该受到欢迎，而且难以避免，更何况教育作为涉及千家万户的文化事业，学生、家长以及社会的方方面面，不但会对教育的种种变革指手画脚，说三道四，而且会充分利用这种变革与一定程度的混乱，为自己谋求最大利益或选择最保险的对策，从而为新时期的教育改革增添更多的变数与风险。为此，作为教育专业人员，我们应该在大变革中努力保持教育的稳定，应该尽可能消解变革的“冲击”，还应该尽力去弄清种种时髦理论的真正内涵及其背景，以尽量减少中国教育改革的失误。换言之，在这样一个变革的时代，与时俱进的要求不仅是让我们跟上社会发展，锐意改革，大胆创新，不断超越自我，而且要求我们尽力克服浮躁，努力坚持科学求实的基本精神，从而使涉及百年大计的教育事业健康发展，避免为成长中的一代人带来难以弥补的损失。

新时期教育改革的深刻性、全面性，决定了这场改革的复杂性与长期性，在我们坚持改革、宣传并从事改革实践的时候，必须始终抱着审慎求实的态度，也必须始终坚持科学实验的原则。在没有取得确实经得起历史检验的成效之前，任何改革实验，都不宜急于扩大试点，更不宜片面宣传所谓的“积极成果”。急于求成，拒绝批评，只能是事与愿违，会为改革自身及一代人的成长带来不可挽回的损失；而延宕改革，拒绝创新，一味抱着陈旧的传统教育模式不放，也会直接影响一代人的健康成长，会使中国再次丧失赶上发达国家的机会。

六、教育管理创新必须有明确的前提

在教育改革的过程中推进管理改革，以教育管理改革来促进并落实教育改革，这是当前中国教育改革实践的一项创造，也是从中国国情出发的改革策略，其意义与价值都不可低估。

但是，在促成教育管理改革时，撇开宏观的即政策、方针及教育理念等管理不论，仅就社会对学校的管理而言，也有一个学校性质定位的问题必先予以解决。就是说，应该怎样定位学校的性质？学校是一个公益事业单位，还是一个肩负公益事业责任的经济实体，或者索性是一个以获取利润为要义的商业组织？三种不同的组织机构，应该有各自不同的利益诉求与社会角色定位，也会有不同的行为方式与管理策略。当然，在当代中国这样一个传统力量强大的语境中，公然以第三种身份出现的学校不多，暗中持类似主张的“学校”则有相当数量。不论在国内还是国外，这些学校的领导者虽然自命为“市场经济的弄潮儿”，实则是一种市场条件下的“寻租者”，是借社会多少盲目的教育需求以牟利的商界人士。第二种状况，是相当一批中国学校的现实写照。学校不仅要办学、办教育，还要多方创收以解经费不足之难题，尽管不能也不会把创收当成主业，但这种建立在以钱或权换分的基础上的学校招生体制，虽然违背《世界人权宣言》的基本原则，却是转型期中国社会难以改变的“现实存在”，其切近的与长远的消极影响都不容低估。第一种状况是一部分发达国家的现实状况。在这些国家，中小学校甚至不是严格意义的独立法人，校长不但没有用人权也没有真正的财

权，没有创收、收费或任意支配资金的权力，他只负责学校的教育教学管理。这是一种比较纯粹的学校教育管理活动，那里的校长与中国的校长有完全不同的角色认知与行为规范，比如，那里的校长必须兼课，那里也没有中国学校里叠床架屋的层级管理机构，因为那些机构大多与具体的教育活动无关。

所以，在谈论学校教育管理创新时，应该首先弄明白，在社会主义市场经济条件下，什么是学校，学校到底是什么性质的机构，学校应该发展成为什么样的机构，学校可以做或不应该做哪些事？在这些问题没搞清楚之前去谈教育管理创新，有可能会“创”到错误的路上去。

必须坚持，中小学校作为社会专门的教育组织，它是举全社会之力兴办的、旨在为全人类发展服务且必须为每一个求学者服务的公益性组织的基本观点。学校不应产业化，也不能市场化，甚至不应有区别于学习者利益和社会共同利益之外的单独的经济利益。换言之，它应该同政府、公安、法院一样，为所有的公民服务，为所有公民下一代的发展无偿服务，学校应成为社会发展原动力的再生之地，成为扩大人类自由选择权利的重要途径。创立、发展以有效教育下一代为唯一职责的学校，是现代社会的基本标志，也是现代社会延续的基本保障。

要把学校当做学校来管理，而不是当做商店、工厂来管理，这是在思考学校教育管理创新时必须明确的前提。

七、以“从我做起”的精神推动教育管理改革

当前，创设以有效教育下一代为唯一职责的中小学校并不容易，它首先要求政府与社会投入充足到位，同时要求从事教育的人有奉献精神与公益之心，还要求社会公众对教育事业的本意有充分的理解与真心的支持，这些，都不是靠学校管理创新就能做到的。

但是，若能以“从我做起”的精神去推动教育改革，在学校内

部管理改革方面，我们至少还可以从以下几个方面做些努力，从而为当代中国的教育改革创设发展条件。

要创设宽松氛围。从培养统一规格、标准的人，到努力实现“因材施教”，到“为每个学生的不同发展创造机会”，到开设“校本课程”、实行“模块教学”……都需要为教师发挥创造性，为教师与学生共同调整、修订、完善统一的教学计划创设适宜的环境条件。

要缓解政府与社会、家庭在传统教育理念与社会现实竞争影响下形成的种种压力，让教师与学生在尽可能宽松的条件下尝试改革，自主发展，从这个角度说，学校的管理者首先应是教师改革设想的保护者和支持者，是教师与学生的靠山，是他们改革尝试与现实利益矛盾冲突的协调者，是他们创新努力的伙伴与同志。

新时期的教育改革，始终会在争论与碰撞中发展，大环境不可能很宽松，所以才更需要学校的管理者去尽量承担社会压力，分解社会压力，为教师营造相对宽松的小环境。

八、科学、辩证地进行学校管理创新

学校管理创新的另一要求是，辩证地认识处理教育问题、管理问题，科学地掌握改革的节奏。

创新是目的，也是手段。创新归根结底是为现代教育的健康发展与青少年学生的健康成长服务的。尽管改革和创新都是好事，但只有两者真为学生、为教育发展带来实实在在的益处，而没有让两者受到伤害，改革和创新才会为社会认可，才会有真正的生命力。因此，要学会掌握改革的节奏和力度。最彻底的改革，可能由于其与现实条件冲突过甚而无法贯彻始终，倒不如渐进式的变革可以在不知不觉中收到实效而扩大同情者与参与者。所以，应该避免一厢情愿，要跳出形而上学和急躁冒进的怪圈，在承认规律、规则是客观存在的同时，又允许或鼓励有所突破、有所超越，鼓励探求新规

律，建立新规则，还要学会容忍和处理新旧交替中的暂时混乱，学会在看似无序中维护基本教育教学秩序。

在教育的计划管理时代，学校没有多少自主权，也没有多大风险，一旦强调"创造适合学生的教育"，尽管社会及宏观管理条件变化不太明显，而学校教育教学的自主权限确有增加，学校在教育教学方面彰显特色的意愿也更加强烈、迫切。这时的学校，不但要积极应对各种改革潮流，还必须未雨绸缪，为后续的改革创设机会，并为改革可能遇到的风险预作准备，因而大大增加学校管理的复杂性，增加学校改革成本。这是一切比较深刻的改革必然要面对的困难，也是此类改革的魅力所在。由于新时期的教育改革是在现代需求与陈旧的传统观念及体制双重作用下展开的，所以尤其需要学校和管理者有高超的策略和技术，也需要他们在实现管理创新时有更强的预见能力。

九、教育管理者的角色转换

在当前教育改革的浪潮中，学校教育管理者要实现角色转换，甘当教师的学生，积极投身于教育教学改革实践，与教师同学习，同实验，同总结，同转变。因为，只有参与教育创新，才能领导教育创新。

传统的教育管理，由于管理者自身具有的经验优势以及对教育计划的先期把握，他们就比较容易担当领导角色。学校管理，主要是"按牌理出牌"、制度管理，可以从企业管理中借鉴许多成功经验。在新时期的教育改革中，由于管理者与教师同样处在创新的前沿，由于所有移植或引进的教育理念、教育模式，都有一个"水土不服"而要与实际磨合改造的过程，管理者不仅失掉了领导优势，还会因远离教育教学实践而有处在劣势的危险，也因此比一线教师多了些担心或顾虑。在这样的情况下，如果沿用旧的目标管理、制度管理的思路或方法，就会使管理者变成教育创新的障碍。

从成竹在胸的学校教育领导者，到与教师一起成为新教育的探究者；从国家计划的执行者，到与社会、家长一起成为“以人为本”新教育的创造者，这种转换，不仅对学校领导者的角色身份与行为习惯是挑战，而且对学校管理制度也是挑战。只有把管理转化成为服务，管理者自身转变成学校中最努力的学习者、最有勇气的研究者时，这两种转换才能真正实现。

说得直白一点，在传统的学校管理模式中，管理者的首要责任是把人“管住”，让他们的行为符合教育体制要求与学校生活规范；在新教育的管理中，管理者的首要责任是把人“激活”，让他们有可能解放思想，努力创新，在突破固有规范的过程中实现新的创造。我以为，正是这种管理任务的转变，带来了管理者角色意识与管理行为的转变，带来了学校管理模式的创新。

十、教育管理者的责任

在传统管理模式中，管理者有责任引领教师提高水平，所谓“师资队伍建设”，一直被视为各级教育管理部门的重要责任，正说明这项责任的重要。

在教育改革的大潮中，由于对整个社会而言，新教育的创生是一个崭新的任务，所以就无法按照传统模式那样，把培训教师的任务简单地放在某一种机构或某一批专业人士身上——如果有人用传统的培训方式去办各种学习班，其效果也往往不尽如人意，这才催生了“学习型组织”与“校本教研”之类的新要求。换言之，正因为在新的社会发展或教育发展方式面前，大家都没有经验，没有把握，需要重新学习，所以才会要求新的社会组织、社会机构以“学习”为自身的行为特征、组织特征。

其实，所谓“学习化社会”或“学习型组织”的说法，要义并不在具体的学习活动上。当然，所有这些主张，都要求组织或社会突破传统思维的束缚，要通过学习、通过主体的主动求新求变来追求自身的最大利益，实现社会或组织的最佳发展。但是，不论这些理论如何要求变层级管理为扁平化管理，如何要求企业领导者成为学习引领者，要求组织成员积极参与学习活动，根本的问题仍是怎样才能激发组织成员的学习需求，那个至关重要的“共同愿景”“企业发展目标”怎样才会“共同”，才会与个人真正相关？从这个角度说，创建学习型组织的关键，是恰当处理组织利益与个人利益的关系。因为在以创新为第一要义的组织里，传统的行为管理显然不利于创造性的发挥，而放任自流又会使组织陷入无序状态，只有调动起员工的自觉性，使他律变成自律，使组织要求变为成员的自觉要求，组织本身才会实现有纪律又有自由、有规矩又能在需要时突破规矩的良好状态。显然，实现这一状态的关键是让员工成为组织的主人，让员工个人的目标最大程度地体现在组织目标之中，从而从根本上把个人利益同集体利益、同大多数人的利益统一起来，形成以组织的共同学习来追求组织的自主发展的组织文化。在这样的文化影响下，学习才不会摆样子，走过场，才真会成为每个成员的自觉需要，成为组织发展的动力因素。

当然，这并不是一项容易实现的组织建设目标。在社会主义中国，社会发展目标与个人发展目标，虽然从根本上说是一致的，但也不是处处一致，事事一致，发生冲突或矛盾也是常见的事。例如，普通校的优秀教师希望到重点校去工作，有技术专长的教师想到教育以外的领域发展，等等，都是个人利益与学校利益、部门利益冲突的事例。因此，怎样协调好组织、社会与个人利益的关系，怎样在组织内最大限度地保证成员的合法权益，怎样在积极地支持员工实现个人价值时又能保证组织的持续发展，等等，都是新时期教育管理面临的实际挑战。应对这一挑战，在当前的社会条件下，既没有统一的模式，又没有现成的办法，它需要学校的管理者，尤其是处境不利学校的管理者，有更强的创造精神与更大的创造勇气。

十一、学校管理要指向开放、民主、主动，寻求社会参与

新时期教育改革的深刻性、全面性，要求社会的广泛参与和积极认同。因此，即使不从社会经济发展的趋势去观察，仅从教育改革和发展的需要看，学校教育也必须走向开放，走向民主，走向主动，积极地寻求社会参与。

推动教育民主化发展，首先是社会、社区和学生、家长共同的事，而不仅是学校或教育系统内部的事。因为，民主的本义，是权利人有权参与事关权利人利益的决策过程。因此，社会、社区与学生、家长和学校、政府一样，在教育问题上有知情权、决策权、参与权等。

显然，从“封闭管理”“教育家长”到主动吸引社会介入，让社会、家长参与教育事项决策，这是我国基础教育管理的重大创新，是有突破意义的管理变革。特别是在社会利益多元冲突日益明显，家长群体整体素质不高（因为从社会整体上看国民素质偏低乃是不争的事实）的条件下，管理开放，决策权下移、分散，都有相当风险，会有若干意想不到的困难。

但是，开放是不可避免的，社会参与是应该欢迎的。这不但因为民主化作为一种发展趋势是无可回避的，而且因为民主决策有助于科学决策和减少改革的风险、改革的阻力。多年来，在教育管理的论争中，人们经常要问“谁说了算”的问题，是领导机关说了算还是学校说了算？是书记说了算还是校长说了算？其实，在现代社会中，合理的决策方式应该是：重大的问题，任何一个人说了都不算，而要由某种程序化的讨论与表决之后才能算。换言之，是“民主过程”说了算，是利益相关者的多数意志说了算。民主决策并不一定保证每项决策都科学、合理，但确实可以保证每项决策都有相对广泛的群众基础，因而实施阻力最小，落实的可能性最大。在民主决策过程中，学校的领导者并不是只能无所作为，被动地听从决策表决结果，他们可以用正确的思想和科学的方法去说服群众，去

争取多数，努力使正确的主张变为利益群体的共同意志，以求得既科学又可行的双赢结果。如果校长的正确主张不为社会或教师、学生接受，也应该积极服从民主决策的结果，并在执行中尽力避免这不尽全面的意见的负面影响，以期减少可能的损失。所以，对于习惯于传统管理方式的领导者而言，教育管理民主化，也是一项不容忽视的挑战，有许多难题要破解。

总起来说，由于社会经济与教育正在发生根本性变革，教育管理就有了许多创新机会；又由于这一变革具有长周期和多反复的特点，教育管理创新就显得格外复杂困难。对于所有正在学校管理岗位工作的人士而言，只有直面挑战，知难而上，既要积极创新，又要审慎决策，才会在这场带有根本性的变革中赢得主动权，实现学校的健康发展，并逐步实现教育与教育管理的全面创新。

（原载《人民教育》2005 年第 5 期）

21

社会应为素质教育的实践创设条件

素质教育，本质上是现代教育，是中国特色社会主义现代教育。

从提出"素质教育"之日起，素质教育就是一个以提高国民素质适应社会主义现代化发展的教育目标。所以，它的特点、它的实施条件，都是与中国特色社会主义现代化进程息息相关的。围绕着这一教育目标而产生的种种理论或认识分歧，其实也反映了人们对中国特色社会主义现代化发展目标和战略的认识差异，反映了人们对我国国情的认识差异。素质教育作为现代教育，它不仅能够为实现中国特色社会主义现代化发展提供有力的智力支持和人力基础，而且它的实施与推进也需要当代我国社会提供相应的观念、制度和物质保障。也就是说，素质教育可以促进社会现代化进程，但它也需要社会现代化发展来提供理念和物质支持。两者是互为因果、相互促进的同一转换过程。因为中国教育的现代发展本来就是社会主义现代化进程的核心内容之一，是社会主义现代化的有机构成部分。

从这个角度看素质教育的推进，可以清楚地看出：素质教育并不仅仅是教育改革的口号，光靠学校和教育系统是不能解决问题的；必须在教育界取得共识并合力推进的同时，促进社会大众尤其是各级党政领导形成共识。只有整合社会各方面的力量去推动社会性的教育观念转变，全社会都能深入领会全面科学发展观与和谐社会建设理论的深刻内涵，才能真正促进素质教育的全面落实。

素质教育的问题表现在学校，根子在社会。正是社会对教育目标、教育性质与任务以及教育规律存在种种不同的认识，社会上存在多元价值追求，才使学校以素质教育为目标的改革处于尴尬境地。一方面是基于社会主义现代化长远发展角度考虑的种种高扬学习主体，促进学习者“全面而自由”发展的设想；一方面是在现实升学竞争、考试压力下把学生当成考试机器的各种训练活动。两者同时挤压着学校的教育实践者。正所谓“课上抓应试，课后抓素质”，“素质教育轰轰烈烈，‘应试教育’扎扎实实”。不但使广大师生、家长穷于应付，疲于奔命，而且从根本上动摇了学生的信仰和信念，使他们从小就体验到成人在说与做之间的无奈挣扎甚至两相背离，在幼年种下不诚信的根苗。

素质教育作为社会主义现代化教育的发展目标，它要求社会提供相应的制度环境和文化观念保障，也要求社会为教育的发展提供相应的物质基础。所以，实施素质教育的困难不仅存在于学校内部，还存在于社会所能提供或所愿提供的条件方面。我之所以把“能提供”与“愿提供”分开表述，是因为在素质教育发展条件的创设上，首先不是社会能力不足的问题，而是社会认识滞后制约了社会的努力，使社会不愿或不肯支持学校教育的现代转变。比如，与老、少、边、穷地区相比，上海、北京等沿海发达地区并没有表现出推进素质教育的太多优势。一些特大城市高等教育的毛入学率虽然达到或超过发达国家的平均水平，但这些地方的升学竞争和学习压力并没有多少缓解。

在我看来，社会与政府推进素质教育主要有两项责任：一是大力发展教育。社会与政府要创造更多更好的教育机会，使一切有志学习的青少年都能学者有其校，社会能提供充裕的学位。当然，这种机会还应是相对公平、公正的，是求学者可以接受也是其家庭能够承担的。就我国国情而言，这样的机会主要应由社会公共财政或公益性基金支持，不能也无法市场化。教育机会不足，升学竞争就无法避免，人的发展也就不会“全面而自由”。当发达国家每百名学龄青年有半数以上而中国只有不足1/5的人有机会进入高等学府时，“中华民族的伟大复兴”是无法实现的，我国经济在全球化的进程中也就会处于危险境遇之中。当然，在穷国办大教育的条件下，要求政府与整个社会在其他方面牺牲一点，挤出短缺的资金来办公益性的教育，肯定是一件困难的事。然而，在全社会未能统一认识和不肯共同努力的条件下，会很难实现艰难的跨越，则我国社会主义现代化就无法确立坚实的高素质人口、人才基础，也无法在国际以人力资源竞争为要义的新一轮发展竞赛中，占有一席之地。教育机会的充裕与多样，是发达国家教育的基本特点，也是这些国家学习者能够较为自由地选择学习方式、发展方向的物质与制度保障。在我国，大力发展教育，大力发展公益性的多样化的教育，应该成为全民的共识和社会的共同责任。

二是大力营造素质教育发展的社会环境，推动各种涉及人的发展与劳动者地位权益的制度改革和观念变革。这些年来，我国在教育观念、教育制度变革等方面确实做了不少工作，诸如素质教育、课程改革以及各种教学方式改革的尝试，都取得了一定成效。但是，由于社会大环境没有改变，社会对教育的期望、要求以及劳动人事制度的变革力度不够，前述教育改革的努力往往只落得“雷声大、雨点小”或“点上开花、面上不见”的结果。应该承认，由于我国经济发展程度较低以及人口基数过大，在相当长的历史时期，劳动力供大于求的现象可能难以改变，这就为人才高消费以及人为压低劳动者特别是普通劳动者收入水平的做法提供了条件。在这样的背景下，只依靠市场机制自行调整是不行的，必须加强法律制度建设和提高舆论监督水平，全面落实以人为本的科学发展观，从而不断提高劳动者的收入与福利保障水平。只有这样，才能逐渐为弱者的多样发展提供动力机制，才能真正为素质教育所倡导的现代教育理念创设必要的生成土壤。因为，如果一方面只是教育界或者舆论界在提倡“行行出状元”，提倡人的“全面而自由”发展，而另一面却是除少数典范性的人物以外，多数行业的普通劳动者不能获得满意的收入和合理的社会地位，那么，又怎能怪罪社会大众单一的教育追求和对多样化教育的排斥呢？然而，没有教育的多样化发展，不能为学习者提供多样的发展机会，就不可能有素质教育，也不会有我国教育的现代发展。

素质教育，是一个相当长历史时期的奋斗目标，是中国特色社会主义现代化的有机组成部分。它不会过分超前实现，必将与国家的整体发展同步。但是，由于教育具有基础性、先导性的特质，由于教育是在为社会的未来发展奠基，所以又需要社会做出牺牲，做出调整，为教育的适度超前发展创造条件。从这个角度说，大力发展多样的教育，大力推动社会的教育观念变革和相应的制度变革，是社会推动素质教育实施所要做的最重要的两件大事。

（原载《中国教育学刊》2005年第10期）

22

班主任的责任

一

首先，介绍一段有意思的话，是怀特海讲的，他说："我们现在仍坚持认为，发展的本能来自内部：发现是由我们自己做的，纪律是自我约束，成果是来自于我们自己的首创精神。教师具有一种双重作用：他们以自己的人格和个性激发学生的热情，同时创造具有更广泛的知识和更坚定的目的的环境。他的作用是避免浪费，而浪费在生存的较低阶段是自然的进化方式。"这是怀特海在《教育目的》这本书中讲的一段话。怀特海是英国人，数学家，哲学家，是著名哲学家罗素的老师。他对教育的一些见解对于现代教育的发展起了重要的作用。我引用这段话的目的是要强调教育具有特殊性，教师也有独特的作用。我赞成怀特海的意见，也主张教学是教师有目的、有计划地组织学生实现有效学习的活动过程，是一种能避免浪费的特殊学习活动，是和一般学习不一样的学习活动。

怀特海认为学生是发展的主体，发展的本能来自内部，发展是主体的主动行为，而学生的发展主要是通过学习来实现的，学习是学生发展的主要方式。所以，我们也可以认为，学习是学生自己的事情，学习是学生的主动行为。既然学生的发展、学习是学生自己的事情，那么要教师做什么？用怀特海的话说，教师有两个作用：一个是以自己的人格和个性激发学生的热情，起示范、引领作用；另一个是创造出具有更广泛知识和更坚定目的的环境，促成学生的主动发展。人的发展总是在和他人、和环境相互影响中实现的。教师的作用就是创造环境，创造一个以自己的人格精神和个性激发学生热情的好的发展环境，创造一个有目的、有计划地引导与促成学生学习发展的环境。这是一个人为整合的环境，所以，这个环境能够避免浪费。我们生活当中的许多事情是相互矛盾冲突、相互影响甚至相互抵消的，会对学生发展产生负面效应。而学校教师则应努力创造一个目的性、指向性更明确的环境，以便使学生能够避免浪费。因为成长中的新一代，时间有限、精力有限，他们需要在尽可能短的时间里实现尽快、尽好的发展。

二

按照《教育大辞典》的解释，班集体是“由整个班级所组成，以完成学校教育为共同目标，有一定组织机构、规章制度的学生共同体。具有作为集体有机整体的行为与特征，不是班级个别学生的总和，是班级群体发展的高级形式”。显然，班集体是班级群体发展的高级形式。一群学生在一起不是班集体，只有有了共同目标，有了一定的组织机构与规矩以后，才是班集体。那么怎样才能成为班集体呢？最重要的，是要有共同的利益。就是说，只有班级成员之间有共同的追求，有需要共同维护的权益，他们才会成为真正的集体。那么，在班集体中学生和班主任是什么关系？班主任和班集体是什么关系？班主任是班集体的一员，还是班集体的以外的管理者？当班主任和学生说“咱们班”如何如何时，他能站在集体之外吗？如果班主任确实是班集体中的一个成员，那么他同班集体其他成员又有什么不同？现在大家经常讲师生关系，其实师生关系是多层面的，有时候是管理者与被管理者的关系；有时候也可能是一种同伴关系，因为他们有共同的利益。在我看来，班主任是班集体的创造者，是引领学生发展、创造班级文化、营造学生有效发展环境的第一责任人。班主任是通过营造发展环境来促成学生的主动发展，其直接的工作目标是促使班集体的形成和发展。

怀特海讲的是教师的责任，在中国，这种责任很大程度上集中体现在班主任身上。现在教师专业化程度很高，绝大部分教师作为学科教师，更加关注本学科的知识问题，与学生接触面会有限。那么，谁来承担对学生全面负责的责任？从现实看，实际上是由班主任承担着这份责任，班主任成了全科教师，全责教师，对班级的一切事务负主要责任。由此可以认为，班主任的责任就是引领学生发展，就是通过创造班级文化教育环境来引领学生发展。发展是学生自己的事情，要由学生来实现，但是环境不能仅仅由学生创造，而是由学生和教师在社会、家庭等多方面影响下一起创造的，其中最重要的责任人就是班主任。

当然，学生的发展，是学生作为成长中的主体，在教师、同学与社会的影响下，自己主动选择、体验、尝试、修正的变化过程；是学生作为学习主体走向成熟、走向自由，学会正确对待自己、正确对待他人、正确对待社会与自然的成长过程；也是其主体意识与主体能力形成与发展的过程。所以，发展是主体的主动行为，是主体积极的变化过程和结果，发展就意味着个人的进步。必须强调指出，发展不是个人脱离社会的自我完善，发展离不开主体与他人、与社会的交互作用，发展与环境不可分离，环境变化也会影响主体的发展。

主体在发展过程中需要解决三个问题：一是如何认识自己，二是如何认识他人，三是如何认识社会和自然。只有能够正确处理这三者关系的人，才是真正的主体，才会有更自觉的主动发展行为。每个人生来就是生物意义的主体，是思想和行为的担当者；作为主体发展，人还必须成为社会意义的主体，成为具备主体意识并能够承担主体责任的人。生物意义的主体并不一定是社会意义的主体，要成为社会意义的主体，必有一个学习的过程、社会化的过程。当然，从人权的角度看，我们必须尊重每个人的社会权利，必须承认无论他有无行使基本权利的能力，这种基本权利都是不可侵犯的。但是，在现实生活中，有没有这种意识和能力仍然是有区别的。例如，一个初生婴儿，他是生物意义的主体，人们也必须保障他的生存权、发展权等基本权利；但是，由于他不能够承担责任，也没有责任或权利意识，因而他在社会意义上就不是一个完备的主体、自觉的主体，只是一个发展、成长中的自发主体，一个正在学习做社会主体的人。

怎样让一个人真正成为社会意义的主体呢？这是教育要解决的问题，要通过学习者与他人、社会和自然的接触、交流来解决的问题。一般来说，一个人出生以后，首先学会的是区分我和非我：随后学会区别运动的与静止的世界，学会区分人与世界；再学会区分人群中的我、我们与他们，等等。每一次认识的变化，都是我与他者之间共同点、共同利益的发现过程。实际上，班集体的形成与发展也是群体共同利益的发现过程，班主任正是在班级共同利益的形成过程中，影响促成了集体内每位学生的发展，影响、促成了学习者主体意识与能力的发展，影响、促成了他们的进一步的社会化。

三

班主任可以影响学生的发展，但不能决定学生的发展，更无法代替学生的发展。班主任影响学生发展的主要途径是营造有利于学生发展的文化环境，是通过班级文化影响学生。班级文化是在师生共同努力下形成的，是班集体形成的标志，它受社会文化、社区文化与学校文化发展的影响与制约，又区别于上述文化。

班级文化是影响学生的直接因素，班主任是引领班级文化、与学生共同营造班级文化的第一责任人。班主任在营造学生发展环境中的主要责任有示范、保护、整合、协调四个方面

首先是示范，班主任以个人的人格与个性影响学生。一个班的班风与班主任个性特征息息相关，学生们是从班主任的所作所为中直接感知班主任的价值选择与人生态度的，所以班主任自身的示范作用非常重要。作为班主任，你在课堂上向学生宣讲的各种道德与价值选择的要求，是不是你正在奉行的和遵守的道德规范，学生能不能从你的行为当中感受到你所宣讲的人生态度与价值选择，你的言行对学生有没有感召力，有没有亲和力？凡此种种，都有重要的建构意义。因为，学生是从班主任自然流露的言行中感知，而不是从其刻意修饰的行为或宣讲中感知班主任的价值选择和人生态度的。古人讲："其身正，不令而行，其身不正，虽令不从。"说的就是示范作用对他人的影响。

其次是保护，班主任是班集体和学生的保护人。特别是在班集体形成过程中，班主任有责任使班级和学生免受伤害。班主任对班级学生的维护心理是班集体形成的必要条件。一个班主任不爱自己的班，不爱自己的学生，不在外人面前维护自己的学生、班级，那么这个班主任肯定当不好，那种以爱、以相互关心为基调的班级文化也肯定无法形成。因为班主任和班级学生是一个利益共同体，特别是在班集体形成之初，还不成熟，还有许多矛盾冲突，有许多不协调的地方，因此，需要为它营造一个安全的发展环境。班主任作为班集体和学生的保护人，作为一个爱学生的人，作为学生在受到委屈时可以倾诉、受到打击时可以寻求庇护的对象，这本身即是班级文化建设的重要方面。当然，保护并不是简单地不许外人批评，更不是护短，保护的意义是在接受批评的同时担当责任。简单地说，就是班主任要勇于为班级的过失承担责任，保护学生，从而为学生的成长、为班集体的形成与发展创造宽松、安全的环境。

再次是整合，社会、社区、家庭与学校对学生发展的影响是多侧面、多层次，而且可能是相互矛盾冲突的，班主任要通过个人的努力，使其尽可能形成合力，避免浪费。我们生活在多元化的社会，存在不同的人生目标、不同的价值判断、不同的文化选择。怎样把社会、家庭、学校对学生发展的影响协调起来，通过努力，使它尽可能形成合力，发挥作用，是对班主任工作能力与工作态度的极大考验。因为在这一工作过程中，班主任要面对的不仅仅是一般的家长或社会号召、社会舆论，有时甚至是教育管理者、教育行政部门或有影响力的家长的不合理要求，因而有相当大的整合难度。何况是作为一名普通的中小学教师，无论是资历威望与行政权力，都是十分有限的，然而班主任的重要责任就是要在不可能中创造可能，就是要尽力去整合这诸多影响。因为只有形成合力，才可能避免浪费，才会真正形成班集体，形成班级文化，才能有效地促成每位学生的发展。当然，整合主要是一种态度上的要求，即班主任要意识到这种责任，并要努力承担这一责任。

最后是协调，整合是讲处理班集体与其他组织的关系，协调是讲处理班集体内部各个成员、群体间的关系。班级文化，是与班级发展有关的教师、学生之间的相互碰撞、相互影响、相互妥协的产物，是在班级发展中动态生成的。班主任应该成为班集体成员或群体利益冲突的协调者，帮助学生学会共处，学会民主协商。

班级文化对班级内部来说是个妥协的结果，是个碰撞的结果。所有科任教师在一定意义上也是班集体的成员。教师和学生之间会有矛盾冲突，学生个人与群体之间也会有矛盾冲突，解决冲突的方式只能是协商，只能是在一定原则下的妥协，从而形成彼此都能接受的共同利益，形成彼此都能认可的共识。这样的班级文化才能是真正有影响的文化，才能是大家都身体力行的文化。尽管班主任个人对班级文化有极大的影响，但是如果不通过和学生之间相互影响、碰撞、妥协，班主任也无法一个人营造班级文化。因为文化是表现在班级每个学生身上的思想与行为方式，班主任是营造班级文化的第一责任人，但不是说班主任一个人负全责。只有指导学生学会民主协商、学会妥协，班级文化才是现代的民主文化，才是真正在学生心灵中扎根的文化。

示范、保护、整合、协调，是班主任在营造班级文化、促进班集体形成与发展中的主要责任，也是在以人为本的理念下，促成学生全面、主动、多样发展的重要方法。那么，个别生呢？班主任对个别落后的学生或优秀生的特别关照不是班主任的重要责任吗？我想，如果我们承认“以人为本”是现代教育的基本原则的话，那么，所有示范、保护、整合与协调活动，全部都是面向每一个人的，是面向集体中的每个成员的。所以，解决班级问题与解决班级中个别学生的问题并不能简单地分开。班集体，首先是每个学生的集体，是由一个一个性格与要求各异的学生（包括所谓的个别生在内）组成的集体。我们不能脱开每个学生的具体利益去谈论空泛的集体利益，我们也必须让每个学生学会在集体利益中发现个人利益所在，并让他们学会调控个人的利益追求，从而不妨碍他人利益与集体的共同利益。只有让每个学生真正学会共处、学会合作、学会尊重他人、尊重社会与自然，他们才可能真正学会尊重自己，真正学会维护自己的正当权益。

所以，班主任承担起上述主要责任，营造出有利于每个学生发展的班级文化，形成一个有生命力、有影响力的班集体以后，所谓的个别生问题，会在集体的共同努力下逐渐解决或消弭，“蓬生麻中，不扶自直，”说的就是这种情况。脱离班级文化的创造，脱开全体师生的共同努力，仅靠班主任教师的个人魅力是难以解决个别学生的问题的。真正促成班级中每个成员的健康发展，有效地解决个别学生的问题，根本出路还在于班主任的人格引领与营造适宜的发展环境，还在于把班级内的所有学生包括所谓的个别生动员起来，共同创造优良的班级文化。班集体走向成熟了，班级文化健康了，那么班主任肩负的传承文化与促成每位学生发展的任务自然不难实现。

（原载《班主任》2006 年第 1 期）

23

“以人为本”和教育的几个问题

中国共产党第十七次全国代表大会全面阐述了中国特色社会主义理论，再次重申“以人为本”是科学发展观的核心，这就为我们正确理解“以人为本”的科学内涵，积极推动中国基础教育改革指明了方向。全面学习贯彻十七大精神，正确理解和把握“以人为本”理念的科学内容，是当前基础教育理论与实践工作者的共同责任。本文试图说明笔者对这一重要原则的粗浅认识，并说明这一核心理念对基础教育改革与发展的深刻影响。

一、“以人为本”的科学内涵

按照胡锦涛同志在十七大报告中的要求，我们“必须坚持以人为本。全心全意为人民服务是党的根本宗旨，党的一切奋斗和工作都是为了造福人民。要始终把实现好、维护好、发展好最广大人民的根本利益作为党和国家一切工作的出发点和落脚点，尊重人民主体地位，发挥人民首创精神，保障人民各项权益，走共同富裕道路，促进人的全面发展，做到发展为了人民、发展依靠人民、发展成果由人民共享”。

这一论述，首先说明以人为本的理念强调“人”是目的。“党的一切奋斗和工作都是为了造福人民”，“要始终把实现好、维护好、发展好最广大人民的根本利益作为党和国家一切工作的出发点和落脚点”，强调的都是目的性。即应该把人民和人视为一切经济和社会发展与改革活动的最终目的，应该从实现、维护和发展最广大人民群众根本利益的角度，去规划实施和评价经济和社会的发展与改革行为。这是由党的根本宗旨和国家基本性质决定的原则，是不容动摇的也不容忽视的基本原则，是“以人为本”理念的核心要求。强调“本”是目的，就是强调人民（包括人）的利益是判断我们一切活动的价值标准，最广大人民群众的根本利益，既是一切改革与发展的出发点，也是一切改革与发展的归宿或结果。

其次，“以人为本”的原则，强调“人”是主体。胡锦涛同志要求我们“尊重人民主体地位”，说的正是这层意思。什么叫“主体”？最一般的解说，主体是思想或活动的承担者，就是说，谁在思想，谁在活动，谁就是主体。这里说的主体，是生物意义上的主体，每个人、所有的人民，当然都是生物意义的主体，是一个个活生生的生命存在。但是，主体还有一层意思，即社会意义的主体，是具备主体意识和主体能力的人和人民。也就是说，作为社会意义上的主体，他不仅是一个生命存在，而且是一个知道自己从何处来，知道自己向何处去，并能努力维护自己的合法权益、尽到自己社会责任的人或人民，这个“人”是理性的存在，是历史的创造者和生命的主人。是否坚信人民群众有能力作出正确选择，是否相信人民群众有能力“依法直接行使民主权利，管理基层公共事务和公益事业”，“有能力实行自我管理、自我服务、自我教育、自我监督”，是否努力维护人民群众依法实行的“民主选举、民主决策、民主管理、民主监督”的权利，“保障人民的知情权、参与权、表达权、监督权”等等，都反映了我们对“以人为本”原则理解的深刻与全面程度。因为如果我们一方面强调人民是主体，一方面又对人民群众的认识能力、选择能力有所怀疑，不注重有计划地“健全民主制度，丰富民主形式，拓宽民主渠道”的话，“以人为本”的理念，“一切为了人民”的原则，就有可能落空，我们的所作所为就会直接违背马克思主义的历史唯物主义的根本原则。特别是在当前中国特色社会主义现代化建设发展的关键阶段，在经济社会正面临转型的历史时期，不仅社会各个阶层都在面临利益调整和变动的考验，各种传统的观念和外来的观念也在碰撞、整合，各种体制机制和文化变迁更可能成为社会矛盾冲突的导火索。在这样的历史性的变迁时期，努力扩大人民民主，按十七大报告要求，“推进决策科学化、民主化，完善决策信息和智力支持系统，增强决策透明度和公众参与度，制定与群众利益密切相关的法律法规和公共政策原则上要公开听取意见”，无疑是极为必要可行的决策，是“以人为本”原则，特别是“尊重人民主体地位”精神的重要表现，是中国特色社会主义原则的一贯要求和创新发展。

“以人为本”，还有第三层含义，即强调人的动力性或工具性。“发展依靠人民”，“人是生产力中最活跃的因素”，“把沉重的人口负担转化成为人力资源优势”等主张，都说明了只有依靠人民大众共同努力，才能实现中国特色社会主义现代化事业的发展，才能最终实现人的目的性。《国际歌》说，“从来就没有什么救世主，也不靠神仙皇帝，要创造人类的幸福，全靠我们自己”，讲的就是这个道理。中国特色社会主义现代化，要靠中国的最广大人民大众的奋斗来实现，中华民族伟大复兴，也要靠中国的最广大人民大众，靠海内外华人的共同努力来实现。没有人民大众的积极认同，主动参与，任何宏伟的计划或美好蓝图，也只能是空中楼阁、纸上谈兵。强调“以人为本”，就是要强调尊重并发挥人民的创造精神，就是要真心实意尊重人、相信人、依靠人，让人民群众自己解放自己，用自己的诚实劳动去服务社会，创造美好的新生活。强调“人”是动力，说人有工具性，似乎与“人是目的”的思想冲突。其实，我们所倡导的“为人民服务”精神、人类社会赖以生存的产品交换、相互扶助的习惯，都是人的工具性表现。要反对的，是仅把自己当目的而把其他人视为工具的观念，是把人的目的性与动力性或工具性割裂开来的观念。总之，人是目的，人是主体，人是动力所在，这就是“以人为本”理念的核心所在，是“以人为本”原则三位一体、辩证统一、不可分割的组成部分。仅仅强调其中一点两点，而不能全面理解其中的辩证统一关系，不能全面落实这一项要求，就会导致认识与工作中的失误，也会背离党中央倡导“以人为本”理念的宗旨和目的。

二、科学把握“以人为本”的内涵

全面学习和贯彻“以人为本”的原则，还必须解决的另一个认识问题，就是应该怎样科学把握“以人为本”中“人”的科学内涵。这里讲的“人”，是群体（人民）、类（人类），还是个人？作为人的本质，是生物性还是社会性？亦即人仅是具体的生物性存在，是依靠本能活动的动物，还是接受了社会文化影响的生物，是生物性与社会性的统一存在？依据马克思主义的历史唯物主义观点，这里所说的“人”，应该理解为是个体与群体、生物性与社会性的辩证统一的存在，即“人”是生活在“人民”和“人类”中的个体，也是由具体的个人组成的“人民”或“人类”；人和人民都是具体的生物性存在，具备一切动物的本能，同时又是一种文化和社会存在。每个人，所有的人类群众都是从一出生就生活在一定的社会关系和社会文化当中，通过学习继承乃至发展这些文化，实现自身作为社会存在的本质属性，成为具备主体意识和主体能力的自觉的生命个体和群体。全面认识“人”的内涵，必须摒弃简单的二元对立的思维模式，只有把人的个体存在和群体存在统一起来，把人的自然存在与社会存在统一起来，才能寻求到接近正确的答案。因为事实上没有任何个人，不是生活在人群与人类之中的，而抛开一个个具体的个人，“人民”或“人类”也会成为空泛的概念。所以“我们在，故我在”，“我”不能脱离“我们”而单独存在，“我们”又是由具体的“我”组成的，虽然每个“我”都会有生老病死，都会由存在变为不存在，而作为人类的“我们”，则由于无数新“我”的不断加入而始终生机勃勃，当然，“我们”还是与具体的“我”息息相关，没有所有具体的“我”，“我们”也无从谈起。

同样，也应该坚持从辩证统一的角度去认识理解“人”作为生物和社会的存在。每个人都是具体的生物性存在，这是人存在的物质基础，每个人又始终生活在人类世界中间，都无法摆脱与其生命息息相关的社会文化关系，这是人的社会本质。任何新生儿总是某个人的儿子或女儿，总是某个地区、某个村庄、某个人群的新成员，他总要受到他出生之前已经存在的社会、经济、自然、文化等物质或精神存在的影响，并在接受吸纳、抗拒和改变这些影响的过程当中，逐渐形成他自己的鲜明个性，并在自身的多重社会角色的逐步定位中，形成他独特的“这一个”，成为一个人类社会的新成员，成为人类文化与文明的传承者与发展者。所以每个群体中的个体固然是一个个别的存在，有各种各样的个性特征，然而这些个性特征又始终是人民、人群和人类影响的产物。当一个个具体的人故去了，因为人类还存在，这个人，如果他有某种独特的文化或社会贡献的话，如果他在某一人群中存在独特影响的话，就可以作为一种精神存在而影响他人，影响人类世界，犹如中国的孔子、外国的柏拉图或马克思，至今还在人类的社会生活中发生种种影响一样。可以说，从人类社会形成以来，始终不曾存在过与他人、与人类无关的个人，也不曾存在过享有个人全部权利，却与社会文化无关的纯生物性个体。从这个角度看，也许并不必去刻意追问“以人为本”中的“人”是单数还是复数，也不应非要摒弃“人”的社会文化内涵而去强调所谓的生物本能，因为这也许恰是一种伪问题。坚持“以人为本”理念中的“人”是个人与人民的统一存在，又是秉承社会文化影响并始终生活在一定社会关系中的生物存在，目的是为了准确把握人的本质特点，真正把人作为一种理性的、情感的、自觉的生命存在来尊重、相信和依靠，而不是在“尊重生命”的口号下，贬低每个人的理性价值，把人混同于一般动物。如果不能全面把握人的社会存在的本质，所谓的“尊重”“相信”和“依靠”也就都失掉了依据。因为主体作为认识与行为的担当者，无论是人民还是个人，其自身的主体自觉意识与主体行动能力，是从理念主体向现实主体转变的依据，不具备基本的主体意识和主体能力，不能承担主体责任的“主体”，并不是真正的社会主体。所以，应该坚持“人”作为主体的辩证统一存在的认识，坚持把人的目的性、主体性和动力性或工具性统一起来，坚持人的群体与个体、生物性和社会性统一存在的认识，全面把握“人”的存在形式，科学地指导我们的理性思考与实践活动。

总之，作为科学发展观的核心，“以人为本”的理念是中国特色社会主义理论的重要发展，也是走中国特色发展之路，发展各项事业，做好各项工作的重要依据。认真学习、领会其科学内涵，并积极运用于各项工作之中，是贯彻落实十七大精神的重要任务，也是重大的理论与实践挑战。

三、从“以人为本”的角度观察教育问题

从“以人为本”的科学发展观的角度去看教育，首先，应该进一步明确教育对社会经济与人的发展的基础性作用，应进一步学习领会“教育是民族振兴的基石”的重大理论价值。既然人是自然性与社会性的统一存在，既然人的社会本质并不来自生物遗传，那么一位位未成年人之所以能够成长为社会主义建设者和接班人，成长为人类社会有能力、肯负责的公民，在很大程度上应该说是教育，特别是学校教育的结果。因为，在所有普及了义务教育的国家，每一位未来的公民，几乎都是经由学校从家庭走向社会的，都是在学校里，或者说主要是在学校里，学习并掌握基础性的人类认识工具与认识方法的。是学校教育在为每个公民未来的发展奠基，也是学校教育在一定程度上决定了一代人的未来发展，因而也就决定了一个国家的人口素质或综合国力的核心因素。既然“全心全意为人民服务是党的根本宗旨，党的一切奋斗和工作都是为了造福人民”，既然“促进人的全面发展”是发展的重要内涵，那么把教育视为发展的建构性目标，视为社会经济发展的科学内涵，就应成为各级政府和社会大众认识和发展教育的根本出发点。实施教育优先的发展战略，主要以公共财政支持这一关乎全体人民福祉的大事，全面落实十七大报告提出的“扶持贫困地区、民族地区教育，健全学生资助制度，保障经济困难家庭、进城务工人员子女平等接受义务教育”等要求，不仅体现了科学发展观对教育的正确定位，也是推动中国社会科学发展的必要措施。

从“以人为本”的角度观察教育问题，还应该全面认识教育及环境对人发展的多方面影响。西方的建构主义等理论，比较关注发展主体在发展活动中的能动作用，比之于机械的环境决定论，无疑是有积极意义的，然而如果走向偏执，以为只存在发展主体主动地了解、接受或拒绝外在影响的过程，甚至认为个体的一切认识都只是个人主观建构的结果，那也会走向唯意志论或主观唯心主义的泥沼。因为，每个人的主体意识和主体行为能力，都不全来自生物的遗传本能，而是在环境与个人遗传本能的交互作用下逐渐形成的，是环境影响与个人选择的共同结果。人们确实在努力“自由”地塑造自己，但这种“自由”又在相当程度上受制于他们所处的历史时代与社会物质文化环境。如果不承认环境对个人发展的某种决定作用，不承认个人的“自由”发展其实有诸多限制条件，那么就无法解释“时代性”“民族性”的影响，或特定地区（例如，上海或北京）居民中存在共同特点的事实。

其实，正因为外在环境对个体发展在一定程度上一定阶段会起决定作用，社会才会分外重视并积极发挥教育的多重影响，才会把教育视为“民族振兴的基石”而“优先发展”。作为教育工作者，应该从党和国家、民众对教育的这种高度期望与信任中汲取力量，应该积极主动地为新一代的发展者营造良好的发展环境，全面了解发展者的发展需求与发展基础，积极地把握党和国家、民众对下一代人健康发展的意愿，主动引导并及时帮助发展者实现符合历史潮流与人民心愿的发展。教育既然是民族振兴的奠基工程，那么教育帮助未成年人所奠之基础，就应符合民族伟大复兴的需要，也应符合未成年人幸福有为地度过一生的需要。在这个问题上，教育工作者必须有使命感和责任感。

从“以人为本”的角度看教育，还要求我们树立大教育观念，要求教育工作者主动整合社会、家庭、学校等诸多影响因素，为新一代人类社会成员营造良好的发展环境。人的发展是人与环境相互作用的过程与结果，儿童少年发展的影响因素，不仅有学校教育，还有家庭、社区、网络、大众传媒等社会因素。比之于改革开放以前，当今社会更加复杂多样、色彩缤纷，特别是网络信息世界打破了现实中的国家疆域界线，更多社会阶层的出现，使社会的价值选择更趋多样，经济转型及社会变迁给民众既带来机遇和信心，又带来挑战和困惑……这些因素固然为未成年人增添了发展机会，同时也加大了选择困难，并向学校教育提出了巨大挑战。当其中的一些困惑，不仅干扰未成年人，而且在干扰教育工作者自身的时候，这种挑战就更加严峻。中国特色社会主义现代化事业的发展，是一个不断应对挑战、克服困难、积极创新的实践过程，在全球化的背景下，在利益多元的条件下，如何努力实现主流价值的追求；如何努力帮助发展者把国家、民族和个人利益很好地结合起来，在实现民族振兴的过程中，贡献个人的聪明才智，追求个人的幸福生活；如何帮助青少年在纷繁多样甚至相互冲突的价值体系中，选择科学的价值理念，都是中国教育工作者正在面对并需要以创新态度去解决的问题。人类有过以集体主义选择为最高追求的成功的教育经验，也有过以个人福祉为唯一追求的成功的教育经验，迄今为止，还没有成熟的在社会主义市场经济条件下，把个人利益与国家、民族利益完美统一起来的成功的教育经验。对于当代中国教育工作者而言，这既是挑战，也是机遇，是发展自己、积极创新的历史机遇。

作为专业化的社会教育机构，学校教育工作者责无旁贷地肩负着整合社会、家庭、学校教育影响的责任。树立大教育观念，主动地从社会发展需要的角度看教育，从儿童少年终身发展需要的角度看学校教育，主动配合社会经济发展需要去改革教育，主动去配合儿童少年终身发展的需要去改革教育，并通过这些主动的思考与行动，促成学校、社会教育与家庭教育的统筹协调健康发展，开创社会主义大教育的新局面，是当代中国社会对教育工作者提出的时代要求。在这一积极变革的过程中，学校教育工作者不但需要承担主力军的责任，而且需要学会民主的工作方法，需要学会尊重发展主体，尊重与发展主体相关的社会力量，通过民主协商、沟通讨论，保障人民的知情权、参与权、表达权、监督权，推进教育决策科学化、民主化，从而使这种整合的努力真正发生效用，真正切实地为未成年人营造一个较少冲突、更加和谐的发展环境。

四、从“以人为本”的角度引导教师专业发展和师德养成

从“以人为本”的科学发展观的角度看教师，首先必须肯定教师作为人的权利与义务，要把教师当做人去尊重，而不是仅仅当做工具去使用。作为教师的人也是目的，也是主体，同时还具有动力性或工具性。当前，有一种过分强调特殊职业从业人员的社会义务和责任，而无视其基本人权的舆论。例如，有些人主张追究因患者家属一再拒绝给患者做手术，而导致患者不治身亡的医生的责任，理由是所谓生命权大于擅动手术的法律责任；又有人不分具体情况，要求学校必须为校外闯入者造成的伤害事故承担赔偿责任，理由是教师有义务保护学生等，都是这种仅把从业者当成工具人，而无视其基本人权的表现。必须承认，任何职业的从业者，首先都是

人，都享有人的基本权利和义务，都只能依法承担责任和义务。“舍己救人”“舍生取义”无疑是崇高的道德精神，也是应该大力倡导的社会主义文化，然而，这不是任何行业从业人员的法律责任或义务。所以任何人都无权命令他人去作奉献、作牺牲，而只能以自身的示范性行为去感召和激励他人来效法自己。那种认为只要你选择了某项职业，就必须如何如何的言论，恰恰反映论者只重视自己的人权，却把他人都看成工具的狭隘思想。在社会主义初级阶段的中国，人们尚不能真正“充分而自由”地发展自己，职业的选择与生存的联系，远远大于与个人兴趣爱好的联系，人们的“入行”常有诸多偶然或不得已的因素，如果一味要求从业人员承担超越法律规定的义务与责任，不仅不合法，而且会导致相反的后果。因为过高过重的超越法律规定的学习义务与责任要求，不仅会吓跑求职者，也会使在岗的从业人员不堪重负，让他们失掉在完成本职工作之余，以高尚的道德标准要求自己创造性工作的兴趣和动力。当前医疗和教育领域的从业人员中，较广泛地存在职业“倦怠”，甚至身心疲惫的现象，这些行业人员的子女中，有相当多的人不愿“子（女）承父（母）业”，不愿选择在相关专业学习或工作，也从一个方面反映了这类缺乏全面人性关怀舆论的不利影响。

就教育事业发展而言，全面贯彻“以人为本”的原则，就要全面深入地关心教师的身心健康，要采取切实措施减轻教师的工作学习负担和社会压力。教育的领导者要站出来保护学校，保护教师，解除他们在学校改造、经济创收以及一味追求高分等方面的压力。真想办好人民满意的教育，就要让校长、教师只做校长、教师该做和能做的事。为此，需要政府和社会、家庭也都做好自己该做和能做的事，从而真正实现学校、家庭、社会教育协调兼顾、和谐发展，实现几股力量拧成一股绳，都为学习者创设相对宽松的发展环境，都去努力促成学习者主动而多样的发展。进入新时期以来，党和政府在创设教育良好发展环境，保障教师作为人的基本权利方面，做了大量工作，诸如教师工资的国家保障工程，农村学校基础建设纳入地方经济社会发展规划的决策，以及种种国家牵头的教师学习和培训计划等，都是这些切实努力的具体表现。但是，必须着重指出，由于对教育性质定位的认识不尽一致，由于种种追逐短期效应的行为还有市场，也由于“穷国办大教育”的现象并未彻底改变，当前在我国基础教育乃至整个教育界，前述某些过分强调教师超越法律责任以及不顾现实条件对教师提出过高要求的现象，还有所表现，校长、教师被迫透支个人健康，牺牲家庭和个人正当权益的现象，还有一定的普遍性，这是必须引起各级政府特别是教育主管部门高度重视的问题，是一个必须迅即创造条件加以解决的现实问题。

当然，由于教师职业的特殊性质，作为受到社会委托专职从事未成年人教育和保护工作的群体，不论是社会公众或教师本人，都会对这一行业产生较高的道德期许，都希望从业人员能够更加专注、敬业地对待工作，特别是作为教育对象的学生，在中国传统文化的影响下，更是满怀理想和憧憬步入学校课堂，他们大多对教师充满信任与敬仰。在这样的社会文化背景下，教师确实应该用较高的标准要求自己学习新知、追求发展，也应该自觉地用奉献和牺牲的榜样来激励自己，让自己成为值得学生和家长信赖，让国家和人民满意的人。但是，这些要求与期望，只能是社会倡导下教师本人职业道德和自我发展的自愿追求，而不能成为行政性的强迫规定。因为如果成为强迫性的规定，不仅会限制教师作为人的选择权利，而且会成为教师个人生命中不能承受之重，成为人们逃避教师职业的合法理由。为此，作为教育的领导者，只有通过自身率先垂范的学习、牺牲与奉献行动来诠释教师职业道德的真谛，只有用自身的示范行为感召和激励教师，只有积极营造有利于教师高扬师德的社会舆论和制度环境，才能让更多的教师主动地用更高的标准要求自己，积极地从“业师”走向“人师”，树立“立德树人”的自觉性，发扬“红烛”精神，为一代新人的健康成长殚精竭虑，奉献终生。

强调社会和教育管理者不能用行政命令去要求教师作牺牲，并不意味着社会和教育管理者不能创造条件引导教师的专业发展和师德养成。毋庸讳言，由于人们对于社会主义市场规律有一个认识过程，由于社会转型和利益格局调整的复杂影响，不仅师范院校招生、中小学教师队伍稳定问题，曾长期困扰教育主管部门，而且一些教师违背道德规范、业务素质不能适应教育教学要求的现象，也无法得到根本扭转。这些问题，固然需要有关方面采取坚决手段加以严格管理，更根本的，还需要采取国务院决定的恢复免费师范教育，为边远农村地区提供无偿的教师培训，大力表彰甘于奉献、努力进取的教育工作者，进一步依据《中华人民共和国教师法》解决教师待遇问题等措施，并通过积极营造全社会尊师重教的良好氛围和风气的方法，从根本上营造出支持教师自觉努力不断进取的学校教育文化与社会文化。这样才能保护优秀教师，规范管理、提高普通教师，鼓励和吸引社会上的优秀学子投身师范教育并终身从教，才会从根本上消除“劣币驱除良币”现象产生的土壤，才会有大批的优秀且勇于奉献的教师成长起来，迎来人们所期待的教育更加蓬勃兴旺的局面。

五、贯彻“以人为本”的精神，把学生当成人来教育

从“以人为本”的角度看学生，首先必须认识学生作为人的复杂性。在进入学校以前，儿童已开始从自然人向社会人的转变，进入小学时，他们已经是具备初步主体意识和主体行为能力的个体，已经开始具有个性特征和选择意向、选择能力。所以，儿童并不是一张任由教师涂抹的“白纸”，而是初步实现社会化的“未成年人”。但是除了所有儿童都具有的不成熟性之外，在独生子女环境和多元文化背景中成长起来的当代中国儿童，由于受到网络文化与大众传媒的复杂影响，他们的选择意愿大大高于选择能力，任性和自私的表现相当普遍，加之父母乃至祖父母一辈呵护有加、期望过殷的“输不起”心理作怪，使得他们从儿童向学生的转变面临更多困难。因为，“小学生”作为社会角色，不仅要享受种种社会权利，而且要承担多项社会义务和责任，后一点要求对习惯于“小公主”或“小皇帝”地位的中国独生子女们而言，应该说十分必要且确有困难。从这个角度说，未成年人还只是学习做社会主体的人，是学习正确认识和对待他人，正确认识和对待外在物质和文化世界，从而正确认识和对待成长中的自我的社会主体，是无法享有全部主体权利，也不能尽到全部主体义务的社会主体。事实上，无论从身心发展程度或法律规范责任的角度，未成年人都不能独立承担其思想和行为的后果，而努力呵护他们、教育他们，是学校、家庭与社会的共同责任。

既然未成年人不是完全意义的社会主体，既然从儿童、少年到学生，从学生到社会公民还有复杂的转变过程，那么简单化地提倡让学习者“我的课堂我做主”，或者认为一切学习活动都是“本能”，不加区分地让所有孩子都“自主”学习等，就都有偏颇之处。因为，自主性是未成年人重要的发展目标。尽管自发的“自主”是每个儿童都会的，而自觉的自主，在正确把握自我与外在世界关系基础上能作出科学选择，并能承担其后果的自主，则绝对需要一个教育、学习、实践的反复过程。在这个过程中，教师的指导及干预，甚至是某些惩戒和制止，都是必要和必须的。以为实践学习者为中心的教学，就是一味顺从儿童的自发性要求，或一味鼓励支持儿童所有合理不合理的尝试，不仅不符合儿童发展需要，而且违背“以人为本”原则的基本内涵。相当长的时间里，人们过分强调未成年人的不成熟性，因而剥夺了他们选择、尝试的机会，这种偏差当然应该纠正；而目前又有不能正确把握未成年人主体的特殊性，进而淡化甚至放弃教育管理责任的倾向，也是必须警惕并纠正的。

当然，强调未成年人作为主体的不成熟性，强调“自主学习”

“主体性发展”是教育目标和追求，而不是中小学教育的出发点，这并不是主张越俎代庖，让教师或家长代替儿童少年决定一切，尤其不是要剥夺学习者的选择、参与机会，因为主体意识也罢，主体行为能力也罢，都必须在学习者的认识与实践的反复运动中才能逐渐发展，才能为学习者所体验、感知、认同、内化。应该尊重发展中主体不成熟的需求和意愿，创设相对安全而可控的发展环境，让他们“在选择中学习选择，在尝试中学会负责，在参与中发展自我”，让他们有机会、有可能逐渐在学校、家庭、社会的保护下，走向社会，直面人生。

从这个意义上说，遵照“以人为本”的原则设计安排未成年人的发展活动，不仅需要成年人（包括教师和家长等方面）以高度负责精神进行科学规划，而且需要发展中的主体，即未成年人的积极参与。教育工作者需要落实未成年人实践、尝试的活动权利，还需要随着未成年人年龄增长，逐渐扩大他们在计划的制订与修改方面的权利，并让他们在参与计划和管理的过程中，逐渐学会做自己生活的主人，学会对自己、对他人、对世界的现在与未来负责。所谓“教育工作者要把学生当成人来教育”，说的就是这层意思。尊重未成年人的人格，在涉及未成年人利益的问题上听取他们的正确意见，说服他们接受教师或社会的正确意见，坚决杜绝一切可能损害他们根本利益的行为，都是“把学生当成人来教育”的具体表现。

“以人为本”的科学发展观，是深刻而系统的思想体系，是马克思主义中国化的体现，也是中国特色社会主义理论，继邓小平理论、“三个代表”重要思想以来的重要发展。本文只是笔者个人的粗浅学习体会，并尝试据此分析了若干教育问题，不当之处，还望读者指正。

（原载《人民教育》2008 年第 1 期）

24

关于“钱学森之问”的几点认识

一、“钱学森之问”的由来

所谓的“钱学森之问”，实际来自钱老逝世之后，安徽11位高校教师写给袁贵仁部长和全国教育界同仁的信，信中说：“‘为什么我们的学校总是培养不出杰出人才？’面对前来探望的温家宝总理，钱学森多次提出这样一个刻骨铭心的疑问。我们认为，钱老的疑问，也是所有教育工作者的疑问，是社会各界对中国教育的疑问，是一个伟大民族必须直面的疑问。”

其实，查一下相关的新闻报道，我们发现钱老生前确曾多次谈起杰出人才问题，但是，他并没有止步于提问“为什么”这个层次上。实际上，对所谓“钱学森之问”，他有自己的理解或解答。2005年，温家宝总理看望钱学森，钱老曾发出这样的感慨：回过头来，这么多年培养的学生，还没有哪一个的学术成就能跟民国时期培养的大师相比。钱学森又说：“现在中国没有完全发展起来，一个重要原因是没有一所大学能够按照培养科学技术发明创造人才的模式去办学，没有自己独特的东西，老是‘冒’不出杰出人才。”显然，钱老并不是在提问，而是在评论、判断。他认为“冒不出杰出人才”的原因，是大学“没有自己独特的东西”，是“办学”的“模式”有问题，因而“这么多年培养的学生”比不上民国时期的“大师”。从这个角度看，我们面对的不是“钱学森之问”，而是

“钱学森之评”，是钱学森对中国高等教育，对中国学校教育，乃至对中国传统教育思想和体制、制度的反思或批评、批判。

二、如何理解“钱学森之问”

理解“钱学森之评”，不能离开钱学森一生的经历、贡献，也不能离开他晚年形成的系统理论学说。钱学森当然是功勋卓著的科学家，是新中国“两弹一星”创新团队的核心与领路人，同时，钱学森还是伟大的马克思主义者，是自觉地运用马克思主义哲学理论去观察、分析、总结、归纳现代科学技术与社会发展规律的人，是“大成智慧”理论的提出者，是系统工程理论与系统科学学说的开拓者。作为忠诚的中国共产党党员，他一贯关心党和国家建设，自觉地与党的方针路线保持一致，并十分善于运用通俗的语言来表达个人独特思想成果。所以，当钱学森批评中国高等学校培养不出杰出人才时，我们必须联系钱学森的全部教育思想，才能准确找到他所说的人才的全部内涵。多年以来，钱学森一直强调对“通才”“全才”的培养，一直强调马克思主义哲学和价值选择在人才成长中的意义作用，他说：“一个科学家，他首先必须有一个科学的人生观、宇宙观，必须掌握一个研究科学的科学方法，这样，他才能在任何时候都不致迷失方向，这样，他在科学研究上的一切辛勤劳动，才不会白费，才能对人类、对自己的祖国作有益的贡献。”他还说过：“我的事业在中国，我的归宿在中国。”“我作为一名中国的科技工作者，活着的目的就是为人民服务。如果人民最后对我的一生所做的各种工作表示满意的话，那才是最高的奖赏。”类似的表述，无一例外地表现出钱学森心中的“人才”，就是以两弹元勋为代表的那一批心怀祖国、舍身求法、矢志不渝地为中华奋起而实干、苦干、拼出性命去干的科技精英，就是那些有坚定的政治选择与价值追求的发明家、实干家。这些人当然是“人才”，而本质上，他们又都像钱老一样，是有明确价值追求和独立思考精神的人，是能够坚定信念不为潮流裹挟的人，他们不会人云亦云，他们肯于坚持不懈。可以说这些人都是大写的“人”，是顶天立地的“人”，是全面发展的人。所以钱老才会要求他们“千万不能固执己见”，才说他们不“只需要数据和公式”，“同样需要灵感”，并且要“从艺术中悟出”灵感……凡此种种从政治选择到艺术修养的表现，显然不能只视为“人才”的能力结构，而应看成是钱老心目中的“全人”或“通才”的本质特征。实际上这也是每个人发展的实际需求，是一代新人正常发展的根本途径。

从这个角度说，钱老认为“没有一所大学能够按照培养科学技术发明创造人才的模式去办学”，可否理解为他在批评我们培养人才的路数不对呢？如果我们只盯着所谓“创新人才”的知识、能力结构去加工塑造，会不会反而忽视了“人”或“人才”的本质特征，亦即忽略了独立自由的思考精神与自觉担当的社会使命感的生成呢？如果只讲人之“才”，突出人之“用”，会把人加工成“器”，加工成“工具”，而“工具”与“器”都不是钱老心目中的人才；只有关注人的主体性、独立性，讲人的自觉性、选择权，才能真正让人自己悟“道”，让人成为自己生命与社会、国家的主人，成为实现中华民族伟大复兴的中坚力量与自觉担当者。

在某种意义上说，只有摆脱“加工”意识，不再太过关注“人才”的有无，也不要太过关注“人才”技术品质的细枝末节，而下大决心去为学习主体的自主发展创设“和谐、进取、宽松”的学校与社会环境，去积极支持、引导、帮助学习主体为实现民族伟大复兴而“自由发展”，一代新人才会健康成长，钱老所说的“杰出人才”才有希望大量涌现。

三、人才的产生过程

钱老用“冒”字来说明人才的产生过程，他说我们的大学里“老是‘冒’不出杰出人才”。显然，这个“冒”字，反映了钱老对人才成长规律的认识，亦即人才是“冒”出来的，不是“培养”出来的。什么叫“冒”，按照《现代汉语词典》的解释，冒是个动词，是“向外透；往上升”，是主体的主动行为，比如“冒汗”，是汗自己要出来，而不是谁成心要出汗；“伤口冒血”，也是血自己在往外流，止不住。所以，说“人才”是“冒”出来的，意味着“人才”并非全由计划安排、培养，而是他们自己在往上“冒”，从而有速度很快且出乎观察者管理者意料之外的意思。

联系钱老关于教育的论述，我以为这个“冒”字，是认识钱老人才培养理论的关键。什么是“培养”，这是个从作物栽培实践中引申出来的概念，培是培土固根，养是浇水施肥。按照《现代汉语词典》的解释，“培养”本义是“以适宜的条件使繁殖”，引申为“按照一定的目的长期地教育和训练”。说来说去，培养都是他人施加在主体身上的行为，带有明显的“他主”色彩。换言之，培养活动的主动权掌控在“培养者”手中，而“培养对象”只有“接受”培养的义务。人才能否培养，不可一概而论。大体上，凡属技能性的人才，似乎是可以“培养”的，如著名钢琴家傅聪，其父傅雷发现傅聪有音乐方面的天赋，于是从小让其拜师学艺，严格训练，最后傅聪终成大器，虽然其父傅雷曾因要求过于苛刻而为不少友人非议，但傅聪毕竟是“训练”成功了。当然，“训练”成功的前提，一是傅聪毕竟有这方面的天赋，二是傅雷先生尽管太过严厉，但他并不是一味训练技术，同时又极重视傅聪的全面修养，乃至傅聪早已功成名就之后，还有一封封“家书”，显示着老人对他全面发展的关注与提示。所以，说傅聪是“训练”出来的音乐家，似乎也不太准确，再看看时下那一大群在钢琴边虚掷“金色童年”的儿童少年，或许我们也不能对“培养”活动寄予太多的厚望。以植物培养为例，一颗黄豆种子，不论花多大气力，创设多么良好的条件，它也不会发育成一株大树，因为归根结底植物的生长由基因决定。而人的发展，虽然与时代、环境、家庭、教育和本人天赋等都息息相关，但最终起决定作用的，还是那个逐渐成长的主体的主动选择，是那个发展中的主体一次次的自主探求尝试。发展是主体不可剥夺的权利，发展也是主体不断奋斗的结果。

“人才”是“冒”出来的，这是事实。中国航天工程有一位第二代领军人物，就是在钱学森主持火箭攻关时的年轻科研人员，在火箭推力不足大家都为加注燃料想方设法时，他却“冒”出来提议减少燃料注入，以减轻火箭负载，从而增加推力，因此引起钱学森的注意，并最终成长为大家。当然，“冒”要有“冒”的环境条件，也必须个人有准备，没有钱学森的学术眼光与博大胸怀，想“冒”的人，“冒”出来会被拍倒、压下，没有本人的深入思考和敢字当头的勇气，有“冒”的机会，也不会敢“冒”。从整体上看，当前的中国，有“冒”的能力和学识准备的人并不一定少，而有敢“冒”的勇气和决心的人却不够多，这或者与我们的教育和管理体制有关，也与我们的社会文化与民族传统有关。新中国成立六十多年，“人才”总“冒”不出来，不会只有一两个具体的障碍因素，恐怕还需要从民族或国家文化的深处找原因才成。例如，我们太过关注“培养”，太急功近利地赶超“世界先进水平”的认识或态度，是不是也有责任？

支持“人才”是“冒”出来的，不要太相信“培养计划”，不是说不要“培养计划”，更不是说不要为“人才”的成长，为“人才”“冒”出来创设必要条件。努力为人及“人才”的成长创设“和谐、进取、宽松”的社会物质及精神条件，努力支持、帮助、引导成长中的主体，“在选择中学习选择，在尝试中学会负责，在参与中发展自我”，是中国学校教育的责任，也是中国社会的责任。没有新一代有知识、有能力、有觉悟、敢担当的学习主体的健康成长，杰出人才就不会“冒”出来，中国的未来也不一定真有希望。

钱学森与温家宝总理的谈话，直接批评的是中国高等教育，实际涉及了全部学校及社会的教育理念、教育思想，值得我们认真反思总结。“以人为本”是科学发展观的核心，当代中国一切发展活动及国家行为，都是为了最广大人民大众的根本利益，也都需要最广大人民大众的积极投入与全力支持。关心每个人的发展，关心每个人的基本权利，是国家与社会发展的目标，也是党和政府的责任。从这个角度说，关注“人”比关注“人才”更重要。关注“人”的发展，就要关注人的发展之本，关注人之所以为人，人之所以为“发展之本”的基点，亦即关注人的本质属性，关注人的成长过程。每个人都是自然的生命个体，而个人从一出生就生活在一定的时代，一定的地域，一定的人群及其文化中间，亦即生活在一定的社会环境与社会关系中间，就一定会受到这些条件的制约和影响。所以，马克思主义认为人的本质属性是人的社会性。个人的一切自我感知与意识、行为能力，都是在先天生物本能的基础上，在与社会、与他人的对话、交流过程中习得的。每个人生下来就开始学习，学习认识自己、认识他人、认识社会与外在的自然界，学习和他人打交道，学习和整个世界共同生活。人从来不只是孤立的生物性存在，虽然人的自我定位一生中都在进行，都在变化，然而其基础部分都是在 18 岁以前，或者说是在中小学阶段实现的。换言之，中小学阶段是一个人“成人”的关键时期。因此，当我们把关注点从“人才”转向“人”的发展时，钱学森的批评就不仅对高等教育有价值，对中小学教育，对家庭教育和社会教育，也有同等重要意义。从这个角度说，钱学森是在提示我们，全社会都要关注人作为主体的发展之路，要反思和把握人的成长规律。

我们正处在一个多元的时代，生活在一个价值转型的社会之中，正在学习和践行“以人为本”的科学发展观，也正经受着发达国家各种各样的价值观念与文化潮流的积极或消极的影响，正经历着艰难的守望与吸纳过程，每个问题都有多种解读，也都有多样甚至完全背道而驰的方向选择。“钱学森之问”，可以催我们反思奋起，也可以给人以口实，让一些人得出全盘否定新中国教育的错误结论，或者让一些人对当代中国教育丧失信心。当然，后一种态度肯定违背钱老批评的本意，也不是我们聚会于此议论此事的原因。

让我们积极行动起来，认真总结积极评价已经取得的成果和成功经验，同时深入探求确实存在的问题和缺欠，以此实现中国教育的伟大复兴和持续发展，以此告慰所有关注中华民族未来的人们。

（原载《基础教育参考》2012 年第 1 期）

25

校长专业发展的几个问题

讨论校长（此处特指中小学校校长）的专业发展问题，首先需要对中小学校的性质进行思考。中小学校是什么？中小学校是教育机构，是国家与社会设置的以“教书育人”为目的的教育部门。中小学校，尤其是以公共财政支撑的公立中小学校，是社会大系统的子系统，这个子系统依附于社会大系统，服务于社会大系统，完成社会大系统通过政府委托给它的社会职责——教育、管理未成年人，使之达成公民基本素养的发展目标，用教育方针的说法，是“培养德智体美全面发展的社会主义建设者和接班人”。从这个意义上说，中小学校不但是国民教育体系的有机构成部分，而且是各级政府的社会服务部门，其工作人员处于准公务员的位置上，特别是公立义务教育机构，基本上是在履行政府承诺的基础性教育责任，并用法律“强迫”儿童接受这种教育，其政府专门机构色彩更为突出，公益与公共色彩更浓。这类学校，在大多数国家，其实就是政府公共服务的承担者，尽管它不具有公权力，但是它必须以履行法定职责为自身存在的理由，必须以社会公共需求为自身发展依据，不能也不应有有别于社会整体利益的独立价值追求。

然而，中小学校同时又是教育组织，即是由人们组织起来，旨在达成某种目标的社会团体，是人群的集合体。作为社会组织，当然会有特定群体的独特利益与价值追求存在，并理所当然可以在关照社会整体利益的同时，努力实现自身的特殊利益；也允许其在不违反法律规定和社会公德条件下，追求本组织的积极发展，追求团体利益的最大化。从这个角度说，学校作为教育团体，会有区别于社会利益的团体利益存在，作为利益共同体，团体成员当然要关心维护团体利益，“一切为了学生发展”或“一切为了民族复兴”的口号，就具体的学校而言，只能视为社会和政府的号召或期望，而不会自动成为学校的现实追求。因为作为“教育组织”或“教育团体”，学校其实很难做到那个“一切”，它们不会违反两个“为了”的目标。但是，它们会多一点其他的目标，会在努力于两个“为了”的同时，实现学校作为“教育组织”或“教育团体”的利益。单个学校的利益，一般不会伤及本校学生发展，但是可能有意无意的伤及社会或其他学校的利益。一所学校教学质量特别优异，吸引了大量优质生源和社会有形无形投入，最终影响了区域教育的公平与均衡发展，这种当前教育界屡见不鲜的现象，就是一个明显的例子。这类现象产生的根源，即在于在当前社会环境条件下，学校不仅是教育机构，而且是教育组织或团体，后一种身份定位，为中小学校差异发展和追求自身利益，提供了理论与事实依据。

值得注意的是，在中国经济社会条件下，尤其是在以“承包制”开始的社会主义市场经济发展模式的影响下，一些中小学校不仅是“教育机构”“教育组织”，并在某种程度上又有经营主体的味道。从近几十年中国基础教育发展历史看，在国家投入不能及时充分到位的情况下，一些地方政府让中小学校成为基本建设和后续发展的筹资（集资）主体，让中小学校利用市场机制去改善教师的各种待遇，在“捐资助学”和“社会共建”的名目下，对各种以金钱换“学位”、以权力换“学位”的行为，采取“睁一眼闭一眼”的态度，从而强化了中小学校作为“经营主体”的利益追求，也使极少数学校染上商业色彩，并在“开放教育市场”的喧哗中，催生了极少数“老板”心态的学校管理者，也使一些诸如“品牌包装”

“做大做强”之类的商业技术，在中小学校找到市场。从这个角度说，中小学校的商业化变形，也为中国中小学校的身份定位带来别样解读。

中小学校是教育机构，是教育组织和团体，甚至还是一种经营性经济组织，这种不同的身份定位及其不同成分的组合，会催生种种不同的学校和校长，并促成各不相同的校长专业发展方向和策略。

讨论校长专业发展，还需要回答以下问题，校长是专业技术人员吗？大专院校、教育科研组织里有没有校长专业呢？如果校长不是专业技术人才，那么又如何思考校长专业发展的问题呢？从当前的教育科研现状与国家相应的人事政策看，大学有教育管理学专业，职称系列也有教育教学管理的岗位，不过它们都不是为校长准备的。前者研究学习的是一般的教育及管理理论，毕业生大多进教育科研单位或政府机关，不会一毕业就去当校长；后者实际是为承担一般教学管理、学籍管理的人员准备的，真正从排课表的教师晋升为校长的机会微乎其微。其实，在实行校长级职管理之后，由于中学校长可以享受正处、副处级待遇，一些地方的组织人事部门更把学校的正职当成“安排干部”的机会，一些或该升而难升或久在偏远地区的干部，往往会被提拔到中学当校长；而出于“年轻化”需要，一些年富力强、正有经验的校长，也会提前离职退养为别人腾位置。在一些地方，校长显然不被当成专业技术人才，也并不按专业技术人才管理。

其实，从新中国成立以来，中小学校长似乎一直未被认定为专业技术人员。前30年，新中国接管旧学校，改造知识分子，当校长的都是“把握方向”的政治校长，从有点文化的工农干部当校长，到从团队干部、人事干部中提拔校长，校长的主要条件是政治可靠。一直到“文化大革命”，军宣队、工宣队接管学校，强调的依然是越来越左的政治路线，教育教学的业务管理经常摆不上校长的工作日程，当然也不会有多少对校长的专业技术要求。新时期以来，随着“拨乱反正”“真理标准大讨论”，知识分子政治社会地位提高了，一批教学能手，“教而优则长”，走上了校长的工作岗位，这批教学能手出身的校长，大多是某个学科（特别是所谓主科如数学、物理、语文之类的学科）的优秀教师，因为他（她）们在学科教学上有优势，在本学科教师中有威信，所以上任伊始，往往能比较自如地配合时代主潮要求，比较深入地抓学科教学质量、抓学科教学改革，从而彰显优势，立足学科专业之长，对教师、教学发挥影响或指导作用。他们确是专业技术人员，不过大多是学科专业技术人员（例如，物理高级教师或语文特级教师之类），而不是或大多不是学校管理的专业人员。这导致在相当时期内，一些非学科优秀教师出身的校长，要为职称评定犯难，并最终促成了德育系统职称的出台。结果是一些校长的职称问题解决了，而校长到底是何种专业技术人员的认识却更加模糊了。而随着市场经济的大潮的涌来，以及官本位文化的发展，近年来中小学校长的工作重点，更多的是在筹措资金与疏通社会关系上。也就是说，校长的身份在向经营能手、企业管理专家的方向转变，也出现了一批从校办企业起家的副校长、校长，这些人当然也是专业技术人员，不过不是教育管理的专业技术干部。

总之，从新中国建立以来几代中小学校长的任用、聘任、选拔的历史看，作为教育管理的专业技术人员，直接担任校长的机会不多，相当一批校长，是就任以后才开始学习或熟悉学校教育业务管理工作的。之所以在选任或聘任校长时可以不考虑其教育教学业务管理能力，因为不论是“政治校长”还是“经济校长”，他们的主业都不在学校的课程与教学工作上。无独有偶，据《经营管理学——理论与实践》一书提供的资料，美国校长开会占工作时间的45%左右，而“课堂和会议巡视”，只占工作时间的7.71%，也就是说一周只用4小时多一点点，尽管他们都希望更多关注“教师专业和课程发展”，其实他们也没有多少时间抓教学。中国的一些校长，更可以把教学交给“分管”副校长、主任去抓，他自己则要抓大事，最初是抓政治运动，后来是抓钱、抓关系、抓把升学指标压到年级组和教师身上。

当然，如果不拘泥于正职校长的身份责任，而是从校级干部群体角度考虑，中小学校的校级干部，可能是领导者（教育机构）、管理者（教育组织）和经营者（学校运营发展资金的筹措者与社会关系疏通者）的集合，学校领导班子最好既有目光远大、高屋建瓴的有识之士，又有教育教学专家，还有善于鼓动宣传广聚人脉的交际家，以及多财善贾的企业家，等等。如果有人能把这诸多特长集于一身，当然可称之为复合型专业人才，然而，这种“复合”，即使可在时下如鱼得水，处处通行无阻，但是它是否符合教育发展规律，是否真能为社会及教育发展带来长久的福祉，则尚未可知。

因此，在思考校长专业发展问题时，不考虑当前的种种时代限制，肯定行不通，而一味强调适应当前需求，也会产生种种弊端。在理想与现实之间，需要闯出一条可行又合理的生路，那或者是中国特色的中小学校长发展之路，也是一条充满困难与艰辛的创新之路，没有大决心，恐怕是走不成的。

如果我们真正实现了让政府管政府该管的事，家长做家长该做的事，从而让中小学校长也集中于自身的主业，做学校应做的事，管校长应管的事。那么，校长的主业是什么呢，我们希望校长作为专业人士应该具备哪些素质或素养呢？美国有人对中学校长进行了连续 18 年的跟踪研究，最后归纳出最有效率的校长有如下 12 个特征：

A. 对学生成就的高期望（尽管学生事实上的成绩并没有那么高）；

B. 完整的课程内容；

C. 系统的教学项目；

D. 明确的目标、目的或标准；

E. 把学习时间最大化；

F. 把重点放在阅读和数学技能上；

G. 教师发展项目（以及其他年度专业发展计划）；

H. 在学校和课堂上的有序性；

I. 一种评估学生进步的方法；

J. 鼓励或奖励学生和教师；

K. 学生家长——社区参与；

L. 积极的学校氛围。

以上12项特征可分成四类，有6项是涉及课程、教学的（A、B、C、E、F、H,）有4项是涉及学生与教师管理的（D、G、I、J）有一项涉及学校与外部世界关系（K），一项涉及学校文化氛围(L)。其中主要职责是学生课程、学业的提升，而管理、社区关系和学校文化建设，则是围绕主业的支持性工作任务。按照这个调查报告的说法，美国校长显然不必为学校的运营发展筹资，也不必包装学校以争夺优质生源，而有效率的校长关注的几项事关课程教学的工作，似乎是中国校长人人都说要做，并一般说来也做得颇有成效的事情，在这一点上，中美校长的职责并无太大区别。值得注意的是，有时中国的中小学校长（至少是主管校长），在这几方面要求过高，或用力太过，以至产生适得其反的结果。比较起来，我们做得比较差的可能是J、K两项（当然还有许多我们做而人家校长不做的事情，要花费现在的中国校长太多的精力与时间），特别是积极主动地争取学生家长与社区参与，亦即请他们参加对学校重大工作事项的决策与实施过程，可能还不被中国更多的中小学校长所习惯。我们也开家长会，约见家长，那是为了让家长检查督促学生学习，或“把孩子领回家，教育好了再来上学”。对中国社会大众和中国基础教育界而言，承认学校要配合家长教育学生，承认学校的重大教育决策应该征求家长意见，承认家长作为儿童的监护人对儿童的成长负有更根本的责任（包括选择教育，选择学校的责任），都意味着双方角色责任的重大调整，并对双方都有难度，也有相当多的体制与意识障碍。因为，在中国几千年的历史上，教育一直是国之大事，因而是不容也无须普通民众参与意见、参加管理的。“养不教，父之过，教不严，师之惰”，只要把孩子交给老师，交给政府，家长的任务似乎就只剩下“配合”了。其实，无论从法律上还是从事实上，这才是真正颠倒了主次。然而，这种颠倒已经成为民族传统，决不是说改变就能够改变的。

从当下中国教育的现实社会背景出发，规划校长的专业发展，似乎应该关注以下三个问题。

首先，不论是以何种工作背景而荣膺校长之职的，当校长后，都必须尽快熟悉学校教育教学业务工作，要努力成为学校课程、教学工作的领导者。也就是说，要争取在教育教学基本理念与一般策略上，成为教师的指导者，成为学校教育文化的领路人。中小学校的主业永远是课堂教学，是提升学习者通过自主阅读学习实现发展的能力。教育工作者应该心存“全面发展”，关心“四个学会”，但决不能放松学习者读书求知能力的培养，不能放松对提升学生基本学力途径、方法的探求。有人说“校长是教师的教师”，其实就具体的学科专业知识技能而言，一个人想做通才型、全知型的校长很难，校长对学科教师的领导和指导，主要表现在学校课程与教学改革方向的引导与把握上。当前，在信息技术网络环境的影响与支持下，中国基础教育确实面临着深刻的变革，尽管我并不主张用诸如“学习的革命”或“课堂教学的革命”一类夸张语言去描述它，但是，这场变革的深刻性与全面性，仍然是近几十年中未曾经历过的。在这种以自外而内、自上而下为主要推动力量的变革面前，校长们坚持独立思考，坚持学校教育的基本规律，在大胆改革，创新发展的同时，坚守学校教育的主业，抗御或左或右的社会思潮的冲击，为教师、学生的主动发展，营造相对宽松的学习环境，不仅十分困难，而且十分必要。

校长的领导力修养，还应该表现在改革大局的把握上，表现在教育教学改革力度的调控上。因为，当前中小学教育教学的重大困难，恰正在于各种先进或貌似先进的理论，与中国社会普遍存在的传统教育观念和现实的教育质量要求（不见得科学，但有深刻的制度与舆论市场），存在矛盾、碰撞与冲突；恰正在于任何正确或不正确的教育主张，似乎都可以在现实社会或各种教育学说中找到依据，从而让一线的教育工作者左右为难、不知所措。所以，中小学校长的学科教学与学校教育领导力，本质上是一种“定力”。即具有既能坚持改革的基本方向不动摇，又能抵御社会、行政、学术的各种压力，确保师生健康发展和学校教育性质的能力。新中国的教育一直在改革中前行，而以往一切号称彻底的“教育革命”，其实都不太成功。重要原因在于，第一，这些“革命”往往太过激进，与社会现实和教育传统缺少结合点，很难操作，第二，这些潮流的左右力量太强，基层教育工作者只能不讲条件地盲目执行，结果优势未能充分彰显，问题则放大了许多，从而导致一些“革命”无疾而终。从这个角度说，中小学校长当然要坚持教育改革的基本方向，但又必须拒绝“毕其功于一役”的“革命”诱惑。说得直白一点，今天的学校教育，不改不成，改得太急、太过全面，也难成功，所谓“定力”，概指此也。

其次，无论中外，中小学校都是教育组织，是为了传承文化培养未成年人而集合起来的工作群体，是有其内部架构与规章制度的人的集合。因此，保证组织的正常运行，维护合理的组织利益，最终促成组织目标的实现，肯定是中外中小学校长的共同责任（当然，中国一些中小学校长还有争取、维护学校经济利益的责任，这里暂且不论，只说相同的方面），从这个角度说，校长确实是学校的管理者。

一提管理，我们往往会想起、经济管理（实行教师工资的“阳光工程”以后，有校长抱怨管理权力受限，因为校长不能决定教职工的工资收入了，正是这种经济管理习惯的反映），乃至于以前的“政治管理”（对员工进行政治教育，“改造知识分子”）。其实，上述管理虽然各有其作用范围，学校管理的核心却是人际关系管理。因为作为其绩效完全建立在教师创造性劳动基础上的学校，只有管理者能够提出符合大多数组织成员发展需求，又确实科学可行的组织发展目标，并能够团结组织成员实现这一目标，让成员在组织发展中真正受益，从而形成所谓的“积极的学校氛围”，亦即形成良好的学校文化时，才算是实现了有效管理。这一有效管理的关键，是教师主动性和积极性的调动，它必须也只能建立在以人为本的学校文化的基础上。

因为，无论是“教学能手”出身的校长，还是擅长企业经营与制度管理的校长，在面对基本上是以师生互动为基础，以教师个人理解与追求为策略选择依据的课堂教学活动时，大多会有一种鞭长莫及、无从下手的管理困惑。不论校长个人有多么丰富的教学经验，他面对的大多仍是陌生的学科与他人的自主活动，而再详明的规章制度奖惩规则，也无法全面规范、限制教师课堂上的教学行为，校长可以从最终的显性结果（如考试成绩）来控制课程教学目标，而该结果获得的过程是否科学合理，更多的隐性结果是否长远有益，可能都因无法简单度量而很难管理。

其实，以行为管理为基础的现代管理科学，本来就立足于“管手”，而不太“管脑”，一切以动脑创意为主的行当，不论是艺术创作还是科学研究，都不能简单地靠规章制度管理，而应该着力创设有利于工作主体发挥个人聪明才智，以宽松、进取、和谐为根本标志的人文环境，从而在积极的目标导向下，让工作主体自主发挥创造性与想象力来开展工作。在某种程度上，管理者对创造性劳动某种程度的“放任不管”，或许是最有价值的管理，也是最“科学”的管理。中小学校教师的劳动，也属于创造性的劳动，也有类似特点，也需要在工业管理方法之外寻找别样的管理模式与途径，当前盛行的“文化管理”和“环境管理”，正是这种管理理念的尝试。

在我看来，所有关于创造性劳动的管理策略，本质上都建立在人格影响和人际交往活动的基础上，都是一种“其身正，不令而行，其身不正，虽令不从”的古老的关系文化。这种文化是在组织的管理者率先垂范并孜孜以求的基础上形成的，是组织管理者自身人格影响与事业追求精神的群体效应。所谓“一个好校长就是一所好学校”的说法，也只是在这一点上才真正成立。严格说来，促成一位好的教师或好的行政人员转变成为一个真正意义的好校长，最困难也最关键的正是这个问题。因为，它除了要求期待转变的主体学习心理学、社会学等诸多科学知识外，最核心的是，它实际要求主体在人生价值上实现新的选择。因为只有真正把学校发展视为个人人生意义所在的人，才会服从组织文化建设的要求去着力完善自己、影响他人，才会把“行为世范”作为个人的根本追求，从而在身体力行的意义上自觉成为学校文化的守望者，实现“人生为一大事而来”的精神追求。当然，强调创造性劳动需要人本管理，并不是否认制度管理、经济管理等的价值，只是说我们不能满足于那些管理方式，而必须在人本管理上下更多的功夫，因为它是创造性劳动最有效的管理办法。

最后，现代学校发展，是在非理想的社会条件下追求理想教育的奋斗过程，是一个不断与各种社会群体文化较量、碰撞、融合和妥协的过程。随着个人权利意识觉醒与多元价值成为时代潮流，学校的管理者必须学会在开放、民主的氛围影响下，通过多方式、多层面反复进行的沟通与协商，为学校寻求发展之路，为学习主体营造一个较少直接冲突的成长环境。

通过了解、沟通、对话、协商去寻求共识，寻求在尊重、理解对方利益的基础上形成双方均可接受的主张或方案，是现代多元社会的生存之道。佛法主张破除“我执”，儒家倡导“中庸之道”，都有承认世界上存在多种道理，承认人们会各执一词，因而主张调和妥协的意味。所谓和谐社会，并不是要求大家都一样想，都随声附和，而是承认“和而不同”，追求“求同存异”，承认各方有其利害处存在，承认各方又有共同生存、争取更好未来的理由。在历史新时期，在中华民族共同创造民族复兴的时刻，强调和谐，强调积极接纳不同意见，主动听取不同意见，强调对话协商，强调放下身段去寻求妥协，去寻求不一定最好却最可行的方案，不但是时代发展的需要，也是时代发展了才出现的可能。

所谓“开门办学”，所谓“开放的现代教育”，不仅是讲中小学校要积极利用社会教育资源，利用“社会大课堂”，而且是要求中小学校的管理者尊重社会，尊重社区，尊重学生家长，把主动听取他们的合理意愿当成本职工作，把主动听取他们的批评当成改进自我、完善学校的苦口良药，从而真正实现集思广益，依靠人民办人民满意的学校。在整个国家处在转轨换型的历史发展时期，意见分歧、利益冲突是常态，也是社会发展的希望所在，国家大事是如此，学校发展方向策略选择也是如此。只有正视现实，在讨论和协商中寻求共识，花大力气做好与社会、社区和学生家长的沟通、讨论工作，各种教育教学改革措施才能实在地做下去，才有机会走向成功。不论是教育行政领导，学校校长，还是专家、教授，在当前的社会背景中，如果还是自说自话，自满自足，完全不理会社会大众的种种议论，恐怕什么工作都难有好结果，不论其主张或要求从长远看正确与否，也会在现实中四处碰壁，无法真正贯彻执行。从这个意义上说，理想的教育家校长的重要修养之三，是“善于对话，懂得妥协”。

其实，校长是职务，是上级管理部门任用和聘用的结果，任用或聘任当然有条件，在不同时代，不同社会地区背景下，人们对学校的性质、主要任务和责任的认识并不相同，因而也不会有不同的任职条件。但是，无论这中间有多大差别，既然都是中小学校的校长，其间相同、相似的要求必然也有若干方面，除了政治坚定性、人品以及一般管理能力这些基本要求之外，我以为，前述的课程教学的领导能力，学校师生员工的凝聚能力，亦即学校文化的创新改造能力，以及学校内外关系的协调能力，可能是新时期校长最重要的三项能力，是校长作为专业人士的主要特点，也是理想的教育家校长最突出的品质。大学里没有校长专业，当校长的人却应该有专长，应该有专业能力。在当前的社会条件下，中小学校长是学校教育学秩序健康、稳定、科学发展的最后屏障；与此同时，中小学校长又是一座桥梁，是沟通、连接学校与社会大众、管理机关的桥梁，是吸引社会参与学校建设、管理、决策的桥梁。前述三项能力要求、三种品质，正是从这种双重责任的角度提出的，也许它能够帮助正在做或准备做校长的人，明了自身的提升与发展方向，从而当好新时期的校长，搞好新时期的学校教育。

（原载《人民教育》2012 年第 6 期）

中篇

课程改革与课堂教学改革

26

浅谈启发式教学

一、启发式教学的含义

（一）启发式教学思想的提出及发展

最早提出启发式教学思想的是中国伟大的古代教育家孔子。在《论语·述而》篇中，他提出了“不愤不启，不悱不发，举一隅不以三隅反，则不复也”的原则。就是说，不到学生想弄明白而又没弄明白的时候，就不去开导他；不到学生想说出来而又说不出来的时候就不去启示他。教给他东方，却不能由此推断出西方、南方、北方的情况，就不再教他了。在这段话里，孔子实际上说明了启发式教学思想的两个要点，一个是启发式教学的前提条件，即启发要在“愤”“悱”的基础上进行。所谓“愤”“悱”，用朱熹的话来解释，即是“心求通而未得”，“口欲言而未能”，因为学生“心求通而未得”，所以要去“启”，去“开其意”；因为学生“口欲言而未能”，所以要去“发”，去“达其辞”。（引自朱熹：《四书章句集注》）显然，这里强调了学生的主动求知与积极思维是启发式的前提。另一方面这段话还描述了启发式教学的主要表现形式——“举一反三”的方法，“举一反三”，主要强调了学生在教师指导下的自主学习。所谓“反”是“还以相证”的意思，是让学生独自去验证。换言之，在孔子看来，实行启发式，教师就不要包办代替，什么都讲给学生，应该让他们回家去想，去独自验证。

当然，从《论语》中孔子实行启发式教学的实例看，孔子更多注意的是举一反三，特别是注意建筑在相似性联想基础上的比喻推理。例如，子夏向孔子请教《诗经》里“巧笑倩兮！美目盼兮！素以为绚兮”这几句话的含义时，孔子的答复是“画花在后，打底子在先”。子夏就联想到礼乐与仁义两者孰先孰后的问题，并因而得出礼乐在后的结论，受到了孔子的称赞，说“启予者商也”。其实，画花打底子与礼乐仁义的先后关系，本来是风马牛不相及的两回事，但是，从儒家仁义为本的思想出发，礼乐作为仁义思想体系的表现，就又有点像在打好底子的前提下画出的花一样，是第二位的，不那么重要的东西，既然孔子主张先打底子后画花儿，子夏也就会自然得出应该先着力于仁义的认识。这种建筑在比喻联想的基础上的推理方法，一方面固然显得机智，表现了思维活动的灵活性，另一方面则由于忽视了不同类事物之间的本质区别，显出推理不够严密，影响了思维的科学性。所以，尽管孔子最早提出了启发式教学的基本思想，但是在那个时代的启发式教学还是比较简单的。

孔子之后，启发式教学的思想，由于《礼记·学记》中的阐发及历史儒家学派的倡导实行而得到发展。《学记》上所说的“道而弗牵，强而弗抑，开而弗达”的主张，就比举一反三更进一步地强调了学习者的主体作用。犹如孟子强调“自得”一样，《学记》的作者强调引导，强调激励，强调指示方法，目的是让学习者自己主动进取主动学习。所谓“小叩小鸣”“大叩大鸣”的教学方法，在提示答问艺术的同时，也再一次强调了学生主观条件在教学中的作用。汉以后的儒家，特别是宋代的理学家朱熹，更主张鼓励学生自觉学习，独立思考，反对灌输式，要求让学生“自去究索，自去理会”(《朱子语类·卷十三》)。他进而主张“凡看文字诸家说有异同处，最可观。谓如甲说如此，且捋扯住甲，穷尽其词；乙说如此，但捋扯住乙，穷尽其词；两家之说既尽，尽参考而穷究之，必有一真是者出矣。”（《朱子语类·卷十一》）主张“读书要切己体验”（《朱子语类·卷十一》），这就在强调了学生的主体性之外，指示了启发思维的新方法，诸如比较异同，联系自身的体验加以省察，从无疑到有疑，从有疑到无疑，等等，大大丰富了启发式教学的内容。

（二）今天应该怎样理解启发式教学指导思想

从现代教育思想来认识启发式教学理论，就不能仅仅把它看成一种教学方法，也不能只简单地归结为“举一反三”类比推理。我们认为，它实际包含着对教与学关系的一系列辩证理解，是对正确处理教与学关系的比较完整的指导意见，是教师处理教学方法的指导思想。概括的说，它包含着以下几点认识。

第一点，启发式教学思想的本质是对教师与学生主导主体作用的辩证认识，就是说，在充分肯定学生作为教学活动主体的前提下，努力发挥教师的主导作用。所谓“自得”“自去究索”，都是指让学习者自主地学习，主动地获取知识，然而这种自主学习，又是充分地在教师的控制下进行的，是在教师的诱导启发下实现的。启发式的自学不是一般意义的自己学习，所谓“道而弗牵”一类的要求，一方面反对了注入式、强迫式的教学方法，另一方面又充分肯定了教师的诱导启发组织作用。

第二点，启发的基础是学习者的愤悱状态。只有作为学习主体的学生处在积极求知的状态，主观上有强烈的“求通”与“欲言”的愿望和可能，教师才能去“启发”，去“开其意”“达其辞”。程颐说：“不待愤悱而发，则知之不能坚固，待其愤悱而后发，则沛然矣。”（转引自朱熹：《四书章句集注》）愤悱是实行启发式教学的先决条件。这种愤悱状态是学生内部学习动机得到激发的结果，也是学生固有的知识基础与新的学习任务、学习要求相吻合的表现。

第三点，愤悱状态不是自然形成的。教师的责任是促成愤悱状态的实现。在某种意义上说，愤悱状态不但是启发式教学的前提，也是启发式教学的结果。

促成愤悱状态的实现，主要取决于以下三个方面。第一，要激发学生内在的学习动机，调动他们的学习兴趣与学习积极性。第二，要针对学生的知识与能力的基础，选择合适的教学内容、教学要求。过难过易的教学要求、教学内容，都不能激起学习者求知的热情，他们就不会去“求通”或“欲言”。第三，教师有没有教学民主的习惯，有没有实行启发式教学的传统，也极大地影响着愤悱状态的实现。因为一位习惯于注入式教学，习惯于把自己看成“权威”的“知识传授者”的教师，是不可能真正贯彻启发式教学原则的。美国教育学家梅逊主张“教师的作用是启发学习，而不是窒息学习。”他认为课堂教学应该包括“大量的怀疑成分……老实地承认无知、不确知、怀疑，而事实上这就是掌握知识的条件。（转引自《西方当代教育理论》）”。这种认识，恰与孔子承认自己“无知”，强调“知之为知之，不知为不知”的思想一致，正说明教师对教育者身份、作用的认识是否全面，对贯彻启发式教学思想有着重大关系。

第四点，既然启发式教学思想的核心，是倡导教师诱导学生积极主动地思考，自觉地主动地获取知识，那么启发思维的方式就必然是多种多样的。从教师使用的手段来说，有语言启发，也有实物直观手段的启发，还可以通过实践活动去启发；从思维方式来说，可以采取相似性联想类比推理，也可以运用其他思维方式，包括比较、分析、归纳、综合等方式来进行启发。例如，朱熹提倡把对立的观点拿来比较，在比较异同中寻找正确认识，就是比一般的“举一反三”更为高级的启发方式。

总之，从现代教育观点看，启发式不再是一种具体的教学方法，而是一种基于对教学关系正确认识，有教学指导意义的原则要求。因此，可以认为现代许多新的教学方法都在某种程度上反映了启发式教学的基本要求。例如，美国教育家格林伦就认为布鲁纳的发现法“有一个附带的好处是它促进了所谓启发式的发展，当只有一部分资料被提供时，也能进行智力推测（这就是“举一反三”——引者注），作出可能的解释。”（引自《课堂教育心理学》）显然，这位美国学者是把“发现法”与“启发式”连在一起的。

当然，启发式并不就是发现法，发现法有其具体的方法上的要求。而启发式在今天则主要是一种指导原则，它可以视为现代教育理论、教育思想在教学方法论上的重要表现形式。甚至可以认为，启发式是连接现代教育思想与具体的教学方法的一座桥梁，当我们在教学方法上贯彻了启发式教学思想时，我们也就在教学上实践了现代教育思想。

二、怎样贯彻启发式教学指导思想

（一）从学生实际出发，确定恰当的教学目的、教学要求是贯彻启发是教学思想的前提

学生是学习的主体，教学必须从学生的实际（包括实际的思想、实际的心理水平、实际的知识能力基础……）出发，才有可能取得满意的效果，不考虑学生的实际水平与接受能力，也不问学生兴趣爱好是什么，死抱着书本、大纲往下灌输；甚或完全从教师自己的兴趣特长出发，喜欢讲的就多讲，自己知道的多就讲的深，这样的教学十个有十个会失败，《学记》主张“记问之学，不足以为人师”，主张“听语”，主张“语之而不知，虽舍之可也”，就是强调了教学必须从学习者的实际出发，要听他们问什么，然后根据他们问题的水平再考虑解答，如果答案超过了提问者的理解水平，不如暂时放弃这个答案，待提问者有了长进之后再进一步阐发。显然，在这里，教学的最高原则与最终目的并不是传授终极真理，教师也不急于一次性完成传授知识的任务。为了使学习者能够理解与掌握知识，启发式教学要求教育者只传授那些学生能接受的知识，要求教育者根据学生的需要与问题来进行教学。这样做，可能放慢

教学进度，可能这一段时间内降低教学要求，还可能在某种意义上影响教学内容的完整性或系统性，然而，它都可以使整个教学工作真正落到实处，从而把教与学真正结为一体。

今天，社会上往往以升学率高低来把学校分成不同档次，而各类学校在学生来源及其他办学条件上又存在显著差别，一个学校、一位教师敢于从实际出发确定教学目的、教学要求，并不是容易的事。为此，要从片面升学率的压力下解放出来学校，社会，特别是教育领导机关要确立评估学校工作的正确标准，这样教师与校长才敢从实际出发确定教学目的，才敢放弃那些明知学生掌握不了的难题、偏题，才有可能实行启发式教学。

（二）深入了解学生，深入钻研教材，作出周密设计，用以激发学生的学习兴趣，形成积极思维，认真讨论的学习氛围，是贯彻启发式关键

本来，学生掌握教材、学习知识就必然是一个主动的过程，而启发式教学思想，更强调教师应该设计好组织好这样一个学生主动获取知识，增强能力的教学过程。陶行知先生主张“对一个问题，不是先生拿现成的解决方法来传授学生，乃是要把这个解决方法如何找来的手续程序，安排停当，指导他，使他以最短的时间，经过相类的经验，发生相类的联想，然后学生才能探知识的本源，求知识的归宿，对于世间的一切真理，不难取之无尽，用之无穷了”。（引自《行知合一》）。显然，教师能否凭其事先的周密设计，诱发学生活跃的、指向明确的思维活动，是判断教师是否能成功贯彻启发式教学思想的标志。

为了促成积极思维状态的实现，有经验的教师摸索出许多有用的方法，诸如布鲁纳的“发现法”教学，国内外流行的所谓跳板式提问，以及苏霍姆林斯基主张的课堂教学中的“自由活动时间”，等等。如所谓的跳板式提问，实际是把矛盾的现象摆在学生面前，启发他们从怀疑众所周知的真理入手，从而主动探求新的知识领

域，扩大加深自己对客观规律的认识。在讲热的传导时，物理老师从保温瓶双层玻璃中抽成真空，用以防止热对流现象讲起，肯定了真空的隔热作用，然后话题一转，提出“如果热不能通过真空传播，我们又怎么能通过外层空间的真空从太阳得到热”的问题；在讲热空气上升冷空气下降的道理时，教师不但联系“电冰箱的冰室为什么放在上面”“房间里的暖气片为什么放在下方”一类事实提问，而且追问一句“既然热空气上升，为什么高山上反而很冷？”这样的不断摆出矛盾现象的提问，不但引出了新知，而且培养了学生全面分析事物的良好思维习惯，显然是会使学生感到兴趣的。

应该强调，这种“周密设计”，不单单是设计提问，更不仅仅是问答法教学，它包括从知情意行等各方面调动学生，让他们头脑中的知识“进入流通过程”。用苏霍姆林斯基的话说，是让知识“经常起作用于学生的脑力劳动中，集体的精神生活中和学生的相互关系中，起作用于生动和连续不断的精神财富交换过程中”。（引自《给教师的一百条建议》）让学生知识“进入流通过程”，启发学生把知识与个人生活与社会生活联系起来，让他们不断在生活中印证知识，发现问题，丰富充实自己的头脑，使课堂教学延伸到学生的全部生活领域，使其无时不学习，无处不学习。这样自然就会促成积极思维、认真探讨的学校氛围，从而促进了启发式教学，实现了教师的“周密设计”。

（三）善于等待，允许学生“犯错误”“走弯路”，并能灵活地针对课堂中产生的问题，把学生的思路引导到教师所设计的教学方案上来，是实行启发式教学的主要技巧

启发是教学的要点是让学生自己主动地博取新知。由于学生水平、条件的限制，“犯错误”“走弯路”就是不可避免的。让不让学生“犯错误”？学生犯了错误有没有办法改过来，用什么样办法扭转过来？这就考验了每一个想实施启发式教学的教师。首先是让不让学生犯错误？以“权威”自居的教师，忙于赶进度的教师，信奉

“第一印象必须是准确的正面印象”原则的教师。都不允许学生犯错误，都要进行灌输：把正确认识完整地准确地系统地灌输给学生，让他们抄下来，背两遍，乃至于一字不差……这样就断送了启发式教学。当然，实行启发式教学，并不是完全排除第一印象的正确，也不是反对知识的系统性、全面性、准确性，允许“犯错误”更不是要促成学生“犯错误”。教师经过周密设计，能协助学生在开始的时候就准确地感知新知，那当然是好事；而学生在经过比较与鉴别之后，最终通过错误来感知新知，也应该允许。问题在于，教师应该针对学生学习过程产生的问题进行工作，加强引导，从而使“错误”成为“正确”的先导，实现通过错误来学习正确。

造成教师急躁，不肯等待的原因有两个：一是教学时间有限，教师忙于完成进度；二是，不论从多数教师的教学实践经验来看，还是从有关学者对比调查的结果来看，虽然启发式有助于学生的能力的提高，并有利于比较长久地掌握知识，但是注入式教学加上严格训练显然更有利于提高学生的考试成绩。因此，教师们往往不愿意采取这种既费时间又无法立竿见影的方法。

关键在于对教学目的的理解，在于对教师的基本责任的认识。把自己仅仅看成是知识传授者与学生行为管理者的教师，把教学目的仅限在传授知识或将其看成教学的核心目的的教师，都会把“等待”看成是浪费时间，都不允许学生“走弯路”，并急于让学生接受现成的结论。但是，当我们全面认识教师的责任是把传授知识、培养能力及促成其他非智力因素发展统一起来，当我们明确教学的根本目的是促成受教育者的全面发展的时候，“等待”“走弯路”就不但不是一种时间浪费，而恰恰正是促成学生能力提高与精神品质改善的极好机会，从而增强贯彻启发式教学思想的自觉性。

有经验的教师对学生在认识过程中可能发生的错误有充分的估计，因而能够事先做好准备，加以引导。但是教学工作既然是一个极为复杂多变的过程，教师随机应变因势利导的能力就显得十分重要。由于种种事先不曾估计到的情况而迫使教师改变设计好的教学方案，采取其他方法来组织学生学习教材，也是极为常见的事，这种随机改变计划，设计新教学方案的应变能力，归根结底，主要是认识与分析学生既有知识与能力水平的能力，是找准学生感知理解教材主要障碍的能力，没有这两方面的能力，就无法灵活地贯彻启发式教学原则。

（四）运用辩证唯物主义思想观点去认识教材，认识学生，认识教学过程，是贯彻启发式教学原则的思想保证

正如马克思主义开辟了认识真理的途径，但并没有结束真理一样，无论何种学科何种教材，都是在开拓学生的认识领域，帮助他们不断扩大对真理的认识，而没有结束真理。因此，贯彻启发式教学原则就不能不与“唯书”“唯师”的旧观念决裂，提倡师生在真理面前平等，提倡师生共同学习、共同探讨的民主教学。权威主义的教师把自己看成真理的卫士，不允许学生对教材、对自己的教学内容稍加怀疑，这样培养出来的人只能是循规蹈矩的知识奴隶，是死记硬背的天才。贯彻启发式教学思想的教师则与此相反：他的课堂教学是开放性的，他往往在教学中提出两个甚至两个以上相反的假设来引发学生的争论，让学生在争论中发展运用知识解决问题的能力，发展交往交流能力。这样的教师不急于在学生的争论中表态，不当裁判者，甚至还勇于在学生面前承认自己无知，承认自己认识中的某些失误。他既注意系统地全面地解释教材中的科学论断，又关注现代科学的新发展、新假说，在教学中注意营造有利于学生探索讨论的氛围，从而促成了学生全方面的生动发展。

贯彻启发式，要求教师“毋意”“毋必”“毋固”“毋我”，要尊重学生，尊重科学，以辩证唯物主义的态度看待师生双方的关系，既不取儿童中心主义的放任态度，不放弃对教学过程的组织作用、引导作用；又不取权威主义的专制态度，不阻遏学生在认识过程中的创造性火花的流露。这样的课堂应该是活跃而有序，紧张而有

趣，目标明确而又方式多样的，实际上，它既是对传统的师严道尊主张的扬弃，又是对形而上学认识方式的否定。要坚持启发式教学思想，就必须坚持辩证唯物主义的认识论，坚持辩证唯物主义的真理观。

总之，贯彻启发式教学思想，不论对教师，还是对学生，都有个长期培养与习惯的过程，都是个与陈旧的传统教育思想学习观念决裂的过程。这中间固然有大量的技术方法的问题，而从根本上说，则是个世界观问题，是哲学指导思想问题。不从根本点上下功夫，仅仅学习一些具体方法，是无法真正实行启发式教学的。

三、关于所谓“启而不发”的问题

(一)“启而不发”是一个错误的概念

我们时常听到教师抱怨说：“我倒是贯彻启发式，可是学生太笨，启了半天，启而不发，怎么办?”这样讲的同志，对启发式教学存在两个误解，第一，他们以为启发式就是问答法教学，所谓启就是教师问，所谓发，即是学生答，启而不发，就是不论教师怎么问，学生都不回答，或者答不出教师满意的答案。第二，他们实际上忽略了学生的主体作用，他们把“发”看成仅仅是“启”的结果，而无视启发的前提是学生的“愤”“悱”状态；或者是认为仅靠课堂上的“启”(恰当的提问)，就可以造成学生的“愤”“悱”状态。而不了解“愤”“悱”状态的形成还要依赖多方面的因素。所以“启而不发”的说法，本身正反映了人们对启发式教学思想的误解，反映了陈旧的教育思想的影响。

从语源学的角度分析，“启”和“发”在孔子的原话中都指教师的活动，是教师对学生的引导或开示，因而不会有启而不发的问题。至于出现无论教师如何“启发”“诱导”，学生都不能积极主动探求新知的现象，其实是启发不当或启发不得法。把启发不当、不得法称为启而不发，实际上正反映了上述误解，纠正“启而不发”

这个错误用语，也须从消除误解着手才成。

（二）“问答法”不等于启发式教学

作为一种教学法，问答法常用来为启发式教学服务，但是问答法并不等于启发式教学，犹如问答法还可以为注入教学服务，而问答法也不等于注入式教学一样。

教师提出问题，征求学生的答案，一般来说，比教师独自讲解更容易调动学生的积极性与主动性，所以实行启发式教学的教师，往往愿意采取问答式教学方法，这也是人们常把启发式等同于问答法的原因之一。但是，启发式的精髓在于促成学生认知活动的积极性与主动性，在于发挥学生认知主体的能动作用，而且这种主动性与能动作用，必须是指向认知客体的（例如教材及学习对象），而不是为了谋求学习以外好处的（例如不能是为了博取教师的欢喜，不能是为了迎合教师的心意而揣测教师心目中的“正确”答案等）。在问答式教学中，由于教师指导思想不当，由于问答设计脱离学生实际（过难或过易），都可能形成学生不动脑筋机械作答或胡乱猜想的现象，这显然与启发式的要求相去甚远。因此，并不能因为教师不断地提问，就认为教师在进行启发式教学，我们还必须分析教师问些什么样的问题，问题提出的方式是否符合启发性要求，以及学生为教师提出的问题反应如何等。

前面我们已经分析过，贯彻启发式教学的方法是多种多样的，可以说任何一种教育方法都可以为启发式教学方式服务，也就是说任何教学法都可以在启发式教学思想指导下加以改造，焕发出更大的能量。讲述法，直观法，实验法……都可以由于贯彻了启发式教学思想而被赋予新的活力，也可能由于没有贯彻启发式教学思想而弄得死气沉沉。例如，实验法教学，一般说来似乎是有利于贯彻启发式教学思想的，但一位专制主义教师，完全可以这样来安排他的实验课：他不但在黑板上写明实验的每一步骤，而且不厌其烦地说明每个步骤的操作要领和要求重点观察的现象，并解释了现象的意义，等等。而在整个实验过程中，教师又如同军事训练场上的教官那样，要求学生按照自己的指令逐一完成实验的每一步骤，并不辞辛苦地巡视各个实验小组，以纠正学生操作中的错误。这样上实验课，可以保证实验的结果完全符合教师的预设，也可以保证课堂秩序严明，不会损坏实验设施用品，甚至还有巩固知识、培养学生组织纪律性的作用，但它却不能吸引学生探索科学的兴趣，不能激发学生的创造精神，更不能培养主动求知的能力。也就是说，尽管在这样的实验课里，学生也在动手动眼动耳地活动，但他们几乎成了被教师操纵的傀儡，而不是在教师引导下主动探求新知的活泼青少年！这样的实验课就不具备启发性。相反的，在启发式教学的课堂中，同样提出了实验任务，但教师并不具体安排实验步骤，而是要求学生根据任务自行设计实验课方案，自行准备实验工具与材料；或者是虽然具体布置了实验步骤，却并不说明实验目的，而让学生自行观察实验现象，自行思考现象与理论的关系……这样，既增加了实验的难度，也增加了实验的趣味，学生将在克服上述困难的过程中增长才干，增加求知的兴趣。

把启发式教学方式简单地等同于问答法教学，不但会限制启发式教学方式的作用，而且会歪曲启发式教学思想的基本原则，使之失去活力。

（三）学生对教师的启发无动于衷的几点原因

学生对教师的启发无动于衷，是多方面因素造成的，规纳起来，可能有以下三点原因。

1. 学生没进入“愤”“悱”状态

学生的学习积极性没有调动起来，失掉了“启发”的基础，当然会对教师的启发无动于衷。试想，一位完全失掉了学习信心，或只想及早退学去找工作的学生，怎么会有兴趣思考教师提出的问题或观察教师指定的图像或实物呢？

启发式教学并不开始于教师提问，也不开始于某一新教材的初次感知，而是开始于一位教师第一次接触到自己的学生的时候。教师只有在平时注意了解学生的思想、心理、各方面的表现及其社会环境在其身上的影响，并能够及时地进行必要的教育工作，培养激发其学习的内在动机，才会使学生在课堂学习中处于积极思维状态，从而为贯彻启发式教学原则奠定基础。教书育人，教书离不开育人，而育人实际上先于教书。问题很明白，教师在教学活动开始之前已经在对学生进行教育了，这种教育活动伴随教学全过程，而在教学过程结束后也并不终止。

“愤”“悱”状态不是学生自发形成的，它是教师教育的结果，它也是教师教学工作状态的反映。一位认真贯彻启发式教学原则的教师，正是通过他的教学活动，培养了善于思考、积极求知的学生。在实际生活中常有这样的情况：同一班学生，在某位教师的课上就显得生动活泼，思维敏捷，在另一位教师的课上则显得死气沉沉，呆板迟滞，其根源即在于两位教师信奉不同的教学原则。权威主义的教师把学生对自己的话深信不疑令行禁止，看成是良好教学秩序的表现，把学生对教材、对教师讲解的一切怀疑看成是大逆不道的事情，于是他们就会自觉不自觉地阻遏了学生的积极思维活动，阻遏了“愤”“悱”状态的出现。因此，当教师在教学过程中感到自己的学生始终不能处于“愤”“悱”状态时，他就应该检查一下自己的教学或前任教师的教学，是否过多地染上了权威主义的色彩？只有实行教学民主，以平等地态度对待学生，尊重学生的认知活动规律，才有可能逐渐扭转这种由于教师专制形成的学生缺乏主动性、积极性的不良倾向。

应该强调指出，“愤”“悱”状态不是长期固定的不变的，它具有不稳定性。它除了与学习内驱力（如学习目的、学习动机等）有关以外，还与学习者的生理、心理、社会背景、环境影响等多种因素有关，特别是容易受到此时此刻自己或他人（特别是教师）的情绪影响。因此，教师不但应该注意从理想、情操、意志品质等长远起作用的因素方面培养学生的内驱力，而且必须随时随地注意了解学生生理、心理及其他背景条件方面的微小变化，予以适当的诱导激励，从而使学习者进入“愤”“悱”状态，积极地参与课业学习。实际上，教师常常容易满足于一般印象——“学生重视我这门课”，“过去一直学得不错”，而没有注意到学生此时此刻的情绪变化；教师往往满足于学生一般地认真听课、遵守纪律，而没有注意到他们与“愤”“悱”状态还存在本质区别——只有学生的思维活动处于积极状态时，只有他们真要“欲言”“求通”时，才能称为进入“愤”“悱”状态。因此，“愤”“悱”状态既需要教师不断地激发、唤起，也需要教师在张弛有序的教学中予以保护。作为高度紧张高度兴奋的神经活动状态，就像作家灵感来临，创造者心血来潮一样，学生的“愤”“悱”状态不一定会同时形成，也很难同时保持。教师在课堂教学中实际上是处在一群学生此消彼长，彼消此长的情绪变化的环境中，而这种情绪的消长变化，又为学生教师的彼此影响，彼此激发创造了条件，也为教师不断选择启发对象并促成学生互相启发提供了可能。有经验的教师，必须不一般地满足于学生有学习积极性，而要努力激励学生，促成“愤”“悱”状态的出现，并通过它来实现自己开发智力、培养能力的教学目的。

2. 教学活动脱离了学生的实际

这个实际，包括实际的知识能力与实际的心理、思想，最常见的是教学脱离学生实际的知识能力水平。

不论是过深还是过浅的教学内容，都不会吸引学生去积极思考。学生掌握教材，永远是一个主动的认识过程，在这个过程中，学生不能只是被动地听取教师的讲解，而必须同时不断地把学到的知识同自己固有的经验与知识联系起来，并养成自觉地对待现实的态度。因此，新知识能否与学生固有的知识结构联系起来，能否得到同化或者顺应，就是至关重要的事。过深的知识，与学生固有的知识结构缺乏必要联系，因无法理解而被接受；过浅的知识，与学生固有的知识结构重叠；缺乏新奇感，引不起学生的兴趣，也不会促成他们的主动行为。

在实际教学中，妨碍教师贯彻启发式教学思想的另一原因是脱离了学生实际思想或心理需要。一般来说，为了进行启发式教学，教师往往要提出一些“问题”；而这些问题的设计，又往往是从教材讲解的角度考虑的，有些甚至就是教科书与教学参考书问题的翻版。当教师利用这些问题来“启发”学生时，他很可能会感到失望。因为学生或者对他的问题无动于衷；或者索性用教科书与教学参考书上的现成答案来搪塞一下，而根本不会出现期望中的积极思维、大胆争论的生动场面。实际上，正如美国教育心理学家普雷西等人所说的那样：“当学生被要求去研究他们并不认为是他们自己的问题时，他们很可能毫无反应。”（引自《学习的基本理论与教学实践》）。而要想使教科书上的问题变成学生们“自己的问题”，就需要教师在备课中加倍注意研究学生，研究他们的学习基础、学习兴趣，研究他们的认知水平、理解能力，研究他们在校内外的各种表现，从而千方百计地把教材与现实生活联系起来，把现在与过去和未来联系起来，把知识的传授过程变成对学生的全面发展的培养过程。苏霍姆林斯基认为：“孩子们在学习上遇到困难的一个原因，就是知识对他们来说往往成了滞销的货物，知识的积累似乎是为了储存，‘而不进入流通过程’，得不到运用（运用首先是为了获得新的知识）。”（引自《给教师的一百条建议》）因此，教师设计的问题，只有有助于学生运用知识，有助于使学生既有的知识“进入流通过程”，教学才会有启发性。

在教学过程中，教材与学生处在对立的两端，教师之所以更多地倾向于从教材出发而较少考虑学生的实际，主要是受到升学考试的压力，受到社会各方面陈旧传统习惯势力的压力。人们往往更多地注意教师是否按照大纲要求完成了教学进度，更多地注意考题上的内容教师是否在课堂上进行了系统讲解，而不那么关心这样的教学是否符合学生实际，是否适应学生的真实需要。一位教师为了适应学生实际水平，降低了某些教学要求，在考题中出现了教师没有讲过的内容：这位教师会受到责备或埋怨；另一位教师按规定完成了全部进度，却不考虑学生有否兴趣能否掌握，致使学生在考试后无可奈何地承认："试题上的内容，老师都讲过，我就是想不起来怎么做了。"这样的教师则会得到同情与谅解（"他已经尽了力"而"教育又不是万能的"）。学校行政管理者与社会一般人的这种错误态度，是促使教师的教学脱离学生实际的重要原因，因而也是贯彻启发式教学思想的重要障碍之一。这种认识不扭转，所谓的"启而不发"就很难避免。

3. 教师缺乏必要的启发技巧

所谓启发的技巧包括提问的技巧，答问的技巧，组织教学活动（包括讲解、演示、实验，等等）的技巧，激发学生积极性的技巧等，而其中最为重要的是有关问答的技巧。

课堂教学中教师的提问，按问题性质分，可分为两大类：一类是要求学生做出判断，说明具体事物是或不是什么，说明某个推理正确还是错误，尽管学生在回答时必然要经过思考，要分析情况寻找根据，但提问者只追求结论而不询问判断的依据；另一类是寻求判断依据的提问，提问者主要关心的是判断的依据，是事物的发展变化的原因，是"为什么"，于是当学生对事物的属性判断错误时，教师不但不急于纠正学生的错误结论，反而进一步追究学生判断的理由，以期帮助学生纠正导致错误结论的思维过程中的失误。简单地说，两种提问，前者偏重于认识的成果，后者偏重于认识的过程。就贯彻启发式教学指导思维的要求而言，应该更重视第二类提问。

当然，重视探究判断的依据，重视研究认识的过程，并不等于一味地追问"为什么"。有些缺乏经验的教师正是由于一再追问"为什么"，而把学生弄得不知所措乃至于失掉了学习兴趣。优秀的教师在设计问题时，善于把教材上的问题与学生的经验联系起来，善于提供对立矛盾的教材供学生思考，善于根据学生可能产生的误解提出似是而非的主张来引起学生争论，凡此种种，都不是简单地追究“为什么”，而结果则起到促使学生深入思考“为什么”的作用。

其次，良好的问题，还必须辅之以高明的提问技巧和恰当的答疑技巧。《学记》主张“善待问者如撞钟，叩之以小者则小鸣，扣之以大者则大鸣，待其从容，然后尽其声”。清代学者焦循解释说：“凡撞钟，其声悠长不即尽。今待问者小叩小鸣，大叩大鸣，亦不即尽说之，待其意有所进而复问，乃以前未尽之说。”因材施教，要根据学生的认识水平理解水平给予适当的解答，并随着学生水平的提高而不断深化他们对事物的认识。“标准答案”一类的办法之所以不利于启发学生，原因就在于它忽略了提问者的不同水平而给予千篇一律的解答，这样的解答即使是百分之百的严密而正确，它也往往无法为水平不同的提问者所理解和接受。坚持“小叩小鸣”“大叩大鸣”的答疑原则，就是坚持在提问时启发学生主动求知，就是坚持在寻求答案的过程中培养学生分析问题解决问题的能力，就是坚持了启发式的原则。

应该注意的第三个技巧问题是，一位善于贯彻启发式教学要求的教师，必然要善于“等待”，善于在紧张的课堂教学时间中给学生创造出自由联想、自由讨论的机会。苏霍姆林斯基非常强调在课堂教学之外创造学生的自由活动时间，甚至主张把整个下午时间交给学生，让他们“摆脱教科书和作业本”去参加各种实践活动，亲近大自然、亲近书本、亲近社会。他认为“学生的工作日越为学校的课业所填满，用于思考与学生无直接联系的事情的时间留得越少，就越有可能造成负担过重和落后。”实际上，在课堂教学之中也存在同样的问题：没有一定的“自由活动”时间，整个 45 分钟通通是在教科书、练习册的控制下，学生也未必能够主动有效地掌握知识。

在实行班级授课制的今天，一位教师面对着基础不同、理解能力不同，反应速度与反应方式各别的数十名学生，他怎么能完全按照统一的步调令行禁止地组织教学呢？同一个问题，有的学生可能只用一分钟即可领悟，有些学生可能需要五分钟十分钟才会明白，而多数学生可能在三两分钟之内可以理解。在这种时候，急于求成的灌输办法会使教师的劳动对相当多的人都成为无效劳动；而无限制的耐心启发又会使多数学生感到无味而丧失学习兴趣。因此，必要的教学停顿所创造出自由活动时间，会有助于学生们根据自己对教材的理解程度去主动思考，让他们有可能在自由联想自由讨论中或则深入认识，或则调整精神，或则摸索思路，或则开展创造性思维活动。一般来说，在课堂上想或说与教学与教材无关的事似乎是个过失，往往要受到教师的批评；而所谓“茶馆式教学”恰恰是要让学生在课堂上尽量少受限制的自由讨论，让他们在比较放松的闲谈中理解与消化新知。从心理学的角度看，紧张固然有助于人们集中注意思考问题，但过度的紧张又会抑制人们的思维能力，会限制人们创造性的思维活动。因此，有经验的教师常会在思维高度紧张时制造停顿，说一个笑话，讲一个故事，从而使学生精神得到松弛，为思路的转弯、灵感的产生创造条件。“文武之道，一张一弛。”在课堂教学中，特别是在启发式教学中，要学习这种张弛有术的技巧，不要把学生逼得太紧。

总起来说，学生对教师的启发无动于衷是由多方面因素形成的复杂问题，不能简单地用同一对策予以处理，教师必须认真进行具体分析，找出行之有效地对策来解决。但是，从总的方面看，影响启发效果的因素中，教师本人教育、教学思想陈旧，应该说是主导性原因。学生是否能处于愤悱状态，教师提问与解答是否恰当，课堂氛围是否过于紧张等，都与教师的教育思想，与教师对教学的本质、目的及教学有效手段的理解有关，都与教师的民主意识有关。所以，更新教育思想，从陈旧的传统习惯势力的束缚下解放自己，解放学生，就是每一位力求贯彻启发式教学要求的教师的当务之急。没有观念更新，没有思想解放，就没有新时期的启发式教学。

（未刊稿，写于 1987 年）

27

素质教育与课堂教学改革

一

素质教育的要求，具有强烈的时代色彩与民族特色。它一方面反映了在国际性的经济增长方式与经济社会发展模式正孕育着重大变化、中国社会主义市场经济正迅速发育的条件下，教育尤其是基础教育正努力适应并服务于这些变化；另一方面又表现了新时期的教育实现自我完善与自我更新的努力。

实际上，适应变化也罢，实现自我完善也罢，都是围绕着“人的发展”问题展开的。党和国家的教育方针一贯要求我们要培养社会主义建设者与接班人，一贯要求我们促进人的全面发展。但是，在教育机会短缺的时期，在巨大的中国传统教育观念的压力下，教育工作者、学生家长以及社会的方方面面，在更多的时候，是把儿童、少年视为“知识的容器”，视为可以任由家长和教师加工的材料，至多也不过是“传道、授业、解惑”的对象，是只能接受成人训导和教诲的工作目标。在他们眼中，儿童、少年还不是一个有权利也有能力在一定程度上“自己决定自己”的人，不是一个可以独立于家长和教师之外而有自己的意志与愿望的人。多年来，我们过于强调“灌输”，过于强调“文化传承”，过于强调成人对儿童、少年发展的评价。这些都是上述教育观与学生观的反映。

应该说，上述认识并非全无道理。儿童、少年从“自然人”发展成“社会人”，确乎是在家庭、学校、社会的学习与实际生活中，在成人的影响与指导下完成的，他们的自我意识与基本学习能力，也确乎是在其受教育的过程中逐渐成熟起来的。所以，当我们把一个刚开始接受教育的孩子比喻成“一张白纸”时，我们似乎离事实并不遥远。但是，我们必须非常谨慎地运用这个比喻，非常谨慎地把握这张“白纸”的变化。因为实际上，一个婴儿从出生之时起即开始学习，从第一声啼哭就开始了自我意识的发育。从这个意义上说，人不仅是环境、遗传与教育的产物，还是他自己的产物，是他那个逐渐成熟的“自我”，在遗传、环境与教育的基础上，决定了自己不断变化的“面貌”。

这样一种观念，就是素质教育的教育观念，就是“把人当成人来教育”的教育观念。当我们说“人是教育的出发点，也是教育的归宿”时，我们所说的“人”，不是抽象意义的人，也不是生物意义的人，而是那些生活在我们周围的，已经开始具有某种个人意志和愿望，已经具有某些知识和能力的，实际存在的男孩或女孩。他们可能还很不成熟，他们也许并不知道自己真正的需要，他们确实对父母和教师还有极大的依附性，但是，他们毕竟是“人”，是应该也确实有个人愿望、意志和需要的人。他们应该受到尊重，他们有权利尝试生活，“发展”是他们的主动行为。

抓住了“发展”是主体的主动行为这个关键，我们就抓住了素质教育的本质，抓住了全面贯彻党和国家的教育方针的核心，抓住了陈旧的教育观念最大的问题所在。

二

儿童、少年的发展，是在家庭、社会和学校的有意与无意的影响下逐渐实现的，由于这些影响千差万别，所以儿童、少年的发展应该是多姿多彩的。但是，作为一种以影响儿童、少年发展为其主要职责的教育机构——学校，它的主要活动都是在社会规定之中的，就是说，是有计划、有目标、有组织条件保证的，这同时也意味着是有条件给予监督和评价的。这样就产生了一个矛盾，即一方面是学习者发挥主动性所带来的可能的发展多样性，另一方面是教育机构代表社会所要求的培养目标的统一性：统一的教育教学要求，统一的学习内容，统一的评价标准……在这两者之中，我们应该偏向哪一方面呢？传统的教育观念，主要是强调“基础”的共性，强调人发展的“共同特点”，强调儿童、少年的不成熟性，于是天平向统一目标倾斜。而现代教育则相反，它更多地强调人的发展的多样性与不平衡性，强调学习者的选择权利，强调教育应该适应每个受教育者的需要。从这个角度看，“应试教育”的根本问题，就在于它把那个考试标准当成了全部教育活动的目的，它只追求让受教育者达到考试要求，而不考虑这个要求是否完全合理，也不考虑这个要求是否适合于每个儿童、少年，更不考虑这些受教育者在被迫追求上述目标时的情绪体验与内心感受。从这个意义上说，“应试教育”是传统教育弊端的直接反映，也是传统教育导致的必然结果。

当然，我们强调教育要注意差异性问题，要从受教育者的实际出发，是以承认教育是一种社会化的、有计划目标、有组织的影响活动，并承认这种影响的合理性为前提的。因此，我们并不是对以杜威为代表的儿童中心主义的简单复归或完全认同。我们追求的并不是纯粹意义上的儿童自由发展，而是儿童、少年主动地在成人影响下实现多样的社会化，实现其作为多样的、变化的社会角色的发展。差异中存在着统一，统一要体现在差异中间。儿童、少年当然应该学习许多“基础的”“共同的”“有普遍价值的”人类文明的精华，我们也可以运用某种通用的方法与标准对他们学习的结果予以评估。但是，我们同时应该承认，具体到某一个儿童、少年，他有权利学不会或拒绝学习某些内容，他的这种“落后”或者发展中的反复，也应该得到教育者的承认和尊重。在人类即将进入学习化社会的时代，我们重温《学会生存》中的一段话可能是有益的：“我们可以说，人永远不会变成一个成人，他的生存是一个无止境的完善过程和学习过程。人和其他生物的不同点主要就是由于他的未完成性。”① 既然人的一生都是一个不断完善、不断学习的过程，那么，我们又何必要把儿童、少年的学习内容与标准规定得那么刻板划一呢？在以“选择”为标志的社会主义市场经济蓬勃发育的时代，给受教育者多一点选择与重新开始的机会，让他们早一点尝试选择，不是对他们成长更有利吗？

三

只要承认应该尊重学习主体的选择权利，就需要重新认识课堂教学在学校教育体系中，在儿童、少年终身发展的进程中的地位与作用。这种认识包含以下几方面内容。

第一，我们既要承认课堂教学是学校教育的主要渠道，又要认识到课堂教学只是学校教育的渠道之一，它既不能代替校风、班风、集体活动等学校其他教育渠道的教育作用，更不能代替学校教育以外的家庭、社区、社会等教育渠道的教育作用。因此，要减少课堂教学及与之相关的作业、练习、复习等活动对学习者时空的占领，要努力保证其他教育渠道有发挥作用的机会。

我们要减少“时空占领”，就必须加强教学改革，提高课堂教学的质量与效益。我们要提倡教师在规定的学时完成基本教学任

① 联合国教科文组织国际教育发展委员会编著：《学会生存》，教育科学出版社 1996 年版，第 196 页。

务，要采用多种方法调动学习者的主动性、积极性，要从学习者的认知规律与认知需要出发来组织教与学的活动。从这个意义上说，“减少”是在“加强”的基础上实现的，“减少”是在达成基本教学目标的基础上实现的。

第二，一方面，我们要承认知识学习是课堂教学的基本目标之一，要保证受教育者在基础教育，特别是义务教育阶段，掌握一定数量和质量的、对其一生发展具有工具作用与奠基作用的基础知识，要保证人类文明传承的核心要求能够落实到绝大多数受教育者的身心发展之中；另一方面，我们又要充分认识到课堂教学目标的全面性，要承认多样化的学习是儿童和少年生活与生命的组成部分，要努力使学习过程真正成为学生全面发展的过程，在教学实践活动中显示出教育目标的完整性。

由于受到传统教学观念、教学大纲和教材的限制，长期以来，我们十分重视知识教学，近年来，又比较重视运用知识解题的能力教学，这无疑有其必要性，也有其现实合理性。但是，知识经济时代的知识，并不仅仅是固化在书本上的知识，还包括大量生动的、不断变化的、能够以各种方式在社会中传播发展的实践知识。学习这些知识、发展这些能力的过程，就是一个人全面发展和走向成熟的过程，也是一个人永无止境的进步过程。因此，我们应该在重视基础知识教学的同时，更注意培养学生的价值观、生活态度与基本技能（包括学习技能、劳动技能与生活技能）。

德、智、体全面发展一直是我们的口号，但在实际教学中，一线的教师往往只关心“智育”，甚至只关心知识目标，而不甚关心德、体诸育。这固然与他们的观念滞后有关，同时也是考试指挥教育的负面影响的反映。适当地弱化对知识的过分重视，努力落实教学活动对学习者的全面导向作用，这既是一个必须实现的改革目标，又是一个必须审慎处理、小心从事的改革目标。这里的关键，一是教育者要真正把握并真心承认教学的本质是促进人的发展，二是教育者要对学习者的基础、能力与需要有全面的了解与细心的体察。

第三，从发展是主体的主动行为的角度看，学习者的学习过程必然是主动的认知过程。学生掌握知识的根本目的是为了应用，是为了运用这些基础知识去接受和扩展新的知识，构建和完善个人的认知结构，最终形成真正属于他自己的，能够为他所理解、所利用、所支配的个人认识体系。这些内化的知识，是个体的情感、态度、行为方式与价值观念的有机组成部分，是人之所以成为“人”，之所以成为“社会人”“主体人”的基础，是人的生命存在的一个基本方面。

因此，在课堂教学中，我们要更加重视认知教学，重视指导和帮助学习者自己学习、独立消化，而不宜一味强调“记住”教师提供的结论或“记住”教师给出的推导过程。中国古代的哲人已经懂得“授人以鱼”不如“授人以渔”的道理，已经在提倡“举一反三”“循循善诱”的教学原则。但是，应该说明的是，从现代心理学与教育学的研究成果看，生活中的“鱼”是可以授的，而学习上的“鱼”和“渔”，作为知识方法与技能，实际上是不能授给的。学习上的“鱼”和“渔”的获得，必须建立在学习者主动构建的基础上。有人说：“知识不能是由自认为有知识的人‘普及到’或‘灌输给’自认为没有知识的人的；知识是通过人与宇宙的关系，通过充满变化的关系建立起来的，在这种关系中批判地解决问题，又继续促使知识发展。”① 说得更直白一点，学习者并不是按照教科书和教师的讲解去简单接受新知识的，一切新的刺激，都会作用于个体原有的认知系统，个体对这些刺激或接受或拒绝，而且接受的必然要经过改造。在此过程中，个体不仅要改造新的对象，而且要改造自身固有的认知体系。这样反复接受，反复改造，最终在不

① 联合国教科文组织国际教育发展委员会编著：《学会生存——教育世界的今天和明天》，教育科学出版社1996年版，第104页。

断的变化中发展自己，发展人类的知识体系。儿童、少年当然需要学习与接受成人已经创立的认识工具，不断学习运用各种“语言”，如“数学语言”“艺术语言”“物理语言”等去认识世界，认识生活。而实际上，由于不同的人掌握“语言”的能力不同，所以学生就有学得会与学不会的问题；而且，即使是所有人都可以掌握、运用的语言，也还有不同理解和不同阐释的问题。所以，个人的发展空间是相当广阔的。

为此，现代教师要更多扮演学习者的朋友、顾问和指导者的角色，而不再仅仅充当传道者或现成真理的提供者。

第四，学习是学习者一生都在进行的事。在人类已经开始进入“学习化社会”“信息化社会”的世纪之交，强调学习的终身性，不但会促使我们改变对教学目标的认识，而且可以帮助我们以更加宽容的态度、更加科学的方法去处理教学中的许多实际问题。

首先，我们要认识到学校教育和课堂教学目标的有限性。在信息时代，在号称“知识爆炸”的今天，我们无法把人一生所需的知识，哪怕是基本知识，完全在所谓的正规学习期间教给学生。系统教育，只是在“奠基”，在“开始”，在为学习者一生的持续发展（这就意味着必须“持续学习”）作准备，我们不可能，也不必对它求全责备。而且，即使是已经确定的有限目标（包括认知、方法、态度与价值观的目标），对于不同的个体而言，依然具有不同的意义，任何科学目标，都应该给对象以选择权和决定权，要求所有学习者在相同时间里完成相同的认识任务，是违背人的认识规律的。教师作为教学活动的组织者与主要评价者，应该以宽容的态度去对待那些未达标或暂时追不上“进度”的人，给他们以特别的帮助。

其次，要认识到学校教育和课堂教学目标的无限性。既然“教育的根本任务是促进人的发展”，那么学校就应该采纳“把人当成人，当成发展中的人来教”的原则。学校教育，课堂教学，都应从学习者一生的发展需要出发，构建其自身的各种原则性的规定和具体的方法。从理论化的要求说，中小学的教育教学应该以促进学生的持续发展，以激励与保持学习者的进取心与勇气为目标。“对学生的一生负责”的要求，大大拓宽了教师和学校的责任范围，这看来似乎过于苛刻的要求，正反映了“以人的发展为核心”的教育观念的本质特征。从这个角度说，课堂教学的目标是无限的，责任也是无限的，它鼓励一切有条件的学生，在教师指导下，自主学习，向可能达到的高度努力。义务教育“下保底，上不封顶”的说法，正反映了学生发展目标的无限性。但要注意，这里讲的是发展目标，而不仅仅是认知目标，更不仅仅是知识学习目标。

最后，学习的终身化，不仅仅取决于一般的学习态度与方法的掌握，更为关键的，是要看学习者是否学会了在实际生活中学习，是否学会了自己找书本学习与在书本以外寻求学习机会，是否能在一生中通过多样化的学习渠道，确实不断学到一些东西。从这个意义上说，以学会认知和学会学习为目标的课堂教学，不应该局限在课堂，也不应该局限在教材或大纲所规定的具体教学内容上，它应该是开放性的。教师应该充分考虑此时此刻学习者的实际需求，应该紧密而恰当地联系生产与生活实际，应该不断地用现代科学技术与生产实践的新发展来丰富教学内容。教师与学校，正是通过这种带有示范意义的教学活动，来引导和帮助学习者学会学习，学会在实际生活中学习的。

四

从本质上说，现代的课堂教学，首先不是知识传递过程，而是学校、教师组织学生学习的过程；是教育工作者组织学习者在一定计划的指导下，按照一定的形式，学习和掌握某一确定的认知对象，从而实现学习者的某些内在的发展与变化的过程。拉尔夫·泰勒说：“学习是通过学生的主动行为而发生的；学生的学习取决于他自己做了些什么，而不是教师做了些什么。因此，在同一班上的两个学生，可能会有两种不同的经验。假定教师正在解释某一个问题时，一个学生对这个问题非常感兴趣，而且把精力集中在教师的解释上，因而他能看出事物之间的各种联系，并能根据教师的解释，从自身的经验中找出某些例证；与此相反，另一个学生可能正在一心想着即将到来的篮球比赛，他正全神贯注于筹划这场比赛。显然，尽管这两个学生坐在同一个班上，但他们并没有同样的经验。教育的基本手段是提供经验，而不是向学生展示各种事物。"①

在构建体现素质教育要求的课堂教学模式时，泰勒关于"学习经验"的说法，对我们有很大的启发意义。提供各种"知识"，包括泰勒所说的展示"各种事物"，并不是教育与教学。真正的教学，是让学生有机会、有可能从事学习活动，是学习者、教师和教学内容三者之间的相互作用。我们的教育工作者，从走进教室的那一刻起，就必须时刻记住"学习首先是学生自己的事情"，"学习必须靠学生自己来完成"。在这里，我想再一次强调：主体性，是素质教育的核心。尊重学习者自己主动学习的权利，提供给学习者自己主动学习的条件与机会，不断帮助学习者学会主动学习，是教育工作者必须承担的责任。

具体地说，根据近年来许多教师的实践经验，在构建素质教育的课堂教学模式时，我们应该坚持以下几个原则。

第一，异步性原则，或者说个别化原则。学习者是不同的人，他们会在不同的学习内容的不同的方面，会在不同的时期遇到不同的困难。所以，期望所有学生以相同的速度完成相同材料的学习并达到相同的掌握程度，是不切实际的。近些年来，"分类指导""分层测试""小班教学"以及选择性分层次走班授课等教学改革试验，

① ［美］拉尔夫·泰勒著，施良方译：《课程与教学的基本原理》，人民教育出版社1994年版，第49、50页。

反映出许多中小学教师在班级授课的条件下正在积极进行异步教学的探索。

应该指出的是，虽然目前这种异步教学的探索表明，人们已开始注意到学生认知能力与认知特点的个体差异，但从总体上看，教育者对学生最终认知目标的要求及检测标准还是划一的。于是异步又变成了“好中差”的分类；即使教师对最低层次的学生在学习上确实有所关照，但这些学生的心理压力仍然是巨大的。

我认为，合理的做法应该是：(1) 合理地扩大异步的范围，科学地扩大学习内容，从而使每个学习者都有机会在不同的方面表现其优势，让所谓的“后进生”也有机会“露一手”。(2) 适当淡化考核评价的区分度，要更多地运用非量化的激励性评价手段，鼓励学习者发现自己弱势项目上的发展潜力。要摒弃用一把尺子度量所有人的陈旧做法，给学习者更多的成功机会。(3) 异步教学应该更多地体现在认知策略与学习策略上。就是说，教学要适应每个学习者的特点，教师要在适当的时间以适当的方式为学习者提供帮助，要充分利用各种不同的认识工具来满足学习者的不同需求。如果在策略与方法上一刀切，我们就不可能真正实现异步的要求。

第二，尝试错误的原则。既然承认教学的最根本的目标是指导学习者学会学习，那么我们就应该为学习者的学习提供足够宽松的时空条件，就应该允许学习者在尝试学习中犯错误。

人类的学习过程一直是“尝试—错误—再尝试（校正）”的不断往复的过程，所谓“失败是成功之母”说的就是这个道理。令人遗憾的是，成人们往往忘却这个道理，他们常常不允许儿童犯错误，常常要求孩子的每次作业、每次考试测验乃至每次课堂提问都百分之百正确，“小红花”“100 分”已经成为孩子们学习活动的两座大山。因此，我们要坚决反对并大力纠正这种苛待儿童的做法，要从“竞争社会就要从小培养竞争能力”的认识误区中摆脱出来。单纯强调竞争，特别是让身心稚嫩的儿童过早承担过于沉重的竞争压力，甚至把这种竞争拓展到儿童生活的各个方面，运用种种奖罚手段强化竞争的结果，不仅不利于儿童、少年的健康成长，而且会酿出人间悲剧。对此，我们必须有充分的认识与坚决的态度，要努力运用评价手段为学习者开辟尝试错误的心理空间。

在教学活动中，教师可以通过对教学过程的设计体现尝试错误的原则。教师要创设条件，有意识地引导学习者发现问题，发现矛盾，发现真理。一方面，我们可以让学习者在某种设计好的条件下，尝试在若干关键点上复演一下前人的创造发现过程，从而使他们获得某些情绪体验；另一方面，也可以让学习者直接从社会生产生活的实践中学习发现，让他们有机会运用学过的书本知识与实践技能，去综合分析，去尝试得出某种认识并进而设法验证该种认识的正确与否。在这一过程中，教师提供给儿童、少年的情境越富有挑战性，学习者的尝试兴趣就会越强烈；这些具有挑战性的课题越缺少现成的答案，在尝试中犯错误的学习者就越容易被他人理解，他继续尝试的信心也就越足。

尝试错误的教学是一种重过程甚于重结果，重认知方法甚于重知识把握的教学。我们要真正推广这种教学方法，就不仅要改变现在的教学观念，还要改变现行教材的编辑方法，改变某些现行教材的文本样式。显然，这是一种根本性的变化。这项改革的困难与阻力都不会少，我们对此要有充分的准备。

第三，合作的原则。在传统的教学中，教学过程主要被界定为师生之间的授受和交流过程，小组学习不占重要位置。在现代教学过程中，我们应积极促进学习者之间的联系，应该让学生在合作学习中学会与他人相处，学会善待他人，善待生物世界，善待大自然。

合作不仅是一种方法，更重要的，它还是一项原则。因而，我们不能仅仅从小组讨论、分组实验、分组调查等形式方面去理解它。比如同是组织分组实验，我们的教师主要关注学生是否都掌握了该实验的全部要领，而外国的一些教师则提倡每个学生做自己最擅长的事，以求集体最快最好地得出结论。第一种方法，是建立在分别考核每个学生的基础上的，它不利于合作精神的形成；第二种方法，并不重视对每个人的全面考核，它关注的是合作的结果，是每个人能否展其所长。我以为，当我们把“合作”当做教学原则和教学目标时，即使在组织分组实验这样简单的问题上，我们现在的教学也还有不少可以改进的地方。

合作原则的贯彻，不但要求我们在一定程度上改变评价的方法，而且要求我们改变学习的某些形式和内容。合作学习，最易于在具有挑战性的课题中、在具有不同文化背景与认知优势的学生中实行。学习者之间的差异越大，合作就越难；合作越难，其成功后的效益就越明显。所以，我们要选择适当的内容并采取适当的形式来组织这类学习。这类学习当然有助于学习者更全面和深刻地把握知识，但是其根本价值是在知识以外的。所以尽管组织合作学习是一种相当奢侈的教学方法（就其需要的时间而言），我们也还是要在各学科中积极进行尝试。

第四，结合的原则，或者说联系的原则。传统教学是以分科教学为主的，这是迄今为止最有效的传承文明成果的形式，是有利于用尽量少的时间向学习者传授尽多知识的方法。但是，面对知识经济的需要，面对现代社会愈益复杂多变的需求，现代人最需要的本领是学会结合，学会把理论与理论、理论与生活、这样的生活与那样的生活结合起来进行思考。在选择社会里，人们的选择是建立在将事物联系起来进行思考的前提之下的，只会就事论事，只能静止地依据固定的标准衡量事物，根本无法适应日新月异、变动不居的市场经济社会的要求。因此，我们应该坚持用辩证唯物主义的联系的观点、一分为二的观点来处理课堂教学问题，要让实事求是的唯物主义精髓进入课堂。

事实上，生活中的现象都是综合的、多侧面的，我们进行分门别类的专门性研究，是为了从某个侧面深入事物的本质，这种研究的最终目的还是综合地、全面地把握事物的本质。然而分科久了，教育者便只熟悉某一种“语言”、某一套符号系统，他们会错把本学科的“语言”当成唯一重要的“语言”，把本学科的研究当成终极性研究，得鱼忘筌，忘记了教学只是促进学生发展的手段，于是出现种种不利于学习者全面发展的现象。所以，我们在教学中讲结合，首先就是要结合不同学生的实际需要与实际可能去处理教材和设计教学过程，要坚持不以教材“害”学生。

结合的原则在教学中的另一层含义是强调学科之间的联系，强调书本知识与生活实践的联系。基础教育的教学内容大多是些相当概括的规律性知识，而规律性知识的最经济的组织形式就是学科知识体系。中小学教学内容的这两个特点，使得教师很难把学科与学科联系起来，也很难把学生的学习与生活联系起来。所以，我们要在教学中贯彻结合的原则，就必须采取综合实践、科学实验、学科活动等形式，为学习者提供尝试着进行跨学科学习的机会。此外，还可以采取补充实例、组织学生进行社会调查等形式，鼓励学生尝试着把学科与学科、学科与生活联系起来。

从本质上说，结合就是创新，就是创造。学会结合的方法，就是要学会在相异又相关的事物之间寻找共同点，在一分为二的基础上认识世界的统一性和整体性。学会联系的方法，就是要学会看到别人看不到或忽略的东西，就是要学会在“异”中看到“同”，在“分”中看出“合”，这当然是进行创造性学习的过程。因此，我们引导学生学会联系的方法、结合的方法，就是在培养学生的创新意识与创造能力。

注重贯彻结合之原则的课堂，一定是在某些方面冲破传统教学模式限制的课堂，是富有创新意识且富有生命活力的课堂。我们千万不要用传统的条条框框扼杀这样的课堂教学，要给教师和学生更多的发挥聪明才智的机会。

在课堂教学中，以上提出的四项原则，是实现素质教育要求最值得注意的问题，也是传统教育观念与现代教育观念存在较多分歧的问题，还有一些问题，例如量力性、基础性等，在此不多涉及。从总体上看，让素质教育走进课堂教学，既是一个待创造的课题，也是一个实际已探索多年的课题。任何新的教育理论，都是植根于人类文明传统之中的，都是对传统中的精华因素的继承与发展。我们应该大力提倡、积极鼓励广大一线教师创造各种各样的教学模式，努力实践素质教育的理念。只要我们抓住素质教育的本质，尊重学习者的主体性，尊重学生之间的差异性，素质教育的探索与研究就一定会呈现出百花齐放的新局面。

（原载《中小学管理》1998年第10、11期）

28

让素质教育进入课堂

让素质教育进入课堂，是我们实施素质教育的重要工作目标，“推进素质教育实施课堂教学改革经验交流会”为北京市推进素质教育，为在课堂教学中实施素质教育提供了思路和方法。我们推出了一些经验，一些构想，以及提供一些学校、一些教学观摩课的案例，都是例子，都是建议，都是一些思路或方法，既不是样板，也不是一种固定的模式，只是提供与会者参考和研究，并不一定要大家照办照做。在课堂教学中如何实施素质教育，仍在探索过程中，没有统一模式，需要各区县、各学校根据本地、本校实际，去发现、研究、推出有特色的例子，加以传播，加以宣传。在课堂教学中实施素质教育不是一个单位、一个学校的事，而是有着广泛群众性的集体探索过程，通过各方有志之士的共同探索，经过几年努力，也许会发现在课堂教学中实施素质教育的某些规律、某些多样的有效模式、某些更深刻更有普遍意义的理论认识。

实施素质教育并不只在课堂教学中进行，从根本上说它是政府行为，是政府先要改革一系列不符合素质教育规律，不符合素质教育要求的政策、规定等，是政府先要加大投入，大力发展教育，继续改造基础薄弱学校，为更多的儿童创造机会均等的发展条件，这些是实施素质教育的前提。当然，实施素质教育也不只是政府行为，还是一个社会性的全方位的教育改革实践过程，还有学校行为、家庭行为、社会各部门、各种利益集团行为的因素。例如，学校要全面贯彻国家的教育方针，要切实地按照素质教育的要求开设课程，管理教育教学等。所以，实施素质教育是一项系统工程，是整体性的基础教育改革，它会推动教育内外的一系列改革，当然也必然要落实到教师的教育教学上，要落实到课堂教学的改革上。

当前，北京市推进素质教育，实施课堂教学改革，需要注意以下几个问题。

第一，实施素质教育的工作，在政府行为不到位、学校行为也未到位的情况下，只强调课堂教学改革是不行的，因为课堂教学改革要受到大环境制约，作为一项整体性的教育改革，校长、教师是难于在外部条件不变时有大作为的。就北京的情况而言，现在可以说政府行为已初步到位，学校行为已开始到位，现在强调要抓课堂教学改革，要抓教师素质提高，要求教师按素质教育要求去实施课堂教学改革，应该说，是推进素质教育的工作进入了一个新的阶段。这样说，并不是政府、学校、社会不必再做什么事，不必再改革了。不是这样，我们认为政府还要继续抓薄弱学校建设，还要大力推进招生制度改革，还要继续不断地为学校实施素质教育创造环境条件。学校也要加强管理，也要继续端正办学思想，科学开设课程与安排活动，积极引导教师走上实施素质教育的坦途。但是，也应该说，以本次会议的召开为一个标志，在北京，在我们的中小学，实施素质教育的工作已经开始进入一个新的发展阶段，这是一个基本估计。

第二，需要对素质教育的本质有比较一致的认识。大家都承认，素质教育是促进学生全面发展的教育，是帮助学生实现作为成熟中的主体的主动发展的教育。素质教育的核心是促成学生的主动发展，素质教育要实现的是让有区别的个体实现有差异的发展，实现个人应有的以及可能实现的最大、最好发展。受教育者的发展决不是统一的、程式化的、同步的，而是在实现其作为社会主义建设者与接班人的共同方向中，有着不同侧重、不同标准、不同速度、不同特色的个性化发展，尊重学生发展的主体性是素质教育的根本。人的发展是主动行为，人的学习也是主动行为，而人的这种主体意识又是在环境的影响下逐渐走向成熟的，因而更需要教育者的格外关注与悉心爱护。当前，大家在课堂教学改革中普遍关注学生主动发展，强调学生的主体性，应该说是一种进步，然而，怎么在教学中实现学生主体地位还需进一步探索。从哲学意义上说，主体性有多种表现形式，就中小学校学生而言，这种主体性首先表现为积极性，即积极地接受教师的教学安排，能够与教师活动相呼应。学生有积极性总比没有积极性好，教师关注、调动学生的积极性，应该加以鼓励。主体性在第二个层面上是主动性，学生能对教师设定目标进行思考，能主动地开展自学，对学习内容、对学习活动本身产生兴趣，而不再仅仅是为了得到学习以外的东西才去学习。主体性的第三个层面是自主性或独立性，达到这种主体自觉的学生，开始尝试独立思考，开始学习运用自己已学到的知识来判断新的知识、新的信息的合理性，开始学习自己提出问题，独立地对教师的要求或讲解进行判断评价。最后是创造性，这是主体性的最高表现，是建立在自主性、独立性基础上的。具有这种特点的学生思维的灵活性、敏捷性十分突出，他们善于发人之所未发，常常标新立异，表现出设想新颖，解决问题方法独特等特点。培养自主的有创造性的人，要重视对批判思维能力的培养，也要重视良好思维习惯与基础能力的培训。在课堂上，教师提问后能给学生留出思考时间，允许学生提出不同意见，鼓励学生提出不同的问题，都是对学生独立思考和创造能力的一种尊重和培养。学生的学习过程虽然是特殊的认识过程，总还是从学生个人的基础出发的，要有个人的独立思考和接受的过程，教师的教学过程要尊重和服从学生这种认识特点，要给学生留出自主学习的时间和空间。在课堂教学中实施素质教育就要尊重学生发展权，让所有的学生都能主动学习、主动发展，不但要促进他们自我意识、知识、能力的主动发展，而且要促进他们社会意识、价值观念、态度等方面的主动发展。

第三，实施素质教育需要条件。人的发展都需要条件、需要环境的支持，每个人都生活在一定时代的环境与条件中，环境条件会促进也会限制人的发展。对学生发展而言，课堂是他们发展活动的重要环境，教师的工作就是要将课堂营造成适合学生发展需要，符合学生发展规律，能够促进学生发展的良好环境。为此，要在以下几方面统一我们的认识。

1. 要认识课堂的特殊性。课堂教学是教师依据教学大纲、教材进行的有计划、有目的地组织学生学习的过程，有确定的认知目标，有确定的学习内容，也有明确的检测、评价标准。根据社会发展和人的发展的要求规定和建立起来的教学大纲和教材体系，体现着国家和社会对下一代的要求，带有法规意味，教师组织课堂教学必须遵从并体现这种要求，这当然是必要的。但是，教师同时必须充分意识到学生是有主动精神的人，国家的要求、教学大纲的规定，只有被他们认同，只有内化为他们的主动需求，才会真正发挥作用。因此，在教学中不但要照顾到大纲，而且要照顾到学习者的实际需要。现在课堂教学的主要问题是要求过分固化、刻板化，束缚了教师和学生的主动精神，存在着大量的“教师讲学生听”的授受式教学，既不尊重学生的自主性，更不重视培养创造性，甚至违背学生的认知和学习规律。由于教学缺乏针对性，课堂里一部分学生学习，一部分学生复习，还有一部分学生“忍着”的状态相当普遍，人们甚至开始习惯这种无实效的教学，习惯这种所谓“凭良心”的教学。应该强调指出，教学必须从学生实际出发，必须给学生主动思考分析的机会，教学还要与学生既有的学习经验与生活体验联系起来，让学生在既有经验之上吸纳新知识，让学生在征服知识的过程中成为知识的主宰，而不能让他们当“听众”“看客”或被灌输的“知识容器”。只有当追求知识和主动学习成为学生个人内在的要求和实际行为，教学才能真正起到促进学生发展的作用。为此，要给教师组织教学的主动权，要给教师从学生实际需要与实际可能出发调整教学要求的权力。

2. 教学过程、学习过程是学生生活的重要组成部分，是学生生命的重要历程。叶澜教授提出“让课堂焕发出生命活力”，正是认识到课堂是师生共同生活的一段人生经历，是生命与生命相互撞击、相互沟通的人生旅程。学生在学校中接受教育，也是在学校这一特殊环境中学会生活，在这种特殊的条件下有指导的学习生活，这里的生活就必须是丰富多彩且符合个人需要的。课堂教学要成为促进学生全面发展的过程，就应该成为学生有兴趣、有味道、值得思念、值得自豪的童年、少年生活的一部分，而不仅仅是知识授受之地。我们常说自己是“教书”的，其实，教师的任务是“教人读书”，书是没有办法教的，人才是教的对象，书或教材仅是教师促进学生发展的工具，学生的发展才是教的最终目的。有助于学生发展的课堂，应该是充满活力、充满兴趣的课堂，是学生留恋或向往的地方，也是教师生命力迸发的地方。创造这样的课堂，需要付出艰苦的努力，更需要教育者转变观念：转变教学观、人才观，转变长期存在的某些落后的观念如片面强调吃苦的学习观念。从根本上说，训练可能会很苦，学习则应该主要是快乐的事。长期以来，我们往往比较重视练习，甚至以训练代学习，结果搞得师生双方苦不堪言。其实，只要我们充分认识到课堂教学是学生生活与生命的一部分，应该充满生命的活力，从而坚持为了学生今天的幸福与明天的幸福来组织课堂教学，让学生在课堂中体验到生活的快乐和生命的力量，我们就完全可以改变课堂教学中的被动局面，就能够创造出异彩纷呈的课堂教学新气象。

3. 课堂是允许出现差异、出现错误的自主发展的场所。在学生发展的过程中，社会要求与个人要求，今天的需要与明天的需要，对学生的发展都产生着影响，需要进行整合，这种整合就体现出教师的作用。教师要组织好课堂教学，组织好这个学生发展的特殊环境，让学生在其中各得其所，得到充满个性魅力的发展。教师要恰当地安排、组织、整合课堂教学的一切因素，让教学充满艺术性。在一定的条件下，教师甚至还要允许一些学生不听自己的课，要允许一些学生有不同的学习选择，尊重学生在课堂教学中所表现出的差异性和某种创新性，促进学生有区别的发展。教师在课堂教学中绝不是面对相同兴趣或相同水平的学生，更不是为了制造出相同规格的“产品”，而是为了让有差异的学生实现有区别的发展。差异是教育的出发点，也是教育的归宿，尊重差异才会有自主发展。这样说，并不是不承认人与人之间有共性、有共同的追求与共同的价值观念，而是说明，即使是同一个目标，不同的人的掌握方式、认同角度以及最终的实现程度也是不同的，这是事实，教学工作必须从这一事实出发。

在某种意义上可以说，教学过程是一个师生共同探索、共同学习、共同面对未知世界的过程，是一个应该存在曲折和反复的过程。学生在探索学习知识和其他未知的事物，教师在探索如何指导此时此地的学生学习，大家都在探索。既然是探索，就会犯错误，所以课堂教学要允许学生犯错误，允许教师犯错误，并尊重和重视这种以犯错误为代价的探究精神和尝试精神。有差异的课堂往往就是有错误的课堂，是对错误宽容甚至鼓励的课堂。“解放思想，开动机器”，没有这种宽容和鼓励，思想怎么能解放，机器怎么能开动，课堂怎么能焕发生命活力？

第四，让素质教育进入课堂，首先要解决观念问题，也不应忽视方法的改革，好的观念要通过好的方法表现出来，观念转变也要在方法改革的探索中进行。因此，要鼓励学校的校长、教师积极进行教学方法的改革，要努力尝试用更好、更新的方法去实现素质教育的要求。

提倡教学方法改革，并不是说现行的教学方法都要不得，都要推倒重来。我认为，既要充分肯定现行教学方法中有许多符合学生认知规律、有助于学生全面提高素质的因素；也要充分认识“应试教育”的负面影响，要承认现在的课堂教学中确实存在违背素质教育要求的现象。这种现象主要表现在过分强调“灌输”“讲解”，过分强调“训练”，过分关注“完成教学进度”“满堂灌”“天天练(考)”“一刀切”式的教学方法与教学要求比较普遍，学生缺少主动求知、主动探索的机会，学生之间的差异受到漠视。因此，要进一步推进素质教育，还应该大力推进课堂教学方法改革，应该鼓励创新，鼓励在新的教学观、质量观、学习观的指导下，尝试新的课堂教学方式。从近年来各地区、各学科教学改革的经验看，诸如“情境教学”“指导—自主式教学”“成功教育”“愉快教育”等，都是比较成功的课堂教学模式，都比较有利于学习者积极性、主动性的发挥，都比较有利于培养学生的自主性、创造性品质，应该继续深入探索，认真总结提高并加以传播和推广。

体现素质教育要求的课堂教学模式是多种多样的，既要鼓励教师从本校学生的特点与本人的长处出发，不拘一格，大胆创新，也要汲取各地的成功经验，注意贯彻若干原则，尝试某些有共性的方法。例如，关注自学能力与习惯的养成，在课堂教学中给予学习者比较充分的思考、消化与讨论的时间；注意把握教学的异步性原则，在教学、作业、考试等各个环节都承认差异、尊重差异，努力实现因人施教，努力通过多种渠道（包括计算机辅教、辅学的方式）来给予学习者个别指导；要按照“尝试—错误”的原则来组织学习活动，创设情境，让学习者个人或集体主动探求某些特定的认知领域，在学校、在课堂要创造一种鼓励大胆探索、大胆争论，不以对错、成败论英雄的氛围，让学习者有可能通过“错误”学会学习；要尝试小组学习、合作学习的方法，把“学会合作”当做教育目标，有意地提供富有挑战性的课题，不仅让学习者学会在互相帮助中学会知识，而且让他们在争论与互相启发中懂得合作的价值，珍重人类互相依存的生活方式；要提倡把教材与学生生活、社会生活乃至同某个电视节目、某个艺术作品联系起来，要鼓励教师把本科的知识同其他学科或科学技术的最新发展结合起来，从而提倡在开放的环境中学习特定的知识等，都是可以重点关注与探索的课题。

当然，这里列举的并不完全（如情感问题就很重要），也不全是新要求，然而，从实施素质教育的角度看，它要求我们做得更自觉、更经常、也更有目的性，它要求我们从促进学生主动发展的角度，更有针对性的加强此类教学尝试，这样就会创造出更多的有新意的课堂教学模式，就会更好的帮助学生成长。

第五，在课堂教学中实施素质教育，要靠教师去完成，构建符合学生需要的、使有差异的学生得到不同发展的课堂，需要发挥教师的创造性。作为教育的管理者，教学的指挥者，我们的干部、教研人员应该转变观念、转变管理方法，应该成为改革的推动力量与支持者。

1. 要创造宽松的改革条件。有人说，实施素质教育，关键在教师，要大力提高教师的素质。我想，这样说还不够。不但要提高教师的素质，更要让提高了素质的教师创造性地劳动，要让教师当主人，让教师作为构建学习环境的主体，能够从实际出发组织教学活动。一些同志提议建立“教改特区”，也是想破除一些不符合素质教育要求的常规，打破一些不符合学生发展的规定，取消一些束缚教师创造性发挥的旧框框，为师生创造宽松的环境。我想，各级领导和学校都有责任创造相对宽松的教育教学条件，要改变成绩评比、考试管理等方面与素质教育要求不符的规定，为教师的主动探索，为学生的主动发展，提供更广阔的空间。台湾省提出“松绑”的教育改革要求、日本提出创造“轻松宽裕”的教育，说明创造宽松已成为东亚地区的教改趋势。我们应该顺应潮流，在发挥师生双方的创造性上下功夫。

2. 要深入实际，到教学第一线去发现好的经验。福建省“指导—自主学习”教改经验，最初就是一个年轻的中学数学教师的教学经验，被省教研员发现后，加以总结、传播与超越，最终变成了在全省、在全国都有影响的教改范例。北京市有十万教师在教育教学第一线工作，许多人都在努力探索教改路子，他们中肯定有不少好经验，需要市、区教育科研人员、教研人员去发现、去总结、去传播。实施素质教育，不是靠找一个模式，找一个典型，要求大家照着办，而是要给大家提供一个个案例、一个个方法，加以传播，让大家比较、鉴别，结合自己的教学实际，深入思考，创造性地进行改革探索，从而调动起更广泛的改革积极性。当然，发现实践中的好经验和范例，也不是容易的事，一方面，它要求我们深入实际，要到教育教学第一线去，到课堂中去，只有深入下去，与教师交朋友，才有可能发现隐藏于日常教学工作中的新鲜经验；另一方面，它又要求我们有先进的教育理念和虚心的态度，做一线教师的学生，不带任何条条框框去剪裁教学实际，敢于否定自己头脑中陈旧教育观念的影响，敢于在发现与研究中完善自己的认识。当前，我们要鼓励教师改革课堂教学，创造体现学生主体地位的课型，我们不能要求教师每节课都能做到这一点，但是，总该有这样的课，有这样的能激发学生学习兴趣，能让学生主动学习、主动发展的课，从而真正提高课堂教学的质量与效益。

推进课堂教学实施素质教育是个探索过程，需要创造争鸣的气氛，需要付出长期的艰苦努力。现在只是开始，要有长期作战的准备，也要有积极推进的态度，这件事做好了，对北京市中小学教育，对整个教育事业的发展都有重大意义，我们应该继续努力。

（原载《让素质教育进入课堂》，北京教育出版社 1999 年版）

29

北京市21世纪基础教育课程改革研究报告

一、课题研究背景

20世纪90年代以来，特别是1992年邓小平同志视察南方重要谈话发表，党的十四大决定在中国实现从社会主义计划经济向社会主义市场经济转轨以来，北京市社会经济发展，步入了社会主义现代化建设的历史新阶段。随着两个根本性的转变，“可持续发展”及“科教兴国”战略、“首都经济”等理念的提出及其在社会经济发展中的逐步落实，北京市基础教育工作的现状同社会经济发展不相适应的矛盾变得日益突出。北京市21世纪的社会经济发展要求，中央对北京市社会经济全面发展提出的四个中心的指示，以及北京市民对市委市政府提出的使北京在2010年前达到中等发达程度国家首都发展水平的奋斗目标的巨大期望，促使我们必须重新研究北京市基础教育的改革与发展问题，必须重新检讨北京市基础教育的发展目标与发展策略，课程教材改革因此被提上议事日程。

就基础教育自身的改革和发展而言，1985年颁布的《中共中央关于教育体制改革的决定》首次提出的“教育体制改革的根本目的是提高民族素质，多出人才、出好人才”的著名论题，为实施全面素质教育的历史性改革揭开序幕。1993年，在基础教育工作者多年实践与理论探索的基础上，中共中央、国务院颁布的《中国教育改革和发展纲要》，明确提出了“发展基础教育，必须继续改善办学条件，逐步实现标准化。中小学要由‘应试教育’转向全面提高国民素质的轨道，面向全体学生，全面提高学生的思想道德、文化科学、劳动技能和身体心理素质，促进学生生动活泼地发展，办出各自的特色”的要求，更进一步推动了基础教育以实施素质教育为核心的改革。在各中小学努力创造促进儿童、少年全面、主动、健康发展的教育条件的过程中，现行的教学大纲与教材对学生发展的制约影响日益突出，北京市中小学推进素质教育的工作实践，日益强烈地呼唤在北京实施包括课程教材改革在内的整体性、综合性基础教育改革。

同时，由于北京市1993年率先在全国普及九年义务教育，为适应首都经济发展的需要，适应独生子女率越来越高带来的社会、家庭教育需求，北京市又适时提出了夯实九年义务教育，到20世纪末普及高中阶段教育的工作目标，并在顺利度过初中毕业生高峰期的情况下，从1995年起实现全市普及高中阶段教育，连续四年初中毕业生的升学率保持在90%以上。从而使基础教育课程改革的任务，更为紧迫地摆在北京中小学教育工作者面前：如何构建确实有利于所有同龄儿童、少年发展需要的，具有广泛适应性与可行性的课程及发展目标，如何适应不同人才与全体未来公民成长的需要，创造更有针对性与实效性的发展条件？这是我们在研究课程改革方案时首先要解决的问题，也是此项研究工作的重点。

从1994年本项研究工作启动以来，中国及北京的社会经济与教育的改革发展进展迅速，中共十五大的召开，中国2010年远景目标及“九五”计划的颁布施行，北京“2010年远景目标及九五国民经济发展计划”的确定及实施，特别是江泽民同志关于“知识经济”及创新体系的论述，都为本项研究工作提供了坚实的理论认识与现实分析基础，使我们有可能据以修订相关设计，从而使本方案能够更加贴近北京社会、经济发展需要。

鉴于中国与北京都处在社会、经济高速发展时期，鉴于“知识经济”与世界经济一体化的影响尚未能完全认识清晰，本课程方案的设计只是初步构想，不排除在实验过程中继续调整。同时，为了更好地适应变化的现实生活与儿童少年发展的实际需要，本方案带有相当程度的开放性，为学校与学生、家庭留出了必要的空间与时间，希望借此发挥各方面的主动精神，以加强适时调整的力度，这也是应予事先说明的。

二、课程研究策略

（一）教育为社会主义现代化建设服务，基础教育要为社会主义建设者和接班人奠定终身发展的基础，这是本课程改革方案研究工作的基本出发点。构建面向21世纪的课程改革方案，关键是对北京21世纪的社会经济发展前景有充分的认识。课题组借助中央及北京市有关方面的社会发展战略研究成果，借鉴国内外有关文献，在学习研究并统一我们对未来社会（主要对21世纪前20年）的认识方面做了较多的工作。我们决定本项研究主要遵循“社会→人→教育→课程”的思路展开，同时进行北京教育现状调查与国外相近国家教育状况的对比分析，以求比较科学准确地为北京基础教育课程改革方案定位。

（二）课题组的工作目标是构建21世纪北京基础教育课程改革方案，是为21世纪初叶的北京编制一套具有时代、民族特点，能够为中小学生终身发展奠定较好基础的基础教育课程计划、课程标准及以文字教材为主多种媒体并存的教材。但是，从开始研究时，我们的研究工作即定位于促进北京市基础教育的整体改革并使课程方案设计立足于这项改革的实施上。换言之，我们是为在北京全面实施素质教育编制课程改革方案。因此，除课程方案外，我们决定从阐述、论证教育观念入手，以教育评价改革建议为最后成果，按照“教育—课程—教学—评价”的思路，展开课程计划及课程标准的研究，并将课程方案的实施（包括学校教学设施的配置与教师培训）纳入研究范围，在方案设计制订过程中予以整体考虑。

通过课程改革，推进基础教育的整体改革，为素质教育的全面实施奠定基础，是本课题研究的工作目标，也是本课题的研究思路。从这个角度说，立足于实践，立足于“做”，是本课程研究策略与重要特点，这是一项为了“做”而进行的研究，是注意关照“做”的需要与可能而进行的研究。

（三）课程改革，是涉及中小学校所有学科与非学科活动的整体改革。目前中小学所设课程，在中国多数有近百年的发展与改革历史，已经形成了比较严密、有相当社会影响的学科体系与相对固定的评价标准。这些体系与标准不但在学科自身的发展中功不可没，而且对学生的终身发展，特别是对学生的升学深造有重要的积极作用。然而由于“应试教育”的影响，由于学科体系本身的固有缺点，其负面作用也日渐突出，应该进行必要的改革与调整。我们认为，课程设计的根本目标是保证学习者全面、主动、多样化的发展，是为学习者进行科学的发展环境与条件的设计，并为学习者留出足够的自主活动的空间与时间。因此，学校的课程与各种活动，首先是保证和促进学习者发展的环境条件与途径，其自身固有的学术价值，应该服从于学习者当前与终身发展的需要，而不能过分迁就学科体系完整性的要求，影响学习者的主动发展。

在研究策略上，我们采取整体设计优先，课题组滚动发展的办法。先成立课题核心组，就21世纪北京社会经济与教育发展问题进行初步研究，制订课程设计总方案的基本思路，制订课程计划、学科课程标准研制要求，在广泛听取基层中小学教育工作者意见的基础上，召开专家论证会吸收专家建议，修订各项文件，从而初步完成第一阶段的工作。

第二阶段，进行课程标准的研制。利用内刊杂志在全市公布了第一阶段的研究成果，然后采取公开招标的办法，邀请中央及北京市各方人士参与课程标准的研制，课题组邀请学科专家参与投标文件的评议，并最终由课题组依据投标人员对本课题前期研究成果的认同程度与认识深度，并参照其标书中课程改革设想的科学性与可行性，确定各科课程标准的研究伙伴，开始第二阶段的研究工作。

为保证课程标准研究的指导思想、编写原则及设定的课时要求的贯彻落实，课题核心组对各子课题的负责人进行了必要的培训，适时交换意见，统一思想，同时指定课题核心组成员分别参加各子课题学科课程标准的研究、论证与定稿工作。在课程标准初稿完成后，课题核心组在专家论证的基础上又对初稿进行了初审，依据课程方案的总体设想，提出具体修改意见，经各子课题组反复修改后定稿。

本课题研究，采用滚动发展方式，不断征集志愿者参与研究，初步解决了课题组成员应具备较广代表性与合理的知识结构同课题组成员应逐步形成共同教育改革理念的矛盾。本课题组着重在教育改革宏观研究与微观研究之间寻找结合点，并致力于将新的教育理念落实在具体的课程设计上，从而有助于在改革的超前性与可行性之间寻求平衡，有助于使本课题研究成果在北京市基础教育改革实践中发挥作用。

（四）在改革方案突破点的设计上，本课题组从基础教育改革的现状出发，考虑到社会、经济对教育改革的种种促进与制约因素，考虑到基础教育的长效性与改革影响的滞后性，考虑到基础教育教师队伍的现状，主张在总体方案上力争有较大突破，在课程设置与学科教学内容、教学要求的安排上，则坚持实事求是的原则：有成熟经验或设计能突破的，一定争取突破，缺乏成功改革实践经验，设计尚不成熟的，不强求突破，以开放的态度设定改革目标，不求各学科都一步到位推出全新设计。

开放性是现代社会的基本特点和现代教育的基本特征，也是本课题研究力争体现的基本原则。现在呈现在读者面前的改革方案，是个有相当开放性的方案，一方面它留出了必要的时间空间，以利使用者（包括学校、教师和学生）能从各自的需要与所处的条件出发进行选择，另一方面也为我们自己留出了相当大的调整余地，以便在教材编写或教材实验过程中能够主动修改或变更。可以说，这个课程标准并不是个严格的“标准”，它只是进一步研究与实验的起点，是整个改革实验的阶段成果。

之所以坚持这样的态度，固然是限于自身的水平，同时也因为现实生活变化得太快，我们真诚地希望借此动员更多的有志之士来参与改革，而不希望束缚大家的手足。

（五）本课题研究采用的研究方法，主要有文献分析法、调查法、实验法、跨文化比较及网络检索等。

在研究北京市基础教育课程改革的背景与实施条件，研究课程改革方案的总体框架结构时，我们重点调查了北京基础教育的现状，调查了北京与教育有关的人士的教育观念及教育理想的情况，同时还对北京与上海的若干学校（包括国际学校）进行了比较深入的访谈与调查，又在反复研究、学习北京市社会经济改革与发展的诸多情况，在比较广泛地借鉴国内外文献资料，并对上海、浙江课程改革方案进行研究的基础上，才初步确定了我们的基本估计与基本假设。

提出基本假设以后，我们又多次召开各种座谈、论证会议，广泛听取学校、教育行政部门与社会各方人士的意见，并在内部刊物上公开发表了阶段成果与相关的论证文章，在若干学术会议上汇报我们的基本设想，从而使改革方案的研究始终处在与社会各方面交流沟通的大背景之中，加大了课程研究的开放性，也有利于课题组不断吸纳社会各方面的研究成果，有利于我们不断调整方案设计与工作计划，使这项研究工作可以较少走弯路，较易为北京市基础教育工作者认可。

同时，在研制学科课程标准时，我们也采用了同样的开放式研究方法，广泛吸纳利用了北京与全国各地教育科研的新成果，像数学、综合实践、外语、地理等学科，都是在近年来教学改革实验的基础上构建或借用了学科的课业系统，这些学科的改革设想，都是在实验研究的基础上又依据本课题研究的总体方案的要求加以完善修订的，并在研制过程中又多次听取基层教师、干部的意见，因而不但有一定的实践与理论基础，甚至可以说是经过一定程度的实践检验的。我们以为，研究、实验与随时听取社会反馈意见相互结合的方法，有助于像本课题这样实践性、应用性很强的课题研究的深入开展，有助于这类课题研究更加针对实际，因此，我们准备在下阶段的教材编写教材实验中，坚持这种三结合的方法，用这种方法把研究人员、教材编写人员与实验学校的干部、教师以及有关的学生家长结合起来，共同推进这项改革实验。

在方案设计与标准研制过程中，我们共召开各种研讨论证会议二百余次，先后参加讨论、调查、研究的学者、干部、教师、家长一万余人。

三、课题研究的主要突破

（一）课题的整体研究过程，实际上是课题组成员不断认识社会主义中国基本特点的过程，是课题组成员不断认识世界与中国面临的新的发展机遇与挑战的过程，也是课题组成员不断认识可持续发展的发展理念及其基本含义的过程。

江泽民同志在党的十五大报告中，深刻地揭示了有中国特色社会主义的经济、政治和文化的科学内涵，并在全面阐释了建设这样的经济、政治、文化的基本目标和基本政策之后，特别强调指出："上述建设有中国特色社会主义的经济、政治、文化的基本目标和基本政策，有机统一，不可分割，构成党在社会主义初级阶段的基本纲领。这个纲领是邓小平理论的主要内容，是党的基本路线在经济、政治、文化等方面的展开，是这些年来最主要经验的总结。"江泽民同志的论述，深刻地阐释了现代社会发展的整体性特点，特别是关于经济、政治、文化建设目标与政策的“有机统一，不可分割”的论断，为我们深入思考现代社会发展与现代教育发展的相互关系指明了方向。1992 年，联合国环境与发展大会通过的《里约宣言》，阐述了可持续发展的含义是“人类应享有以与自然和谐的方式过健康而富有成果的生活的权利，并公平地满足今世后代在发展和环境方面的需要，求取发展的权利必须实现。”而在 1995 年通过的《社会发展问题宣言》中，又进一步宣布“我们深信经济发展、社会发展和环境保护是可持续发展的相互依赖互为加强的组成部分，而可持续发展是我们努力实现全体人民更高的生活质量的框架。公平的社会发展，确认穷人有权可持续地利用环境资源，这是可持续发展的一个必要基础。我们认识到，可持续发展条件下的基础广阔而且持续的经济增长，是保持社会发展和社会正义所必需的。”它从另一个侧面说明了当前世界发展的整体性特点。

上述经典论述，使课题组意识到，当今世界的最大变化，是人类的发展观念与发展方式正在发生静悄悄的变化，可持续发展、“知识经济”、集约型经济增长方式等，都是这一变化不同方面的具体表现。这是一种整体发展观：不仅看到今天而且关注未来，不仅看到局部而且关注全球，不仅看到经济层面而且关注人类社会的各个方面，不仅看到人类的生存与发展而且关注生物的多样性存在。这样的发展观既是可持续发展的发展观，又是整体的，以人为核心的发展观；是以人类的个体与群体、今天与未来的生存与发展为目的的发展观，是把希望寄托在人类的理性、才智与体能的创造发挥基础上的，视人的发展为社会发展的最根本动力源泉的发展观。

课题组在构建面向 21 世纪的北京基础教育课程改革方案时，就是以对发展的上述认识为基础的。我们认为，21 世纪北京的最大特点是北京应该成为全面实现上述发展理念的前驱城市。“首都经济”应该是“知识经济”，首都的发展应该是符合可持续发展理念的发展，首都的基础教育则应该为具备可持续发展意识与能力的一代新人奠定终身发展的基础。

（二）邓小平同志在1980年为《中国少年报》和《辅导员》杂志题词，“希望全国的小朋友立志做有理想、有道德、有知识、有体力的人，立志为人民作贡献，为祖国作贡献，为人类作贡献”。1987年他又再次强调“我们历来提倡有理想、有道德、有文化、有纪律，其中最重要的是有理想、有纪律。理想就是社会主义现代化。”江泽民同志在经济全球化与“知识经济”挑战日益临近我国的时刻，反复强调“全党和全社会都要高度重视知识创新、人才开发对经济发展和社会进步的重大作用，使‘科教兴国’真正成为全民族的广泛共识和实际行动。”① 这些论述深刻地阐明了“社会主义建设者和接班人”在历史新时期的具体内涵，为我们思考面向21世纪挑战的新一代北京人的基本特点指明了方向。

课题组认为，作为中华人民共和国的首都，作为中国的政治、文化、科技、教育中心及国际化大都市，北京是中国改革开放的窗口，也是国内外各种力量碰撞与融合的交汇点，北京人民首先承担大胆引进国外先进科学技术与恪守本民族优良文化传统，坚持深化改革、扩大开放与坚持建设有中国特色社会主义方向的历史责任，承担着实现中华民族伟大复兴的排头兵的历史责任。因此，新一代的北京人应该在责任感、自主自强自立自律的生活态度与能力，在广义的科学精神、创新意识与创造能力等方面，有着更为卓异的表现。

德智体全面发展的“四有”新人有诸多规定性，对于面向21世纪的北京新人，课题组之所以特别强调责任感、自主的学习与生活能力、科学精神与创新意识、创造能力，主要是考虑到北京的独特的政治、经济环境和地位，以及北京作为国际化大都市与中国科

① 江泽民：《在庆祝北京大学建校一百周年大会上的讲话》，1998年5月4日。

技教育中心城市的特殊条件，同时，也考虑到北京独生子女率偏高，家庭教育期望值高于国内其他地区而又存在种种认识误区的现状。我们认为，上述四个方面涵盖了德、智、体诸方面要求，主要内容恰是当前北京新一代发展中易受忽视而又十分重要的方面，是实现人的全面主动多样化发展的关键性要求，是每个公民应对国际市场经济挑战与实现中华民族伟大复兴的必要条件。对于21世纪的北京人来讲，上述四个方面的要求是不可或缺的，在这里，我们将社会主义建设者与接班人的理想、道德、纪律、文化的要求，内化在责任感、自主性、科学态度与创新意识的具体解释之中了，具体显示为这些态度、价值观与知识、能力的综合表现。所以，我们并不想另立新的人格、能力标准，而只是对教育方针规定的培养目标适当予以具体化与细化，它是从操作层面考虑的具体要求。我们以为，这种强调有利于编制课程标准与教学要求，有利于具体地确定基础教育课程改革的价值取向。

当然，在具体编写教材与实施改革实验时，还应进一步全面学习体会党和国家教育方针的全部深刻含义，还应本着依法治教的精神全面落实教育方针的要求，这也是必须予以说明的。

（三）课题组认为，北京的基础教育要为新一代富有活力与自主精神的北京新人奠定持续发展的基础，北京社会经济的可持续发展与繁荣稳定，从来没有像现在这样依赖于教育尤其是基础教育的发展。面对“知识经济”与世界经济一体化的挑战，全面提高北京新一代公民的素质及为培养大批创新人才奠定基础，已是北京基础教育刻不容缓的历史任务。因此，努力创造相对宽松的发展环境，用开放的态度与开放的方法去构建新的基础教育体系，重新认识“基础”的内涵并大力加强基础教育的基础性，应该是面向21世纪北京基础教育的最重要的新特点。

东方基础教育以严格、严谨、严肃著称于世，它确实有利于为成长中的少年儿童奠定一个比较扎实的知识基础，也确实有利于保证被培养者的统一规格和质量。但是，真正能够适应社会主义市场经济与国际竞争考验的一代新人，应该在选择中学习选择，在尝试中学会负责，在参与中发展自我，年轻的一代最需要的不是接受现成的真理，而是树立不断探求真理的信念与勇气，学会不断探求真理的方法。从这个角度说，强调宽松、强调开放、强调为青少年奠定全面基础，是新时期北京基础教育的必然选择，是对传统教育的过于强调严格、过于强调按部就班、过于强调封闭自足的体系性及仅仅重视知识基础的一种矫正。

上述教育改革的价值选择也是出于全面实施素质教育的需要，出于努力加强儿童、少年实现自身发展主体地位的需要。我们认为，实施素质教育的根本目的，是为了培养能够全面主动多样化发展的社会主义建设者和接班人，是为了帮助每个少年儿童都能最终寻找到既有利于个人发挥潜能追求幸福，又有利于他们为民族为祖国作出贡献的社会角色位置。个人发展的主动性、整体性、多样性，个人发展和社会发展的一致性，是素质教育的灵魂，是实施素质教育的根本性要求。创造宽松的发展条件，在开放的环境中促进受教育者的主动发展，是受教育者主动精神与创造意识成长的先决条件，是“以人为核心”的素质教育的实施前提，也是当前基础教育改革的关键。只有按照这些要求去构建新的课程体系，才能从根本上改变基础教育不完全适应素质教育发展的被动局面，才有可能编制一系列确有新意的课程标准。

（四）我们充分认识到课程、教材在学生发展中的重要作用，充分认识到国家意志与社会需求主要应该通过课程、教材体现出来并对青少年一代产生影响。但是，在对比分析了多年来我们的课程教材发展与学生群体发展的复杂关系以后，我们认为，应该恰如其分地估计课程教材的作用，面对复杂多变的社会生活与正在成长的新一代青少年，应该更多地给予学习者自主发展的权利，应该为他们留出足够的自主发展的空间与时间，不可能也不必要去构建一种包罗万象无所不有的课程体系，也不要追求把一切人的一切发展都纳入同一体系之中。

在构建课程方案时，我们首先追求普适性，追求为所有发展方向并不相同的人奠定必要的共同基础，因此要严格筛选确定基础知识、技能与态度、价值观的标准，要从一切有利于学生发展的角度去确定必要的教学要求与教育要求。其次，必须充分承认个体发展的多样性，承认统一的教育教学要求不可能完全适用于每一个人，承认每个人都有可能也有权利提出某些特殊的需要，而我们又无法将其全部纳入设计之中，普适方案的局限性是无法避免也不可能完全纠正的。因此，要为学习者留出自主发展的时间与空间，要让他们有选择的机会并尊重他们的选择。这样，严格限制有组织的学习活动的时间就成为本课程方案的重要特点。另外，由于充分考虑到在信息时代网络学习、实践学习的多种机会，在设计课程评价指标体系时，不求全与不追求唯一标准即成为我们的信条。换言之，既然在课程设置内容选择上已经不追求面面俱到，不追求十全十美，那么在评价标准方面也应该摒弃唯一的尺度，要确立动态的、发展的、有充分弹性的评价方式与评价原则，给不同发展方向、发展速率与发展程度的学习者以同样的尊重与关注。课程计划、教学内容与评价方法，应该成为鼓励、支持少年儿童全面主动多样化发展的外在因素，所以，在学科设置与各个学科的教学内容的选择等方面，本课程方案都给学校的教师、学生留出了较大的选择和重新组合的空间。

（五）与传统的课程体系比较，本课程方案十分强调实践活动和基本劳动技能、劳动习惯与劳动情感的教育，十分强调要把学校教育纳入到社会大系统之中。面向全体儿童、少年的教育，必须充分考虑到在现实条件下这些儿童少年在可预见未来的可能的发展，必须从有利于每个儿童、少年未来发展的角度去构建课程目标、内容与要求。因此，我们借鉴了发达国家课程改革的经验，在强调基础性的同时，强调综合性、应用技能与基本的生活能力在课程中的反映，强调要让儿童、少年参与社会生活，担当社会责任，学习成为社会角色。

从课时的绝对数量上，本课程方案对各个学科的课时都作了必要的删减，同时也相应调整了某些学科的教学要求。但是由于我们强调了整合学科的教育功能，强调了所有学科在价值观、态度以及基本的知识、技能与方法方面的共同责任，强调了从实践的角度去进一步学习与应用学习者在课业学习中的收获，所以，执行本课程改革方案不仅不会降低教育质量，反而会全面提高基础教育的基本质量。在这里，应该强调质量标准的时代特征，强调在新的技术手段支持下，我们应该重新评价传统的教学内容、教学要求。本课程方案在科学、数学、地理、历史、美术等学科中都有所突破，都比较注意在强调学习者必须掌握一定数量的有价值的事实、实验，必须掌握基本的符号系统（包括语义系统与逻辑运算知识）的同时，更应该注意态度、价值观的确立及观念、方法的掌握，强调为了应用而学习，强调要把为了学科的学习与为了人的发展的学习区别开来而又有侧重地结合起来。

与传统中小学教学相比，学科必学知识量的适当减少与学科基本能力、学习方法的加强，可以更好地支持学习者的主动发展，支持学习者学会在教师指导下乃至脱离教师指导的自主学习。因此，我们认为，学科必学知识量的适当减少并不会导致教学质量的降低。同时，由于坚持弹性原则，各学科的选学内容大大增强，加上信息技术的介入，使有余力的学习者有了更多的自主选择机会。实际上，我们强调对有兴趣且学有余力的学生，要提供更多的可选择的学习内容，“保底而不封顶”，是我们规划学习内容与要求的一个基本原则，是各学科课程标准与教材必须充分体现的原则。

（六）有意识运用课程计划、课程标准、教学评价等手段，整合学校教育、社会教育与家庭教育的诸多影响因素，充分利用大众传媒与社会、家庭的教育资源，将其积极影响纳入到学校的教学计划之中，并充分尊重这些因素对教育目标、教育内容、教育标准等方面的选择、评价权力，努力改变学校教育封闭办学的固有传统，同时又力争使学校教育继续保持其在促进学习者全面、主动、多样化发展中的决定性影响作用，是本课题组致力的课程改革目标之一，在上述方面也取得了一定进展。

一方面我们加强了各种教学的实践环节，强调教学与学生学习生活及社会实践活动的联系，强调要充分利用学生在学校以外取得的知识经验来促进学校学习，另一方面又积极将学校的学习活动延伸到学校以外的领域中去，充分利用家庭、社区中有成就的人以及社会的诸多教育因素来拓宽学校教育领域。学校教育的有限目标与学校教育的无限责任，应该统一在我们的课程设置与评价标准的改革方案之中。

在改革传统的学校评价之外，实行动态（发展性）评价，尊重学生自我评价，关注社会评价，强调评价的整体性、综合性是我们整合社会、家庭、学校教育影响的基本手段之一，也是保证课程改革方案实验工作的基本条件。我们认为，仅仅关心教师对学生的评价，仅仅关心书面考试这种评价方法是远远不够的，由于学生发展的多样性与复杂性，由于学校教育的根本目的是让学习者学习适应社会并有能力有责任推动社会的发展，所以要充分重视发展性评价、自我评价与社会评价，要让学习者的学习活动密切地与社会、家庭衔接联系起来。学校应该成为学生进入社会的桥梁和纽带，成为其社会角色意识与社会角色能力的奠基场所，学校也应该成为令每位未来社会的人才都感到快乐和留恋的地方。为了学生今天和明天的幸福而努力，应该成为面向 21 世纪的北京基础教育工作者的责任。只有学生们在今天就感受到学习的幸福与快乐，感受到他人和社会的尊重与关心，他们才有可能尊重关心他人与社会，才有可能持续努力，不断追求更高的目标。

因此，本课程方案依托并支持的是一种真正的面向全体儿童、少年的基础教育，它充分尊重并关注所有未来一代人实现全面、主动、多样化发展的权利。这是一种待创造待实现的新的教育，是全面的素质教育。这种教育模式需要在实验课程改革方案时，由整个社会与教育工作者共同探索与创造，从这个角度说，本课程改革方案有一定的超前性，并不能立刻在大范围推开使用。

四、课题研究的主要体会与今后继续深入研究的构想

（一）课程改革方案研究与实验是面向未来的工作，研究工作的最大难题是对未来北京社会经济发展前景的预测与认识。常规的办法，是充分利用社会、政府在经济、社会发展方面的研究与发展战略研究和规划、计划，同时进行必要的社会经济基础性调查，参照国内外相关地区的研究工作成果，进行定量分析。但是，从1994年本课题研究启动以来，北京的社会、经济情况有很大变化，对我国社会主义初级阶段特点的认识也在不断加深，由于众所周知的原因，北京的社会、经济发展战略研究及基础性调查的成果又拖延了相当长的时间。鉴于自身水平与工作领域的局限，我们只好采取以宏观定性为主的研究方法，主要是广泛借鉴了党与国家的有关文件来学习与深化理论的研究成果，以中国特色社会主义理论及邓小平同志有关论述进行思想和理论武装，从中央对北京工作的定位及发展观的变化方面去认识北京的发展方向、发展策略，去统一对未来北京社会经济特点的认识。江泽民同志关于“知识经济”“创新体系”的论述与“首都经济”概念的提出，更肯定了我们前期的某些朦胧设想，“走创新之路”这样一个经济、社会发展与教育发展的理念就比较成熟，也有把握了，从而坚定了我们在这样的设想的基础上提出全部课程改革方案的决心。

这种宏观性研究虽然在明确方向上有其优点，但缺少定量分析，无法对“首都经济”的内涵作具体的描绘，因而使我们对首都的社会经济特点的认识带有一定的不确定性，这是本研究的主要弱点，是需要在今后展开教材编写及教学实验时设法弥补的。

（二）鉴于全面改造课程体系有相当的风险性，尤其是学科体系本身在传递人类文明成果方面有明显功效，改造学科体系，建立以人的发展为中心的新课程体系又需要成功的实验来支持，所以，在课程设置与教学内容的组织方面，我们采取了平行发展的策略：一方面努力改造学科体系，尽力使之在为人的发展服务的方向上有进一步加强，但又保持其基本框架；另一方面又努力营造新的课程与教学内容的组织方法，尝试综合性、实践性课程的开设，借以探索更有利于学习者发展的新的课型与教材。

这种渐进式，可以选择而又有意强化选择者责任的改革方式，一方面或许可以使方案较易为社会接受（因为可以各取所需），有利于实验的展开；另一方面由于选择权在实验学校，在社会与家长，同时又孕育着改革试验的若干有创新意味的部分有流失的危险（因为大家可能都会不选择那些新意过浓的部分，或者用传统的办法处理弹性的内容等）。因此，本方案的实施、实验过程必将是一个重新组织队伍，有计划地宣传培训的过程。能否组织起一支锐意改革的校长、教师乃至热心支持改革的家长组成的队伍，是整个课程改革的关键。换言之，课程教材方案设计只是改革的前奏，真正的难点重点在教材编写与课程教材的实验，在实践过程中不断重新统一认识、修正设计并坚持全面实施素质教育的初衷。

从这个角度说，本课题研究的深入发展，实际上是在推动北京市基础教育素质教育改革实验工作的深入进行，它是一个全方位社会性教育改革的启动工程。

（三）从工作角度看，本课题服务于北京市区域素质教育实践工程，服从于北京市基础教育整体改革的系统工程。这一方面为本课题研究带来推动、指导力量，大大强化了课题研究与实验工作力度，是课题研究顺利进展的一个关键条件，也是实验工作预计可以较顺利展开的关键因素；另一方面这种紧密与工作实践结合的研究也有弱点，也容易被行政力量及现实条件所左右，从而难以在重大方面有较大的创新，例如，有人主张在科学、社会等科目上用综合课全面取代分科型课程，尽管从研究角度看不无道理，但在实际方案设计时我们却没有采纳，主要原因就是考虑到将来推广的困难，考虑到对未来北京儿童、少年影响巨大而不敢不经广泛实验贸然决策。"为了做而进行研究"是本研究的优点，在这里，也表现出某种局限性，这也是必须承认的。同时，由于课题组是在招标研究过程中滚动发展的，所以本课题的研究指导思想与对未来教育改革的基本设想，不可能一下子全部为课程标准的研制者所接受，这就从另一方面使本方案带有更多的渐进甚至不一致的色彩，这种情况在进入教材编写与改革方案的实施时必将更为突出，会使更多的有创新意识的改革设想在实验中流失或变形，这也是"为了做而进行研究"的另一种难题。

为此，我们准备在本方案获得初步通过，在进行教材编写与课程改革实验实施工作中，进一步加强邓小平教育理论的学习，加强教育观念的学习研讨工作，要不断在实验中加强统一思想与干部教师的培训工作，要努力使整个实验方案的实施过程变为全员学习过程、讨论过程、观念变革过程、方法探索过程与对社会、对教育现状、改革前景的统一认识的过程，没有这样的变化决心与实效，就无法进行这个改革，也无法使研究深入进行下去。

课题核心组成员名单

组　长：文　喆　北京市教育委员会

副组长：陈境孔　北京教育科学研究院教材编审部

　　　　商发明　北京教育科学研究院教材编审部

成　员：谢春风　北京教育科学研究院

　　　　梁　威　北京教育科学研究院基础教育科学研究所

　　　　陆沈娟　北京市新闻出版局

康　健　北京师范大学教育系
季　苹　北京教育学院
徐玉珍　首都师范大学
佘彤辉　首都师范大学
王　唯　北京教育科学研究院基础教育科学研究所
李志涛　北京教育科学研究院教材编审部
张　煜　中央教育科学研究所
高卫东　北京教育科学研究院职业教育与成人教育研究所
王本陆　华南师范大学教育科学研究所
张　静　北京教育科学研究院基础教育科学研究中心
杨妍梅　北京教育科学研究院教材编审部
杨德军　北京教育科学研究院教材编审部
张瑞海　北京教育科学研究院教材编审部
李庆文　北京教育科学研究院教材编审部

（原载《走创新之路（上）》，北京出版社 1999 年版）

30

为社会的可持续发展培养新人

——北京市21世纪基础教育课程改革的背景和依据

“谁掌握了面向21世纪的教育，谁就能在21世纪的国际竞争中处于战略主动地位”。

——《中国教育改革和发展纲要》

一

21世纪的世界，是人类迈向可持续发展的世界；21世纪的北京，应该是可持续发展的北京。为此，我们必须有勇气迎接巨大的机遇与严峻的挑战。

1992年，在巴西召开的世界环境与发展会议郑重通过了实现世界可持续发展的《21世纪议程》。会议提出的“可持续发展模式”，既是未来社会的理想，又是现代社会生活的基本原则。它在启发人类理性化思考、慎重行动和确立崭新的生存、发展观念的同时，也使人类开始重新认识自身的生存环境，重新审视自身与地球母亲的关系，重新考虑自身的生存、发展方式。人们开始意识到，应该从“只有一个地球”的角度来认识“发展”的含义，从所有社会成员的权利与义务平等的高度来估量“发展”的成果，也应该从“发展”对几代人的影响来看待“发展”的质效。生活在今天的人类，必须为自己、为他人、为后代保留足够清洁的生活空间，必须创造更新的发展方式，也必须为子孙后代保留可持续发展的机会。

世界各国的未来学者，为我们勾勒出一个充满希望与挑战的21世纪图景：科学技术作为时代进步的火车头，必然会带动社会经济以前所未有的速度前进，信息技术产业、生物技术的迅速发展，新材料与新能源的不断涌现，都预示着知识经济正向我们走来，为整个人类社会的全面进步提供巨大的机遇；另一方面，世界上日益激化的各种矛盾、冲突，以及资源短缺，环境污染，人口膨胀和不时出现的金融危机，也越来越严重地阻碍着人类社会的可持续发展。发达国家与发展中国家之间的经济发展机会与条件并不平等，迄今尚无休止的国家、地区、民族间的政治、经济、文化和军事冲突，使我们意识到地球上并不平静。世界的发展需要人类互相依赖、互相帮助，然而整个20世纪，人类之间的对抗与合作却一直相互交织。除了冷热兵器的直接抗衡以外，在各种美好言辞掩饰下的政治、经济、教育、文化领域的压迫与反压迫比比皆是。为了创造一个更有希望的21世纪，中国必须坚持改革开放的既定方针，必须高举邓小平理论的伟大旗帜。我们要在并不宽松的国际环境中奋起，就需要付出更巨大的代价与更多的努力，因此，作为发展中国家，只有团结合作，艰苦奋斗，下决心走一条超常规的创新之路，我们才有可能后来居上，实现社会主义现代化的发展目标。“丢掉幻想，准备斗争”，世纪伟人四十多年以前的告诫，对今天正在为实现中华民族伟大复兴而辛勤努力的中国公民仍然有着全新的意义和深刻启迪。

21世纪的北京，作为中华人民共和国的首都，作为中国的政治、文化、科技、教育中心以及国际化大城市，是中国对外开放的窗口，也是各种力量碰撞与融合的交汇点：大胆引进外国先进科技文明与恪守民族优良文化传统，深化改革、扩大开放与坚持四项基本原则，不但是北京必须承担的不可分割的历史责任，同时也对北京的经济、政治、文化教育发展提出了更高更紧迫的要求。北京提出的在2010年“形成比较完善的社会主义市场经济体制。全市综合经济实力、社会发展和城乡人民生活，力争达到中等发达国家首都的水平；通过不懈努力，到下世纪中叶，将北京建成经济繁荣、社会安定、文化教育和科学技术发达，民主法制和道德建设完善，基础设施、生态环境、人口素质和生活质量达到世界一流水平的现代化国际城市”的发展目标，并不是个轻松的任务。城市流动人口的激增，土地与水资源、能源的短缺，国内外、发达地区与跨国经济实体的竞争压力，都会为急躁冒进或无所作为的思潮提供滋生的土壤。然而，“首都经济”概念的提出，为首都的改革和发展提供了全新的视野，只要我们变压力为动力，充分利用时代赋予的历史机遇和北京独有的文化教育与科技资源优势，北京就一定能够在21世纪国际竞争中成为经济、社会、文化可持续发展的范例。

二

辉煌的未来要由我们去创造，艰难的历史性跨越要由我们自己来完成，可持续发展的社会呼唤具备可持续发展意识与能力的高素质的新一代北京人。

在激烈的国际竞争与挑战面前，在中国实现经济体制与经济增长方式的两个历史性转变的过程中，在人们越来越深刻的理解与把握科教兴国和可持续发展战略的根本意义的过程中，我们的发展观、人才观、教育观正在发生深刻变化，我们对人的内在本质与人的发展机制有了更新的认识。十五大报告指出：“必须着力提高全民族的思想道德素质和科学文化素质，为经济发展和社会全面进步提供强大的精神动力和智力支持，培育适应社会主义现代化要求的一代又一代有理想、有道德、有文化、有纪律的公民。”只有努力开发每个儿童少年的潜能，充分发挥他们的聪明才智与创造精神，努力提升他们的思想道德水准与身心健康水平，才能实现全面提高民族素质、促进社会全面进步的目标。江泽民同志在十五大报告中告诫我们："我们已经走出了一条光明大道，但前面的路并不都是平坦的，还会有各种风险，包括可以预料和难以预料的，来自国内的和来自国外的，经济生活中的和社会政治生活中的。"我们充分意识到时代对新一代中国人的挑战，我们期待着并努力争取新一代北京人在以下方面会有更为卓越的表现。

责任感。责任感，是一个人意识到并决心履行个人对自然对社会义务的反映，是个体发展目标与社会发展目标和谐一致的表现，也是个体不断进取、持续发展的动力基础。地球母亲需要人类的关心和爱护，中华民族的崛起与持续发展更离不开民族大家庭所有成员的团结协作、共同奋斗。新一代的北京人应该对世界、国家和民族发展有高度责任感、忧患意识，尊重他人，爱护自然，把有限的个人生命融入到社会无限发展的努力之中。在履行自己对祖国、对民族的神圣义务的同时，学会合作，学会共同生活，学会做祖国和自己生命的主人。

自立自强。独生子女是中国教育的优势，也是中国教育特有的问题。遭受过挫折与创伤的成年一代过分关注孩子的前途，固然为教育发展提供了机会，也易使中国的下一代扭曲变形。在历史性社会转型关头，人们面对的经常不是鲜花和掌声，而是考验与挑战，竞争与挫折，失败与痛苦。因此，新一代北京人，必须具备独立的学习、生活与劳动能力，必须学会正确地选择，必须养成艰苦奋斗的精神和顽强拼搏的意志。他们必须是敢于迎接风雨的雏鹰，而不是始终离不开他人照料的温室中的花草。在一个以变动不居、充满挑战为特征的时代里，自主、自强、自立、自律的生活态度与能力，是一个人持续发展的基本条件，也是形成民族创新体系的根本基础。

科学精神。21 世纪的挑战与机遇深刻而复杂，21 世纪科学技术的发展日新月异，21 世纪的经济、文化竞争对每一个国家、民族都是严峻的考验。中国社会主义现代化必然在一个开放的全球系统中推进，遍布全球的信息系统会为我们带来积极和消极的影响，会考验每个人、每个民族的信息筛选能力与决断能力。解放思想、实事求是，是我们最珍视的思想传统，辩证唯物主义的世界观和方法论，中华民族人文关怀的优良传统，是科学精神的精髓和基础。新一代的北京人只有把握这些值得骄傲的传统与精髓，严谨求实，热爱生命，善于发现问题，勇于追求真理，才能在复杂的世界中把握方向，锲而不舍，实现中华民族伟大复兴的理想。

创新意识和创造能力。中国是世界第一人口大国。人均自然资源占有量相当贫乏，仅仅依靠有形投入去促进发展，根本无法实现国家的可持续发展与长治久安；只有最大限度地开发每个人的智慧潜能，充分利用科学技术作为第一生产力的巨大效用，12 亿人口的沉重负担才会成为世界上最可宝贵的人力资源优势，生活在 960 万平方公里土地上的人们才能够最大限度地利用大自然赋予我们的宝贵财富，每个炎黄子孙才能过上舒心的日子。在“知识经济”正向我们走来的时刻，为实现社会主义现代化发展目标奋斗的中国公民，必须是最有创新意识的社会主人；挖掘和发展每个未来公民的创造能力，是国家进步、社会发展的基础。世界各国发展的经验教训证明：只有为一代人提供相对宽松的发展条件，只有一代人都能够全面、主动、多样化发展，创新意识和创造能力才会成为人们普遍的精神财富。

三

北京社会经济的可持续发展和繁荣稳定，从来没有像现在这样依赖教育尤其是基础教育的发展；北京的基础教育要为新一代富有活力与自主精神的北京新人奠定持续发展的基石。

21 世纪的北京基础教育，必须为一代北京新人提供更为宽松的发展空间，要让一代新人在选择中学习选择，在尝试中学会负责，在参与中发展自我。要真正认识到教育是培育“人”的事业，应当以促进人的发展为中心，关注学生作为祖国、社会与自己生命主人的自觉意识的觉醒，使其具备主动发展自己、积极完善自己的基本素质。要使每一个学生将来都能积极、成功地参与社会生产和生活，要培养他们战胜困难和挫折走向成功的能力，就应该尊重学生，让他们学习自己走路，为他们的发展提供一个宽松的环境；只有让学生随时随地感受到学习生活的幸福，才会激发他们自主发展的积极性与创造性，激励他们积极主动地学习、借鉴、认同成人提供的知识与经验。重新认识、正确估价并积极建构学习者的主体地位，应该是21世纪北京基础教育最重要的任务。

21世纪的北京，还必须为新一代的学习者创造一个开放的、充满活力的、优质高效的基础教育体系。日益发展的信息技术，为每个教育者提供空前广阔的活动空间与日益增多的选择机会；必须承认这样的基本事实：人的知识、能力、态度、价值观并不都是在学校获得的，学校也无法脱离社会而孤立地从事教育活动。封闭自足的学校体系将被打破，学校、家庭与社会将会更为紧密地结合在一起。开放，将成为新时期学校教育的基本特征。因特网正在走进学校，走进家庭，学习化社会正在北京形成。在全新的大教育环境中，无论学习内容、学习形式、学习进度与学习方法，都将发生根本性变化。谁能及早认识并主动促进这一变化，谁就会走在教育的前列。

重新认识“基础”，这是面向21世纪的北京基础教育最响亮的口号。当我们说中小学教育要为儿童、少年打好基础时，我们所说的“基础”，主要是指为每个受教育者奠定生存与发展的基础：为他们奠定做人的基础，做事的基础和终生学习的基础，换言之，就是为他们奠定一生持续发展的基础。现代社会与现代政治、经济和文化的发展，使人类重新认识自己，重新认识知识、能力、态度和价值观对人类及世界发展的根本意义。基本的读、写、算能力，基本的操作能力（如木工、钳工、泥工），基本的直觉与逻辑推理能力，科学知识与科学精神以及基本的道德素养、公民意识和进取精神等，都是“基础”的重要内容。儿童少年之所以需要到学校去学习，是因为他们要在学校里奠定一生不断学习与不断进步的基础；是因为他们需要在学校里逐步形成一生持续发展能力、信心与勇气。为发展方向与能力倾向不尽相同的每一个人奠定持续发展的基础，为每一个儿童少年提供开发潜能的机会。这就是基础教育为培养新一代的具有可持续发展意识与能力的北京人所做的最切实的努力！

展望未来，我们充满信心；立足现实，我们要努力奋斗！

（原载《走创新之路（上）》，北京出版社 1999 年版，
陆沈娟、谢春风、文喆、季苹执笔）

31

北京市21世纪基础教育课程改革方案（暂定稿）

一、指导思想

1.“认真贯彻党的教育方针，重视受教育者素质的提高，培养德、智、体全面发展的社会主义建设者和接班人”是本课程方案的根本宗旨。

具体地说，为21世纪的北京未来公民奠定持续发展的素质基础，让他们通过有计划、有组织的学习与实践活动，逐渐形成社会主义建设者与接班人应有的态度、价值观、知识与能力，是本课程方案期望的工作目标。

2. 学校教育应该整合社会、社区、家庭等各方面的教育影响，应该带领受教育者走向生活，走向自然，走向社会。

面向21世纪的中小学校应树立开放的观念，以开放的态度处理学校教育与大教育的关系、基础教育与终身教育的关系。为此，学校课程应该成为整合诸多影响因素的有力工具。

3. 基础教育的责任是为儿童少年的终身持续发展奠定基础。

基础教育不仅要重视基础文化知识与技能（例如读、写、算以及基本的直觉与逻辑思维能力等），而且要加强学会学习、学会做事、学会与人相处及学会发展等方面意识与能力的培养，也就是说，为他们全面素质的发展奠定基础。

4. 学生是发展的主体，追求发展是他们的权利。

尊重学生的发展权利，意味着必须真心承认受教育者在发展方向、发展速度和最终发展程度上存在差别，保护他们发展的积极性与主动性。为此，要为他们的发展创造相对宽松的条件，要统整社会、学校、家庭对下一代的各种要求，努力使学习生活能够真正适应儿童少年身心发展的需要，并努力避开"整齐划一"的诱惑。

5. 学校生活应该成为学生一生中最可纪念的"金色时光"，应该充满成功与欢愉。

为了受教育者的发展需要，尽量给他们留出自由支配、自主发挥的时间与机会，让他们有可能展示独特的才华，探索适合于自己发展的方向和方式。只有这样，才能鼓舞起每个人开发潜能的信心与勇气。

"尽量减少对学生时空的占领"和"让每个儿童、少年都成功"，是校长、教师和一切与学生有关的成年人的共同责任。

二、基本原则

1. 促进学生德、智、体等方面全面主动发展，帮助受教育者逐渐形成正确的态度与价值观（世界观），帮助他们实现个性与人格的健康主动发展，是所有课程的共同责任。

2. 为受教育者一生持续发展奠定基础。

要重新研究界定"基础"这一概念的内涵与外延。本课程方案所指的"基础"，是指为受教育者奠定学会学习、学会做事、学会与人相处及学会发展的基础。

为此，不但要扩大"基础"的内涵与外延，而且要用人类文明发展与现代科技进步提供的新视角，丰富和更新传统的文化"基础知识"与"基本技能"的内容。

3. 给受教育者更多的实践与动手机会，让他们在做中学。

从课本中学习，从自然、社会、生活实践中学习，是受教育者学习与发展的两条重要渠道。当今的儿童、少年比起他们的上一代，失掉了许多实践与动手的机会；因此，不但各种课程都要努力增加他们动手实践的机会，还要有计划地引导他们接触自然，接触社会生活，在活动中发展他们的实践技能和习惯，帮助他们形成正确的态度与价值观念。

4. 要让受教育者切身感受学习的幸福与成功的欢愉。

学习应该是既艰苦又愉快的事情，信心与勇气都来自成功。要让每个学生都有机会获得学习的成功。

为此，要从有利于全体儿童、少年发展的角度科学把握和适当拓展教学内容与教学要求，要让这些内容与要求切合不同的受教育者的年龄特点与心理需要。

5. 本课程方案及各科教材应是一个开放的系统。

要在终身教育的体系内思考基础教育的任务，筛选教学内容，重新确定教学要求。不要过分追求知识的系统与全面，也不要让课程与教材限制教师和学生。要留出足够的“接口”，让他们可以自主地把学校与社会、学科与科学进展联系起来，从而让孩子们能够学会参与、学会选择、学会合作与发展。

6. 本课程方案及各科教材应该是一个有机的整体。

在一切为了受教育者全面、主动、多样化发展的口号下，本课程方案及教材应该统整各方面的要求，帮助学习者形成个人的认知系统和基本态度，并使他们有能力把个人的认识、经验与所学习的课程内容联系起来。

要注意学科之间、年级之间的联系与衔接，要注意科学精神、人文关怀在所有学科教材与学校活动中的指导与渗透，要运用辩证唯物主义的世界观与方法论去处理课程教材和学生发展中的诸多矛盾，这样才有可能形成促进受教育者发展的合力。

7. 要反映信息时代的特点。

21 世纪人类社会将全面进入信息时代，以知识经济为代表的新的经济形态正在并将日益给人类的生产方式、生活方式乃至思维方式带来巨大的影响。

循序渐进将不再是学生学习的唯一方式，超文本式学习、浏览式学习与检索式学习会越来越在学生的学习中发挥作用；文字教材也不再是学校教材的唯一形式，声像教材、多媒体教材、多种媒体组合教材也会逐渐进入学校。为此，必须积极利用现代科学技术，探索并尝试新的教学方式与教材形式，以更广泛地适应受教育者通过多种途经、方式获得发展的需要。

三、课程设置

（一）课程结构

本方案的课程分为Ⅰ、Ⅱ、Ⅲ三类，Ⅰ类是侧重学术性、知识性的课程，其考核方式大多为考试；Ⅱ类是侧重实践性的课程，其考试方式大多为考查；Ⅲ类是学校自主课程，可以安排班团队活动、乡土性课程，也可以加深拓宽Ⅰ、Ⅱ类课程或开设其他有益于学生身心发展的可供学生选择的课程，其考核方式也由学校确定。

（二）课程设置

本方案开设了语文、数学、思想品德（思想政治）、外语、社会（社会科学）、科学（自然科学）、历史、地理、物理、化学、生物、音乐、体育、美术、劳动（劳动技术）、综合实践16门课程。

由于学校与学生有组合与选择权利，具体到每个学生，12年所学课程总门数在11～14门。

（三）课程说明

语　文

语文是一门基础课程、工具课程，它通常包括识字、写字、说话、听话、阅读、写作等方面知识的积累与能力的培养训练，同时又肩负着培养学生美好情感与健全人格，帮助学生运用语言工具去学习其他知识、认识他人、认识自己、认识社会等多项任务。

实际上，语言的学习是一个人终身都在进行的事情，尽管多数儿童确实是在教师的帮助下学会识字与写字的，而几乎所有的人都是在社会、家庭以及各种教育机构的帮助下，从出生就开始了个体学习、掌握母语的过程。在这种情况下，确定哪些语言学习任务纯然是语文课程的责任，可能是相当困难的。

要确立“大语文”概念，要实事求是地估价并限定语文课的作用，学校语文教学的重点是有针对性地提高学生语文水平，帮助学生理解与把握语言载体所传达信息的丰富内涵。

语文教学必须面向社会生活，面向学生实际，让学生通过语言实践（书面的与口头的），去结识同伴，发展自己，领略人生的意义与价值。

数学

数学是关于客观世界模式和秩序的科学。数学课程应该使学生学习那些既是未来社会所需要，又是个体发展所必需的有用的数学。在使所有学生获得共同的数学教育的同时，让更多的学生有机会接触、了解乃至钻研自己感兴趣的数学问题，最大限度地满足每一个学生的数学需要。数学课应充分注意使学生体会数学与大自然及人类社会的密切联系，体会数学的价值，增进对数学的理解和增强应用数学的信心；让学生学会运用数学的思维方式去观察、分析现实社会，解决日常生活中的问题，进而形成勇于创新的科学精神；并使学生获得适应未来社会生活和进一步发展所必需的重要数学事实（包括数学知识和数学活动经验）以及基本的思想方法和必要的应用技能。

帮助学生通过学习数学，为他们学习其他课程乃至其一生发展奠定基础，是数学教学的最根本的目标。

英　语

英语是一门工具课程，注重突出交际性、工具性、文化性和教育性。英语教学要强调交际与应用，强调语言知识、技能与交际知识技能的有机结合，从而努力实现基本知识技能的内化与外显，让学习者可以在实际生活中将英语作为交往、学习的工具来加以应用。作为文化的载体，让学生了解一般的英美文化社会知识，不仅有利于交际能力的提高，更有助于学生的人格（国际人）的培养。

英语课作为学习第二语言的经验，不但对学习语言，而且为学生学会学习创造了条件。

社会（社会科学）

社会是从时间和空间两个维度阐述人与社会的关系的一门综合性课程，所涉及的范围很广，通常包括社会常识、公民、社会发展史、地理、政治、经济、伦理道德、法律、环境科学及国际关系等学科的内容。

社会课程要使学生学习和掌握关于社会的基本知识，了解人类生存的社会环境和社会现象，增进学生对社会的实际体验，认识个人在社会中的地位和责任。社会课要帮助学生学习基本的观察、认识、分析社会生活的观点和方法，认识社会的发展是有规律的；社会课还要培养学生积极地适应和参与社会生活的基本态度和基本能力；帮助学生形成热爱祖国的思想感情和包容多元文化的全球意识。

要注意，学生并不只在社会课里学习社会知识，社会课重要的责任是指导学生正确把握与分析切身的社会生活体验，提高他们认识与适应社会实际的水平与能力。

历　史

历史课是把培养学生形成以辩证唯物主义和历史唯物主义理论为指导的历史观和历史智慧当做核心任务的课程。通过了解人类社会历史发展的进程认识人类文明发展的规律，逐步帮助学生形成科学的历史意识、公民意识、道德意识、审美意识以及社会责任感与爱国主义情感。历史教学应培养学生解读分析历史材料和阐释历史问题的能力，特别是运用辩证唯物主义和历史唯物主义基本观点观察、分析问题的能力，从而使学生在学习历史知识的同时，能较全面、辩证、历史地认识自我、人类和社会，迎接未来生活的挑战。

让学生认识生活中的历史，让学生历史地认识生活，这或许是历史教学成功的最高境界。

地　理

地理课程的核心任务是培养学生形成正确的人地关系认识和可持续发展观。通过有关地理环境、人地关系和可持续发展的基础知识的学习，通过地理基本技能训练及实践活动，逐步帮助学生确立环境意识、全球意识和以人地关系和谐发展为中心的人地关系观念等地理科学思想，帮助学生提高自己观察、分析地理图像、地理资料、地理环境以及运用地理思想方法处理加工信息的能力。地理教学应积极组织学生进行野外地理考察和社区地理调查，使学生掌握日常生活、工作及终身教育所需的地理基础知识和基本技能，从而促进学生的全面发展。

地理是一门与学生生活与发展息息相关的学科，它本来就是，也应该成为学生生活的一个有机构成部分。

思想品德（思想政治）

思想品德（思想政治）是将儿童少年系统接受的合格社会主义公民教育进行梳理和升华的课程，是我国学校社会主义性质的重要标志之一。

本门课程的重点是对学生进行基本道德规范、基本的法律法规、基本的国情与基本的马克思主义（包括毛泽东思想、特别是邓小平理论）常识教育。本门课程的教学建立在全部学校德育工作的基础上，必须充分联系学生的生活实际，以情动人，以理服人，以德育人，使学生具备合格公民所需要的良好道德修养、文明行为习惯和正确的价值观。

再次强调，学生并不只在思想品德、政治课里学习品德或政治，所有的课程、学校的一切活动都肩负着同样的教育任务。本门课程的责任是帮助学生把感性认识提升到理性高度，是帮助他们更自觉地修养自己，提高自身的道德与思想政治水平。

科学（自然科学）

科学（自然科学）是从人与自然关系的角度来介绍自然世界的基本现象和物质运动变化的一般规律的综合性课程，其内容涉及与人相关的自然环境、动植物世界、物质及其运动变化，以及现代科技进展与应用等方面。

科学以学生的认识规律为基础，从世界是一个相互联系、相互作用的整体的观点出发，提取自然科学中通用的概念、原理、方法，结合人类生存与生活中的实际问题，把分析和解决此类问题的自然科学知识进行整合，全面完整地揭示物质世界的运动变化规律以及人与自然的相互关系，并力图构建一个知识与方法有机统一的科学学科体系。科学课教学应帮助学生学习和掌握基本的自然科学知识和基本的科学技能，并帮助他们形成科学的思维能力和实践能力，形成科学的态度和价值观念。

在进行科学知识、方法的综合性学习的同时，注意帮助学生了解不同的观察角度与分析方法带给人类的认识成果，是本门课程的教学难点。

物　理

物理旨在从物理现象出发，以观察和实验为基础，通过对自然界物质运动形式的最普遍、最一般规律和最简单的物质结构的学习与研究，认识物理学与生活、技术、社会和人的发展关系，激发学生对科学的学习兴趣和求知欲望。

本门课程要着重引导学生注意物理现象和物理过程的学习与研究，通过观察、实验、分析、推理、演绎，帮助学生提高发现问题、提出假设、评价事实依据、概括物理模型、得出科学结论的能力，在让学生受到科学方法训练的同时，培养他们良好的科学态度和探求真理的开拓创新精神。

化　学

化学是从学生所熟悉的身边的事物和发生在身边的化学现象出发，引导和启发学生对化学的学习兴趣和探索欲望的一门课程。

通过大量的学生实验，让学生从“做”中学一些最基本的化学知识和实验技能，亲身体验人类获取科学知识的一般科学方法和科学过程，逐步培养学生的化学研究能力和创造力，让学生在创造性地解决问题的过程中体验通过“研究”获取成功的快乐。

本门课程通过阐述化学与技术、社会乃至人类的关系，让学生在获取化学知识和实验技能、开发个人潜能的过程中，逐步形成科学的态度、正确的价值观和良好的社会责任感，为终身的发展打好必要的基础。

生　物

生物旨在让学生充分接触自然、了解自然和探索自然，引导学生从现实生活中的普通生物学现象入手，通过细致的观察、严谨的探究与脚踏实地的实践等学习方式，学习生物科学的基础知识和基本技能，通过学习生物的种类、结构、功能、行为、发育和起源进化及生物与周围环境关系等内容，养成基本的生物学素养，激发学生学习生物学的兴趣和求知欲。

本门课程注重科学方法的训练，注重帮助学生全面了解本学科的发展状况，以促进学生逐步形成人生所必需的正确的情感、态度和价值观。

作为生物大家庭的成员，每个学生都应该从生物课程中获得健康生活的启示。

音　乐

音乐课程包括义务教育阶段的音乐课程和高中阶段艺术课程中的音乐欣赏课。本门课程主要学习我国优秀的民族音乐作品，接触与了解一些外国优秀的音乐作品，学习必要的音乐知识，使学生逐步掌握必要的音乐基础知识和基本技能，帮助学生提高对音乐美基本的感受、表现、鉴赏和创造的能力，培养学生正确的审美情趣和审美意识，开阔文化艺术视野，提高艺术修养。

本门课程通过提供给学生感受音乐、表现音乐、创造音乐的机会，使学生主动参与到音乐实践活动之中，促进学生个性、情操、人格的全面发展。

体　育

体育课程以健康和健身教育为主题，通过运动实践，使学生逐步掌握运动的基本技能和方法，促进学生身体正常发育与健康。帮助学生形成初步的健身意识和锻炼身体的能力，促进他们健康心理品质的发展，为他们锻炼自己的勇敢精神，形成自强自立、合作与竞争的生活态度提供帮助。

帮助学生养成终身的运动爱好与锻炼习惯，是体育教学成功的标志。

美　术

美术课程包括九年义务教育美术课程和高中阶段艺术课程中的美术欣赏课，本门课程面向全体学生，尊重个体对美的情感体验与表达，通过表现、欣赏、应用三类课业的教学，为学生审美认知、审美情感、审美创造能力以及文化艺术素养的形成和发展奠定初步基础，促进学生身心全面、主动、多样化发展。

本门课程要帮助学生了解人类文化艺术发展的历史和成果，了解美术与社会生产、生活的关系，提高对艺术价值的认识，提升审美情趣和素养。帮助学生形成初步的审美感受力、思辨力，提高自身对美术信息及其符号语言的理解能力和对美术作品的赏析能力。加强创造思维和设计观念的教育，培养联系生活实际进行美术创造和美术设计实践的能力。陶冶情操，促进人格的完善，是本门课程的重要责任。

美存在于生活之中，存在于学生的全部学习活动之中，让学生学会感受并创造他们生活中一切美的事物，是本门课程的终极目标。

劳　动

劳动是一门以实践为主，密切联系学生生活实际、社会实际和生产实际的综合性、应用性课程。它通过若干与学生学习、生活和社会活动有关的基本劳动项目的学习与实践，让学生学会使用若干基本劳动工具，掌握若干最一般、最基本的劳动技能，最终学会运用自己学过的知识技能，设计、制作一件件成品，感受到劳动与创造的快乐。

本门课程要注意加强对学生进行劳动教育，通过学习与实践，帮助学生逐步树立劳动观念，养成良好的劳动习惯，形成积极的劳动态度和正确的劳动价值观，理解劳动与人的生存和社会发展的内在联系。

劳动是人类的基本活动，劳动课是学生身心发展的重要途径，是面向21世纪学校教育的核心内容之一。

综合实践

综合实践课程是一门面向全体学生开设的，以学生自主选择的、直接体验的、研究探索的学习为课程基本方式，以贴近学生现实的生活实践、社会实践、科学实践的主题为课程基本内容，以学生个性养成为课程基本任务的非学科性课程。本门课程注重引导和鼓励学生走进生活、参与社会实践、接触科学，在设计上采取大主题、长周期、重过程的原则。通过本门课程引导学生走入当代生活，思考当代问题，参与当代科学实践活动，对学生加强养成教育和实践锻炼，从而促进学生社会责任感、独立意识等健康个性的发展。

综合实践课是联系学校与社会的重要桥梁，是学生综合运用所学知识与技能的最好机会，是学生走向社会生活，承担公民责任的初步尝试。

九年义务教育课程改革方案

<table>
<tr><th>课程类别</th><th>科目 \ 周课时 \ 年级</th><th>一</th><th>二</th><th>三</th><th>四</th><th>五</th><th>六</th><th>七</th><th>八</th><th>九</th><th>总课时</th></tr>
<tr><td rowspan="13">Ⅰ</td><td>语文</td><td>10</td><td>10</td><td>6</td><td>6</td><td>6</td><td>5</td><td>4</td><td>5</td><td>5</td><td>2 042</td></tr>
<tr><td>数学</td><td>3</td><td>3</td><td>5</td><td>5</td><td>5</td><td>4</td><td>4</td><td>4</td><td>4</td><td>1 324</td></tr>
<tr><td>思想品德</td><td>2</td><td>2</td><td>1</td><td>1</td><td>1</td><td></td><td></td><td></td><td></td><td rowspan="2">394</td></tr>
<tr><td>思想政治</td><td></td><td></td><td></td><td></td><td></td><td>1</td><td>1</td><td>1</td><td>1</td></tr>
<tr><td>外语</td><td></td><td></td><td></td><td>2</td><td>2</td><td>3</td><td>3</td><td>3</td><td>3</td><td>570</td></tr>
<tr><td>常识</td><td>2</td><td>2</td><td></td><td></td><td></td><td></td><td></td><td></td><td></td><td>144</td></tr>
<tr><td rowspan="3">社会</td><td rowspan="3"></td><td rowspan="3"></td><td rowspan="3">2</td><td rowspan="3">2</td><td rowspan="3">2</td><td>2</td><td>2</td><td>2</td><td>2</td><td>500</td></tr>
<tr><td></td><td>历 1</td><td>历 2</td><td>历 2</td><td rowspan="2">536</td></tr>
<tr><td>地 2</td><td>地 2</td><td></td><td></td></tr>
<tr><td rowspan="3">科学</td><td rowspan="3"></td><td rowspan="3"></td><td rowspan="3">2</td><td rowspan="3">2</td><td rowspan="3">2</td><td>2</td><td>2</td><td>3</td><td>3</td><td>570</td></tr>
<tr><td></td><td></td><td>物 2</td><td>物 2</td><td rowspan="2">604</td></tr>
<tr><td>生 2</td><td>生 2</td><td>化 1</td><td>化 2</td></tr>
<tr><td colspan="11"></td></tr>
<tr><td rowspan="5">Ⅱ</td><td>体育</td><td>4</td><td>4</td><td>3</td><td>2</td><td>2</td><td>2</td><td>2</td><td>2</td><td>2</td><td>824</td></tr>
<tr><td>音乐</td><td>2</td><td>2</td><td>2</td><td>2</td><td>2</td><td>1</td><td>1</td><td>1</td><td>1</td><td>502</td></tr>
<tr><td>美术</td><td>2</td><td>2</td><td>2</td><td>2</td><td>2</td><td>1</td><td>1</td><td>1</td><td>1</td><td>502</td></tr>
<tr><td>劳动</td><td></td><td></td><td>2</td><td>2</td><td>2</td><td>2</td><td>2</td><td>2</td><td>2</td><td>500</td></tr>
<tr><td>综合实践</td><td></td><td></td><td>2</td><td>2</td><td>2</td><td>2</td><td>2</td><td>2</td><td>2</td><td>500</td></tr>
<tr><td>Ⅲ</td><td></td><td>3</td><td>3</td><td>3</td><td>2</td><td>2</td><td>5</td><td>5～6</td><td>4</td><td>3～4</td><td>1 074～1 144</td></tr>
<tr><td colspan="2">周课时总量</td><td>28</td><td>28</td><td>30</td><td>30</td><td>30</td><td>30</td><td>30</td><td>30</td><td>30</td><td>9 516</td></tr>
</table>

注 1：学年时间安排

项目 \ 周数 \ 阶段	九年义务教育	备　注
上课	36	九年级第二学期上课减少 2 周，毕业复习考试增加 2 周
校传统活动	1	
期末复习考试	2	
机动	1	
假期	12	
总计	52	

注 2：周活动总量

每周按 5 天安排，周活动总量为 30 课时，1～5 年级每课时 40 分钟，6～9 年级每课时 45 分钟。

注 3：6～9 年级的综合课程社会（包括自然地理内容）、科学也可开设相应的分科课程，社会可开设为历史、地理，科学可开设为物理、化学、生物，学校可在全部分科（历史、地理；物理、化学、生物）或一分科一综合（社会，物理、化学、生物或科学，历史、地理）或全部综合（社会、科学）中选择。

注 4：综合实践课有两种安排方式，一种是每周 2 学时，分散安排，例如学习家务、社会调查等；另一种是集中安排，将全学年或全学期的时间集中使用，例如去农村劳动与考察。

注 5：计算机可作为短期课程列入必学内容。教学时间可利用劳动课一部分时间，也可在学校自主课程课时中解决。

普通高中课程改革方案

课程类别	科目 \ 周课时 \ 年级	高一	高二	高三 Ⅰ	高三 Ⅱ	高三 Ⅲ	总课时
Ⅰ	语　文	3	3	5	3	3	300～356
	数　学	4	3	4	4	3	336～364
	思想政治	1	1	1	1	1	100
	外　语	4	3	4	4	3	336—364

续表

<table>
<tr><td rowspan="2">年级 / 周课时 / 科目 / 课程类别</td><td rowspan="2"></td><td rowspan="2">高一</td><td rowspan="2">高二</td><td colspan="3">高三</td><td rowspan="2">总课时</td></tr>
<tr><td>Ⅰ</td><td>Ⅱ</td><td>Ⅲ</td></tr>
<tr><td rowspan="7">Ⅰ</td><td rowspan="3">社会科学</td><td>3</td><td>3</td><td>4</td><td></td><td></td><td>328</td></tr>
<tr><td>历 2</td><td>历 2</td><td>历 3</td><td></td><td></td><td rowspan="2">356</td></tr>
<tr><td></td><td>地 2</td><td>地 2</td><td></td><td></td></tr>
<tr><td rowspan="4">自然科学</td><td>3</td><td>4</td><td></td><td>5</td><td></td><td>392</td></tr>
<tr><td>物 2</td><td>物 2</td><td></td><td>物 3</td><td></td><td rowspan="3">656</td></tr>
<tr><td>化 2</td><td>化 2</td><td></td><td>化 3</td><td></td></tr>
<tr><td>地球 2</td><td>生 2</td><td></td><td>生 3</td><td></td></tr>
<tr><td rowspan="4">Ⅱ</td><td>体　育</td><td>2</td><td>2</td><td>2</td><td>2</td><td>2</td><td>200</td></tr>
<tr><td>艺　术</td><td>1</td><td>1</td><td></td><td></td><td></td><td>72</td></tr>
<tr><td>劳动技术</td><td>2</td><td>2</td><td>2</td><td>2</td><td>10</td><td>200～424</td></tr>
<tr><td>综合实践</td><td>2</td><td>2</td><td>2</td><td>2</td><td></td><td>144～200</td></tr>
<tr><td>Ⅲ</td><td></td><td>3～5</td><td>3～6</td><td>5～6</td><td>4～7</td><td>8</td><td>328～620</td></tr>
<tr><td>周课时总量</td><td></td><td>30</td><td>30</td><td>30</td><td>30</td><td>30</td><td>3 000</td></tr>
</table>

注 1：高三年级Ⅰ、Ⅱ、Ⅲ分别为侧重文、理科和就业预备教育

注 2：学年时间安排

<table>
<tr><td>阶段 / 周数 / 项目</td><td>高中</td><td>备　注</td></tr>
<tr><td>上课</td><td>36</td><td rowspan="4">高三年级上课 28 周，复习考试 12 周</td></tr>
<tr><td>校传统活动</td><td>1</td></tr>
<tr><td>期末复习考试</td><td>2</td></tr>
<tr><td>机动</td><td>1</td></tr>
</table>

续表

阶段 周数 项目	高中	备注
假期	12	
总计	52	

注3：周活动总量

每周按5天安排，周活动总量为30课时，每课时45分钟。

注4：社会科学、自然科学与九年义务教育的社会、科学相衔接。学校在开设综合课程的同时也可开设相应的分科课程，即开设历史、地理、物理、化学、生物、地球等学科。学生可在全部分科（历史、地理；物理、化学、生物、地球）或部分分科部分综合（历史、地理——自然科学；物理、化学、生物、地球——社会科学）或全部综合（社会科学、自然科学）中选择。

注5：高三侧重文科的语文5课时中包含了古汉语2课时。

注6：计算机是高中学生必须掌握的学习工具，本课程方案要求学校适当安排部分计算机的理论知识，以提高高中学生计算机应用水平。教学时间安排可作为劳动技术课的一部分内容，也可利用学校自主课程课时。

（原载《走创新之路（上）》，北京出版社1999年版，
商发明、文喆执笔）

32

为学生全面主动多样化发展创造相对宽松的条件

——改革学生学业评价的若干构想

一、评价要为教育教学服务

中小学生在学校里的一切活动，都是学习活动。学校组织学习活动的根本目的，是促进受教育者全面主动多样化地发展自己，帮助他们成为有创新意识、创造能力的负责任的社会主义建设者和接班人。

学生学业评价，作为学校教育质量评价的核心内容，它应该成为保证学校教育目标落实的重要手段，应该成为帮助学生成长的重要工具。因此，在组织实施各种评价活动时，要时刻牢记，评价应该为教育教学服务，不要让学业评价成为高悬在学生头上的利剑，更不要让师生双方都变成评价的“奴隶”。

二、增加机会，把着力点放在发现优势上

中小学学生肯定有参加常模参照性考试（选拔性考试）的机会，处在社会主义初级阶段的中国，各种差别都还存在，机会并不完全充分，总要利用考试来甄别挑选。但是，对于地处祖国中心，社会经济与教育文化都占有极大优势的北京人来说，必须注意到这种甄选正在发生变化，正在向人主动的双向选择变化。

要努力创造学习者双向选择的机会，要努力变一次选择为多次选择，要努力打破各类、各级教育壁垒森严的界限，让学习者能够通过不同的道路，通过直接或迂回的方法，达到人生追求的彼岸。我们希望实现的是每个人的全面主动发展，是人与人之间并不相同的发展。为此，教育管理与实践工作者的共同责任是增加学习的机会，拓宽发展的渠道，从而让学习者有机会尝试，有机会重新开始，有机会在不同的领域同样获得成功。

要防止常模参照性考试的滥用，要注意科学地使用这种评价方法的结果（例如，这类考试成绩应该成为师生双方的“隐私”），要把工作的着力点放在发现学习者的优势上。要坚决改变用一次性的统一考试为各类不同的学校“选拔”学生的做法，更不能在某一级别选拔考试基础上滋生出无数常模参照性的“练习”，再不断地用“分数排队”“依据考试成绩奖惩教师”之类的做法来强化它的刺激作用，实行“考试领导教育”。

三、学业考评的主要方法是标准参照性考试

为了促成中小学生在知识、能力、态度与价值观方面的进步，学校学业考评的常规方法，应该是标准参照性考试，是非选拔性的水平检测。

为此，要科学地制订和使用“标准”。列入基本标准的内容，必须是每个社会主义中国公民确实“应知必会”的基础性要求，是学习者终身学习需要的基础性要求，而不是只对部分人发展有用的知识或技能，更不是多年沿袭下来的只对某个学科深入学习有用的专门知识或技能。为此，我们认为应该由教育行政部门组织权威的各方专家共同研究制订各个学科、各种技能的基本标准，作为编写教材、组织教学和考评学业的基本依据。

在“基本标准”之外，还应该有多个分类的“级别标准”，犹如英语、计算机的级别考试一样，可以让学习者选择通过不同的级别、种类的考试，从而使学习者有机会实现不同的发展，增加“标准”的弹性，增添标准的“温情”色彩。

多种多类的“基本标准”和“级别标准”，都是公开的通过性检测，都不以师生为对手，为“敌人”，它应该成为师生教学活动的指导力量，它也可以起到帮助学习者达到“基本标准”或“级别标准”的作用。

四、让学生学会自己评价自己

考评并不是管理者或者教师的专利，让学生学会自己评价自己，让学生学会发现本人学习中的问题并尝试改进自己，是让学生“学会学习”的重要内容之一，是比学会具体知识或技能重要得多的学习任务。

在正向我们走来的学习化社会里，学习者自己寻找问题和学习材料，自己安排学习进程和监控效果，是个人持续发展的基本条件。让学生学会自我评价、自我激励，是帮助他们实现在一生中不断进步的基础。教育管理者制订的“基本标准”或“级别标准”，教师和科研部门制订的衍生性的阶梯式练习，都可以成为学生自我评价的工具，都能够帮助学生确定发展方向，都应该成为促进学生发展的手段。要改变把考评神秘化的传统习惯，把“武器”交到学习主体的手中。

另一方面，在相对宽松的氛围中，应该让学生有展示个人长处与特点的机会，应该给正向不同方向发展的儿童、少年展示“标准”以外才能的机会。仅仅重视文化课成绩，仅仅提倡一类评价标准，无疑会扼杀许多儿童、少年追求发展的积极性和主动性，会妨碍许多天才的成长。教师的首要责任不是指出学生的不足，而是发现学生的长处，发现他们确有潜力的发展方向，给学生自我评价的机会与权力，正是为了帮助他们发现自己，鼓舞他们不断努力的决心与信心。

五、要实行动态（发展性）评价

鼓舞学习者追求发展的决心与信心的另一个手段是提倡发展性评价，提倡用辩证唯物主义的态度看待各种评价的结果。

儿童、少年的基本特点是他们的不成熟性或发展性，他们是“未完成的”人，是正在“自己创造自己”的公民，变化不但是他们的权利，变化也是他们的责任。对于儿童、少年来说，人与人是不同的，今天的“我”和明天的“我”也应该是不同的，不要用固定的眼光去看待他们，也不要用成人的心理去揣测他们，作为教育工作者，要满怀期待地去促进儿童、少年的变化，鼓励他们主动、积极地改变自己，鼓励他们在自我比较中获得继续进步的信心与勇气。

自我发展的比较，可能是量的积累，是知识、能力、经验与态度的增加或丰富，也可能是质的变化，是观念方法的飞跃或变革，还可能是顿悟或直觉，甚至是生活态度的全面转化。一次变化是前一次变化的继续，一次变化的结束又是下一次变化的开始。不论是量的还是质的变化，学生自己会觉察，教师或他人也会发现，关键是要从简单的横向比较、追求名次中挣脱出来。

给教师评价的主动权，让教师有权力对每个学生每一点实际变化作出恰当的评价，从而使评价真正成为教师帮助、指导学生的工具。为此要适当淡化评价标准的刚性，要坚决制止用学生考试成绩作唯一标准评价教师的现象。解放教师是解放学生的前提，没有教师与学生的主动性，就没有针对学生实际的教学，也不会有学生的全面主动多样化的发展。

六、要重视社会评价

我们反对教育行政部门用考试指挥教育，也不赞成社会力量依据升学状况评价干预学校的教育工作，因为这些做法都是可以见效于一时、见效于少数人，而对中华民族的长远发展，对实现民族素质的整体提升有害。

但是，我们并不主张关门办教育，相反，学校必须重视社会评价，学校必须学会从社会评价中寻找自身工作的不足或失误，汲取改革的勇气与力量。

实际上，社会的评价主要有两种倾向：当社会上的公民或团体以学生家长的身份出现的时候，他们关心的是教育的直接效果，是在现行体制下能否帮助受教育者抓住深造升学的机会，这时的他们往往是“保守”的，会不赞成一切他们认为有风险的教育改革；当他们以社会的一般公民，特别是以用人单位的代表出现时，他们更加关注创新人才的一般素质，关心“接班人”的全面修养，这时的他们又常常是现行教育的批评者，是教育改革的支持力量。

在实际工作中，给学校、教师造成直接压力的是“家长”们的影响，而应该引起充分注意的则是“一般公民”的批评意见。所以，学校应该努力争取社会监督，要关注家长的评价，更要主动邀请社会贤达与社区代表来评价自己。

七、评价是一个过程，是人与人的交流和沟通

教育工作者的责任是整合各种评价的影响，最终营造一个有利于学生全面主动多样化发展的氛围或机制。

评价绝不仅仅是一组数字，绝不仅仅是一种等第发布或一次展示会、一次表彰会。评价是一个过程，是一个连续不断的过程，是一个教师的心与学生的心交流、沟通的过程；评价与教育是相伴相生的，评价与学生的发展也是相伴相生的。

评价是情感的纽带，是联系师生的桥梁，是对学习者的全面督促与关照。多一些关心与具体指导，多一些鼓励与发现，不仅会增加评价的感情色彩，还会增强受教育者前进的信心，更好地发挥评价的促进作用。当然，评价还要有分级分类，还要有数字或评语的区别，儿童少年最终也需要面对中选与落榜的挑战。然而，只要教育工作者始终不忘教育的责任，就能够想尽办法帮助受教育者直面未来！

多一点细心的观察，多一点深切的关心，多一点翔实的记录，多一点科学的比较，多一点全面的认识，就会多一份耐心和体谅，就能多培养一位有创新意识、创造能力的负责任的社会主义建设者和接班人。

八、辩证地认识与运用评价

人的发展是极其复杂多变的过程，到目前为止，还不能说人类已经掌握了儿童、少年发展的规律。因此，为人的发展服务的教育评价理论与方法，也在不断发展完善之中。

要重视评价研究，积极进行评价实验与评价改革，科学地利用评价结果，而不要盲目迷信评价，不要把评价绝对化。特别是当我们需要对儿童、少年做出否定性的评价意见时，更应该审慎从事，更需要留有余地，笔下留情。有时候，"暂缓评价"或者"不评价"也许会是一种更好的评价，是一种真正从学生实际出发的激励性评价。

科学辩证地认识并运用评价手段，是创造新的教育所必需的，这要靠整个社会的共同努力来实现。

（原载《走创新之路（上）》，北京出版社 1999 年版，
文喆、梁威、陆沈娟执笔）

33

学习方式、传播方式与课堂教学改革

一、人学习活动的三种形式

人的学习活动主要有三种形式：一是体验学习，二是发现学习，三是接受学习。

体验学习，是人最基本的学习形式。体验学习是指人在实践活动过程中，通过反复观察、实践、练习，对情感、行为、事物的内省体察，最终认识到某些可以言说或未必能够言说的知识，掌握某些技能，养成某些行为习惯，乃至形成某些情感、态度、观念的过程。体验学习可以不通过语言工具来实现，婴儿认识母亲，小孩子识别回家的路，成年人掌握某种技术，如骑自行车的要领，都不必或者难以用语言来记忆表达；体验学习也可以借助语言工具来完成，甚或学习的对象本身即是口语或文字材料，如读一首诗或一篇散文、小说，但是体验学习的目的却在于追求文字以外的东西，追求理解、体验语言符号所代表的生活场景与思想感情，追求在潜移默化中实现认识、情感、态度与观念的变化。

体验学习因其并非一定要借助语言工具来实现，所以它是一切较高等动物共有的学习行为，人类因其既可以通过语言工具又可以不通过语言工具来进行体验学习，所以人的体验学习的效率更高，质量也更高。体验学习的基础是在反复实践过程中的内省体察，是通过学习者不自觉或自觉的内省积累而把握自己的行为情感，认识外在世界，所以它必然是一种个别化的学习行为。外在世界（包括学校和教师），可以为学习者设置种种有利于实践与体验的学习环境，可以促成或阻滞学习者的学习活动，但是却无法取代学习者的主动行为。在中小学教育中，体验学习主要应用于情感态度、技能技巧的学习，体育、艺术、品德教育、文学等都包含大量体验学习的内容，一些隐性课程、社会实践活动，也需要通过体验学习来形成或深化其学习成果。

发现学习，亦称探究学习，是指人通过对自然、社会现象或文字材料的观察、阅读，发现问题，搜集数据，形成解释，并对这种解释进行交流、检验与评价的过程。发现学习的基础是对材料（实在的或语言的）的观察或阅读；发现学习的难点是在联想对比勘验的过程中提出问题，提出解释或假说，进行批判与逻辑思考；发现学习的要义在于设计实验、搜集数据以验证假说的合理性，在于寻找多样化的问题解答或行动方案。

发现学习也是人类基本的学习方式，是一切科学发明发现与新知识产生的基础。发现学习的关键是提出问题及解释，验证问题及解释，所以发现学习必须借助语言工具来实现。在一定意义上，发现学习是人类特有的学习方式。当然，最新的研究成果表明，某些高等动物也有类似人类语言的生命现象，所以它们也可以实现某种初级的发现方式的学习。

发现学习也是一种个别化的学习行为。虽然教学活动的组织者或领导者可以有计划地分解学习任务，可以让若干名学习者分别完成观察、阅读任务并提出解释，也可以让不同的学习者依次完成不同阶段的学习任务，但是只有当学习者在自己发现或接受他人的发现的基础上进行思考，提出假说、解释并进行验证评价之后，发现学习的任务才会最终完成。所以，发现学习是一种可以在合作学习环境下实现的个别化学习方式。在中小学教育中，研究性课程、实践活动课程以及无时无刻不在的学习者以提出问题、进行解释为目的的主动联想、分析、综合、归纳的思辨活动，都是发现学习的佳例。发现学习，是学习者主体意识与创造精神生发的土壤，是传统教育最易忽视也是实施素质教育最需提倡的学习方式。

接受学习，是人类特有的学习方式。接受学习的对象不是自然与社会本身，而是前人或他人对二者的描述解释与经验，学习者通过阅读、倾听与研究获得知识技能与态度方法。学习必须通过语言符号系统来实现，学习者不仅要学习相关的语义系统与逻辑运算规则，而且要学会把符号系统所表达的间接经验在某种程度上转化为直接经验，从而最终认识自然，认识社会，认识自身。

接受学习是建筑在前人或他人经验基础上的学习，所以它必然是涉及传递双方的合作方式的学习。学习活动涉及两个以上主体（或者可以称其中传的一方为主导），也可以在多个主体之间进行，如可以在点对面、面对面或面对点之间实现传递。由于语言文字可以超越时空限制，由于学习材料可以是前人或他人对人类经验科学归纳分析的成果，所以接受学习不需要学习者事事亲身经历，这是一种高效的学习方式，也是可以有完整计划与精心组织的学习方式。接受学习的最大价值在于新一代不必从零开始学习活动，他们可以通过继承接受前人与他人的认识成果而加速个体的认识发展过程，从而不仅使有限的生命个体能够更从容地面对无限的知识海洋与大千世界，而且使社会主义建设者与接班人的成长成为可能。因为，人类认识的精华，马克思主义的世界观与方法论，都是多少代人类思想家、实践活动家共同创造的精神财富，它不需要也不可能全都由每一代人类生命个体去重新发现。正是接受学习这一方式，使人类能够一代代接续着去认识与改造世界，从而能够超越其生物界侪辈，主宰自己的命运。接受学习，不仅是人类最重要的学习方式，也是学校教育的基本形式。

当然，在实际的学习活动中，这三种学习方式往往是交错融通组合在一起发挥作用的，在接受学习中可能有体验学习与发现学习的成分，在体验学习中也会融入接受学习与发现学习的因素，而发现学习中同样会有接受学习与体验学习的加盟。由于各自比例不同，侧重不同，从而组合成多种多样的学习模式。但是应该指出，从总体方面看，不但存在某类学习任务以某种学习方式为主、为适宜的现象或规律，而且存在误用学习方式的现象，后者则是学习者学习积极性的发扬与学习成效的获得的重要障碍因素，也是教学效果不佳、效率不高的原因之一。

二、改善接受学习，积极探求接受学习的新形式

传统的中小学教育，十分重视接受学习，比较容易忽视体验学习，尤其忽视发现学习。

这不仅因为接受学习是一种可以集体进行的便捷高效的学习方式，而且因为人们一直认定儿童少年必须广泛继承人类精神文明的成果，并希望在其成长过程中少走弯路。

在接受学习的实践活动中，个别的学习者面对的是人类集体的文明成果，是用严密的学科体系组织起来的人类认识与思辨的精华，是复杂的语义系统与逻辑运算规则，并被要求用这一套多变的符号系统去表达感受与解释生活现象。权威严密的学科知识体系及其传播者的存在，一方面有利于学习者高效快捷地掌握认识要点，另一方面却又削弱了他们提出疑问与另作解释的勇气；加上对于体验学习与发现学习的忽视，传统教育下儿童少年发展的缺陷不仅是实践能力与创新精神的不足，而且是主体意识发育不良，是作为社会主义建设者与接班人的自觉意识、责任意识与权利意识薄弱，因而难以适应社会主义市场经济发展及在经济全球化条件下实现中华民族伟大复兴的社会需要。

所以，在推进素质教育的过程中，各地的教育工作者为了加强对学习者主体意识、创新精神与实践能力的培养，都在推动教育管理体制改革与教育结构改革的同时，大力推动课程教材与教学方法

的改革，努力创造新的教育，创造适应新教育需要的新的课程与教学。这种努力，一方面表现为更加重视体验学习与发现学习，创设了研究性课程、小论文写作与社会调查等实践性课程，积极进行以科学实践与科技制作为代表的活动课改革，以及开设着力引导学习者深入社会、深入实际并学习承担社会责任的社会实践课等。特别是“研究性学习”，以学习者自主提出问题，展开调查，收集数据，形成解释并评价检验成果为基本环节，以有计划、有目的、有步骤的主题活动形式培养学习者的科学精神与创新意识，将教学与社会实践、科学研究联系起来，激发学习者的主动性与积极性，为他们的实践能力与创新精神创设良好的发育环境。教学创新的另一种努力又表现为改进讲授技巧与丰富教学手段，借此提高学习者听讲学习的积极性。在现代教育技术的支持下，加强直观教学与演示、模拟试验，运用现代声像与计算机技术强化讲述讲解的效果，调动学习者的各种心理需求，努力使学习者由“被动接受”变为“主动配合”教师的讲解，活跃课堂教学气氛，激发学习者的兴趣与爱好等，近年来进行的诸如计算机辅助教学、愉快教育、和谐教育、成功教育、主体教育等教学改革的尝试，也都取得了较好效果。但是，应该承认，这些改革试验虽然在一定的程度上提高了课堂教学效率，有利于学习者主体地位的落实，但在总体上仍未能充分体现学习者的主体作用，学习者活动的空间仍受较大限制，从每位学习者实际出发去组织教学，仍然难以真正实现。当然，现阶段中小学课堂教学以接受学习为主，接受学习以教师口头讲授为主，这是由中国尚不发达的现实国情决定的，在一定意义上也是基础教育的基本性质决定的。无论是研究性课程、实践活动课程，还是远程教育网络，都只能是课堂讲授的补充，都需要在接受学习的基础上进行，都需要在学习者掌握必需的读、写、算、交流、分析、综合等基本学习工具或方法的基础上实现。因此，改革的目标不仅是要加强体验学习、发现学习，关键是要改善接受学习，要积极探求接受学习的新形式。

三、转变观念，开辟接受学习改革的新途径

从文化传播的角度看，接受学习也是一种传播形式。

从古到今，人类的传播形式大体有四种。首先产生的是口头传播，在原始人类之间以含有特定意义的声音交流彼此的认识、感受的基础上，主要是由巫师或圣者作为神或自然的代言人，用耳提面命的方式，传达神祇或自然的意旨，那些复杂的象征仪式与咒语，只有经过代言人的解说才能为受众知晓。神祇及其代言人是主宰者，是主动的，广大受众则只有唯命是从、照办不误的责任。后来的英雄传奇和神话传说，也是通过游吟诗人或史诗故事讲述者口头传播，虽然神圣的光环有所减弱，而传播者与受众的地位高下与主动被动关系却保持不变。传播的第二种形式是书籍（包括记载文字符号的竹简、木牍或泥板等）传播。文字与印刷术的发明使传播活动脱离了活生生的个体，传播可以不受时空限制在受众主动选择下进行。虽然受到经济条件的制约，读书人想找到书并不容易，著书人想把见闻与思想变成书籍也很困难，但是受众（这时叫读者）毕竟有可能挑选读本，也有可能放弃阅读，甚至还能用加批注的方式与古圣先贤“讨论”问题。虽然著书是“圣”“贤”的特权，虽然书籍往往是“经典”的同义语，但是随着印刷术的普及，读者群开始出现，这就使受众（读者）的权利开始纳入著书人的视野，著书人要关心读者的需要、口味，读者的地位也开始有所上升。传播的第三种形式是大众传媒，尤其是以电视为代表的现代传媒。因为音像传播需要投资巨大的设备支持，传播又成为少数人（电视台老板、主持人、明星等节目制作人）的特权。尽管受众（这时叫听众或观众）可以用频道开关来进行选择或表示不满，然而无形的巨手却会指挥许多掌握传播权力的人，用最直白浅显的图解方式（如肥皂剧）剥夺受众的思考权利，以致创造出“电视痴呆症”的怪病。

大众传媒声情并茂、生动形象的基于口头的传播形式，加大了信息流通的速度与广度，也影响了接受者主体性作用的发挥。传播发展的第四阶段是网络媒体的出现。以文字文本为基础，辅以多媒体的信息网络，不仅使信息数量成百上千倍增长，而且大大提高了信息的传播质量，文字与图像、声音的巧妙结合，使阅读重新成为重要的获取信息的方式，也使阅读者的阅读兴趣、选择权利得到尊重。网络传播淡化了传播者与受众的界线，甚至让每位上网者都有了发布信息的权利，并同时产生了面对信息海洋手足无措的困惑。网络传播时代，是新的阅读时代，是需要学习者以更强的主体精神去积极探索，去解释、加工、改造信息的时代。“学习化社会”的学习方式，应该是一种新的、基于传播新技术的学习方式。

从这样的角度反观教育活动，传统教育似乎是停止在口头传播时代的传播活动。虽然有了各种权威的教科书，虽然有了各种参考读本、实物模型、词典与因特网，学生的知识却主要还是听来的，人们还是以老师讲、学生听的方式完成传播任务。在课堂里，许多理科教师讲述的内容甚至例题都与教科书并无二致，学习者的主要本领是会听讲，教师的主要责任是讲解，以致相当多的学生养成了除了做题以外不看教科书的习惯；这中间语文课似乎例外，课文总归要读一下，可惜考试内容却往往是课文之外的解释，是教师传达的各种微言大义，结果关键还是要“认真听讲”，阅读依然不起太大作用。在这样的教学观念影响下，学习者虽然在学校进行了系统学习，也认识了若干汉字，然而却不会阅读，不喜欢阅读，不习惯阅读，无法通过阅读来学习新知发展自己，当然也就很难适应学习化社会的要求。举例来说，当前社会上各种名目的培训学习班风起云涌，花样繁多，人们似乎只有重新听课，才能学会新知，甚至连“自学考试”这种以“自学”命名的制度，相伴而生的仍是各种以辅导为名、以面授讲课为实的成人学校，阅读学习总是竞争不过听讲。

人类即将进入以阅读能力为基础的信息网络时代，每个民族都需要整体提升学习能力以缔造学习化社会，在这种条件下，我们应该更加关注学习者自主阅读能力的发展。因为，如果我们在教学活动中更加关注学习者阅读学习能力的发展，有意识地帮助学习者与书籍（教材、报刊、一般图书、网络世界）建立直接联系，并使教师从重复教材、转述教参的繁重任务中解脱出来，而以创造性地指导阅读，提供帮助，创设学习环境作为主要工作方式，就一定会大大提高学习活动的效率，大大增强学习者的主体地位与选择能力，从而在班级授课制的条件下实现接受学习乃至整个教育的现代发展，使其更具有因人施教、开放、民主、高效等特点。

一般来说，在多数传统色彩浓重的课堂里，讲听式的接受学习中，教材、教师与学生的关系是这样的：

教材→教师讲解→学生

（含实物或模型演示、板书……）

教师是教材与学习者的中介，学习者通过教师的讲解与教科书建立联系，教材也许很重要，但又不太重要，因为有经验的教师可以靠记忆讲课，而学生则是靠听讲学习。

现代以阅读学习为主的接受式学习的课堂里，教学关系则是：

$$\text{教材}\xrightarrow{\text{教师}}\text{学生}$$

（含教科书、多种媒体学习材料等）

教学是在教材与学习者之间通过直接联系实现的。教科书是学生学习的对象，是完成学习活动的必备条件，不去阅读就无法获得新知；而教师主要是学习活动的催化剂，是“学习反应”发生的重要条件，是学习者阅读活动的组织者、指导者与帮助解答疑难并参与讨论的人。当然，教师还负有部分的讲解责任，特别是在学习者刚刚入门的时候，在学习者存在较多的共同疑难又必须尽快解决以继续学习进程的时候。但是，要尽力促进学习者与教科书建立直接的联系，要努力培养他们的阅读学习习惯，则是现代教学的基本要求。

当然，当接受学习的两种形式结合起来，我们还可以在教师、教材与学习者之间建立起一种更理想的全面互动关系：

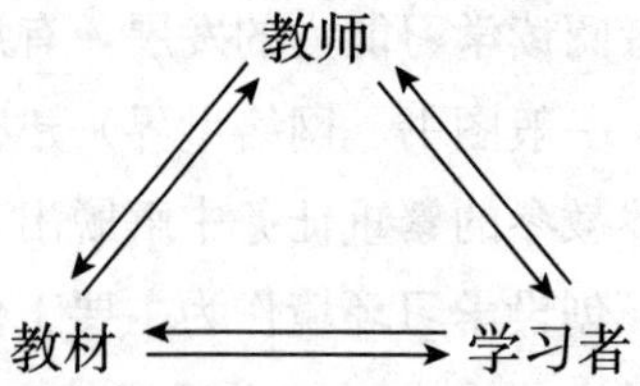

这是一种基于网络的教学方式，教师、教材与学习者之间动态互补。教材既是学习者学习的对象，又是学习活动的成果，每个学习者都可以修正、补充教材；教师既是学习活动的组织指导者，又是一定条件下的知识传播者，是教材的修正者或完成者，他们的责任是把各种文本的教材组合得更丰富多样，更切合社会生活与学习者的实际需要；学习者与教师、教材都建立直接联系，对他而言，后两者可能都不仅限于某一固定对象，而是一个群体，一个集合，他们与两者之间可以直接对话，实现双向交流，学习者因此而成为主动求知的人。在这样的教学环境中，教材已不限于传统的静态的文字文本形式，而是由文字与多种媒体及动态的教学过程组合起来，有多种面貌与多样变化的生成性、生长中的事物，是实现在教师与学习者生命活动中的动态整合过程。当我们说“课程最终实现于教学之中”时，所指的就是这样一种全面互动的活动过程。正是在这个过程中，教师的教学工作的根本价值才得以充分体现，而学习者的接受学习也才更具有生命活力与长久意义。早些时候的黎氏教学法，卢仲衡教改试验，近年来福建省“指导—自主学习”试验，北京 15 中以“中心协调”“适时转替”为基础的“指导—作业方式”教改试验，都是建立上述教学模式的尝试。如果能在网络条件下，进一步转换我们的课程观念、教材观念与教学观念，那么就有可能在阅读学习与讲听学习的结合上，进一步开辟接受学习改革的新的前景。

四、学会阅读学习——接受学习改革的突破口

学会阅读学习，既是学习化社会个人基础学力的核心部分，又是网络时代接受学习的基本要求，应该成为新时期教育科研与教学改革探索的重点。

这里讲的阅读学习，包含通过发展性阅读和功能性阅读两种方式来学习，其中更重要的是功能性阅读。发展性阅读，是指以发展基础阅读能力为目的的阅读，其主要任务是识字，掌握阅读技巧，增进理解能力，包括掌握一定数量的词汇，形成良好的眼动习惯，发展有一定速度的流畅的默读、朗读、速读技巧，理解阅读材料的意义并作出评价的能力，等等。功能性阅读，是指以获取信息为基本目的的阅读，按照美国学者 A.T. 哈里斯的观点，功能性阅读应具备的能力因素有：对阅读材料的检索能力（应用索引、图书、卡片、档案……寻找信息），对信息资料的理解能力（包括一般的阅读能力和专业的阅读能力），对所需材料的选择能力，对所读材料的组织能力（概括、提纲挈领等）。就中小学教学而言，培养发展性阅读能力，主要是语文，特别是小学语文课的重要任务，教师应该着重指导学习者掌握基本的阅读技巧和增进理解能力，并在阅读实践中锻炼其良好的阅读习惯，从而为其发展功能性阅读能力奠定基础。当然，其他学科也同时负有培养发展性阅读能力的责任，如不能全由语文教师去指导学生学习阅读数学书籍。培养学习者的功能性阅读能力，让学习者通过阅读学习新知，发展能力，形成新的价值观念与态度，则是所有使用文字或网络教材进行教学活动的学科（包括语文学科）的共同任务。

在网络信息时代提倡“学会阅读学习”，不仅是提倡识字或提倡读书消闲，而主要是指学会功能性阅读，学会通过阅读获取新知，发展自己。为此，学会阅读学习，至少应该包含以下四项要求：学会检索，学会提问，学会讨论，学会验证。

学会检索。学习者应该学会在速读或浏览中发现新鲜信息，学

会在大量的信息中筛选有价值的信息，学会在不同的著作或篇章中选择相同相关的信息，学会发现信息之间的联系与矛盾，还要学会在获取信息的过程中及时调整既定目标、修正个人认识等。总之，既然是有目的的阅读，就不仅要围绕目的进行阅读，而且要在阅读中转变自己。在这里，检索首先反映的是主体状态，是学习者对信息的取舍态度和处理方法。越是成熟的学习者，越是知识丰富、判断力强的学习者，其检索能力必然越强，其阅读学习效率也会越高。

学会提问。提问是理解的基础，也是阅读的关键环节。学习主体在筛选信息的过程中，必然伴以大量的联想、提取、建构、解构的思维活动，使新的信息符号与个体头脑中的信息符号以至记忆表象结合起来，从而接纳理解新的信息或者修正固有的认识。学会提问，就是要学会寻找新旧信息之间的矛盾，寻找信息符号与记忆表象乃至生活实践之间的矛盾，并在诸多矛盾中发现其间的辩证统一关系。没有问题就难有理解，而没有理解，新信息就不能成为个人认识的有机组成部分，所以，提问是阅读学习的环节之一。提问可以是显性的，也可以是隐性的，但无论如何要学会发现问题，"尽信书不如无书"，完全拜倒在书籍面前，以为上了书的必定是对的，缺乏批判思维能力，是主体性不强的表现，也无法进行有效的学习。

学会讨论。这里讲的讨论既包括显性的个体与个体之间的讨论，也包括在同一个体头脑中进行的隐性讨论，即自己从两边想想，自己同自己讨论。讨论的基础是倾听，是在阅读中、在生活中主动获取与自己不同的意见，听取反对的意见。讨论的关键是寻找证据，是为自己或为对方寻找实际的证明材料或观点主张的逻辑关系。对学习者而言，学会讨论就是学会倾听，学会在实际与逻辑的证据面前修正自己的认识，服从科学真理而不为情感或利益左右。学习者还要学会与同伴、与不如自己的人讨论，学会同强过自己的人、同长者或权威讨论，正是在这种讨论中，学习者个人的阅读行为，会转变为学习者之间及学习者与其他社会成员的交互影响、交互启发的合作活动，从而把个人学习与合作学习结合起来，实现个人阅读活动的社会化。在网络世界中，实时交互的信息传递，正是现代阅读形式的重要表现。学会讨论的重要价值在于它把学习者置身于社会背景之中，置身于交流的环境里，促使学习者在参与过程中实现德智体美诸方面的协调发展，从而把学习过程与发展过程进一步统一起来。

学会验证。阅读学习既然是一种学习活动，它就不能停止在文字文本的观看或个人思考的层面上，而一定要与学习者的实践活动联系起来，因为真正的深层次理解，必然要以人的实践活动为基础。学会验证，就是学习者不但要学会搜集现成的数据，搜集文字材料或实际生活中的证据，而且要学会设计实验方案，设计调研方案，努力取得新的数据或证据，来证实或修正个人的认识，证实或修正书籍中的观点。包含验证在内的接受学习才是完全意义上的接受学习，前人的认识成果，只有经过验证才能完全转化为个体的认识。学会验证是学会阅读学习的目的或归宿，只有学会验证，学会在实践活动中运用所学的知识技巧去解释实际问题、改造实际状况，人们的认识才会产生新的飞跃。在面向以创新为特征的新世纪的严峻挑战时，自觉地把认识与实践结合起来，在实践中完善自己的认识，不仅是体验学习、发现学习的要求，也是接受学习的最高标准。当我们把学习同实践联系起来，把学习同实现中华民族伟大复兴的工作紧密联系起来，学习就会更有实效，更有动力。就中小学教学而言，验证可以有多种形式，也会有种种条件限制而无法全面展开，但是，必须在培养阅读习惯的同时就培养验证意识，必须尽可能创造学习验证的机会，培养其相关技能态度，这是一个原则问题，是一个必须认真实现的要求。

学会检索，学会提问，学会讨论，学会验证，并不是学会阅读学习的全部内涵，而且其中若干认识与活动机理我们至今也还不能完全把握。但是这四者确实是传统教育中比较忽视，而在中小学教学实践中也是比较薄弱的方面，又是接受学习改革的富有生命力的突破口，是提高教学质量、效益、适应学习化社会发展的关键要求，是需要在教育科研与教学改革实践中着力探索的方面。只要各方面有识有志之士共同努力，我们就能够在这些方面取得更加深入的成果，以接受学习为主要方式的学校课堂教学也会在网络背景下迈上新的台阶。

（原载《人民教育》2000 年第 12 期）

34

基础教育课程改革基本理念与课程改革实验监控问题

一

新一轮基础教育课程改革是遵循“现代社会—现代人—现代教育—现代课程”的思路展开研究的。自觉地以课程改革、教育改革为现代公民的成长与现代社会的发展服务，自觉地将现代课程、现代教育的改革发展纳入社会经济整体改革发展的轨道之中，主动适应并服从于现代社会经济整体改革发展的需要，适应并服从于现代公民成长的需要，是当代基础教育课程改革的基本价值取向，也是北京21世纪基础教育课程改革方案的重要特点。

我们对现代社会、现代人的认识，一直在不断深化、不断完善。在课程改革方案的研制阶段与实践改进阶段，我们对于中国特色社会主义发展规律的认识，对于世界经济一体化与世界新经济发展规律的认识，对于中华民族传统文化以及实现民族伟大复兴的历史责任的认识，都在不断深化之中。

从目前的认识而言，我们认为，现代中国是有中国特色的社会主义中国，是一个正在实现从不发达状态向发达社会艰难转变的社会，是正在融入经济一体化世界同时又保持鲜明民族特色的社会，也是力图以跨越式发展战略、科教兴国战略与可持续发展战略来实现社会发展历史性变革，在推动社会主义市场经济建设的同时努力实现共同富裕与民族伟大复兴的理想的社会。在一个东西部差异巨大、城乡之间事实存在二元社会结构的国家里，实现上述诸多转变是一系列两难的选择，是一种前无古人的勇敢创举。作为处于社会转变中的国家首都，北京理所当然地成为矛盾的焦点，成为碰撞与冲击、吸纳与选择、坚持改革开放与保持民族优秀传统的第一战场。因此，新一代的北京公民，应该在主人翁的责任感，在作为民族代表的主体意识，以及在科学精神、人文修养、创新意识与创造能力等方面，有更为卓越的表现，应该首先成为有理想、有道德、有文化、有纪律的社会主义建设者和接班人，成为社会主义现代化建设的生力军。

这些要求虽然带有理想色彩，却又是一种基于社会发展需要的现实要求，是中华民族生存与发展的必然选择。

为这样一代新型北京公民的成长奠基，为这样一代新型北京公民的发展，努力创造新的课程、新的教育、新的培养模式，亦即创造素质教育模式，是北京 21 世纪基础教育课程改革具体的工作目标。

二

素质教育，是 21 世纪中国教育改革的总目标。为全面实施素质教育创造条件，是 21 世纪北京基础教育改革、课程改革的基本要求。

在我们看来，素质教育本质上是现代教育、是具有中国特色的现代教育。素质教育有两项基本特点：第一，它是发达的教育；第二，它是具备现代特质的教育，是与传统教育有某种质的区别的教育。

（一）素质教育是发达的教育

素质教育是能够比较充分地满足学习者多样化发展需求的、能够为现代社会发展提供多样的人力支持与精神文明建设基础的教育。教育不发达，学习机会短缺，教育类型单一，教育选择趋同，都不符合现代教育的要求，都不是素质教育。发达，是素质教育的本质特点，满足学习者多样化的发展需求，是发达的具体表现。从这个意义上说，实施素质教育，推动教育的现代转换，首先是政府行为、社会行为。只有政府与社会大力发展多样的现代教育，才会有学习者的全面、主动、多样的发展，才会有社会人力资源的充分开发及适应社会发展需要的充足的人才准备。

（二）素质教育是具备现代性的教育

素质教育是体现现代社会基本精神的教育，这种现代性表现在“以人为本”等五个方面。

素质教育现代性的第一个表现应该是“以人为本”，是充分尊重人的主体性、人的价值、人的发展能力的教育。素质教育应该以学生发展为本，应该自觉地为学生发展服务。人的主体性、目的性与人的某种意义上的工具性的统一，在充分尊重人的个性的基础上，引导个人自觉地为社会发展与人类的进步贡献力量，推动作为社会成员的个人的生命价值的充分实现，在本体论的高度上实现人性回归，是素质教育的难点，也是中国现代教育的特点。不把个性发展与群体的、社会的价值追求对立起来，而要充分认识并把握在当代中国这两者之间的联系、两者的共同之处。今天，没有对个性、对人主体性的尊重，就不会有创造精神与创新能力的迸发，不会有生机勃勃的社会主义现代化事业；而没有对个人与集体、个人与社会关系的清醒认识与自觉把握，没有维护最广大人民群众根本利益的高度责任意识，也不会有实现民族伟大复兴的巨大热情与切实行动，更不会把创造精神与创新能力提升到历史发展所要求的高度。人的本质存在是社会存在，人的发展，主要是人的社会化过程，个性的发展，则是个体对历史的与现实的社会意识、社会价值体系与社会经验的选择、扬弃、继承与发展的过程。从这个意义上说，“以人为本”是素质教育的本质特点，也是一切教育的基础，只不过在传统社会里，由于教育机会短缺，这一本质要求未能真正实现，于是出现了“目中无人”的教育和“不把人当人教”的教育，正是在现代教育的发展中，这个问题重又提上议事日程。

素质教育现代性的第二个表现，是民主性。就是说，素质教育是充分尊重教师与学生主体权利的教育，是积极倡导并支持社会、家庭、学生参与教育决策、教育管理的教育，是建立在现代法制意识基础之上的教育。一方面，现代教育的民主性是由教育的“三个面向”的价值选择决定的，教育作为“面向世界，面向未来，面向现代化”的事业，它有极其重大的社会责任与相当大的风险和不确定性。因此，现代教育必须坚持民主决策、民主管理、依法办学、依法管学，这是科学决策、减少风险、强化责任的需要，也是现代社会决策的基本准则。另一方面，现代教育培养的是现代人，是面向国际挑战敢于创造的未来国民，他们要去适应并建设现代的多元的民主社会，要学习并能够对社会发展与人类进步负责，对地球村的可持续发展负责，他们应该具有强烈的社会责任感与实际的负责能力，显然，这样的公民只能在民主的实践中成长，只能通过民主的体验去真正认识民主的内涵。所以，教育民主化，是未来国民成长的需要，是由现代教育的任务决定的。再者，从中国现代教育的改革与发展实践来看，由于教育改革的社会条件不成熟，社会心理准备也不充分，教育工作者必须学会同影响巨大的陈旧教育观念与教育传统进行长期反复的斗争，学会在讨论、协调、妥协与坚持中推进改革，学会在争议中、反复中前进。因此，加强民主建设，又是现代教育自身发展的必由之路。

教育民主化，不仅包括师生之间的民主、干部与教师之间的民主、学校与教育管理机关的民主，而且包括学校等专门教育组织与社会、社区、家庭之间的民主，还包括各级各类教育机构之间的民主。民主参与、民主管理存在的根本基础，是整个社会有共同发展目标与价值追求，是每个公民都愿为实现有中国特色社会主义共同理想而努力奋斗。这是中国民主的特点，也是中国民主建设的关键。在教育民主建设中，教育管理者、教育专门机构与校长、教师负有更重要的责任。如何用有中国特色的社会主义现代化思想统一社会的认识，如何使教育的发展目标真正成为社会的共同追求，如何使受教育者切实地参与教育管理、教育决策，如何在教育实践中更充分地关注受教育者的基本权利与人格尊严，都是中国教育民主建设应着手解决的重要问题。

素质教育现代性的第三个表现是开放性。开放是现代社会的本质特征，人类发展的全部历史，就是一代代人不断走向开放、沟通、交流、合作乃至融合的过程。人与人的交往，人与自然的相互作用，都在不断从时空两个维度扩大范围。作为现代教育，从传统的封闭体系走向开放，也是顺应时代发展的必然，是教育自身发展的需要。从时间、空间、对象、责任人乃至教育的内容、形式、结构、组织，都应该而且正在走向开放。终身教育概念的提出，使教育成为人一生中持续进行的事情。大众传媒与网络的出现，打破了学校教育的国别、区域、办学形式的限制，打破了教师的身份限制，也打破了普通学习者只能从事线性学习的传统。开放学校、网上沟通，也在改变人们的生活方式、学习方式与师生关系。凡此种种，都是开放带给教育的新的影响。面对教育的开放前景，传统的学校教育及其管理思想、管理方式已经受到巨大冲击，一些人感到不习惯、不适应，感到无从把握变化的规律，感到难以有效控制和评量变化的结果。应该说，开放系统的本质特点就是不确定性，就是在系统内外的能量交换中增多发展变数。所以，社会上有这样的反应是正常的。小平同志在改革开放之初提出的“摸着石头过河”的论断，正反映了在开放时代推动事物发展的本质性规律。他要求我们不要简单地根据以往的经验或固定不变的方案去筹划行动，而应该不断进行调查研究，不断修改方案和调整行为，以求最终实现计划的目标。在这里，根本的方向是重要的，即一定要“过河”，而过河的办法则要在实践中创造，即要“摸着石头”。教育的开放带来的变数，不但会增加教育发展的困难，更会为教育改革增添动力，提供机遇。只要我们坚持调查研究、实事求是的基本原则，坚持“摸着石头过河”的根本方法，开放，一定会成为教育发展的重要动力源泉。

素质教育现代性的第四个表现是网络的介入。现代教育必须建筑在网络技术平台上，必须充分借助并适应网络信息技术提供的发展背景与技术支持。扩大资源供给、增多教育机会、以人为本、民主、开放等，在信息时代以前，均有很多限制。现在，网络信息技术提供了实现这些要求的新机会。例如，信息技术带来人类新的学习与交往的方式，从而使许多过去想都不敢想的事变成了现实，远在边疆山乡的儿童有可能分享发达地区的优质教育资源，每个手执鼠标的学习者都有可能建构自主学习的计划……尽管光纤与计算机仍然是不小的投资，但是比起传统教育发展模式来，它仍然是一种具有性价比优势的发展模式，是一种有可能促进中国教育跨越式发展的发展模式。

在欢呼网络带来新机遇的同时，必须警惕技术神话的蔓延。网络在一定程度上可以改变人的学习方式，扩大学习范围与学习对象，提高学习效率，帮助学习者更多地尝试自主学习；但是网络不会取代传统意义的学校教育，网上交往不能取代人与人面对面的交流，聊天室不能创设校园集体生活的环境和氛围。作为社会性动物，人必须也只能在集体活动中直接感悟自身的社会本质，直接实践并体验作为群体一员的责任、义务及其行为方式。学校教育是带领个体从家庭走向社会的桥梁，是引导学习者适应社会生活的重要人生阶段，既然每个人都必须直接融入社会去求得生存与发展，那么，学校教育就是不可取代的。

但是，网络信息技术仍然为学习者提供了学校生活之外的世界性影响，为学习者参与更广阔的社会活动提供了另一种机会和途径，即使这种机会、途径还有若干限制性因素与不利方面，但它毕竟是提供了新的选择和别样渠道。因此，如何实现信息网络与学校教育活动的优势互补，如何充分利用现代技术去拓展传统学校教育的影响范围，如何充分利用现代技术去改革传统的学校教育，实现某种意义的学校教育与网络教育的整合，都是现代教育发展必须解决的问题。应该说，由于陈旧的教育评价观念和社会的人才观念的影响，各种教育考试招生制度、人才选拔制度改革滞后，今天的教育并没有充分利用网络信息技术提供的发展机会，教育与网络的整合还停留在口号层面。这是中国教育发展中的问题，也是中国教育发展的机会。为此，要下决心学习新技术，更要下决心为新技术（也包括新教育）的施展创造必要条件，要下决心改革考试、招生以及劳动人事管理制度。

素质教育现代性的第五个表现，是它所蕴含的中国特色。中国现代教育必须保持和发扬传统教育的真正优势，同时也会带有某种暂时还无法摆脱的陈旧的社会积淀的影响。中国特色的社会主义教育，是社会主义初级阶段的教育，是一个发展中国家的教育，是一个有悠久文明传统而又在努力实现跨越式发展的国家的教育，是一个地域广阔、差异巨大、人口众多的世界大国的教育。中国特色是中国教育走向现代的基础。

中国教育的现代发展，是中国教育自我更新的奋斗过程。它是从中国传统教育出发的，必须正视传统教育的积极与消极影响，它不能依靠简单的“引进”“拿来”或“模仿”来操作。这不仅因为中国现代教育有独特的社会主义价值选择，而且因为教育作为一种与民族传统、民族心态息息相关的社会实践活动，是庞大的社会系统，涉及社会每个成员的利益，会受到社会的高度关注与广泛参与。因此，教育的变革只能在民族认可、社会认同的条件下实现，教育发展大多是一种渐进的过程。

中国特色，不仅是改革的背景，而且是改革进程本身，是中国教育改革的独特魅力之所在，是中国教育改革从目标到方式的特殊性的依据。素质教育，是有中国特色的现代教育，是代表着社会主义价值选择与中华民族精神的现代教育，是肩负着为中华民族伟大复兴培养一代新人任务的现代教育。可以说，素质教育是中国教育改革的目标。当然，由于中国国情的特殊性，由于中国传统教育影响的深厚博大以及复杂多样，在推动中国教育的现代转换时，必须清醒地意识到它是一个长期、曲折的奋斗过程，会有多种形式的反复或摇摆。只有在这种认识的基础上筹划改革，才有可能成功，才会在充分估计到改革困难的条件下克服各种各样的社会阻力。世界上的教育都有惰性，中国传统教育的惰性更为强大，这是优点，也是缺点，需要在教育改革实践中，因势利导，巧妙地加以利用。

发达的、能够比较充分满足学习者多样发展需求的教育，具备现代性的，以人为本，民主、开放，建立在信息网络平台之上，有中国特色的教育，就是我们心目中的素质教育，就是中国特色的现代教育。这是设计北京 21 世纪课程改革方案价值选择的依据，也是北京 21 世纪新一代公民成长的条件。它不仅是理想，也是一种在努力转换中可以逐步实现的现实。教育作为一种旨在影响人的发展的有计划有组织的社会实践活动，其结果取决于社会、家庭、学校与学习者本人的努力程度及其合力的方向。鉴于现代教育发展的过程性、阶段性特点，在课程改革方案的制订与实施过程中，我们首先在努力为学习者创设相对宽松的发展环境上下功夫，在努力推动学生与教师创造性的学习与工作上下功夫。我们把“在选择中学习选择，在尝试中学会负责，在参与中发展自我”“以学生发展为本”“让学生创造性地学，让教师创造性地教”“课程建设的主动权，应该放在教师手上”等要求，作为北京 21 世纪课程改革方案的奋斗目标。努力把现代教育与现代课程结合起来，在现代教育观念指导下构建现代课程方案，力争使北京课程改革方案有一个较高的起点。

三

课程是什么？按照《教育大辞典》的解释，课程是为实现学校教育目标而选择的教育内容的总和，是儿童在学校教师指导下的全部经验。所以，课程实际上是指学校教育的培养计划（包括学科、时数、内容、顺序、要求等）及其实施的过程。课程包括课程方案的制订、实施及其最终结果，是实现学校教育目标、教育功能的最重要的途径。在制订和实施课程改革方案时，应该进一步深化我们对课程本质的认识，应该以新的态度、方法，充分发挥课程的价值，重新建构课程的基本结构。

（一）教师是课程的主动建构者

课程是一个动态生成过程，教师应该成为课程的主动建构者，而不仅仅是被动的课程计划的实施者。实际上，生活中存在着四种文本形式的课程。首先是课程计划与课程标准，是在国家统一要求下由专业人员制定出来的带有强制性要求的国家标准，以法规性文件形式颁布执行。它代表社会意志，是国家对未来公民提出的规格性要求及培养计划，是教育方针的载体。其次是各所学校的课表和各种教材及相关教辅材料，包括音像或多媒体形式的教学资料。课表是学校在教育行政部门要求下，按照国家颁布的课程标准或教学计划安排的本校学生分班级的具体的教学安排，是以文字文本形式颁布执行的具体计划，是师生组织教学活动的依据；教材及教学资料是由少数专业工作者和教师共同研制编写的，是课程方案与课程标准的具体化，包括各种教学内容及教学设计，是学校师生直接用来教与学的教育资源，是经过一定审批程序编写出来，面向一定区域（甚至是全国）教育需要的文字或音像资料。课程的第三种形式是实践活动形式，是实施的课程，是师生双方共同在教室里依据课表、大纲、教材进行的活动过程。课表上规定的课不一定是真在学校进行的课，毕业年级课表上的音乐、美术一类的非考试科目课程改上数学、语文等已是公开的秘密；教科书上规定的内容，也往往因应对考试的需要而大大增强，或严重削弱，“考试领导教育”的首要标志就是考试领导教学。所以，教学实践体现出的课程并不一定是计划的课程，其间学校、教师有很大的自由选择的空间，不幸的是，在现行体制下，这种“自由选择”往往会指向应试的需要。但是，这种选择空间的存在，毕竟可以为教育改革，为创造“适合学生的教育”提供机会。应该说，课程从文字文本形式转向实践文本形式，是教师与学生再创造的过程，在确立了教学、课程都应“以学生发展为本”的观念后，鼓励教师创造性地使用教材，鼓励教师在教学中重新整合多种教学资料，努力使教学目标与教学内容、方法更贴近生活，更贴近本校学习者的实际需要，是现代课程的核心要求，也是现代课程最有活力的生长点。自觉地把握与利用好课程文本转换中的发展机会，是每一个有志于推动教育创新的教师的责任。课程的第四种形式，是实现的课程。课程的根本任务是促进学生发展，是让学生在课堂里或实际生活中实现有效的学习，学会他以前不会而又需要学懂学会的东西，把握人类社会积淀下来的与其生存发展有益的若干社会经验，包括各种符号系统、认识工具及态度与价值观念。所以，课程的最终目标是学习者对知识、能力、态度、价值观念的筛选、掌握、认同和继承发展，而这一目标的实现则要靠学习者主体作用的发挥，要靠学生的主动学习。课程并非完成在教师的讲解、演示或各种要求提示上，而是实现在学生的学习活动上。所以，学生也是课程建设的参与者，是课程目标实现的关键因素。只有把从课程方案设计到课程实施取得成效，视为一个完整的运行过程，才能真正把握课程的动态生成本质，才能真正把握课程运行中的多种影响因素及不确定性等特点，从而全面认识教师与学生在课程建设中的关键作用，为新时期的课程改革找到最重要的依靠力量，找到切实可行的发展模式。

课程的四种形式中，教师是一个关键因素，教师是连接课程方案、课程标准与学生及现实生活的桥梁，是整个课程生成环节中唯一可以对过程的各个环节主动发挥作用的因素。所以，新一轮的课程改革从强调教学大纲、教学计划的权威作用，转到强调教师在实践课程方案、课程标准中的创造性劳动。这种认识的转变，有利于更广泛地动员中小学教师投入课程改革，有利于让“创造性地教”成为学校教师的自觉行动。因为，面对这样一个中小学课程历史上空前深刻而又复杂的变革，唯有广泛发挥中小学教师的创造性，才能实现改革的初衷。

（二）课程建设应该“以学生发展为本”

教育、课程、教学、评价都应该为学生发展服务，应该适应并服从于学生发展的实际需要。在追求学生个人发展的主动性、多样性及个人发展与社会进步的一致性的同时，努力用开放的、多样的、可选择、有弹性的课程方案与课程标准，为发展者营造一个相对宽松的发展环境，为发展者提供主动选择、尝试与参与的机会。这就是北京市课程改革的第二个基本理念。

在遵循“以人为本”的现代教育认识开展课程研究时，首先要解决的就是怎样把握课程传承文明的任务与促进个人发展的任务的关系。一方面，现代学校课程必须承担传承文明的责任，中国教育要培养社会主义建设者和接班人，这是时代的使命，也是实现每个学习者发展的前提性要求。个体的一切发展，都必然建立在对社会经验的学习、继承、借鉴与创新的基础上，都必然要建立在社会提供的发展条件、环境基础上；另一方面，统一的规定性要求，无论设计得如何科学合理，也不会完全适合于每一个学习者，而个别学习者的所有学习需要也不可能全部纳入统一计划。显然，统一要求、统一计划有存在的必要性、合理性，又有其不完备性；个体的学习需求有多样性、复杂性，也有某种范围、某种程度的一致性。在协调二者关系时，是从统一要求出发，强调“以纲为纲，以本为本”，强调教学计划、课程标准的严肃性、科学性，甚至法规性，强调学习者应该达标、靠纲，教师应该“不让一个学生掉队”呢，还是强调以学生发展为本，鼓励和提倡教师从本校学生实际需要出发，创造性地依靠课程、教材去促进学生发展，依据学生实际需要与实际可能去整合教育资源，调整教学要求，使课程、教材适应学生，靠拢学生？现代课程要求我们的是后一种态度。因为，只有课程、教材实现了促进学生发展的任务的时候，课程、教材负责传递的文化精神、文化传统，才会在每一个学习者的身上实现传承，得到发扬光大。没有一个个个体的生机蓬勃的发展，就没有社会主流价值观念的有效传承，巴比伦文化、玛雅文化今天湮没不彰，归根到底不正是由于其民族的衰亡吗？

实现课程建设以学生发展为本，不仅需要正确处理统一计划与个别要求、集体与个体的关系，而且要求辩证地认识今天与未来、现实要求与长远发展的关系。学生是走向成熟的主体，是完善中的自我，他们也许不完全清楚自身的现实需要，更不用说长远需要了。学习主体的不成熟性、发展性，是其需要并能够接受教育的基础，也是传统教育视学生为容器，可以任意“塑造”“加工”的理由。无视主体的不成熟性，只顾满足儿童眼前的需要，甚至主张以儿童为中心，会导致教育取消论，当然不符合现代社会发展需要。只强调儿童的不成熟性，强调由社会、家长与学校教师做主，又会变成教育决定论，变成“眼中没有学生的教育”，也不符合现代社会发展需要。在今天与未来之间，在主体的不成熟性与正在走向成熟的矛盾统一之中，积极构建一个符合学习者长远发展与根本利益的学习计划框架，并且有计划地不断加大学习者的选择权利和选择范围，努力为学习者创造一种在统一框架内有自主选择，在自主选择中体现必要的指导，在必要的指导下最终实现个人的自主发展的宽松发展环境，是本次课程改革的重要工作目标。课程改革方案及其实施过程，是为学习者设置必要的发展环境与边际条件的过程，也是维护学习者发展的安全和悉心指导其发展行为的过程。因此，坚持以学生发展为本，积极调动学习者的积极性和主动性，必然要求学校的校长、教师做更多更深入的工作，而不是采取放任自流的态度。

当然，坚持课程以学生发展为本的原则，最重要的还是发挥学生的主动性，尊重学生发展的多样性，努力促进学生在一定意义上实现“全面而自由”的发展。发展的主动性与多样性，是发展的灵魂。多年来，我们往往把学生的发展视为统一的变化过程，视为可以用一套标准、一种测量工具来加以评量区分的现象，以致把教育变成了训练，把发展变成了“加工”，实施新课程方案时，必须从这种误区中摆脱出来。21 世纪课程方案，要为 21 世纪的一代新人奠定终身发展的基础，应该按照“在选择中学习选择，在尝试中学会负责，在参与中发展自我”的原则去实施。只有教师、家长心中有了多样，眼中有了主体，态度上有了尊重，方法上多了指导，少了代替，学习者的全面、主动、多样的发展，才会真正成为现实。

（三）课程改革是带动基础教育全面改革的系统工程

本次课程改革的另一重要理念，是强调课程改革是系统工程。课程改革是从教育观念到课程、教学、评价的全面变革过程，是一个会带动基础教育全面改革的系统工程。

课程改革是基础教育改革的突破口，是进一步深入实施素质教育的关键环节。课程计划与课程标准体现国家意志，当然会在一定程度上决定教育工作的方向，并对学校教育、教学工作产生全面影响。特别是本次课程改革明确提出了“以学生发展为本”，“重建新的课程结构”，用“创造适合儿童的教育”来代替“选择适合于教育的儿童”等重要认识，使本次课程改革比之前几轮课改，带有更多的观念创新与方法变革的色彩，因而更强化了本次课程改革对基础教育全面变革的带动、催生作用，可以说，没有基础教育观念、管理、考试评价等方面的全面变革，就无法落实课程改革的基本目标。所以，课程改革不仅会带动基础教育的全面改革，而且还需要用教育体制的改革及管理的创新，来保证课程改革的全面推进。本轮课改之所以必须采用区域性实验的方法，而不能用散点式学校实验的方式进行，原因即在于此。

正是由于本轮课程改革在教育理念、课程理念方面有所突破，在课程、教学、评价等方面有所创新，本次课程改革对干部、教师队伍也提出了更高的要求，对传统的学校管理提出了挑战。不仅仅是研究性学习强调学习的综合性与实践性特点会造成教师的准备不足，无法适应，本次课改的基本理念“以学生发展为本”，也会引起学校工作重心转移并引发诸多矛盾。强调课程、教学应该适应学生发展需要，固然可以为教师开辟发挥创造精神的天地，但也给教师提出了在大班额的条件下如何满足学生多样要求的难题，同时给校长提出了在打乱班级秩序后怎样加强班级管理、学校管理的新问题。

所以，课程改革方案、课程标准乃至教材，都可以由少数专家编写，甚至可以“引进”或者“拿来”，然而文字文本形式的课程转化为实践文本形式，让数以千万计的中小学教师去操作，让他们在操作中去学习、研究、体会、创造，则是个复杂的系统工程，是既无法“拿来”又不可能照搬的。这是基础教育课程改革的难点，也是课程改革成败的关键。

（四）课程改革强调给学生留出自主发展的机会

基础教育课程改革坚持的另一个基本理念，就是强调计划性课程的局限性，主张减少对学习者的时空占领，为学生留出自主发展的机会。

现代生活的丰富性，人的发展潜能与发展模式的多样性，使我们在努力构建学生发展基础平台的同时，清醒地认识到这种努力的局限性，因而要求课程方案与课程标准的设计者压缩集体性学习活动的时间，适当降低统一要求的难度，严格控制教学计划的活动总量，为每名学习者，特别是为逐步长大逐渐成熟的学习者，留出足够的自主发展时空。

教育与课程都是计划及计划实施的过程。为了对民族的伟大复兴负责，对每位学生的发展负责，当然应该竭尽全力科学地设计好课程方案、课程标准及精心编写教材，精心组织好每节课、每个教学环节、每一项测查或考核。但是面对社会主义市场经济发展对多样化人才的需要，面对开放的世界提供的丰富而又良莠杂陈的信息海洋，面对社会主义现代化进程中出现的众多利益群体和复杂的文化碰撞与融合，再加上诸多从娃娃抓起的强烈呼声与儿童少年身心稚嫩亟须保护的现实，无论如何精心设计的统一计划，也无法做到完全适应。只有通过努力压缩统一要求，加大自主选择空间，让学习者在打下关键的基础的同时，学会自己走路，学会在老师、家长、社会的指导下自己设计自己。

“减少时空占领”，要求精心设计计划性课程，认真筛选、确定计划性学习内容、要求、标准。减少了计划性培养时间，就加重了计划性培养的责任，要在较少的时间内办较多的事，办最重要的事。儿童、少年应该掌握最重要的、前人积累下来的认识工具、认识方法，要借鉴前人成功的经验和态度、价值观念，学生的发展不可能完全从零开始、任性创造。所以，“双基”是重要的，态度方法也是重要的，关键是要选择，要从所有人成长需要的角度去筛选、确定，要求学习的内容应该确实对每个学习者的发展有用，对他们幸福生活有用。仅仅从学科发展需要，从传统习惯或一般性社会要求的角度去规划、确定教学要求，会导致计划性学习任务的过度膨胀，形成只能做加法不能做减法的恶性循环。所以，要提倡全面压缩，要允许儿童、少年暂时不学习或不作为规定任务去学习某些重要的东西，要为他们留出在今后生活中加深理解与重新认识、重新发现的机会，为他们留出成长与成熟的机会。

“减少时空占领”的另一要义是加强对学习者自主学习的指导。中小学生是正在走向成熟的主体，他们的自我意识还不健全，他们的行为易受社会潮流和伙伴效应的影响。如何既把发展的主动权交给他们，又要让他们尽量少走弯路，少付出不必要的学费，这是现代教育的难题。应该明确，必要的学费是必须付出的，所谓“在选择中学习选择，在尝试中学会负责，在参与中发展自我”，其间就包括了必要的失败与挫折。但是，作为专业的教育工作者，当然应该努力把这种失败与挫折降低到学生可承受的程度，应该尽量在临近危险时及时中止学习者的盲目尝试。北京 21 世纪课程改革方案主张逐渐加大学生对课业的选择权力，逐渐增加学生自主支配的时间，主张由教师逐渐把学生带进社会、社区与同学的家庭，让学生逐渐学会自主观察、认识、分析、介入社会生活，逐渐学会承担社会责任，正是强调教师指导作用的重要，也是强调学生的自主性是一个发展过程。

强调课程的生成性、发展性，强调课程应以学生发展为本，强调课程影响的全面性及其有限性，是 21 世纪基础教育课程改革关于课程的重要理念，是设计与实施课程改革方案的出发点，它们连同国家《基础教育课程改革纲要（试行）》所确定的各项基本原则要求，共同构成了 21 世纪课程改革的认识基础，并决定了北京市课程改革方案的基本特色。

四

在具体设计并实施课程改革方案时，应该全面遵循现代教育与现代课程发展方向的要求，还要明确工作的指导思想与基本原则。在 21 世纪课程改革方案中，我们提出了若干条建议，概括说来，有六个方面的要求。

（一）坚持导向性原则

课程方案、课程标准和教材，代表国家意志与社会需要，新一轮课改是依据“三个面向”与“三个代表”重要思想去推进工作、设置目标的，因此，新一轮课程改革有鲜明的时代特点与方向要求。坚持导向性，就是坚持中国特色社会主义的政治选择，坚持符合社会与科学技术的认识、发展规律以及人的身心成长规律，也是坚持社会主义教育以人为本的原则。因此，促进学生德、智、体等方面全面主动多样地发展，帮助他们形成正确的态度与价值观、世界观，实现个性与人格的健康发展，为他们寻找既能为社会发展贡献力量又能幸福美满度过一生的社会角色位置奠定基础，是教育、课程对学习者的责任，也是教育、课程对社会的责任，对民族、历史的责任。

课程的正确导向性，不仅是社会的根本性要求，也是课程自身发展的需要。在多元化、多样化的时代，一方面，国家、社会希望培养出自己所需要的建设者和接班人，希望延续主流社会的信念、理想与价值追求；另一方面，学习者及其家长也希望新一代能尽快成才、少走弯路，希望享受好的、导向成功的教育，这些都会加大社会对教育课程的选择力度。不能适应社会、家庭、学生需要的课程，是没有生命力的课程，没有鲜明价值选择与正确导向的课程，当然无法适应社会、家庭、学生的需要，从这个角度说，正确有力的导向作用，是课程生长发展的条件。

因此，21 世纪基础教育课程方案必须有鲜明的时代、地区特点与民族特色，必须有明确的导向性，它不能普适于其他国家、地区，也无法简单移植。

（二）加大科目设置、教学内容、教学要求的弹性，让教师和学生有较大的选择空间、选择权力

课程、教材要以学生发展为本，而学生的发展既有共同的规

律、共同的要求，又有许多特殊性与偶然性的影响。在统一的框架内尽量随着学生年龄增长而增加选择性安排，把帮助学生形成不同的知识能力结构、多样的兴趣爱好以及促进他们各具特色的发展，作为课程改革方案的工作目标；把形成学生之间互有短长、互相激励、互相学习、共同提高的机制，作为学校教育的理想境界，这是21世纪课程改革方案之所以要加大弹性的根本理由。

增加课程的弹性，要从科学与个人发展的双重需要出发去筛选教学内容，要把关乎全局与长远发展的结构性知识及关键的概念、方法与态度，作为课程的主干，而把枝节性的、只在学科内部有意义的内容列入选择性部分。但是，由于迄今为止的各门学科的教学安排，并没有经过严密的科学论证与实践检验，我们对各种知识及能力在学生一生发展中的作用或影响，还不能作出实证分析；所以，一百多年来，虽然少数研究工作者和领导人如毛泽东同志，对这些传统要求的价值有过抨击或怀疑，有过极为激烈的主张，如“砍掉三分之一”，但是，却很难从根本上动摇它们的权威地位。一些课程改革，往往是在不伤传统安排筋骨的情况下，添加了若干新内容。要加大选择性、弹性，就要加强课程与学生发展关系的实证研究，要加强对学科知识体系及科学发展规律的研究，做这些事都要花时间，都要社会的充分参与，不是在短短几年的课程方案的研制、实验工作期间能够完成的。因此，在提倡加大弹性、删繁就简的时候，应该抱审慎态度，应该充分借鉴世界发达国家的改革经验，要把那些别人早已删除而我们也看不出其保留价值的内容坚决拿下来，又要始终以批判性的态度看待我们的筛选结果，努力为社会、师生创设参与选择的机会，以尽可能避免决策失误。

加大弹性，是创造宽松发展环境的具体步骤，是避开过分追求整齐划一诱惑，为学生创设多样发展条件，促进学生多样化发展的可行办法，是发挥师生的主体性、创造性的机会。当然，加大选择性也会带来学习进度不齐，学生学业把握程度差距加大，以至难以用统一试题考核评价等结果，这样做虽然会冲击传统的学校管理模式，但又是学生主动发展所需要的，是现代教育理念努力追求的。所以应该以开放的、宽容的态度去对待加大弹性所带来的问题，在解决这些问题的过程中创造新的教育。

（三）要重新认识基础，在新基础观的引导下强化基础

基础教育及其课程是为人一生发展打基础的，这种基础不限于知识基础、能力基础，而是包括基本态度、基本价值选择、基本道德修养等在内的广义的基础，是人一生生存与发展的基础，是人之所以作为人的全部基础性要求与人的本质的规定性条件。有道德、有理想、有文化、有纪律，都是人的基础性要求，都是社会主义中国公民本质的规定性内涵。

因此，我们强调基础的全面性、发展性、多样性和基础性，主张用辩证唯物主义的观点去认识与把握基础的含义与强化基础的实施过程，主张用当代人类文明发展与科技进步提供的新视角、新方法来丰富与发展传统的双基。时代在变化，基础也在变化，在注意保持传统意义的双基中具有长久价值部分的同时，必须推动基础内涵的现代发展，必须正视基础变化的事实。从近年来基础教育改革的现状而言，应该说，某种保守态度，某种满足于既有成绩的态度，是我们推动课程改革的主要障碍。当美国等发达国家从其本国实际出发，重新倡导国家规定的统一性要求，并提倡某种统一检测时，有些同志就担心中国教育的改革是否会丢掉“中国教育基础扎实”的优势，对种种“减轻过重负担”“降低难度”及取消大范围统一考试的主张，对批评“应试教育”的议论，表示了诸多忧虑。其实，各国国情不同，教育现状也不同，美国的教育过分迁就儿童，过分强调教育权力的分散，当然应该加强统筹管理。中国的教育，一向管得很死，考得过多，许多学生全身心地沉溺在题海之中，所谓的“基础”教学，几乎全是为了应付考试，在这种情况下，适当淡化考试，适当降低统一要求的难度，适当扩大基础的内

涵，应该说恰是中国教育发展必须采取的策略。

重新认识基础，坚持打好基础，这两者不可偏废，也不应偏废。

（四）要加强课程的综合性和实践性

新一轮的课程改革，强调课程的综合性，强调加强课程与社会生活、儿童生活的联系，主张课程应该成为连接社会生活与儿童、少年的桥梁，应带领学生走向自然、走向社会。

强调课程的综合性与实践性，是为了适应21世纪公民成长的规律，适应21世纪中国社会发展的需要。信息网络与大众传媒的发展，科学技术的迅猛进步，使今天的人不仅有了终身学习的需要，而且有了终身学习的可能。在这样的条件下，再去强调“今天在学校学习知识，准备生活，明天在社会里应用知识，创造生活”，难免有认识陈旧之嫌。虽然“知识爆炸”之说并不准确，但知识总量在增加，人们对社会、对自然的认识在不断变化，则是事实。因此，既然今天的公民无法依靠昨天的知识准备应对生活挑战（这是我们每个人当前正在体验的“残酷”事实），那么，明天的公民显然更不能依据今天的准备来迎接未来的更大挑战。只有让一代新人养成学以致用，在应用中学，为应用而学的态度，他们才能成为21世纪国际竞争中的胜者。从这个角度说，强调综合，强调实践都是为了帮助学习者成长，为了帮助学习者把学习与生活、学习与应用结合起来。

强调综合性、实践性的另一个理由，是与学校教育的发展联系在一起的。我们主张“21世纪的中小学校应树立开放的观念，以开放的态度去处理学校教育与大教育、基础教育与终身教育的关系，为此学校课程应该成为整合诸多教育影响因素的有力工具”。我们生活在一个多元多样的社会里，既然学习者是在诸多社会因素的影响下走进学校的，学校作为专门的教育机构，就应该坚决地肩负起整合社会影响，全面贯彻党和国家教育方针的责任。为此，教育工作者必须正视诸多社会因素在教育前、教育中与教育后的存在，必须以开放的态度接纳这些影响，及时调整学校的计划，及时纠正不良影响带来的偏差，以争取最佳的综合教育效果。社会影响、社会生活本身都既是综合的，又是以实践活动形式存在的，教育要起作用，怎么能只强调学科体系，只强调理论价值，而不在综合与实践上下功夫呢？强调课程的综合与实践色彩，是为了体现课程的育人本质，为了实现教育的生动发展。21世纪课程改革方案主张“在一切为了受教育者全面、主动、多样化发展的口号下”，“统整各方面要求，帮助学习者形成个人的认知系统和基本态度，并使他们有能力把个人的认识、经验与所学习的课程内容联系起来”，就是为了让学习者掌握学习的主动权。学习者有了主动权，教育才会有生命活力。

（五）强调学习方法的变革

新一轮课程改革强调学习方法的变革，“循序渐进将不再是学生学习的唯一方式，超文本式学习、浏览式学习与检索式学习会越来越有市场。文字教材也不再是学校教材的唯一形式，声像教材、多媒体教材、多种媒体组合教材会越来越多地进入学校”，写于20世纪末叶的这段文字不仅已变成现实，实际上还不足以反映出时代的全部进展。今天，学生的学习方式不仅受网络影响，“研究性学习”“做中学”“体验式学习”等方式，也在新一轮课改中凸显了自身的独特价值，转变学习方式，已经成为基础教育课程改革的重要特点。

人类文明的发展，是在继承前人经验的基础上实现的。因此，不能忽视接受性学习，不能拒绝掌握前人积累下来的认识工具与认识方法，特别是在中小学阶段，由于学生身心发展的需要，由于教育自身规律的制约，接受性学习还应该占有相当的比重，这是事实。但是，这一事实不能成为拒绝变革的理由，不能成为阻止我们推动研究性学习、网上学习等改革尝试的借口。

学习方式的改变，是时代发展与学生学习要求变化的需要。在信息技术走向普及的今天，学会学习显然比学会知识重要，对于一个需要终身学习的人来说，保持高昂的学习兴趣和学习积极性，更是“重中之重”的要求。研究性学习、体验式学习与网络上的超文本学习都强调学习主体的作用，注重联系生活实际，主张从具体的问题、事例或过程开始学习活动，它们看重的是从一般经验向理性认识的归纳过程，是知识的生成与发展过程，并力求在这样的过程中培养学习者发现新问题、生产新知识的能力与方法。这些学习方法与传统的以演绎推理为主的接受性学习，是人类认识活动的两种基本形式，而研究性学习等学习方式则是更具根本色彩的学习方式。新一轮课改，强调网络学习、研究性学习等方面的变革，不仅因为它们自身的重要价值，还因为对大多数中小学教师而言，这些都是新课题，是他们所不熟悉的新事物，是需要教师在自身的学习实践中重新学习的事物。

（六）让每个儿童、少年都获得成功

让每个学习者都获得成功，是新教育的要求，也是新课程建构的基本原则。

以学生发展为本的课程，必然重视保护发展主体的主动性、积极性，必然重视发展主体的情绪体验。“学校生活应该成为学生一生中最可纪念的‘金色时光’，应该充满成功与欢愉”，这不仅是一种愿望、一种认识，而且应该成为课程建设必须实现的基本原则，成为所有教育工作者努力追求的工作境界。

“学习应该是既艰苦又愉快的事情，信心与勇气都来自成功”。课程需要适应程度不同、基础不同、兴趣不同、禀赋不同的学生，他们不可能在同一方向、同一标准的要求下取得同样的成功，他们也不会只有同一种追求或期望。应该说，学生在学校及社会中的一切活动都有学习的意义，不同的学习活动对他们一生的发展，有着不同的但同样无可替代的价值。所以，让每个学生都成功，并不止要求他们只在学业上，甚至只在某一门、几门课程上成功，而要求我们扩大“成功”的内涵，要以宽松的标准来为学生创造多样成功的机会。因此，新一代学习者的成功将是多姿多彩的，传统教育忽视的许多因素，都会成为未来公民取得成功的重要因素，成为他们互相启发、互相尊重的重要理由。

强调用成功引导教育，在确定学习内容、学习要求时关注学习者的感受，减少课程带给学生的过重压力，并不是只强调“玩中学”，也不是否认“失败是成功之母”“挫折会使人奋起”一类的名言警句。从儿童、青少年成长的过程看，教训也罢，困难的磨炼也罢，当然应该在学校教育中占有一席之地，但这些都是为了导向成功，导向学习者今天与明天的幸福生活。当前教育中的主要问题是失败或挫折对多数学习者的过重伤害，过难而又脱离实际的学习内容，频繁而又永无胜出机会的考试竞争，已成为压在大批学生及其家长身上的大山。在教育机会仍然短缺的时代，要求每个孩子都去追求北大、清华，都去掌握同一种考试的制胜利器，这怎么会不成为他们的过重负担呢?

所以，在新一轮课改中，不仅要强调学习者多样的发展，多样的成功，而且必须为他们创造多样的成功机会，要以同样的热情肯定并表彰这些不同方向的成功。因为没有成功的情绪体验，学习者不可能长久地保持学习热情，学习者的主动发展也将成为空话。

总之，在新一轮课程改革方案的设计与实施过程中，强调课程的导向性、弹性，强调课程的基础性、综合性和实践性，关注学习方式的变化，努力实现每个学生的成功，这些就是21世纪基础教育课程改革方案的主要价值取向，也是新时期中小学教育改革的共同追求。

五

新一轮基础教育课程改革，是在广泛借鉴发达国家教改经验及国内实施素质教育经验基础上进行的，有较充分的理论研究基础及实践操作准备。但是，作为一项牵动教育全局的系统工程，它需要得到社会广泛认同才能顺利推进，需要经过实践的认真检验才会日趋完善。因为，它毕竟是一个由少数人设计出来的计划，是一个带有某种超越性的实验方案，肯定会有若干待完善、待修正的方面。因此，要加强对课程改革实验的全程监控，要严格地按照科学研究的方法收集、积累实验数据及个案，研究分析数据及个案，努力掌握尽可能多的第一手资料，从而为科学地操作实验，科学地总结实验，科学地修正课程方案、课程标准及教材，奠定必要的基础。

应该说，课程教材的实验过程，既是对课程改革理念、课程改革方案的检验、完善过程，又是改革基础教育、全面推进素质教育的过程，是全体参与实验的科研工作者、教育实践工作者及社会、家庭，共同学习、转变、创造、发展，共同推动基础教育全面创新的过程。这样一个复杂的多侧面的系统工程，一定要加强监控，科学运作，科学管理。

（一）监控评价工作的目标

用监控评价的方法来加强对课程实验工作的管理，是一种尝试。其要点在于把课程改革实验既当做工作，又当做研究对象。就是说，一方面，作为工作，努力保证课改实验的正常运行，努力贯彻新的教育理念、课程理念及各项改革原则；另一方面，又把课改作为研究对象，依据实验中反馈出来的种种问题，具体地分析课程改革方案的设计理念及方案本身，具体地分析课程改革实验操作，力争得出比较客观的认识。具体说，课改监控有如下三项工作任务。

1. 要把课改的基本理念、基本原则和课改方案（包括课程标准与教材）本身，都列入监控研究范围。要在课改实验的过程中，客观地评价这些理念、原则与设计是否符合实际，是否真有道理，是否能够实现改革预期的目标？

课改理念、原则，反映我们对时代发展方向的认识，反映我们对教育规律的把握程度，它们与课程改革方案一样，都有一个动态生成过程。理念、原则与改革方案，只有可行，只有为社会所接受、所认可，才有价值。所以，我们对课程理念、课程方案、课程标准等进行监控时，必须以事实为依据，坚持科学求实的态度，有好说好，有不足说不足，努力避免“一实验就成功，一推广就失败”的教训。而在实验开始的时候就做好修正方案、完善方案的思想与工作准备，又正说明我们对课程改革有很大的决心与信心。

2. 要把课程改革的实验过程作为监控研究的重点。

课程的实施过程，是课程最可能有创造，也最可能发生变形的过程。所谓的应试教育，主要不表现在课程计划与教材编写上，而是发生在教学实践中，发生在文字教材向教学实践活动的转换中。因此，课程改革的成败，在很大程度上取决于学校、教师。先进的学校，优秀的教师，可以用先进的理论及对现实生活、学生情况的准确把握来弥补课程教材的不足，用创造性的劳动推动教育创新；落后的学校，观念陈旧的教师，也可能用陈旧的理念与方法，把先进的课程设计转变成枯燥无味的“训练”，把启发变成灌输。对课程改革实验过程监控，主要的任务是发现学校、教师的创新亮点，是鼓励学校、教师依据新理念、新情况，适时修正与完善课改方案和课程标准、教材，是鼓励学校、教师整合社会、学校资源，推动教育创新。当然，也要注意发现课改实验中背离改革初衷、背离改革基本精神的现象，要注意分析产生背离的原因，在支持教师修正课改方案因脱离国情产生偏差的同时，又必须努力维护和宣传课改的基本理念，努力创设有利于改革的舆论环境和认识基础，以保证改革的顺利实施。

3. 要以本次实验为研究对象，在课改实验的操作过程中，探讨课程改革这样的社会性的教育实验的运行规律。

课程教材改革，是一项影响深远，影响因素复杂，较难控制实验变量的教育实验，是一项只有在社会、家庭、学校观念转变的支持下才能推进的教育实验，又是一项因改革前景不够明朗、风险较大而有多重阻力的实验，还是一项涉及多项政策调整与教育管理变革，而这些调整、变革又始终滞后的实验。认真地以课改实验为研究、监控对象，认真地在课改实验的过程中记录每一项实验操作及其效果，记录实验过程，记录实验创新及其认同、传播、推广的轨迹，无疑会大大丰富对教育改革实验的认识，会提升教育改革实验的管理水平。

因此，要坚持以科学的态度监控并操作实验，要在操作改革实验的过程中强化反思意识，认真地研究改革实验的规律，为新的教育改革实验积累经验。

（二）监控与评价工作的操作原则

课程改革监控工作，既是一项工作，又是一项科学实验。由一批教育科研人员、课程改革方案与课程标准的研究人员、课程改革实验方案的实践操作人员，在亲身参与课程改革实验及其指导、推动实际工作的同时，大范围、大批量地、客观地记录并分析课程改革实验过程，记录并分析自己认识变化的过程，在研究他人、研究客观事物的同时，加强反思，把自己及自己的工作也作为研究对象，力争得到比较全面、客观的认识。应该说，这是一项有创新色彩的工作。这样做，不仅对健康推进课程改革实验、保证教育改革实验实效有意义，对教师队伍建设，对加强教育科学研究也有好处。所以应该珍惜这一难得的机遇，努力做好工作，并在操作中坚持以下原则。

1. 整体性原则

课程改革从方案设计到实验操作、反馈评估，是一个有机整体，课程改革与学校设置、校长管理学校包括教育教学和学校全面工作，也会互相渗透、互相影响，也是一个有机整体。学校的课程与社会的大教育体系，区域的教育改革与社会的教育追求，中小学的课程教学改革与幼儿园、大学、职业教育、网络化的社会教育环境，甚至人才评价甄选制度，都会有千丝万缕的联系，在监控评价课程改革实验时，不能脱离这诸多联系的影响，不能脱离课程改革生存与发展的背景。强调监控评价的整体性，就是强调不能孤立地从一所学校、一节课、一项教育政策选择去评价课改，不能仅从一时一事去评价课改，而必须在全社会及整个教育系统的发展方向上去研究、评价课改，这样才不会迷失方向。

坚持整体性原则，需要对当代社会、教育的发展方向和实际情况有深刻的认识。所以，要坚持深入实际，深入学习，要在广泛借鉴世界发达国家社会经济发展与教育改革经验的基础上，重新认识中国的教育问题，寻找解决对策。这是一项繁重的学习与调查任务，是需要花大力气去做的。说到底，所谓的看到事物的整体性特点，就是要我们从行业、从自身的局限中跳出来，就是要我们站得更高，看得更远。显然，高也罢，远也罢，都要在艰苦的学习与调查研究的基础上才可能实现。

2. 发展性原则

课程改革既然是动态生成过程，对课程改革实验的监控评价，也要坚持发展的观点，要坚持改革与实验进程同步发展，同步深化。

课程的动态生成本质，课程必须适应社会与学生发展需要的基本原则，都要求我们不能只依据现成的方案去规范教师，也不能只依据现成的方案来评价方案的操作。而应鼓励教师在方案的支持下大胆创造，鼓励他们在实验进程中转变观念，提升水平，努力推动课程的完善与教学创新，并依据方案的动态发展去认识方案的本质。所以，课程改革方案是与教师在改革实践中同步走向成熟、走向完善的，两者之间的互动互补是课改实验成功的关键。为此，必须以审慎的态度观察与认识课改实验中的“变形”现象，要积极发现有创新意识的“变形”，并将其作为完善方案、完善实验的依据，又要及时发现在旧观念影响下的不应有的“变形”，在及时纠正的过程中努力保证课改基本精神、基本理念的落实，还要积极地发现那些为条件所限的不得已的“变形”，要及时以此为依据，提出改善条件、完善政策的建议。坚持监控评价的发展性原则，是为了促进课改实验的健康发展，也是为了保证实现课改实验的预期目标。

3. 以自我评价、自我监控为主的原则

新一轮课程改革的基本精神，就是让教师创造性地工作，让教师与学生成为课程的主人。课改的主力军是教师，是所有与课改利益相关的人，是那些每天都心领身受，与课程直接关联的学生，调动他们的积极性，让他们在反思中发现自己，坚定信心，找到继续改革的方向，是做好改革实验的需要，也是实施素质教育的需要。

要倡导让所有与课改实验有关的人都做课程改革实验的研究者，让他们提出问题，提出意见和建议，让他们有机会尝试各种改进方案，还要让他们有交流、沟通、讨论、争辩的机会。课改实验的深刻性及重要性决定了它需要用民主的开放的方法来推进，决定了它必须让所有与课改有关甚至无关的人，都成为改革的主人，成为改革实验的参与者。适时地扩大课改影响，是转变社会教育观念，吸引社会了解并支持改革的唯一有效途径。

以自我监控、自我评价为主，同时以客观的观察、他评、互评为辅，有利于比较深入全面地把握课改实验的深层本质，有利于全面认识课改实验中的各种问题及其产生的原因。这不是忽视观察与他评、互评等客观评价的作用，而是为了使客观评价能够较好地与自我评价结合起来，为了进一步密切教育科研人员与教育实践工作者、教育对象和所有与教育有利益联系的人的关系，促进数者的结合与合作。课程改革实验涉及许多深层的教育理念与价值选择，没有行为主体的积极的自我剖析，纯客观的记录、观察，不一定能够得到有说服力的结论。坚持以自我评价、自我监控为主，让尽可能多的实验参与者成为自觉的实验人员，有利于得出科学可信的结论。

4. 要坚持科学求实的原则

当前的课程改革实验，不可避免地带上政府行为色彩，要靠政府去决策、去投入、去推动。这一事实可以为课程改革实验工作带来庄严色彩，会适当减轻实验工作者的社会压力，有利于加强课改实验推进的力度，也有利于为课改创造物质条件和组织实验队伍。但是政府行为色彩又会使本项实验负担过重，会强化本来已经很强的改革期望效应，会妨碍基层组织与教师主动精神的发挥，甚至会导致某种变形，会因为害怕“失误”、害怕某些不可避免的曲折而使实验工作自觉不自觉地“掺假”。

为此，要更加强调实事求是的基本原则。科学地搜集原始数据、资料，科学地积累原始数据、资料，以尽可能客观的态度做出实事求是的分析评价，向实验的参与者、实验的指导者、全体师生与家长，作出科学的说明，不溢美，不掩饰，不回避任何问题，这是课改实验监控研究必须时刻遵循的准则。

科学地跟踪，是为了科学地提出意见、建议，把任何可能的失误消灭在萌芽状态，把任何错误尽快地纠正过来，以确保改革目标的实现，确保所有参与实验的学生健康成长。所以，实事求是的根本目的是为了解决问题，推进工作。监控工作者与课改实验的领导者、课改方案的研究者、课改实验的实践工作者的目标是完全一致的，是同一战壕的战友，大家应该团结一致，应该有同样的勇气去面对改革的挑战，有同样的决心去揭示问题、改进工作。在这个问题上，课改实验的领导者、组织者与课改方案、教材的制订者，应该更主动一点。

最后，作为一项课题研究，北京市21世纪课程改革实验监控与评价还有自己专门的研究队伍，并以课题组的形式组织了一批专兼职的监控与评价的研究人员。应该强调，这支队伍首先不是作为纯客观的观察记录者，而是作为课程改革实验的积极参与者，作为推进、完善课改实验的工作人员出现的，这不仅是推动课改实验的需要，也是进行监控、评价研究的需要。

新一轮课程教材改革实验，在若干重要方面有突破性进展，与传统教育、课程理念有所冲突，有些冲突涉及深层认识问题，教育科研工作者只有先入乎其内，做改革实践活动的积极参与者，在与干部、教师、家长的共同工作、共同讨论的过程中，弄清事实真相，找到矛盾症结，才有可能出乎其外，从更宏观、更深入的背景中分析问题，找到解决办法。从另一方面说，课改所涉及的深层观念问题，课改所涉及的利益格局调整问题，也使整个社会不会再有完全持旁观态度的观察者，科研工作者也会自觉不自觉地成为这项改革的利益中人，成为改革的推动或障碍力量。因此，要求研究人员每周深入学校、深入课堂，坚持与校长、教师交朋友，和他们在共同学习、讨论中寻求共识，提倡做好问卷调查统计分析，同时更重视个案、访谈、观察记录，都是要让专门的监控研究人员成为课改实验的全程参与者，成为课改实验队伍中的一员，这一身份不仅是从事本项研究的前提，也是研究人员自身转变观念、提高认识的需要。

把定量与定性研究结合起来，在广泛参与、深入观察的基础上加强定性研究，加强对具体现象的具体分析，并和学校实验教师一起，在这个过程中转变态度，转变认识。把教育观念转变得具体化，把现代教育思想的确立与课改实验联系起来，不仅会帮助实验工作深入发展，会使课改实验促成的观念、行为变化落地生根，还会帮助教育科学研究人员养成深入的工作作风，帮助他们找到联系教育实际和教育实际工作者的途径与方法，引导他们成为 21 世纪教育改革的促进派与中坚力量。基础教育正面临着根本性变革，教育科研工作者只有实现这样的转化，他的科研活动才能真正影响现实的教育，才会为现实的教育发展带来有实用价值的思想武器。

新一轮基础教育课程改革，是涉及千家万户，关系到 21 世纪中国公民基本素质的改革。无论从改革涉及方面的广泛性还是内涵的深刻性的角度看，都有突破。有突破，就意味着有风险、有困难、有许多需要不断研究讨论的课题。所以，科学地组织、管理好这项改革实验，在实验的全过程中坚持前述基本要求，与所有参与实验的人员一起，力争把 21 世纪课程计划、标准与教材修改好，力争使本项实验达到预期目标，是每个从事此项实验的人的责任，也是每个从事此项实验的人应该完成的研究课题。

既然历史已经把课程改革的任务提到我们面前，所有与之相关的人们，只能承担起自己的一份责任，努力把这项实验进行下去，力争取得预期的结果。

（原载《课程改革监控评价初探》，北京出版社 2002 年版）

35

课堂教学的本质与好课评价问题

现代教育理念指导下的课堂教学的本质到底是什么，在这样的理念要求下应该怎样创造好的课堂教学，怎样评价课堂教学，是当前基础教育改革与发展的关键问题之一，也是争议很大的问题，本文只是笔者个人的一些不尽成熟的思考。

一、对于课堂教学活动的本质的不同理解

第一种认识，认为教学活动本质上是传授知识的过程，或者是传授知识与培养能力的过程。例如《简明国际教育百科全书》中关于教学的第一个描述性定义，即主张“教学就是传授知识或技能”，《不列颠百科全书》也把教学定义为“进行教授工作的行业，尤指在小学、中学、大学中。从事教学的人，通常必须符合某种要求。标准因国而异但通常包括，受过正式的教育或训练，具有某一学科领域的专业知识，取得从事这种工作的证明或许可，并保持不断更新和扩充的业务水平。”虽然《不列颠百科全书》的编者也承认在不同文化背景及学生面前教师的角色并不相同且相互冲突，但知识传授仍然是基本要求。

第二种认识，认为教学的本质是师生双方的共同活动，是由教师的教与学生的学组合起来的共同活动过程。例如，钟启泉编著的《现代教学论发展》主张，“教学是教师和学生之间的共同活动。在

这个过程中必须有可供教学的教材。因此，构成教学的基本成分是：(1) 教授——教师的活动；(2) 学习——学生的活动；(3) 教材。”并特别解释说：“教学就是这样在教师的教、学生的学与教材这三者的复杂相互作用中展开的统一过程。所有教师的教授活动与学生的学习活动，是一起以教材为媒介，在现实中探求真理的认识活动，是师生双方共同的认识活动。”

这种认识进一步发展，就走到了后现代教育学、教育阐释学的主张，形成了第三种认识，认为教学的本质是“对话”，是“交流”，是“沟通”，认为教学实际上是师生以教学资源为中介的交互影响过程，是一种特殊的人际交往活动过程。

第一种认识是比较传统的看法，所谓教学的本质是传授知识与技能的过程，就是定义教学为特殊认识过程，其特殊性在于它不是去直接认识社会、自然现象，而是通过前人对自然、社会的认识来认识，即所谓“间接经验说”。持这种看法的人认为，学习者要在较短的时间内接受人类历史积淀下来的主要认识成果，所以他们无法重复人类的全部发现过程，只能从前人的转述中，从教师有目的、有选择的实践案例中，掌握这些前人的发现、发明。这是儿童、少年认识世界的特殊性，也是儿童、少年认识有效性、高效性的保证条件。既然是传授、传递或者培养，掌握主动权的必然是培养、传递、传授计划的制订者与执行者，必然是掌握着系统的社会经验，掌握着传递、传授或培养内容的教师。因此，在这样的教学观念指导下，教学过程往往成为以教师活动为主的行为过程，是教师在有选择地讲解、讲述、说明、演示，教师自身也自然地成为知识的代表，成为学生效法与模仿的对象。教学活动的基本形式是“讲—听”式，教师讲，学生听，教师说，学生记。在没有教材甚至书籍的古代社会，实际上是“师之所存”即“道之所存”，离开了教师就没有学习，没有教学。一切有“道”的人，有知识的人，都是有教师身份的人，只有他们才能进行教学，因为所谓的教学，就是口耳相传，就是依靠教师的讲述和记忆。秦始皇焚书坑儒，儒家经典是靠伏生等人背诵，让别人用“今文”（汉代的隶书）记录下来，这才有了儒家的今文《尚书》等经典著作，有了“独尊儒术”的依据，由此可见教师地位的重要。到了造纸术、印刷术发明以后，特别是到了现代大众传媒极其发达的今天，已经有了大量的可以传递知识、信息的文字教材、多媒体教材，有了发达的信息网络，可是，还是有一些教师仍然以传递知识为第一要义，也还有一些学生以听讲学习为不二法门，在他们看来，书籍、教材上的内容仍然是只有讲过才能放心，只有听过才能学会，所谓教学，就是传递，所谓学习，主要是听讲。

显然，在网络时代，在新知识、新信息大量涌现的时代，如果教学依然只强调“讲—听”式，不仅传递文化的任务无法顺利完成，而且学习者也会因其阅读能力低下而无法适应网络条件下的人类生存方式。应该说，强调儿童认识的特殊性，强调儿童应该以学习间接经验为主，以继承社会经验为主，是符合人类社会教育发展规律的，也是符合当前教育工作实际并适应信息时代社会进步需要的。但是，认为这种间接经验还应主要通过教师讲解、讲述来传递，认为这种经验只能在传统的学校中进行，则显然落后于时代科技的发展，也不符合当代教育发展的实际。因此，从信息时代人类学习方式变化的实际状况出发，主张重新认识教学活动的本质，认定“教学是师生双方共同活动”过程，是一种有积极意义的认识转变。

但是，主张教学的本质是“以课程内容为中介的师生双方教和学的共同活动”（顾明远主编《教育大辞典（简编本）》），其论者并没有说清楚教师的“教”与“教学”中的“教”的区别。按照现代汉语的习惯用法，“教”本身就有“把知识或技能传授给别人”的意思，例如“教历史”或“教唱歌”。而从汉语“教”字的语义演化过程看，它包含：“传授”，如《左传·襄公三十一年》的“教其不知，而恤其不足”；“做出榜样”，如《荀子·修身》的“以善先人者谓之教（用好的行为做在别人前面就叫做‘教’）”；“教训”或“教诲”，如《孟子·滕文公》“饱食暖衣，逸居而无教，则近于禽兽（吃得饱饱的，穿得暖暖的，无所事事地待着而不去受教诲，就与畜生差不多了）”；“帮助人成长，发展善性”，如《礼记·学记》所说的“教也者，长善而救其失者也（教是什么，是帮助别人发挥善行而纠正他的过失罢了）”。所以，说“教学”的本质是师生共同活动过程，一则因为没有解释清楚“教”字的具体含义，而会使许多人仍从“传授”的角度去理解教学，其与第一种认识的区别就会模糊起来，再则讲“共同活动”，似乎不分主次，其实又分着主次，结果也会使这种新的解说重又回到以传授者为主、以传授活动为主的认识上去。其实这种说法的模糊性，恰是这种说法能为不同教学观念的人接受的基本原因。

至于认为教学活动的本质是“沟通”、是“交流”“交往”，是以教材为中介的一种特殊交往活动，与“共同活动”说相比，显然更贴近了教学的本质特点。这种认识以马克思主义交往实践理论为依据，强调人与人的交往实践活动对人生存与发展的决定性影响，并且一再强调“要求教师担当文化调解人，而不仅仅是传授者或干事的角色”，主张教师通过“对话”“交流”与学生实现共同活动，这种活动必然有共同的话题或学习对象——教材或其他中介，也只能在相互交换信息的基础上使“共同活动”得以持续。所以，“交流”“交往”“沟通”说，不仅在一定意义上反映了传统教学的本质特点，也反映了在信息传输手段多样化以后学校教学活动的特点。

但是，仅仅把教学的本质归结为“交往”或“沟通”，也有某些不尽确切的地方。成人与成人的交往或沟通，其关系是平等的，即使其中的一方有某种优势，但总体上看仍是此长彼短，有相互借鉴或依靠的价值。而儿童与教师的“共同学习”或“相互交流”，除人格应该平等以外，其他各方面都是不对称的，教师并不是真在与学生“共同学习”“共同发现”。对一名小学生而言，他可能确实在教师的帮助下，“独立”发现了黄色与蓝色可以配成绿色，橙色是由黄色与红色构成的；然而那位与他“共同学习”的教师却早已知道了这些结果，他并没有也无须在这种“交往”中学习这些简单的常识，因而也没有与学生“共同学习”。一般说来，多数情况下教师并不需要通过与学生的“交流”“沟通”来学习教材中的内容，如果他做出某种“发现”的姿态，他提出某个早已知道答案的问题，那也是在诱导学生学习，而不是自己在学习。另一方面，这种以“交往”为主的认识活动的双方不仅地位并不真正平等，其责任、义务也不相同：学生要在交往活动中学到知识、掌握能力，是这种交往活动的最大受益者，所以在非义务教育阶段，学生要为这种“交往”付费，要“自行束修以上”，甚至要“尊师重教”；而教师作为交往的另一方，他们更多的却是责任，是想方设法让学生在“交往”中真正受益，学到东西，实现发展，所以，古今中外教师的这种交往活动，都被称为“劳动”，要从中得到劳动报酬。一方面是学业，是追求自身的发展与进步；一方面是职业，是追求在帮助别人发展进步中实现生命价值、获取劳动报酬。双方地位不同，责任不同，目的也不同，如果仅仅用“交往”或“对话”来归纳这种关系，恐怕也很难真正说清它的本质。

二、现代教学的本质

现代教学，本质上是由教师组织学生进行有目的、有计划的有效学习的活动过程。

这一解说包含以下四层意义。第一，教学是一种涉及教师与学生双方的活动过程，所以，它一定是动态变化的过程，是一种交往实践行为，是一种涉及两个人以上的实践活动。第二，它是一种学习的活动，本质上是学而不是教。因此，活动的主体是学生，没有学生的学习活动，就没有现代意义的教学。放录音、放录像不是教学，教师讲而学生不听、听不懂也不是教学，在大礼堂作报告、宣读文件材料更不是教学，只有在教师组织下学生实现了有效学习，才是教学。第三，教学是一种特殊的学习活动，它是由教师组织的有目的、有计划的学习活动。这是一种由国家、社会与成人们依据学习者身心发展需要、社会文化传承与经济发展需要制订出明确计划的、由一定的机构组织实施的学习活动，是一种指向性很强的学习活动。所以，学习者随意阅览、上网聊天不是教学，学习者自主制订计划学习感兴趣的东西也不是教学，学习者自己在社会实践活动中观察、认识、感悟、发现等，更不是教学。第四，这里所说的教师的组织活动，包括讲解、讲述、指导、辅导，也包括展示、演示，还包括组织学生从事各种参观、操作活动，包括释疑问难、激励评价等，总之，凡是一切有利于学生学习活动进行的手段，教师都应该利用，而教师利用这些方法、途径、媒体的唯一目的，就是为了让学生的学习活动能够真正进行下去，能够收到切实的成效。

把教学的本质看成是一种特殊的学习活动，看成是在教师组织、指导下由学习者完成、以促进学习者发展为目的的学习活动，并不是不承认教学有传承与发展文化的社会功能，也不是否认教学在培养社会主义建设者和接班人方面的社会责任。恰恰相反，正是为实现上述教育的社会功能与社会责任提供了切实的保证。因为，个人的发展，并不是自然生长的过程。人的本质属性是社会性，人是在社会的价值观念与精神、物质文化成果的影响下走向成熟、实现发展的，所以，人受教育的过程也就是接受影响、掌握发展工具的过程，是学习、理解、选择、接受人类文化成果，使自己由自然人变为社会人的过程，也是在学习继承的基础上继续有所发现、有所发明、有所创造、有所前进的过程。人类文化成果的传承与发展，正是在这样一代代个体与群体的发展中实现的，没有一代代个体与群体的发展，就不会有人类文明整体的生生不息的发展与前进。我们强调教学的促进个人发展功能是其传承文明功能的基础，强调教学应该更加关注学生、关注学生的发展活动，都是为了更有效地实现教育的社会功能与社会责任。

教学活动的本质是学生的学习活动，教师是这一活动的组织者与指导者。学生这种学习活动的对象主要是间接经验，是人类积淀下来，经过社会认真论证、筛选，以简约和系统形式呈现的社会经验的精华，是以课程标准与教科书为代表的学习资源、学习材料。应该说，在发明了文字、印刷术以后，特别是在大众传媒、网络媒体充分发展以后，教师已经不再是学生学习的知识的主要代表或主要载体，今天学校教育应该更关注让学生向书本学习，让学生通过媒体与网络学习，并通过学习文字文本的课程来联系生活、学习生活、了解生活。在这里，师生双方也有“共同活动”，或者说有共同的“学习”活动，而“学习”的内涵则不同，学生是学习教材、学习书本上和多种媒体上的知识，学习生活和生产中的知识；而教师需要认识的，是此时此刻学生的学习基础、学习方式与学习困难，是学生在学习活动中的收获、问题及其最终效果。师生也确有对话与交往活动，也确实在面对同一学习任务进行交流或沟通，不过，学生的关注集中在教材或教师所提供的信息的意义上，是希望把新的信息与个人固有的认识联系起来，而教师的兴奋点则集中在学生对教材信息的理解与把握上，他学习、研究的对象是学生，是学生的认识与发展状况。是否可以这样认为，在师生的“交往”或“共同学习”的过程中，对主客体关系认识一般表现为教材（包括教师传达、演示的内容）及其代表的客观世界，是学生认识的对象，是学生认识活动的客体；而学生对教材的学习过程，是教师认识的对象，是教师认识和实践活动的客体。教学活动的本质是学生的特殊学习活动，教师工作的着力点是组织好这一特殊的学习活动。师生双方交流与交往的目的与意义并不相同，对学生而言，现代教学中的交流与交往，是个人学习活动的支持手段、辅助手段；对教师而言，现代教学中的交流与交往，是影响、组织学生进行学习，帮助提高学生学习有效程度，实现教师角色社会责任的手段。对于学习能力、学习方式或发展程度不同的学生而言，与教师交流交往的必要程度是不同的，有些学生甚至希望教师少讲一点，少做一点，从而使自己有独立思考、认识的机会，可以少受干扰。而对于教师来讲，除了当面观察与通过作业、作品了解以外，交流、交往是他们影响学生、实现教育目标的非常重要的途径，因而有些教师就喜欢反复叮咛、反复讲解、反复纠正，时时处处要在课堂中表现出自身存在的价值，以致引起学生的厌烦或逆反心理。所以，在师生的“共同活动”或“交往”中，师生角色位置与活动目的的差异，会导致师生行为的冲突或矛盾。只有牢牢把握住共同活动的核心是学生的学习活动，而教师又能够心甘情愿地从传授主角退而成为学生学习活动的支持者与帮助者，现代教学的特性，才能真正显现出来。

主张现代教育的本质已从传承知识或共同活动，转变为教师组织下的学生的有效学习活动，还因为现代心理学的多项研究证明，学生学习接受社会经验，不仅是建立在简单的复述、记忆基础上的识记过程，不论是“同化—顺应”学说，还是建构主义的解释，都把学习者接受新信息的过程，视为一种主动地理解、吸纳与变化过程。所以，任何一位学习者都不是从零开始学习活动的，他们是在环境与他人（包括教师这样的专业工作者）的影响下，用自己已经积累起来的知识、经验、感觉、记忆表象等，去认识、接纳、理解新的信息，并积极地做出带有个人特点的解释。这种接受过程，可以认为是一种心理上的探究、碰撞与融合的过程，也可看成是意义建构过程，或者“同化—顺应”过程。尽管现代心理学尚无法完全说清学习者头脑中进行的这种活动的内在机理，但是，任何人的学习活动都应该有一个内部消化吸收过程，都会对同一学习内容产生各具本人特点的理解，则是确定无疑的事。因此，从现代教育学、现代心理学的角度看，传统的接受学习，尽管从最终结果看，确实是新一代的个体对社会经验的继承或接受，确实存在着人类文明的一种传递或延续的现象，但是它并不像我们把一枝笔从我的左手放到你的右手那样，仅是一种位置或所有者的转移，笔自身并没有发生变化，而在知识、经验的传承过程中，信息实际上已经被接受者主动加工或改造了，学习者并不是一般意义的受众，而是一位能够主动地对信息进行筛选、加工、改造的生命主体，他们所掌握的知识，不是由教师或书籍直接给予的，是在学习者与环境、与他人、与各种学习资源在一定意义上的相互作用中，通过学习者本人的转变实现的。

强调学习者在学习活动中的主体地位与根本作用，强调每个学习者对同样的信息会有不同的理解、不同的认识方式与认识速度，并不是说一个“勾股定理”会有千百种解释，也不是说人们对同一个命题会有完全不同的界说。我们是马克思主义者，承认客观规律与客观真理的存在，承认社会意识与时代的普遍联系以及人类之间沟通和理解的可能。所以，尽管学习活动是在学习者个人努力下完成的，尽管每个学习者的学习活动会有这样那样的不同特点，但是，从学习活动的最终结果看，同一时代、背景相似的人群，还是会形成某种共识，还是会对他们所面对的世界及其传递的种种信息有大体一致的理解或把握，尽管在深浅程度、侧重方面以及对细节或总体把握上会有区别。强调认识过程、学习过程首先是一种具有个人特点的行为活动过程，是一种必须在主体积极参与下才能完成的过程，其意义主要在于进一步明确学习活动的本质，也是为了有效地实践现代教学理念。因为，正像泰勒所说，教学的成败，归根结底还要看学生做了些什么，而不是教师做了些什么，现代教学要求于教师的首先不是提供信息，而是组织学生学习，是让学生真正实践和体验学习的活动过程。

作为一种特殊的学习活动，学生的学习是有目的、有计划的，而且在相当程度上，这种目的、计划并不是由学习者本人确定的，它是一种社会或国家意志，学生是在并不一定完全理解的情况下，在社会、家庭与教师的引导、影响下逐步认识并接受这一计划的。为社会的主流价值体系培养继承者和接班人，努力追求让新一代的社会成员能够尊重、延续上一代人的价值选择和情感态度，并不是社会主义中国教育独有的现象，任何时代、任何国家的教育活动都有导向性，都是有目的、有计划的社会实践过程，不论其主办者是否充分自觉地意识到或公开承认这一点。在社会主义中国，国家的教育方针及社会公众的普遍意愿，都要求我们公开承认并努力实现教育的导向功能，要求我们自觉地为中华民族的伟大复兴培养建设者和接班人。所以，对中国现代教育工作者而言，不是承认不承认教育导向性的问题，而是如何把以爱国主义、集体主义、社会主义的价值选择为特征的社会选择，真正变成学习者个人的自觉选择，变成学习者的自觉意识。爱国主义、集体主义、社会主义，无疑是于中国社会发展和公民个人发展都有利的价值选择，也是一种符合人类社会发展规律的价值选择，但是，它不会当然地成为每个学习者的自愿选择，也不会在学习者个人的生活实践中自发形成。在儿童、少年主体意识、自我权利意识逐渐走向成熟、走向个别化发展的过程中，积极地运用教育手段及其他社会环境影响条件，让民族的、历史的价值选择，成为每个成长中的个体的自愿选择，让中华民族优秀的文化传统，成功地在新一代中国公民个人的物质与精神世界中得以延续和发展，是中国现代教育的责任，也是中国现代教育面临的最大挑战。在完成这一历史任务时，既不能放弃教育的导向功能，又不能把教育变成一种强迫性的训练，而应该积极创造一种包含多种选择的教育计划的框架，应该在学习者成长的过程中把指导、影响与自主发展结合起来，在允许尝试与鼓励重新开始的氛围中，通过实践活动让学习者从选择中学习选择，从挫折中学会把握方向。凡此种种，都不是容易做到的事情，因为计划性要求是一回事，自主选择是另外一回事，在两者之间找到恰当的结合点，是时代对我们民族智慧的挑战。

在信息网络时代，现代教学过程，将会越来越强烈地表现出其作为教师有目的、有计划地组织学生进行有效学习的活动过程的本质特点，教师作为知识传授者或学生信息来源的身份，也会逐步淡化，及时把握信息时代学校教学任务的这一变化，有助于我们提高课堂教学效率，也有利于学生更加主动地发展，有利于现代教育根本目标的实现。

三、课堂教学质量的评价标准

当我们把教学活动关注的重点从教师传递知识转到学生有效学习活动以后，评价课堂教学质量的根本标准，应是学习者能否在课堂教学中进行积极有效的学习。

能够让学生实现有效学习的课，是好课；让大多数甚至让每个学生都能在相当程度上实现有效学习的课，是最好的课；而不能让学生实现有效学习，或不能让大多数学生实现有效学习的课，则是不好的课，是失掉了课堂教学价值的课。在这里，我们把能否实现或能否让更多的学生在更大程度上实现有效学习，作为评价课堂教学效果的标准，而不去简单地评价教师的讲授水平，也不一味追求学校教育资源的丰富程度，这样做，并不是否认教师的讲解或教育资源的丰富多样对实现学生有效学习的重要作用，而是因为讲解也罢，多媒体课件或教学仪器设备也罢，都仅仅是学生有效学习的形成条件，而能否实现有效学习，关键还在其他方面。

教师要促成学生在课堂上的有效学习活动，主要面对着两个基本矛盾：一是群体与个体需要的矛盾，二是社会要求与成长中的学习者实际状况的矛盾。教师必须按照社会要求，按照国家与上级规定的教学计划、课程标准或教学大纲去组织学生的学习活动，必须让学生在规定的期限内学会某些知识、形成某种态度、掌握某些发展本领，一般来说，这些都是符合人们认识发展规律与儿童、少年身心发展特点的，也是于大多数儿童、少年成长有益的；但是，不容否认的是，这种统一的规定性要求，不可能完全普适于每个儿童、少年，它们与成长中的个体的实际需要总会存在某些不适应的因素，这或者是由成长中个体自身的不成熟造成的（例如，一个未来的钢琴家不会很早就明了苦练指法的重要性），也可能是由这些统一的规定性要求落后于社会生活实际需要造成的（例如，在计算机时代还在过多地强调多位数乘除法的心算能力之类）。另一方面，即使是完全切合于时代及儿童、少年发展特点的统一要求，在面对同一时代生活环境、发展基础与发展状况各异的儿童、少年群体，也会在普遍要求与个别差异之间发生矛盾，也不会在同等程度上普适于每个发展中的个体。在班级授课制的条件下，上述两组矛盾普遍存在，是教师实现学生有效学习的主要障碍，也是教师在追求学生有效学习时，必须坚持目标有限性的根本原因。

实际上，当我们把教学过程中关注的焦点由教师的讲解转变到学生的学习行为以后，学习者自身素养及其生活环境的差异，就会成为影响教学活动质量的重要因素，在集体授课条件下，这些差异在一定程度上，是影响学习活动有效程度，甚至是否有效的根本原因。在班级授课制的条件下，无论多么高明的教师，在推动所有学生实现有效学习时，一定会有差别，会有成功，也有失败。程度不一，取向有别，进度也难以完全一致，将会成为现代课堂教学的普遍现象：年级越高，学生个性特点越鲜明，学生分化现象越明显，这种现象也会越加严重。在中国目前的教育条件下，学习差异可能会长期困扰着基层的教育工作者。解决的办法，不是研究如何严格筛选程序，也不是反复按程度分班教学，勉强让许多孩子挤在同一起点上；而是应该承认差异是正常的，并积极针对差异实行因人施教，把以过多的统一讲授为特点的课堂，转变为以指导学生分组学习讨论和统一答疑、点拨为主要活动方式的课堂，转变为以适当的统一讲解与有指导的自学或自由选择条件下的探究、研讨、查询相结合的课堂。如果在实际的教学管理与教学活动之中，能够不再追求目标与进度的完全统一，不再追求学生在知识、能力与态度、价值观念方面的齐步发展，也不再简单地以学生知识的掌握状况来评价教师的劳动，而是坚决地贯彻教学应该以学生发展为本，应该为每个学生的不同发展服务的原则，那么，我们离在课堂教学中最大程度上实现最大多数学生的有效学习的目标，就会不太远了。

当然，多数学习是以学习者的内隐行为为主的心理活动过程，是否进行了学习，学习活动是否有效，也应以学习者的感觉为主要判断依据，有经验的教师可以从某些外在表现中推断学习者的内在的学习活动，但这种推测、判断的正确与否也要以学习者的实际感受和实际变化为判别依据。因此，在我们把课堂教学关注重点转移到学习者的学习行为以后，评价课堂教学就显得更为困难了。因为教师讲解、演示等活动的科学性、条理性、准确性、趣味性等，可以由评价者清楚地观察感受，权衡判断；而听讲、阅读、思考和联想等学习者的学习活动，内隐性很强，评价者很难仅凭观察做出判断，学生的学习活动始终在动态变化中运行，学生之间、师生之间随机交互，变化无穷，评价者也难以把教师的作为与不同学生的反应一一对应起来，如果因此课堂教学变成无法把握的随机性事件的偶然组合，那么，不但课堂教学难以评价，恐怕连学校教育的计划性也无法保证了。

我想，在承认课堂教学评价应着重对学习者学习活动的考察，并强调此种评价不追求简单的量化办法的同时，也应该承认人们内隐活动与外显活动的规律性联系，承认人们的活动环境、活动条件对人们内隐活动的积极影响作用，从而促使教师在积极创设学习者学习活动的条件与环境上下功夫，在积极发现学习者内隐学习与外显行为的一般联系并诱导其外显行为上下功夫。从根本上说，教师无法决定学习者是否进行积极、有效的学习，但是，教师有责任也有可能为促成学习者有效学习创设条件，也有机会有办法对学习者的学习活动进行指导、帮助，促使其向积极、高效转化。所以评价课堂教学，不能仅仅着眼于学生学习的质量及效果，尤其不能仅仅关心学生学业考评的分数，而应该更多关心教师在创设有效学习活动的环境与氛围上工作做得如何，关心教师对学习者学习活动的指导、帮助是否切实有效，这样不但会减轻被评价者的心理压力，而且会引导他们正确地行使自己的权利，努力改革与改进课堂教学活动。

四、班级授课制条件下有效学习形成的条件

一般来说，在班级授课制的条件下，有效学习形成的条件有以下五项，即学习内容要适切，学习环境应力求宽松，学习形式应多样，学习组织过程要科学与学习活动评价应有较强的包容性。

学习内容要适切，是指教师组织学习者学习的内容应该适应学习者身心发展与时代发展的特点，切合大多数学习者的实际需要。学习的内容应该符合儿童、少年身心发展的特点，应该是有计划、有目的的学习计划的有机组成部分，是以布鲁纳所谓的结构性知识为主的内容，是与学习者长远发展密切相关的内容，也是长远发展应具备的知识；另一方面，学习内容又应该适应学习者此时此刻的知识、能力准备，是既适应其智能基础又兼具挑战性的内容，是能够引起他们直接需要与强烈兴趣的内容，是切合他们即时求知要求的内容。学习内容的适切性，是实现有效学习的基础。在实际教育活动中，正是由于教师要求学习者学习一些他们或者早已学会，或者不感兴趣，或者无法学会的内容，不但严重地影响了他们的学习兴趣与积极性，甚至还会使学习活动变成一种形式、一个过场，一项使师生都兴味索然、都不愿持续下去的事情。提高学习内容的适切性的关键，是给教师更大的权力，让他们有权力调整教学内容和教学要求，从而使学习适合于学生。从提高学习内容适切性的角度考虑，教师备课活动的重点不在于研究课程标准或教材，而在于研究学生，研究学生与教学内容的关系，研究学生的已知与未知，研究学生的认知与情意发展需求，研究学生在课堂教学过程中可能发生的变化。从基础教育发展现状看，班级制条件下的共同的学习任务与学习活动还会存在，教师不但要研究学习的一般规律，更应关注不同层面、不同特点的学生。因为依据学习者的种种差异，不断主动地把学习者区别为若干或大或小的变化群体，并针对各个不同群体或个体的即时需要去调整计划、组织教学，是当前提高学习内容适切性的关键措施。

学习环境应宽松，是指教师要努力使学校课堂变成学习者的乐园，要努力营造一个健康、和谐、安全、温馨的学习环境。在以知识传承和技能训练为宗旨的课堂里，教师需要营造的是一种紧张高效、严肃有序的学习氛围，教师要努力排除各种干扰，抑制学生的个别需求与随机活动，尽力把他们的注意力与行为统一到计划中的学习要求上去，要通过种种奖惩手段来维持纪律。在以学习者的知识的主动建构与情意的积极发展为目标的课堂里，教师的根本责任是让每个学习者的主动性与积极性得到充分发挥，让每个学习者都能从自身的实际与需要出发，在 45 分钟的课堂里真正学到东西，真正获得益处。在这样的情况下，学习者是否感到安全，能否与老师、同学和谐相处，认真讨论，能否没有顾虑或顾虑较少地自由发表意见，提出问题，能否真正打开思想的闸门，积极主动地实现认识或情感深处的碰撞与融合，就成为至关重要的因素。所以，创造宽松的学习环境与学习氛围，让每个学习者感到安全、愉快和有活力，是新的教学目标带给教师的新工作任务。当然，强调当前课堂本质上应该是宽松的，并不否定课堂纪律与秩序的价值，也不否认一定程度的紧张也会是人的聪明才智超常发挥的机会，例如优秀运动员在大型的比赛中往往会发挥得更好，生活中也有“急中生智”的事实存在。但是，从根本上说，纪律也罢，一定程度的紧张（如竞争的氛围）也罢，都应该服从并服务于宽松和谐的学习环境的创造。就是说，学习环境的根本属性应该是宽松的，纪律、秩序与竞争都是为了保证宽松的实现，是为了调节并适应学习者的不同需要，是为了在张弛有序的情况下创造宽松。因为，只有思想不受束缚，才会迸发出创造的火花，积极有效的学习活动，需要宽松的环境。

学习形式应多样，是指教师要努力提供丰富多样的教育资源，充分运用现代信息技术及其他多种技术、组织手段，让学习者有可能利用各种学习方式，通过多种感知途径，在集体与个别学习中，在思辨、操作、争论、探究的过程中，实现有效的学习。不断变化学习形式，是含义甚广的要求，既指每个学习者有不同的认知特点，因而需要不同的学习资源、学习方式与之对应（例如，对视觉优势的学生应该多让他观察，而对听觉优势的学生可能要一点讲述），又指学习内容有不同性质，因而需要有不同的学习活动方式与之对应（例如，语言学习要多一点实际感悟、交流对话，而化学学习则应更注重实验技能与观察记录），还指学习任务与目的有别，所以需要有不同的学习场合、学习环境与学习组织方式（例如，技能学习与良好品德培养就不能靠课堂里的说教，而应该让学习者更多地到社会中去实习、见习、操作、体验，应该在学校、家庭与社会的共同作用下来进行）。总之，由于学习者个性特点、学习基础、学习目标的区别，由于各类学习的内容、方法、要求的不同，也由于学校与教师存在种种差异，各有不同优势，所以现实生活中，不同学生的学习方式应该是多种多样的，同一个学生也会有多种多样的学习形式、学习经历。当然，强调学习形式的多样性，主张教师应该为学生提供多样的选择机会，并不是为多样而多样，也不是否认在多样中存在主导形式、主要方式（例如，对青少年而言，以学习间接经验为主，以听讲学习与阅读学习为主的课堂学习方式，仍然是主要的学习方式），而是为了改变目前学校教育中过分忽视探究、体验等从实践中学习的方式，过分强调“讲—听”式学习的弊端，是为了开阔教学双方的视野，从而为更多学生创造有效学习的机会。

教学组织过程要科学，主要是指教师应该针对学习者身心发展特点，有序而灵活地组织教学，实施教学计划。学校的课堂教学，是有目的、有计划的学习过程，是有明确的教学目标与教学要求的实践活动，当然应该井然有序，有周密的设计。但是，计划的设计者是教师，而计划的执行主体是学生，是各个不同的学生，统一计划与有区别的执行者必然会有矛盾、冲突，会有种种意料之外的变数，在有序地安排学生学习活动的同时，强调计划的变通，强调允许执行主体改变、修正计划，就是完全必要的。所谓“科学”，其核心价值是实事求是，是一切从学生实际出发。有计划而不拘泥于计划，讲变通、讲灵活而不陷于盲目实践、无序或失序，这就是现代教学的重要特点。在这样认识的基础上讲科学，是科学的本义；如果一味追求有序，追求按部就班，追求计划设计的严密完整，失去了因人施教、因时因地制宜的精神，就会失掉实事求是的科学精髓。应该说，在实际的课堂教学中，尤其是在“公开课”“观摩课”的实践中，为维护教案的完整性而牺牲学生的实际问题与实际需要，为追求过程的统一性或严密性而影响学生主动性与积极性的例证并不少见。其实，一切教学设计，一切标准、纲要以及教师的一切劳动，都是为学生发展服务的，都是为了帮助学生实现有效学习，为整齐有序而放弃变通、调整，显然违背这一基本原则。

学习评价的包容性，是指应该坚持发展性评价的原则，强调课堂教学评价应该以学生发展为本，为创造有利于学习者自主学习、独立思考、合作探究的课堂氛围服务。教学评价的包容性，就是强调对学生学习状况、学习能力、学习成果的评价应该尽可能涵盖各类学生的不同状况，从而使评价成为激励和引导师生发展的手段，而不去限制他们的发展。当然，作为有目的、有计划的培养活动，课堂教学评价应该有导向性，应该有某些统一的规定性要求，有若干符合人的一般发展规律、为一般人发展所必需而都应“达标”的所谓“底线”；但是，这种统一要求必须具备相当程度的丰富多样性，要尽可能包容各类学习者可能出现的不同情况，因而这些统一要求又必须是相对的（例如，它们应与发展的条件、背景有若干联系，就是一种相对性的理由），换言之，作为包罗万象的要求，它们是既允许例外又鼓励超越的，是有弹性、可选择的。因为，归根到底，这些统一要求还是要为每一个发展者服务，还是要适应发展者的具体的发展环境与发展基础，这是教学评价包容性的一个要求。另一方面，实现评价的包容性，还应强调用动态发展的眼光来运用评价手段、看待评价结果。就是说，在我们具体运用评价工具来评价、测量每一个发展中的个体，来评价、测量每一节正在进行的教学时，应该坚持实事求是的基本原则，应该坚持为师生发展服务的精神，重在激励，重在引导，重在督促，重在鼓励他们自我评价、自主发展。强调评价为发展服务，必然重视诊断性评价、过程评价、自我评价，必然会辩证地看待终结性评价的结果，会在必要的时候实施延迟评价，甚至以不评价来代替评价。因为，这样评价与那样评价，评价与不评价，都应该从是否于具体的发展者有利的角度作出决断，都应该是为了创造适合于学生的教育，为了让学习者实现有效学习。现实生活中的教育评价之所以有时发生负作用，甚至会带来严重的消极影响，并不都是统一标准的错误，而是因为我们没有科学地运用评价手段，因为我们过于刻板地看待而没有辩证地运用统一标准。所以，强调评价的包容性，还含有科学、辩证地运用评价，看待评价结果的意思，还含有不要迷信评价，不把评价绝对化的意思。

强调发展性评价原则，强调评价的包容性，是为了解放学生、解放教师，让他们有可能在宽松和谐、较少压力的条件下展开教学活动。正如我们强调教学内容的适切、教学形式的多样与教学环境的宽松、教学组织过程的科学一样，都是学生有效学习活动的形成条件，也是一节好课的基本标准。做到了以上要求，学生就有可能实现有效学习，课堂教学就有希望成为好课；违背上述要求，就无法实现多数学生的有效学习，也就不能成为一节好课。当然，一节好课、一次成功的教学，不一定会在所有五个方面都同等程度符合上述要求；比较符合上述要求的课堂，也不一定会对班级内的每位学习者都具有同样的意义、同样的价值。课堂教学评价，是一项科学性很强的工作，也是一项包含多种随机变化，在相当程度上要依靠经验、依靠感悟与直觉的工作，只有深入实际，反复尝试，才会作出比较切合实际的判断，在这里，多一点细心与耐心，是有好处的。

五、关注内隐性学习行为的外显标志，积极诱导内隐性学习活动

为了实现学生的有效学习，教师在努力创设有效学习环境条件的同时，还应积极关心学习活动的参与度、学习活动的效度以及学习氛围等学生内隐性学习行为的外显标志，并且应力争通过对外显行为的观察与诱导来激活学生的内隐性学习活动。

在班级授课制条件下，让更多的人实现有效学习的关键是找到统一要求与个体需要之间的交会点，是引导更多的个体在统一要求中满足个人需求，实现个人发展。因此，关心参与度、效度与氛围，虽然是从群体行为上着眼，但最终则应落实在个体的行为表现上，落实在个体的收获与体验上。不落实在个体的收获与体验上，学习的有效性就无从评价，而没有对群体整体活动状况数量与质量的考查，也不可能对课堂教学的整体质量效益作出基本评价。

学习的参与度，包括学习活动的参与广度、参与深度与参与的自觉程度。参与的广度，指班级中有多少学生在积极地投入学习活

动，在主动地思考问题、提出或回答问题，有多少学生在观察、分析、对比、探究；参与的深度，主要反映在思考探究活动的质量上，看提出或回答问题的深刻程度，看活动及计划的自主程度，以及讨论、探究活动的质量，特别是能否有根据地提出或回答问题，以及能否提出或回答有创意的问题；参与的自觉程度，主要是观察分析学习者参与的目的性，是对材料或问题本身感兴趣，还是对通过学习可得到的奖罚感兴趣，是积极主动地参与，还是消极应付地参与，以及在碰到困难、障碍时，参与积极性的保持程度等。参与的广度、深度与自觉程度，在一定意义上决定了学生学习活动的质量，参与的人越多，参与的深度越深，参与者的自觉性越高，课堂教学的效果越好，反之亦然。

学习的效度，包括三个方面的要求，第一是看作为课堂教学提出的问题、提出的学习任务解决得怎么样，在多大程度上解决了？问题解决得越彻底，得到解决的人数越多，越应该肯定。第二是看投入产出比。问题解决的策略是否合理，花费的时间是否恰当，是不是以较少的时空占有取得较多的收获，还是花费了大量时间、大量资源，只解决了一个小的问题，只解决了一个大问题的小侧面？在教育教学活动中，应该树立效益观念，应该关注学生身心健康的需要。不能总搞“题海战术”，也不能提倡“血汗教学”，要关注师生身心的全面发展。第三是看教学是否促进了发展，是否引发了继续学习的愿望。好的教学，不应该终止于所提问题的解决，而应该引发新的更深、更广的问题，应该引导学习者把课堂的学习与社会生活、科技发展联系起来，一节没有完成预定教学任务却引出学习者深层问题的课，不仅不该受到批评，而且可能是一节好课，应受表扬；一位教师在课堂上暂时无法回答学生的提问，也不一定是基础不牢，准备不好，或许这正是互相质疑问难、切磋琢磨、教学相长的开始，是营造新型师生关系的机会。讲效度，就应该从学生发展的需要、从师生的碰撞冲击与对话交流的基础上讲效果，从辩证的角度讲效果。仅仅解决了教师提出的问题的课不一定是好课，没有解决教师提出的问题的课也不一定不是好课，如果把问题解决、课堂效益与新问题（实际问题）的提出这三项要求综合起来评价，或许可以为一节课成功与否找到更合理的标准。

学习的氛围，指师生与观察者都可以直接感受、体验到的课堂中的气氛、情调，其实就是师生、生生之间的人际关系及其情绪表现，是一种可以通过环境布置、言谈话语与音容笑貌等心领神会而又难以确指的客观存在。一种有利于学习者有效学习活动的氛围，应该是和谐的、活跃的、民主平等的。和谐来自共同的理想、共同的目标与价值追求，在师生共同推动有效学习的过程中彼此尊重，相互激励，这样的氛围肯定有利于主体积极性的发挥，也有利于师生各自的发展，有利于提高效率。活跃，是积极思维活动的外显标志，也是学习者自由思考、大胆质疑、求得学习实效必需的精神状态。在一个关系融洽、大家都不必分心、不必掩饰的环境中思考，在一个新知胜义迭出，奇思妙想不断，人人都急于参与讨论、急于提出问题的心理环境中学习，当然会大大提高学习活动的有效性。民主平等，是 21 世纪教育发展的价值选择，是现代课堂与现代师生关系的本质特征，没有民主平等的师生关系，没有民主平等的课堂学习环境，和谐与活跃就没有道义基础与生存条件，也不可能实现。讲民主平等，关键是教师要尊重学生，强势学生要尊重弱势学生。凡有人群，必有水平高低之分，也必有主动与被动的差异，讲民主平等并不是要取消这些差别，更不可能要求师生处在同一水平上。因为差异是客观存在，自己知道，别人也能感觉，只是一厢情愿地说“共同学习”或“互有短长”，并不能真正带来心理平衡。这里讲的平等与民主，是人格与权利的平等，是尊重每个人的参与权利与决策权利，是尊重差异，尊重多样选择，尊重每个生命体的独特价值。只有建立在对群体与个体权利尊重基础上的人际关系，才会是和谐而活跃的关系，才会有助于每个人生命活力的焕发，有助于每个学习者的积极思考和主动实践。以个人的所长鄙弃他人的所短，凭借个人的发展优势凌驾在别人的头上，其核心问题并不是对彼此知识、能力水平的估计有多少误差，而是这样想这样做的人缺少现代意识，缺乏现代精神的洗礼，因为现代社会根本的价值选择，就是主张人人生而平等，主张不应以民族、经济、宗教、文化或其他任何理由歧视他人。

和谐、活跃、民主而平等的氛围，是现代教育所追求的课堂教学的理想氛围，在这样的氛围中，学习者与教师各有区别的共同发展与教学相长一定会呈现出多姿多彩的局面。

六、课堂教学的评价角度

评价一节课堂教学，应该从教师组织学生活动的角度去观察，从引导教师关注活动的直接效果——学生是否能够实现有效学习，有多少学生在多大程度上实现有效学习的角度去设计活动、组织教学，这样才会充分发挥课堂教学的积极导向作用，也才能促进课堂教学评价自身的健康发展。

实际上，由于评价者自身观念的滞后，由于课堂评价标准存在某种偏差，课堂教学评价给实际教学工作带来误导的现象并不少见。所以，在研究制定好课标准时，必须坚持现代教育的基本理念——坚持以学生发展为本的思想，坚持以发展的观点评价发展中的教学过程的态度，使我们所倡导的好课标准，不是悬在师生头上束缚其主动精神发挥的利剑，而是帮助教师提高自身业务水平，引导师生提高课堂教学效益的武器。

课堂教学的本质既然是教师有目的、有计划地组织学生进行有效学习的活动过程，评价课堂教学就应该从观察学生学习活动的角度来进行。观察的重点是活动过程，是学生在教师组织下的活动过程，这些组织工作的唯一目的是为了让学生实现有效学习，所以，教师的组织活动不是观察、考评的重点。只有在教师的活动引发了学生的活动以后，只有把教师的活动与学生活动联系在一起的情况下，测量评价教师的活动才对评价课堂质量有意义；否则，不论教师讲解得如何生动，不论教师展示了多少教育资源，只要它们没有激起学生的有效学习，都是不必要甚至无价值的。在度量、评价课堂教学时，把观察重点从教师的作为转到学生的作为上，把教师的作为联系到学生的活动上来加以评价，反映了我们对课堂教学本质的新认识。当然，在这样分析评价课堂教学以后，并不是否认教师对教学的主导作用，因为学生有效学习活动表现就是教师劳动的成果，反映了教师的组织与计划的水平，所以，我们仍然可以在一定条件下依据课堂上学生的实际表现来评价教师，来认识教师的业务水平与敬业精神。

作为对一种活动过程的评价，应该从活动的目的、活动的过程、活动的效果、活动的氛围、活动的特色等方面来加以评价，在制定课堂教学评价标准时，应该抓住以下五项指标。

第一是教学的任务、目标。在班级授课制条件下，每节课总要由师生确定一项或几项具体的教学任务，就是说，要明确大家学什么，学到什么程度，怎么去学？任务或目标应该是具体而科学的，是有意义、有价值的科学命题，是合理的要求，是符合学生发展需要、符合传承人类文明需要的要求。另一方面，这样的任务与目标又应该是有生命力的，即适应学生知识能力准备基础的，是学生感兴趣、有挑战性的，而不是简单地重复，也不应距离学生生活经验过分遥远。

学习任务、学习目标的科学性与适切性是激发学生有效学习的前提，任务目标不合理、无价值，不会引发学生的兴趣，也不可能实现成功的教学。

第二是教学过程。教学过程应该符合学生知识、能力、情感与价值观的生成发育过程，应该符合学生的身心需要。作为一个群体的学习活动过程，关注点应该放在学生的参与度上，放在学生参与的广度、深度与自觉程度上。要看有多少学生在多大程度上实现有效学习？要看教师重点讨论、重点讲解的问题在多大程度上符合学生的需要，有助于帮助学生解决难点？还要看学生与教师提问、讨论、作业等活动表现出的精神状态与价值追求，等等。同时要关注教学过程的组织程序与活动节奏，从整体上看是否有合理的顺序与秩序，是否能随时因人因事而灵活调整既定安排，活动节奏是否符合健康与安全的原则，能不能做到张弛有度、融严肃与活泼于一体。对活动程度与活动节奏的观察要围绕有效学习的需要来考查，要关注活动方式、方法的合理性与教育资源利用的适宜程度，要依据学生认知与情意发展的要求来评价活动程序和活动节奏的科学性、合理性。在观察分析教学过程时要坚持“目中有人”的原则，要关心学生个体或群体的情绪体验，要从对学生身心发展产生的实际效果和长远影响去评价教学过程。总之，观察教学过程主要是关注教师对学生的人文关怀与对教学任务的全面认识及其落实情况。教学任务与教学目标及其所体现的现代教育理念，不能只停留在宣言层面上，而必须体现在教学活动过程之中，必须转化成为师生具体的活动方式、活动特点与活动氛围，这样才会真正对学生发展起促进作用。

第三是教学活动的氛围。氛围似乎是玄妙而无从把握的东西，其实它是充盈在师生交往与活动中间，体现在课堂的物质存在与精神存在中，完全可以被当事双方与观察者感知的客观存在，是一种可以左右课堂教学活动效能的关键因素。我们主张的积极的教学环境应该是和谐、活跃、民主、平等的，是让每个参与者身处其中都感到安全、亲切、有归属感的。美国学者里德利等人在《自主课堂》一书中提倡创建积极的课堂环境，他们提出的多种要求都与课堂氛围有关，如情绪安全感、自信心和归属感，都要求我们关注学习者的心理需要。具体说来，他们要求建立“温暖的、学生彼此熟悉、相互接纳的学习场所”，要求“不要让学生感到为难，也不要诱哄着学生去学习”，“无论学生的学习态度和学习成绩如何，让学生看到你在关心他们每一个人”，要求“在教室里创造家庭般的环境和规则”，亦即采用“民主的运作方式”，主张“每个成员都是有价值的一员，都享有地位、尊重、基本权力、权利和义务”等①，都与我们所提倡的和谐、活跃、民主、平等的氛围相吻合。他们提出的“积极课堂”的建设目标，是建立在对美国学生课堂要求的调查统计基础上的，它反映了美国学生的要求，但也在一定程度上符合中国学生的期望。

第四是教学效能。有效的教学一定是使学习者有所收获的学习活动，检查学习效能是非常重要的。效能检查可以有三项指标，一是问题解决的程度？二是解决问题的代价如何，投入产出比例是否恰当？三是看能否引发继续学习的意愿，能否促进发展，具体地说是能不能带来新的问题，能不能启动更深入、更广泛的学习活动？

学习评价，要有效益意识，要提倡在减轻课业负担的条件下实现学生发展，要像关心学业一样关心学生的身心健康，尽量做到少而精，做到“低投入，高产出”。在当前“血汗教学”盛行，教师加时、加课、拖堂现象严重的现状下，我主张要把“按时下课”“不加时集体补课”作为教学纪律，作为评价课堂教学的关键要求之一提出来。有些人以为只要把学生升学考试的分数搞上去，不论其平时有多少违背教学规律的事情，都可以一俊遮百丑，都可以以“好心”而遮掩过去，其实是非常错误、非常有害的。现代社会是讲效益的社会，现代社会要由富有生机与活力的人去创造，如果我们的儿童、少年从小就是在不讲效益，在大量苦不堪言的重复训练中去追求眼前的“成就”，从小就在重复性的训练中消磨了学习的热情与主动精神，那么他们又怎么能够适应社会主义现代化的发展

① [美] 里德利等著，沈湘秦译：《自主课堂》，中国轻工业出版社 2001 年版，第 30、44、58、60、61 页。

需要呢？又怎么会成为富有创新精神和实践能力的一代新人呢？从这个意义上说，教育必须有效益观念，这是现代教育的基本要求之一。

第五是创造性增值。这是对教师在教学活动中表现出来的个性特征、创造精神与探索勇气的鼓励与支持。一节好课，应该是能够体现出教师个人特点的课，也是与此时此刻实际密切结合的课，是有某些创新尝试或灵感火花的课。所以，要鼓励教师大胆创造，也要允许教师的探索有所失误、有待完善。创造性增值或特色加分，不能只是老教师的专利，而应该成为鼓励所有教师进行改革尝试的手段，应该成为鼓励教师在一般性要求中重点突破、以点带面、逐步提高教学整体质量的方法。所以，不仅是没有列入评价要素的特长、特色可以加分，列入评价要素的要求，做得有特点、有创造也可以加分。总之，要鼓励教师大胆改革，尝试新方法，探索新规律。素质教育条件下的课堂教学，是个生成发展中的新事物，我们还没有多少成功的经验。在这样的条件下，鼓励教师积极创造，让更多的教师在创造中把握素质教育、现代教育的本质要求，不仅是提高课堂教学质量的需要，也是推进素质教育的需要。

（原载《人民教育》2003 年第 3～4、5、7 期）

36

关于教学设计的若干思考

一、课堂教学的本质是什么

课堂教学，是教师有目的、有计划组织学生实现有效学习的活动过程。不同的教学理念，会带来不同的教学活动、不同的学习效果。在我看来，只要强调课堂教学的本质是教师组织学生学习，学习任务适应学习者，教师为学生服务，就是天经地义的。强调这一点，是为了让我们对学校教育的现状，对课程教学的现状，有一个清醒的估计，从而在设计课堂教学计划时，能够更多地调查了解学生的实际需要与实际兴趣，能够更客观、更冷静地分析学生的实际反应与教学的实际效果。这样才会使教学、教学计划立足于一个比较实事求是的基础上。

强调课堂教学的本质是组织学生学习，还需要进一步明确什么是学习。按照通常的认识，学习是一个人通过经历或练习而得到比较持久的身心变化过程与结果，就是说，学习首先是一种经历，一种身心的活动过程。而任何经历或者活动都不能脱离环境的影响，都必然在一定的环境条件下进行。所以，一切学习，都是情境性的。新课程方案要求教师关注过程和方法，关注教学环境的设计、活动的设计，正是从学习活动的这一特点出发的。但是，所谓的环境，除了物理意义的存在以外，还有心理意义的存在，同样的实物展示，同样的教室布置，对一位乐在其中、深受同学、老师喜爱的学生与另一位同班级格格不入或因受到批评而深感苦恼的学生，会具有完全不同的意义，完全不同的心理感受。从这个角度说，也可以讲“境由心造”，对不同的学习主体，教师所提供、创造的尽管是同一或相似的物质环境，但结果是学生们面对的是不同的心理环境。

要想实现有效学习，教师就应该关注这两类环境，应该努力营造适合每位学习者的环境。这时的课堂教学，就会从统一走向分散，从以教材为主走向以学生发展为主，从以讲授为主走向以指导学习、回答疑问为主，这是一种新型的课堂教学。当然，这种新型的以学习者为中心的课堂教学，也并不完全是新东西，它也曾不时出现在民主氛围较浓的传统课堂里：有时教师正按预先设计解题，然而有两位聪明的学生不接受，提出了一种出乎意料的解法，其他同学一下子炸窝了，有人赞成，有人反对，教师也蒙了，只好让提出者来说，自己尝试着在黑板上写，一边写一边向学生提问题，最终获得了一个出乎教师意料的满意结果，于是全班（包括教师）才松了一口气，重又进入“正常”学习程序。然而，恰恰是在这种非常状态下，师生都激情高涨、兴奋不已，都进入了积极思考状态，真正实现了有效学习。所以，强调课堂教学的本质是学生的学习活动，就要把教师从“权威”的位置、“知识代表”的位置拉到学生中来，拉到学生身边来。作为学习活动的组织者，教师应该把关注焦点放在每位学生的认知活动与情感体验上面，要把有效激发学生的学习活动，而不是把正确传递或展示知识作为自己的首要职责。

设计以促成有效学习为目标的课堂，关键是要从以教材为中心转到以促进学生发展为中心，并对学生的发展机制有全面的认识。

二、设计教学要符合学生的实际

以学生为本的课堂教学的主要活动方式，是让学习者有可能从个人实际需要与实际可能展开学习活动。因此，学生的学习基础、学习兴趣及学习能力，是教师设计教学的出发点。从这个角度说，所谓的备课，实际上就是备学生，就是了解学生的实际情况，了解他们与学习内容的实际关系；所谓的教学设计，就是为不同的学生，起码是不同类型的学生，设计出符合他们需要的学习计划、学习方式与学习进度。随着学生年龄的增长、年级的升高，学生之间的差异会显著增大，进度统一、任务相同的课堂必然会让位给类似复式教学的课堂。不同组别的学生学习不同的内容、完成不同的作业、采用不同的学习方式，或许将会成为课堂教学的常态；而统一的讲解、答疑、点拨、指导，只能是学生自主学习讨论的必要补充，是应学生的实际要求而安排的活动。

当然，在统一的学习安排更多地被因人施教所代替，在学生之间、师生之间的交流讨论与互动共生成为课堂的常态时，一定意义的统一安排还会有存在的必要。这不但是因为国家、社会为了实现文明传承总要为学校教育规定任务，而且因为在相同条件下成长的人也必然会有相似的特点。因此在强调教学从统一走向多样时，还要认识到这种变化会有过程，认识到学生掌握自主学习方式也应该经过培养。从小学到中学，教师应该逐渐减少教学中的统一要求，逐渐加大学生的自主学习权并为他们提供更多的机会，在学生自主学习的过程中加强指导、帮助，从而在统一计划与自主学习的结合中，实现学习者有差异的主动发展，让学生学会自主学习的方式、方法。

在设计教学活动时，减少统一讲解，增加学生的自主探究，增加学生的分组活动，如讨论、实验、观察等，是应该的，也有利于学生发展。然而，还要注意区别对待，注意不要把统一听讲变成统一操练，也不要要求所有的学生同时达成同样的认识、接受同样的结论。要实现每一位学生的有效学习，进行有针对性的教学，即使不能做到完全的因人施教，至少也应该准备两三种针对不同群体的教学安排，让那些没上课已能完成作业的学生或上了课却完全听不懂、看不明白新课内容的学生也有事可做，也能在课堂上学到新东西。越是高年级，越不应追求过度统一的进度，越应该主动考虑不同水平与不同追求的学生会有不同的知识与能力结构。在存在统一考试的条件下，学生的这种多样发展是受到相当程度的限制的，教师不必再去增添限制，而应该更多地关注差异性发展。

三、教学设计要从学生的问题出发

教学的任务是组织学生学习，教学设计就要从学生的真实问题出发，而不是从教材或从教师假想的问题出发。著名的物理学大师狄拉克有一次去作学术报告，报告之后有人提问说，他不明白怎么可以从结论 2 推导到结论 5。狄拉克不答，主持人提醒道："教授，请回答他的问题。"狄拉克说："他并没有问问题，只说了一句话。"狄拉克的这一著名回答，揭示了问题这一概念的本质。真正的问题，应该是固有认识与新现象、新事实的矛盾。那位提问者并没有讲出自己对"结论 2"的理解及其与"结论 5"的矛盾所在，狄拉克当然就无法为他作出解释说明。所以，从问题出发设计教学，关键之处在于把握学生既有认识与新现象、新事实的矛盾，在于引导学生自己发现或创设情境帮助学生发现这一矛盾，这样才会引发真正有效的学习活动，才能真正让学生学有所思。

在分析学生认识中的矛盾并设计教学过程中，人们十分强调要让学生自主发现问题，让学生自主查找资料、设计实验步骤等。这当然是很好的，也是必要的，确实是提高学习者主动性、自主性的重要方法。但这种自主发现并不是唯一有效的方法，特别是对于中小学生而言，由于他们知识、能力的准备不足，特别是反思能力与发现矛盾的能力尚处在发展初期，他们不太能够发现自己固有认识、固有态度与新现象的矛盾，即使问个"为什么"或"怎么样"，也许都不能问到关键处，也说不明白"为什么"的来历。在这种情况下，教师应该学会从学生的直接表述中发现问题，应该学会从了解到的学生的认识基础与新现象的矛盾中发现问题，通过精心设计的追问，让学习者逐渐发现自己认识中的内在矛盾，发现既有认识、既有态度与新任务、新现象的不和谐之处，采用启发式等方式去帮助学习者实现认识与态度上的跨越。学生自主发现问题也好，教师帮助学生发现问题也好，其前提都是要使教学任务切合学生的实际，特别是切合同一班级不同学生的实际。

进行教学设计的工作基础是了解学生。在日常教学中，会碰到这样的现象：教师精心设计的导入新课的方法，展示了许多与新课相关的图片或实物，然后满怀激情地启发学生，问他们知道不知道或愿不愿知道其中的奥秘，而当学生们满怀兴奋地说“愿意”时，教师似乎就在旁观者的面前成功地激发起学生的兴趣了。然而，事实是上课之前，这个班内有三分之一或更多的学生其实早已掌握了新课内容，而绝大部分学生都知道（因为上节课布置过预习了）新课要讲什么，所有的“发现”与“兴奋”，不过是做做样子罢了。类似的假提问、假启发的现象，在中小学教育，尤其是公开课、观摩课中并不少见。其根本原因在于设计者在设计问题时，关心的并不是学生实际知道什么，也不是所涉及的学习任务与学生既有认识的实际差距，他们只是从新知识点出发，从新课所要传递的概念出发，这里的问题，类似狄拉克拒绝回答的那类问题，是从概念出发的问题。

在了解学生实际问题上，没有捷径可走。即使是有多年教学经验的教师，也不能用昨日了解的学生的问题代替对今日新学生的了解，生活在变化，学生也在变化，调查研究必须不断进行。应该说明的是，中小学生许多学习中的问题，可以由他们自己从读书中、从讨论中和在查阅资料的过程中解决，年级越高，学生越发展，他们在学习中的问题就会越深入，数量则会减少。因此，教师所要关注的，要重点点拨、讲解或演示、指导的，是那些带有普遍性且学生无法自行解决的问题，了解学生、调查问题将会成为教师重要的工作环节。

从以备教材为主到以备学生为主，这一转变会有个过程，会面临许多新问题。

四、学习方式应该多样

加德纳的多元智能理论，为我们认识学生和认识学生的学习倾向，提供了一个可资参考的理论框架。不论你是否完全同意他对人的智能的分类，要关心学生的不同特点，要用多种方法来强化学习效果等确已成为学校教师的共识。

传统的课堂教学，学生们主要是“听中学”和“看中学”——学生听教师讲解，学生看教师提供的教具、图片或录像，在听或看的过程中思考记忆，如此等等。新课程提倡“做中学”，这是美国进步主义教育家杜威倡导的方法，让学生在活动中，在操作实验或深入实际生活的过程中学习，让学生从自己的直接经验中学习，或者是从他人的经验（例如对某些事实或现象的介绍资料）中通过再发现来学习。当然，“做中学”也并不完全是新东西，人类的技能学习一直是做中学的，体育老师教学生游泳、打球，也主要是让学生通过观察、模仿，在做（练习）中学的，把“做中学”拓展到认识领域，拓展到智能学习领域，是本次课程改革的要求，也是极其重要的要求。但是，除了“听中学”“看中学”与“做中学”以外，人们还可以“想中学”“读中学”“聊中学”（讨论中学习，又说又听又想）等。特别是在每个学生都有一册系统传递信息并体现着培养要求的教科书，每个学生都可以及时上网或到图书室或到家庭藏书中去浏览查阅的条件下，怎样在学习活动中让有阅读能力的学生充分利用教材、书刊、网络，实现自主学习，实现在教师指导下的阅读学习，应该是每位正在设计教学活动的教师要格外关注的事。从这个角度看，对于一切有阅读能力和阅读习惯的教师、学生而言，其实并没有什么“新课”，教师的教学，应该建立在学生阅读学习的基础上，应该从解决他们的阅读学习中的障碍开始。

在设计教学过程时，不但要针对不同学习内容设计不同的学习方式、活动方式，而且要在同一学习任务中考虑到学生学习方式的差异，让不同的学生有不同的尝试机会，特别是在统一活动设计中，要给学生一点选择余地。因为，在学习碰到障碍时，有的学生喜欢问老师，以求快速解决问题，也有的学生情愿自己多想一会儿，或者通过查询、讨论来求得解决，还有的学生则要求暂时放松一下，让纷繁混乱的思绪稍稍平静一点以求得直觉的帮助，所以，要努力给学生自由，要让他们有机会选择方法。当然，在大班额班级授课制的条件下，每个学生自主活动的空间是有限的，加上学习进度与考试评价制度的制约，教师似乎难以给学生太多的选择机会。但是，在设计教学时，还是应该关注这一问题，因为这是求得教学实效并节约学生精力，激发学生兴趣的有效方法。

其实，多种方式学习并不一定都由教师组织，在适当的时候让一部分适宜的学生离开课堂，到图书馆去查询，到计算机房去浏览，到校园中去讨论，而留下需要的学生按统一要求在教室内学习，也不失为一种办法。“非典”期间，许多学生不会利用“空中课堂”与在线学习的机会，就是因为平时少有训练，如果培养了他们自主学习的能力，其实更会提高学校教育的效率，那么，能不能在教学设计中，有针对性地为少数学生设计特别的学习任务、特别的学习方式呢？我想应该是可以尝试的。

五、教学设计实际是教学构想

教学设计应该只是一个教学构想，而不是一份施工蓝图。施工蓝图要十分细致周全，不能留下任何空白死角，虽然在建设中免不了“洽商”修改的烦恼，但它毕竟要求按图纸计划施工。教学则不然，教学设计是教师为学生规划学习过程，规划主要发生在不同学生头脑中的事情，即使教师进行了深入调查，实际上也无法完全弄清所有学生的情况。所以，在教学中，改变甚至完全抛开事先写好的教学设计，是常有的事，而且事先设计得越具体，越周详，有可能需要改变的就越多。有些有经验的教师，甚至完全放弃了写详细的教案（特级教师孙维刚就宣称自己十多年来未写过教案）。当然，课前，他们在依据自己对学生知识、经验以及思维习惯、学习方式等了解的基础上，对教学也有相应的设计与构想，在教学实践过程中，他们会根据学生实时产生的问题，凭借已有的经验，适时调整构想，展开教学活动。

当前，我们应该对教学设计有一个新的的认识，在我看来，所谓的教学设计其实就是一种教学构想，是以问题为核心的教学安排、活动计划。教师在设计时以问题为核心，在问题的基础上展开讨论、阅读、讲解、点拨，然后再激发出新的问题。这样的教学设计就会留有空间，教师、学生在课堂上就有自主探究、自由发挥的机会。如果教师在课堂上只关心实施步骤的环环相扣，教学设计就没有多少机动的余地（机动时间多了会无法安排），于是教学活动就会过于紧张，很难针对现场的实际问题进行调整。因此，我主张，教学设计应该向构想靠拢。教师不是工程师（他要按图纸施工），也不是电视导演（他们一般要按分镜头剧本去工作），而是节目策划，是与学生共同创造未来的人，创造是没有蓝图的，策划只抓大方向、大轮廓。

说教学设计应该是构想，并非越细越好，并不是不允许教师有些细节的设计与考虑，因为教学设计作为教学活动的预案，把以学生问题为中心的设想想得细一点，把可能出现的问题估计得充分一点，尤其是涉及多种教育资源的整合时，多一点事先的准备，应该说都是必要的。但是，预案就是预案，就有可能改变。这些设计或准备，应该只是准备，是备用的东西，而不是一定要实现的东西。一些教师常苦恼于是否完成了教案或实现了预期目标，其实是没有太大必要的。作为事先的计划或构想，一成不变地按计划实施是少有的，大多要做一点调整，更何况今天大家都强调学生的主体作用，教师为学生设计的学习安排，在主体的影响下做些调整、变动，不是题中应有之义吗？

在强调学生的主体地位的同时，就决定了课程、教材、教师以及教学设计的服务功能、服务地位。“一切为了学生的发展”，设计教学就是为了学生的发展，改变教学设计也是为了学生的发展。在学生的发展需要面前，设计不再神圣，教学计划也不再神圣，它们都可以因学生的发展实际需要而改变。从这个角度说，一位新教师，不但应该在了解学生上下功夫，而且应该在提高自己现场应变能力上下功夫。在设计教学时，多想一想可能发生的问题与可以采取的对策，是很重要的事，这种预警式的构想越多，越贴近实际，在实际教学活动中就会越主动，在变化面前就会越应对自如。

教学设计应该多样，应该保留选择，应该相对宏观并贴近学生实际；教学设计应该允许改变，允许不完成，允许适时调整，所谓教学设计应是构想而不是蓝图，大体就是这样的意思。在我看来，相对不够细致却又有多样应变准备的教学设计，是比较容易执行而又对多数学生有帮助的教学设计。

（原载《人民教育》2003 年第 13～14 期合刊）

37

关于“研究性学习”的几个问题

一、关于“研究性学习”的定义

“研究性学习”，作为基础教育教学改革的一种尝试，是从上海开始的，上海市教委基础教育办公室原主任尹后庆始终参与这方面的工作，也参加了教育部《基础教育课程改革纲要（试行）》的研究工作，他对“研究性学习”的理解是：

从广义理解，它泛指学生探究问题的学习，可以贯穿在各科各类学习活动中。从狭义解释，它是指学生在教师指导下，从自然现象、社会现象和自我生活中选择和确定研究专题，并在研究过程中主动地获取知识、应用知识、解决问题的学习活动。本文（指其为阐释《基础教育课程改革纲要（试行）》的专著《为了中华民族的复兴　为了每位学生的发展》撰写的《高中研究性学习的若干问题》一文）中的“研究性学习”取的是后一种意义。①

而在同一本书《为了中华民族的复兴　为了每位学生的发展》中，另两位作者则对“研究性学习”提出了如下的解释：

“研究性学习”是指教师或其他成人不把现成结论告诉学生，而是学生自己在教师指导下自主发现问题、探究问题、获得理论的

① 钟启泉等编著：《为了中华民族的复兴　为了每位学生的发展》，华东师范大学出版社 2001 年版，第 130 页。

过程……作为一种学习方式，“研究性学习”是渗透于学生所有学科、所有活动之中的。①

另一位研究者则平等地看待两种研究性学习活动，他认为：

从广义上来理解，它泛指学生探究问题的学习，是一种学习方式，一种教育理念或策略；从狭义上理解，它是一种专题研究活动，是指学生在教师指导下，从自身生活和社会生活中选择并确定研究专题，以类似科学研究的方式主动获取知识、应用知识、解决问题的学习活动。②

同样，国内较早从事“研究性学习”研究的霍益萍也把“学生主动探究的学习活动”定义为“广义”的研究性学习，并主张狭义的“研究性学习”实为一种课程：

从狭义看，作为一门独立的课程，研究性学习指在教学过程中以问题为载体，创设一种类似科学研究的情境和途径，让学生通过自己收集、分析和处理信息来实际感受和体验知识的生产过程，进而了解社会、学会学习，培养分析问题、解决问题的能力和创造能力。③

以上四个定义，有三个承认有两种“研究性学习”，广义的，是一种主动探究式的学习活动，可以表现在各种学习活动中；狭义的，则专指一种模拟研究活动的学习方式，要点是通过研究来学习。第二种定义则力图超越广义与狭义的区分，更多地从一种文化的角度去认识“研究性学习”，虽然也强调研究性学习要渗透在各

---

① 钟启泉等编著：《为了中华民族的复兴　为了每位学生的发展》，华东师范大学出版社 2001 年版，第 123 页。

② 冯新瑞：《研究性学习在学科教学中应用的探讨》，载《教育科学研究》2003 年第 1 期。

③ 霍益萍著：《研究性学习：实验与探索》，广西教育出版社 2001 年版，第 10 页。

学科之中，但是，在随后论述中，作者更强调的则是“‘研究性学习’应该防止学科化倾向”等，主张“必须抛弃‘研究性学习＝科学研究’的狭隘模式，回归尊重儿童本性的理念追求”①，也就是说，作者其实还是从探索、探究的角度去理解“研究性学习”的。

四个定义，概括了两种不同类型的学习活动：一是以探索、探究为特征的学习活动；二是以模拟科学研究为特征的学习活动。虽然探索、探究与研究有某种相似之处，但是用“研究性学习”这个概念来概括这两类学习活动似乎不尽妥当。因为，“研究”是特指人类某种高级活动方式的专有概念，而探索活动、探究活动则是与诸多生命形式有关的本能性行为方式。用“研究性学习”概括以上两类学习方式，难免有以高就低、以偏概全之嫌，不妨按照上海基础教育界最早开展“研究性学习”时的理解，用以特指那类模拟科学研究的学习活动为宜。

二、“研究性学习”的本质特征

按照词典的解释，研究是以探求事物真相、性质、规律为目的的实践活动，是人类特有的高级活动方式。“研究性学习”的本质或特征应该与研究相关，应该在一定意义上反映研究的本质或特征。一般说来，人类研究活动的主要特点有四个。

第一，研究的本质是创新。著名声学家马大猷院士说：“按照联合国教科文组织给的定义，研究工作是什么呢？研究工作是系统地、创造性地来处理一个问题，以得到新的思想，新的知识，就是发明、发现。当然，这也许是一个理论，也许是一个方法，也许是

① 钟启泉等编著：《为了中华民族的复兴　为了每位学生的发展》，华东师范大学出版社 2001 年版，第 125～129 页。

一个新的现象或新的材料等。"① 当然，马大猷院士讲的是科学家的科学研究，他讲的创造或创新是从人类历史角度考量的创造或创新。开展"研究性学习"，让中学生尝试研究工作，当然不能要求他们也有同等程度的创造。但是，既然研究的本质是创新，那么冠之以"研究"的活动也应该有一定程度的创新色彩，也应该是在探究一个学习者不能轻易地在教科书或互联网上找到现成答案的问题。换言之，那种把明明在一般书籍中已有定论或可以轻易查到最终结论的问题，拿来让学习探究或"重新发现"的教学设计，虽然可以起到敦促学习者学习并体验知识形成过程的作用，却并不属于研究性的学习活动，因为它不符合研究是创新的基本要求，并且违背了研究活动应在继承的基础进行的基本原则。

第二，研究的问题来源于实际生活，应是真实的而不是假设的问题。有人问 1979 年诺贝尔物理学奖获得者温伯格，培养优秀人才的关键是什么时，他说："我想关键在于让年轻人停止当学生，开始成为物理学研究者。是的，每个人都从学生开始，你修课，教授告诉你读什么，给你问题，但是你知道他不会给你一个没有答案的问题，而且问题都与课上讲的有关系。在现实世界里却完全不一样。首先不知道问题在哪里，能不能解决也不知道，用什么办法解决更不知道。为了帮助学生完成这个转变，在一定阶段要停止上课式的教学，转到不按部就班地学习。还没有教学生 A、B、C……就要他们去学习，到了发现为了学会 Q 必须懂得 M 时，才返回来学 M。"② 温伯格在这里讲的教授的问题与研究的问题的区别，是我们区分研究与非研究活动的关键，也是指导研究性学习的关键。

① 马大猷：《科学研究就是创新》，载黎先跃主编：《神奇的发现》，科学普及出版社 1999 年版，第 304 页。

② 《科技导报》记者：《温伯格格拉索教授访问记》，载《科技导报》1980 年创刊号。

就是说，不仅要求学生主动发现问题，而且要求学生判断问题可解的程度与探究问题的解决途径与方法。一个别人给定的问题与一个由自己独立发现的问题，一个肯定有解的问题与一个带有温伯格所说的三个“不知道”性质的问题，会给学习者带来完全不同的情绪体验和行为方式。尽管为了培养学生研究的习惯与方法可以从教授的问题、从有解的问题开始，但是，只有真正的科学研究的问题，才会带领学习者走近真正的研究，才会培养他们符合科学研究要求的态度和方法。温伯格自己是在大学毕业以后，到哥本哈根波尔实验室工作一年，亲身实践了完全没学过原子核理论却去研究核内粒子特性的特殊过程，才悟到在研究中学习与做学生的学习的差别。他所说的非按部就班的学习方式，是他本人在研究中学习的实际体会，也是研究与学习结合的一种方法。从这个意义上说，“研究性学习”，并不是要求学习者一切都在研究中自己发现，而是必然包括为了研究需要而主动接受、查询、参考一切人类文明的成果，包括在研究中的接受性学习。

第三，研究方法至关重要，甚至可以说，研究的最大价值就在过程和方法。著名科学史家乔治·萨顿说：“一部科学史，在很大程度上就是一部工具史——无论有形或无形——由一系列人物创造出来，以解决他们遇到的某些问题。每种工具或方法仿佛都是人类智慧的结晶。”① 以科学实验与实地调查测量、实证分析为基础的现代自然科学与现代社会科学，都是在运用各种可能的工具和方法对主客观世界进行分析的基础上产生与发展起来的。一切有志从事研究活动的人，必须尽力把握前人积淀下来的方法或工具，努力创造新方法、新工具。一项好的研究，它的直接成果，直接结论固然重要，它在方法或工具方面的创造则更重要。科学史上不乏这样的

① ［美］乔治·萨顿：《科学与艺术》，载黎先跃主编：《现代人的智慧》，科学普及出版社 1991 年版，第 282 页。

事例，某位伟大的科学家（例如牛顿），他的具体的研究结论已被后来的科学家改写了（例如，爱因斯坦改写了牛顿关于质量与运动的认识结论），然而他所创造的研究方法（例如，牛顿创造的力学研究的实验与数学方法），仍然有强大的生命力，仍然指导着后人的研究。科学研究的工具和方法是“人类智慧的结晶”，科学研究都开始于学习、继承前人的工具与方法，“研究性学习”，也应该从方法与工具的掌握开始，也应该把学习、继承前人创造的方法与工具作为学习研究的基础。在中国陈旧的传统教育过于忽视学生主体性的条件下开展研究性学习，较多地强调“自主探究”“自主发现”是对的，但是切不可走向另一个极端，不可把“自主探究”与积极接受、掌握前人的方法、工具对立起来。几千年人类文明史积累起来的精神财富，不可能由一个生命个体在有限生命过程中全部重新发现，拒绝在前辈工作的基础上探求新路，是无意义的重复，是生命与资源的浪费。科学研究的基本方法是分析，综合是在分析基础上的综合，没有分析的综合是混沌，是含糊不清。“道生一，一生二，二生三，三生万物”，粗看很综合，很有整体性，但它不会导向现代科学，也不会真正深化现代人对世界的认识。所以，在倡导“研究性学习”应该具有综合性，应该整合自然科学、人文与社会科学时，必须牢牢地把握现代科学方法的分析本质。在科学地收集实验或测量数据的基础上归纳事实真相，在具体地把握研究对象涉及的概念的基础上开始研究，并且在严格演绎与归纳推理的基础上得出初步认识，这些都是研究活动、研究过程中最普遍的要求，也是“研究性学习”中应该遵循的基本规定。在科学研究中，顿悟也有，直觉也有，偶然性也有，但是最根本的，还是这种建立在事实基础上的批判性态度与科学的分析方法。提倡在中学生中开展“研究性学习”，就是为了让他们从中学习到这种态度和方法，这是对其一生发展都极有价值的人生体验。

第四，所有的研究都是长期性的，是积淀式的。这个长期性有两层含义。其一，从人类历史角度看，这种研究是长期的，是积淀式的。任何时代的研究都必须建立在前人积淀的研究成果之上，在21世纪的今天，因为没有学习勾股定理而重新发现勾股定理与继续研究永动机同样是愚蠢的。其二，从每个生命个体看，他的研究活动也是长期的，是一个连续的思考与实践过程。真正的科学研究不分上班下班，上课下课，也很难在规定时间内实现规定目标。科学研究的长期性、积淀性特点，在“研究性学习”中也应有所体现。例如，既然科学家并不仅凭一己之力去发现问题，设计方案，而是把广泛的查询、检索与学习、借鉴、作为研究工作的有机组成部分，那么，作为尝试研究活动的学习者，也应该有这样的意识与行动，也应该学会把创造与学习结合起来，学会在别人已解决的问题的基础上发现、研究新的问题。同样，既然科研没有上班下班，是长周期的，那么学生的研究活动也应该有较长的期限，也应该有更多自主支配的机会，而不要把课时规定得过死，也不宜要求学生在过短时间内拿出研究成果，甚至并不一定要学生拿出成果，因为，真正的科学研究是允许失败的，在一定意义上，或者失败反而是更大的收获。

从人类科学研究的历史看，大多数科学研究的成果是长期进步的结果，是日复一日，年复一年，大量重复单调甚至枯燥的实验观测、文献检索和调查分析的结果。所以科学研究工作者必须具备诸如耐心细致、甘于寂寞、锲而不舍、勇于担当等“精神品质”。这些“精神品质”只能来自研究实践，只能在亲身体验研究的枯燥与欢乐的过程中形成。强调研究的长期性与积淀性，就是要求我们按照科研的规律去组织“研究性学习”，而不要过分简约化，过分简约化也许会在方法上或成果上有所收获，但是不利于培养学习者基本的科学精神与科学品质。

科研的本质是创新；研究的问题应来自实际生活，应是研究者发现的真实的问题；研究的重要价值在研究的过程和方法；研究必然是一个长期的实践过程等，这些都是科学研究乃至一切研究活动的重要特点。但是从根本点上说，研究固然是创造，研究的基础却是继承，是充分学习、借鉴前人的经验，学习、借鉴前人积累下来的研究结论、研究方法和研究工具。这是人类科学研究的本质特点，也是人类能够不断运用科学研究的方法推动人类社会及其自身不断进步的根本原因。

从这个角度说，把“研究性学习”看成是与接受性学习截然不同的学习方式，似乎不尽确切，因为研究过程从来不排除接受，不排除对资料、对理论、对方法的把握与占有。说得更准确一点，正是因为研究活动的这种继承性质，才使人类个体可以继承前人认识的遗产，而不必像动物那样，每一代新个体都只能凭生物本能和直接经验去不断重复祖先走过的探索过程。因此，在组织学生从事“研究性学习”时，不但要激发他们积极探究的主体精神，还必须指导他们学会充分利用社会和他人的认识成果，学会站在前辈的肩膀上攀登。由此，可以认为，“研究性学习”是一种旨在培养学习者科学思想、科学态度与科学方法的学习活动，是通过让学习者在教师帮助下尝试研究活动而学习研究、学习知识，进而促成学习者创新精神与实践能力发展的学习方式。这是一种需要学习者具备一定学习基础与能力的学习方式，它比较适合在大学和中学的高年级试行。

三、不宜把所有探索性学习都归入“研究性学习”的范围

当前，有两种以探索命名的学习方式。第一种是布鲁纳提倡的发现法和施瓦布开始的探究学习，还有一种是动物共有的探索学习方式。“发现法”和“探究学习”这两种方式虽有若干差别，但都是主张由教师创设某种问题情境，引导学生通过再发现，通过积极思考、自己体会，在“做”科学的过程中去掌握概念和原理的形成步骤，去体会科学知识、科学方法和科学态度的真谛。所以，这种探索学习的对象首先是教材，是体现知识的基本结构的教材，或包

含特殊教育设计的教材，大多是理科教材。严格地说，这是一种有意义的接受学习，因为在这种学习过程中，学生的直接认识对象是人类积淀下来的认识成果，即使书中的若干结论可能没有直接给出，而教材设计的学习内容及方法已逻辑地指向规定的结果，所谓“探究”或“发现”，只是在教师导引下的活动体验而已。因为区别接受学习与非接受学习的标志，并不是学习者的主动或被动，而是学习的对象、学习的内容。只要学习者是在学习前人的认识成果，那么对于后来者而言，这就是一种继承或接受；而只有在学习者直接面对现实生活世界，或试图在前人的认识成果背后去发掘新的现象、新的解释、新的意义时，这时的学习，才是发现或探索。当然，在世界各国的基础教育实践中，“发现法”和“探究学习”都有了许多变化发展。据 20 世纪 80 年代日本人的归纳，发现法已有了从学习课题、研究假设和资料、实验准备等一概由教师包办的所谓“半发现”学习，到所有这些全由学生自主提出，教师只起辅导、组织作用的“独立发现”等五种类型，其中最后一种十分近似于我们所谓的“研究性学习”①。所以，对现实生活中的“发现法”或“探究学习”的尝试，也不可一概而论，要做具体分析，但是就“发现法”或“探究学习”的原型而言，它们则不属于“研究性学习”范畴。

第二种探索性的学习方式，是一种十分古老的学习方式，是人与其他动物共有的基本学习方式。它是指生物体在本能或直接经验的影响下，主动尝试探求对自身有价值的行为方式与活动策略的实践活动。它是一种生物面对现实世界获取直接经验的学习方式，是一种带有根本性的学习方式。从草履虫学习如何从一个细试管中出来取食，小白鼠在科学家设置的迷宫中通过“尝试—错误”学会自

① 参见钟启泉编著:《现代教学论发展》，教育科学出版社 1992 年版，第 268 页。

由行动，到一只黑猩猩学会借助几只大小不等的木箱够到天花板下吊着的香蕉，都属于这种探索性或探究性学习。从人类个体发展的实践看，这种探索性学习在婴幼儿期间还是大量存在的，也是一种基本的学习方式。当然，随着婴幼儿语言能力的发展，高级神经活动介入了学习过程，他们不仅凭借本能或直接经验来进行学习，而且能够在成人提示下学习，能够借助他人或社会经验来加速学习，本来意义的探究学习就会被更高级的学习形式取代与改造。探究也罢，体验也罢，都会在语言的提示指导下进行，并会带有一定的接受学习色彩。对于具备一定学习能力的儿童或青少年而言，本来意义的探索性学习，大多表现在拼图游戏或做几何题添加辅助线一类的活动中，它将不再是重要的学习方式，一般地说，人类的学习方式，主要是接受学习、体验学习以及其他包括探究的混合学习方式，如“研究性学习”。

如果上述分析可以成立的话，不宜用“研究性学习”来概括探究性（探索性）学习的理由即很明了。因为我们不能用一种高级的活动方式来概括所有初级、中级的活动方式，例如，不能用思想或思维来概括一切生物的神经活动，所以也不能用人类独有的，甚至是成熟或较成熟的人类个体才有的学习方式，来概括一切生物共有的学习方式。当然，从另一个角度说，作为一种生物共有的基本学习方式，探究性学习有独立的指向领域，作为概念也应该单独存在。探索是一切动物的本能，探索学习也是一种重要的学习方式。在传统教育实践中，由于过分强调知识的传承，过分强调成人的权威作用，不自觉甚至是有意地扼杀了学习者的好奇与探究本能，这确实是要引起重视并努力予以纠正的。从“做中学”开始，再远一点甚至可以说从卢梭的自然教育论开始，教育工作者不断倡导、试验各种学习主体主动探索、主动求知的学习方式，这种努力也取得了不少积极的成果。在中国，倡导“研究性学习”是这种努力的一部分，倡导“主体教育”“探究性教学”“快乐教育”或“有意义的接受学习”，也是这种努力的有机组成部分。所有这些努力都是有价值、有意义的，都应该在社会性的教育实践中走向完善，走向成熟。

四、几个初步结论

第一，“研究性学习”的提法可以成立，其要义是让学习者通过研究来学习，在研究中体验、学习科学研究的思想、态度、方法，在研究实践中学习、掌握知识。

第二，作为一种比较高级的学习方式，“研究性学习”要求学习者具备较高的知识、能力水平，比较适合在年龄较大的学生中试用，不要从幼儿园即开始“研究性学习”。

第三，“研究性学习”与“接受性学习”并不是一组相对的概念。“研究性学习”的关键要求，是让学习者在充分掌握前人研究成果的基础上深入研究。“研究性学习”实质上是一种综合性的学习方式，它包括有意义的接受学习、主动探究和实践体验等多方面的要求。

第四，当人类个体掌握语言以后，他的所有学习行为都会有语言因素的介入，都会在语言思维的介入后产生变化，会带有一定的“接受”色彩。这不是人类学习的缺点，而是人类学习的优势，是使人成为人的关键因素。

第五，能不能把所有以探索、探究为主要特征的学习方式概括为一两种类型的学习方式是一个尚待研究的问题，本文不拟涉及。但是，不宜把它们都称为“研究性学习”，因为这会给教育实践带来混乱，也不符合相关概念的本义。

（原载《教育科学研究》2003 年第 5 期）

38

努力培养学生自主学习能力与习惯

2003年春季，“非典”突发流行，北京中小学校被迫停课，全市的中小学生只能在教师的布置要求下，通过“课堂在线”“电视课堂”“电台课堂”与自行阅读教材、做作业等方式来学习。两个多月过去了，检查学习成效，收获与教训都是全面而深刻的。其中重要一点，是今后学校教育必须十分注重对学生自主学习能力与习惯的培养，这不但是学校教育改革、课堂改革的需要，而且是培养具有创新精神和实践能力的一代社会主义新人的需要。

培养学生自主学习能力与习惯，要通过促进学生的有效学习来实现。所谓学习，就是个体通过经历或练习而获得的身心比较持久的变化过程。从这个意义上说，一切学习活动，都应该是有效的，不过是效果大小或长远与否的问题。但是，我们强调“有效”二字，是为了突出此类学习活动应该有更高的效率和更好的效果。就是说，它们应该不同于日常的随机学习，也不同于那些形式主义的学习、机械式的学习。在中小学教育实践中，由于学习内容与学生实际不相吻合，教学计划、教学要求过分强调统一，以及学生兴趣特长未能获得充分关注，考试分数等功利目标的过强导向作用，空洞的、机械的、低效的学习大量存在。提倡有效学习，就是为了转变那种以牺牲师生健康为代价的“血汗教学”模式，是为了扭转那种虽在认知目标上有收获，却影响学习者全面发展，尤其是影响他们学习兴趣与积极性的“练习＋考试”的训练方法。这里讲的有效，是学生全面发展、健康发展的效果，也是学生快速而长久的发展的效果。

有效学习比之于随机性的日常学习，空洞或机械的形式主义学习，有什么不同的特点呢？概括说来，有以下五个方面的不同。

第一，有效学习应该是有科学合理的计划的学习，是以学习间接经验为主的学习。这个学习计划，反映着人类对自身发展史的清醒认识，反映着个体认识发展的规律性要求。有效学习的学习计划，是社会的共同财富，是在广泛继承和借鉴人类精神文明、生产经验的基础上确定的，是切实可行的，对学习者自身发展有价值、有帮助的。

第二，有效学习必然有学习主体积极、主动的参与，有学习主体全身心的自觉投入。一切学习活动都是主体的活动，都必须有主体的参与。但是，由于种种内外原因影响，主体对不同的学习活动的参与程度、积极主动程度有极大差别，有全心全意甚至超常投入，也有半心半意或者三心二意的一般投入，甚至还有压力下的被迫投入。实现有效学习，期望的是全身心的积极投入或超常投入，是那种建立在目标认同与自发兴趣基础上的自觉投入，这是学习有效与否或效果大小的关键。

第三，有效学习需要充分的时间与空间保证。学习的本质是认知或体验、探究的活动过程，所有活动都必须在一定的时间空间内展开运行。所以，强调时空保证是必然的。但是，与一般性的强调时空保证不同，有效学习强调的时空保证，是从每个学习主体的角度着眼的，是从强调为不同的学习者保证不同的必要学习时间与学习环境入手的。也就是说，从实现学生有效学习的角度考虑，不但应该考虑学习者有不同年龄、不同地域、民族背景下的共性、共同点，而且应该关注学习者作为个人在认知优势、学习基础、学习习惯、学习兴趣与家庭背景等方面表现的个性。因为，正由于是这些共同点与区别点的复杂多样组合，影响了教师教学工作的成效，也影响了学习者的学习成效。

第四，有效学习的影响是长久的，积极的，全面的。一切学习活动都有影响，都会对个体的变化起作用，但是这些影响与变化有久暂之分，积极消极之分，也有全面片面之分。我们主张的有效学习，应该对主体的发展，起到长久、积极、全面的影响，应该成为主体发展的根本途径。所谓长久，是指这种影响是持续的，是对主体终身发展有益的，是有利主体学习所得的积极迁移的；所谓积极，是指这种影响是能够促进学习者进步的，是从社会和发展一致性的角度，表现出其对主体生命意义的尊重与关注的，是对主体有价值的。所谓全面，是指这种影响要表现在对主体作为人的整体性发展的促进作用上，是指这种影响对主体知情意行各方面感知与感受的关注上。一个只关心进度而不关心学习者身心负担的学习计划，一位只关心考试成绩而不关心学习者兴趣情感的教师，都不能真正帮助大范围的学习者实现有效学习。

第五，一切有效学习都应该是健康的，是学习者身心愉悦的活动过程。这里讲健康，不但是生理意义的，而且是心理意义的。有效学习是学习者及其教师的良性交往、互动共生的快乐生活过程，长期以来，我们一直强调学习的艰苦性，信奉“书山有路勤为径，学海无涯苦作舟”的格言，推崇“悬梁”“刺骨”的苦读精神，其实，那样的学习是无法长期坚持的，既不会成为人生的第一需要，也不能成为个体生命意义的所在。对于一切成功的学习者而言，不论别人以为他们焚膏继晷的学习活动如何苦不堪言，当事人自己则是乐在其中的，他们的学习历程也应是健康协调的，并不会也不应成为主体的生命杀手。只有那种建立在短期功利目标基础上的学习活动，才会损及师生的身心健康。强调有效学习的健康性，是为了帮助实现学习从人生工具向人生意义的转变，也是为了真正促成个人的终身学习，终身发展。

合理的计划，主体的充分参与，必要的时空条件保证，学习影响的长久、积极与全面，以及学习活动的健康性，是有效学习活动区别于其他学习活动的主要特点。这样说，并不是说其他学习活动没有类似特点，而是说它们不能全面体现出这些特点，或者说不能科学地体现出它的根本精神。例如，以死记硬背为特点的私塾教育，也有它的计划性（当然不尽合理、不够科学），但它在学习影响的积极与全面，在学习活动的健康性以及主体参与的主动性方面，都存在明显缺失。所以，帮助学习者实现有效学习，仍然可以成为基础教育的努力目标，成为在当前这个发展阶段中国教育的改革追求。

当然，由于学习者主体性发育程度不同及其他内外因素影响，有效学习在不同学习者身上或在同一学习者不同发展阶段，都会有不同表现。就学校教育领域而言，有效学习有三种表现方式，即主动性学习，自主性学习与创造性学习。作为学生在校学习的三种方式，三者都有教师的组织管理，都会受国家教学计划的指导制约，也都会以社会性、群体性学习的面貌出现，但是在师生双方的角色分工上，以及学习者自主程度上，则有明显差别。主动性学习，教师是学习活动全过程的组织者、管理者、他要按照国家制订的教学计划和课程标准组织学生学习，并要在适当关照学习者水平、兴趣差别的条件下完成规定的教学目标与教学计划，学生是学习活动的主体，出于对成人的依赖和自身的角色、责任意识（“学生的任务就是学习”、“少壮不努力，老大徒伤悲”等），他们会积极投身于学习活动之中，会在教师的管理下（例如，及时反馈、奖励惩罚等），保持或提升这种积极性，并在所谓的“积极地配合老师”的文化心态影响下，完成培养计划规定的任务，实现个人的发展。它是有效学习的初级形态，也是当前比较成功的中小学校已经实现的有效学习的形态。

自主性学习，是有效学习的高级形态，在这种学习形态中，教学计划等，也还是由国家或成人决定的，教师仍然起着重要组织管理作用。但是比之于主动性学习来，在自主性学习中教师不再是学习全过程的管理者，他的责任在确定目标、明确要求和组织考核，而把大部分过程管理和反馈监控的责任转交给学生，在明晰总任务的条件下让学生自主安排具体的学习时间、学习进程，自主发现学习中的问题并自主校正，即使教师还会通过网络、电话给学生点拨帮助，从总体上看，教师在学习过程中的组织指导责任是部分转移了。在这种学习形态中，学生不再是“积极配合老师”，而要具有自我监控能力，能够依据个人的情况，适当地调整教师布置的学习计划与要求，并在自我管理与接受教师指导的结合中完成学习任务。在“非典”流行期间，许多平时十分用功、十分努力的中小学生，因为脱离了教师的直接组织管理，立刻表现出不同程度的放松情绪，“网上学习”也好，“电视、电台课堂”也好，显得“精力不集中”“学习不上心”，即使家长百般督促，教师不断电话提醒，学生也还是处在一种似学非学，似会非会的状态里。这不仅反映了学校教育的特殊优势，反映了学生学习的社会性特点，而且说明多数中小学生缺少自主学习习惯，反映出我国中小学教育的致命缺陷。著名教育家叶圣陶先生早就提出“教，是为了不需要教”，如果我国新一代只有在学校、在教师的直接组织管理下才能学习，而不能在离开学校、离开教师后坚持自主学习，那么他们怎么能适应学习化社会的要求，又怎么能在信息时代寻求终身发展呢?

创造性学习，是有效学习的最高表现形态，是学校教育和个人自主学习能力与习惯的最高追求。在这种学习形态中，教师的责任已从全程管理或重点组织管理转变为点拨与顾问。学习者不但要学会自主选择调整计划，而且要学习自主寻找或确定学习资源、学习方式、学习进度及要达成的目标。作为学校学习的一种方式，学生还要受到国家计划与课程目标的左右，还会参照、借鉴社会或伙伴的成功经验。但是，作为走向成熟的学习者，他们应该学会在成人的帮助下，在选择、参与、尝试的过程中，逐渐找到适合于自己的发展方向，发展方式和发展途径，他们将会在社会给予的发展空间中争取最大限度的自由发展。创造性学习，是统一的计划性学习之外的必要补充，也是任何科学的统一培养计划的另一种有机构成，是任何一个成长中的学习者必须逐渐学会的。学会创造性学习的学习者，才是真正的“不需要教”的人。帮助学生实现从主动性学习、自主性学习向创造性学习的跨越，是中小学校教师的根本责任，也是教学艺术与教育魅力之所在。

这三种学习形态，都是有效学习的具体表现，成长中的学习者往往是循着这三个台阶走向成熟的。在这一进步过程中，前一个形态的成功尝试，将成为更高形态的发展基础；而对前一个学习形态，方法与效果的不满足，又会成为激发学生向更高形态进步的动因。作为教育工作者，我们应该在帮助学生实现有效学习的过程中，提升他们的学习能力与学习习惯，让他们更好地适应学习型社会的要求。

一切学习活动都是学习者的自觉活动，教师帮助、指导、组织学生实现有效学习的基本途径是优化学习环境，为学生发挥主体作用创造条件和机会，并利用成人与社会的影响力引导鼓励他们，让他们在良好的文化氛围中实现个人发展，实现对优秀的文化传统与社会价值选择的传承与认同。为此，要把力气花在学校与课堂环境构建和文化氛围的创造上，花在学习活动的组织上。当一名教师下决心要培养学生自主学习与习惯，下决心要让更多的学生实现高层次的有效学习时，综合国内外专家的意见与实践经验，他应该集中注意以下四个问题。

第一，要营造以学习者为中心的学习环境。学习是主体的活动方式，学习环境必须适应学习者的需要，满足学习者的身心发展要求。要让学习者感到环境很适合自己，对身处其中感到快乐和自如，而不能让他们觉得不自在，格格不入，更不能让他们感到压抑或恐惧。围绕学习者去构建教学环境、校园文化；根据学习者不同需要与条件提出学习任务，设计学习过程；在尊重差异、尊重学生人格与兴趣的前提下，努力促进每个学生实现个人的最好发展，并尽力让他们达成那些必须达成的一般性要求，这些都是既各有道理又充满矛盾，是对教师智慧的挑战。建构以学习者为中心的环境，会加重教师的责任，加大他们了解学生及掌握学生发展动态的工作负担，同时也对教师的应变与因人施教能力提出了更高的要求。在以讲述讲解为主的课堂里，教师的任务主要是吃透教材，掌握难点重点，这对在学科专业方面受过高等教育训练的教师来说不是难事；而在以组织学生实现有效学习为目标的课堂里，不熟悉学习者知识、技能与兴趣爱好的实际状况，不能让每个学生在教室中感到自在与适应，不注意遵照学生认知与情感发展规律去关注学习者实际的学习过程、学习方法，就不能促成他们积极的思维与实践活动，于是，时时处处要关注变化中的教育对象，就成为教师的最大难题。在这样的条件下，教师备课的关键在备学生，在围绕学生的实际需求去创设学习环境，设计学习活动的流程，学生是不同的，他们对环境的要求、他们进行中的学习活动也是不同的，这就给课程改革带来新的难题，要想实现学生的有效学习，也必须解决这个难题。

第二，要努力营造以知识为中心的学习环境。有效学习的学习资源、学习内容，都要经过精心选择整理安排，应是所谓的结构性知识，是那些有利于学习者把握的认识工具和方法，有利于他们自主学习的知识。而不是零碎不相关联的知识点，也不仅仅是例子。即使是例子，它们的选择与安排，也要体现知识系统的要点或规律。中小学生不会仅凭生物本能去发现自然和社会，他们要学习利用人类积累下来的文明武器去发现自然和社会。强调有效学习应该学习系统的知识，应该建立在对人类文明成果的把握上，并不是主张死记硬背，也不是否认探究、发现、体验等诸多学习方法的重要作用。强调以知识为中心同学习者中心并不矛盾，正是在面对相同知识体系的学习中，才更应该关注学习者差异，才更需要各有特点地组织学习活动，即使是面对一本体系严谨论证周密的教科书，不同的学习者也会有不同的学习重点与学习方法，也不能用同一模式或进度去要求所有学生。强调以知识为中心，主要是强调对学习内容的选择与学习材料的组织，应符合科学发展规律与学生学习规律，是强调学习计划的科学性与可行性。当然，除了系统的学习以外，学习者必然会有大量随机的日常学习，其中有些学习也会对他们的发展产生持续影响，也会形成积极的迁移。但是，多年来中小学生成长的经历证明，系统知识的学习对人全面发展的作用最大。因此，在推动教育改革、课程改革时，应该关注学生的兴趣，关注方法和过程，但是，切不可因片面理解学习者中心而放松基础性知识教学，不可在尊重学生现实需要时，忘记学生的需要是发展的、待完善的。学生的学习能力及习惯，是在社会成人的影响下逐渐形成的，而社会与成人最有力的影响手段，就体现在学习计划、学习目标和学习内容的确定与安排上。在这个问题上，教育工作者不仅要帮助学生制订计划，而且要帮助学生学会选择计划，学会自己制订或修订计划。

第三，促进学生实现有效学习，教师应该致力于校园文化、课堂文化的建设，应该努力培育有利于学生主动、自主、创造性学习的学习环境。学习活动虽然是个体活动，是每个学习主体自己在思维或实践。但是，每个学生的学习活动，都与社会、与他人有着多种形式、多种层面的信息交流与沟通。所以，学校与班级的文化氛围，情感、态度与价值取向，都会直接影响学习主体的学习效果。而且正是由于存在着大量的即时的生生互动，师生互动以及其他多种社会文化交互影响。学校教育比起学习者的在家自修，才更有活力和生命力，才更加有效和有趣。这正是学校教育之所以会在网络时代继续发展的重要原因。营造有利于学习的校园文化，营造有利于主体作用发挥的学习共同体，努力把学校学习与社会生活联系起来，让学校成为联系学习者与社会生活的桥梁，而不要让学校成为阻隔学习者与社会的围墙，凡此种种要求，都是为了整合社会、社区、学校、家庭的诸多影响因素，都是为了促进学生的社会化发展，让他们能从社会从他人身上吸取营养，让他们在交流合作参与中实现有效学习，提升自己的学习品质。

第四，有效学习需要积极的反馈与适度的指导。应该围绕学生学习目标与学习需要，提供及时适度的指导与反馈，应该建设一个把学习、指导与各种形式的反馈激励活动整合在一起的学习环境。作为成长发展中的主体，中小学生的学习需要教师的指导与反馈评价，他们是在接受教师指导与反馈评价的过程中，学会自主学习，学会自我监控的，也是在同一过程中实现有效学习的。指导与评价不但是学校教师的重要责任，也是学校教育的优势所在，是学校重要的教学策略。指导与评价的作用，是使学生头脑中的学习活动显性化，使学生朦胧中的问题明晰化，并帮助学生在认识自己或他人学习的过程中，调控学习方法，激发深入学习的信心和兴趣。指导与反馈的关键是要适度，要切合学生的认知发展与情感态度变化的需要，既不能过，又不能不及。坚持发展性评价的原则，提供“以鼓励为主”，都是对的，但都有“度”的问题。因为，对于不同个性特点的学生而言，没有什么指导或评价是一律有效的，自卑感过强的人可能需要鼓励，太自负的人也许要听点批评，今天批评了明天又要去安慰，感情太脆弱的反倒需要严格要求，即使在碰到学习困难，百思不得其解的时候，也不是所有学生都希望老师指点迷津，对那些还在学习上爬坡，正在思维方法或学习习惯的转换中苦苦挣扎的学生而言，也许“不评价”“无指导”“晾他一阵儿”，倒是最好的指导，最合适的反馈。

坚持以学习者为中心，关注系统的结构性知识的学习，努力营造良好的校园文化、课堂文化环境，恰当地运用指导与反馈评价手段，这些都是教师促成学生有效学习的主要途径与策略，也是教师培养学生自主学习能力与习惯的主要方法，如何把这些要求统一地实现于学生的学习活动之中，如何在教师教学组织活动中全面实现这些原则，是有待于一线教师教育实践探索的难题。一般说来，实现其中一项两项要求是不难的，而要把这些看似合理又彼此矛盾的要求整合在同一教学实践过程中，则会相当不容易。但是，在两年来的课改实验中，基层的教育工作者已经提供了若干成功的案例，已经在整合上述要素的实践中收获了许多宝贵的经验和教训。只要珍惜这些收获，认真地研究这些收获，我们就能够更加具体地把握学生有效学习的规律，就能够更好地提升中小学校教学的质量与水平。

（原载《教学个案及评析（2002～2003）汇编》，
首都师范大学出版社 2003 年版）

39

关于转变教育观念的若干认识

一、观念和教育观念

观念一词，本来是哲学术语。在柏拉图、黑格尔那里，它是世界的本原，万事万物不过是它的摹写或外化；辩证唯物主义认为，观念是对客观现实的反映形式，是客观存在于人脑中的映象，所以，观念与意识、思维、精神及相对应的物质、存在一起，构成基本的哲学范畴。显然，当人们说及教育观念时，并不是从上述角度去界定观念一词的，哲学意义的观念，只有在作为认识的一种形式上影响了汉语的日常应用。

在汉语的日常应用中，观念常与思想连用，所谓思想观念，指的是人们的看法、认识。当某人对某些事说出一些新看法时，人们会说他的“思想很新”，也可以说他的看法是个“新观念”。2001年修订版《新华词典》在解释“观念”时，把“观念”定义为“泛指客观世界在人头脑中的反映，与意识、精神、思想等相同”。而新版《辞海》在解释“思想”时，又说“思想”是“思维活动的结果”，属于理性认识，亦称“观念”。这种互文释义的做法说明现代汉语习惯把这两个词当成同义词来使用。但是，这两个概念其实是有区别的，一般来说，“思想”一词更正式一些，人们说“毛泽东思想”“‘三个代表’重要思想”，都不能换用“观念”，因为这里的“思想”指成体系的理论性认识；因此，一个教师、一个校长常会说“我的教育观念”如何如何，却少有人自称“我的教育思想”怎样。因为一般人看来，只有大教育家、重要领导人才会有教育思想，普通的教师或校长不大好说教育思想如何如何，倘若你非要他说说他个人对教育的认识不可，他则会复述若干看来或听来的理论说明，这类说明无论多么有条有理，正确无误，却往往同叙述者的实际教育行为、教育选择缺乏真正的联系。可见，在一般人心目中，“观念”似乎比“思想”更少学术色彩，更少系统性。当然，这种区别也不是绝对的，“文化大革命”当中盛极一时的“活思想”的说法，指的就是一闪而过的思维活动，也没有体系性。不过在汉语习惯用法中，也没有说“活观念”的，因为“思想”原先是动词，“活思想”中的“思想”是指思想活动，有动态性，“观念”则一直是名词，仅指思维活动的结果。

如果承认观念与思想一样，都是思维活动的结果、产物，那么“教育观念”与“教育思想”的区别又在哪里呢？北京师范大学申继亮教授的意见，对我们有很大启发。在一项涉及教师教育观念与教育行为转变的研究中，他主张，“所谓教师的教育观念，是指教师在教育、教学实践中形成的，对相关教育现象，特别是对自己的教学能力和所教学生的主体性认识”。在这个定义里，最有启发的部分，是他认定观念是人的“主体性认识”；至于他把对“教育观念”的解释限制在教师身上，这是出于他从事的研究的需要。当然，教育观念并不为教师或校长所独有，任何受过教育、接触过教育的人，都可能会有他自己的教育观念。所以，从实际应用而言，对于“教育观念”，似乎可以做这样的理解，即它指“一个人在自己的受教育或从事教育的实践经历中形成的，对相关教育现象，特别是对教育本质及其特征的一般性的主体性认识”。这个概括，要从以下四方面去认识。第一，它是一种主体性认识，是个人认识活动的产物，一定会带有个人生活经历与情感态度的痕迹，虽然由于同一社会阶层在同一时代、同一地域的生活，也会有若干共同特点，他们的个性表现也会有诸多共性因素，但观念作为个人的认识成果，还会或多或少地带上个人特点。第二，它是一种一般性认识，是对事物本质属性的认识，例如对“什么是教育”“教育的功能”之类大问题的认识，因此它往往决定了人们对事物的基本态度或主要行为反应，不论其在抽象化、理论化的程度上存在多少不足，它对人们的行为态度都会产生基础性的影响。第三，这种认识来自实践，来自个人经历，它不是在灌输、接受的过程中形成的，也不能仅凭阅读或冥思苦索形成，而只能在实践经历的基础上形成。它与主体实践活动的紧密联系，既形成了教育观念的顽固性，又为教育观念的转变更新创造了条件。第四，作为一种形成中的认识，它会随着实践的变化而变化。所以，人们的教育观念永在变化之中，总有某种程度的不确定性、不成熟性，这是教育观念的根本特点之一，而人们的教育思想，一旦形成，就会比较系统，比较稳定，也比较难变化。

总之，和“教育思想”相比，作为主体性认识的“教育观念”带有更多的原生态色彩，理性化程度不足，一般不脱离思维主体单独存在。虽然人们也会说社会的“教育观念”如何如何，但这种社会的教育观念，只是研究者用调查归纳的方法概括出来的研究结论，而不是有明确表述的社会共识，它在不同主体意识中的表现形式是有很多差异的。教育思想、教育理论，都可能有严密的理论体系，都可以以文字文本的形式影响千万读者的认识，却未必能够直接影响他们的行为；而“教育观念”虽然只能活跃地存在于每个人头脑中，却能实实在在地影响着这个人的教育实践或教育选择。所以，教育思想是个上位概念，教育观念则是形成教育思想的基础，教育观念是主体在实践过程中形成的关于教育、关于教育若干本质现象的认识，是一些有待升华提炼，有待进一步理性化、思辨化与精致化的原生态认识；而教育思想则是主体在教育实践并在广泛借鉴各种思辨成果的过程中形成的，是思想深刻化的反映。人们的教育观念，来自人们实践的积累，它们可能上升为理性认识，上升为教育思想，却不一定更不会全部上升为教育思想。因为对于大多数人来说，既缺少提升的必要性，也缺少提升的条件，犹如每个人都在生活，都会对生活形成若干或深刻或浅显、或广阔或狭窄的态度或认识，然而却没有几个人会形成或希望形成个人的生活哲学一样。强调教育观念与教育思想有区别，教育观念的原生形态与情感、实践色彩，强调教育观念理性化程度不足等，并不是为了比较两者高低，而是为了说明前者与行为主体联系更紧密，并为引导教师与家长转变更新教育观念寻找恰当的行为策略。

二、教育观念的基本特点

作为主体在实践经历中形成的教育认识，作为主体的原生态、待升华、待提炼、待理性化的，又有强烈情感色彩的主体性认识，教育观念一般有如下特点。

第一，个人的教育观念是在个人的实践经历中逐步形成的，虽然其间也会有顿悟或飞跃的可能，但从总体上看，是个渐进与积累的过程。因此，人们的教育观念具有生成性，会随着而且正随着实践的变化而变化。教育观念的生成性，不但说明教育观念的更新与转变是可能的，而且为更新或转变教育观念指示了基本的途径与方法，即通过改变行为主体的实践或经历，为主体提供积累经验、积累感性认识材料的机会，以促成其观念的变化。人类的认识，当然是一个从感性到理性的循环往复的过程，个人认识的发展也会在一定程度上复演上述人类的认识过程。但由于受到社会与个人诸多条件的制约，就具体的个人而言，这种“感性—理性”的螺旋上升过程，并不都能以同等的方式或在同等复杂程度上进行，也不一定会取得同样深刻的思辨成果。个人观念形态的认识的生成过程，其实是千差万别的，生成的阶段成果，也是十分丰富、多姿多彩的。个人观念的生成性，不但是社会观念多样性的根本原因，也是人类个体生命过程价值与意义的所在：正是由于每位生活中的主体能够在其生命过程中不断感悟，不断收获，不断改变自己对教育或对其他生活现象的主体性认识，他们的生命历程才会不断变化，有滋有味，乐趣无穷。因此，与教育思想，特别是经过理论化总结的教育思想的稳定性、确定性相比，个人的生成中的教育观念，时时处在变化之中，这是教育观念的特点，也是教育观念的生命力所在。

第二，作为生成中的主体性认识，教育观念本质上是介乎感性认识与理性认识之间的认识形式，是介乎经验、体会与理性思考之间的思维成果。它有某种程度的模糊性，内涵与外延也不清晰，主体对它的存在往往也缺少充分的自觉。例如，一位多年从事教育工作的人，常会说不清自己教育设计、教育决策背后的观念或认识是什么，他也常会做出一些在理论上已被自己否定的行为。因为，人们一般不会对自己的教育观念或其他观念进行认真的理论归纳，存在于他们头脑中的，可能是教育实践中留下来的若干彼此矛盾的教育生活场景、感触、印象或片段认识，是一批待梳理的思维材料。

教育观念的这种模糊性、非充分自觉性与潜在的表现方式，正是教育观念的经验性，是教育观念作为介乎感性与理性认识的认识形态特点的反映。模糊的未被主体充分自觉意识到的观念认识，是大多数人对世界上万事万物认识的常态；而充分理性化、高度概括的科学归纳或在一定程度上固化的理论专著，则是人类社会发展进步的成果，也是少数思维主体的特殊思想贡献，就人类认识而言，它反倒是非常态的，是特例的理性认识。理论概括、思想体系……作为人类认识的精华，作为人类文明升华和精致化的产物，确有普遍的指导价值，是社会发展与人类进步的前提条件之一，但它们离社会生活中的个体比较远；感性认识，一般印象，情绪体验，作为人类理论建树的基础，是粗浅、粗糙或不深入、不深刻的，只对个体有实在价值，然而它却离生活中的个人比较近，会实际地影响着他们的情感与行为。教育观念等观念形态的认识，在很大程度上更接近感性认识。

教育观念的模糊性，还反映在人们的教育观念往往包含着内在的矛盾，包含着若干彼此冲突、不尽一致的生活感受或认识判断，存在某些不和谐、不协调的因素。应该说，作为普通人的原生态认识成果，这一特点并不能被视为缺点。因为，正是由于存在内在矛盾、冲突，存在内在的不和谐，才为更新或转变人们的观念提供了机会，提供了生长点：既然在多样实践与经历的基础上已经生长出旧的观念，那么，也就会在有矛盾、冲突的另一些内在体验的基础上产生新观念的萌芽。从这个意义上说，一切转变与更新观念的努力，都必须建立在主体已有经验的基础上，都只能是主体固有观念的自我更新。

第三，作为个人精神经历与实践活动的副产品，教育观念与主体的教育生活、教育经历有着复杂的联系。教育观念不是那种洗净铅华的教义或富含哲理的规定，而是与主体的情感世界、精神需求紧密联系的体验，是一种富含个性色彩的认识。观念作为一种特殊的过渡性认识，它一般有较强的情感色彩。人们可以在今天知道一种“思想”，明天又接触另一种“思想”，因为那是别人的思想；而“观念”则是自己的，是属于“我”的，让他们抛弃自己的固有观念，会有阻力，要伤感情。

强调教育观念的情感性、情绪性特点，强调教育观念因其与主体的精神世界紧密联系而带有主观色彩，不仅是为了说明教育观念转变与更新的复杂性或艰巨性，而且是为了充分认识主体生命活动的整体性，为了在尊重个人生命意义、生命价值的基础上找到转变更新人们教育观念的途径。只有充分把握人的认识、情感、行为之间的密切联系及其生命活动的整体性，在尊重生命整体性的基础上，把转变观念的主动权交给生命主体，在承认观念转变对主体生命价值有重大影响的条件下，给主体以充分的体谅、充分的关注与必要的等待，我们所有转变或更新教育观念的努力，才会找到恰当的突破口及可靠的推进策略。只是就事论事地在宣传或“灌输”上做文章，并不会真正实现活动主体教育观念的真正转变。

第四，作为一种在主体实践活动中形成生长，又直接影响主体情感选择与价值判断的认识形态，教育观念与主体的教育活动、教育行为有天然的密切联系，经常会直接影响并表现在主体的教育行为、教育实践中。因此，人们的教育观念不一定表现为口头宣言或明确的命题判断，反而常是不需言说或不曾言说的。

教育观念，一般表现在主体的具体行为与态度中，是通过他人或主体本人对主体行为的分析，而不是通过主体的自觉意识或宣言才被感知的。所以，人的教育观念与他的教育实践、教育行为这种密切联系，让人们产生了“教育观念天然的来自并指向教育行为”的感觉。既然只有真正影响主体实践活动的主体性认识，才被视为主体的教育观念，而那些仅仅表现在口语或文字中的教育言论，并不被主体自己或他人认可为该人的“观念”，那么，我们可不可以这样界定，能不能直接指向行为与态度，是区别主体一般认识与个人观念的试金石？

同观念的情感性特点一样，观念与实践密切相关的特点，一方面说明了教育观念的不成熟与初级性质，说明了它们的原生性质、中介性质，另一方面又说明了教育观念与主体联系影响的深广程度，说明了教育观念作为主体性认识，它与主体生命活动的密切关联，会更直接、更迅捷地影响主体的教育活动与教育选择。当然，从理论的角度看，认识与实践是两个不同性质的概念，然而，在实际生活中，行为主体并不能把两者截然分开。没有不包含认识价值的实践活动，也没有完全不联系实践活动的认识。对认识而言，只有理性化、抽象化程度的差异，犹如有人说过的那样，一切概念定义、一切推断，在一定程度上都是比喻，大都有不同的具象色彩。因此，强调观念作为主体性认识而与实践活动有密切联系，并不违背认识论的基本原则，而只说明具体的个人的主体性认识产生与发展变化的复杂性而已。

三、转变教育观念是个过程

随着课程改革的深入发展，随着各种素质教育实验尝试的不断进行，各种关于新教育理念的出版物层出不穷，各类培训班、研讨会的通知也纷至沓来。然而，虽然对新理念的宣传相当全面到位，参与学习的中小学教师也纷纷表示“眼界大开”“深受启发”，甚至其中许多人也会引用或学说若干新的名词概念，但在深入考察之后，大家不得不承认，实际运行中的教育并没有发生预想中的根本变化，一些经过培训，在口头话语上似乎已经转变观念的教师、校长，他们的日常表现常让人感到“故态复萌”或“一仍旧贯”，特别是在非精心设计的场合，在偶发事件的随机反应里，经常会看到旧教育观念的影响。

应该如何认识上述现象？是不是应该全然否定多年来我们在推动教师与校长转变、更新教育观念方面的努力，或者去责怪基层的教育工作者言行不一、思想陈旧？我想，只要认定教育观念是一个人在其实践经历中形成的对教育及相关问题的主体性认识，就会对上述现象的出现有必要的思想准备，也会对继续推动教师转变教育观念有充分的决心与信心。因为，既然一个人对某一事物的观念，对某一事物的判断与态度，是在其以往的全部经历中形成的，是与其以往的全部生活实践有着密切的情感与行为联系的，那么，作为思维和行为主体的人，就不可能像脱一件旧衣服那样与其自身的观念一刀两断，毫无牵扯。转变观念一定是一个长期反复的过程，在理论上否定的东西，在实践中已感受到它的不合理、不恰当的东西，都会在思维定势与怀旧情结的影响下，反复出现在主体的价值或态度选择中；正确的东西，应然的东西，也会在实际的教育选择、教育活动中，因个人或环境的原因而难以实行，从而为“故态复萌”或“一仍旧贯”留下机会。所以，转变教育观念，是中国教育整体实现现代转换的历史过程中的长期任务，观念转变将会伴随中国基础教育改革与发展的全过程。在推动基础教育课程改革初期，笔者也曾主张过“先培训，后上岗；不培训，不上岗”，现在看来，这个要求也有把教育观念转变简单化之嫌，多少会让人误以为能通过短期的培训或学习来实现转变。其后虽然又提出了“全过程培训”“全过程学习”的说法，但这种表述还是会引起误解，今天看来，似乎把“培训”换成“学习”更为确切，相应的说法也应该修正为，“先学习，后上岗；边学习，边在岗；在岗多久，学习多长”。就是说，学习、培训应该与在改革实践中体验、尝试、探究、思考紧密结合，同始共终。

推动社会或教育工作者转变教育观念，最重要的措施是创设有利于教育改革、创新的环境和态势，促使主体投身到改革与创新的实践中去。也就是说，要在改革的实践中，操作改革，体验改革，认识改革，实现改革的目标。知与行的关系，是个争论已久的老问题，主张“先培训，后上岗”的理由，无非是知在行先，不知无以行，不培训，不学习，似乎无法投身于教育改革实践。然而，从辩证唯物主义认识论的角度看，最终还是人们的社会存在决定人们的认识，正是在人们自觉或被动地参与到改革的实践活动以后，人们对于改革才会有实在的个性化认识，才会真正明白此前读到或听说的若干理论主张或一般宣传的实在意义。与其坐而论道，不如起而行之。中国社会的市场化改革是如此，以素质教育为目标的教育改革也是如此。以中国社会主义现代化进程为例，广大民众是在二十多年“摸着石头过河”的实践中，才开始明白市场经济与社会主义的复杂关系的；是在亲身体验了发展、繁荣、抢购风潮、下岗再就业以及股市、汇率涨跌、国际金融风暴等前所未闻的曲折变化之后，才开始懂得改革是一个脱胎换骨的过程。任何人今天都可以把自己或他人正在关心思考的问题，正在经历体验的生活，与二十多年前舆论宣传或社会争论的焦点相对照，一定会感慨万千，会意识到中国社会与自身的观念发生了多么惊人的变化，这不充分证明实践对人们的观念变化有着根本性、决定性的影响吗？

所以，只有置身于改革实践之中，只有在“做”改革的过程中，才会真正感受改革、认识改革，而在这个过程中，出现“新瓶装旧酒”“旧瓶装新酒”等各种与改革要求不尽一致的现象，正是改革与发展的题中应有之义，也是人们观念变革的必然过程。例如，前几年在中小学校中推进以“活动课”为名的课程改革，文件下发了，各种辅导班也举办了，除了出现积极回应与改革探索之外，也出现了许多似是而非的现象，有人把活动课程学科化，大量编发教材、教辅资料，也有人在“正规化”名义下把活动定型化、模式化，还有人完全把活动课变成了“讲—听”过程，重复了“一块黑板一支粉笔，一节课一篇笔记”的老模式。然而，正是在这种似乎是庞杂混乱的推动过程中，才引发了教育工作者对课程与教学本质的重新思考，才创造了许多鲜活的新经验，从而为中国基础教育课程改革揭开了新的一页。

在推动教育改革时，强调培训与学习是对的，因为这种学习、培训，会给主体提供新的分析工具、新的参照或指标体系，但应更重视创设改革的社会舆论环境与氛围，更多地在动员并组织校长、教师、家长参与实践上下功夫，并且充分做好在改革实践中操作、变形、调整、修正与螺旋上升的思想准备。因为，迄今为止中国所有的改革，都是一种人为的设计、构建、操作过程，而不是社会或事物自然或自发的转变过程。作为发展中国家，我们是在充分汲取历史经验教训并广泛借鉴国际先进经验基础上，在集中广大人民意愿与群众智慧基础上，形成具体的社会或某项事业的改革设计、改革蓝图，由此，也产生了这些改革设想与社会现实、与人们观念在一定程度上的矛盾或冲突问题。作为发展中国家，作为以赶超发达国家为时代责任的民族，我们无法在改革条件完善或齐备以后才自然地实现改革，而只能在某些改革举措的必要性尚未被普遍认识的条件下推进改革，并力争在这种推进中逐步完善改革设计，统一社会认识。小平同志在推进中国社会主义改革事业中，提倡“不争论”，提倡“摸着石头过河”，都是看到了观念转变的复杂性、深刻性与长期性，因而主张一步一步地深化改革措施，主张合理调控改革举措与社会发展要求、与群众接受程度的关系，主张让广大群众在尝到改革的滋味和初步成果的基础上，认识改革、接受改革、拥护改革。这不但是中国社会主义市场经济改革成功的宝贵经验，也是在中国从事一切改革的根本策略。如果我们真心认为迄今为止的中国教育改革是一场深刻的变革，是一项教育创新的事业，那么，就不应也不必希望通过一两次培训活动或某种宣传攻势来统一认识，就应该让广大校长和教师习惯于在认识不一与矛盾冲突中，在积极的尝试与可能的变形中实践改革，并在碰撞与冲突中激发改革的动力，寻找教育改革以及观念转变的机会。我想，在一个受教育机会尚不充分，在一个传统观念影响深远而强大的国家，推动教育现代化发展，关键是要有长期奋斗的思想准备，要给教育改革以深化与发展的时间，并要承认改革方案也会有一个生长完善的过程。从中外教育改革的历史看，凡是自以为方案设计尽善尽美而一味要求社会、民众与教师适应自己的改革设想的做法，无一不是以失败告终；而所有成功的教育改革，都是在整个社会的充分参与下走向完善，走向成熟，并逐渐为社会所接受、认可的。教育是涉及民族长远利益与民众切身利益的社会公益事业，是最具群众性的社会实践活动，没有民众的积极参与和最终认可，任何改革都不会取得成功。

四、要重视反思在转变教育观念中的作用

一般地说，实践、学习、反思是人们形成和转变教育观念的基本途径；具体地说，在投身教育改革实践的过程中，建立在广泛学习、借鉴基础上的反思活动，则是人们转变教育观念的有效方法。

什么叫反思？在汉语的日常应用中，反思与回顾、回想意义相近，指对既往事件、经历的重新观察与重新认识。例如，在一项重大工程结束以后，工程的主持者、参与者，既可以说“回顾”“回想”工程的全过程，也可以说“反思”工程的全过程，目的都是为了得出经验、教训。在教育学、认识论的范围，反思又有其特定含义。这个概念较早是由杜威提出来的，他认为反思是指“对某个问题进行反复的、严肃的、持续不断的深思”。（杜威，1910）他说：“思维中某种事物作为诱因而发生。但是，思维还未必就是反思的……只有人们心甘情愿地忍受疑难的困惑，不辞劳苦地进行探究，他才可能有反省的思维。”（1910）其后，“反思”渐渐成为有特定内涵的概念，不同的心理学家给出了不同的解说，有人主张，反思是“对于任何信念或假定性的知识，按其所依据的基础和进一步结论而进行的主动的、持久的、周密的思考”。（杜威，1933）有人主张“反思是教师对教育事件进行理性选择的一种思维方式和态度”。（古德曼，1984）还有人主张“反思过程最突出的特征是以寻找假定为核心”。所谓“假定”则是指“我们所持有的对于世界和自己的处境的自以为正确的观念”，这种“潜在的假定”，“决定了我们思考和行动的框架，所以了解那些潜在的假定就成为我们人生中面临的最具有挑战性的智力难题”。① 归纳上述看法，可以认为，所谓的反思，实际上就是行为主体对自身、对实践活动过程及相关的主体性认识的再认识，就教育工作而言，是对本人的教育实践活动及其潜在的教育观念的重新认识。

在一般情况下，当人们有计划有目的地从事某一教育实践活动之后，他们都会认真回顾整个活动过程，会思考分析事先确定的设

① 参见斯蒂芬·D. 布鲁克菲尔德著，张伟译：《批判反思型教师ABC》，中国轻工业出版社 2002 年版。

计的落实情况，甚至会在计划与实际操作发生矛盾冲突时检讨计划的缺欠，还会提出若干改进工作的计划或要求，这些都属于常规的工作总结，是一般意义的回顾或思考。作为严格意义的反思活动，则要求教育工作者有勇气将自己的行为与思考决策过程对象化，在一般性回顾的基础上，更注意站在其他角度，例如，站在学生或家长、社会的角度，从多个层面，例如，从科学或道德、伦理层面来分析认识个人的活动及设计，追寻活动及设计背后的教育认识、教育观念，发现那些深层的也许是并未被充分意识到的主体性认识，从而通过对实践活动的重新认识来促成个人教育观念的转变。从这个意义上说，反思作为主体实践、学习和对既往认识活动的再认识，属于主体认识升华或提高的阶段，是个人教育观念的深化或发展。

反思的基础是实践，是对实践活动的全面分析与客观评价。为此，就必须有所对比、有所借鉴、有所参照。所以，反思又必须建立在对事件背景的全面把握与对相关理论的充分认识的基础上。也就是说，真正意义的反思，不能只是主体基于个人认识水平的自我认识或自我评价，而应该把主体的实践活动及其设计放在大系统乃至整个社会的背景上，多角度地观察认识活动的正负效应，以一种开放的心态、一种自我批判的心态，追寻个人相关决策和行为的深层原因与实际成效，进而从思考与行动的起点上发现问题，以实现主体认识的转变与提升。因此，要使自己成为一名反思型教师，首先，需要有一种无私无畏的态度，要有追求真理，以事业为重的献身精神。反思的目的是为了发现个人教育观念与教育行为中的问题，是为了追求教育的创新与发展，要求在思想行动上实现自我超越与自我完善。这种超越与完善的要求，对主体来说，完全可能成为一种沉重的社会责任与生活压力，它必然要求主体成为生活中的勇者，成为富有英雄气概与远大追求的人。所以，反思又是一种挑战，一种人格提升，一种全新的生命追求。其次，成为反思型教师要有强烈的科学精神，要有批判性思考的习惯。科学的本质是实事求是，是坚持批判性思考，是不迷信他人也不迷信自己，不唯上，不唯书，只唯实。所以，要坚持凡事都要问个为什么，都要想一想它是否合乎实际，是否真有道理，对一切目见耳闻的事件，都要坚持在思考、分析的基础上接受，并应在反复比照事件背景、类似事件与相关理论认识的基础上思考。在反思的过程中，尤其要避免对个人固有信念、对主体性认识的盲目顺从。反思首先要怀疑自己，而怀疑自己是很难的；从本人行为态度背后开掘出深层并似乎陌生的观念性认识，也是很难的。因为这些深层的东西往往与个人生活经历密切相关，并连带着复杂的情感体验，特别是在它们与本人的口头宣言相矛盾时，更会使人怀疑这些深层认识的真实性。但是，一个人只有有勇气怀疑自己，有勇气否定旧我，才能真正实现在反思中前进，才会有勇气开拓未来。再次，要成为反思型教师，要实现在反思过程中转变教育观念，还应该掌握正确的反思武器，要学会在自我分析与他人评价相结合的过程中提升自我认识的水平。从本质上说，反思是自我发现、自我评价的过程，是主体将自己对象化，自己研究自己、发现自己的过程。但是，反思的要义是客观地评价分析，是多种视角、多重层面的重新认识。所以，反思的过程又必然是一个用新的理论重新认识自己的过程，是用社会的、他人的认识与个人的认识行为作比较的过程，也是一个不断搜集寻求他人对自己的认识、评价的过程，是一个将自己转化为他人，站在他人（例如学生、家长、研究工作者）的角度反过来认识、分析自己的过程。反思意义上的自我评价、自我发现，并不是主体的孤立思考，而是整合自评与他评的结果，是全面认识主体教育活动的科学影响、人文影响与社会影响的结果。科学的反思要求反思者用现代理论、科学方法，客观地收集、整理各种原始资料，辩证地分析原始资料，去粗取精，去伪存真，冷静地接受科学分析的结论，或在材料不齐备的条件下有勇气暂缓做出结论。应该说，从本质上说，反思不仅是一种方法或态度，而且是一种文化，是在借鉴新的教育理念、教育认识基础上的创新努力。因为反思活动所追求所依托的，都是一种对教育的新理解与新认识，它认定教育的本质是多因素的互动过程，是师生及各相关因素追求共同目标活动的运行与发展过程。虽然在这个活动过程中，专业的教育工作者负有重大的社会责任，但是，活动过程的最终结果毕竟取决于受教育者主体性的成长与能动作用的发挥。因此，作为教育工作者，要善于站在教育对象的立场上思考问题，通过不断研究教育对象，在适应其发展要求的前提下引导、指导、帮助教育对象。反思，正是教育工作者关注、研究教育对象决心的表现，也是教师关注、研究教育对象的重要方法。最后，从具体的方法层面看，撰写教学日志，即在教学活动之后及时记下当时的感受；建立学生档案、学生学习文件夹，不断了解学生的反应；建立师生定期或不定期对话的制度，建立与学生或其他教师共同分析研究教学设计与教学效果的制度；定期发放各种调查表，积极倡导学生或本人以外的人员独立调查、评价教学效果；广泛收集各种教学案例，鼓励家长、学生与教师共同分析案例，探讨教育现象后面的问题等，都是有助于反思，有助于教师转变教育观念的具体方法。就具体方法而言，反思活动所需要的工作并不一定都有新意，许多方法都是校长、教师使用过的，关键是要在批判性或建设性怀疑的态度指导下使用这些方法，是要把这些活动相互配合地坚持下去，收到实效。

实践、学习、反思，是转变教育观念的三个重要环节。坚持把反思的精神与方法贯穿在实践与学习的全过程，不断通过反思去提升实践与学习活动的自觉程度与质量水准，是在教育改革实践中转变教育观念的基本方法。

（原载《人民教育》2004 年第 6、7 期）

40

对基础教育课程改革实验的几点认识

从20世纪90年代作为教育部“九五”教育科学规划立项重点课题开始基础教育课程改革研究，经教育部2001年颁布《基础教育课程改革纲要（试行）》为全国包括北京启动课程改革试验奠定基础，到2003年受命将北京方案纳入国家方案之中，对北京方案及实验工作进行重大调整，笔者接触此项工作已有十多年时间。回顾十多年从设想到实验、从书斋到课堂的工作过程，特别是从与全国各地实验区干部、教师、学生的接触与交谈中，笔者对基础教育课程改革实验的深刻性、复杂性与艰巨性，都有了若干不同于十多年前贸然申请课题时的体验，结合思考所得，写出来就正于正在课改实验一线奋斗的同仁，也作为对个人这十多年工作的一项交代。

一、课程改革是基础教育全面创新的努力

纵观新中国基础教育发展的历史，可以说，学校教育一直处在变动之中，创造适应时代发展与人民需要的教育，始终是基础教育工作者不懈的追求。不论是新中国成立之初的“一边倒”，学习凯洛夫教育理论，还是毛泽东同志倡导的“开门办学”，或者是本轮课程改革所借鉴的建构主义与后现代教学理论，都是建立在“社会经济发生重大变革时教育必然要随之（或超前）发生变化”的理论假设基础上，都是基础教育或主动或被动进行的自我完善的努力。

可以说，正是改革开放以来中国社会经济变革的深刻性、全面性与复杂性，形成了历史新时期教育改革和课程改革的深刻性、全面性与复杂性。不论在研究制订课改方案时是否充分意识到，课程改革都将成为基础教育全面改革的一个重大的突破口，三年多课改实验过程，充分地证明了课程改革必然带动并依托于基础教育的全面改革。国家课改方案所倡导的“为了中华民族的复兴”与“为了每位学生的发展”的统一的课改目的观，北京21世纪课程教材改革方案所主张的“从选择适合于教育的儿童，转向创造适合于儿童的教育”的教育改革观，都不仅仅是变革课程计划或课程标准、教材以及教学方式就可以实现的，都需要在教育目标、教育理念、教育管理与教育体制、制度等方面，进行系统的探索与改革尝试，都需要教育工作者与社会各方人士在积极参与互动生成中逐渐形成共识。

因为课程改革是基础教育的全面创新，所以课改的环境永远不会充分宽松，课改的操作也不可能一帆风顺。正是在课改引发现行教育体制与机制的诸多矛盾冲突中，课改才能充分发挥它的带动与促进教育全面改革的作用，并正是在这种互动创生的过程中，带有“引进”和“拿来”色彩的课程改革理念及方案，才会完成其本土化发展，变得更加合乎实际，更加科学可行。

二、课程改革应成为自觉行为

强调新时期课程改革的创新性，强调课程改革必然带来基础教育的全面改革，甚至会促成基础教育的全面转型，并不意味着割断新时期课改与中国及世界基础教育传统的联系，也不是主张所有从事课程改革实验的教师，都要“从零开始”去进行新的教学尝试，去凭空创造新的教学模式。

其实，不论是把教学的目标定位于促进学生发展，还是强调体验性学习、探究性学习，或者是主张加强以学校为基础的教研活动，加大学校、教师在课程方面的权力，都不是广大教师完全陌生的新东西，而是他们在自己的教育教学实践中曾经尝试过、体验过或者观察过的事物。即使像建构主义的认识假说，课程的几种文本形式之类的说法，多数教育工作者也能从自身的经验中依稀找到相应的心得或体会。所以，新课程是从旧经验中发展出来、升华出来的，新与旧并不是互不相关的、两相绝缘的事物，在实验新课程时，既要关注“新”的创意，又不能被“新”吓倒。

当然，新时期课改理念及其方案，作为一项整体设计的方案和实施要求，当其完整地呈现在社会与教育工作者面前时，肯定有很大的冲击力。在课改实验之初，必须强调新课改的变革性，强调“观念变革”与“行为转型”的必要性，以防止社会方方面面会用“旧瓶装新酒”，消解课程改革的创新价值。利用新事物的冲击影响，为新课改实验营造一个创新工作环境的做法，无疑有利于校长、教师学习新理念，尝试新方法，也确实为各地实验区的研究讨论与改革尝试带来许多新气象。但是，这一做法也会带来若干负面影响：有些人或者为创新而创新，过分追求形式而背离了教学的本质；也有些人太过担心“保守”，以至在“邯郸学步”之余，失掉了工作的自信；还有些人则表现为左右摇摆，行为失范，以至对课改实验产生种种疑虑。凡此种种，又会影响课程改革实验的发展。

世界上没有与既有世界毫不搭界的新事物，一切新生事物都是从旧世界中生长起来的。课改实验已经有三年时间，广大实验教师也积累了许多经验体会。今天，不仅要强调课改实验的创新意义，更要强调其与传统的联系，强调教师可以从个人的经验里寻找到与新要求相一致、相联系的认识体验，并在这种体验的基础上进一步发现新要求与既有经验、认识之间的区别，从而生成、发展自己的新认识、新尝试，努力使新课程、新理念成为实验教师乃至一切与课程实验有关的人士自己的精神产品。努力使课改实践成为人们的自觉要求，是课程改革实验深入发展的需要。

在充分认识课程改革的创新价值的同时，要充分认识到本轮课改是中国基础教育改革历史中的一个环节、一项阶段成果，认识到课改是对中外先进教育理念、教育模式和各种改革尝试的继承与发展，这样有利于实际教育工作者破除迷信、解放思想，充分发挥其作为课改主力军的作用。

三、课程改革必须通过实践来深化、发展、修正、完善

新时期基础教育课程改革所依据的基本理念及其改革设计，都是有待教育实践检验的科学假设。在推动课程改革实验时，应该遵循实践是检验真理唯一标准的原则，坚持邓小平同志倡导的“摸着石头过河”的精神，积极尝试，及时反馈，不断调整，务求达成全面提升基础教育质量的实效；并应该在坚持课程改革的实验性的过程中，通过大面积群众性的改革实践来深化、发展、修正、完善改革设计，这是新时期课程改革实验的重要特点，也是一切与课改实验相关人士的共同追求。

必须充分肯定本轮课改理念的先进性及方案设计论证过程的科学性，同时也必须充分肯定一切改革参与者的改革热情与改革理想的正当性。但是，任何科学假设、方案蓝图，特别是那些具有某种超越性、前瞻性的构想，一旦进入实践领域，都不可避免地会有一个冲突、碰撞、调整与妥协过程，会有一个从理想向现实转变，因而不免有所“变形”或“修正”的过程。正如生活中没有完全按设计图纸施工，一丝不走样的建筑工程一样，课程改革方案及其课程标准、各种教材等，也必须在实验及此后的长期实践中不断接受检验，不断进行调整。特别是新课改方案，由于尚未经历完整的实验周期，更需要主动接受检验，并及时依据变化的情况与实验中的问题作出调整。从这个角度说，参与课程实验的校长、教师，不但要学习、了解实验方案，而且应该以科学求实的态度去认识各种理论主张，认识自己及自己的工作。一般说来，比起教育理论工作者与

管理工作者，一线教师往往缺乏理论上、观点上的自信，往往容易把实验结果的不如人意归咎于操作失误或环境的制约。其实，为了把课改实验推向深入，我们还应让教师们在实践中发现理论假设或方案设计中的问题，让教师们以建设性的怀疑态度来对待课改实验。因为，作为一项关系中华民族未来的改革，作为一项未经全面验证即已决定大范围推广的改革，新时期课程改革不但要保证政治上正确，理论上先进，最重要的则是实践上可行。在中国这样一个幅员辽阔，差异明显，事实上又存在二元结构的国家里，可行与否，与其说是理论论证问题，不如说是实践检验问题。从这个角度说，实验学校的校长、教师、学生及学生家长不但是课程改革实验的参与者，而且是改革方案的评估者，是通过自身的实验经验去建议或直接参与课改理念与方案的修正、补充、完善工作的主体。只有尊重主体的体验，并在实践工作的基础上认识和操作课改实验，才会最终规划出一个科学可行乃至能够促成中国基础教育全面创新的课程改革设计，这是课改实验三年来，我个人的一点体会。

从课改方案的理论研究，到全面展开新课程实验，至今已有十多个年头。十多年来，中国社会及人民大众的发展观念，也经历了许多变化。中共十六大提出的全面建设小康社会，十六届三中全会提出的全面协调可持续的经济社会整体科学发展的发展观，强调的“以人为本”的五个“统筹”的工作要求等，不但丰富了对中国社会发展规律的认识，而且启发了我们完善课程改革、教育改革设计的思路。“与时俱进”是马克思主义的基本原则，课改方案及其各种相关设计当然应该坚持这一原则。所以，强调实验教师应该成为研究者，成为新课程及新课程标准的制定者和评价者及完成者，并不是空话，而是我们这个大变革时代的必然要求，是时代赋予实验学校校长、教师及学生家长的历史任务。

四、教育实践工作者是课程改革的主力军

一般说来，设计的课程要在学校教师的工作实践中完成，因此，一线的校长、教师是课程建设的参与者和主力军，而不仅仅是国家或地方案方计划的执行者。

在把学校教育的责任目标从传承文化转向促进每位学生的发展时，在希望能够“从选择适合于教育的儿童”转向“创造适合于儿童的教育”时，课改就已经义无反顾地把课程创造的主动权交给了学校的校长、教师。因为，无论人们多么强调儿童少年有共同的身心发展特点与共同的发展需求，无论人们多么强调统一的要求标准乃至国家计划经过严密的科学论证，但一个人只要真正接触过学校里的儿童少年，都会承认学校、教师必须有对统一设计进行调整的权力，承认区别对待是教育的本质要求。更何况，在我们这个二元社会结构、地域广大的发展中国家，省与省之间、城与乡之间、城与城之间，以及城内不同地区、不同社区、不同家庭之间，他们子弟的差别又何可胜计呢。课程改革计划只提供了一种方向性的规定，各种教科书，也只是某种框架性构想，真正的课程其实是在课堂里、网络上，由学校师生共同实现的，在这样的工作环境里，尊重实践工作者的创造精神，就是一种必然的选择。

强调教师是学校课程的创造者，强调教师有权力依据本校本班学生的发展需要和社会经济的发展要求去调整、补充、完善课程和教材，在今天的中国，又带有理想主义的色彩。这一方面是因为社会经济发展滞后及就业压力巨大、教育选择单一造成的教育机会不足，以及由这种“滞后”和“不足”带来的教育管理制度、考试评价制度改革滞后。显然，当“考试”还在“领导”教育，当考试指挥棒还十分强大时，从儿童少年身心需要或兴趣出发的原则就只能让路，留给教师创造性整合、重组课程的机会当然会比较稀少。另一方面，从中国中小学教师的现状来看，由于工作压力及各种负担都重，加上经济等条件限制，自身的学习机会与学习需要往往也有

欠缺，真正有时间、有能力又有兴趣全面投身于课改实验、特别是能全面思考课程理论问题的教师并不太多。所以，本次课改提出的让教师成为课程的建设者要求，无论从社会环境角度，还是从教师自身工作与能力准备角度看，都有相当的挑战性。扩大实验以后，有相当数量的一线教师，尤其是后续参与实验的校长、教师喊苦喊累，普遍感到社会与教育行政部门支持力度不够，感到实验中存在种种不能尽如人意的现象，正反映了现实生活带给校长、教师的实际压力，反映了课改实验与教育全面改革及社会的相应改变并不完全同步。所以，在课改实践中，又不应只对校长、教师提出要求，特别重要的是政府与教育管理者应把力量下在为课改实验创设社会与教育条件上，把力量下在相关政策与机制的改革上。

教育是社会性的事业，教育的任何改革举措，尤其是中小学校的改革举措，只有社会基本认同，家长基本支持，才能得到落实，收到实效。由于社会、家庭对教育改革举措的评价永远带有滞后性，社会大众不是依据理论或宣言，也不问学校的允诺，只是根据自己或他人子女的实际表现，甚至是根据某一教育阶段之后的升学结果来判断是非，做出教育选择。在社会大政策未做调整，或调整后的政策未曾在生活中表现出它的影响力时，社会、家庭往往本能地倾向于保守，倾向于老的办法、旧的策略，因为它的保险系数大，而独生子女政策加上中国传统观念影响，中国的家长更是“赌不起”也“输不起”。所以，在课程改革一线工作的校长、教师，比我们这些教育理论或行政工作者承担的压力更大、更直接也更无可推脱。可以说，校长、教师是在社会家庭与教育行政部门的双重挤压下，战斗在课改的第一线，在他们左右为难、动辄得咎的时刻，多一点关心理解与具体帮助，少一点指责批评，是不是更合情理也更有效果呢？强调教师是课程建设的参与者，不仅是说他们可以为调整、丰富、完善课程方案贡献力量，也不仅是说他们能够努力使课程的积极方面得以实现，得以发挥，同时还意味着他们有权

"变形""妥协"，有权在不具备相应客观条件的时候，"穿新鞋"走一点"老路"，有权在课程改革的实验中走向成熟，走向认同，并最终实现课改目标。我们必须辩证地认识课改过程及课改与教师的关系：成功地应用新理念上一节能够促进学生发展的课，属于课改实验过程；学习了新理念却上了一节不成功的课，也属于课改实验过程；使用了新课标新教材，却上了一节以"应试"为主要目标的课，依然属于课改实验过程。因为，这种矛盾冲突、互动共生的实验过程，才是本次基础教育课改实验的全貌，而正是这些实际存在的种种矛盾现象，又孕育着本次课改实验的生机与活力。

只有改革者有勇气有能力把一切怀疑、批评改革的人，都动员起来去观察、讨论改革，改革才会成功。因此，课改的关键不仅是学习、培训，也不仅是要求校长、教师转变观念，关键是动员大家讨论改革，参与改革，在改革的实践中一步步促进改革向纵深发展，这是校长、教师是课改主力军的真实含义。

五、课堂教学的主要目的是促成学生的有效学习

进行课程改革实践的根本目的是为了提升学校教育质量，促成新一代的儿童少年实现更好的发展。在推动课改实验，倡导学校教师大胆改革陈旧的教法、学法时，必须紧紧把握这一根本目标。在改革初期，当多数实验的参与者还在茫然，还在过分留恋"齐答声音响亮"，"课堂井然有序"的教学常规时，强调让学生"活起来""动起来"，强调让学生"多观察""多操作""多讨论"，有道理也有必要性。但是，在课改实验已进行了三年，各种旨在扩大学生参与、操作或讨论的示范课、研讨会已开过不少的时候，必须强调教学的根本价值在于促进学生实现有效学习，必须强调学生应该在课堂的 40 分钟或 45 分钟生活中有所收获、有所变化。就是说："活"也罢，"动"也罢，讨论、探究也罢，都不是课堂教学的主要目的，课堂教学的主要目的是促成学生的有效学习。所谓学习，就是主体通过经历或练习身心获得的比较持久的变化，它是主体发展的基本途径。学生的发展既然是通过有目的、有计划的学习实现的，评价课堂教学的效果，也必须从能否促进学生的有效学习着眼。

当前，应该加强对学生学习特点的研究，加强对有效学习的规律的研究，加强对教师在课堂教学过程中角色定位与作用发挥方式的研究。因为，虽然实验工作总体上看是顺利的，也初步得到了社会的认可，然而也存在若干不容忽视的现象。例如，由于不能全面认识教师在课堂教学中的组织责任，一些教师不能围绕本节课的教学目标展开活动；由于片面地理解教师不是真理的传授者，一些教师在学生发生争论时不敢引导、不愿评价，甚至一概以未见得出自真心的“夸奖”来应付；由于对接受性学习的种种误解，一些教师有意回避讲解评说，特别是在做公开课时，宁可容忍满堂乱说，瞎做，也不愿干预学生的认识过程；凡此种种对课改本质或实验性质的认识及行为误区，都说明了课程改革实验的深刻性与复杂性。这些问题不但应该并可以在课程改革实验中逐步解决，而是还预示了课程乃至基础教育全面改革的生长机会。因为，一线的实验教师正是从这种左右摇摆，或成败未可轻易评说的尝试中来逐渐认识、体验、实践并完善课程改革的基本理念的，他们也是从这类认识和行为的反复、反思与校正中来逐渐认识自己，认识教育对象，认识自身与课程改革实验的关系的。因此，主张在课改实验过程中，加强对课改本质、课改目标及若干基本教育理念的把握，并不是为了指责什么人或什么现象，而是希望通过这种认识、实践、再认识、再实践的循环往复，去真正追求更深刻的共识。

深刻把握课程、教学的根本目标，努力促进学习者实现有效学习，通过实现有效学习来促成学生的发展，促成学生健康人生目标的逐步确立，是深化课改实验的需要，也是为课改实验争取更多的社会支持、社会参与的需要。因为，无论教育观如何变化，儿童、少年到学校来应该以学习文化知识为主都是不容置疑的。即使在

“十年浩劫”，极左思潮泛滥时，毛泽东同志也坚持学校教育应该“以学为主、兼学别样”，就是说，学校应该对学生进行系统的文化知识教育。因为，人类一切发展行为都需要条件，需要工具，而最重要的条件和工具，就是人类已经积淀下来的物质文明与精神文明成果，特别是以语言文字为核心的符号系统，以及用这些符号系统来描述、解说和变革现实世界的种种收获。所谓“站在前人的肩膀上攀登”，所谓“在继承的基础上发展”，都说明人类特有的认识与学习活动方式既是人类社会发展的基础，也是每个个体发展的基础。从这个意义上说，在课改实验中，不仅应尝试体验学习、探索学习等曾被传统教育忽略的学习方式，而且必须同样重视接受学习，重视改革接受学习方式，以使成长中的学习者能够通过“学文”，通过对符号系统及其所描述的世界的把握，更快、更好地认识现实世界，理解现实生活。

六、课程改革实验是社会问题、全局性问题

课程改革实验既然是基础教育全面改革的突破口，课程改革实验必然是一个长期、反复、不断走向完善的动态发展过程. 也是一个必须由各级政府协调领导，在不断调适与整合中推动社会广泛参与的变革过程。课程改革是从教育内部生发或引起的，它产生的依据，它推进的过程，以及它的完善与认可，都离不开中国教育和社会的全面变革，离不开党和政府的领导。就是说。课程改革看来几乎是纯粹的教育业务问题，局部问题，其实是个社会问题、全局性问题，而也正因它是全局性问题，社会问题，才不能追求毕其功于一役。

课程改革实验已经搞了三年，有些地方似乎改得不尽如人意，还有许多地方又觉得捉襟见肘或障碍重重，甚至出现了若干回归或“复旧”的倾向，引起了积极投身改革之士的忧虑，也让某些怀疑论者加重了怀疑。其实，这种泥沙俱下鱼龙混杂的现象，是一切全

面的改革，一切深刻的改革的共有现象。中国以产权改革为核心的现代企业制度建设过程，以调整城乡关系为重点的社会结构调整过程，都有这种矛盾冲突的现象，也都有这种由于牵涉过广、利益复杂而举步维艰，常常出现意料之外或意料之中的变化、偏差的情况。正视改革的复杂性，学会在复杂的变化中坚持改革的基本方向，坚决地争取并依靠政府与社会的支持，是坚持课改实验，推进课改实验的需要，也是促使课改实验取得成功的需要，我们应该学会这种本领。

课改实验是基础教育全面改革的突破口，基础教育改革又是社会上千家万户都十分关注的大事，在民主意识日益觉醒的中国，社会民众广泛参与、评头品足以至于干预教育改革、课程改革实验，是正常的事，是好事，也是极具挑战压力的事。因此，在充分认识课程改革实验的深刻性、全面性和复杂性的同时，必须努力争取把课程改革实验同其他教育改革、社会改革结合起来，争取在党和政府的统一领导、统筹协调下，去推动实验、操作实验，尝试站在社会与教育的全局评价课改实验，确定课改实验的阶段工作目标，并为社会或教育的配套改革留出必须的准备时间。我们主张用课改实验去促进教育的全面改革甚至一些社会的改革，但是又必须清醒地意识到，课改实验同时需要依靠这些配套改革才能真正实现，课程改革实验不可能单兵独进。

努力学会耐心促成并充分依靠政府与社会支持，学会科学地把握改革的深度、广度与发展速度，是推进课改实验的又一重要要求。

（原载《我与新课改同行》，同心出版社 2004 年版）

41

做反思型教师

按照我的理解，所谓观念，是个人的主体性认识，是个人通过自己的经历或实践活动而形成的，对某些事物比较概括的一般性认识，它会影响人们对该事物的态度或行为。从这种认识出发，可以认为，教师的教育观念，主要不来自教科书的规定或理论学习，而来自他们自身接受教育以及从事教育的实践活动。可以说，人们大都是依据自身接受教育的经历，有意或无意按照自己老师和父母的样子去开拓自己的教育实践的。当然，如果人们自身已经尝到了前辈教育活动的苦果，他们又会以“务反前人之道”的态度来尝试自己的教育行为。例如，在过于严厉的家长或教师训导下成长的父母往往会过分宽纵自己的子女，吃过放任的亏的父母（例如在“十年浩劫”中成长起来的一代人），又会比较倾向于严格管制的教育行为等。

如果上面所说大体不错的话，那么，在社会主义初级阶段的中国，在教育，特别是高等教育还是一种需要每个人去争取的特别权利，需要用选拔和淘汰制度来保证优异者的胜出机会的历史时期，所有的学校教师，都可以视为机会竞争的胜出者，可以视为现行教育制度的受益者，因而他们对教育的集体体验必然有某种片面性，一旦他们从事教育实践活动，面对参差不齐、要求各异的学生，如果他们仅依据自身作为成功者的受教育体验，依据在这种体验基础上形成的教育观念去从事教育活动，产生冲突或感到不适应就是不可避免的。一些新任教的教师，在多方演示或讲解之后，发现有些学生依然全无头绪时，往往会脱口而出说“你怎么这么笨”，或埋怨学生“简直是猪脑子”（其实，现代科学研究证明，猪并不笨，甚至是哺乳动物中比较聪明的）。类似的埋怨，正反映这些教师难以从自身经验认识学生的学习困难或学习障碍。因为，多数教师作为以前的学生，与面前处在学习困难之中的学生，正好处在现存教育体制的两端：这些学生与当学生时的教师并不相似，教师不能也不应把他们都看成是过去的自己。因为按照目前中国高等教育的毛入学率，除 17%升入各类高等院校的学生之外，那余下的 80%多的学生，应该说至少有一大半是不适应目前教育体制的，也不会成为这一培养模式的成功者。那么，这些不能适应现行教育体制的学生，是否应该具有别样的学习特点和方式呢，他们会不会有其他的“成功”途径呢？这显然是值得每个关心教育发展、关心学习者全面权利的人思考的问题。

当然，作为唯物主义者，我们承认外在世界的客观实在性，承认人们可以逐渐认识世界并可以能动地改造世界，承认人们对世界的认识过程及其结果有普遍规律或普遍价值。但是，加德纳等人的理论又为我们提供了新的思考角度，虽然他的多元智能学说并不是充分自洽的心理学假说，人类智能的科学分类也许还会争论多年，但是，他一再强调人们的心理特质并不相同，强调人们的学习与行为方式也各有优势倾向，应该说都是可以为经验事实证实的科学判断。所以，受过良好教育，尤其是受过高等教育的教师，在从事基础教育工作时，尤其需要反思，需要重新认识教育工作的本质，认识教育的特点或规律，可能就是题中应有之义了。从本人多年观察的经验看，从优秀高等院校毕业的人到重点学校工作，适应比较快；去一般学校工作，适应就比较慢，比较难。过去，我们总以为是学生纪律问题，是因为新教师缺乏管理经验，现在看来，似乎与教育成功者与教育失败者或潜在的失败者的教育体验、教育认识差距有关。在一定意义上，学校对那些成功者而言，是助他成长使其成才的幸福摇篮，而对于若干失败者来说，它也许只是人生屈辱的开始，是第一次尝受人生打击滋味的场所。这种截然相反的情绪体验，当然是从他们在学校的生活经验中形成的，那么，作为学生学校生活环境的创造者，我们的校长、教师乃至整个社会、家庭，不也应该反思吗？为什么我们的教育体制不能保证每个受教育者都成功呢，为什么我们无法真正认同每个学生会有完全不同的成功呢？所以，需要反思的，不仅是教师，还包括现存的教育制度、教育理念，这也是为什么近年来总有人在大声疾呼“教育要革命”的原因之一。

当然，在现实生活中，真正面临着反思任务的，首先是教师，是那些普通学校的教师，是那些自己有着幸福的接受教育体验，而又不得不面对学习困难、学习障碍乃至正逃学、弃学学生的教师。因为他们面对的冲突最直接、最尖锐，也因为他们最难于直接从自身的学习经验中寻找到帮助学生解决困难的办法，相反的，他们倒需要质疑自身成功的学习经验是否具有普遍价值，需要重新发现和探究教与学多样方式的表现形式。可以说，身处义务教育一线的教师之所以成为最需要反思的人，是由于他们最直接地体验到现代教育发展的矛盾与冲突，当教育从少数人的特权走向普遍人权，从精英教育走向大众教育、义务教育时，这种冲突其实是不可避免的。应该承认，当前对教育与学习规律的重新认识还远未完成，在普及义务教育以后，虽然世界各国学校教育领域内都发生了类似的冲突，虽然各方面都在进行研究思考，但是，迄今为止，似乎很少有人从少数人成功的学习经验能否普适于全体受教育者的角度去思考问题，很少有人研究面向少数人的教育能否以扩大受众的方式直接转化为面向多数或全体的教育的问题。由此，一些旨在提升质量的努力，往往难以达成预期效果，而教师出于好意的帮助又不一定受学生的欢迎，于是，“提升质量”就变成基础教育领域的永恒主题。

成为反思型教师的要求，不是针对教师个人的，它是指向传统的教育模式，指向传统的教育观念、教育设计、教育方式以及教育要求。它要求教育者从自身受教育及从事教育的经验中跳出来，从精英群体的集体无意识中跳出来，真正从全体教育对象的学习兴趣、学习需求以及学习方法、学习过程的观察与研究入手，去重新认识教育的本质，认识教育过程以及应采取的策略和方法。当我们努力倡导学会学习的时候，不但需要教给学生好的学习方法，而且必须充分意识到所谓的好方式既不是唯一的，也不会是绝对最佳的。对于不同的学习者而言，不但会有不同的好方法，而且会有不同的好结果，不同的好评价方式，不同的好的学习组织形式与好的学习进度和进程。因为，如果我们认同课堂教学本质上是由教师有目的有计划地组织学生实现有效学习的活动过程的话，认同教学效果从根本上取决于在师生互动中学习者主体活动的成效的话，我们就必须把对教学活动的关注点，从教师行为转到学生行为上，就必然会更加关注在传统教育体制中处在边缘地位的学生，关注各种各样的“学习困难”学生和他们的各种不同的“学习困难”。由于人们在心智发展方面的确有差异，这些困难，有些是由于儿童自身的身心障碍造成的，但更多的，可能是由于现存教育体制与儿童的实际要求的冲突，以及现存的教育体制未能关注他们学习、兴趣或选择的特点造成的。

在我看来，做反思型教师的最大困难，在于要学会怀疑自己。对多数教师而言，谁都不能充分预知教学中学生认知的困难，也难以全面把握各类不同学生可能出现的问题，所以，事先准备好的教学设计，在实施中碰到阻力、难以完成，是不可避免的。关键在于如何看待这种教学上的失败，会不会或能不能从这种失败中发现教师本人在认识上或方法上的问题？长期以来，人们习惯于在碰到冲突时埋怨学生，或者通过强制性反复训练来勉强学生“达标”，而不太情愿怀疑自身的教育观念或教学设计。现在需要的，恰恰是这种首先怀疑自己的精神，是这种对教学设计原点的重新思考，是从这种重新思考出发去重新观察、发现和总结不同学生的不同的学习特点，并重新设计适合于他们的，有多种选择的教学计划、教学内容、教学方法以及教学评价方式。因此，做反思型的教师，就是要做发现者和研究者，发现，是发现教师个人既有认识与学生实际状况的矛盾，研究，是研究这种矛盾产生的深层原因及解决办法。当然，从我们对教学过程本质的认识出发，这种原因和方法的探寻固然要从教与学的两方着手，但教学组织的主动权既然掌握在教师一边，那么教师的责任首先不是让学生"就范"，而应是更多地思考如何改变自己以适应学生。因为只有适应才能对话，才能产生互动，只有从学生实在的基础出发才有进步，才有发展，才能实现引导。

从自以为"真理在胸，权力在手"的学生发展决定者，转变成一个有目的有方向，但却把精力放在发现学生发展萌芽与发展特点，小心翼翼地保护学生的主动性，并积极指点诱导学生发展的促进者，将是一个十分艰难的转变。因为，在当前的社会与教育界内部，对此不但既缺乏强烈的共识，也没有大家都认可的模式或方法，一切都有待于创新的努力，有待于经验的积累与归纳。从这个角度说，正在开展的学习障碍与学习困难的研究，以及转变教学方式的种种探索，都为教育者的转变提供了难得的怀疑自己的机会，十分有利于教师反思与教育反思风气的形成。

当然，做反思型教师，并不只是在当前这个教育转型期才有的任务，实际上，历史上的优秀教师，大多是善于反思、善于创新的教师。但是，在中国基础教育正面临根本转换任务的时刻，提出做反思型教师又有特别意义。中国是世界的教育大国，有最多的差异显著的教育人口，所以，当我们决心在21世纪初全面实现普及九年义务教育时，我们为边远、贫困、少数民族的群众带来什么样的教育，用什么方式使他们接受教育，怎样才能使我们送去的教育真正为他们带来好处，带来多样的成功机会与幸福人生，就不仅是理论问题，而且是十分迫切的现实问题。从这个角度看，学习障碍、学习困难的研究，教与学策略与方法的研究，乃至课程与教材的创新与变革，都还有许多待开发的领域，也必然会创造出更多样的途径与方法，从而成为基础教育全面创新的突破口，成为教育反思的热点与难点。

应该申明，本人并不否认人类世界有共同的学习经验的存在，也不质疑这种“共同学习经验”有一定程度的普适性。我只是认为，这些长期在学校教育经验积累基础上形成的“共同学习经验”，或许不是真正意义的“共同学习经验”。人类的学习是比传统的学校学习更为悠久、更为普遍、也更为复杂的活动过程，人类的“共同学习经验”在每个个体身上的反映也应该有更为多样、更为复杂的组合方式，这些可能都需要我们投入更多的精力去加以研究。也许只有当我们能全面总结各种条件下人类学习的经验以后，当我们对人类学习类型复杂多样的组合有了更全面的理解以后，我们的教育活动才会更有效、更有广泛的适应性，才会真正成为每个新公民健康成长的助推器。促进实际教育工作者，在普及义务教育的条件下，做反思型教师，可能是促成教育改革深入发展的重要途径之一；成功的反思型教师，不但会在教育教学实践中取得骄人成绩，而且能为深化人的发展规律的认识作出自己独特的贡献。

（原载《教育科学研究》2005年第1期）

42

改进教师工作方式　促成学生有效学习

一、教师是什么人

教师是什么人？教师是多重社会角色的组合。不同时代、不同人群眼中，教师身份有不同的重点。在我看来，在当代中国中小学学生心目中，教师至少有以下三重身份。

首先，教师是知识的传授者。这虽与后现代教育理论不合，却是千百年来教师主要的角色身份。“传道，授业，解惑”，“道之所存，师之所存”，教师应该是知识富有者，应该比学生知道得多，知道得准确，应该承担传播知识的任务，这似乎仍然是社会上的共识。一节课下来，教师一点新鲜的信息没有传递，一点超出学生已知事物范围的东西都没讲，学生们会说“这节课没劲”，说“老师讲的跟书上一样”，于是一片哗然。所以，在教材详尽，教辅读物满天飞，而网络信息又唾手可得的今天，中小学教师都在忙不迭地“更新知识”，不然是很难过日子的。

其次，教师是社会教育系统或教育机器的一个组成部分、一个部件，是代表教育系统直接与教育对象打交道的人。所以，教师不仅是一个知识富有的人，而且是一个教育机构的代表。这一重身份很厉害，因为教师不是代表自己，而是代表国家、代表社会、代表家长、代表一系列的评价与选拔淘汰机制来同学生打交道的。教师的一言一行，都有象征或符号意义，都可能给学生带来快乐或苦恼、希望或失望、成功或失败。因此，作为权力机构代表的教师是非同小可、大权在握的，也是需要学生郑重对待的人物。尽管在实际生活中，并不是每位教师都有同样的权威（例如，学生们往往不太看重那些“副科”老师，不太在乎那些不教自己课的老师），但是，“老师不是一般人”，“老师对自己的看法很关键”，除非万不得已，不要去“惹老师”，确实是每个上过学的小孩子都心知肚明的“道理”。当然，实际上教师个人并没有那么大的权力，不过，社会与教育系统是教师的后盾是不争的事实。因为，在中国，中小学教师确实是有责任遵照国家意志与社会需求培养社会主义建设者与接班人的。

最后，教师是成年人，是一个与学生父母相似的大人，但是不太容易发现他们与其他成人一样的毛病、弱点。教师当然是人，也有七情六欲，有种种欢乐或苦闷，但是，在受教育者心目中，教师作为普通人的一面是神秘的，是不可尽知的。在传统文化影响下，教师有意无意地掩饰自己作为普通人的一面，不愿在学生面前承认失误，不愿向学生暴露弱点或不足，以至在某些学校中，“老师不会游泳”这类事情，也能成为“新闻”在小学生中悄悄流传，听到的还会兴奋不已，以为知道了什么“秘密”。从这个角度看，教师尽管是人，却又或多或少有些神秘色彩，是只能私下而不能公开议论的对象。

知识的传授者、社会组织的代表与多少有点神秘色彩的普通人，这就是中国中小学生心目中教师形象的主要特点。

二、怎样理解“师生平等”

师生平等，是对师生关系的流行解说。笔者也曾写文章强调，教师应以平等之心对待教育对象，强调教师要做学生的朋友。然而，前述的三重身份、三种角色，却又直接决定了师生无法真正实现“平等”。

首先，知识富有者与知识贫乏者，事实上是不平等的：信息不对称，知识分配不均衡，正是现代社会不平等的根源及表现之一。当然，教师有帮助学生获取信息的责任，正是通过帮助学生，教师才实现了自身的社会义务，然而这种责任与义务的存在，又正说明了双方地位的不同。

其次，教师是社会组织的代表，他们身后有强大的社会支持系统。学生呢，学生是一个个成长中的个体，是被社会习俗规定为必须“接受教育”“接受教师管理”的角色，在年龄、经验、体能等方面都处在弱势地位。个人与组织已经无法抗衡，更何况是未成熟的个人呢，师生在这一层面上的不平等，恐怕我们也得承认。

最后，作为教师，作为培养下一代的专职人员，出于教育活动需要，社会要求他们淡化其作为普通人的一面，要求他们把个人隐私，把一切与教育无关的个人生活屏蔽于课堂、学校生活之外。而学生呢，也是出于教育活动需要，社会却要求他们“事无不可对人言”，要求他们向老师“坦露真实思想”，这样一来，两者还会是“平等”的吗？

什么是平等？平等就是双方或几方之间地位相近，权利、义务、责任相同。说“公民在法律面前人人平等”，讲的就是人人都要遵纪守法，谁都没有凌驾于法律之上的特权。从这个意义上说，教师作为以教育下一代为职责的专业工作者，他不但必须对自己、对社会负责，而且在相当多的时候还要对学生负责，还要承担管理、照看、指导、组织学生活动的责任，承担向学生传授知识、组织学习、帮助其实现发展的责任。显然，教师责任大过学生责任，教师权力也大于学生权力，社会之所以为他们规定了种种管理与组织的权力，就是因为他们有诸多大于、多于、高于学生的责任。

实际生活中的师生关系，是组织者与被组织者的关系，是指导者与被指导者的关系，在这一层面上是一种不平等关系。也正因为事实存在不平等，从“以人为本”“以学生发展为本”的原则出发，从教育的有效性出发，才要求教师尊重学生，尊重学生的人格，尊重学生的选择权利和从错误走向正确的权利，才要求教师以平等的心态对待学生。这里的平等，是人格平等，是不准污辱学生、嘲弄学生，而不是教师可以放弃教育管理责任，更不是在“责任自负”的借口下，任由学生在错误的尝试中越滑越远。因为，教师的角色义务，已赋予了他这样的权力：教育、纠正甚至制止学习者出现任何有损于其个人、群体利益的行为。

实际存在不平等却要追求平等对待的态度，在平等对待时又必须坚守教育责任，这或许是“师生平等”的主要内涵。

三、教师态度与学生学习

既然师生实际并不平等，教师的言行在学生心目中又具有象征或符号意义，那么，学生们当然会“在乎”教师的态度，教师的态度也必然会对学生的学习产生积极或消极影响。

一般来说，教师有三种态度会对学生的学习产生消极影响。一是忽视。教师长时间把某些学生放在视线之外，不在意，不关心，不了解。二是轻视。教师一般不会有意为难学生，整他们，但有些教师会对那些与自己“闹对立”或“屡教不改”“没有长进”的学生，暗含不屑，认为“不可救药”“没有希望”，因而把他们“打入另册”，看轻他们，有意地不予理睬。三是偏爱。“老师偏向”几乎是学生的普遍感受，许多教师会有意无意地特别关照自己看重的学生，会特别关心、器重他们，甚至会放纵他们的缺点，极力在学生中维护他们的优势地位等。这种偏爱，不但会引发一般学生的心理失衡或逆反情绪，同时会使受偏袒的学生在学生群体中受到孤立，甚至会影响他们的发展，让他们无法认清自己，不能正确对待自己。

忽视与轻视，都反映了教师对教育对象的关注不够，了解不够。它当然会影响教育计划的有效性，会影响教育者的正确决策，从而对整体的教育活动产生负面影响。更为严重的是，教师的态度会逐渐被当事人觉察，会在教育对象身上产生回应，而回应又会加重负面影响。一般来说，学生会有两种回应。一种是那些迷信教师权威、相信教师言行都有符号意义的学生，他们会在老师放弃自己的同时，自己也放弃了自己，形成所谓的“破罐破摔”，放弃相关学科或全部学科的学习。另一种是年龄较大、自主意识较强的学生，他们会产生对立情绪。出于自我保护的需要，这些学生力求在非主流文化中寻找支持，除了少数人会通过自我奋斗去“证明”自己以外，其他学生常选择同教师“作对”，用所谓的“英雄”行为来证实自己与众不同，最终形成所谓的“双差生”，形成班级中的另类。在非正式场合，这类学生往往会表现出“恨”老师的情绪，他们会以“气老师”为荣，会把“就不好好学习”视为对教师的反抗或惩罚。他们的意识有相当的扭曲成分，他们对教师的指责也不尽符合事实，他们的问题会发展到或超出学习困难，但是，他们的问题却是由师生关系不良、由学习困难开始的。

偏爱之所以会成为一些学生学习困难的原因，源于过度保护为他们创设了不正常的发展环境。其实，由个别教师创设的不正常的环境并不能长久保持，学生要升级、升学，要脱离器重他们的教师走向新的环境。于是，暂时的过度关怀会造成日后的失落，在升入上一级学校后，一些小学、初中的干部、优秀学生，常有保不住先进位置，甚至变得“平庸”或“落后”的现象，除了学习方式与学习要求发生变化外，偏爱的失落，也是重要的原因之一。实际上，不仅在环境转换之际偏爱会带来学生发展的问题，就是在同一教师管理下，偏爱也会成为学生发展的隐忧。因为，尽管教师有相当重要的权威作用，但学生亚文化的影响也不可忽视，如果教师的偏爱行为超出多数学生的承受能力，被偏爱的学生就会受主流文化与学生亚文化的双重挤压，他们的日子并不好过。有时，教师为了表示支持被偏爱者，结果是“将欲爱之，实则害之”，不但激化冲突，使受钟爱者处境更难，而且会使其弱点发展成缺点、错误，爆发时教师也无法予以援手。这就是为什么有时教师会感叹某个学生“一向好好的，怎么会一下子就变了呢”的原因。

应该说作为普通人，教师不可能时刻意识到自己言行的符号意义，也无法全部察觉无心之失带给学生的心灵伤害。因教师态度不当而引发或加剧学生的学习障碍，与儿童、少年的心理不成熟有关，与我国教育与社会体制的不健全、不合理有关，也与我国基础教育班额过大、升学压力过重以及评价制度过于单一有关，还和学校的教育计划与儿童发展的实际需求产生矛盾甚至冲突有关，并不能全部归因于第一线的教育工作者。何况，教育本质上是由教育者创设适宜儿童、少年的发展环境，通过组织他们实现有效学习，具体地指导帮助他们实现有区别的自主发展，这是一种需要全身心投入与整体把握、悉心体察的复杂的智力和体力劳动，责任大，负担重，反复性强，做起来并不容易。当代中国处在转轨换型的变革时期，少数教师由于压力过大或水平所限而对师生关系处理不当，虽然应该批评，但也是可以理解的。关键是要引导教师及时觉察此类问题，并尽可能在行为中加以纠正，以期有效地推动学生发展。

四、怎样对待学生的“逆反”

“问题儿童”“问题少年”，都有较强的逆反心理。他们似乎是“成心”与老师作对，你要他往东他偏要往西，你让他站起来他偏坐着不动，一旦在课堂上顶起牛来，常弄得教师左右为难。课堂以外，他们也是绕着教师走，喜欢给教师“出题目”，搞得教师十分头疼，觉得难以应付：又不准体罚，又不准停课，搞不好还会弄出寻死觅活的事情，有些教师只有期盼此类人物自动逃学，甚至动员他们转到其他学校去“换换环境”，想一推了之。应该说，在普及九年义务教育的过程中，这类“双差生”，已经同“逃学”“辍学”一样，成为中小学教育的难题，成为许多中小学教师心中“永远的痛”。由于“问题儿童”“问题少年”的形成有复杂的社会原因、家庭原因与学生个人成长经历中的原因，教师教育态度、方法不当，仅是“问题儿童”“问题少年”形成的原因之一，所以，这个问题的解决也比较复杂，既需要长期的努力，又需要各方形成合力，互相配合，需要专门研究，这里不能展开论述。

其实，除了“问题教育对象”会出现逆反现象以外，相当多的中小学生都会有一时性的或短周期的逆反表现，都会有针对特定对象或特定环境的逆反。这也是促成教育失效或师生关系恶化，形成学生学习困难的重要原因之一，应该引起重视。

学生为什么会逆反？除了少数有某种心理缺陷或家庭负面影响过强的问题儿童少年可以另当别论以外，学生的逆反大多是一种基于自我保护的发泄，是一时性的情绪冲动，是没有计划、准备的即时反应。也就是说，当一位平时表现一般或良好的儿童，由于受到了意外的批评，受到了不公平、不符合实际（至少是他本人认为不公平、不符合实际）的指责时，他们有时会本能地顶撞教师，会突然变得焦躁，变得固执或不听劝阻。这些，不过是他们心理失衡、恼怒而又不敢或不愿直接针对刺激去发泄，于是借助其他方式来转移自己不满的表现。由于是缺乏计划与准备的情绪性反应，所以常表现为不理智，不计后果，表现得行为夸张，反应过激。

学生的逆反表现，表面上是针对教师个人，实际上是针对教师身份的，本质上是与体制对抗。所以，教师处理学生突发性的冲动行为，最重要的是要跳出个人的得失计较，要明了学生行为的本质是对教师职业行为的抗议，是对教师职业行为可能带来的伤害的抗拒或逃避，要千方百计淡化对抗，冷静处理。换言之，尽管学生的表现可能是针对你这个“人”的，但教师却应该学会把自己个人与“教师”身份的行为区别开来，避免教师个人与学生个人的对抗。因为，只有区别个人态度与教师角色行为，引用学校要求或规定做依据、做陪衬，才能分散学生注意，转移学生的不满，以弱化学生的过激反应。许多师生间的矛盾冲突，特别是一些最终成为师生之间怨结的冲突，往往是从课堂意外肇始的，其中的关键是教师不够冷静，不善于分解与转化。

学生的逆反表现，大多是非理性行为。问题的解决，不能只靠说理，靠逻辑分析。大多数情况下，只要教师能够冷处理，能给学生时间，在尽早判断出矛盾冲突的导火索并尽力消解的情况下，大多会由学生自行解决。在冲突过后，许多学生会后悔、懊丧，期望有转圜的机会。这时，教师就应该得理饶人，淡然处之，做出宽容大度、毫不在意的表示，尽量消解萌发中的矛盾。

逆反心理，是引发或加剧学生学习困难的重要因素。因此，科学认识、巧妙化解学生的逆反心理，是帮助学生克服学习障碍的重要方法。

五、关注的价值

教师的工作是需要全身心投入的工作。教师的工作对象是未成年人，他们幼稚、脆弱、冲动、多变，往往不能正确认识自己，不会冷静地把握行为，更无法准确估量行为的后果，加上在独生子女条件下，他们身上又凝聚着家庭与社会太多的期望，“过度保护”的社会心理，更给教师工作带来特殊的困难和巨大的压力。而且，当前社会普遍重视儿童的权利，却少有人同时强调儿童应学会负责，少有人强调应该让学习者经受挫折与磨炼，这些都加大了教师的责任与工作风险，也增加了学生学业失败的可能性。

为此，要强调关注的重要性，要鼓励教师真心关注每位学生的表现。人们都把“敬业爱生”作为师德的核心，敬业是教师职业的道德底线，是每位教师都必须做到的要求。所谓敬业，其实就是“悉心体察，认真从事”，就是关注每个教育对象，关注每项教育行为及其效果。首先要“悉心体察”，即要全身心地了解情况，体会学生心理；然后要“认真从事”，即所谓“战战兢兢，如临深渊，如履薄冰”地做事，十分认真、十分审慎地做好每一个设计、每一个操作并及时收集反应，做出调整。想想看，如果教师们都这样尽心尽力地了解学生情况，认真地做好各项相关工作，并能及时发现意外变化，调整工作布置，那么会有什么困难不能克服？什么学生不能教育好呢？“实事求是”是做好一切工作的法宝，而实事求是的要义不过是摸清情况，找准办法，并在实践中不断科学反馈、及时修正而已，这也就是“悉心体察，认真从事”的基本精神，就是“关注”的基本含义。只不过，由于儿童少年不成熟、不稳定，所以更需要教师全心全意罢了。

关注是一种态度，也是一种方法。关注来自责任心，来自科学与求实的工作态度。高度负责的教师，笃信“只有准确把握变化中的对象，才能施行有效教育”的理念，就一定会下大力气去观察、了解、分析、研究学生，也一定会在这种准确把握的基础上设计并实施自己的教学行为，因为这是科学精神的本质要求。

当然，爱也是重要的，爱可以引发关注，可以表现为深刻的关注。

六、表扬与批评都要恰当

学校教育总有一定的强迫性，所以不可能都是快乐的，也不会不需要批评与惩处。学习是儿童的本能，但在学校里学习，在国家计划安排下学习，并不是儿童的本能要求，而是后天习得的需要。所以，学校教育既需要批评，也需要表扬。所谓的“无错原则”，并不是说学生不会犯错，也不是说学生犯错不需批评，不需纠正；只是说学生犯错很正常，不必大惊小怪，也不要揪住不放。如果所有教师都一味顺情说好话，对儿童的过失都赞誉有加或不置可否，肯定会妨碍学习者的健康成长。因为，不论是对物对人，儿童都有一个学习如何正确认识、正确对待的问题。认识不正确，不知道火会烧人，当然会吃苦头；认识正确，知道火可以烧人，但不能正确对待，仅是害怕而已，也就无法利用火为人服务。人们不会一下子就正确认识事物，也不能全靠个人力量发现正确对待事物的方法，所以才有教育这一行业的存在，才要教育工作者去为人类新成员提供帮助。作为教育工作者，作为指导、帮助下一代学习成长的专业工作者，肯定学习者的成绩，指出学习者的不足，纠正学习者的错误，促使他们尽快走向成熟，既是职责所在也是权力所在。为了避免学习者因无知、失误而在生活实践中受到自然与社会法则的惩处，教育工作者需要用鼓励、也需要用批评的方法，两者都是于儿童、少年发展有益的事。

其实，儿童不怕批评，早在进入学校以前，儿童已经经历过各种各样的批评与惩处了。任何一个家长，都无法在只说好而不说“不许”“不好”的条件下照看自己的孩子，所以凡是身心发育正常的儿童，都有一定的耐受力，不会因为两句批评就消沉下去。但是，批评或表扬必须准确，必须公正，必须恰如其分。不恰当的批评或表扬，是促成或加剧学生学习困难的重要诱因。

不准确、不恰当的批评或表扬有三大害处。首先，它影响学习者对教师的信任。“亲其师，信其道。”亲也罢，信也罢，都建立在儿童对教师意见的信任、信服上。不恰当、不准确、不符合实际的批评、表扬，正好破坏了学生对教师的信任，使他们从个人经验中怀疑教师，不信任教师。虽然批判性思考是人们成长必需的，但如果在初学阶段就听不到可信服的话，找不到可信赖的人，那肯定不利于儿童接受教育。其次，不准确的批评、表扬，会影响学习者与学校和社会的关系。教师是代表学校、代表社会来影响学生的，他们的言行背后似乎都有组织系统在支持。儿童、少年缺乏社会经验和分辨能力，他们不太能清楚地区别教师个人与学校组织的关系，结果会“恨乌及屋”，在疏远、怨恨教师的同时，也会疏离学校集体，疏离主流文化传统。最后，教师做出的不准确的批评或表扬，不利于师生正确认识当事人的真正缺点或优点，因而不利于他们发现问题，修正错误，也不利于他们发扬长处，持续进步。而且，教师所发出的错误信息，不但会误导学习者，也会蒙蔽教师自身，使教师丧失了及时指点、帮助学生的机会。

总之，不准确、不恰当的批评或表扬，是使师生关系疏远、紧张，使教育措施无效甚至起反作用的重要因素，也是学习者学习困难的重要影响因素。解决这一问题的不二法门，就是教师应该关注每位学生的每个表现，应该全身心地投入到对学生的了解、观察与研究工作中，这是做好教育工作的基础，也是十分困难且耗人心力的事情。因为，中小学生作为成长中的学习主体，不稳定、脆弱、敏感，而且充满幻想、渴望，又有相当丰富的能量与精力，必须全身心投入、细心地观察，才有可能避免失误。

七、学习是学生自己的事

学习，是学习主体自己的事。学习困难，不论是由于厌学、弃学造成的，还是由于基础知识不足，能力准备不够造成的，或者是两者兼而有之，乃至于其他什么先后天原因造成的，最终都与学习主体身心发展中的缺欠或障碍有关。解决学生的学习困难，要从促成学习主体的改变与发展做起，正像教师可以指导、促进、帮助、组织学生学习，而无法代替学生学习一样，教师也无法代替学生克服学习困难，而只能在改进自身工作态度及方法，尽力为学习者创造条件上下功夫。

当然，由于我们承认部分学生的学习困难，可能是由教师工作态度或方法不当促成或加重的，所以，一旦教师改变了自己的工作态度和方法，能够有的放矢地给予学习者以适时有效的帮助，那么，学习者的学习困难也会因此减轻或扭转。当然，最终起决定作用的，还是在教师创设的新条件下的学习者自身的主观努力。

那么，教师怎样工作才会有助于学生克服学习困难呢？除了师生关系紧张所形成或加剧的学习困难，必须从改善、调整师生关系入手，且老师必须采取主动以外，大多数因为“不想学”“不会学”

“学不下去”而形成的学习困难，都可以在教师加强调查研究、深入关注学生表现的前提下，通过创设宽松的学习环境，提出合适的学习任务，提供切实有效的指导帮助与给予及时适度的反馈评价的办法来解决。

宽松的学习环境是首要因素。只有学习者感到安全，知道不会受嘲笑和受指责，他们才会不怕“露怯”，不怕“幼稚”，主动暴露自己的真问题，才会主动地参加讨论、探究或体验，才能全身心地投入学习活动。在相当多的课堂里，学生其实并没有真正投入思考，没有真正从自己不明白、不理解的地方开始与教师对话。他们只是在小心地保护着自己，尽力避免在教师所设的陷阱中失足“露怯”，所以，他们是处在“伪学习”状态中。这就是班级授课制有时为什么低效，学习困难为什么普遍的原因之一。因为，总在半懂不懂，甚至全然不懂而又不敢承认自己不懂的状态下“学习”，学生实际上是不可能有所转变，也不会学到知识的。

学习的任务必须适应学生的需要，切合他们的知识与能力准备，既不能过难过深而够不着，又不能由于缺乏挑战性、新颖性而使学习者感到乏味或疲惫。这是第二个因素。在大班额的条件下，以班级授课为主要形式的中国基础教育课堂，对相当多的学生而言，其实是低效或无效的课堂，是徒具学习形式而很难引起真正学习活动的课堂。在每班都有六七十人的条件下，要做到每节课让每位学生都有收获，都实现有效学习，几乎是不可能的。那么，对“跟不上”的学生，对那些早已学会的学生，就应该有另外的安排，有因人施教的设计。打破过于划一的进度与方法安排，让课堂变得复杂多样，这尽管会加大教学管理与维护课堂秩序的难度，但却是减少学生学习困难，促成更多学生有效学习的唯一方法。

要加强教学指导的针对性，及时提供有区别的帮助是第三个因素。学生脾气秉性不同，知识能力与兴趣爱好有别，必须提倡个别对待，而不存在普遍适用的最优方法。例如，对于一个喜欢思考且确有潜力的学生，可以成心难为他一下，不要在他苦思而不得其解时干扰他。相反的，可以不帮他，也不管他，只给他留够思考的时间就成了；对于一个资质一般又缺少耐心、缺乏毅力的学生，虽然也可以锻炼他的意志，可以留些难题促进他思考，然而却需要及时提供指点帮助，以免他因过度焦虑而产生逆反、放弃的念头；当然，如果是一个刚走出失败阴影，刚有了一点学习信心、学习意愿的学生，教师的帮助必须迅捷具体，千万不要让他再受挫折，因为，此时的他最需要激励和成功。此处列举的种种不同的对待方式，无非说明不同学生需要不同的帮助。教师在教育教学生活中碰到的情况，远比前述情况复杂得多，也更变化多端，更不会有统一的解决方案。但是，只要教师的指点帮助（或者不指点、不帮助），是切中学生需要而又及时的，学生的学习就会顺畅地进行下去，学习困难就会逐渐得到克服。

促成有效学习，减少学习困难的第四个要素，是及时提供适度的反馈。中小学生作为初学者，其与成人学习的区别之一，是他们的学习活动需要外在的组织与激励。换言之，由于中小学生是成长中的学习者，是正在走向成熟的学习者，他们的学习，不是完全意义上的自主学习，也不是真正的自我监控条件下的学习，而只是半自主、半自我监控下的学习，是在社会大教育体制下的以学会学习为目标的学习。因此，对中小学生而言，反馈评价是重要的组织手段、激励手段，也是促成学习者学会调控自己，学会改进学习方法、学习策略，亦即学会学习的重要助力。

反馈与评价是教育手段，是促成学习者反思和调整修正的方法，也是教师组织学生活动的重要方式。有经验的教师都非常重视并经常应用这一手段，关键是要用得及时，用得适度，用得符合学习者发展的需要。要特别强调的是，表扬或批评只是反馈的一种方式，而不是唯一的方式。因为，从学生的问题中引出新的问题，在学生的思考中发现亮点，故意设置障碍让学生自己发现新的现象，以及其他所有旨在拓展、引申、质疑、问难的师生活动，都是有针对性、有启发性的反馈形式。从根本上说，反馈是教师对一部分学生学习思考的回应，也是教师与其他学生参与学习活动，对一些学习者的某些表现表示关注或兴趣，从而激发起他们继续学习意愿的手段。所以，肯定表扬是反馈，批评纠正是反馈，把学习活动引向深入更是重要的反馈。

为此，不但教师要认真倾听学生发言，认真观察学生的学习活动，而且要引导其他学生倾听、观察、参与、关注。所谓的学习共同体，首先是一个关心学习的群体，是一个相互之间有反馈、有回应、有共同学习兴趣的群体。在这样的群体里，学习困难将比较容易得到解决。

总而言之，由于在学校组织中的重要地位，教师对学习者的学习活动，可能存在着积极与消极的双重影响，教师在态度与方法上的恰当与否，都可能直接影响到学习者的学习效果，都会有利于或有害于学生学习的有效性。因此，正确认识学校教学活动的特殊背景，在正确把握师生复杂与多变的关系的同时，恰当地设计并实施教师的教育行为，是有效提升教学质量，促成学生有效学习的有效途径，也是教师个人从教育实践中获得提高、收获成功与乐趣的有效手段。在课程与教学改革日益深入发展的今天，改进教师工作方式，促成更多学生实现有效学习，应该成为中小学教师的理性选择，也应该成为教育管理者关注的重要课题。

（原载《人民教育》2006 年第 5 期）

43

运用现代信息技术培养学生创新精神实验研究

本研究是全国教育科学规划“十五”教育部重点课题“基于现代信息技术环境下学与教的理论与实践研究”所属的第一专项课题，是在全国中小学现代教育技术实验学校中开展的一项研究。

一、研究的背景与意义

20世纪90年代以来，创新精神已成为促进中国社会经济发展的核心问题之一，特别是1999年6月1日，江泽民同志在党中央、国务院召开的全国教育工作会议上发表重要讲话，强调教育要“以提高国民素质为根本宗旨，以培养学生的创新精神和实践能力为重点，努力造就有理想、有道德、有文化、有纪律的，德智体美等全面发展的社会主义事业建设者和接班人”以来，创新精神的培养问题，更成为大中小学教育改革的重要目标，也引起了社会各界的广泛讨论。一方面涌现出许多成功的教育改革范例，另一方面也出现了若干简单化、庸俗化的做法。对创新精神的理解，以及创新精神在不同年龄、不同学段学生身上的具体表现和实现途径，都存在着广泛的不同意见。基层学校、教师面对纷繁复杂的理论阐释，常常感到无所适从，难以把握。就基础教育改革的整体面貌而言，可以认为，中共中央的这一改革要求，同实施素质教育的要求相似，有深远的现实意义与历史意义，但在具体的学校教育实践中，却存在着某种“说的多，做的少”“雷声大，雨点小”的表现，存在着种种不能尽如人意的问题。

从20世纪80年代以来，计算机热、网络热与“学习的革命”的口号的兴起，又使相当一批中小学校在信息技术、网络条件的普及方面，迈出了相当坚实的步伐，从硬件甚至部分软件（例如师生的信息技术能力）条件看，中国基础教育，特别是发达地区或欠发达地区的标志性学校，确实实现了跨越式发展。然而与硬件条件的大踏步前进相左，由于社会性的教育理念和教育管理制度变革滞后，由于传统的“唯书”“唯上”的认识的严重干扰，也由于改革开放以来社会分化分层以及阶层差距的日益明显，现代信息网络环境的发展，不仅未催生中国教育应然的现代转换，反而在某种程度上成为加强应试教育和强化“考试管理教育”的技术武器，成为扩大学校差异，扩大或固化阶层区别，乃至在一定程度上扼制儿童少年“全面而自由”发展的工具。同时又由于开放网络必然带来的负面影响，在儿童少年中间，网迷、网恋、网瘾等问题也日益增多，以至于部分学校教师和家长谈网色变，视儿童、少年“上网”为洪水猛兽。由于缺乏有力的整合思路与整合方法，一些学校并不能全面科学地利用现代教育技术，造成大量现代信息设施无法充分利用，甚至闲置，在某种新形式的建设攀比之后，又出现了新形式的资源浪费。

因此，开展本项研究，在弄清创新精神与现代信息技术的本质特征的基础上，引导学校教师与学生、家长，充分利用这一精神与物质生产条件，促成现代信息技术与学校教育的有机结合，为学生“全面而自由”的发展创设条件，促成学习者在创新精神与实践能力的发展上有所前进，有所收获，是当前基础教育改革中的一项关键任务，也是一项有利于实验学校与学生健康发展的重大课题，是有助于课题组学习、理解并把握环境建设与学校教育发展方向关系的重要课题。

二、研究的主要内容与策略

本项课题是一项涉及全国各地 200 余所中小学校的研究课题，又涉及若干重要概念与重大的理论问题，为了集中力量攻破难点，并避免因涉及面过广而无从着手的弊端，本项研究主要集中在以下三方面的问题上。

1. 应该怎样理解创新精神的本质，在中小学不同阶段，学校培养学生创新精神的重点是什么？

2. 应该怎样全面理解建立在网络背景下的现代教育技术，它给学校教育带来哪些新的机会与方法，它同学校教育又有什么矛盾冲突？

3. 不同地区、年段的中小学校应该如何运用网络环境下的现代教育技术促成学生健康发展，具体的操作策略和促成两者结合的方法是什么？

以上三个研究重点，既涉及重大的理论问题，又涉及具体的观念与操作问题。在研究策略的选择上，课题组采取了专家与学校教师相结合，理论与实践相结合，培训、交流与大胆实验相结合的方法。在课题组成立之初，先进行必要的文献研究与理论梳理，通过系统培训与相互研讨，逐渐统一课题组内部对基本概念的认识，然后又通过课题研究过程中深入开展的交流培训活动，逐渐把实验学校在研究中形成的共识肯定下来，从而使课题组成员有了大体一致的基础认识，并使课题实验学校逐渐形成可以相互补充、相互借鉴而又各有特色的改革设想与改革思路，且能针对各校实际开展实验研究。这就使这个本来分歧较多，牵涉面甚广而难以驾驭的群体性研究，有了对话与交流的基础，也有了彼此学习、借鉴，移植或效法的机会。

从总体上看，课题组采取的研究策略是把学习培训、实验研究与互动交流和升华提高结合起来的方法，是把课题组内外的专家引领和学校的校本研究、自主创新结合起来的方法。在整个研究过程中，鉴于理论问题的发展性与复杂性和社会对信息网络技术环境认识存在较大分歧，课题组并不要求课题成员学校一律遵从本课题组的理论假说和指导意见，而是允许他们从各自认识和学校实际出发，鼓励他们广泛吸纳国内外的理论研究成果。所以，本项研究的各个成员学校在理论认识与实践探索方面，大都能够形成各自的特长或优点，避免了千人一面的弊端，也减轻了由于课题负责人认识局限而带来的消极影响。从总体上看，这一做法使课题组的成员校能够做自己真正想做并懂得怎样做的事，这或者是使本项课题研究能收到若干实效，且有一些亮点的重要原因。

三、研究的主要结论和收获

1. 关于创新精神

从 1992 年 2 月 12 日江泽民同志讲话中提出，“在世界高技术领域，中华民族要占有应有的位置；通过深化改革，建立和完善科技与经济有效结合的机制，加速科技成果的商品化和同现实生产力转化。不断完善保护知识产权的制度；认真抓好引进技术的消化、吸收和创新”；首次从技术发展的角度提出创新的价值，到 1995 年江泽民同志又强调“创新是一个民族进步的灵魂，是国家兴旺发达的不竭动力”，再到党的十六大报告中确定的“通过理论创新推动制度创新，科技创新，文化创新以及其他各方面创新，不断在实践探索中前进，永不自满，永不懈怠，这是我们要长期坚持的治党治国之道”，并在 2005 年由中共新一届领导集体正式提出建设“创新型国家”的战略构想。可以看出，创新与创新精神，已经成为中国实现社会主义现代化的基本途径，成为关乎国家未来与民族命运的战略与策略选择，成为当代中国国家建设与社会发展的最关键的技术途径与价值追求。站在这样的角度看创新与创新精神，可以认为，它当然只能是当代中国的时代特征与时代精神。创新精神，在一定程度上是体现在中国共产党几代领导集体与时代先进分子身上的最可贵的精神状态与人生追求，也是新中国全体社会成员的努力方向，更是涉及中华民族观念与习惯深层意识和价值选择的革命性转变。正如江泽民同志所指出的那样，“创新就要不断解放思想、实事求是、与时俱进”。也就是说，创新精神本质上就是要求人们正确对待外在的物质世界与精神世界，正确对待各种传统认识，不为成规或个人主体性认识所局限，尊重科学，敢于突破，努力超越自我，跟上时代前进的步伐。

创新精神作为当代中国的时代追求与主流价值选择，它不仅应该并正在表现在社会生活与国家行为的各个方面，而且应该成为中小学校核心的教育工作目标。所谓“以培养创新精神和实践能力为重点”，正说明它在学校教育中的重点和中心地位，说明它是学校教育活动的前提与归宿。当然，由于创新精神具有十分深刻而丰富的内涵，作为一种时代精神和时代追求，它不可能仅仅靠中小学校教育来实现，所以，在中小学校培养学生创新精神，应该也必须从基础做起，从儿童、少年可接受的方面入手，而不应盲目拔高或乱贴标签。具体说来，在中小学校培养创新精神，就是培养具有科学的人生观、世界观与科学的思想方法和生活态度的人，就是要求我们全面贯彻党的教育方针，在知识、能力、情感、态度、价值观等方面，帮助儿童、少年打下坚实的基础，就是要求我们从儿童的身心发展特点与兴趣、爱好、追求的实际出发去做好教育工作，去促成他们的主动发展、积极发展和主体性发展。

围绕着江泽民提出的解放思想、实事求是、与时俱进的三点要求，可以具体化为培养学生科学求实的基本态度，独立思考敢于分析批判的基本方法，不断进取、超越自我的生活追求这样三个维度的要求，并可具体化为学习者的现代人格、现代生活态度及现代思维品质，因而完全可以同党的教育方针规定的德智体美诸方面全面发展的各项要求相整合。从这个意义说，以培养创新精神为重点的教育，就是全面贯彻党的教育方针的教育，就是以重在为学习者的

"全面而自由"的发展奠定良好基础的教育。培养学生的创新精神，并不是要求基础教育抛开既有的课程、教学，把另搞所谓的创新型主题活动作为出路或重点，也不是要求我们抛开教育方针的全面要求，去追求学生的某一种思维品质或活动方式的变化，而恰正在于要求我们依据江泽民提出的求实精神，科学的态度与方法以及不断追求进取的人生目标，来强化与改善教育工作，来努力为学习者一生发展与创新生活奠定基础。

把培养创新精神与学校的日常工作目标结合起来，努力通过具体的精神品质与生活作风、生活态度乃至思维方式、思维习惯的培养，为创新精神的生长奠基，这就是本课题组对培养创新精神的基本理解，也是课题组比较一致的改革追求与奋斗目标。

2. 以计算机、因特网为核心的现代信息技术，不但正在改变人类的生产、生活方式，而且在某种程度上也在开始尝试改变人类的存在方式

对今天的人类而言，除了传统的物质存在与精神存在之外，一种介乎两者之间又吸纳了两者长处的虚拟存在方式，即所谓的"数字化生活""虚拟现实"，不正在悄无声息地向人们走来吗？当然，真正把人类精神世界实体化或物质化的可能性到底有多大，网络的虚拟世界又能在多大程度上影响人们的现实生活，会对人类的生活造成多少有利或不利影响，而网络世界一旦充分地发挥作用，人类社会的法律与道德要求又必须做哪些变更或调整？这些都是需要思考，需要在今后社会生活实践中解决的。然而这一变化的前景与若干猜想，已经对传统的学校教育形成巨大挑战。在信息热，学校教育"改造"或"革命"热方兴未艾之际，课题组必须回答的问题是，以因特网与计算机代表的信息网络世界到底有什么特点，它们能为学校教育带来什么好处，又会为学校教育带来什么问题？

虽然各家说法不同，网络信息技术因其具有丰富性、交互生成性、虚拟实在性以及开放性等特点，可以极大地扩大学校教育内容

与形式，可以给学习者加多选择判别的机会，可以调动学习者包括兴趣、注意力等在内的积极性与主动性，可以使学习者广泛借鉴当代或前人的研究成果，从而使学习者有更多的创新或发现的可能。更为可贵的是，因特网特点之一是向大众普及了学者的学习方式与思辨方法，从而为学术研究的普及化与知识创造的大众化开了先河。这些都是网络信息环境为学校教育带来的变革机会与变革条件，是必须予以充分重视和积极利用的。但是，网络信息技术及其所创造的发展环境，不仅为学校教育的发展添加了动力，也为学校教育带来了巨大冲击。因为，丰富而无序的信息紊流对以封闭为基本特征的学校教育而言，必然是一柄双刃剑：丰富的信息固然加多了选择机会，生动化了学习内容与方式，而无序的信息紊流又必然会促使学习者目迷五色，无所适从，因而造成学习活动的混乱、低效甚至迷失方向。特别是由于网络世界丰富多样，机会多多且极易获取，而现实生活中的成功之路则常常是狭窄曲折，缺乏选择，甚至充满险阻，这一强烈对比，或者是一些青少年沉迷于网络世界而无法自拔的重要原因之一，也是网络信息世界对学校教育的另一重要挑战。从学校教育发展历史而言，从儿童少年身心成长规律与社会要求而言，我们又不能不承认，学校教育在一定程度上的封闭性——在规定时间为规定对象设置大体近似的发展目标与发展要求，有其相对的合理性与绝对的可操作性，由此，学校教育从本质上说就不能不是一个相对封闭的系统，其与现代网络信息环境的既一致又冲突的关系则基本成型。因此，在从事运用现代技术培养学生创新精神的实验时，必须正视这一基本矛盾，正视学校教育与网络信息环境的相反相成，相克相生的复杂关系，这样才能为两者的适当结合，合理运作把握好必要的度。

课题研究活动开展的三年多时间里，正是学校教育工作者从“学习革命”的狂热宣传中逐渐清醒过来的时期，也是社会各方面对“网络化生存”的认识逐渐趋于实际的时期。所以，从总体上看，本课题组一直秉持既要充分利用网络信息技术提供的改革机会、改革空间，又要恪守学校教育发展的基本规律，坚持学校教育不会为网校取代，只能适度开放的基本认识，努力在两者的结合与融合上下功夫。另一方面，课题组又认为，网络信息技术不仅仅是技术手段，而且会对人们的思维方式、生活方式甚至思维习惯产生影响，所以信息网络在学校教育中不能仅以技术或媒体的形式存在，而应该在促成学生作为主体的发展中发挥作用。中小学生至少是中小学生中相当的一部分人，在信息网络面前，不仅是技术层面的操作者或信息的接受者，他们作为学习主体，同时还在某种程度上学习或正在参与，至少是尝试了信息的生成与创造，并且在这种生成与创造的过程中，丰富和发展了他们作为主体的“自我”。

从这个角度说，网络信息技术对学校教育的影响是多方位多层次的，对不同年段，不同信息能力的学生也有着不同的影响，企图用一种模式或一个层面来概括两者的关系，也是不可能的。一般说来，对多数学生而言，基于网络的学校教育，可以在强化认知，增添学习兴趣动力，强化学习效果等方面有显著影响，而对部分主体性发展较好或信息技术水平较高的学生，对一些学习环境较好，应试压力较轻的学生，网络信息世界又会为他们的自主多样发展，为他们把学校生活与社会生活、日常生活更好的结合，为他们打通课内外、校内外与网上网下的学习活动，创造条件与机会。在课题研究过程中，课题组主张实验学校从自身条件与不同学生的实际需要出发，努力创造多种多样的促成网络信息技术与学校教育结合的机会，努力创造若干不同方式结合的成功经验。

3. 从运用现代信息技术培养学生创新精神的实施策略和研究活动的组织方面，课题组与学校收获了一些比较成功的操作模式或经验

(1) 充分利用现代网络信息技术，为学习者的自主发展创设环境与条件，让学习者有可能在选择中学习选择，在参与中发展自

我，在尝试中学会负责。具体做法是，强化学校局域网的建设，给学生更多的自主学习的机会与条件，让学生结成小组开展主题活动、协作学习、合作学习等，通过课件制作、网页网站建立或维护、异地交流一类的活动，为学生创设相对宽松的发展空间。由于这些活动都是在规定的教学目标以外的教育要求，所以学习者的自主程度较高，它们在促成学生自主多样的发展，促成学生创新人格与创造能力的形成方面，往往有比较好的效果。例如广州旧部前小学利用网络系统与学校图书馆的结合，在开放的环境中，扩大学生识记与阅读学习机会，促成小学生的主动发展，在广州地区产生了极好的社会影响；又如陕西西安大雁塔小学，天津南开中营小学，上海浦东新时代小学，北京十一学校以及河北怀来沙城第一小学等，都比较注意探索学校整体环境的创设，比较充分地利用现代信息开放性的特点，又注意开放有度，从而创造了比较成功的经验。

(2) 利用现代信息技术，改造或完善传统的课堂教学，创造条件培养学生的现代化人格与创造性的思维品质。传统的课堂教学的改造与提升，是课程教学改革的重点，尤其是在以接受学习为主的文化课学习中，怎样充分利用网络信息技术的优势，怎样使学生从被动接受到主动接受或有目的地探求，一直是中小学教师关注的重点。课题组成员学校在这些方面创造了许多生动的案例与方法，从而使实验学校的课堂教学确实有所变化、有所创新。其中比较成功的事例有，湖南醴陵姜湾中心小学，内蒙古鄂尔多斯第一中学，上海华东模范中学，广西柳州景行路小学以及青海西宁虎台小学，浙江温岭方城小学，上海普陀平利路二小，北京 161 中学等。这些学校及其他作类似探索的学校的共同长处是，实验教师开始能较好地把网络信息环境与课堂教学融为一体，开始超出了“展示”或“呈现”的层面，让学生能够在文字材料与网络资料的结合中，寻求主动认知、深入思考与探求答案的机会，既不仅是用网络代替文字教材，也不仅是用网络补充文字教材，而是努力让教师有意的教学设计与学习者的主动检索或思考，做到自然结合，相互补充，相互促进，从而使二者的结合或融合更加符合学生的认知规律，符合学生的成长需求。

（3）实验学校教师努力尝试创造新的课型，创造新的符合网络特质与学生学习规律的学习方式，从而创新课堂的教学模式、创新学生的学习方式。这类做法一般集中在合作学习、探索性学习、研究性学习以及其他种种模式创新上。它们往往与课程改革的新要求相互结合，一般集中在学习者学习行为的改变上。当然，由于师生双方都有一个学习适应过程，新方式在软件开发或资料收集准备上又投入不菲，这些新的方式一时还无法成为教学的主流方式，然而这类尝试又确实为传统课堂的发展与改造提供了新鲜而有说服力的经验。在这方面，做得较好的有：北京房山电业中学，天津实验中学，天津张堂庄中学，北京第19中学，浙江绍兴鲁迅小学及安徽铜陵实验小学，湖北荆门实验小学，云南曲靖第二小学，北京顺义李桥中心小学，重庆钢梁第一实验小学，广西钦州逸夫小学等。它们都进行了有益的尝试，创造了一些好的课型，好的案例，创造了比较成功的经验。

（4）运用现代教育技术，培养学生创新精神的另一种探索思路，是立足于学生思维品质，思维能力的培养，利用网络信息环境的复杂多变与丰富多彩的特点，给学习者更多的体验探索机会，学校教师不仅在课堂上，而且在各种活动与学校生活的各个方面，都把注意力放在学习者的前述思维活动及其效能上，从而在促成学生诸如“问题意识”，求异思维或者思维的敏捷性、流动性等方面发展的实效。当然，由于思维品质能力的分类与测量都存在认识与技术的障碍，这些实验成果还不能得到充分的统计数据的证明。但是从实验学校师生活动状况及家长、社区的一般评价看，应该承认类似的尝试是有效的、有价值的，其中做得比较成功且有较好的经验总结或思考分析的有：上海浦东新时代小学，山西太原育英中学，北京东城分司厅小学，北京燕山向阳中学，江西九江第一中学，福建南安水头中心小学，等等。

（5）学校实验探索的过程，其实就是学校教师学习理论、转变认识、尝试创新、加强反思的“实践—认识—再实践—再认识”的理性思考与理论提升的过程。通过三年多的实践研究，课题组教师先后听取了北京师范大学裴娣娜、石中英、申继亮和清华大学史静寰等教授以及课题负责人的学术报告，集体学习了多种国内外相关的理论前沿著作，从而使实验学校教师在研究能力与思辨水平上有了一定提高，他们结合探索与思考所得，撰写了大量的研究论文、研究报告、案例分析以及各种教材和专著，其中部分论文还在中央电教馆与省市级电教馆教育论文评选中获奖。通过交流与传播，不但有力地促进了课题组研究的深化，而且为各地中小学校学习借鉴提供了有价值的文字与图像资料，对提升人们对信息技术、创新精神与两者的互动关系的认识，产生了积极的影响。

从群体性科研的组织方式与展开活动的策略而言，由于中国正处在社会转型，利益群体多元化，价值选择多样化的发展阶段，这种事先不做预设，而采用专家与实验学校教师互动交流，共同生成的研究模式，这种把逐渐统一团队认识作为研究目标，而又不急于求成，不强求一律的做法，应该也有一定的推广价值，特别是在涉及重大理论且认识相当歧异的问题时，似乎更应该采取这种做法。

四、存在的问题

1. 不论是创新精神的培养，还是对网络信息技术的认识，都是当前的理论前沿与实践中争议很大的问题，本课题研究，由于受到资料收集、认识水平和工作条件的限制，无法也无力就这些问题做出完全符合实际的理论说明或价值判断，本研究及其所得出的初步结论和若干操作建议，都只是一种初步的归纳与解释的尝试，其正确与否，尚有待于理论与实践的检验。

2. 课题组涉及学校过多，管理上也有条块分割，权限不明的困难，加之没有任何官方的经费投入，所以很难深入到学校实地考察与指导。在整个研究过程中，除在山西、安徽、重庆、河南等省市电教馆的支持下，进行过少数学校的现场考察与研讨外，大多数研究活动是由各实验学校在省市教育管理部门支持下独立完成的，专项课题组只能通过会议培训及论文研究成果征集交流等方式做一些工作。这样做，固然有利于百花齐放，强化独立探索，但也难免有重复性强和难以统一协调，难以形成合力攻关之势的弊端，从而在相当程度上影响了研究的信度与效度。

（原载《信息技术环境下的学与教的理论与实践》，
中央广播电视大学出版社 2006 年版）

44

课程改革任重道远

可以说，改革开放30年以来，中小学课程教学一直在变动当中。变动的原因有两个，一个是教育自身的原因，例如“十年动乱”把教育搞乱了，大家要恢复，要把极左的东西去掉，开始了课程教学的改革，很多地方开始自编教材。再如1986年颁布《中华人民共和国义务教育法》，扩大了义务教育对象，如何把原来旨在面向少数人的教育变成面向所有人的教育，需要有一个从教育计划开始到课程、教学的全面变革。另一个，是社会变化的原因，社会变化必然带来教育的变化。30年来，人们对中国特色社会主义有个认识过程，中国社会经济发展也有个复杂的变化过程，这些都会影响到教育，影响到课程教学。所以说，课程教学改革既有政治、经济的原因，也有教育自身的原因。

这么多年，课程教学改革一直是在磕磕绊绊地往前走。比如，“文化大革命”后为了赶超国际先进水平，编写了一套理科教材，不考虑教师的水平，也不考虑学校的设施条件和学生的实际，只追求国际一流。结果是难度要求很高，很多中学教师对教材的部分内容看不懂，老师不懂，却要教给学生，学生当然更不明白，最后，只得重新调整，降低难度。

教育对象扩大带给教育的新问题，到今天我们也没有完全弄明白，“什么样的教育才是适合所有人的教育，才是每个人都需要的教育?”这个问题需要认真研究，教育对象数量的扩大带来的是一种质的变化，课程也会随之发生变化，因为课程要适合所有的人，学习内容应是每个人都需要的。现有的课程不一定适合所有人，一个厨师要学习多少物理、化学知识?一个舞蹈演员必须精通生物基因学说吗?现有的教育内容是否与每个人的发展都息息相关?这些问题都需要研究。基础教育最早也是面向少数人的，现在则是面向所有未来公民，未来公民的成长必需的是哪些基础性的知识和能力，到现在为止，这方面还没有有说服力的实证研究成果。

义务教育主要是年限教育，因此，如果从教育实践与研究的现状出发，学生不但有学习的权利，而且有学不会的权利，还有学得比别人更多的权利。义务教育发展的目标，就是努力扩大它的选择性和适应性，就每个人的发展而言，下要保底，上不封顶，要努力创造适合每个人的教育。

改革必然涉及继承与创新的问题。30 年来，所有的教育变化都是在开放的环境下实现的，是一个不断开放，不断学习外国、主要是发达国家教育的过程。近百年来，我们有完全搬用外国教材，或者拿别国的理念来改造我们的教学课程的发展时期。应该说国外的理论和实践对我们有很大的冲击和促进，有很多的“拿来”和“引进”是成功的，对我国的课程教学改革有重要的启发和借鉴。但也必须看到另外一面：教育作为一种文化现象，与一个国家的民族传统有着非常密切的关系，所以，不是国外所有的东西在中国都能行得通，也不是所有引进的课程教学改革的主张和策略，都能为大众接受或者能发挥效应。

比如，高中课程改革和高考的矛盾就一直没有解决得很好。统一的高考制度在中国短时间内不会取消，“考试领导教育”短期内也不会根本改变。所以，新课程以来，高中学生的课业负担确实加重了。这是因为高考对学生的学习有很大制约作用，新课程虽在理论上给学生留出选择空间，实际上学生却没有多少选择机会。新的课程提倡学生到实践当中去，到生活当中去，但是，家长对独生子女的过度保护心态，社会上又确实存在的各种安全隐患，都使家长和学校对学生走向社会心存疑虑，结果这一要求也大多停留在计划上。因此，在当前的社会环境下，中小学教育能做什么事情，不能做什么事情，很大程度上不是学校或教育行政部门能决定的事情，而要受社会条件的制约。有些事情在外国可能做得很好，例如小组合作讨论，当一个班只有十几二十个人的时候，当然比较好做，而在中国班额达到五六十人甚至更多的时候，小组合作怎么进行，能否有效，就是新问题。这不是小组合作学习这种形式好与坏的问题，而是我国基础教育条件是否具备的问题。

改革开放30年来，课程与教学的改革一直在进行，有的有效、有影响，比如在高中学生中提倡研究性学习，主张让学生学得更主动一点，让学生有实践探究的机会，以及提倡教师少讲一点，提倡先学后教等，都对中国基础教育产生了广泛的作用，当然，也有些改革主张则不那么尽如人意。我想这也是一切改革尝试的题中应有之义。总之，课程教学改革是一定要坚持的，但改革的最终目标是什么，现代教学、现代课程的具体形态到底是什么，这些问题可能还需要进一步思考和讨论。

如何看待中外历史上课程教学改革的成败？关键在于评价观。其实，很难简单地判定某项改革是“成功”还是“失败”。一个人工设计的东西，要求它原封不动地实现，这种想法本身既不科学，也不实际。盖房子一般要按设计图纸施工，但在施工中还会修改设计，还要有种种“洽商”过程，何况从课程到教学的转变，要比盖房子复杂得多，怎么会没有一个对初始设计的修改和完善过程呢。方案、计划、标准有变化，甚至有变形，都是正常的。不能因此就说是改革的失败。在我看来，人工所设计的东西，进入实践领域之后，都应该主动地去研究、修改、完善，不能简单地固守初始设计，以为只有自身最正确，其他都要“向我靠拢”。实际上，任何教育改革只要它存在合理内核，存在有价值的突破，都会在此后的教育实践中留下痕迹，都会留存影响，改革尝试本身就是一笔财富，就应该珍惜重视。举个极端的例子，像那套不考虑学生、教师和学校条件的理科教材，虽然最终没有推行下去，但还是极大地影响了高中教学。当今中国高中教学正是在这一改革的冲击下，大大改变了形态，加深了难度。在我看来，新中国成立以来所有的教育改革，都不是一无是处，都有其合理的内核，关键是改革的理论和实践工作者，必须有清醒的认识，必须有在实践中不断完善改革的思想准备。

所以，现在评价新一轮课程改革为时尚早，基础教育课程教学对学习者的影响，可能要过十年、二十年才能看清楚，教育改革有即时的效应，但大多是滞后的。

整体上讲，2001 年开始的课程教学改革，包括一些以前的课程教学改革，如果说有什么教训的话，就是由于上马大多比较匆促，基础性的理论研究不够扎实，基础性事实的把握也不够全面深入。第一，对基础性的理论——“教学到底是怎么一回事情”，“人的学习过程究竟是怎么发生的”，“学校教育的核心任务和主要途径到底是什么”等问题，我们还缺少深入的实证研究，缺少有说服力的数据。第二，对中国的特殊国情、对基础教育的现状及其与其他教育的复杂关联，我们只有一般性的了解，而缺少全面深入的调查，特别是方方面面的社会教育需求，我们更缺少全面而深入的把握。这就使我们构想和设计的课程教学改革方案，一进入实践领域就会发生种种矛盾冲突，就会催生种种变化或变形。作为曾经为北京市中小学设计面向 21 世纪课程改革方案的研究人员，我就痛感自己的工作存在着以上两点不足，痛感基础教育课程改革到今天依然任重而道远。

（原载《人民教育》2008 年第 23 期）

45

课程改革《北京方案》的回顾与思考

从20世纪90年代中期开始的北京市新一轮课程改革研究，是新中国成立以来北京市自己主持的首次基础教育全面的课程改革研究，是国家教委“九五”教育科学研究重点课题，也是“九五”教育科学规划课题中关于课程改革的唯一重点课题，该项研究也得到北京市教委“九五”教育科学规划领导小组的关注和支持，兼为北京市的立项课题。作为这项课题的负责人，今天回想起来，依然感触良多。

一、从“就近入学”到《北京方案》

“北京市21世纪基础教育课程改革研究”课题，是当时北京市教育局党组会议上指定开展的研究，时间是1993年。这一课题的触发点是当年北京市决定全面贯彻《中国人民共和国义务教育法》，取消小学毕业生升学统一考试，除少数优秀学生可以经保送、推荐程序选择初中就读学校以外，其他学生均实行按地区就近入学。

实际上，从“文化大革命”结束以后，北京市一直在大力改进中小学校的软硬件办学条件，特别是针对初中入学高峰的二部制改造工程、两轮的薄弱初中建设工程等，都曾比较有效地改变了一批薄弱学校的办学条件，在相当程度上提升了这些学校的教育教学质量，也得到了教育界内外的好评。但是，长期以来北京市一直保留着由各区县统一组织的小学毕业生升学统一考试，保留着小学和初中学校的留级和退学制度，对一些确有轻度智力障碍或因其他原因学习确有困难的学生，实行的管理方法是在小学随班就读，并在其无法通过统一考试时，让他们持续在小学留级重读，直到年满十六岁后申请退学。

1993年，北京市断然取消了毕业升学统一考试，这些长期在小学重读（至少是在六年级重读）的学生，一下子涌入各区县那些以接受“就近入学”生为主的普通初中，并引起了初中校长教师的强烈反弹，进而引发了教育系统内外对义务教育性质、特点的重新思考，引起了市教育局领导层的重视。当时，北京市教育局领导班子议论的重点是：到底应该怎样理解义务教育，当有相当数量的接受义务教育的学生无法达到国家现行的教学要求时，是学校教育工作者未能充分尽责，还是现行规定的要求存在问题？经过反复讨论，大家形成的共识是：应该研制全面体现义务教育特点、能面向不同儿童少年发展需要、能为未来社会所需人才全面奠基的义务教育课程，这是北京市基础教育的当务之急。会议责成我迅速成立研究小组，用教育科学研究的方法去开展这项工作性研究，当时的北京市教育局局长陶西平同志要求我，在研究中广泛借鉴国内外课程研究成果，尤其要认真总结利用北京中小学历年课程与教学改革的经验，要解放思想，以“三个面向”的要求指导研究工作。同时要求申报国家和北京市教育科学规划课题，以争取更多的理论与工作支持。

北京市“面向21世纪教育基础教育课程改革研究”课题，在1994年被国家教委“九五”教育科学规划领导小组批准立项，而其前期研究则实际开始于1992年。1992年前后，为了研究制定后来经市政府转发的，北京市教育局关于小学毕业生升入初中的暂行规定的文件，除组织相关管理部门做了大量的调查研究，我与各区县主管局长和学校干部，进行了多次座谈研讨以外，还参加了北京市青年学者教育沙龙的讨论活动，与杨东平、康健、丛立新等人有过较为深入的意见交换。所以，在北京市教育局决定由我主持此项研究以后，我就成立了一个以北京市属研究机构的青年人为主，适当吸纳中央和地方师范院校与研究机构青年学者参加的核心研究小组，其中的骨干成员除陈镜孔外，有梁威、商发明、康健、陆沈娟、谢春风、王唯、王本陆、于彤辉、季苹、高卫东、杨德军等一批今天已经大多成为教育界中坚力量的年轻人。由于大家都另有专职或学业在身，所以研究小组的活动以业余为主，除一两周开次例会，讨论重大问题的研究心得以统一认识，大多是让大家各自依据具体的任务去查阅文献，展开调查，在形成意见建议后，向小组汇报。

从一开始，我们确定的整体研究思路，就是不能“就课程论课程”，而要先弄清未来北京（作为中国的一个代表城市）社会经济的发展趋势，并从这一趋势对个人发展要求的角度，全面思考未来北京基础教育的变化方向和基本特点，进而从人发展的需要来确定未来北京中小学建设目标与课程方案。实际上，我们研究北京与中国社会经济发展的走向问题，大约用了两年的时间。因为，1992年到1994年，正是小平同志南巡讲话以后，中国开始确立社会主义市场经济体制的两三年，又是“可持续发展”理念的提出与多样解读的两三年。“中国向何处去”，“有中国特色社会主义市场经济的特质是什么”，“中国的市场经济与发达国家的市场经济有无本质不同”等，都成为研究小组内外争论不休的问题；而“教育怎么改革”“课程怎么安排”等问题，反而难以成为思考讨论的热点。记得为“可持续发展”与“持续发展”的概念解读，我们就用了两三次讨论时间。

正是通过持续数年的学习、讨论、调查、研究，召开了各界人士参加的各种专题研讨会、征求意见会，又特别听取了一些参与过历次教材改革与教材编写的老专家的意见，才最终形成了由陆沈娟、谢春风等多人起草，最终由我执笔完成的题为《为社会的可持续发展培养新人》，我们称为“教育宣言”（这是研究小组成员康健一再坚持必须最先推出的）的文件，阐释了研究小组对世界经济社会发展的现状及其趋势，对北京21世纪发展面临的机遇与挑战，以及未来的“北京新人”应具备的基本素养，北京基础教育应具特质等问题的基本认识。“宣言”提出：“21世纪的北京基础教育，必须为一代北京新人提供更为宽松的发展空间，要让一代新人在选择中学习选择，在尝试中学会负责，在参与中发展自我。要真正认识到教育是培养‘人’的事业，应当以促进人的发展为中心，关注学生作为祖国、社会与自己生命主人的自觉意识的觉醒，使其具备主动发展自己、积极完善自己的基本素质。”又要求北京“必须为新一代的学习者创造一个开放的、充满活力的、优质高效的基础教育体系”，宣称未来的“学校、家庭与社会将会更为紧密地结合在一起”。①

在这样的研究共识的基础上，核心研究小组向中央党校王红，清华大学宋心琦，北京大学刘炬、吴湘钰，北京师范大学丁尔陞、阎金铎、朱正威等资深专家讨教，又对比分析了国内外多个课程改革方案，最终拟定出北京的课程改革方案。方案中除对指导思想、课程的基本原则、课程结构及其具体安排有所表述外，又依据我们对义务教育学校及高中教育的理解，对各个学科课程的性质与任务做了原则阐释，对学科课程标准的制定提出了规定性要求。此后，《北京市21世纪基础教育课程改革方案》（以下简称《北京方案》）的研究，就进入了第二阶段，即各个学科课程标准的研发阶段。第二阶段的工作，大体上是从1997年开始准备，并通过公开招标的

① 陆沈娟等：《为社会的可持续发展培养新人》，载文喆等主编：《走创新之路——北京市21世纪基础教育课程改革方案》（上），北京出版社1999年版，第27页。

方式进行。由各出版单位聘请专家组，在核心研究小组说明改革的基本理念与相关要求以后，请投标方在专项研究的基础上阐述对课改理念的认识，并结合学科特点自行设计研究课程标准的开发方案，经过统一评议，最终选定学科课程标准的开发单位。为了尽可能保证前期研究理念与要求的落实，核心研究小组的成员分别参加到学科课程标准研究开发小组中去，以平等成员的资格参与讨论，最后形成涉及义务教育与高中的所有学科的课程标准的文稿，连同前述文件和我撰写的“研究报告”等共同构成《北京方案》，1998年通过了教育部“九五”教育科学规划办组织的专家鉴定。以后，经北京市教育委员会办公会议讨论，决定接受该方案并以此为基础编写实验教材，从小学一年级起在部分区县开展课程改革实验。2000年，《北京市21世纪基础教育课程改革研究报告》获得北京哲学社会科学研究成果一等奖①，这是多年来北京基础教育研究工作荣获的少有的奖励。

二、《北京方案》的五大特点

回顾本项研究，我以为有以下几个特点值得注意。

（一）试图用课程改革撬动基础教育的全面改革

《北京方案》研究，从一开始就是着眼于基础教育整体改革的研究。它强调：“新的课程教材体系，是为了适应21世纪新一代北京人的成长发展需要设计的，是为了推进基础教育向素质教育的转变设计的，它应建立在新的教育观念、教育思想与教育模式的基础上。要破除若干或隐或显的认识误区，要在某种程度上与陈旧的传统观念（甚至还包括某些似乎并不陈旧的观念）划清界限，要有勇

---

① 因北京哲学社会科学成果奖不评丛书，只评专著、论文和研究报告，而反映我们全部研究成果的，恰恰是一套丛书，所以才接受评奖方建议，以研究报告参评。

气提出变革的口号，也要有勇气在实践中实现变革。”①

正是在推动教育创新的认识支配下，《北京方案》建议逐步取消小学初中分设的体制，改设九年义务教育学校，并打破中小学分野，统一安排课程。如把设在中学的代数、地理、生物、英语等课程，分别提到了六年级或四年级。又主张改变高中的课程结构，不但实行二一分段，而且为了加强通识教育，要求侧文、侧理的学生，在高三分别选修综合理科和综合文科课程，想借此推动北京市学校布局和课程的调整；又借示范性高中建设的契机，加强了独立高中学校的建设，还进而为改变高考的科目设置埋下伏笔。另一方面，《北京方案》又力求扩大学校的开放色彩，除了借鉴康健同志在海淀区部分学校改革实验的成果，设立综合实践课程，引导学生走向社区、走向社会外，《北京方案》又设想把家务劳动技术课程开到学生家庭中去，让小学生有计划地深入到同学家中，接触他人，了解社会，学用结合地学习自我服务与服务他人的本领；还设想在劳动技术教育中，大力加强基本劳动技能的培养和基础性劳动工具的使用，为此主张设立区域性劳动技术教育中心，配备有专业技能的工人技师来指导学生学习，并从劳动技术学习的特点出发，把按课表分周学习与相对集中的学习结合起来，想借此改变学校对课程的管理方式和学校教学设施的配置方式，扩大学校与其他教育组织、机构与社区、社会、家庭的联系，改变中小学校长期以来关门办学、不问世事的传统模式。

第三个比较重要的设想是，用课改去拉动考核评价制度的改革。在课程设置方案与各学科课程标准研发的同时，我们启动了各门学科以及基础教育毕业升学考试制度方法的改革研究，并进行了制度改革的实验。其中影响最大的是北京市一度取消了初中毕业生

① 文喆：《走创新之路》，载文喆等主编：《面向现代化的思考》，北京出版社1999年版，第11页。

升高中的全市统考，在缓解各区县教育管理部门统考成绩压力的同时，要求他们积极探索把日常的学业水平标准参照性测查，与旨在选拔的常模参照性考试结合起来，综合评量学生就学条件、家庭背景及相应的学习基础的发展，科学地尝试中考制度改革。又在普通高中招生中，提倡加大推荐保送力度，用科学规范推荐保送程序和加强输送与接收学校间联系的方式，来逐步解决千军万马过独木桥的“一考定终身”问题。这些尝试由于种种教育界内外部的阻力，最终并未达成预期目标，或并未真正落实，但把课程改革视为基础教育全面改革的突破口，并力图借此撬动基础教育的全面改革，应该说是《北京方案》的一个特点。

（二）较早地提出并坚守了“以人为本”的改革理念

在《北京方案》研究报告中，我们主张“实施素质教育的根本目的，是为了培养能够全面主动多样化发展的社会主义建设者和接班人，是为了帮助每个少年儿童都能最终寻找到既有利于个人发挥潜能追求幸福，又有利于他们为民族为祖国作出贡献的社会角色位置。个人发展的主动性、整体性、多样性、个人发展和社会发展的一致性，是素质教育的灵魂，是实施素质教育的根本性要求。创造宽松的发展条件，在开放的环境中促进受教育者的主动发展，是受教育者主动精神与创造意识成长的先决条件，是“以人为核心”的素质教育的实施前提，也是当前基础教育改革的关键”①。这里含蓄地提出的“以人为核心”的说法，就是我在另一篇文章中提到的“以人为本”的主张，我们主张的现代教育“应该是以人为本的，以促进人的全面、主动、多样发展为目标的”，因而现代教育、现

---

① 文喆：《北京市21世纪基础教育课程改革研究报告》，载文喆等主编：《走创新之路——北京市21世纪基础教育课程改革方案》（上），北京出版社1999年版，第12～13页。

代课程应该是“开放的”“民主的”“充分利用现代技术手段的”①。它反映了研究小组对现代社会与现代教育特点的认识，可以视为《北京方案》的灵魂。

（三）重新认识“基础”二字，促成学生自主发展

《北京方案》主张“基本的读、写、算能力，基本的操作能力（如木工、钳工、泥工），基本的直觉与逻辑推理能力，科学知识与科学精神以及基本的道德素养、公民意识和进取精神等，都是‘基础’的内容”②，并且强调了“基础”的发展性、多样性等特点，因而比较明确地提出了“尽量减少对学生的时空占领”，“尽量给学生留出自由支配、自主发挥的时间与机会，让他们有可能展示独特才华，探索适合于自己发展的方向和方式”的主张③，在课时总量与各个学科课时量上，都做了相应的减少，特别是在课时分配比例上，《北京方案》与当时的国家方案相比，减少了语文、数学等主科的课时比例，适当增加了体育、音乐、美术等副科的课时比例，而大大增加了劳动技术与社会实践（当时国家层面上尚无此种课程）的课时比例，从而体现了把学校教育与社会生活结合起来，“让学校教育成为连接儿童与社会的桥梁，而不要成为阻隔儿童与社会的围墙”的主张，也反映了我们认为“中外基础教育的最大差距在学生动手能力与生活能力的培养上”的思想。在课程分类上，提出了侧重学术性、知识性课程，侧重实践性课程与学校自主课程

① 文喆：《努力创造新的教育》，载文喆等主编：《面向现代化的思考》，北京出版社1999年版，第38页。

② 陆沈娟等：《为社会的可持续发展培养新人》，载文喆等主编：《走创新之路——北京市21世纪基础教育课程改革方案》（上），北京出版社1999年版，第27页。

③ 商发明等：《北京市21世纪基础教育课程改革方案》，载文喆等主编：《走创新之路——北京市21世纪基础教育课程改革方案》（上），北京出版社1999年版，第28页。

的分类方式，并规定了不同的考核考查方式等。这些都说明《北京方案》在研究开发的过程中，在课程的核心价值取向上力图向国际共识和国内成功改革经验靠拢的倾向。

就《北京方案》的研发与实验过程而言，我们虽然明确地提出了现代教育要有新的质量观念，明确地主张新教育的创造，要以降低传统质量为代价。但是，这样的学术主张在与社会观念及评价制度发生碰撞时，何种力量会占上风也是不言而喻的。教育从来不是教育机构一家的事，是社会大众都有权参与决策、参与实践的社会事业，任何新颖的教育理念或设计，如果没有经过广泛的民主讨论，不能得到社会大众的真心认同，实际是无法落实的。

比之于当前的新一轮的国家基础教育课程改革设计来，《北京方案》虽然也注意借鉴发达国家的教育理念与改革经验，但是它更强调对本土的基层教学与课程改革经验的学习与继承，更关注与传统教育经验与社会教育观念的衔接与过渡，比较注重课程标准的可操作性，并做好了随时调整的思想准备。

在学科课程标准的研发上，《北京方案》由于采用招标研制的策略，因而各个学科有较大的自由度，各学科主持人充分利用了自身的优势和经验来开展研究，如丁尔陞和刘兼主编的数学课程标准，就充分利用了刘兼等从事现代小学数学改革的经验，同时借鉴了美国大众数学的改革思想。而吴湘钰、朱正威两位先生主持的生物课程标准，则广泛借鉴了“STS”科学教育的核心思想，参用了北京市多年来生物课教学改革的经验。其他如化学学科的宋心琦先生、物理学科的阎金铎先生、地理学科的王民先生等，也充分利用自身从事教学与课程改革的经验，提出了许多极具创意的主张，为学科课程改革指出了可行的策略方法。总体上看，《北京方案》的课程标准，似乎离中小学教学实际较为切近，注意与教学实践的衔接，但也因而显现出创新的某些缺憾。当然，一些学科如数学、生物和地理，也有较大突破，但由于突破之处都有国内长时间改革实验的经验基础，所以能够较为顺利地推广实施。

另一方面，一些核心研究小组提出的改革设想，或者由于与教学实际脱离太远，如要求小学一年级每周只开设三节数学课；或者由于与学科的科学研究现状脱离太远，如希望编写“世界背景下的中国史和有中国的世界史”的构想，都只能放弃或搁置。还有一些课标研究人员和核心研究小组认识相近的改革尝试，如北京教育学院李晶等主持的科学课课标与教材的开发，就坚持了近十年的探索，在广义的“做中学”的基础上，把小学科学教育的内容，按照科学理念方法区别为若干个核心主题，并尝试运用模块教学的方式加以整合，从而走出了一条有特色又比较可行的自然科学的综合课程的发展之路。然而将史、地结合为一体的社会科学的综合课程，发展得就没有那么顺利，虽然社会学者李楯先生亲自主持其事并撰写课文，但由于与中小学教育的实际可能差得较多，最终只得遗憾地中止了教材的编写。这说明在进行整体性的课程改革时，重视并尊重相关学科教学改革实践的研究成果，与大胆组织有先进理论依据的学科教学改革实验必须很好地结合起来，才能不为已有经验所困，推动课程改革向纵深发展而有所突破。在这个问题上，我认为国家新一轮课改与上海市的第二轮课改，都做得比《北京方案》更成功。

（四）主动对课改实验工作进行了全程监控评价

从 2001 年《北京方案》实验工作启动以来，在北京市哲学社会科学规划办公室指导下，先后由梁威和赵学勤实际主持了《北京方案》实验的监控评价研究课题，组织涉及所有实验区县的样本校队伍，抽调北京市教育科学研究院的研究人员，与区县教科所、样本校的干部教师，结合起来对课程改革实验进行全程监控，我们不但全面收集有关课程改革实验的工作数据，而且连续数年坚持对教师、家长、学生以及学校的教学过程进行统计与问卷调查、实地观察，对学生的学业水平进行测量检查，整理收集学校教师学生对课改方案、课程标准及教材的意见，组织样本学校总结工作经验，共同研讨解决实验中的种种问题，最终提出年度实验工作监控评价报告，并对北京市课程改革实验工作提出有价值、有科学依据的意见建议。在进行监控评价研究的过程中，监控评价小组与各方研究力量结合，开发了课堂教学评价、教材评价、学生学习质量评价等多种监控评价工具，较好地支持了课改实验的推进。在2003年以后，《北京方案》停止实施，北京课改实验并入国家课改，但监控评价工作一直沿续了下来，积累了大量数据，为完善课改实验提供了有价值的工作成果。

三、汲取经验教训，继续课程改革

综观《北京方案》的研究与实施的全过程，有若干经验教训值得记取，其中最重要的有三点。

（一）要正确处理教育整体改革与课程改革的关系。课程改革是教育改革的核心，但是课程改革又必须建立在教育的整体改革、特别是管理体制改革的基础上，建立在社会性的教育观念更新的基础上。《北京方案》力图用课程改革去撬动教育管理体制改革，希望通过课改去启动学校设置与基本学制、升学考试制度和学校过度社会化等问题的改革，实践证明这个设想是行不通的。正因为这些连带的改革存在着很多困难，反而限制了区县学校投入课改的积极性，也影响了《北京方案》的真正落实。所以，当北京市教委由于国家政策变化，决定中止执行《北京方案》时，我本人实在是如释重负。因为，按照《北京方案》，再过两年，实验区、校就必须实行小学初中一体化办学，必须彻底取消实验区、校小学生升学的选择权利。而实际情况是，当时的北京无论是教育系统内部，或者是学生家长，都是既没有做好这种改变的思想和工作准备，也没有真正认同这样的改变。从这个角度说，课程改革作为主要是教育内部的工作方案的改革，它无法承担我们企图赋予它的任务，《北京方案》追求的目标过于庞大，想用教育内的局部改革，去撬动社会性的教育整体改革，结果反而拖累了课改的推进，这应该是个教训。

（二）中小学教育的课程计划与课程标准，是社会对未来一代人发展方向和发展方式的集中设计，也是必须由儿童少年去亲身尝试实践的生命活动过程，“为了中华民族的伟大复兴”与“为了每位学生的发展”，是相关又相异的不同目标，怎样把这些有矛盾的方面很好地结合起来，怎样让成人拟定的计划适应不同儿童的需要，怎样在促成学生发展的同时，实现传承与弘扬文化的历史责任，这中间既有实践问题，又有理论问题。正如在学科设置、学科内容与学习方式的选择上，同样存在着实践与理论的两难问题一样。《北京方案》比较重视学科要求的可操作性与可实现性，从学校教育是社会实践的角度看，似乎无可厚非。但是，总体上看，由于对北京基础教育的历史与现状缺乏真切的调查，由于对国内外的相关理论成果缺乏深入的研究把握，所以《北京方案》基础理论支持不够坚实，若干改革设想也存在着不够确切和不尽可行的弱点。

（三）《北京方案》强调要创造新教育，强调要创造一种不同于现行基础教育、也无成例可循的教育，还希望通过课程计划与课程标准的改革来实现这一创造，把希望寄托在学校教师的认识与行为的转变上。时至今日，课程改革已经进行了七年，小学已经完成了一轮改革实验，初中改革实验也进行了一轮多，虽然积累了大量成功的改革经验，也确实创造了许多成功的教学案例，大多数学生的学习条件和学习行为，也真实地发生了某些变化。但是，我们所期待的新教育的曙光是否出现了？我们所倡议的有利于学习者全面、主动、多样化发展相对宽松的教育环境是否真正形成了？我们的学生和教师的课业与工作负担，是否真正有所减轻？答案应该是不言自明的。那么，问题出在哪里？是我们设想的改革方向不对，还是我们设想的变化尚未实现；是学校教师的观念转变滞后、工作不够努力，还是当今的社会与教育条件，还不能促成他们实现真正的转变……凡此种种问题，都应引起我们的深长思考，都需要我们在全面反思的基础上，去调整和完善课程教材，去慎重思考与社会相关的教育改革的目标定位与策略选择。

（原载《基础教育课程》2009 年第 1～2 期）

46

有效教学及其实施策略

一、一个历久弥新的话题

在世界教育发展史上，有效教学是个历久弥新的话题。从20世纪50年代以来，由美国开始，总不断有人提出教学的有效性问题，并随之而形成了若干以“有效”为热点的讨论话题，诸如“有效学校”“有效课堂”“有效评价”，等等。这种本质上是对教学有效性的研究讨论，与现代社会发展中出现的新机遇与新挑战有关。作为一种世界性的教育改革诉求，有效教学问题的再次提出，反映了传统的学校教育体制与机制，在面对新的经济社会发展条件时进行自身转型与完善的努力，也反映了传统学校教育的目标与策略正面临着巨大的调整压力。以发达国家为代表的当代学校教育传统体制机制面临的挑战，主要有以下四个方面：第一，随着教育权利的普及，大量非传统教育对象拥入各级各类学校，所谓“生源质量下降”成为世界性议题，那些建立在“精英教育”实践基础上的教育目标、内容、方法、策略等，或者效度降低，或者走向失效；第二，二战以来，随着社会生产力发展和三个世界划分及世界经济分工的明晰化，发达国家各阶层成员生活质量普遍提高，缓解了知识改变命运的压力，弱化了“以读书求发展”的社会功能，从而导致了带有普遍性的学生学业水平下降和学习动力下滑；第三，信息技术与当代科技的飞速发展，促成了世界性的，至少是发达国家民众的生活方式的丰富化，大众传媒的空前普及与信息诱惑，刺激了儿童少年多样的生活追求，分散了他们的精力，向“苦读”的传统发出挑战，影响了“努力文化”的延续营造障碍；第四，网络技术的普及，多种媒体间的市场竞争，使人类文化成果的传播更加快捷方便。各种文化快餐，为不求“甚解”的受众，提供获取一般文化修养的“成功”捷径（例如所谓的“替大家读书”的“评述”“聊天”的“读书”方式，以视频为主的知识介绍方式等），于是，一方面减轻了学校教育在传承文化方面的压力，另一方面也削弱了学习者通过学校教育来求知的动力。

当然，随着以网络技术为核心的现代信息技术的普及与发展，现代社会也为学校改革教育途径与方法，为全面提升教学质量，提供了可能的机遇与方法、工具。正是从这一双重意义上说，有效教学才不但成为在一定程度上可解的改革诉求，并因而成为当代世界性的教育研究的重点课题。

二、有效教学的文化内涵

实际上，由于世界各国经济与社会发展存在诸多差异，发达国家教育界提出的“有效教学”问题，也有其独特的文化内涵。例如，美国学者玛扎诺等人在其所著的《有效课堂——提高学生成绩的实用策略》一书中，实际上把“有效”定义在“最大程度地提高学生的学习成绩”上①，其建立在归纳少则 21 个，多则 1 251 个原始研究案例基础上的“影响学生成绩的教学指导策略”，则包括“鉴别相似性和相异性”“总结和笔记”“提倡努力和给予认可”“家庭作业和练习”“非语言表征”“合作学习”“建立目标和提供反馈”

---

① ［美］玛扎诺等著，张新立译：《有效课堂——提高学生成绩的实用策略》，中国轻工业出版社 2003 年版。

“产生假设和检验假设”以及“问题、线索和先行组织者”九项，①而其中的“鉴别相似性和相异性”“总结和笔记”“家庭作业和练习”等几项，在中国似乎是尽人皆知的常识性要求，在美国却要由学者郑重其事地进行实证研究，才因其确实可以提升学生的成绩而为社会所接受。由此可见，由于文化背景不同，社会与家庭对学校教育的认识与需求不同，所谓的“有效教学”，不同国家地区其实也有不同的理解。就中国当前的社会经济与教育发展阶段而言，由于“考试领导教育”“知识改变命运”还有较大的实际效应，对大多数中国中小学而言，在考试过多，考试和作业、练习压力过大，学生身心负担过重的条件下，中小学生多数是能够掌握基础知识的，所以，中小学教育工作者并不以或主要不以一般地提升学生学业成绩为主要难题。对中国教师而言，最大的难题，是过多的重复性考试与练习损害了学生的身体健康与学习兴趣，是在确保学生取得较好学业成绩的同时，可否减少对他们的“时空占领”，可否让他们有机会、有余力去追求主动而多样的个人发展？从这个角度说，美国教育工作者追求的“有效”，主要是“有效果”，是达成基本的教学工作目标；中国教育工作者追求的“有效”，除了“有效果”之外，还包括“有效用”和“有效率”，对相当一批中小学校而言，重点也在“有效用”或“有效率”上。

三、有效教学的三层含义

我们认为，当代中国基础教育的有效教学包含有效果、有效用、有效率三层意思。

一方面要追求教学基本目标的达成度，要努力让学生掌握相应

① ［美］玛扎诺等著，张新立译：《有效课堂——提高学生成绩的实用策略》，中国轻工业出版社 2003 年版。

的知识、能力，要促成学生在基本方法与态度上的有效转变。另一方面又要注意学校教育的根本目标，是促成学生掌握“以学习求发展”的基本态度与基本能力，所以，对当今所学知识与能力的追求，不能影响学习者持续学习愿望、兴趣与能力的发展。这里所谓的“有效用”，并不是指简单地应用当下学习的知识于生活实践之中（由于受到所学知识深度的影响，中小学生的这种应用尽管有益，而又必然有限），而是强调当下学习对后续学习、对激发学习者掌握更多、更深、更广的人类认识工具与认识方法的兴趣和效用。第三方面，无论是对学习效果的追求，还是对兴趣的追求，都应建立在确保师生身心健康的条件下，都应追求低时间投入，高效果效用产出，要为学习留出足够的自主发展机会和发展精力。之所以把有效果、有效用和有效率，同时作为当代中国基础教育有效教学的工作目标，是因为当前的教学工作中，确实存在这些方面的问题：一方面，虽然中国当前并没有完成从欠发达向发达阶段的转换，但是近二十多年来，促成发达国家教学失效的社会因素与技术条件，在中国的发达地区和大中城市都有较明显的表现：教育对象扩大，生活条件改善，网络技术带来的机遇与挑战等，确实已经影响了学校教育，确实已经使帮助学生有效掌握知识达成教学目标，特别是达成统一考试成绩目标，成为众多中小学教师颇感困难的问题，成为在学校教育中越来越突出的难题。在传统的教学策略失效或效能下降的条件下，许多第一线的教师已经或正在探求新的提升学生成绩的策略，正在把追求教学效果视为重要工作目标。另一方面，必须强调说明，由于“穷国办大教育”的格局并未真正转变，由于“赶超”心态的积极与消极影响，在当代中国中小学教育中，“考试领导教育”的现象，还是一种较为普遍的事实，在一定程度上也是家长、社会思考教育问题，追求教育目标的出发点。在这样的社会条件下，相当一批学校、家庭不惜牺牲学生健康追求高分，相当一批师生的“苦教苦学”，绝大部分学生课业负担沉重的现象，就成为几十年来中国基础教育挥之不去的梦魇，成为影响现实中小学校教学效用、效率的主要原因。因为基础教育从其性质与对象的特点而言，核心任务是为学习者的后续发展打基础，是为学习者的终身学习生活作准备。这种基础，固然建立在相应的知识与能力的掌握上，更重要的则是学习者持续学习的兴趣、愿望与习惯的养成。所谓的“有效用”，正是指当下的学习应该对后续的学习、终身的学习有用，而不仅仅是用中小学生学得的知识去解决实际问题。而时空占领过多，强制性的重复作业过多，反复的考试操练……都是导致师生身心疲惫、兴趣丧失的重要因素，是学习教学效率不高的反映，也是影响教学活动长远效用的基本原因。因此，当代中国基础教育工作者需要全面认识“基础”二字的深刻内涵，要在追求教学效果的同时，更加注重追求教学的效用和效率，要把追求效果、效用与效率统一起来，在“减负增效”上做文章。在社会大环境依然严酷的条件下，从教育自身做起，从探求新的有效教学策略做起，努力使中国基础教育从“越差越多练多考，越多练多考越差”的怪圈中摆脱出来，去争取实现中小学生的全面主动多样发展，实现基础教育的良性循环。

四、实现有效教学的基础

营造良好的学校文化，充分发挥环境育人的渗透和促进功能，是学校教育实现有效教学的基础。

学校教学，是一种组织化、制度化的学习活动，学校能否形成良好的、有促进功能的组织文化、制度文化，学习者能否真正融入并适应这一学校文化，对教学活动有效与否起着奠基性的作用。从当代中国中小学教育的实际需要与可能出发，应该努力营造以和谐、进取、宽松为主要追求的学校文化，这样才会有利于学习者与学习环境良性互动机制的形成，有利于提高教学的有效性。和谐的本质是“和而不同”，是承认学习者之间差异的合理性，是不抛弃、不歧视任何一个学生，是帮助每一个有“问题”的学生，使之成为学校班级不可或缺的成员，在求同存异的氛围下，鼓励每个学习者实现个人的最好发展。进取的本质是努力做事，永不放弃，是倡导一种人人都能够实现的人生目标。“成功”“聪明”“学习好”等，都可能成为学习者追求的评价目标，但受社会与本人条件限制，这些目标并不是每个人都能实现的；只有努力，只有坚持“天天向上”，“不放弃”，才是每个人都能做到的，才有最大的包容性，能够成为普遍适用的评价准则。正因为“努力”是人人可以实现的目标，努力又是走向“成功”的基础，所以崇尚努力的群体，就会营造出“和谐”“宽松”的文化。宽松的本质是容许犯错误，鼓励反思，是承认学习者有犯错误的权利，是“不以成败论英雄”。应该承认，儿童从进入学校的那一天起，就始终有个争取个人在群体中的地位和塑造个人在他者眼中形象的问题，“犯错”会影响个人地位与形象，是“出丑”的重要因素，于是避免错误就成为保护自己的重要选择；另一方面，作为初学者，不论是学习与人相处，还是学习相关知识，“犯错”又是题中应有之义，是走向正确与成功的起点，不容错的学校与班级文化，往往会妨碍学习者真实学习活动的发生，会阻碍学习者全身心地投入学习、融入集体。创造容错文化，鼓励学习者从错误走向正确，让学习者从“出丑”的顾虑中解放出来，是良好学习环境的必备品格。

和谐、进取、宽松，是实现中国中小学校有效教学的基础文化要求，也是当前学校课堂文化中的明显缺失，是需要学校领导者及家长、教师共同努力去实现的学校文化转型，也是需要所有相关人员真心认同才能实现的学校文化转型。为此，需要相应的教育管理制度变革为先导，也需要促成学校内外人士相应的观念转变为前提，要有长期奋斗的思想准备。

五、学校文化转型要争取社会认同

可以认为，从以应试训练为重心的，崇尚“苦教苦读”的学校文化，转变为以“和谐、进取、宽松”为特征的，重在让不同的学生实现不同发展的学校文化，是中国学校文化的重大转型，是社会及教育系统各方面对教育目标、教育内容与方式认识的重大调整，是以素质教育为标志的中国现代教育的创生过程。因此，在追求新的学校文化的实践中，必须着力于整合社会、家庭对学校的多元影响，必须尽量减少或化解学校与社会、家庭的文化冲突，从而真正实现学习者成长环境的和谐、进取、宽松的文化特质，为有效教学的实践创设前提性条件。

家庭文化、社会文化的多元多样，不同文化间的矛盾冲突，以及这些文化与学校文化之间的矛盾冲突，是中国特色社会主义现代化进程中的必然现象，也是社会进步及其生机与活力的标志。但是，处在成长期中的儿童少年，无论是从身心发展需要而言，还是从他们的认识、判断与行为能力的发展状况而言，都需要一个较少直接冲突的环境，都难以直面太过对立的社会或家庭要求。这样，一方面是客观存在着某些直接的利益与目标上的矛盾冲突，一方面是儿童、少年的成长又需要缓解矛盾冲突，需要环境的和谐与宽松，这就给学校、教师提出了不大不小的难题。教育界传统的做法是说服和教育家长，用种种教育或劝说的方法，让家长与社会相信学校要求的正当性与合理性，让家庭与社会“配合”学校去实现教育目标。然而，随着中国现代化进程的发展，随着社会、家长的权利意识与民主意识的觉醒，这种“家长学校”的效果越来越差，而家校之间的矛盾冲突，特别是家校矛盾冲突带给学生的“成长烦恼”，也愈发严重地干扰学校工作，愈发严重地影响到学生学习，特别是影响课堂教学的有效程度，成为当前学校教学管理的难题。因此，顺应党的十七大加快民主进程的工作思路，中小学校在学校发展与学生成长环境建设上，也应加强民主化进程，校长教师要虚心听取社会、家庭的教育诉求，要学会与社会和家长的代表人士，通过讨论协商确定学校的重大教育决策，乃至不排除必要的让步或妥协，以使学校教育决策真正成为各方共识，成为较少直接矛盾冲突的可行工作目标。在这样的协商与讨论的过程中，学校作为社会专职的教育组织，当然应该发挥引导与整合作用，应该更主动地吸纳社会、家庭的积极建议，尽量主动说服社会、家庭的不同意见，并促使它们相互说服、相互妥协，从而使最终的教育决策能为大多数相关人士衷心认同，并因而营造出有利于学习者发展的环境。

在社会经济发展的转型期，在努力促成学校文化转型的过程中，加强教育民主化建设，为成长中的学习者营造较少矛盾冲突的发展环境，不仅有利于提升教学有效性，而且有利于提升德育有效性。这一工作，应成为校长、教师重要工作要求之一，而且应成为学校组织实现自身社会责任的一个重要途径。

六、实现有效教学的起点

研究具体的学习者的学习需求与学习特点，从具体的学习者的需求与特点出发，结合由社会规定的课程与教学要求，去设计教学目标和教学过程，是实现有效教学的起点，也是现代课堂教学的规定性要求。

现代文化传播手段、方式的长足发展，现代教育学、心理学的最新研究成果，促成了人们对课堂教学本质的重新认识。同传统理论把教学过程更多地解释为教师对知识的讲解与传递过程不同，现代教学理论，更强调教学本质上是学生的学习过程，是在一定制度文化规范下，教师有目的、有计划地组织学生实现有效学习的活动过程，是通过多种交往方式实现的，学习者在知识、能力以及情感态度等方面的积极变化过程。既然教学过程的本质是学生的学习过程，是教师有目的、有计划地组织学生学习的活动过程，那么必须关注学习者的实际需求与可能，必须让教学计划（学习计划）适应学习者的需要，而这一计划的拟定者必须首先深入研究实际的学习者，就都是理所当然的要求，是实现计划有效性的基础条件。

从理论上说，要求教师关注每位学习者的具体需求完全合理，但是，对于一位要同时面对四五十人、七八十人乃至一百多人的中小学教师而言，怎样既要承认同年段的学生在学习基础、学习条件和学习要求上有某些共同规律，又要尊重实际存在的种种差别，努力尝试这种大班额条件下异质异步、区别指导，让不同的学生实现有区别发展的教学，则确实是个难题，是有效教学理论与实践研究的工作目标。因为，正是由于中小学生在其多年受教育的实践中，逐渐形成了越来越大也越来越复杂的差异，班级授课制的课堂教学才越来越趋于失效，教师适应学习者的难度也越来越大。在应试导向的课堂里，教师可以用强制性的考试目标，去要求一批学生不断重复地听讲和练习，并使他们中的一些人长期处于“伪学习状态”（即学习内容没有必要性、挑战性，学习过程中学习者没有产生真实的变化），丧失学习的兴趣和积极性；而另一些人则又囿于认识水平或兴趣差异，也无法从教师统一组织的学习活动中真正受益，因而也无法真正实现有效学习。“教学要从学生的已知出发”，“教学要从学生的需求出发”，这些经典的教育的基本要求，在当代中小学校的教学实际中，正变得愈加难以把握而成为重要的挑战。要解决这些问题，首先需要教师在认识上有重大转变，要坚决地把备课的重点转移到学习者身上来，至少要坚决地在同等程度上重视备教材与备学生，并着重在不同的学习者与教学内容要求的不同处理上做文章，要着重关注每个学习者至少是每类学习者的具体需求，了解他或他们的学习愿望、学习必要性和学习可能性以及他或他们各自需要何种学习方式，等等。只有教师真正了解学习者的具体需求，并能据此组织他们投入不同的学习活动，教学才能真正进入有效实施的起点。其次，必须承认，在班级授课制的条件下，实施针对不同学习者至少是不同类型学习者的教学，会打破统一的教学秩序，会造成某种混乱甚至无序现象。发达国家的中小学，由于班额较小，教师可能有精力照顾差异，也可以把无序现象控制在可接受的程度；我国中小学班额过大，教师精力不足分配，这种无序或失序有可能导致某种失控状态，因而需要用创造性的工作方法来解决。近年来，一些中小学校创造的“以教带学”的小先生授课法；组织成绩出色的学生，与教师共同研究教材，编制测试题目，再由这些学习骨干组织小组学习的“闯关教学法”；以及各种形式的分层教学方法等，都是解决这一难题的有效教学方式，都为我们尝试吕型伟先生倡导的“因人施教”提供了有效途径。再次，必须强调的是，关注每位学习者的学习需求，让教学活动适合于不同的学习者的要求，并不只体现在教学内容、教学过程与方法的安排上，还应该体现在教学效果的反馈与评价上。要尽量为不同需要与能力的学习者安排不同的考评内容与考评方式，而尽量少用统一作业、统一考试的方法来对待不同的人。考试确是检测教学效果的必要环节，用得恰当，会激发学习者的学习兴趣和积极性，也会帮助他们发现学习中的问题并促成有效的改进。例如，北京师范大学梁威教授等人研发的数学分层测试卡，一批中小学校教改实验中尝试的“让小学生自己出题考自己”等，都是有效利用学业水平检测、促进学生不同发展的范例。但是，如果滥用检测手段，滥用频繁的统一考试并以分数排队来刺激学生，就会给许多学习者的心中留下难以抹去的阴影。中小学生肯定是有差异的，在当代中国的社会经济教育条件下，他们迟早也会面临统一考试的选拔淘汰，而引导他们正确应对这些挑战，帮助他们自主选择自己发展目标的最好方式，绝不是在他们身心稚嫩的时候，从小学一年级起就不断给他们排队，不断刺激提醒他们自己正在名落孙山，而是积极鼓励他们尝试多种发展途径与方法，是让他们在尝试中发现自身的优势与兴趣，感受“成功”，从而让他们中的大多数能够更有信心地面向现在，面向未来。

总之，只有从教学目标到考评方式都关注到学习者的差异性，都注意对不同的学习者有不同的对待方式，才会真正实现有效教学。当然，在大班额的教育条件下，这是一项重大挑战，也是中国基础教育必须尝试解决的难题。

七、提升课堂教学有效性的关键举措

在学习者自主阅读学习的基础上授课，让阅读学习成为多数学习者主要的学习方式，是提升当代中国课堂教学有效性的关键举措。

当学习者具有一定的阅读能力以后，尽可能地用阅读学习在一定程度上取代“听讲”，在他们阅读的基础上展开教学活动，只就他们阅读中提出的问题去讲解、答疑、讨论、实验、调查、探究……对他们没有提出问题的教学内容，除非其十分重要且这里的“没有问题”只是因其认识缺陷而呈现的“假象”以外，教师都应坚决地排除于教学计划之外，这就是所谓的“先学后教”模式的基本内涵，也是多年来中国基础教育重要的教学改革收获。例如 20 世纪 90 年代初期由王永、余文森指导的福建“指导—自主学习”教学实验，华南师大郭思乐教授主持的“生本教育”实验等，江苏洋思中学的“先学后教”实验等，都是成功的例子。

其实，就现代信息社会发展的需要及其提供的条件而言，阅读学习能力，已经成为现代人基础性的生存能力，也是影响个人终身发展的关键能力。这一能力，是在个人先天生理素质的基础上，经过家庭、社会、学校的多样文化影响而发展起来的，学校教育在其中承担着重要的奠基和整合作用。儿童主要是在学校教育过程中，掌握了基本的读、写、算的能力，也是在学校教育的过程中，掌握了数学、物理、化学、生物等学科的知识系统和分析方法，学会了阅读数学、物理、化学、生物等学科书籍，从而为其一生的持续发展，奠定了吸收、验证他人认识成果的能力基础，为他们终身的学习生活做好准备。不论“知识爆炸”的说法是否科学，现代人不能仅凭其在学校中习得的知识去生存与发展，则是不争的事实。人类社会成员，在其一生中不断更新个人的知识储备，是当今时代发展的特点，也是每个人发展的要求。终身学习，应是学习者针对社会经济发展的挑战，从个人的需要与可能自主安排的，也应是自觉的而非强迫的，是为满足个人非为满足他人需要的，是随时都会发生而非必需某种制度保证的。从这个角度看，培养阅读学习能力很重要，而且培养阅读学习兴趣和学习习惯，则更为根本和关键，现代人应该是有兴趣、有需求并会阅读的人，而不是只把学习和阅读当成“工具”，当成“敲门砖”的人。

培养学习者阅读学习能力，是在一定程度上解决大班额教学条件下帮助其实现差异发展的有效方法。因为不同需求的学习者不但可以阅读同一册书的不同部分，还可以阅读完全不同的书，甚至可以同时阅读几种书，这样就能解决一位教师，面对几十位有不同需求学生的难题，教师可以让他们通过阅读不同的书，去自己解决自己的问题。当然，为此首先要求教师对学习者能通过阅读来学会知识有坚定的信念，并且在他们已养成某种依赖心理、不肯或不能主动阅读时，也坚持不去讲解或演示那些大多数学习者可以自己读会的教学内容。其次，教师要及时了解学习者的阅读状况，并给予有针对性的指导。一些教师尝试的“学案导学”，用系列问题来引导初学者阅读的方法，提供多种相关材料，让学习者通过阅读学习归纳分析的方法，以及通过教师示范或举例，具体指导学生发现关键词、核心概念与文本逻辑线索的方法，都不失为有效的指导方法。另外，学习者阅读的效果需要通过有针对性的考核及各种反馈评价手段来调整和巩固，对不同的学习者和不同的学习阶段，要采用不同的评价和激励手段：有时可以通过学业测量的方法，有时也可以让先学者为后学者讲解或辅导，有时还可以布置各种综合性、展示性的作业，乃至通过布置研究性课题，要求学生写读书报告、文献综述的方法检查评量学习者的阅读效果，以及通过实行“先学后教”，只有阅读后提出问题时才予以解答或讲授的办法检查学习者的阅读质量。

培养阅读学习能力，指导阅读学习方法，是全体教师的共同责任。尽管语文教师负有培养学生基础性的阅读能力的责任，要教学习者学习识字、解词和通晓文义，但是，他们无法指导学习者学习阅读数学或者物理书籍。因为，每一门可以称为“科学”的学科，都有自己独特的术语系统和表述认识的规则，都是对社会与自然事物的独特的观察与分析的角度方法及成果，所以，只能由熟悉本学科理论知识系统的专科教师，来承担指导阅读学习本学科书籍的责任。依据首都师范大学乔际平教授的大样本调查，北京有95％的初中二年级学生，认为自己可以完全读懂或大部分读懂语文教材，88％的学生，认为自己可以完全读懂或大部分读懂数学教材，而只有百分之三十几的学生认为可以读懂物理教材，可见学科知识基础及教师的指导对形成学生的阅读学习能力有重要作用。

从教师有组织有指导的阅读学习，到学习者能够自行选择材料、自行确定进度安排和学习方式，并自行反馈调整的自主的阅读学习，在某种意义上说，就是学习者从“需要教”到“不需要教”的转变过程，就是儿童的“成人”过程，也是现代人从“自发”的主体转变为“自为”的主体的发展过程。我们必须充分重视阅读学习在人的发展中的重要作用，要充分重视探求培养儿童少年阅读学习能力的规律。

八、培养学习者发现问题、研究问题的能力

努力培养学习者发现问题、研究问题的能力，是解决难点、深化认识的重要方法，也是有效地实施探究性、研究性学习的前提。

问题是学习的先导，是引发学习兴趣和学习积极性的关键，会学习的人才会有问题，不会学习的人没有问题，或是提不出明确的

问题。所以要促成学生的有效学习，要提升教学的有效性，就应该着力培养学习者提出问题并思考研究问题的能力与习惯。所谓问题，并不是在一个概念或判断上，加一个“是什么”或“为什么”的前缀或后缀就成功了。这种简单的“是什么”或“为什么”，可能是一个较好的能引发学习活动的问题，也可能只是一种无思考价值的表述。学习需要的问题，关键是发现学习内容与主体认识之间，学习内容之间，乃至主体自身既有认识之间的一般矛盾或深层矛盾，并通过对这些矛盾的分析探求和寻找答案，来求得认识的深化、改造和提升、变革。这种新信息、新材料与既有认识之间的往复运动过程，也是学习者不断深化加工信息的过程，是他们扩大自身认识范围与改变思考角度的过程。人们发现问题的基础，是多方面筛选接受新的信息，是个人头脑中有相应的知识积累与认识准备，是自身养成了对比联想、思考分析的习惯。一般说来，没有新信息传入，没有个人相应的信息储备，没有联想比较分析的习惯，都不可能提出真正有科学思考价值的问题，而仅满足于提出问题，却不去追求有根据的解答，也不会带来有意义的学习与研究活动。“问题意识”是科学精神的重要反映，而科学精神的本质，一是怀疑，不相信任何没依据的、不合理的论断或主张；二是积极规范地求证、求解。中国伟大诗人屈原的《天问》，提出了一系列关于宇宙起源万物本质之类的大问题，但只停留于“问”，而不曾引发积极的求证、求解，结果不仅没有带来中国现代意义的科学发展，而且使问题本身深刻的哲学意义被埋没。培养学生的问题意识和提出问题、解决问题的能力与习惯，应成为有效教学追求的重要目标，也应视为实现有效教学的重要途径。

怎样才能有效地培养提升学习者的问题意识和能力？从近年来中国教育改革的实践经验看，主要有以下几种途径。首先，教师要带头向学生提出问题，提出那些学习者固有认识与新知识矛盾冲突的问题，提出那些新知识中存在的内在矛盾冲突的问题，提出那些社会或学习者中间普遍存在认识差异的问题，从而引发他们分析比较性质的思维活动。此时教师的提问，其实是一种示范，目的是引发学生从不疑到疑的转变，是改变学习者被动接受教师教导的习惯。所以，教师所提问题必须适合于学生，必须既有一定深度、难度，又有适当的梯度，有一定的选择性，从而满足不同学习主体的不同学习需求。必要时，教师还可以故意设置障碍，或坚持某种不尽合理的意见，以激发学习者的积极思考。在教师主动提出问题时，不但要做较充分的学情调查，以保证问题的针对性，而且要注意为不同的学习群体准备不同的问题，从而让学习者有选择适合于自己的问题的机会，让他们能从自己的真实问题出发，开始新的学习活动。其次，在学习者初步形成问题意识以后，教师要善于提供比较丰富，又存在某种矛盾冲突的学习材料或事实证据，从而让学习者在阅读、观察、联想、分析的过程中自己发现问题，进而探求可能的解答。教师还可以在组织学生阅读、观察、联想、分析的过程中，采用有针对性的提示思维活动重点，提示对比分析的角度方法，提出更多的相关理论或事实等措施，帮助或引导学生发现问题并探求可能的解答，从而使教学过程的重点，由传授知识转变为分析整合知识，转变为问题的发现与解决的实践活动，亦即所谓的探究或研究过程。这是一种通过实践体验培养学习者问题意识和能力的方法，也是一种较为费时又较有实效的方法。培养问题意识与能力的第三条途径，是教师本人现身说法，是完整意义的示范性教学活动。亦即教师把自己在学习生活中发现问题和解决问题的过程，完完全全地叙述报告给学习者，尤其要详尽地陈述分析自己思考过程的曲折与得失，从而让学习者不仅可以破除对教师本人的迷信或盲从，体验到科学的怀疑态度的真谛，而且可以从借鉴比较中发展本人的思考分析能力，学习思考与分析的方法。许多大师级的学者，在其教学生涯中，留给学生印象最深的，并不只是他们的博学与睿智，而是他们坦诚的科学态度，是他们那种与学生共同思考分析疑难问题时的纯真与自然。在多数情况下，教师与学习者共同学习学科知识，并不是教学的常态，但是，当教师有勇气承认自己的某种无知，并与学习者共同去破解它，当教师有勇气向学习者展示自己学习过程中的苦恼与挫折，并详细陈述其解决途径时，它对于学习者的示范与激励作用，则必将是超乎寻常的，也是会让他们受益终身的。当然，培养问题意识与能力的根本性要求，是培养学习者的科学精神与科学态度，是培养他们对一切新的异常信息，都采取“先怀疑，后求证，再接受”的基本态度。毛泽东同志早就要求我们，对任何问题都要问个“为什么”，都要想一想它是否合乎实际，是否真有道理。可惜的是，多年来我们在这个问题上一直没有太多的改进，不加思考的盲从与迷信，依然还有相当大的市场。所以，要从小培养学习者的怀疑与求证精神，教师还应鼓励他们质疑自己和自己所传达的知识信息，鼓励他们用自身的经验去尝试证实或证伪，从而真正营造出对学习者相对宽松的成长环境。当然，在注重培养学习者怀疑精神时，必须同时注重培养他们尊重他人发表意见权利的态度，独生子女条件下的自我中心倾向，只关注个人经验而不学习他人经验，只怀疑他人而不怀疑自己的态度，都不会带来真正的科学精神，也不会形成有价值的问题意识，这是应该引起警惕的。

培养学习者的问题意识与能力，是有效地进行探究、研究的基础，也是有效教学的工作目标与实现途径。这一任务将伴随学习者发展的全过程，也需要落实在学校工作的各个环节、各个层面，只有学校教育工作者通力合作，共同投入，持之以恒地做好培养工作，才会真正收到实效。

九、实现有效教学的重要途径

充分利用教育资源，尤其是充分利用社会与网络教育资源、学生资源和课堂中产生的活的教育资源，是实现有效教学的重要途径。

学习者的学习活动，是学习者运用自己的各种感知器官，在学校教师的组织与影响下，通过与外在世界进行实时地感知、体验和联想分析而实现的。学习活动一定要有观察、体验、认知、思考的对象，只能建立在信息的收集、筛选与加工的基础上。从这个角度说，学习者对各种资源的充分利用，是学习活动发生与持续的前提，资源越充分、越多样，学习者对资源感知、体验活动越全面、越深入，学习活动就会越加丰富多样，学习效果也会越加持久深刻。当然，就学校教育而言，由于学习者的不成熟性，由于社会对于教育的效能需求，也不是资源越丰富就越好。只有相对丰富且导向明确、切合学习者最近发展区需要的资源，才最有利于初学者；而引导学习者逐步学会自主利用复杂矛盾的网络与社会资源，则是他们实现完全意义的自主学习的需要，是学校教育成功的目标。要指导学习者学会利用教育资源，教师就要着力了解他们的实际需要，并以这种需要为中心，有目的有计划地由少到多、由相对集中到适度分散、由有指导到逐步淡化指导地提供更为丰富的资源，不但让他们有筛选加工的机会，而且让他们有可能成为资源的主动利用者和生产者，成为个人学习活动的主人。

在教育资源的利用上，当前中小学校主要存在两方面的问题。第一是不能全面利用资源，无论是教师还是学生，都比较重视教师的“讲解”和自身的“听讲”，重视各种有计划的“展示”或“实验”，而不太重视对教材、对学生资源、对课堂上的随机事件、对网络与书籍的利用。这个问题的解决，除了努力转变师生双方关于教与学的观念，努力通过实践去体验去深化对资源的认识以外，也需要解决利用的方法和工具问题。因为，正是缺乏对有效利用资源的方法研究，缺乏对整合资源方式的深入探讨，不但影响了师生认识，而且影响了学校教育实践。其实，所谓的教育资源，虽然广泛存在于教育生活内外，但其中的许多并不是以教育之名存在的，它们只是一般的日常生活现象和生活常识，它们确有教育作用，因为它们会有意无意地影响发展主体，会有积极或消极的影响作用。为了提升教学的有效性，教育工作者要有意地整合、加工各种社会与教育生活及文化现象，促成其向可资利用的教育资源转化，从而提升学习者的学习质量。例如，近年来由北京教育学会主持、顾德希等多名特级教师指导的高中选修课程网络化教学的尝试，山东高密一中李希贵等老师创造的“文科实验室”改革经验，都不是简单地或让学生上互联网，或把学生请进阅览室，而是先由教师和学生，对网络中和阅览室的相关资源进行必要的筛选、整理，从而使丰富的信息数据或书刊资料中体现出某种程度的方向引导，体现出在自由选择中的边界限制，这样才能在充分发挥丰富的网络或书刊资料的正面效应时，有效地遏制它们可能的负面影响，提高教学的实效性。因此，教育资源虽然广泛存在于社会生活之中，而教育资源要真正实现有效利用，还需要学校教育工作者的艰苦劳动。

第二是部分学校教师之所以对教育资源的发现、加工、整合，感到为难，感到力不从心，固然与当前中小学教师普遍压力过大、工作负担过重的现状有关，也与一些教师自身教育观念陈旧、学识修养不足有关，与教师自身的成长经历有关。长期以来，中国基础教育和高等教育都存在只重灌输、传递，而不甚重视学习者主动探究、阅读、思考的问题，都存在着只重理论认知和答题作业，而不甚重视在实践活动中学习、在“做中学”的问题。所以，新一轮课改以来，当倡导者提倡探究性、研究性学习和问题导引式学习时，不但学生感到陌生，教师本人往往也缺乏体验。既然大多数教师都是靠学教材、考教材的方法学出来的，他们当然会对广泛收集利用各种同教材并无直接关联的素材的要求感到为难，也会由于这些教学的额外负担感到困惑疑虑。但是，这是提高教学有效性必须迈过的门槛，是提升教师自身学力与修养的有效阶梯，一切有志于教育事业的人，都只能靠自己的努力去弥补时代变迁带给自身的缺憾，都只能借助自身在实践学习求知新方式时获得的经验，去促成自己工作对象实现类似的转变或发展。

教育资源的充分利用，不但与观念方法技术有关，也与灵感或智慧有关。课堂教学作为一种以人与人交往为主的实践活动，其实是有许多艺术或随机因素的，并不像按图纸施工那么循规蹈矩。所以，要让教师和学习者在放松的心态下开展有设计、有准备的学习活动，又不要让事先的设计限制了真实的学习活动的发生发展，这中间需要的是教育智慧，是快速准确地发现学生及其学习活动中的教育资源因素，并及时引导其发展成可以让大家（至少是一些人）共享的教育资源，让更多人从少数人的迷惑或思维火花中受益。这种成功的教育范例，在现实生活中不胜枚举，一些思想深刻的专家对教师课堂教学中神来之笔的开掘，也往往会让人为之耳目一新。而关键是要努力培养教师本人的反思开掘能力，教育智慧的闪光是长期经验积累和认识沉淀的结果，常常是可遇不可求的，而养成反思习惯，不断对个人的教育实践进行再思考、再分析，则是培养提升教育智慧的可行途径。

教育资源的丰富性与导向性是一组矛盾，成功的教学活动，需要教师审慎地处理这一组矛盾。从当前中国基础教育的实际状况看，则应该关注加强资源的丰富性，关注各类资源的充分利用，因为它是影响当前教学有效性的重要因素。

十、有效教学的保障环节

依据课堂教学的实时反馈，随时调整教学计划，努力满足不同的学习者的学习需求，并及时利用多种评价手段，去巩固落实学习者的学习发展成果，是有效教学的保障环节。

我们认为，课堂教学是学习者学习活动长河中的关键环节，是他们学习活动的整合与提升的环节，所以必须从培养巩固学习者的学习活动方式与巩固其效果入手，去影响和引导他们的学习行为，去提升和改造他们对学习的认识和学习习惯。学校教学肯定应该以间接经验为主，肯定应该建立在学习者日常生活经验的基础上，但是学习过程并不仅是知识的获取与加工过程，也不仅是态度和能力的形成或提升过程，而且还是学习者学习习惯、学习兴趣与学习方法的形成过程，是学习者学会学习的活动过程。因此，要重视课堂教学的养成作用，要努力运用种种测量与评价手段，去促成学习者全方位的转变。目前部分高中在尝试学分制，尝试用平时的作业、练习及课堂学习表现，结合期末考试成绩来综合评价学生的学业水平。然而在教育实践中，却出现了少数学生因平时考评成绩太差，致使虽然模块考试成绩及格，而最终却因总评不及格而只能被迫重读的现象，以致让学分制度的设计者大跌眼镜。因为，实施学分制改革，本来是想改变一考定终身的现象，是想让部分考试失利的学生，可以凭借平时合格的付出而免于重读。前述现象的产生，恰恰反映了“应试教育”的影响，说明一些教师忽视了及时利用反馈手段，及时提醒学生，培养学习者良好学习习惯、学习兴趣和学习方法。真正有效的教学反馈，必须体现在教学活动的全过程、全要素上，而不能只是体现在学业成就水平的测量上。学习者的学习活动本来就有多重目标，而学会学习，学会自我调控下的自主学习，更是中小学教育的根本目标之一。这种自主学习的能力、方法与习惯，又需要在学习者完成教师布置的学习活动中实现，需要在教师的指导、帮助和准确的批评或奖励下实现。这是一个积极的构建过程，是一步一个脚印的进步过程，也是一个教师必须及时关注与悉心培养的过程。只凭学业水平测量来发现问题和进行调控，不注意平时对点滴细节的反馈和调控，不但无法做到有效教学，而且其实这也不是真正意义上的教学。

反馈评价对实现有效教学是至关重要的，反馈的方式也是多种多样的；一次考试成绩，一次提问后的表扬或赞许目光，一份对作业不乏严厉的批语，一个专为某人布置的任务或作业，一次有区别的检查或提问……都可能是有效的反馈评价手段。关键是要准确，要恰当，要切合学业的实际，要建立在对学习者心理和学习状况的真切了解上，要让学习主体在最需要的时刻，得到最实在最有用的鼓励或提醒。反馈可以是表扬，也可以是批评或者警示。必须明确，表彰、批评和惩戒，都有教育价值。以独生子女为代表的新一代，在生活中更多接受的是长辈的关心甚至溺爱，因而在成长中就更加需要恰如其分的准确批评。虽然中国教育传统上是比较强调“苦读”，强调“师道尊严”，教育实践中也不无体罚或变相体罚的案例，而教师不注意尊重学生人格的现象也较为常见，所以在推动教育变革时，强调“师爱”，强调“更多利用表扬与激励手段”等，确是有针对性的主张。但是，也要防止矫枉过正，要恰当合理地运用多样的教育反馈评价机制，而不能只是不加区别的肯定和褒扬。除了准确以外，在反馈评价问题上，当前应该注意的另一个问题是教师的情感投入，所有的反馈评价方式都必须建立在教师对学习者的真心关注的基础上。就是说，要让反馈评价的对象切实地感受到评价者的真诚，让他们从内心深处觉察教师不是在“敷衍”或“找茬”。当学习者认为教师偏爱、歧视和漠视自己或别人时，教师的反馈评价就不会产生预期的教育效果。其实，许多有经验而又与学习者心心相通的教师，并不需要把自己的批评或表扬说出来，浮出一片笑容，递过一个眼神，皱一下眉头，都可以让对方心领神会而起到久远的教育作用。当然，达到这种境界不仅需要有很好的经验积累，更重要的是要时刻真心地关注学习者，真正与他们建立起默契的师生关系，而不是只在发生问题时，才注意到他们的存在，才注意到他们作为人的全面需求。要重视发展性评价，特别是重视让学习者学习自己发现自己的问题，自己记录自己的进步，自己去探寻促成新的进步的途径与方法，从而让他们在有计划的积累与反思中增添信心，增长才干，这是促进学习者自主发展的重要方式，也是学校教育的终极目标之一，是“学会学习”的反映。要注意的是，发展性评价强调的是对人的纵向比较，是自己的今天与自己的过去相比，然而，人的发展不仅是改善自己内在品质的过程，而且是改善人与外在世界关系的过程，横向的联系与比较是不可缺乏的维度，也是人的发展的重要内涵。所以，发展性评价只是一种评价方式，而不是唯一评价方式，与合情合理的标准要求参照比较，与相似相关伙伴发展状况的参照比较，都是有助于学习者全面认识自己、认识世界的重要方法，都应该恰当地利用。其实，就鼓舞学习者成长信心而言，用发展性评价方法鼓励他们发现自己，固然可以激励他们上进的信心，而教育者如果能够在深入了解学生的基础上，发现连他们自己都没有意识到的与他人相较的长处，发现那些他们自己有所感悟而又没有勇气宣示的长处，并加以入情入理的分析和肯定，其激励与促进作用更是极为显著的。

总之，在社会主义初级阶段的社会与教育条件下，在大班额集体授课的学习条件下，如何全面实现有效教学，如何提升课堂教学的实效性，如何在新一轮课改的背景下，真正提高课堂教学的效果、效用和效率，是摆在中国中小学管理者及教师面前的一道待解难题。所有的理念宣示、理论设计或他国他人的实践经验，都只是我们破解这一难题的借鉴和参考，而真正有实际效用的答案，还有待于中小学一线教师自己去尝试与创造。本文所述，只是笔者近年来的观察与思考所得，希望它能有助于读者们的尝试与创造。

（原载《人民教育》2009 年第 5 期）

47

学校教学三题

一、“情境”

从汉字的角度看，情从心，指心理、精神世界，境从土，指物理世界。当然，心（脑）也是物质，心理是特殊物质的特殊功能，而且会有外显性的表现，例如，两夫妻正在吵架，客人来了，双方都会做出相安无事的样子掩饰，若来客是熟人，一定会感到气氛不对，状态不对，于是会探寻、劝慰……若是陌生人呢，则不会有感觉；不像人到了北极都喊冷，碰上火炉都说烫，大多数人对物理世界的感知更有共性。当然，古人也说过，境由心造，来到一个锣鼓喧天的场所，物理环境相同，然而各人的反应却未必一样，好动的人觉得热闹，好静的人则感到吵闹，而处在抑郁不欢心境中的人甚至会烦躁、焦躁……反应各不相同，却各有心理原因。

从这样的角度看，人既然生活在物理世界里而又是情感动物，说人的一切活动无时无刻都在情境中，都在所谓的“即时情境”里，就是事有必至，理所当然的事了。那么，为什么还要提倡“情境教学”，还要“创造”“教学情境”呢？原来，虽然人的一切活动都处在一定的“情境”中，都与“情境”息息相关，然而，在教育者看来，这种自然的，不请自来的“情境”，有时并不利于教学，不利于把学生带进学习状态。譬如，两个学生在课间吵了一架，上课铃响了，在教师的催促下，两人气鼓鼓地走进教室，心里盘算着下课后再去争个是非曲直，这两个学生的心境情绪，当然不会有利于课堂的学习；再譬如，数九寒冬教室里没有取暖设施，学生们个个冻手冻脚、坐不安席，这样的物理环境恐怕也很难让更多的学生进入学习状态。所以，人为的创设教学情境，首先是学校校长与教育主管部门的事。一方面是“泥房子，土台子”，连粉笔都无法保证的教室，另一方面却希望有高质量的教学，显然是不合情理的要求。人首先是物理性存在，保障基本的生存、生活、发展条件，是人类存在的前提，也是人类一切社会活动的基础，从这个角度说，创设教学情境，有其基本需要。

然而，如前所说，境由心造。尽管物理环境有极重要的作用，然而，在同一物理环境下，主体主观状态不同，其情必异，于是所谓的“心境”或“氛围”感受也会尤异其趣。校长和教师可以努力创设良好的有利于学习的物理环境，也可以利用本人的影响，去促成某种“气场”“氛围”，亦即外在的文化环境的生成，然而，真实的对学习主体直接产生影响的“情境”，还是学习主体自身的感受，在一定意义上说，还是学习主体自身的“创造”的结果。教师可以提出若干对立、冲突的事例，可以积极鼓励、调动学习者去思考，然而，如果学习主体根本不理会教师的提示，不明白教师所举事例的意义，也不去对比分析思考，那么，他还是进入不了“学习情境”，还是不能真正学有所得。孔子说“不愤不启，不悱不发”，所谓的“愤”“悱”，都是学习者的主观状态，是他们自己在教师的提示与环境创设中达成的主观状态。

那么，是不是应该说是师生共同创设教学情境呢，是不是应该说是师生共同创设各自不同的教学情境呢？

二、“学生中心”

传统的学校课堂教学，是以课程标准、以教材为中心的，教师依据大纲、教材，依次展开教学活动，务必要把全部的知识重点，一一呈现、讲解清楚，要科学准确，最好还要生动一点，是谓优秀的课堂教学过程。但是课程教材太强大，学生太弱小，于是有了“目中无人的教学”的批评。杜威主张儿童中心，要依据儿童的需要去组织教学过程，要从儿童的经验出发进行教学，理论上很完美，实践起来颇困难。因为儿童与儿童不同，儿童的注意力与兴奋点又常常转移，带有很大的随意性，似乎很难系统地组织起来，更不用说还要与相关的知识体系相结合了。所以，杜威以来，尽管这一理论构想在大学教育系里甚受推许，但在中小学课堂里，真正贯彻到底的实例似乎并不多，非但在中国，即使在美国，也是如此。

两个“中心”，都有问题，于是有了第三个“中心”，即以学生学习需要为中心来组织教学，简言之曰“学生中心”。这一理论近来确乎大行其道，似乎是人人赞成，人人实行。然而不然，这里面还有些问题没有解决，因而还会从第三个“中心”拉回到第一个或第二个“中心”里去。首先要问的是，什么叫“学生”？中小学生大部分是儿童（按《联合国儿童权利公约》的提法，18 岁以下都属儿童），但儿童并不一定是学生，儿童进了学校，身份变成学生了，意识上也未必真正是“学生”。因为从社会学意义上说，学生是学校组织的成员，不但有相应的权利，而且有相应的义务，也就是说，只有从主观上自觉意识到自身的学生角色身份，并能够享受和履行相关的权利义务的儿童，才是真正的学生，才是“像个学生”的学生。学校教育的基础任务之一，就是把儿童教育成学生，帮助他实现这一角色转变，从这个角度说，“学生”是教育的对象，又是教育的结果，作为教学中心的主体本身如果是未完成态的，是一直在成长变化中的，那又怎么以他为中心呢，是不是应给以教师（成人）“理想中的学生”为中心呢？而如果以“理想的学生”为中心，教师会不会要求过高，或者索性滑到传统的教材中心（学习教材是学生的规定性要求）上去呢？学生作为成长中的主体，既不能一味放任，放弃“引导”，滑到“儿童中心”上去，又不能事事

“规定”，步步“统一”，重蹈“教材中心”的老路。那么，在主体成长过程中施加影响，在“规定”时注重“协商”，尝试“选择”，促进“内化”，让学习主体有更多、更大的“参与”机会，是否会稍好一点呢？

其次，所谓“学习需要”又是什么意思？“以学习求发展”是人类的本能，小孩子生来就在学习，在家庭、在社区、在社会，一直在广泛的、全方位的学习。那么，学校教育可以全面满足这些要求吗？自从《教育——财富蕴藏其中》提出“四个学会”以来，学校教育的任务无限扩大了，且不要说“做事”“做人”“共处”，单单是一个“学会求知”，在所谓“知识”转型和显性隐性知识的理论影响下，已经包含进多少生活内容，又促使教师和家长为小孩子增添多少五花八门的负担，一句似是而非的“不能让孩子输在起跑线上”的口号，又酿成多少积重难返的教育悲剧？其实，就个人成长经历而言，学校教育只是其中一部分，儿童不但是学生，还是家庭与社会、社区成员，他们有多种多样的学习机会，学校教育再重要，也不能包揽一切。作为成长中的主体，每个人的生活历史，都是他本人的发展历史，活到老，学到老，发展到老，这才是一个人正常的生活经历、发展经历。学校教育确实要为儿童发展打基础，而家庭、社会也有同样的责任，从某种意义上说，甚至家庭、社会的责任才更为根本，因为每个人的发展基础都是不断变换生长的过程，今天的作为，是明天的基础，明天的作为，是后天的基础，这样一一地拓展延伸下去，人们就在不断的学习实践中，在“基础”的不断发展更新中实现自身的发展。每天都在打基础，每天都是起跑线，即使只讲生存竞争，也要讲得全面一点才好。从这样的角度去认识，所谓学生的学习需要，就应该抓住学校教育的主业，抓住那些虽然大家都应做、在做而学校却责无旁贷的学习需求，而不是太过全面的“四个学会”，也不是太过宽泛的全面“求知”。在学校课堂上，主要是学习通过读书与思考来“求知”，来求那些建立在前人或他人认识成果基础之上的，用语言文字符号记录的知识，求那些记录自己或他人认识成果方法的知识。课堂上的“学习”，是以狭义学习为主的学习，虽然在学习中也会关注并涉及“四个学会”，也会产生“四个学会”的作用，但毕竟那些不是课堂学习的核心目标，也不是学校课堂教学的“主业”。对课堂教学中的学习需求，要有开阔的眼光，更要有具体切实的把握，学生是要学教材，但不是每个学生都同样想学，也不是教材里的每一点都需要学，学习需要是培养出来的，学习需要也会时时变化。

第三个问题，课堂教学过程中，学生们的学习需求是相同的吗？如果有区别，是大同小异，还是小同大异？对多数教师而言，答案肯定是大同小异，因为班级授课制建立的基础，就是假定同龄学生有大体相同的学习能力和学习需求，即使有些许差异，也可以延后处理或忽略不计。不幸的是，这样的假设并没有充分的事实或数据支持，而随着年级升高，同班学生学习差异越来越大，一直是一线教师感到最为头痛的事情。因为是大班额，学生的差异又很大，教师的计划安排就很难与每个学习者的需求相吻合，或者让一些学生做他们做不成或不想做的事情，或者让一些学生做他们早已会做而无需做的事情，乃至即使有些学生是在做他们想做，该做也能做的事情时，又由于顾及统一安排而无法保证时间，也没能真正收到实效，促成积极的变化。在我看来，正是由于对学生差异的估计不足与处理不当，中国当前的学校课堂教学，才会产生教师学生都又累又烦的现象，才会使中国当前课堂教学的有效程度受到颇大损伤。

充分关注中小学生在求学过程中逐渐加大的差异，尽最大可能让基础、兴趣、能力或发展方向都有区别的学习者，学习适合于他们发展需求与基础的内容，即学习他们想学、该学又能学的内容，是提升中小学教学质量的关键。但是，一线的教师们会问：“课标要求怎么办?”“教学质量还要不要?”其实，从这样的提问中可以发现，尽管大家都说“学生中心"，而真正左右我们行动的，还是“课程中心”或“教材中心”。因为，如果你真心认可学生中心的主张，那么“课程”“大纲”“考试”，都应该为学生发展服务，既然要“以学定教”，那些与学生实际发展需求与发展状况不符的规定性要求，去掉就是了，哪里还有怎么办的问题？但是，“我们哪里有权力调整课标，拒绝统一考试啊？”教师的质疑有道理，笔者也知道中国教育宏观管理刚性太强，统一要求太多，留给基层教师发挥主动性的机会太少，以上要求有些强人所难。实际上，能否创造最好的亦即最适合每个学生的教育，关键不在于加强管理，也不在于编好课程标准或教材，关键在于切实提升一线教师的学养水平，并创造条件让提升了水平的教师创造性的工作，让教师能够从学生实际出发区别要求，区别指导，从而让每个学生都学得有兴趣，有收获。

一个学生中心，引出三个问题，哪个都要想明白，做到位，不容易。

三、“完整的环节”

要求教学环节的完整性，似乎是近年来“公开课”“观摩课”“评比课”等“课堂教学展示”的一致要求。于是，不管是什么学科，什么课型，都从“情境导入”开始，都以“归纳总结”结束，都要呈现出所谓完整的教学过程。

当然，人们的认识活动、学习活动，都是过程性的活动，而一切过程自然会有开头、展开、收尾的环节，教学评比活动的组织者，希望教学活动能有序展开并有计划地进行，也是题中应有之义，本不需吹毛求疵的议论。然而，几年下来，“看课”（以前叫“听课”，这一术语的变化有研究价值）看得多了，却有些想法不吐不快。因为，我发现所谓“完整的教学过程”，其实还是围绕着课程、教材或曰教学内容的完整性在做文章，并没有从学习者的真实学习需求着眼，也没有考虑他们的种种差异。于是，多此一举的“导入”或“展示”，画蛇添足的“总结”，乃至于无的放矢的“课堂讨论”等为完整而完整、为全面而全面的环节，在一些“好课”中表现得淋漓尽致。不但耗费了教师宝贵的精力与时间，也为学生的学习活动增添了若干虚假或无效的过程。表面上看，这种课都上得热闹完整，实际上，相当一批学生不时处在“伪学习状态”中，就是说，他们做出了学习的样子，却并没有真学到东西，身心也没有真发生变化。说得直白一点，观摩课上的学生是在配合教师表演“学习”活动过程，真实的学习活动，或者早已完成，或者未曾发生。

那么，真正从学习者的角度去考量，所谓完整的学习活动过程，又该是怎样的呢？我想，如果考量评价真实的学习过程，首先必须肯定，在班级授课制条件下，这个过程总体上是复杂的多样、多层的变化过程。一个班四五十名学生，不会同时需要学同样的内容，也不会只用一种方式或方法来学习。实际上，就某个教学目标而言，一些学生可能早已学会，一些学生可能根本没有学习的条件，还有一些学生可能需要别样的方法或安排，即使教师能组织全班半数学生讨论同一话题，参与讨论的学生也未必会人人同样受益，因为，在讨论的过程中，他们的学习需求也在变化，有人突然顿悟了，也有人中间卡壳了。严格地说，从每个学生的角度看，课程并不都从上课铃后才开始，也未必会因下课铃响就结束，有些学生开始得早，也有些学生结束得迟。如果教师能够为不同类的学生提出不同的任务，给出不同的指点，从而帮助他们各自去下力气解决各自的问题，那么，即使这节课首尾不完整，即使教学过程有些杂乱，它也应该是节“好课”。因为，在我看来，评价课堂教学的最终标准，应该是学生是否真正进入学习状态，是否真正学有所得、发生转变，只有学生学得会、有兴趣、又花费时间较少的课，才是真正的好课。

所谓的完整性，应该从学生学习的角度去度量，并应该实现于每位学生课前、课上与课后的学习过程中。在班级授课制的条件下，在大论题的范围内，让学生从各自的问题开始，并以旧问题的初步解决，以各自更新问题的提出来结束的教学过程，应该成为优秀课堂教学的基本要求。值得注意的是，即使在这样的课堂中，也要为少数学生做出别样的安排，也应该允许少数人学习他们应学、能学并想学的其他内容，而不应强求他们服从统一部署。因为，教学既然本质上是学生的学习过程，这就决定了教学过程不能全按一张图纸施工，而一定是一个有设想、也有限制的复杂变化过程。在师生共同努力下，课堂或许会像古人形容的那样，行云流水，舒卷自如，各自行其所当行，止其所当止。当我们真正实现了教学活动的这种自然生发变化时，课堂完整与否也许会变得不再重要，甚至变得很难度量，因为它会因人而异，百态千姿。

（原载《中国教育学刊》2012年第3期）

下篇

教育随笔与教育图书评论

48

从诺贝尔奖想到的

1994年，正值诺贝尔奖颁奖期间，我到瑞典去考察教育，耳闻目睹了瑞典人民举国庆祝、关心颁奖的那份特殊的热情。颁奖之前，每个接待我们的瑞典朋友都不忘提醒我们观看电视转播；颁奖前一天，各国游客与特邀的佳宾云集斯德哥尔摩市，旅馆为之爆满；颁奖的时刻，大家都在家中观看电视转播，商店门可罗雀；颁奖仪式以及随后在市政厅蓝色大厅与金色大厅分别举行的宴会、讲话与舞会，那份庄严与隆重，那种典雅与华贵，更成为此后几天里人们议论的话题。似乎每位瑞典朋友都在享受这份殊荣，虽然那一年并没有一位瑞典公民获奖。

离开斯德哥尔摩时，我对瑞典主人讲，诺贝尔奖的设立，是诺贝尔先生，是瑞典朋友对世界科学技术与文化事业的贡献，是瑞典民族远见卓识的标志；但同时，特别是在今天，它似乎又是世界对瑞典民族的褒扬与奖励：因为这一个奖项，使瑞典每年一度成为世界关注的中心，使世界各国人民通过电视、报刊、广播认识了瑞典，记住了瑞典，领略了瑞典的民族风情与民族文化的魅力。

这番话，是有感而发的。当年诺贝尔先生决定利用其遗产设立基金奖励世界科技文化的英杰之士时，瑞典还是北欧的一个比较贫困的国家，正有大批瑞典人背井离乡到美洲大陆去寻觅活路；和英法德美诸工业发达的国家比起来，瑞典确实是一个“小国”（这是我见到的瑞典朋友迄今还喜欢用来自称本国的话），我想，不论是诺贝尔先生的亲属，或者是当时的其他瑞典人，都未必能充分认识诺贝尔先生这一决定的深远影响，然而他们没有囿于狭隘的家庭或民族利益与民族感情，尊重并执行了诺贝尔先生的明智决定，这才赢得了今天的辉煌，赢得了由一位“小国”的元首为世界科技文化精英颁奖的殊荣。谁能说现今以“福利国家”闻名于世，以科技、文化与社会经济高度发达，在按人均计算的多种发展指标常执世界之牛耳的新瑞典与诺贝尔奖金的设立毫无关联呢？时至今日，瑞典人还要兴高采烈地每年将数百万美元送到世界各国的获奖者手中，他们毫无妒忌之心地为别国科技文化的进展与成就（当然，有时也有瑞典人的，有些成就获奖也来得太迟）真心致贺。其实，这是一种聪明，一种气度，一种真正尊重科学技术、尊重文化的态度。科技可以兴国，教育可以兴国，但科教兴国并不会立竿见影。因此，要真正实行科教兴国的战略，应该有远见、有勇气、有耐心，要摒弃急功近利的做法，有时，也要做点像设立诺贝尔奖一类的“傻事”。

说世界人民通过电视、报刊认识了瑞典、记住了瑞典，其实并不太准确。在我说这番话的时候，也包括此后的 1995 年，中国似乎并没有哪家电视台详尽地报道过诺贝尔奖颁奖典礼，报刊上对各种诺贝尔奖的获奖情况介绍得也不多。这似乎不完全是财力不足，也不是因为获奖者还没有中华人民共和国公民的问题，因为我们大量转播绝对没有中国球员参加的欧洲国家的足球联赛，我们甚至全程转播那位因强奸罪入狱的泰森复出后的比赛，我们也详尽地转播并报道美国电影奥斯卡奖颁奖的庆典，我们还转播各种各样的各国歌星或模特儿的演出，不论那歌声是否真正悦耳，也不论那些时装可否真在大庭广众之下穿着……“科技兴国”，是一种战略决策，也是一种民族觉悟，它还应该成为一种生活方式，成为一种价值选择，在这种选择中又可以看出一个民族的兴趣和关注所在。“爱科学、学科学、用科学”，不只是对孩子们的要求，它是我们这正在腾飞的民族的希望；这一切，也许应该从关注电视、报刊的热点开始。

科教兴国的战略决策已经作出，教育工作会议，科学工作会议，科普工作会议也已先后召开，党中央、国务院对这些关乎民族未来的工作都已作出部署。我想，只有这些决策真正成为我们的各级领导者，我们的方方面面掌握或大或小权力的人们，以及我国广大民众的共识，成为大家发自内心的愿望与要求，成为我们每个人考虑问题的出发点时，这项伟大的决策，才会结出灿烂之花。

（原载《人民政协报》1996 年 3 月 12 日）

49

不关心弱校，就是不关心群众

薄弱学校有它特定的含义，是指城市中相对于义务教育办学标准而言的不合格学校，也就是说这些学校不能为适龄儿童提供标准的、均衡的教育，是家长不满意的学校。边远地区、农村及贫困地区的学校与发达地区城市学校的整体差距，是另外一个问题，与中国社会二元结构有关，需另行筹划解决，此不具论。

薄弱学校引起关注的源头应追溯至 1986 年颁布《中华人民共和国义务教育法》。法律规定，公民必须送子女接受义务教育，就是说，义务教育是强制性的。那么，公民就有权要求政府提供合格的学校，提供平等的机会，让他的子女得到与其他公民子女一样的对待。义务教育的平等性，是义务教育的基本特点，是义务教育强制性的前提，否则，公民应该有权拒绝“差的教育”，拒绝让自己的子女“入另册”到“不合格”“信不过”的学校去受教育。从这个意义上说，办好每一所学校，消除让公民不放心的学校，促进义务教育学校办学条件的标准化、均衡化，就是地方政府实施义务教育法的重要的责任，是政府在督促公民履行教育义务时，必须先行尽到的法律义务。

因此，一些已宣布普及九年义务教育的地区，一些城市居民对部分学校办学条件、教育教学质量与其他咫尺之遥的名优学校相去甚远的状况反应强烈，并认为这些学校让人“不放心”“信不过”，是基础薄弱的学校。这是社会公众权益意识的觉醒，也是社会公众在督促政府全面履行义务教育责任。

从各地成功的实施九年义务教育的经验看，关键是要解决政府领导层的认识，要通过人大、政协等各方面的监督和舆论力量，督促政府全面履行义务教育责任，把限期改造基础薄弱校，推进义务教育办学条件标准化列入政府责任目标，由各地政府每年向人大、政协会议专题报告进展情况，接受审议咨询；凡在这方面动作不力、态度不坚决的地方，不能评选教育先进，已达标的，要撤销其义务教育达标资格。因为，如果地方政府不关注薄弱校问题，就是不关心本地居民的人口素质，不关心本地社会经济的长远发展，也是不关心本地的长治久安。所以，在这个问题上强化对地方政府的约束，监督机制，十分必要。

（原载《长江日报》1996年10月11日）

50

提高认识　走出误区

高价择校和权力择校都是不正常的现象，它会加剧社会不公正现象，也不利于充分利用教育资源。

造成择校现象有两个社会因素值得重视，一是当前社会上存在一种普遍性的误解，就是认为教育资源可以通过市场来分配，可以用钱买好教育。有些先富起来的人，认为有钱什么都可以买。其实，一个社会要维系、要发展，就必然有一些花钱买不到的东西，有一些不能买卖的东西。共产党员的称号不能花钱买，精神文明不能花钱买；罪犯不能靠花钱买命，一个人也不能靠花钱买来教养和学问……就是说，虽然实行市场经济，但不能什么东西都上市。二是独生子女问题。目前这一代学生的家长大都是老几届毕业生，他们在子女身上寄托了太大的希望，圆梦的思想很厉害。在陈旧的教育观、人才观、就业观的指导下，形成了一个很强的多少带有盲目色彩的追求教育的“高质量”需求。由于学校间存在过大差距，教育管理特别是招生考试改革又相对滞后，社会舆论的引导也存在误区，这就造成一种强大的择校意向，给解决择校问题增加了难度。只有加强引导，加大工作力度，解决认识问题，加强薄弱学校建设，几管齐下，才能扭转这一局面。

导致近年来择校问题愈演愈烈的根本原因是部分地方政府教育管理思想错误和管理行为失当。其一是对义务教育的性质认识不清，强化而不是取消义务教育阶段的重点校，热心于以各种名义办一些使家长看了眼热的“示范校”“实验校”，而政府领导关注和投入的重点又始终围绕着“窗口”“重点”“示范”学校，忙于锦上添花。这就进一步加大了学校间的差距，增加了实施就近入学的困难。其二，义务教育既然是地方政府负责分级管理，地方各级政府就应该保证对义务教育的投入，保证教师基本工资按时发放，保证教师待遇逐步提高。近年来一些地方实行的让学校自筹经费改善办学条件和教师待遇，是导致高价择校的重要因素，也是违反《中华人民共和国义务教育法》规定的。让学校自筹经费，结果是一部分学校经费“自筹”，一部分学校经费“乱筹”，更多的学校只能是自己发愁。因为，所谓“自筹”，一是出租校产，二是利用校产办校办企业（事实上，学校办企业多数都很困难，往往还是变相出租校产），三是社会集资。让学校自己集资，往往是同入学挂钩，最后变成卖学位即高价择校。其实这种能出租校舍或收高价生的学校，在任何地区都是少数，开这类政策口子，只会挫伤更多学校的积极性，造成教育内部失衡，导致教育管理和教育秩序的更大混乱。

管理者在收费择校问题上还有一些认识误区，就是认为现在一部分人富裕了，与其让他们有钱乱花，不如引导其投到教育上；甚至认为不论方式如何，只要能增加教育经费，就是好事。其实，教育确实经费不足，但要取之有道，不能不择手段的集资，既然我们不赞成教育市场化，既然教育市场化会造成教育公共性的缺失，我们又为什么要让人多花数十倍的钱来买学位呢？

择校高收费现象的出现同教育改革与发展滞后有着重要关系。一是教育没有实现由“应试教育”向素质教育的转轨，教育还不能做到让每个受教育者都能生动活泼、主动地发展，教育质量还不能令人满意。二是目前我们的教育思想、教育结构、教育内容、教育方法的改革相当滞后，而政府对社会的教育的需求，也缺乏科学引导和有效疏解，这也是高价择校有愈演愈烈趋势的另一原因。

作为教育工作者，我衷心地希望新闻舆论界对解决择校问题积极支持，正确引导，发挥好导向作用，促使择校问题早日解决。

（原载《中国教育报》1997 年 7 月 31 日）

51

为学习者的全面、主动、多样化发展创造环境

努力为学习者的全面、主动、多样化发展创造相对宽松的环境，应该成为21世纪中国教育改革与发展的重要工作目标。

新的世纪，是机遇与挑战并存的世纪，是“知识经济”和可持续发展的世纪，是世界经济一体化的世纪，也是“每个国家的基本资产将是其公民的技能和洞察力”（赖克，1992）的世纪。新世纪的国际竞争，将越来越集中地表现为国民素质的竞争。因此，努力发展与改革教育，充分开掘每位学习者的潜能，促进他们实现全面、主动、多样化的发展，不但是实现社会主义现代化建设宏伟蓝图的基础，而且是实现中民族伟大复兴的必由之路。

学习者的发展应该是全面的。这里强调的“全面”，并不仅仅是德智体美诸方面的全面提高，而首先是指人的整体性变化。学生不是“考试机器”或“知识容器”，学习者发展的目标也不仅仅是成为“人才”。他们有权利学习文化知识，也有权利学习生活、学习劳动、学习健体、学习一切他们希望学习的于他们发展有益的事物。

学习者的发展应该是主动的。既然学习的过程是学习者全面发展变化的过程，那么它就一定也是学习者自我意识与人格修养走向成熟的过程。在这一过程中，成熟中的主体应该有权利也有能力在一定程度上决定他们自己的未来。要承认学习者的权利，要尊重他

们在发展方向、发展方式、发展速度与最终发展程度上的选择，因为没有主动的选择，就不会有真正的积极参与，也不会有我们所希望的创新型人才成长。

学习者的发展应该是多样的。在承认中华民族共同的价值追求的同时，必须尊重学习者的多样化发展权利。多样性不仅是世界生机蓬勃、不断发展的基础，也是社会主义现代化事业的根本特点之一。所以，只有鼓励学习者的多样化发展，才能为社会主义建设事业提供不断前进的动力源泉。

在我看来，在社会主义初级阶段的中国，要想真正实现一代新人的全面、主动、多样化发展，最根本的工作目标是努力为学习者创造相对宽松的发展环境。

为此，首先要大力发展教育，要按照建设学习化社会的目标去推动教育开放，推动教育民主。要创造尽可能多的学习机会，让学习成为学习者一生中随时都可能再一次开始、再一次进行的事情，也要让更多的学习者有机会在他们所希望的任何时候进行学习活动。其次，要坚决改革用唯一的文化课考试尺度衡量所有学习者发展水准的办法，要从“选择适合于教育的儿童”转变为“创造适合于儿童的教育”上来，在教育创新中寻找促进每个人而不是少数人的发展的方法。再次，要大力促进社会相关制度的改革与人才观念的转变，要以社会改革来拉动教育改革，支持教育改革。

社会主义初级阶段的现实与日趋激烈的国际竞争的环境，本来就存在着诸多不宽松的因素，在这样的背景下创造宽松，是困难的课题，也是中国教育工作者无可推脱的使命。

（原载《河南教育》2000 年第 3 期）

52

开放的教育

开放，是现代社会和现代教育的基本特征。

在世界经济一体化与信息网络时代加快步伐向我们走来的时刻，中国社会、中国教育历史地走上开放之路，正在主动应对时代的机遇与挑战。

传统的学校教育的空间是有限的，它局限于学校内部，而学校内部又倾向于只关注课堂、关注教材或大纲所限定的内容。然而，必须承认这样的基本事实：首先，学生的知识、能力、态度和价值观并不都是在学校获得的，学生的成长和发展并不只是学校教育，当然更不只是课堂教学的结果。其次，学校课堂并不是学生的全部生活，他们还生活在现实的社会里，生活在网络世界里，不管教师校长是否关心课堂以外的世界，学生们确实是带着这个世界的影响进入和走出课堂与学校的。

大教育观的确立，使我们意识到学校教育仅为社会大教育的一部分；终身教育的出现，使我们意识到学校教育仅为人生教育的序曲。在这种大背景下，必然对学校教育的功能和地位有一个重新估价。要充分认识到在社会的教育需求越来越强烈，教育资源越来越丰富的情况下，学校教育尽管对学生的基础性教育还要承担主要的和重大的责任，但必须承认自身的有限性，承认自身无法包揽一切。只有在大教育观的引领下，整合学校教育、家庭教育、社会教育的力量，才能为每个受教育者提供更广阔的活动空间并增加更多的选择机会。因特网正走进学校、走进家庭，对学习资格的各种限制性规定正在消解、正在变化，学习化社会正在向我们走来，在这样的条件下，以开放的心态与开放的政策、策略来迎接成长中的一代开放的新人，不是题中应有之义吗？在以网络为标志的大教育环境中，无论学习内容、学习形式、学习进度与学习方法，都将发生根本性变化。谁能及早认识并主动促进这一变化，谁就会走在教育改革的前列。

新世纪的职业教育、高等教育的关系，要在联合和结合上多下功夫，课程和教材也要留出足够的“接口”，让教师和学生可以自主地把学校与社会、学科与科学进步联系起来。

教育工作者应该学会并习惯于在复杂的、开放的社会大系统中开展教育工作，应该主动地迎接复杂多变的信息时代的挑战，与学生一起学会尝试，学会选择，学会把握方向，学会把教育推向开放。

（原载《教育科学研究》2001 年第 9 期）

53

民主的教育

教育民主包含三层意思：一是教育者与受教育者之间的民主，主要是指师生民主；二是教育管理者与教育实际工作者之间的民主，主要是教育行政部门与校长、教师，校长、主任与教师之间的民主；三是专门的教育组织与社会及教育有关组织、个人之间的民主，例如，学校与家长、教育机构与社区之间的民主。这里所说的民主，是指参与决策和参与管理的权力。

现代教育本质上是民主的教育，因为现代教育培养的是具有民主意识和积极参与决策、管理的现代人，培养的是有责任感的社会主义现代化事业的建设者和接班人。只有在民主的环境中，运用民主的方式，通过民主的实践，才可能逐步使学习者树立民主意识，学会正确使用民主权利并真正承担起民主责任。而且，现代教育的培养任务不可能仅靠专职的教育工作者来完成。作为崇高的公益事业，教育的改革与发展需要全社会的参与和支持，需要全社会集思广益，共同奋斗。所以，教育民主建设又是教育改革与发展的实际需要，是现代教育走向成熟的实际需要。在这里，民主不仅是手段，也是目的，是现代教育的标志之一。

传统上，人们往往把教育看成是教师的事，是校长、局长的事，是学校等专门教育机构的事，于是往往由主持者说了算，而不太关心教育对象、教育实际工作人员或家长、社区的意见。如果说在教育机会短缺，在社会教育观念、民主意识滞后的条件下，上述做法还可以勉强行得通。随着社会主义现代化事业发展，随着社会对未来公民的创新精神、实践能力与主体意识的要求愈加迫切，这种传统态度与教育发展及社会赋予教育的新责任的矛盾会愈加突出、愈加尖锐，从而必将大大推动教育民主化的建设过程。

教育民主是建设过程，是转变过程，也是教育、培养过程。说转变，是指那些传统的决策者、管理者，如局长、校长、教师要转变观念，主动推进教育民主化，实行民主决策；也是指那些传统的被决策决定的人，如教师、家长、学生，也要转变观念，学会关注个人的权利，积极学习参与决策；说是培养、教育过程，是指对教育决策的双方而言，教育民主建设都是个学习过程、创造过程，都是超越自我、超越习惯的过程，这里说的培养、教育，既有各方之间的影响活动，也有自我教育、自我培养、自主学习的含义。当然，就师生之间而言，教师在主动创造机会与条件，主动指导、教育学生正确行使民主权利，主动帮助学生在行使权利出现偏差时及时纠正等方面，肩负更大的责任，需要做更多的工作，做更多符合新时期教育发展要求的开创性工作。

教育民主建设，是推进首都教育现代化发展所必需的，这中间会有许多挑战，许多“麻烦”，但是只有下决心建设民主的教育，才会有真正意义的现代教育。

在这里，我们只有知难而上的一条路，没有退路，没有止步不前的权利。

（原载《教育科学研究》2001 年第 10 期）

54

教育应该“以人为本”

教育应该“以人为本”，就是说，教育的所作所为都是为了促进人的发展，教育的所作所为是为了人的一切发展，教育要依靠人去实现发展。这里所说的“人”，既包括群体，也包括个体；既包括教师，也包括学生，是一个泛指的全称和特称概念。

强调教育“以人为本”，就是强调教育的人文关怀本质，强调教育在人类再生产活动中不可替代的作用，强调我们必须“把人当成人”来教育。事实上，在过于强调教育文化传承功能的条件下，确实存在着某些“不把人当成人”来教，而更多地视为知识容器、视为教师的录音机或传声筒的现象。在沉重的应试压力条件下，人们不太注意学习者个人的志趣或爱好，不太相信成长中的主体也有选择意愿和选择能力，也不太敢给予他们选择或尝试的机会。人们做得最多的是拼命“优化教育环境”，努力筛选“最好”“最纯”的精神食粮，“越俎代庖”地替成长中的主体作出选择、作出决定，一厢情愿地希望他们在我们设计好的人生坦途上顺利成长。却很少有人关心我们所做的一切，那些发展中的主体是否领情，更很少有人反思自己是否真是被前辈人这样“复制”出来的，或者在这种“复制”与“塑造”中，自己曾有过的怎样的内心感受？

说教育应该是“以人为本”，就意味着我们应该摆脱前述种种误区，学会尊重主体的发展权利；学会尊重主体走向成熟、走向自觉的权利；学会尊重主体选择错误与重新选择的权利。因为，“发展”与“成熟”，都是主体自身内部变化与进步的结果，都是主体学习与实践的产物，无论教育者做出何等周密合理的设计，创造出何等优良宜人的成长环境，没有发展中的学习者的自愿参与，没有他们主动的意义建构过程，外在条件都不会导致主体的实际变化。因为外因是变化的条件，内因是变化的依据，外因要通过内因起作用。

发展中主体的不成熟性，是教育者常常忽略其意愿，漠视其选择决定权利的原因，也是发展中主体能够接受教育、改变自己、走向成熟的基础。在教育实践中，人们常说青少年有“可塑性”，正是看到了发展中主体的这一特点。可惜的是，在人们强调“可塑性”时，固然看到了青少年可以改变、可以走向成熟的特点，却又往往埋伏下以“塑造者”自居，以“加工”或“塑造”为己任的念头。于是难免会犯把活生生的有意志（尽管还不坚定）、有情感（尽管还不成熟）、有选择（尽管还不确定）的儿童、少年，当做木头来“加工”，当做泥巴来“塑造”的错误。主张教育“以人为本”，就是坚决主张让成长中的主体，在成人的指导下、帮助下，自己去学习走路、学习生活，他们有权利自己决定自己，他们也有能力自己决定自己，虽然他们还确实需要社会与成年人的帮助。“不成熟”并不是青少年的缺点，而是他们的希望，也是教育的希望，正是这种不成熟性，为教育提供了存在的基础，也为教育提供了发挥效能的机会。

说教育应该“以人为本”，首先强调的，就是学习主体的发展权利，就是这种在一定意义上的学习者自己决定自己的权利，它应该成为现代教育的一个基本理念，一种价值选择。

（原载《教育科学研究》2001年第11期）

55

再说教育应该“以人为本”

主张教育“以人为本”，提倡教育应该实行“为了一切人的发展，为了人的一切发展”的原则，就意味着对人的发展的多样性的尊重，意味着教育应该从“选择适合于教育的儿童”，转向“创造适合于儿童的教育”，意味着传统教育必须变革，必须创新，必须有一番彻底的改造。

多样的发展需要，呼唤多样的教育发展。这种多样性，既表现为教育形式的多样，又表现为教育内容的多样；既表现为教育途径的多样，又表现为教育方法的多样。江泽民同志主张“为学习者提供多种多次受教育的机会”，主张“为各类社会成员提供多层次、多样化的教育服务”，正是从我国国情出发，从富有创新精神与实践能力的一代公民的成长需要出发而作出的战略决策，这是我们推动教育多样化发展的政策与理论依据，也是我们推动教育多样化发展的具体工作目标。当然，这种多样性，是建立在有中国特色社会主义价值选择基础上的多样性，是旨在满足社会成员实际需要与社会经济发展现实与长远需求的多样性，不是为了多样而多样，也不是强调个人极端自由的无指导的多样。

生物多样性，是人类实现可持续发展与对自然的永续利用和谐共处的基础；个人发展的多样性，也是人类社会生机蓬勃，在竞争与合作中取长补短，共同发展的前提。我们已经认识到“十年浩劫”中全国上下只读一本书，一起摇语录的弊端；那么又何必倡导、鼓励今天的学子人人争上重点中学，个个非清华、北大不算成功的单一追求呢？其实，儿童、少年的心态本来是纯真而多样的，每个人都有自己心目中的偶像，都有自己朦胧的追求；是铺天盖地舆论一律的所谓“成才”引导，是各种商业炒作及对自身生活经验不尽科学的总结所导致的家长的单一追求，才使中国的教育与中国的年青一代套上了应试的战车，开始了永无胜者的追求。所以，倡导多样化、恢复教育“以人为本”的本来面目，首先需要从成人做起，从舆论宣传做起，从教育的理论与实践工作者做起。

从“选择适合于教育的儿童”，到“创造适合于学生的教育”。这样一个历史性的转变正在发生中，也需要在这个时代发生。因为它是这个时代尊重知识、尊重人才、尊重每一个未来公民发展与生存权利的具体体现之一，也是这个时代教育创新的具体要求之一。从这个角度说，“以人为本”的教育，就是尊重创新的教育；就是“以服务为已任”的教育；就是教师要为学生发展服务、校长要为教师发展服务、教育行政部门要为学校发展服务的教育。正是在这样的相互服务，共同发展的氛围中，实现中华民族百多年来的美好追求。

在教育机会仍然短缺，社会经济发展基础仍然薄弱，国际竞争日趋激烈，中华民族正面临严峻挑战与难得发展机遇的今天，实现教育多样化，追求教育“以人为本”，追求让每个中国人的潜能都得到最好的发挥，肯定带有某种理想化色彩，但向这个方向不断努力，却是中华民族唯一的也是必须的发展之路。

（原载《教育科学研究》2001 年第 12 期）

56

三说教育应该“以人为本”

教育应该“以人为本”的另一重含义，是强调人的目的性，强调教育应该成为促进人的发展的工具。这里所说的人，既包括传统意义的学生，也包括教师，包括一切与教育发生关系的人。

强调人的目的性，强调教育应该为人的个性发展服务，并不会同我们倡导的集体主义的道德价值取向发生冲突。因为集体是由个体组成的，对每个集体成员、每个学生的尊重，正是对人的集体、人类全体尊重的基础；对每个集体成员，每个学生利益的保护，也是对人的集体、人类全体根本利益保护的前提。世界上没有无视个体利益的集体，也没有完全脱离个体存在的社会存在，所以，在迎接新世纪、新经济挑战，大力提倡人们的创新精神与实践能力的今天，教育应该更加关注每一个教育对象，应该更自觉地为每一个学生的发展服务，应该更积极地帮助每一位与教育有关的人的个性发展，这是时代赋予教育的重要使命。

当然，强调人的目的性，并不是否认人在一定意义上的工具价值，也不是否认每个中华民族的子孙都有为实现中华民族伟大复兴而献身的义务或责任。但是，中国人的这种工具意识，是在每个中国人个性充分发展的基础上自觉实现的，是学习者在充分意识到个人的社会角色责任以后的自觉选择，是个性张扬与升华的结果，而不是任何意义上的命令或强行要求的产物。所以，个体在整个社会生活或人类发展历史以及个人发展上的工具意义，并不能成为否认其在教育实践中目的性的理由。恰恰相反，越是强调每个中国人都应该为实现中华民族伟大复兴贡献力量，就越应该促进有个性、有创新精神与实践能力的新人成长。因为只有充分自觉的人，只有真正意识到生命的意义与价值的人，才会懂得奉献，才能自愿做出牺牲。

所以，强调教育“以人为本”，强调人的目的性，就是强调教育为人的发展服务。教育方针、教育政策、教育体制、教育机制、教育内容、教育方法、教育评价……都应该为人的发展服务，服从人的发展需要，都应该被视为促进人的发展的工具或手段，从而使我们的教育更加适合于学习者，适合于教师，适合于人的发展的实际状况或社会现实。这样说在一定意义上或许是降低了教育的崇高地位，而实际是使教育变得更加实事求是，从而具有更深厚广阔的生存与发展的土壤。

强调教育以人为本，强调教育应该为师生发展服务，还意味着强调教育是师生的互动活动，是一种带有极强生成意味的实践活动。在我看来，学生不仅仅是教育的对象，而且是教育的参与者，是教育实践活动取得成功、实现预期目标的关键。教育是一种服务，是一种把社会服务与自我服务融为一体的服务，是一种基于学习者自我选择与主动实践基础上的社会服务。从这个意义上说，教育与训练是有区别的，强调教育以人为本，而不仅仅主张教育以学生发展为本，就是要强调教育的这种师生共同生成的特点，就是反对教育训练化。

（原载《教育科学研究》2002年第1期）

57

中国特色

中国的社会主义市场经济，有中国特色；中国的教育，也有中国特色。

什么是中国特色？大体上说，一种是理想的存在，一种是现实的存在。理想的存在，是全体中国人正在努力建设的崇高目标，正在努力实现的根本原则，邓小平理论，“三个代表”重要思想，在世界第一人口大国实现九年义务教育，推进高等教育大众化……都是这样的目标或原则，是人人都很向往、赞同，又必须付出极大努力才能实现的，是能够凝聚人心、鼓舞斗志的事物，是实现中华民族理想的途径。现实的存在，是一种不召即来挥之不去的客观条件，是我们生存与发展的现实土壤，是人们难以简单评价又无法摆脱的历史积淀，二元的社会结构和东西部差距巨大的现实，穷国办大教育的尴尬，积重难返的传统观念与考试迷信，等等，都会深入到社会的每个层面，都会影响到我们的每一项举措，都是一种与我们似乎是同生共死的影响因素，是一种不论你说好说坏都无法漠视像空气一样渗透进社会的每个毛孔、每个细胞的东西。

举个例子吧，汉字是方块字，是一种把表音与表意结合起来有多样变化的图形组合，有人说它是普及文化甚至是造成中国发展滞后的罪魁之一，也有人认为它是有利于思维能力平衡发展，与现代科技进步趋势暗合的稀世珍宝。但不论肯定否定，它难识难写，中国儿童要比外国小孩花更多时间在识字写字上，则是公认的事实。多少年来，中国社会注重写字，推崇写字，字写得不好是文化水平可疑，写得好则是书法家、书法艺术，于是中国的教育要讲究字的间架结构，要注意握笔方式正确与否，要花大量的时间练习横平竖直，甚至还在提倡"描红""临帖"……这就是中国教育不容回避的特点之一，就是中国教育必须面对的一种社会心理积淀与教育习惯势力，是不可能在一次改革中改变的思维定势与社会需求。在我看来，这也是一种中国特色，而且类似的特色，如迷信考试，过分看重一篇好文章的文化价值等，也都是中国教育的历史性包袱。

所以，有中国特色不仅有积极的面向未来的创新意义，而且有因袭传统、积极与消极难以判别且在短期内难以变化的意思。我们在推进教育变革时，当然应该面向世界，大胆拿来，主动借鉴一切发达国家、地区的成功经验，同时又必须立足中国国情，承认民族心理积淀的影响，区别对待、谨慎小心地选择设计改革的策略，正视这种积极或消极影响，从而创造出能够把中国与世界结合起来的新的教育。

教育的中国特色，既是一种追求，又是一种存在，是中国现代教育发展进程中必须直面的问题，是中国教育与生俱来的根本属性，在我们努力创造新的教育时，千万不要脱离国情，不要全盘什么化。

（原载《教育科学研究》2002 年第 2 期）

58

让公共教育给弱势群体带来希望

在社会主义市场经济发展的初期，强调效率优先，实行按劳分配与按生产要素分配社会财富是完全正确的。由于人们的社会处境、个人条件与努力程度的不同，实行上述分配原则，必然会加大贫富差别，再加上社会转型期体制、机制与法制不完善等种种因素，会进一步造成社会分配不公的现象，从而会进一步拉大强势群体与弱势群体的差距，会形成某种程度的两极分化，虽然可以说这些差距或分化会带来社会发展的活力，但它毕竟不是中国社会追求的理想目标，是一个应该在发展过程中，通过多种调节手段来逐步消除解决的问题，而教育正是这样的调节手段。教育的社会功能不仅仅表现在传承文化、促进发展上，而且也表现在调节社会分配上，表现在维护社会稳定，凝聚与团结人心上。发展教育，不仅仅是为了一般意义的促进社会发展，而且是为了通过提升更多的受教育者的基本素质与谋生能力，进而提高个人的生活质量与生活水平，以促进共同富裕理想的尽早实现。

弱势群体或个人，可以努力寻找机会“重头再来”。这种机会，从根本上说，就是其个人与子女的教育机会，是通过教育提升个人或其子女的知识、能力、素质，并最终提高其生存竞争职业竞争能力的机会，是通过教育提升个人或家庭社会地位、改善社会处境的机会。如果教育不能给予弱势群体这种机会，在一定意义上，就是剥夺了他们的发展权利，剥夺了他们的希望，断送了他们的未来。从这个角度说，教育不宜市场化，不宜提倡谁钱多谁受好的教育，而应该主动地用公共教育去调节发展机会，从而给弱势群体更多的发展希望与发展可能，以接近“共同富裕”的理想。

另一方面，从实现社会最大利益，最大限度的加快社会主义现代化进程的角度看，教育的根本价值在于全面提升国民素质。只有教育才能长久地提升整个国家的竞争能力。因此，实现教育机会的最大化、实现教育机会的公平供给，也是追求社会发展的最大效益的基本选择。国务院关于教育改革的文件把基础教育视为新时期社会发展的“基础设施”，正反映了基础教育的这种全局性、先导性的基础作用，也反映了国家发展的战略选择，作为社会经济发展的“基础设施”，它的供给难道不该是越公平越有益吗？难道不该追求效益最大化吗？

我主张，在教育，尤其是基础教育方面，应该是公平与效益并重，公平优先。

（原载《人民政协报》2002 年 2 月 28 日）

59

课堂教学是师生的一段生命历程

先看一个例子。

公开课上，执教老师用双面胶将一个木制的教具贴在黑板上。当学生板演的时候，斜上方的教具擦着孩子的肩掉了下来，孩子吓了一跳，老师也有点慌乱。这时，教室里出奇的静。老师很快镇定下来，她将教具从地上捡起，然后使劲地往黑板上按。那教具被牢牢地粘住了，再也没有掉下来，老师像什么事都没有发生一样继续上着她的课，对碰没碰到孩子、吓没吓着孩子，没有过问。这节课相当精彩地完成了，讨论交流的时候，好评如潮。

我也有过一次很相似的经历。在某地某校听一节公开课时，课上到一半，突然看到一个听课教师扶着一个学生往外走，我坐在前边，没看见孩子发生了什么问题。孩子从讲课教师身边走过去，教师没有过问一下，其他学生看着教师扶学生走出去，谁都没有反应，围绕着主讲教师的设计在活动，一直到这节课顺利地进行完了。

两节公开课，如果就课堂教学的展示来说，似乎是很不错的。不过，我感到有些失落。为什么教师对涉及的学生一点关切都没有，甚至没有过问一声？当然，我们仅从事情表面来说，可以批评教师对学生缺乏人文关怀，缺少关心。但我想，事情还不仅仅是这样一个问题。是什么原因造成这种局面的？如果不是公开课，在常态的情况下，教师会不会也这样冷漠？应该说不会。为什么在这个时候他却没有表示关心呢？我认为，这和我们的教学评价、教学管理有很大关系。一到了什么公开课、展示课的场合，学校领导和师生都只有一个目的，就是都要把这节课上好。因为这节课不但可能影响教师的声誉，而且可能影响到学校的声誉，影响到地区的声誉。当大家都在追求所谓的集体荣誉时，这节课被赋予太多的非教学功能，结果失掉了教学的本来面目，反映出教学管理背离了它的初衷。

由于一节课被赋予了太多的非教学功能，所以师生实际上是在为我们这些观课的人表演。而在看表演的时候，我们又更多地关注教师怎么讲得清楚，怎么展示得好，怎么能表现出他的各种才华。大家都忘记了这节课是学生和教师的一段生活，是他们一段共同的生命历程。在这节课里，教师不但要展示他的教育思想、教育理念，而且要展示他作为一个人如何与人相处。如果我们在这节课上确实表现出对学生的意外连问都不问的冷漠态度，那么又怎么能责怪我们的孩子走向社会时会变得冷漠？这种师生的反常表现，给我们留下了一个沉重的话题。

在素质教育思想影响下，我们慢慢地意识到，课堂教学不仅仅是传授知识、培养能力的过程，它的本质是由教师有目的、有计划地组织学生进行有效的学习活动的实践过程，是学生和教师共同活动的生命过程，是学生的主动活动。它必须是有效的，不能有假学习。学生不但学知识，而且学文化，学做人，学习如何面对生活。课堂的学习是全方位、全身心的投入的学习过程，我们必须注意到课堂教学对学生的全面影响。课堂教学要求真，也要求善、求美。一节课，如果只是教师讲得精彩，不一定是好的教学，只是学生答得漂亮，也不一定是好的教学，好的教学是师生有价值的生命过程，是学生进行了有效的学习活动。

现在的公开课或示范课被赋予了太多的教学以外的东西，我希望能留给教师一个按照新的教育观念主动探索的空间。

（原载《中国教育报》2002 年 3 月 17 日）

60

素质教育的本质是现代教育

素质教育到底是什么，素质教育能不能作为中国各类教育改革的总目标，至今仍有不同理解，争论的焦点之一，就在于对“素质教育”的本质存在不同认识。

在我看来，“素质教育”是约定俗成的概念，不过反映了中国教育追求现代发展的努力，反映了中国教育从传统教育走向“教育现代化”（对这一用法，笔者本来有不同认识，这里姑且从俗）的艰难转换过程。至于叫素质教育，还是创新教育、主体教育、和谐教育……似乎都无大碍。因为说穿了，它们都反映了对现代教育的追求，反映了人们创造有中国特色的现代教育的奋斗进程。也就是说，素质教育也罢，创新教育也罢，其他种种口号也罢，本质上都是现代教育，是区别于传统教育的现代教育，是能够适应并促进中国社会主义现代化发展的现代教育，是能够作为现代中国经济社会发展的最重要的基础设施与关键环节构成部分的现代教育。

作为现代教育的素质教育，首先应该是发达的教育，是能够为发展者提供充裕的学习机会与多样选择的教育。机会短缺，方式单一，把所有的求学者都捆绑在残酷的单一标准的升学竞争战车上的教育，肯定不是素质教育；用一个模式，一种途径，一种规格“培养”所有的人，无视发展主体的发展意愿要求与发展能力倾向的教育，也肯定不是现代教育。所以，实施素质教育首先是政府行为、社会行为，首先要求政府与社会大力促进与保证教育的多样化发展，要求社会与政府为发展者提供更为宽松的发展环境、发展条件。

素质教育作为一种现代教育，还应该具备现代性，应该与现代社会的价值选择相一致，应该为现代社会的生成与转换，奠定人才基础与社会认识基础。因为，作为新时代公民素质的奠基工程，教育的超常发展与超前发展，都要求教育为未来社会培养合格的国民，都要求我们以面向世界的精神去思考教育价值选择。因此，教育的民主性，教育的开放性，教育的以人为本，教育的现代信息技术基础以及教育的保持并发展中国特色，等等，就都成为中国现代教育应当具备的基本特性，就都成为现代中国教育改革关键的价值选择。在我看来，当某一位教育工作者，某一位学校或地方教育的领导者，真正下决心要推进素质教育时，是否弄清各种素质的内涵并不是最重要的，最重要的是他应该努力推动教育的现代发展，努力实现本地教育实现从传统向现代的转换。换言之，只要他是在推动教育的民主化，推动教育的开放化，推动教育的以人为本的发展，推动教育在信息网络平台上的发展，推动教育与现代中国发展的同步或超前变革……那么，他就是在实践素质教育。

（原载《教育科学研究》2002 年第 3 期）

61

要把学生差异当做教育资源

实行九年义务教育，就近入学，扩大高中和高等学校招生，使学力不同的学生进入同一教学班的机会增多，引得许多教师惊呼："学生程度参差不齐，没有办法教了!"一时之间，生源质量在各类教育中都成为热点话题。

其实，学业水平不齐，兴趣爱好有别，本来是人生存发展的常态。无论用多么严格有效的选拔考试，把学生班级编得多么整齐划一，维持三两年下来，学生照样会有高有低，有偏文有偏理的，也有爱好艺术的，最终以"水平不齐"画上句号。可以说，就大中小学生的学业而言，不齐是绝对的，整齐是相对的，不齐是经常的，整齐是一时的。那又何必因为招生多了、"就近入学"了，而大惊小怪呢？教育只能从实际出发，不能从理想国出发，既然社会主义现代化要求教育大发展，要求尽可能满足广大人民群众的教育需求，那么从以选拔淘汰为基础的精英教育，走向以开发每个人潜能为主的大众教育、普及教育，就是历史的必然。在这样的历史变化面前，与其继续幻想用什么灵验的选拔方法保证学生水平的整齐，不如索性下决心把学生的差异当成教育资源来开发，来努力创造新的教育。

我想，正因为学生水平不同，兴趣各异，学生之间才会各有所长，各有特点。只要我们不把某一种优长当做唯一有意义、有价值的特点，而摒弃学生其他优势的话，学生之间就会形成一种你追我赶、相互促进的积极的态势，就会营造出一种团结奋斗，共同发展的良好局面。在这样的状态下，学生之间的差异，既有利于他们相互学习，相互帮助，又有利于他们相互激励，相互竞争；既有利于他们学会共处，学会全面看待自己看待他人，学会在看别人弱点的同时看到别人的长项，又有利于他们发扬个人的长处，取长补短，发挥优势，合作完成各种学习任务……凡此种种，都是开发差异资源可以给教育带来的发展机遇，也都是增强每个学生信心，帮助每个学生走自己独特发展之路的现实需要。

说“学生的差异是重要的教育资源”，是因为现实生活永远是充满差异的，让学习者从小就承认差异、尊重差异，学会从差异中发现问题，汲取力量，发展自己，是新时期教育的重要责任之一。更何况，按照现代教育学与心理学理论的研究成果，人们的受教育过程、发展过程，本质上是学习主体主动学习、自我完善的过程，是他们“自我教育”的过程。从这个意义上说，无法正确认识自己，无法从差异中发现问题、学到新知的人，是无法实现真正有效的学习的，也是无法真正实现发展的。

当我们的教育实践工作者，从抱怨学生差异的困惑中解脱出来，真正学会利用学生的差异去改进课堂教学，促进学生有区别的发展时，可能离素质教育的目标就不会太远了。

我们期待着这样的转变。

（原载《教育科学研究》2002 年第 5 期）

62

研究从分析开始

我参加了几次课题开题论证，发现“十五”教育科学规划立项课题，确有一些关乎国计民生、重大改革实验的宏观题目，提出的问题是从生活中来的，很复杂，很前卫，研究预期成果也是针对生活需要的，很全面，很系统。但是，在论证时又多少总有让人不好把握的感觉，多少有种过大、过全，难以言说的印象。

问题在哪里呢？从实际生活中发现的问题，总是综合的问题，是多因素影响下形成的问题，一时让人难以把握要领，应该是必然的；同时，既然是为了解决生活中实际问题而进行研究，提出建议，那么研究与建议的综合性也是应该鼓励的，也是必然的。从综合开始到综合结束，研究怎么办呢？我想，研究要从分析开始，要从区别复杂现象开始，从界定复杂现象中每个部分的内涵与外延、特征与本质开始。因为，没有分析，就没有现代科学研究。一些综合性的教育科研论题之所以让人感到不得要领，无例外的都是分析工作做得不到位，其中最突出的问题是，核心的概念、术语，或者没有科学的界定，或者用得前后不一致。于是，虽然你的问题是从生活中来的，但却讲得未中肯綮；虽然你的结论是为解决实际问题提出的，但却难以做到切实可行，或者虽然说的面面俱到却又让人找不到重点或关键。

注意宏观把握，常有超人的直觉智慧，不时提出一些虽然语意模糊却又常让人深受启发的名言隽语、口号名词，喜欢用大而化之、以简驭繁的办法给复杂现象作出简洁的评价（例如，司空图的《二十四诗品》之类），是中国传统思维的优势、特点，是我们应该继承发扬的民族文化精华，但也是中国之所以有哲学名言、美学感悟而没有近代哲学、美学；有炼丹术、堪舆学、名物考证而没有近代科学、现代技术的根本原因。因为，近代科学研究是从分析开始的，是从具体的人或事的具体分析开始的，它不仅要求有重视分析的态度和思维习惯，而且要求建立一整套分析工具、分析方法，这是近代科学生长发育的基础。我们的古人忽略了对现象、事物的科学分析、分类，忽略了对分析、分类成果的科学归纳和演绎的过程，于是，从总体上看我国历史上就只有超人的智慧，而没有常人的科学。

在大家都在努力从事教育科研，特别是广大的一线教师都在积极参与教育科研，都在努力实践综合性课程，努力带领学生从事研究性学习时，应该记住我国古代先哲的教训。不要忘记，分析是综合成果的起点，分析也是认识综合现象的入手处。尽管我们必须强调看问题要有全局观点，要注重整体把握，但这里讲的“全局”“整体”，都是建立在分析的基础之上的，所以，研究还应从分析开始。

（原载《教育科学研究》2002 年第 7 期）

63

义务教育是什么

义务教育是权利。义务教育权是公民发展权的核心内容，是基本人权的组成部分。《世界人权宣言》第26条宣称：“人人都有受教育的权利，教育应当免费，至少在初级和基本阶段应如此”。作为一种社会动物，人只有经过教育才能实现从自然人向社会人的转化，才能全面继承人类积累下来的社会经验并推动社会向前发展。教育，是人类社会延续与发展的基本条件，也是现代社会再造的奠基工程。从这个意义上说，尊重并保证人的基本教育权利，就是保证并推动现代社会发展。

义务教育是过程。它是现代公民成长与发展必然经历的一段生命旅程，是现代公民生存与发展的关键阶段。作为一种强迫的教育过程，学习者正是在这个生命过程中接受社会经验，学习探求新知，实现自身的社会化与个性化发展。作为时代发展的一种具体的展开形式，义务教育必然要随着时代、地域的变化而各具特色，也必然会因学习者个体差异而有所区别。所以，它不应追求过分强制划一的标准，也不应歧视那些因各种理由而在标准化检测中有欠缺的学习者，它追求的是每位学习者在同一人生历程中的不同体验与发展。如果说，义务教育也应该有质量标准的话，这个质量标准不仅应该是多样的，而且应该是动态的，是以一代人的生命质量来度量的。

义务教育是机会。它是社会赋予公民改变自身命运的机会，也是社会实现发展资源最佳利用的机会，更是社会追求平等和公正的机会。在中国，义务教育通过保证弱势群体的发展权利，提升公民基本素质的手段，来调节社会阶层与个体差距，实现共同富裕的社会理想。在改变人的社会地位、社会处境与生命生活质量方面，义务教育都有某种程度的奠基作用。从这个角度说，义务教育不仅是调节社会财富分配的手段之一，而且是实现共同富裕理想的具体途径之一。充分认识义务教育的这一根本性质，促进义务教育国家责任、社会责任的落实，促进义务教育的区域均衡发展，是义务教育自身生存与发展的需要，也是社会长治久安、持续发展的要求，第三次全教会文件之所以认定教育是社会发展的“基础设施”，这也是一个理由。

义务教育是责任。依法设立并提供适合儿童的义务教育，是政府的责任；依法支持政府办学，依法送子女入学，是社会和家庭的责任。

当义务教育作为权利、过程、机会、责任，都能得到初步实现时，作为公民的基本义务，它才会有扎实的基础。

（原载《教育科学研究》2002 年第 8 期）

64

名词、概念之外的

当前的教育界，新名词、新概念不少，概括说来，有以下几种情况。一是确实诞生了新事物，有了新发展，如因特网、WTO之类，它们都会影响到教育界，都会带来某些新变化。二是事物还是那个事物，但是人们对它的认识发生了变化，强调的方面有所转移，因而要用新名词、新概念来突出一下新的发展，如素质教育、和谐教育之类。教育本来的意义就是长善救失，就是帮助受教育者实现发展，那么关注人的素养的全面发展，教育要在和谐共进的氛围中进行，似乎也不算什么新要求，但是多年来传统教育的消极影响使之背离了人们创设教育事业的初衷，所以素质教育一类的新词才有了存在的必要。第三类情况复杂一点，往往是事物并没有多大变化，甚至是不希望有多少变化，然而主持者或者希望以名词的变化来掩饰自家的不变或少变，或者希望用名词的大变来装饰、夸张自家的不变或少变，乃至于以“新瓶装旧酒”，专心在名词上下功夫。于是，一时之间，出于各种目的，冒出了许多新鲜的名词或口号，一方面让点子专家、写作里手忙得不可开交，一方面又让各界读者看得眼花缭乱。例子么，不举也罢，读者朋友们都是心知肚明，早有会心的。

新名词、新概念、新口号的增加，反映了我们这个转型时代的基本特点，反映了人们普遍求新思变的心态，应该说是好事；而新名词、新概念、新口号的泛滥，特别是那些口号虽新而实质上事物并没有真正与时俱进、不断发展的表现，又反映出我们认识上的不成熟，态度上的不稳健。因为，仅仅有跟上时代的良好意愿是不够的，关键是要认清时代发展的大趋势，积极在实践中尝试改革、尝试创新，实实在在地推动教育事业向前发展。如果仅停留在引进两个新名词、琢磨两个新口号的层面上，其实是于人于己都没有多少好处的事。

马克思、恩格斯创立马克思主义，并没有提出太多的新名词，主要是运用辩证唯物主义的观点与方法，深入地分析了资本主义社会生产活动的关键环节，并给予“社会主义”“商品”“价值”等传统概念以全新的深刻阐释，从而引导读者从熟悉的话语中发现了事物的新本质，扩大了革命学说的社会影响。我想，在我们教育界的若干同人正热衷于名词的发现时，能否从革命伟人的这一实例中得到一些启发呢？如果我们更多地在事物的发展上下些功夫，如果我们更主动地在日常的基本概念的深层内涵与创新阐释上多下功夫，那么，各种教育改革的尝试及其被社会接纳的过程，会不会更顺利一点呢？否则，新名词、新话语满天飞舞，而在实践活动中却故我依然不稍作变化，那么，不但会辜负了我们所处的充满生机的变革时代，也会糟蹋了那些新名词、新术语。

（原载《教育科学研究》2002年第9期）

65

农村教育要为农民产业转移服务

中国“三农”问题的根本出路是减少传统意义上的农业人口。减少农业人口，实现农民的产业转移，是历史性的任务，要多种渠道，多种措施，综合运用，整合推进才成。无论是大至小城镇发展战略、西部大开发战略，还是小到农村教育三教统筹、大力推进农村义务教育工程等，都是必须的也是行之有效的措施。因为所有这些可能或正在采取的措施，都是在减少传统意义的农民，都是在推动农业人口的战略转移，从而根本上提高农业人口GDP的平均值。在这诸多努力当中，教育应该成为基础性的措施。

长期以来，我们一直强调教育要为当地社会经济发展服务，这对推动农村教育与农村社会经济发展的结合起到了积极作用。但是，在互联网已走进千家万户的今天，在中国农业发展与农产品价格正逐渐与世界接轨的今天，在千千万万农民正在自发或有计划地向城市、小城镇转移的今天，农村教育也应与时俱进，大胆创新，积极地为农业人口实现有计划、有技术的战略转移，为发展有中国特色社会主义农村教育再立新功，为全面提高农业人口基本素质做出创造性工作。

纵观世界各国现代化发展历史，都是在实现农业人口的产业转移中实现的。这中间有像英国“圈地运动”那样血淋淋的残酷历史，也有像部分发展中国家那样大量农民身无长技盲目地流入城市，造成大城市、港口城市人口膨胀，以致引发或激化社会动荡，严重地阻碍了国家发展的事实，还有像韩国那样积极甚至率先发展农村教育，努力推动农业人口提高素质、掌握技术，逐渐成为社会发展与城镇建设生力军的成功个案。我们在大力推动中国特色社会主义现代化进程时，有计划地减少传统农业人口，让农民通过多种经营，主副业并举，以及专业化生产，产业化经营等多种途径实现产业转移，让农业人口通过进城打工，运输营销，承包工程等多种方式逐步实现身份转换，应当成为各级政府工作的着力点。在这样的条件下，学习国外的有益经验，积极推动农村教育创新，努力促成农业人口高素质、有技术的战略转移，应该成为我国农村教育改革的基本方向。此时的农村教育依然可以说是为“当地”社会经济发展服务，不过，这时的“当地”，是与世界连通的当地，是作为全中国社会主义现代化大局中的一个有机构成的当地。

这是一项历史性的改革任务，不仅需要农村教育工作及当地政府、社会的努力，尤其需要国家政府、发达地区和大中城市及整个社会的共同努力。只有把农村教育的改革与发展真正列入国家发展大局，只有整个社会都把农业人口真正视为宝贵的、待开发的人力资源，只有城乡的教育发展计划真正联起手来，农村教育的这一历史性改变才会真正有机会实现。

（原载《教育科学研究》2002年第11期）

66

要有问题意识

做科研要有问题意识，做工作也要有问题意识。

在现代汉语的习惯用法中，问题一词有多种解释，可以指焦点或重要之处，也可以指要求回答或解释的题目，还可以指值得讨论或研究的现象、矛盾等。我们所说的“问题意识”的“问题”，指的是第三种意义的问题，即主张每个人都应该坚持辩证唯物主义的态度，都应该坚持“一分为二”的观点，应该敢于发现问题，提出问题，应该学会在大家或他人以为某件事已尽善尽美，某个假说已无懈可击的时候，有勇气、有能力看出“完善”后面的不完善，看出“没问题”下面的深层问题，从而引起注意，引发讨论，促进客观事物与人类认识的深入发展。

“问题意识”从哪里来？首先来自对有中国特色社会主义事业的高度责任感，来自对实现中华民族伟大复兴目标的高度自觉性。没有对事业的执着追求，没有对广大人民群众根本利益的深切关注，就不会追求精益求精，更不会有不断追求完美、追求至善的境界，当然也就不会在成功中发现缺憾、在进步中发现不足。发现问题的动力不足，问题意识也就会成为空话。

其次，问题意识来自科学精神与科学方法，来自广阔的国际视野与深邃的历史眼光。有比较才能鉴别，会鉴别才会发现。在初步取得某些工作成绩或研究成果时，如果不能将个人所得放到历史大背景中去思考，如果不能把个人收获放在国际比较的环境中去认识，只满足于自己同自己比，只沾沾自喜于一孔之见，那么不但问题意识无由产生，研究工作也会走下坡路。

最后，问题意识来自对客观世界的深刻认识与深入把握，来自扎实的调查研究与缜密思考。其实世界上的一切事物都是复杂多变的，都处在不断发展，不断调整的过程之中，只要我们能够真正深入到实际生活之中，深入到事物的发展进程之中去认识事物、分析事物，我们就会清醒地认识到已有认识的不足，认识到自己还远远没有穷尽真理，因而自然会坚持与时俱进，坚持在客观世界不断发展的过程中，发展自己的认识，发现自己的认识中的问题，从而不断找到新的研究方向、新的问题。可以说，对现象把握得越透彻、越具体、越敏锐，就越能激发人的问题意识，越能使研究者对自己的暂时结论保持清醒、谦虚的态度。没有问题意识的人，往往是对研究工作蜻蜓点水、浅尝辄止的人。

“问题意识”的形成，是研究工作者研究生涯的主要收获，以上三点，并不是产生问题意识的全部要求，但它是问题意识生发的基础。

（原载《教育科学研究》2002 年第 12 期）

67

试说“办学特色”

当前，“全面育人，办出特色”，已成为许多中小学校奋力追求的建设目标，但是，什么叫办学特色，为什么学校要办出特色，以及学校怎样才能办出特色？似乎还有不少模糊认识。

首先说什么是办学特色？在一些人看来，招几个有特长的学生，办出一两个能在竞赛中拿奖牌的运动队、文艺社团，似乎就是学校“办有特色”了；也有人认为，只要把学校某些专业专项设备搞得上档次、上水平，甚至把普通学校办成专业学校或在普通学校实施专业教育，也可以算是学校办出特色了。其实，这里讲的办学特色是普通中小学的特色，必须与专业教育区分开来，这种特色，应该集中反映在学校的教育风格与校园文化的独特性与差异性上，应该反映在普通学校为学生发展提供全面服务之外的独特机会上。因此，把一所普通中学办成外国语学校，那不是办学有特色，而在一所普通中学为学生提供多种语言交流机会，培养了学生学习语言的兴趣，培养了学生参与国际交流的意识，那才是学校的特色；同样，只凭招收若干有文体专长的学生，只凭为有文体专长的学生提供专业训练，也不会形成学校的特色，而只有在为全体学生提供良好的艺术体育教育机会，并最终形成全校性的艺术审美追求，形成普遍的体育活动兴趣，那才会真正形成一所普通学校的文体特色。

因此，既然学校特色是学校教育风格、管理风格独特性的反映，是校园文化差异性的表现，学校特色的形成与保持，就必须靠全校师生的共同努力，而且也必须体现在全校师生的思想、态度与行为之中。其形成与巩固，必然会有一个较长的自然生长过程，既不会一蹴而就，也不应拔苗助长，关键是要针对地域、学校的实际状况，从满足社会、家庭与学生需要的角度出发，积极地创造条件，小心地扶植发展，从而最终形成某种特色。在学校办学特色的形成发展过程中，学校校长、教师的办学理念是否先进，办学措施是否得当，是否落实，当然是极为重要的。但是，把学校特色当成一项“工程”来抓，人为地拼凑特色，勉强地强化特色，也不是明智之举。学校特色是学校历史发展的必然结果，并不是一个两个“工程”或“计划”的产物，人为地拼凑“特色”，也许会形成某些广告效应，然而并不会真正给广大学生带来好处，也不会真正形成有特点的校园文化。

形成办学特色，是学校走向成熟，较好地与社区、环境融为一体，并能够较好地满足社会、家庭与学生需要的表现，它应该成为所有矢志办学的校长与教师的奋斗目标，也是一个常做常新、永无止境的工作。

（原载《教育科学研究》2003 年第 2 期）

68

态度和价值观怎么教

有位教师问我：态度和价值观怎么教?

态度和价值观是教出来的吗？虽然基础教育课程改革的各种新方案中都把态度和价值观教育列入课程改革目标，都要求学校、教师关注态度与价值观教育，但是，这决不意味着教师可以像讲解知识要点一样，通过讲解这类教的办法，把态度和价值观“教”给学生。一般说来，态度与价值观，可能是没法“教”的！

本质上，态度与价值观，都是一种主观选择，是行为主体对人生、对他人或社会的一种主观认识和主动反应：看到一位身患绝症的病人，你可能落下同情之泪，也可能想方设法帮助他，还可能视若无睹；购物时售货员少收了货款，你可能暗自庆幸匆匆离去，也可能赶快纠正予以补足，或者以为这是对商业欺诈的合理报复而兴奋不已……凡此种种反应，都是植根于行为主体深层认识的主动选择，都是建立在主体前此所真正持有的、对世界和对自己行为自以为正确的观念基础上的，都是建立在主体性认识与情感基础上的。在主体性认识没有形成或改变以前，可以告诉他可能有几种价值选择，正确的选择是什么，还可以告诉他错误的选择有什么不利影响，甚至可以强迫他按照正确的选择去行动。但是，只要这种态度或价值选择不是建立在自主性认识的基础上，这种态度或价值观教育，就只是一种知识教育或技能教育，而不会成为有效的态度与价值观教育，因为它们不会影响学习者此后的实际选择。

每个人的态度与价值选择，是在个人成长过程中，通过模仿、尝试和实践体验而逐渐习得的。在选择中学习选择，在参与中发展自我，在体验中认识社会生活，是每个学习主体发展的必由之路。所以，进行态度和价值观的教育活动，最重要的是教育者用自己的人生态度与价值选择去影响学习主体，是教育者通过身体力行的示范活动来证实言教的真实性与可行性，并积极创造有利于学习主体尝试选择、参与和体验的机会，让他们在这种尝试的实践行动中形成个性化的态度与价值认知，形成个人的态度与价值观。从这个意义上说，回答“态度和价值观怎么教”的问题也不难，要点有两个：一是教师真心实意的身教，二是创造机会让学习者尝试从教师身教中体会到的认识。

其实，教育最核心的要求，不外是让学习主体有可能实现主动的学习，态度、价值观教育是如此，知识、能力教育亦如此。

（原载《教育科学研究》2003 年第 3 期）

69

学会提问

提问题，追问“为什么”，本来是儿童的天性，然而，在基础教育课程改革实验中，又把培养学生的问题意识，把鼓励学生提出问题、研究问题，作为学校教育教学工作的重要目标，这样要求有什么道理呢?

首先，这是一项针对陈旧的传统教育弊端改革的要求，是体现教育创新方向的要求。在旧教育观念的影响下，在强大的统一考试压力下，长期以来，我们过分重视对事实性知识的识记，过分迷信各种练习与作业的训练作用，搞得广大中小学生课业负担过重，精神和体力都相当疲劳。他们不但缺少自主提出问题、研究问题的时间，而且渐渐丧失了提出问题、研究问题的兴趣。因此，在新时期教育改革中，必须十分注重保护和发扬儿童、少年与生俱来的好奇心与求知欲，必须十分强调对问题意识的培养。否则，不仅不足以应对知识经济与国际竞争的挑战，也无法完成以创新为主调的中国特色社会主义现代化的建设任务。

其次，提倡“问题意识”，鼓励学生提出问题，并不仅仅是让他们保持天性，而是让学习者学会科学地提出问题，也就是要学会有根据地提出问题。即在广泛观察、比较事实、现象的基础上，在广泛联系个人或前人、他人经验的基础上，通过个人深入对比思考分析，在发现矛盾，发现疑点，发现种种模糊与新奇现象的过程中，提出“是什么”“为什么”或者“怎么做”的问题。就是说，问题要提得有根据、有理由，要说得清“问题从哪里来”，“问题为什么是新问题”。这样的提问题，不能仅凭小聪明或“脑筋急转弯”，而是需要学习，需要调查研究与观察分析。所以，学习提出问题，应该成为儿童、少年学习期间的重要任务。

然而，仅仅提出问题并不够，提出了问题，然后就静候教师和他人给予解答，并不符合创新时代的要求，也不符合“倡导问题意识”的本义。因为富有“问题意识”的人，不能满足于提出问题，他所追求的是解决问题，是不断追求对问题的深入认识。因此，在问题未获解决之前，会废寝忘食，苦苦求索，在问题初步解决之后，又会不满足于既得结论，会在问题后面发现问题。从这个角度说，培养学习者的“问题意识”，还要鼓励学会探究的态度与方法，还要引导他们在探究的实践中培养科学精神。只去提问，而对解决问题不感兴趣、不下功夫的人，算不得是会问问题的人，也很难对社会做出创造性的贡献。

学会提问，是学会学习、学会发展的一项基本功。

（原载《教育科学研究》2003 年第 6 期）

70

学会讨论

到学校听课，常会看到这般景象：教师提出问题，或摆出矛盾现象，然后让学生“讨论”，学生分组后，或各说各理争做一团，或一两能人侃侃而谈，多人敬陪未座，三五分钟后，教师宣布“讨论”结束，再请学生说出正确答案，“讨论”任务即告完成。有人问我，这是讨论吗？答曰：然，然，非也。

说它是“讨论”，因为从语义的角度说，只要有两个以上的人在一起议论同一话题，都可以称之为讨论，且不论这种讨论目的为何、效果怎样，只要形式上交流了，对话了，你总不能说人家在唱独角戏吧？然而，这种形式主义的讨论，并不是今天教育改革所倡导的讨论式学习方式，因为，真正有助于学习者提高自己、改变自己的讨论，还应有许多其他条件。

首先，讨论要审慎选题。根本上说，讨论的过程是分析矛盾，认识、追求正确结论的过程，是对复杂现象进行区别与分析的过程。讨论的问题或现象，必须是没有定论的，必须是有种种各有理由的假说而尚未取得共识的，或者是从学生的角度看比较难以找到权威结论的。问题具挑战性，又在教师指导下，学生可以凭借自己的知识基础与信息渠道寻求到多种答案，这才会真正引起学生讨论的兴趣，也才会让他们真正体会到讨论的价值。如此讨论，才是新时期教育改革实验追求的目标。随随便便拿些不具挑战性、没有挑战意义（例如结论翻书即得，或作为基本常识人人皆无异议）的题目来讨论，不仅无助于学生学习，而且会影响学习者对讨论式学习的兴趣。

其次，讨论要有准备。参加讨论是探求知识、寻找共识的努力，是人类学习活动的一种重要方式，也是人类学习活动的一个重要阶段，所以必须把讨论建立在充分学习准备基础上，要教育儿童、少年有准备地参加讨论。讨论题目提前公布，让参加者在充分做好调查研究、观察归纳、文献检索基础上参加讨论。发言要有依据，主张要有理由，不能在讨论会上逞个人意气，或仅凭个人印象、感觉发言，这是学会科学地讨论的基本要求。从这个角度说，教师组织学生讨论的关键是讨论前的指导，从态度与方法上帮助他们学会准备参加讨论。

最后，讨论的要义是倾听。学会讨论先要学会倾听，学会听取、分析他人意见，学会从他人的意见中找到完善自己的养分。讨论，是人际交往的重要形式，也是人类社会求得共识、学会共处的重要手段，所以，讨论的基础是倾听。倾听，不仅是尊重他人、学习他人的需要，也是有的放矢地批评他人意见、表达自己意见的基础，是一切科学讨论必须具备的基本态度和要求。组织学生讨论，引导学生学习讨论，应该从学会倾听开始，应该把学会倾听作为基础性要求。只知一味宣讲个人主张，全不顾别人的问题或建议，在相互打断、彼此争吵甚至各说各话中进行的所谓“讨论”，不仅无助于新知取得，而且有悖讨论的基本精神。

讨论很重要，学会讨论更不易，学生如此，成人亦如此。

（原载《教育科学研究》2003 年第 7～8 期）

71

学会阅读学习

长期以来，学校教育以“听中学”为主，所谓口传心授，在没有教科书的时代，几乎是人类传授知识传承文化的唯一方式。20世纪以来，杜威特别提倡“做中学”，虽然并没有成为学校教育主流方式，其影响也不可低估。把“听中学”与“做中学”结合起来，正是我国新时期课程教学改革的主导趋势。

进入信息时代以后，在大众传媒如此广泛深入社会生活各层面的条件下，恐怕应该更加重视阅读学习的作用。因为在信息爆炸的今天，人们越来越感到不仅听不过来，做不过来，甚至读一遍也根本做不到。用google搜索有关教育的条目，“多元智能”项下有8.6万多个网页，“创建积极课堂”项下也有2 390多个网页，甚至非常专门的罗杰斯的“非指导教学”，也还有750多个网页，至于网页中包括多少文章、事例，就更难统计。这些成千上万的网页，大多充斥着各种各样的文字资料，即使是浏览、选择性阅读，恐怕也要有几年时间才可能读遍，更何况它们还在时时更新，时时补充！

所以，提倡“学会阅读学习”，是为了适应信息时代的特点，是为了尽快掌握知识技术发展的最新动态，从而使自己的学习研究工作，有一个较高的起点，少走一点弯路。因为论文或研究报告是最快最新的，而当论文或报告的结论为社会普遍接受后，转化成教材或普遍性的课堂讲授时，更新的成果、更多的论文和报告早已层出不穷。提高阅读学习能力，努力使自己可以不通过听讲，不通过系统培训而学会新知识、新方法，是科研工作者的基本功，也是一切志在创新、志在追赶科技文化新潮流的人应有的基础性要求。

"学会阅读学习"，不仅是语文或外语学科教学的责任，更是所有学科或科学教学的共同责任。对于一切有阅读能力的学生，在存在教材、讲义、参考书与网上相关资料的条件下，教师都应该在学生阅读图书资料的基础上进行教学，都应该指导学生学习阅读图书资料并帮助解决其阅读中的问题，以最终使学习者能够脱离学校和教师的帮助指导，自主确定阅读内容，掌握阅读进程，并通过阅读（以及其他自主确定的方法途径）学会新知识，掌握新方法，实现自身素养与技能的提升。

"学会阅读学习"，不仅要学会通过阅读一两本专著、教材来学会知识、方法，还要学会通过搜寻检索来筛选、淘汰学习资料。数以万计的网站，数以百万计的书刊，数以千万计的文章和资料，不可能也不需要都通读一遍。作为现代人，应该有披沙拣金的能力，应该有识别璞玉的本领，应该有在扫描中摒除大量信息垃圾的素养。与有用知识失之交臂是最大的遗憾，被无用的信息耽误大好青春则更为可惜，所以，"学会阅读学习"的另一层含义是，要学会不读无用的信息，学会做因特网与书刊的主人。

（原载《教育科学研究》2003 年第 9 期）

72

观念转变是个过程

在新课程实验两年多的时间里，北京和全国一样，都在宣传教育新理念、推动教师和家长转变教育观念上下了不少功夫，收到若干实效，涌现一批敢于实践教育新理念的人物或课例，但大家也普遍感到传统教育观念影响的根深蒂固，甚至有人对这种建立在学习研讨基础上的观念转变活动失去信心，那么，应该怎样评价课改实验中观念转变的成效呢?

正确评价课改中观念转变成效，关键是要承认观念转变是个过程。因为教育观念是人们的主体性认识，是人们在从事教育工作实践中获得的个性化认识，是人们在接受教育实践活动中感受到的体验或收获。所以，人们的教育观念不但与他们的学习经历、成长经历息息相关，而且与他们生活的时代氛围、生活环境与工作经历密切联系。处在基础教育课程改革一线的教师，不论其过去的教育与受教育经验如何，也不论其是否认真听过专家报告，只要他正在参与课程改革实验，他的教育观念就必然会发生或多或少的变化。从哲学观点看，即“人们的社会存在决定人们的社会认识”，在这里，“存在”是动态的生命过程，“认识”也是一个动态的变化过程。

强调观念转变是个过程，是因为课程改革实验本身就有一个实践、完善过程，其全部特征与整体效应也有一个展开和实现过程，有一个发展过程。作为社会性的教育改革实验，课程改革的基本理念、基本要求与基本设想，都只有在真正为社会认可、为学校教师学生认同的条件下，才会真正实现。所以，课程改革的实验过程，就是不断完善自己并说服社会、说服教师校长的过程，也是与社会、学校交流互动共同生成的过程。教师与家长教育观念的转变或更新，正是这个交流互动共同生成的内容之一，是课程改革实验工作的有机组成部分与伴生成果。只要我们充分认识到课程改革的社会实践性本质，认识到课程改革作为带有跨越性改革目标的艰巨性，就能够对课程改革与观念转变，既有信心，又有耐心。

强调观念转变是个过程，还因为要承认观念转变的长期性与复杂性，主张应该对推进改革有更多的耐心与更稳妥的策略。既然教育观念是人们过去生命的结晶，是人们在自身长期受教育与从事教育活动中形成的主体性认识，是自己与其他社会观念以及体制、机制成功磨合的产物。那么，改变这种固有认识，就应该有一个渐变过程，就应该允许反复，允许动摇或复归，允许认识主体在矛盾冲突中举棋不定或“穿新鞋走老路”。人们生命活动是整体性的，情感、观念与行为习惯都会紧密相连。从这个角度看，观念转变实质是生命的转变，是生存方式、生活习惯与情感态度价值观的整体性转变。在教师、家长正在经历这种深刻变化时，多一点宽容理解，多一点耐心等待与具体帮助，特别是多一点积极的环境创造，是值得的，也是应该的。

强调观念转变是个过程，并不是为了原谅课程改革实验中种种与新理念不相符合的现象或想法，也不是为了延缓改革的推进，而是为了全面推进教育与课程改革，为了更加坚定把这场关乎中华民族未来的改革坚持到底的决心。

（原载《教育科学研究》2003年第10期）

73

慎提模式创新

“模式”这个概念是从模型转化过来的，最早是指一种研究方法。面对一类复杂的现象或实践活动，研究者从中概括出它的最本质的理念、最基本的操作方法或实施策略，以及其他诸如条件环境的基本要求等，以深化人们对这一现象或活动的认识，或者还可以启发其他人面对类似情况时，采取或借鉴这些基本方法策略来解决问题。中国特色的社会主义现代化发展模式，残疾儿童随班就读教育模式，虽然大小悬殊，其实都是人们在实践生活中概括出来，并正在不断深化，不断随着实践发展而发展的种种模式的代表。

随着实践的发展、问题的增多，人们开始不满足于仅仅从现实生活的现象与运行中归纳、概括出各种模式，人们又开始尝试在归纳、概括的基础上修正、完善，乃至依据一定的理性认识，自己去设计种种发展模式、活动模式或行为模式。这样就出现了另外一种意义上的模式，是一种在一定理论或社会实践认识基础上构建出来的待检验的模式，是一种可能超出现实条件或社会上一般人的认识水平或行为习惯的创新的实践活动方式策略等。这类设计出来的发展或实践活动模式，在生活中也很常见，如经济上的出口加工区或特区带动发展模式或教育中的布卢姆的目标教学模式等。

无论是从社会实践活动中归纳概括出来的模式，还是由理论或实践工作者设计、构想出来的模式，既然叫模式，它们就具备以下特征：第一，模式的背后必然有对事物本质的某种新发现、新认识，任何新模式都是建立在认识或理念创新的基础上的；第二，依据这种新的发现、新的认识，论者必须发现或提出了新的方法、策略来解决新的或旧的问题，模式与一般认识或主张的最大区别，是它必须提出新的操作策略或行为方式，模式是对行为方式的归纳与概括，可操作性是其基本条件；第三，任何实践活动都是在一定的环境条件下进行的，都与外在与内在环境有密不可分的关系，所以，模式研究或者模式创新，都必须建立在对现象、行为的全面把握与整体分析基础上，先进的理论可以放之四海而皆准，任何一种行为模式，都是有条件的，都不可能盲目照用照搬，尽管这些模式都可以在一定范围内适用或基本适用，但是这个“一定范围”却是模式存在的前提；第四，任何活动模式都有它特定的活动目标，都有它能够解决和解决不了的问题。生活在变化，实践在发展，设想创造出一劳永逸地解决所有问题的活动模式、行为模式，既不可能也不需要。所以，对于一切企图概括归纳或设计建构某种模式的人而言，时刻意识到模式的局限性与创新性，都是十分重要的，不创新，就没有必要用新瓶去装旧酒，不承认局限，就会既限制了自己，又误导了他人。

理念，方法，条件，局限，在从事模式研究或模式创新时，这四者缺一不可。在这四方面没有创新，或没有在主要方面的发展或完善化，恐怕就难说是一种新模式的创造。从这个意义上说，我主张，要慎提模式创新。

（原载《教育科学研究》2003 年第 11 期）

74

在游戏中学习

儿童的学习是从观察、模仿、探究开始的，而最能体现儿童学习精神的活动是游戏。当小孩子们凑在一起过家家、玩沙土或者演练什么他们感兴趣的成人活动时，他们的主动态度、合作精神、探究意识、想象能力，甚至一定程度的创造才智，都会得到锻炼与发展；现代教育论者所主张的所有学习活动的原则，都会在游戏中体现。游戏乃是儿童以至成人重要的学习方式之一，人类的学习从游戏开始。

许多中外成功的科学家，都说自己研究的课题“很好玩”，只是觉得某些问题“有意思”才去做，有些人说得更坦率，他们说自己是在“玩科学”，是在做自己感兴趣的事，并不在乎它有多少用处，也不想靠它去获取什么利益。换言之，他们也是在游戏，不过他们用来玩的工具可不是泥土、木块、树枝或者什么石子、布条之类，他们用来玩的工具是激光发生器、电子对撞机或者是什么拓扑、微分方程之类的极其复杂的仪器设施或专业语言。

儿童的游戏始于个体的直接经验。在游戏过程中，他们不断丰富个体的直接经验，而且在与成人与伙伴的交互影响中，学会了语言，学会了接受他人的认识成果，于是儿童的游戏就超越了小动物游戏的水平，开始进入学习的高级阶段。区别初级与高级阶段学习的，并不是主动性、探究性、合作性一类的表现，这些要求，在所有学习活动中都是必须的，都是应然的要求。初级与高级阶段学习的本质区别在于，前者只能建立在学习主体直接经验的基础上，而后者主要是一种以把握间接经验为基础的学习，是一种在接受他人认识成果的同时，掌握他人成功的认识工具与认识方法的学习。后一种学习也可以看成是一种“玩”，一种“游戏”，只不过这种“玩”或“游戏”的规则太复杂，它所需要的能力也太高级，不下功夫打下把握“规则”与“能力”的基础，你就没有办法去玩那个游戏。

因此，人类的学习可以而且必须从游戏开始。在儿童成长发育的过程中，一定要给他们充分的时间去玩游戏，去玩那些用最简单的器物与最多样的想象所合成的游戏，让他们自主探究、想象、合作和创造，而不要过分强调所谓的智力玩具，不要总想把成人的意志或要求过早地强加给孩子，让他去做所谓“有意义的事”，结果会抑制他们主动精神与想象能力的发展。但是，人类的学习不能止于游戏，中小学生也不能延续幼儿园的教学方法。因为，为了真正掌握人类特有的高级学习方式，中小学生必须系统地接受人类的文明成果，必然初步掌握人类积淀下来的各种认识工具、方法和成果，这样他们才会“站在巨人的臂膀上”开始新的攀登，才会玩那些需要高科技手段支持的、需要复杂的逻辑推理与创新能力实现的“现代游戏”。从这个角度说，中小学生不仅需要自主、合作、探究，更需要在自主、合作、探究等“精神指导下”打基础。这里的基础，既有知识、能力的基础，也有态度方法与人生追求的基础，所有这些基础都不可能全部由学习主体独自发明发现，而必须建立在继承人类文明成果的基础上。

（原载《教育科学研究》2004 年第 2 期）

75

建构主义只是一种假说

在当前的教育教学理论与实践领域，建构主义是一种主流话语，人们习惯用其解释所有的教育现象，其实，在心理学领域，它只是众多心理学派之一，严格地说，它只是一种假说。

建构主义在强调学习者的“知识都是在原有知识的基础上建构起来的”，在强调每个人“生来就是一个灵活的学习者、主动获取知识和技能的行动者”的时候，并没有说清楚学习者那个用以建构新知的“原有知识”是怎么来的，也没有说明白所谓与生俱来的学习能力又是怎么回事。于是，接受建构主义假说的同时，我们又必然会产生一系列的问题。例如，在进行意义建构时，是每个人都在自我创造“语言”，还是在社会交往中接受了人类或民族社会约定俗成的词汇与语法系统？再如，所谓个人意义的主观建构、主观假设（从语源上说，建构的本义即是假设），是随心所欲、全凭个人主观玄想，还是与客观世界有对应关系？如果与他者、与世界存在联系，那么这种联系又是怎么建立起来的？凡此种种，各种建构主义学说并无一致的、有说服力的回答，由此可否证明，建构主义的理论正在形成之中，还有许多待完善的地方，似乎还不能“放之四海而皆准”。

当然，说建构主义是假说，并不是否认它在帮助我们认识人类的认识现象、学习问题方面的价值。一切科学的理论都是从假说开始的，都是在人类认识发展的历史性实践活动中不断丰富、不断修正、不断走向完善的，唯物主义的反映论是如此，建构主义的学习理论也应如此。应该说，作为一种心理学假说，建构主义的最大价值在于它强调了个人在学习过程中的能动作用，强调了教学活动本质上是学习者的学习过程，是学习者在教师帮助下的主动的生命过程。所以，建构主义理论的引进，有助于教育实践工作者转变自己对教学过程的机械主义认识，有助于调动与发挥学习主体的能动作用，对比机械论的反映论（注意，不是辩证唯物主义的反映论），它是一种偏失的校正，是一种理念的创新。但是，建构主义不再将知识看作是有关现实的知识，不认为知识是存在的反映，而认为知识主要是个人的建构，是个人创造有关世界的意义而不是发现源于现实世界的意义，恐怕多少有些片面性。所谓有一千个读者就会有一千个哈姆雷特，固然在揭示个人认识差异性方面有价值；然而如果以为这一千个哈姆雷特，可以由每位主体随心所欲地构想而彼此互不相关，或者与莎士比亚笔下的那个犹犹豫豫、总在踌躇不安中消磨时间的丹麦王子全不搭界，那显然也是难以说服人的。因为，只有在承认人的认识有其客观基础，是人们存在的反映，只有承认哈姆雷特尽管会有许多小异、有许多认识上的具体区别而在本质上又是大同，并在共同指向特定对象时，人与人之间才会有交流、沟通，才能彼此了解，共同生活在一个世界里。倘若一切认识全是个人的主观建构，那么我们不是连建构主义者的种种学说也无法真正明白吗？

笔者不想也不能全面评价或讨论有关人类认识活动的各种学说，所以提到建构主义，不过是想以此为例，说明每个人都应该保持科学求实的精神，不要盲目迷信这样那样的假说，以免阻断了自己探求新知的征程。

（原载《教育科学研究》2004年第3期）

76

应重视基本劳动技能及习惯培养

劳动技术教育曾是新中国教育的亮点。然而，一则由于“左”倾路线影响，“以学为主，兼学别样”，变成了只有劳动并无教育，以至于在“十年浩劫”之后，“教育与生产劳动相结合”方针受到物极必反式的怀疑；再则由于人们对信息经济的迷信，许多人都以为人工技术在网络时代将被淘汰，似乎只要会上网、能开车，数控机床自然会为社会生产各种各样的产品，现代化工厂将是只有工程师加看表工而没有生产工人的场所，于是，劳动技术教育在升学考试竞争的挤压下，正悄悄地退出历史舞台。当前大中小学校里，几乎没有了基本劳动技能培养的一席之地。所谓“劳动课”，如果还开的话，大多也不过是剪剪贴贴的手工课，或是某些电子玩具、器具的简单组装而已，作为生活中基本工具的榔头、锯子、锉刀早已难见踪影。可以毫不夸张地说，近十多年来，中国（至少是在大中城市）正成长起不会使用任何基本劳动工具的新一代。

这是一个十分危险的征兆，是中国基础教育最为严重的问题。因为，随着义务教育的普及，中国新一代的儿童少年，都会把他们最宝贵的学习时间，把从六七岁到十五六岁的大好年华，托付给传统的中小学校。如果他们都没有学习动手操作的经历，都没有任何使用基本劳动工具，从事从构想设计到制造成品的工作体验，都缺少通过“设计—制作—修改—完成”这种劳动周期走向成熟增添自信的机会，那么，作为未来“制造业大国”的国民，又将从哪里产生呢？人类生存的基础是物质生产，网络、信息、金融、贸易以及种种精神生产活动，最终都将建立在物质生产的基础上，并且会反过来大大影响促进物质生产。作为世界第一人口大国，中国不能没有发达的制造业，也不能没有数以亿计的一线生产工人，而正如人们的智力存在最佳发展期一样，技术娴熟、创意丰富的高素质劳动者也有最佳发展期，也要从娃娃抓起。

其实，即使将来并不从事制造工作，现代人也应具备基本的生活能力即自我服务能力。现代社会需要的公民，是善于动手，善于将动脑与动手结合起来的人。因为正是在人们手指小肌肉群巧妙配合的过程中，在人的手眼配合能动创造的过程中，人类的智力才最终得到飞跃性的发展，现代社会不但是人类智力高度发达的社会，也是人类智力与劳动及多种实践技能高度结合的社会。劳动创造人，不仅是历史事实，也会在人类每个个体的成长过程中得到一定程度的再现。“心灵手巧”作为成语，其实反映了人类个体成长的某种规律，高度重视基本劳动技能培养，是多数发达国家基础教育的共同特点，也应成为新时期中国基础教育课程改革的重要价值取向。

（原载《教育科学研究》2004 年第 4 期）

77

利用人类一切有效学习方式

从生活中、从现实的物质世界学习，与从书本上、从理论中学习，本来是人类（学习的）两种不可偏废的学习方式。传统的学校教育，比较偏重从书本中学习，当然有其弊端，但是，如果以为新教育、新课程就应该摒弃系统的知识与理论学习，只强调一切从学生的直接经验出发，一切都要由学生的个人实践去检验，那显然也是不确切的。

因为，实践既包括个人的实践，更包括社会的、人类的实践。没有具体的每个人的实践，就无所谓社会的、人类的实践；而没有社会的、历史的考量，仅局限于具体的个人经验，又会陷入狭隘的经验主义、粗陋的实践主义泥沼，会为“眼见为实”的片面性所误。从这个角度看，在实施新课程改革过程中，强调让学生体验知识的形成过程，强调让学生尝试通过观察现象、分析材料归纳出规律性的认识，都是有益于学习者心智发展、有利于纠正传统教育若干弊端的正确做法，应予充分肯定。但是，在强调个人实践与经验时，如果以为学生的一切学习活动，都是借助一两项精心设计的实验去归纳出某项定理或规律，或是用几件挑选出来的事例去总结出某种性质或特点，以至于完全忽视了间接经验的学习，忽视了理论的推导或逻辑证明，那也会违背教育规律，也是不科学的。

说过分强调个人经验不科学，说不能仅凭个人实践去检验认识，主要有以下三点理由。首先，任何个人的经验都是有限的，都会受到社会、时代与个人条件的种种制约，无法穷尽人类认识自然、认识自己的无限过程。其次，历史事实证明，人类世界发展史就是一个学习、接受和继承的历史，是一个后辈人站在前人肩膀上攀登的历史。正因为有历史经验的积累，有前人积淀下来的理论、学说的指引，新一代才能减少盲目性，才能用理性的眼光去观察事实、印证理论，从而在认识过程中少走弯路，提高效率。最后，忽视社会经验、群体经验，只强调个人经验。又会促成以点带面、以偏概全的形而上学态度，助长各种片面、机械的倾向。因为摒弃了理性指导与社会实践的检验，只强调建立在个人经验基础上的归纳推理，最终必然会导致经验主义，导致唯我论，会形成所谓“一叶障目，不见泰山”的思想方法与思维倾向。归纳诚然是人类认识世界的重要方法，但归纳又总会有缺欠，总会不完全，所以不仅只靠个人经验归纳不科学，即使建立在人类全部历史经验基础上的归纳，也要借助其他推理方法与科学实践来丰富、补充和纠正。

学生的学习活动是全面的、丰富的，也是多种形式并用的，体验学习、探究学习与接受学习，甚至包括某些形式的“死记硬背”，都各有其发挥长处的机会。要帮助儿童、少年在尽可能短的时间内为终身发展打下基础，就不能拒绝人类一切有效的学习方式。

（原载《教育科学研究》2004 年第 5 期）

78

关于“优质教育资源不足”

“优质教育资源不足”似乎已成社会共识，人们也想了不少解决办法，然而却少见有人讨论什么叫“优质教育资源”，应该怎么看待这个“不足”。

在我看来，有三类“优质教育资源”。第一类优质教育资源，就是指那些能够全面贯彻国家教育方针，能从每位学生的实际出发，积极引导他们实现可能的最佳发展，从而为社会培养大批而且多样的社会主义建设者和接班人的学校。在这样的学校里，社会、家庭和师生都能和衷共济、齐心协力，既不包办代替，又不姑息迁就，共同营造儿童少年健康成长的良好环境，努力促成每位学习者的自主发展；教师关爱学生，学生热爱学校，大家都幸福地生活在学习共同体之中，都在争做学校的主人，做自己生命的主人。放眼看去，在我们这个存在强大陈旧教育观念影响，各种差异甚大的社会主义初级阶段的国家里，能实现上述理想的学校多吗？答案显然是不多。从这个意义上说，“优质教育资源不足”，当然是对的，可惜这个“不足”不会在短期内解决，从根本上说，这是一个发展阶段与条件的问题，我们当然应该努力实现这一理想要求，但也要有足够的耐心。

第二类“优质教育资源”，指的是重点中学、名牌大学。所谓“不足”，则指招生数量有限，无法满足所有家长都想让子女升入这些学校读书的愿望。其实，除了软硬件办学条件以外，那些名牌或重点的最大优势在生源，在于他们都有百里挑一的招生权力。这里的“优质”，首先就是生源的优异。这类学校的最大本领，就是能够在选拔出若干智力超群的学生以后，可以保证他们升入更好的学校或取得就业优势。由于智力超群的学生，在一定历史时期，总占少数，所以，这类“优质资源”就必须保持“不足”，招生多了，“优质”就会变得不优。其实，人本来有各种发展倾向，也有不同优势，只认准一种方向，拼命让孩子在并不适合的跑道上竞争，不是有损无益的事吗？从教育的角度看，这类的“优质教育资源不足”，要引导，要解释，也要全面认识，不能也无力去全面“满足”。

还有一类“优质教育资源”，说的则是在我们这个差异巨大、资源不足的发展中国家，受盲目赶超“世界水平”的影响，各地都在建立若干追求奢华、气派的“标志性学校”，建立一些让老百姓人人称羡，而无论社会或政府都无力作为常规标准去普及的学校。这类超越国力可能，误导社会需求的所谓“优质教育资源”的不足，正反映了教育管理部门及社会的种种认识误区，不会为教育的均衡发展带来好处。

在大家都努力落实以人为本，全面、协调、可持续的发展观时，这类“优质教育资源不足”，恐怕要换个思路去解决。

总而言之，“优质教育资源不足”的情况挺复杂，没有一刀切的解决办法。

（原载《教育科学研究》2004 年第 6 期）

79

要说有用的话

做教育科研，写教育论文，都要说有用的话。

什么是有用的话？就是针对教育实践中的实际问题，提出可行的解决思路、可操作的解决方案或方法，从而让教育实际工作者听来受益，学来有用，实行起来有效。当然，中国这么大，各地条件千差万别，所谓受益、有用、有效，都必须加上读者自身的消化吸收、斟酌取舍，都会带上各种国情地域或时代氛围的影响，并不是也不应是那种简单地照抄照转照办。但是，由于这些话，都是有针对性，有可操作性，又有实效性的意见建议，所以，不论大家做了多少变通或改造，数典不会忘祖，人们还是会牢牢记住那些首先提出设计、设想，首先启发自己打开眼界、转变思路的人。中国的陶行知、洋人里的苏霍姆林斯基或布卢姆等，至今仍在中小学界有实际影响，就是明显的例证。

可惜的是，近年来，在教育界却弥漫开一种追求说新话，说有水平的话，说正确的话，而全然不顾其是否有用的风气，一些人只顾自说自话，自我欣赏，发表文章、著作不少，在实践中有用的不多，实在让人遗憾。所谓说新话，就是热衷于创造新名词、新概念、新说法，不论实践做得如何，一味在包装上下功夫，都在请写家总结出花团锦簇的文章。结果各地新“典型”层出不穷，各种教育口号、主张漫天飞舞，一旦认真考察，真正在做，真正有价值的，又寥若晨星。所谓说有水平的话，就是一味追赶发达国家的新潮理论，喜欢用谁也不懂的话语来讲谁都明白的道理。虽然中国的教育大多还处在前现代时期（证据是国家发展目标是2050年才基本实现现代化），而倡导的做法却是源于"后现代"或"后后现代"的理论，于是彼此说来讲去个个水平不低，可惜的是于实践无补。所谓说正确的话，就是只要听到某种风声、信息，旦夕之间就会攒出大批文章、专著、解读甚至大全之类的"作品"，罗列排比，抄来引去，句句都有文件出处，篇篇旁征博引，只是没有一点作者个人主张，令我们这些读者，除了拜倒在这类充满正确引文与老生常谈的大作面前之外，几乎无事可做。

当然，生活在发展，国家要开放，我们也必须不断在中央的统一部署下把教育工作推上新的发展阶段。所以，新话、有水平的话、正确的话，都是需要的，也都要有人去说，去宣传。但是，如果这些新话、有水平或正确的话，不是来自实践，不是为了解决实际问题，而只是为了标新立异，为了夸饰自己或者出于其他个人私利，那显然背离了我们搞研究做总结的初衷，就应该坚决反对。

其实，作为理论或实际教育工作者，在这样一个思想解放政治清明的时代，本来什么话都可以说，关键是要有用，对生活、对现实有用。

（原载《教育科学研究》2004年第7期）

80

作为“服务行业”的教育

在世界贸易组织（WTO）条款中，教育是服务行业。

教育是什么样的服务行业？有些服务行业信奉的原则是“顾客是上帝”，多花一分钱，就提供多一点体贴、高一点水准的服务，精品商店的购物环境肯定比摊群市场强，总统套房绝对比鸡毛小店舒适干净。不论是商贸旅游，还是金融保险，这类服务的购买者与提供者之间的关系很清楚，一分钱一分货，只要你钱花到位，在一般情况下，市场经济的原则是保证你不用再做什么事，就可以享受够水准够质量的服务。还有些服务行业则比较复杂，钱当然也要花，钱花得越多也会提供越好的物质条件，但是否真能做到“物有所值”，真能让人享受到理想中的质量水准，却不仅取决于服务的提供者，还取决于你个人的“配合”或努力程度。例如“花钱买健康”，去医院看病，不论提供服务的健身教练或医生如何尽责，不论健身房或医院设施如何高档，没有顾客或病人积极参与，最终效果必会大打折扣。所以，作为服务行业来说，医疗这类的服务是不完全的服务，是后果不尽确定的服务。健身教练和医生，不仅是一般意义的服务提供者，而且是指导者，病人之类的顾客，不但需要接受服务，而且应该主动接受指导配合治疗。

那么，教育服务呢？教育服务显然不是第一类服务，甚至也不完全是第二类服务。因为，教育是培养人的活动，是用种种手段与方式去积极影响人的发展的活动。而发展的主体是学习者自身，一切身心发展活动，都要学习者自身去实践，不论教育的管理者、设计者或实践者付出多大努力，不论社会为学习者提供多么优异的教育环境，只要学习者自身条件不适合或者主观意愿不足，努力程度不够，都不会取得预期的教育效果。一个人可以花最多的钱去住最舒服的房间，也可以花最多的钱去听最高档的音乐会，但是，如果一位先生拍出几百万元，要求哪个学校提供“最好”的教育，把他的弱智儿子培养成理学博士，恐怕不会有人敢作出这种承诺。

当然，就教育而言，还有个“最好”的标准问题。只要我们承认人类发展的多样性，承认人与人之间在发展方向、发展方式、发展速率等等方面存在种种差异，那么，我们就应该承认最好的教育不只一种，应该承认所谓“最好的教育”，其实就是最适合每位儿童、少年发展需求与可能的教育。从这个角度说，无论是教育者，还是社会或家长，都应该在促成教育适应儿童、少年的需要上下功夫，都应该努力去创造这样的最好教育。那么，这种意义上的最好教育是否可以仅仅取决于提供者呢？我看也不可能。因为，学习是主体通过经历或练习身心发生比较持久变化的活动过程，而一切变化都以内因为依据、为基础，都最终取决于主体的主观努力。

承认教育作为服务的特殊性，可以帮助我们更好地把握各种教育改革的方向。

（原载《教育科学研究》2004 年第 8 期）

81

精英、精英学校与精英教育

人类社会历来有各式各样的精英人物，各类精英的成长当然也离不开学校教育，那么，精英们都是从精英学校中毕业出来的吗?

有些精英肯定是精英学校培养的。像竞技体操或钢琴演奏方面的专门人才，不但需要从小在专门学校（或教师）的指导下严格训练，而且这类学校（或教师）又有着相当苛刻的招生选拔标准，虽然经过这种严格选拔、特殊培养的儿童未必都能成为本领域的顶尖人物，但是不经过这类童子功训练的人就很难在该专业领域立足。从这个意义上说，这种高难的技巧与艺术项目的精英离不开精英学校培养则是肯定的。

还有些实践性很强的领域，似乎很难有专门的精英学校。例如，战争年代的英雄与将帅，社会主义市场经济条件下的企业家或管理人才，虽然这些人肯定受过这样或那样的教育，而且有种种旨在提高其素养或职业技术的学校与培训机构，但是这类精英的成长似乎与这些培训都没有直接关系，他们是在战场或商场的拼搏奋斗中成才的，他们也是在战场或商场的拼搏奋斗中赢得他人的信任与拥戴，才最终成为领军人物的。在这些领域，精英与精英学校恐怕没有多少关联。

当然，也还有许多介乎前述情况之间的现象，例如，科技研究领域的精英人物，就与精英学校或精英教育有着若有若无的复杂关系。各行各业的佼佼者当然不乏重点学校的毕业生，然而来自穷乡僻壤，来自普通学校的优秀人才也并不少见，“师傅领进门，修行在个人”的老话并非没有道理，因为教育只是每个人成人成器的基础，物质文明与精神文明的生产实践才是成就精英的真正舞台。

在网络信息技术对人类生存影响日益强大，新的科学发展理念与发展模式越发需要人类的协调合作的历史时代，任何事业上的真正成功与重大进步，都不会仅仅依靠少数几名精英分子单独奋斗即可实现，而是需要靠那些领军人物团结更多的群众共同拼搏才会完成。所以，信息时代的精英，应该更善于与他人相处，与他人合作，应该更自觉地成为学习型组织的积极成员。从这个角度说，也许单独把优秀人才苗子集中在一起的学校反倒不如普通学校，因为普通学校与社会的常态更接近，生长在这样环境里的未来的精英人物，能同普通人建立更为正常的人际关系。

精英会长期存在，精英学校也有市场需要，不过真正的社会精英并不都是精英学校的专利产品，精英教育也不只意味着把精英的苗子（如果有这种种苗子的话）都集中在一起教育，它应该有更复杂、更多样、也更顺乎人成长规律的形式。

（原载《教育科学研究》2004 年第 9 期）

82

再说问题意识

两年多以前，曾在本刊提倡过“要有问题意识”，并主张问题意识来自对事业的责任感，来自科学精神与科学方法，来自对事物的深入把握与缜密思考云云。现在又旧话重提，再来说问题意识，为什么？一则因为这个问题并未解决，缺乏问题意识依然是教育界比较普遍的现象，二则因为细想起来，前一篇文章也有重大疏漏，对问题意识从哪里来的回答不够准确，需要做一点补充或纠正。

说教育界比较普遍缺乏问题意识，有三点证据。第一，近年来社会对教育、教育改革的批评不绝于耳，有些且相当尖锐，但是不仅少见教育中人的正确回应，更少有人据以修正自身的行止，反而多是自说自话、自我陶醉，或者不以为然，满腹牢骚。不论是“乱收费”，还是合并扩招，都有类似表现。第二，一哄而起，追风趋时的风气禁而不绝。当事业发展似乎顺利，各方人士都头脑发热之时，少有盛世危言，少有热潮中的冷思考。于是一些改革举措常在一片叫好之中开场，又在一片埋怨之中悄无声息，起起伏伏，反反复复，总是缺乏真正客观的评价，缺乏实事求是恰如其分的肯定或批评。第三，不论是总结、报告，还是鉴定、评价，常是好话好说，不足与缺点难提，成绩具体，问题抽象，“九个指头”洋洋洒洒，彰明较著，“一个指头”吞吞吐吐，若有若无，若非熟悉情况的业内人士指点，一般读者往往看不出某个学校或某项研究还有什么发展机会，因为他们大多已臻至善之境，无须再进步了。我想，如果上述三种现象确实，那么，说教育界比较普遍缺乏问题意识，或者不是危言耸听？

说本人两年前的文章有重大疏漏，主要是文章中的三点分析也犯了同样的毛病。只顾从积极的、建设性的方面着眼，而忘却了问题意识缺乏本身的问题所在。换言之，笔者也还是在说好话，说正确的话，而没有说点题的话，说有用的话。这一点，应引以为戒，并向读者诸君致歉！其实现在看来，问题意识的缺乏，关键在于不能正确对待自己，不敢自揭自家不足，所有缺乏问题意识的人或单位、组织，都不敢否定自己已有认识，都不能与时俱进，都是从内心深处缺乏自信的表现。因为，人类的一切发展进步，都是在不断否定旧我的过程中完成的。中共中央第三代领导集体强调与时俱进，其核心要求就是超越自我，超越旧我对主客观世界的认识，没有邓小平对“文化大革命”的深刻反思与坚决否定，就不会有改革开放的大好形势，没有第三代领导集体对科学发展观的重新阐释，也不会迈上全面小康建设的坦途。所以，发展中的问题不但是问题，更是新发展的起点，是深入研究的肇端。从这个意义上说，问题意识的有无，是关乎事业发展的大事，也是有无科学精神与科学态度的标志。如果让我今天再来回答问题意识从哪里来？我想说，它首先来自对真理、对自己追求真理意愿的信心。

（原载《教育科学研究》2004 年第 11 期）

83

从文化角度看教育

大家都承认，教育是文化有机构成的一部分，那么，从文化的角度看教育，会给我们什么启示呢？

什么是文化，文化是由于生存环境和历史积淀而形成的某一族群或某一地区人们行为和思想方式的总和。例如，进食是人们的生物本能，而吃什么或怎样吃就是文化，游牧民族以肉食为主，农业民族以谷类和植物为主；西方人吃肉是整块地煮、烤熟了再切着吃，中国人则是生切碎了再煮、烤或炒来吃等，这中间就包含着不同民族、地域的文化因素。因为任何文化都是在生存环境与历史积淀的双重影响下形成的，所以一般说来，文化有整体性与保守性。在人类发展的历史上，各地区、各族裔的文化都会发生各种各样的相互影响，也会发生种种或隐或显或快或慢的变化，但是总体来说，这种变化是缓慢的、渐进式的，是以一种对外来的或新兴的文化影响的“变形”或“本土化”的方式进行的。明治维新时期的日本，曾坚决以西方为师，实行过全盘西化政策，从服装到礼仪与政治制度，都曾向西方的文化习惯靠拢。然而一百多年过去了，尽管西方国家都承认日本是亚洲唯一发达国家，然而不论好与不好，在今天的日本，人们仍然会充分感受到武士道文化传统影响下的种种行为和思想方式的存在。如艺伎与相扑受到推崇，以及建立在年辈与传承基础上的服从精神和家族经济与家族政治，这些日本区别于西方社会的特有文化现象，不都仍然有强大的生命力吗？以此来观察，文化改变或再造的艰难不也昭然若揭吗？

从文化的角度看教育，就是说要充分认识教育作为民族或地域文化的一部分，同样也有整体性与保守性的特点。就是说，教育不仅与教育有关，而且与民族或地域的全部文化形式与行为习惯、价值取舍有关，与民族与地区的全部历史积淀和思想方法价值选择有关。因此，教育的变化，就不仅仅是教育自身的事，不仅仅是学校教师、学生、家长的事，而是整个地区、民族群体与社会大众的事。因为作为文化的教育改革要涉及方方面面的认识与习惯的变化，要影响方方面面的活动，乃至影响思维方式的变化方向与变化方式，所以，教育改革也只能是一种渐进的过程，是一个充满变数与不确定因素的过程，或者说是不同文化间的撞击、博弈或妥协、调和的过程。从整个教育发展的历史看，那些激进的改革往往以“失败”或“合理变形”而告终，其实这并不是改革的不幸，而恰是根本性变革的必然结果。因为从整体上看，人类文明的历史是个渐进过程，而不是“不断革命”的过程，“十年浩劫”“砸烂旧世界”的苦头，我们还没有吃够吗？

我相信，中国的教育应该有一个根本性的改造或转变；同样，我也相信，这样的改造或转变一定是中国教育的自我更新与不断完善的渐进过程，因为一切文化或文明的转变，都只能并只应是这样的过程。

（原载《教育科学研究》2004年第12期）

84

现代教育理念下课堂教学的本质

新课程意味着新的教育，是中国现代教育发展的一个突破口，是促进中国教育从传统转变到现代的一个途径和手段。新课程改革能不能取得预期的结果，关键在于由新课程所带来的教育整体改革能不能继续。社会发生了变化，对学生的素质有了不同的要求，要求人发生变化，进而要求培养人的教育要发生变化。因此，投身课改的时候，我们所有的教师都必须有一个非常坚定的信念：不管课改有多少困难，不管在课改当中有多少问题，课程改革、教育改革是必须进行的，因为我们要为未来的社会发展做好准备。

现代教育理念指导下的课堂教学的本质到底是什么？在这样的理念要求下应该怎样创造好的课堂教学？这是当前基础教育改革与发展的关键问题之一。

我认为，现代教学，本质上是由教师组织学生进行有目的、有计划的有效学习的活动过程。这一解说包含以下四层意思。第一，教学是一种涉及教师与学生双方的活动过程，所以，它一定是动态变化的过程，是一种交往实践行为，是一种涉及两个人以上的实践活动。第二，它是一种学习的活动，本质上是学而不是教。因此，活动的主体是学生，没有学生的学习活动，就没有现代意义的教学。放录音、放录像不是教学，教师讲而学生不听、听不懂也不是教学。只有在教师组织下学生实现了有效学习，才是教学。第三，教学是一种特殊的学习活动，它是由教师组织的有目的、有计划的学习活动。这是一种由国家、社会与成人依据学习者身心发展需要、社会文化传承与经济发展需要制定出的学习活动。所以，学习者随意阅览、上网聊天不是教学，学习者自主制订计划学习感兴趣的东西也不是教学。第四，这里所说的教师的组织活动，包括讲解、讲述、指导、辅导，也包括展示、演示，还包括组织各种参观、操作活动等。总之，凡是一切有利于学生学习活动有效进行的手段，教师都应该利用。

在信息时代，教师作为知识传授者或学生信息来源的身份会逐步淡化，教师作为组织者的身份会越来越明显。及时把握信息时代学校教学任务的这一变化，有助于我们提高课堂教学效率，也有利于学生更加主动地发展。当我们把教学活动关注的重点从教师传递知识转到学生有效学习活动以后，评价课堂教学质量的根本标准，应是学习者能否在课堂教学中进行积极有效的学习。能够让学生实现有效学习的课，是好课；让大多数甚至让每个学生都能在相当程度上实现有效学习的课，是最好的课；而不能让学生实现有效学习，或不能让大多数学生实现有效学习的课，则是不好的课，是失掉了课堂教学价值的课。

（原载《教育时报》2005 年 1 月 26 日）

85

在理想与现实间寻找平衡点

现代教育与传统教育发生转变的根本标志是什么呢？我认为，其根本标志在于从选择适合教育的儿童转向创造适合于儿童的教育。

但是，中国教育的现实情况，是教育还没有摆脱选拔功能，教育的差异还很大，学生还在为上好的学校而奋斗。在这种情况下，社会大众必然要追求按教育的选拔标准来改变自己。结果就出现了一个矛盾：一方面是课程改革提供了许多的现代教育理念，要我们创造一个适合于儿童的教育；另一方面，中国的教育现实又设置了许多限制，使教育不能按照理想模式去做。长远目标与现实目标的冲突，是中国当前教育的最大挑战。

教师之所以要实现专业发展，就是因为教育面临着这样的挑战。对今天中国的教育工作者来说，现代教育理想还不是一个完全能够实现的目标，还需要在理想和现实之间找到一个桥梁、一个平衡点，这是今天中国教师面临的一个非常现实的任务。二十多年前，一个教育家、一个校长、一个有经验的老教师都可以非常有把握地告诉一个新教师："你就照我这样做就行了。"一位老教师就是一个楷模，就是效仿的对象。而今天却没有一个人能够说"你就照我这样做就行了"，因为，在今天的中国，创造现代教育是一个"摸着石头过河"的问题，是个探索中的事物。教育的根本性转换和它与现实社会的种种矛盾，给我们提供了一个探究、发现、成才的机会，也给我们制造了种种困难，当然，总体上还是机会多于困难。在今天的教育生活中，有各种各样的经验，有各种各样的说法，这样的经验和说法在你的学校、你的班级到底行得通行不通，变化的度怎么把握？谁抓住这个机会去积极地探究、研究、尝试、改革，谁就可能成为新时期教育发展的领先者。

教师专业发展最根本的问题是教育理想与社会现实或教育现实冲突的问题。也就是说，要把现代教育理想、现代教育理念在现实的教育环境当中加以应用、提升、改造、创新。当然，这首先要求你学习现代教育思想，要具有现代教育理念。其次，要做调查，先看一看别人碰到过这样的事情没有，别人研究过没有，研究到了什么程度等。实现教师的专业发展，必须先继承别人的经验，了解相关的理论，从而站在别人的肩膀上继续攀登。然后，要积极投身到改革的实践中，在变革的教育教学中通过自我反思、专业引领、同伴互助，去深化认识，提升自己。中国的教育改革是长期的艰难的转变过程，它给一切有追求的教师提供了广阔的专业成长空间。

（原载《教育时报》2005 年 1 月 26 日）

86

研究起于怀疑

研究的本质是创新，是发现或确定新的现象、新的事物以及它们之间的关系。所以，研究应该起于怀疑。

怀疑什么？首先是怀疑自己过去的认识是否不够全面、不够正确或准确。有了这种“疑己”的精神，才会捕捉到生活中、教育中的新事物、新现象。如果以为“万物皆备于我”，什么事情都不新鲜，都是自己已经掌握或了解的，那么又怎么可能发现新现象或新事物及其关系呢？其次是疑人，怀疑新现象、新理论、新说法，想一想它是否合乎实际，是否真有道理，主动搜集各个方面的意见与事实，从而在“疑人”的前提下开展研究，“证实”或“证伪”这些新说。如果不是先行有疑，而只是一门心思去寻找例子“证实”新说，那么，充其量也不过是为人家的研究增添了不尽可信的例子，并不能真正对人类认识有所贡献，当然也难说“研究”二字。

要疑己，又要疑人，是不是提倡“怀疑一切”，会不会走向虚无主义？我想不会。因为研究从怀疑开始，却不终止于怀疑，而是要在设疑、质疑的前提下，小心求证，大胆探究，努力追求问题的解答。所以，研究者是从怀疑、从问题开始，却不应也不能停止在怀疑上，他要坚持追求问题的解答，并以旧问题的初步解决和新问题的再次产生，来实现自己新的研究历程、生命历程。“路漫漫其修远兮，吾将上下而求索”，古人描述的，不仅是没有找到路的苦恼，而且也是自以为找到路以后的新探求，这一点，与研究者的心路历程很相似。因为，人类探求真知、探求真理的过程，其实是一个永无止境、永不停歇的怀疑过程，这中间会有许多苦恼、许多挫折，也会有许多喜悦、许多满足，但是，就是不会有大功告成的欣慰。

其实，疑己也罢，疑人也罢，都是倡导建设性地批判思考，都是提倡破除迷信，解放思想，与时俱进。人类认识发展的历史，就是不断破除思维定式，不断超越前人、超越自我的思想解放的过程。不论是自己的固有认识，还是他人的新说新论，都应该在具体的社会实践、生产与科研实践中进行认真的反复的检验，都应该特别关注有没有与之相反的事实或关系，特别关注有没有与其相矛盾、相冲突的现象或表现。经过这样的严格考验，“疑而后信”的“信”，才是真正的“信”，经过实践检验的认识，才是具有个性色彩与实践指导作用的认识，才会转化成社会生产力，转化成个人的生命力，才能真正在生活中、在教育实践中产生积极影响。

从怀疑开始而又不止于怀疑，从怀疑开始而又以积极求证和新的深入的怀疑来结束，这就是我所理解的科研的基本态度、基本方法。

（原载《教育科学研究》2005 年第 2 期）

87

发展性评价与考试招生改革

发展性评价，主要是基于发展者自身现实状态与过去情况进行比较，从而对发展者的发展水平、发展潜力作出综合判断的质的评价方式，自己与自己比，通过纵向比较分析来明确主体发展的优势与不足，从而能够鼓舞信心、明确方向，以追求更快、更好的进步。

实施发展性评价，不论他评还是自评，要有三个条件。第一，有对发展者的详细了解与全面观察。发展是主体的积极变化过程，任何变化既不会一蹴而就，也不能立竿见影，所以应审慎了解，全面分析，会有许多繁琐、反复的测量、观察要求，即使是数量的变化，也需多次同质测量，才能科学判断变化趋势，因而发展性评价比较麻烦，操作起来工作量较大。第二，对评价者的素质与水平要求较高。作为主观性评价，作为以定性分析为主的评价，它要求评价者，一能出以公心，不虚美，不隐恶；二能区别现象与本质，区别一时的失误与本质的发展缺陷，甚至要有本领抓住某些萌芽中的或好或坏的发展因素，对评价者的学识水平、工作方法和工作态度，都提出了很高要求，也会有大量的工作做来不易。第三，要依靠社会的高度诚信水平，至少要依靠评价者的社会公信力。一个人自己与自己比，自己对自己评价，不论对错或是否全面，都是个人的事，不会影响社会大局。由一个机构、一批专家对若干学生作出发展性评价，甚至进而以评价结果来甄选人才，那就不仅取决于这些机构、专家自身的水平与修养，更取决于社会对他们的信任程度，取决于这些机构或人群的公信力。当整个社会诚信体系尚待完善，当一些机构或人群的公信力尚待考验时，高利害的发展性评价就很难操作。君不见在高考中确立了百分之五的特招制度以后，社会关注的焦点全集中在防止滥用特招权力吗？它并不证明特招不好，只说明社会大众对行使特招权力的人或机构缺乏信任。

从这个角度说，在中国，在教育机会依然短缺，社会大众对教育的选择又过分单一，且社会大众对“分数面前人人平等”又充满期待的条件下，用发展性评价的方式来推动考试招生制度改革，其实并不容易。因为无论是制度准备、评价技术准备，还是社会心理、习惯准备，都还有太多的工作要做，且不会在短时间内完成。所以，从当前考试招生改革的需求看，发展性评价只能是个补充、参考的手段，是个远景看好，当前却不能派大用场的办法。

那么，当前考试招生制度就不能改革了吗？当然不是，考试招生制度改革一定要进行，而且要从试题改革、管理权限改革发展到全面改革。这一改革重点是从统一考试转变为多样考试，从统一招生转变为多样招生，下决心把招生、考试权交给学校，交给学校委托的社会中介组织，从而用多样的考试来引导不同的学生，让不同的学生在更切合自己发展需要的方向上展开竞争，从而促成更加多样的成才成人途径，促成教育与学校的多样化发展。因为多铺几条路、多竖几把尺子，不仅可以缓解当前这种统一考试带来的竞争压力，而且有助于给发展性向不同的学生多一点主动选择、多一点重新开始的机会，这或者是在我们无法改变“考试领导教育”现状的条件下，努力让它引导得稍稍合理一点的可行之路。

（原载《教育科学研究》2005 年第 3 期）

88

义务教育的均衡与差异发展

促进义务教育均衡发展，是义务教育性质的规定要求，也是中国实行全面科学发展战略的需要。依据“以人为本”原则，努力保证国民基本权利，为大家，特别是为弱势群体提供一个比较公平、比较平等的竞争起点，努力实现城乡之间、区域之间民众享有条件大体相近的教育条件，不但有利于全面提高国民素质，全面提升我国劳动力水平，有利于提高我国综合国力和发展后劲，而且有利于社会和谐、人心稳定，有利于现代化发展进程，肯定是一件利国利民的好事。

然而，中国的义务教育能够实现均衡发展吗？且不说改革开放二十多年来东西部之间、城乡之间，乃至社会各阶层之间，各种差距，包括学校办学条件、教育质量等教育差距都在加大的事实，仅从当代中国主流话语或一般社会舆论角度看，差异发展不是最被认可的发展策略吗？正是小平同志打破了平均主义束缚，主张让一部分人先富起来，这才造成二十多年来中国特色社会主义蓬勃发展的新局面，提倡义务教育均衡发展，是不是有点儿乌托邦？

的确，差异发展是发展的常态，也是最可行的发展策略。这不仅因为事物本来就存在种种差异，任何事物的发展变化，都会有种种具体差异存在，因而只能用有区别的方法来解决不同的问题；而且因为经过几十年的经验教训，中国社会不但接受了差异存在的现实，并且从差异发展中尝到了甜头，体验了成功，对差异发展形成了共识。所以，主张差异发展策略，承认差异是发展的基础，坚持以点带面、有所突破的工作方法等，都是顺理成章的事情。

那么，提倡义务教育相对均衡发展又是什么意思，它与差异发展又是什么关系呢？在我看来，义务或基础教育均衡发展，是指以国家之力和引导社会之力，努力促成区域内乃至区域间的义务或基础教育的办学条件、办学质量的大体均衡。它不是指学校发展的齐头并进，也不是要求学校发展的整齐划一，它只是反对在同一地区办出各方面条件相距甚远的学校，而又要让老百姓的子女“就近入学”，或者提倡什么“有钱人的子弟有权先受好的教育”。至于由于学校在地域、民族、传统等方面的不同而形成的各具特色的优势，不但不应消除，而且应发扬光大，应成为学校发展的优势。

其实，正是因为存在差异，各地经济社会条件不同，才更需要以国家和社会的力量促进教育的均衡发展，从而使流动中的人口都能达到较高的素质水平；而也正是因为存在差异，不同的地区、学校有不同的条件，在促进教育均衡发展时，才更需要区别对待，才更需要关注弱势群体、弱势地区与弱势学校，也就是说，实行差异发展策略。所以，用差异发展策略，促进义务教育或基础教育的均衡发展，并最终实现中小学校办学条件、基本质量的大体均衡又各具特色，从而广泛地满足社会发展与人民群众的教育需求，应成为中国基础教育努力追求的发展目标。

（原载《教育科学研究》2005 年第 4 期）

89

教育平等应从起点开始

2005年两会期间，一些代表委员十分关心教育平等问题，各方面专家也发表了不少意见建议，一时之间，众说纷纭，在媒体上形成不大不小的热点。

其实，教育机会不平等，不过是社会经济发展不均衡的必然表现，也只有随着社会经济发展的逐渐走向均衡才能真正解决。当然，鉴于教育发展在社会经济发展中所具有的基础性作用，即使在社会经济发展差异巨大的条件下，我们也应该从起点入手，努力推动教育走向平等。

这里讲的从起点入手，有两层意思：一是从人生教育的起点入手，就是从义务教育、中小学教育入手追求公平；二是从办教育的起点入手，就是从办校的基本条件——校舍、设施、师资以及运行经费入手来追求公平。说得直截了当一点，在当代中国，首先应从完整、全面地落实义务教育制度上去追求教育公平，去追求人与人之间的平等发展机会，没有切实的义务教育，就不会有每个公民的公平的发展，也不会有国家的强大发展后劲。

其实，社会上人与人之间最终形成的巨大差别，真正来自先天遗传因素的并不多，绝大部分是来自社会环境与教育影响。所以，提供相对均衡的义务教育条件，让家庭经济状况不良的儿童有权享受好的教育，这不但是落实科学发展观、建设和谐社会的需要，也是从根源上消灭贫困促成全面小康的有力措施，无论怎么强调都不过分。然而，比之于各地社会经济发展差距，不同省市、城乡之间，义务教育办学基本条件的差距更加触目惊心，且不说一些用地方财政力量堆垒起来的超豪华的所谓现代学校与边远贫困地区的中小学校在硬件条件上的巨大差异，仅就学校公用经费一项而言，上海、北京等地一些名校与相当一批乡村学校的差距就是数千上万与零之比，当一些学校可以动辄投入数百万元、数千万元去建操场、建机房、建艺术馆时，相当一批学校却要自筹资金去买粉笔、交水电费，这怎么会有公平的教育机会呢?

当然，欠发达地区的政府不肯在义务教育的运行与发展上投入经费，肯定有其认识不够、态度不端正的原因，应该批评并要求其纠正。但是，当一个地方政府的财政收入抵不上财政支出的三分之一或二分之一时，一切可能搞到的经费就只能是“救急”钱或“救命”钱，挤占、挪用恐怕就成为维持运行的常态，即使埋怨他们不重视教育又有什么用，他们实在没有“重视”的物质基础!

所以，追求教育起点公平，首要的任务是从法理上明确中央以及省市人民政府对义务教育不容推卸的责任，是要在已实行的以县为主的义务教育管理体制的基础上，进一步加大中央与省市人民政府对贫困地区义务教育的保障力度。不仅要以财政转移支付来保障义务教育教师工资，而且要以同样的思路去保障学校的校舍建设、设备运行，保障贫困学生的学习权利，乃至进一步促进城乡之间、区域之内义务教育办学条件的标准化、均衡化，促进区域中小学教师的合理流动与专业发展，从而真正让广大贫困农村地区的孩子们也能接受好的教育，也有一个公平的人生竞争与发展的起点。

起点公平，结果不一定公平；起点不公平，结果一定不公平。所以，追求公平，应从起点开始。

（原载《教育科学研究》2005年第5期）

90

“学”与“用”之间

有人说，“学习”一词本来就包含应用的意思，“学”是接受知识，“习”是“实习”，是应用知识，所以“学”与“用”不可分。

说应用也是学习，肯定有道理。著名哲人早就说过，读书是学习，使用也是学习，而且是更重要的学习。在教条主义肆虐之际，强调在实践中、在工农大众生活中学习马克思主义，确是抓住了学习的本质。因为，广义的学习恰正是主体通过经历而在知识、能力、态度和方法等方面发生比较持久变化的过程。读书、听讲、探究和应用都是经历，只要主体能在经历中有所认识，有所发现，有所感悟，有所思考，便会带来或大或小的变化，当然也就是发生学习活动了。

但是，强调读书与应用都是学习，并不等于说学习与应用没有区别，也不是一味主张“学用结合”“学了都要用”。因为，和动物以直接经验为主的学习不同，人类的大多数学习是建立在间接经验的基础上的。也就是说，人类可以从前人、从他人的经验中学习，可以以别人的学习成果为基础开始自己的学习。而且和动物学习仅依靠个体感觉器官的生物功能不同，人类的学习，还能利用人类社会积淀下来的物质或精神的认识工具去扩大个体的感知范围，去认识仅凭生物器官无法认识的事物。因此，人类的学习过程，不仅是直接感知的过程与结果，而且是对认识工具（如语言、概念、定理、公式，各种仪器设备）的掌握运用的过程与结果，是对前人认识成果的掌握运用的过程与结果。然而，工具也罢，认识成果也罢，都需要在系统掌握以后才会发挥作用。所以“学”与“用”之间就有了区别，有了脱开的实际可能。以识字为例，学一两个字，两三个字，甚至学了百十个字，都难有太大的用处，只有认得多了，可以读书作文了，才会从使用中体会出它的工具价值。倘若学了三五十个字，或者刚学会区别直线与射线、线段，就要求应用的机会，甚至以为“无用”而停止学习，那就可能永远也不能掌握人类特有的学习方式。

因此，从根本上，从长远角度说，“学用结合”“学以致用”是对的，是必须强调的原则，“学”与“用”本质上是有密切联系的；而从具体的中小学生学习实践而言，一定程度的“学”“用”分离，“学习是为了以后的应用”，又是事实，是必须尊重的认识规律，“学”与“用”又是可分并该分的。“学”与“用”之间，既不可分又可分，既不该分又要适度分开，这正是两者的真实关系，简单地偏向哪一面，都会走入误区。

（原载《教育科学研究》2005 年第 8 期）

91

“师生平等”的内涵

一段时间以来，人们都在强调师生之间的平等，还主张教师要从“权威”的位置上解脱下来，然而，却很少有人解说“平等”的内涵。

什么叫“平等”？平等是指两个或两个以上主体之间权利、义务和责任相同相近，地位相当，待遇相同。也就是说，它说的是同类主体之间的权益问题，最大的平等，是公民在法律面前人人平等，一旦“公民”具体化为雇主、雇工或白领管理人员，其间“有多少平等”，“在什么方面平等”，就要具体分析了，很难用一句话说清楚。

“师生平等”也是这样一个具体问题。首先，虽说师生都是人，都是主体，但教师是成人，有完全民事行为能力，学生是未成年人，不具备完全民事行为能力，所以即使在法律面前，两者的待遇与责任也不尽相同。举例来说，学生之间有矛盾，学生打了学生，一般是教育批评的问题，教师打了学生，则会触犯法律，要追究法律责任。所以，师生其实并不平等，因为前者有关爱、保护后者的责任，后者却难有相应的义务，这其实是一切成年人与未成年人关系的特点。

其次，虽然成年人都有关爱、保护未成年人的责任，教师却是一个特殊的群体，他有教育下一代的社会责任，是专职的教育工作者，这样，教师不但有教育儿童少年的职责，而且在一定程度上要为学生的不当行为负责，学生违反纪律，教师要承担管护是否到位的责任，学生学习不好，教师又有教导是否有效的责任……而且，学生年龄越小，教师承担的责任越大。责任与权利必须相称相配，让教师承担这样多的责任，也就必须赋予教师相应的管理者的地位与权力，师生双方权利、责任不同，平等当然难以实现。

而且，教师并不是以个人身份出现在学生面前的。教师的背后，有一个强大的社会组织，有国家的教育体制、制度和法规、文化，也有学校的组织系统和种种管理规章，它们都在指导、制约、规范并支持着教师的行为。学生呢，作为成长中的个体，他们倒确实是孤单的个体，是一些有待组织起来的人，两者之间当然也不会是简单的平等关系。

因此，无论是作为个人，作为肩负教育责任的人，还是作为组织代表的人，教师和学生之间，都有某种不平等的因素存在，那么，强调师生“平等”又意欲何为呢？

我想，正是因为师生之间实际不平等，所以才特别强调教师要以平等的态度去对待学生。注意，这里讲的是以“平等的态度”对待，就是说，教师要清楚地意识到自己的优势、权威地位，主动、自觉地尊重学生的人权，尊重学生作为人（尽管是未成年人）的基本权利，鼓励他们在选择中学习选择，在尝试中学会负责，在参与中发展自我。特别是在他们的选择、尝试与参与尚显稚嫩，尚有缺欠时，也要尊重他们、指导他们、保护他们，既不越俎代庖，又不放任自流，更不横加指责，从而全面尽到教书育人的崇高责任。

这种师生平等关系，主要体现在人格平等的意义上。

（原载《教育科学研究》2005 年第 9 期）

92

扩大差异不宜成为教育目标

教育以差异为起点与终点，但扩大差异不宜成为教育目标。

人与人存在差异是不争的事实。尽管新生儿之间遗传差异并不显著，但由于每个人生活环境不同，成长条件有异，加上逐渐形成的“自我”的选择方向与努力程度的区别，类似的小孩子会成长为相去甚远的成人：有一心向善的志士仁人，也有怙恶不悛的恶魔坏蛋；有德高望重的学者，也有碌碌无为的闲汉……凡此种种变化，都是各种先后天因素作用的结果，其中也有教育的作用在内，应是肯定无疑的。

但是，尽管各种外在条件，也包括教育，都会对人的发展起着重要的影响作用，有时这种影响甚至带有某种绝对意味，而最终使一个人成为“这样的人”，成为此时此刻的具体的人的，还是发展主体自身，是那个成长中的正在走向成熟的个体主动接受或拒绝各种外在影响的结果，而不是由环境或教育去“塑造”的产物。因为，内因是变化的根据，外因是变化的条件。世界上几乎没有一位长辈、一位教师，希望自己的后代或学生，日后成长为社会公敌，成长为道德沦丧的杀人狂，成长为十恶不赦的恶人；世界上又有多少家长或教师在精心设计，悉心培养，希望自己的后代或学生成为大科学家、大文豪、大实业家，然而，人们不希望的事却屡屡发生，全世界至今还有为数甚多的犯罪分子在源源产生，人们都盼望的事也难得一遇，成功的家长教师其实并不多见。可见，发展是主体自己的事，他人或社会并不会决定每个人的发展性向。

实际上，以为学校可以“定向加工”学生是个很危险的想法，不但因为你“做不到”，而且因为你“看不准”。人的发展意愿是变化中形成中的，而人的发展优势、潜在可能更是极难把握，只有充分提供条件，让发展主体在生活与教育实践中积极探究，让他们在尝试、挫折、反思、再尝试的不断反复中“走自己的路”，他们才会有成功、有失败，胜不骄、败不馁地度过自己宝贵的生命历程。任何过早地“定向”，任何由他人越俎代庖的“决定”，不但会挫伤发展主体的主动精神，而且有悖于“以人为本”“尊重生命”的根本价值。因为，只有差异是主体主动选择、自主发展的结果，差异，才能成为主体独特生命价值的一部分，也才能真正为主体所接受、认同。特别是当某一差异为主体带来负面的压力时，被“加工”被“决定”的经历，肯定会使主体沮丧与失落。

那么，“因材施教”“因人施教”呢，那不是为扩大差异而教吗？其实，因材施教的本义无非是教育要适应学生需要，要符合时代与学生身心发展特点。一句话，教师教育要为学生发展服务。这里占主体地位的是学生的发展需求与个人愿望，与“定向加工”、由教育者决定学生发展完全是两回事。因为，不论是因材施教还是因人施教，都要求教育者提供多种选择机会，要求教育者给学习者以适当的帮助，但是，归根到底，还是要让学习者自己去尝试和选择不同的教育，即使最终他们确实走上了不同的生活之路，那也是他们自己“学”的结果，而不是教师“教”的结局。

（原载《教育科学研究》2005年第10期）

93

探究学习

探究学习是人与动物共有的学习方式。按照行为主义心理学家的解释，一切建立在“尝试—错误—再尝试”基础上的学习方式，都可称为探究学习。所以，小白鼠走迷宫是探究学习，婴儿区别“我”与“非我”也是探究学习，而传说中的神农尝百草，更是探究学习的佳例。

不过，一般动物与婴儿的探究，是建立在天赋本能基础上的探究。他们是利用各种感官的自然能力去接触、感知和体验，并在多次反复或某种顿悟的过程中，求得对外在世界或自身本质的某种认识。这些认识成果，或者只能为主体享有而无法为同伴分享，如动物的大多数探究成果；或者可以用某种语言、符号传递给其他个体，如蜜蜂或蚂蚁可以在群体间传递食物或敌害的信息，而人类个体探究的成果，有许多都可以用语言表达，从而免除了其他个体重复探究的辛劳。

同是基于天赋本能的探究，人与其他动物已有本质区别，原因无他，就是因为人类有独特的、完整的语言符号系统。这一系统，不仅是人类表达探究成果的工具，而且是帮助人类完成探究学习升级的武器和方法。因为大多数人类的探究学习，不仅是利用语言符号来组织的探究，而且是建立在语言符号传递的知识、信息基础上的探究，是“接着做”而不是“重新来”的活动过程。例如，一个小学生，在学习观察植物时，他必然同时学习或已经具备有关根、茎、叶和花的知识，他必然同时学习或已经掌握区别植物性状的基本方法，这些都是前人或他人的认识成果。从这个角度说，人类个体的探究学习过程，不是仅仅依靠天赋本能的活动，也不仅是个体活动，而是建立在接受与继承之上的社会性活动。

人类探究学习与动物探究学习的另一区别，还在于人类发明了若干旨在延伸人的感知器官的工具和设施，简单的如金属或木制工具、放大镜及显微镜，复杂的如同位素扫描仪或航天飞船，来扩大自己的探究范围，深化自己的探究能力。这些探究学习活动，不仅可以让人类探究到事物的内部状态，而且可以通过干涉、改变事物的存在来探究事物的演化规律。这类利用人造设施来进行的探究学习或研究学习活动，是人类独有的认识活动，也是人之所以能够成为所谓的“万物之灵”的重要原因之一。当然，人类的新成员要学会使用此类工具、设施去探究，必须先要学习，不但要学习语言符号系统，还要学习其他人类历史积淀下来的各种认识成果，掌握相应学科的语义系统与逻辑运算规则，学习掌握操控这些或简单或复杂的设施。从这个意义上说，人类的探究学习与接受学习密不可分，人类的探究学习经常要以接受与继承为基础。

人类探究学习的可传播性、复杂性与综合性的特点，人类探究学习与接受学习的密切联系，都要求我们全面认识人类各种学习方式之间的关系，要求我们科学地组织学生的学习活动。

（原载《教育科学研究》2005 年第 11 期）

94

自信与自知

“成功教育”是个好口号。它以增强学生自信心为目的，有利于在选拔与淘汰双重挤压下的儿童少年健康成长，在改变薄弱学校及学习困难学生精神面貌方面，发挥了重要作用。让一些经常抬不起头来的孩子敢说“我能行”，让考试失利的孩子有勇气重新开始，都可以视为“成功教育”的成功范例，应该肯定。

但是，随着独生子女、“421”家庭日渐增多，“小公主”或“小皇帝”们的倾向性问题似乎也在转化。自以为是，不服管理，甚至说不得、碰不得，一触即跳，“老子天下第一”之类的现象，变得稀松平常起来，以至于“我能行”变成“我全行”，变成“不行也行”；至于有些家长舐犊情深，自家孩子一切都好，不好也不准别人说，说了就吵就闹……更弄得一些教师摇头叹气，左右为难，是不是“成功教育”搞过了头，中国小孩批评不得了？当然，这并不是“成功教育”理念或模式的错误，而是人们对“成功”、对“自信”，乃至对教育的认识有误区。

其实，自信无疑是成功人士最重要的精神品质，培养学生的自信心，让孩子们相信“我能行”，肯定是必要的。但是，自信以自知为基础，相信自己以尊重他人为前提，所以，不能正确认识自己的长处与不足，不能依据自身的条件去选择发展方向，去确定人生追求的目标，不能在发扬长处的同时正确对待自己的弱点，就没有自知，也就谈不上自信。同样，不能正确处理我与我们、他们的关系，不能尊重他人、尊重社会、尊重自然，不能把相信自己与相信大众、相信社会正义统一起来，也谈不上自信，更不会导向成功。所以，自信也罢，成功也罢，尊重也罢，都要建立在正确处理个人与群体、小我与社会、人类与自然关系的基础上。每个人都是一个生命个体，都有生物的本能，每个人又都是一名社会成员，承担着多重的社会角色责任，每重角色都有相应的义务或责任，也有相应的权利与收获。所谓自信，所谓成功，无非是你在某一角色身份的范围内有了较好的表现，尽到了应该的责任，享受了应享的权利，于是得到他人肯定、社会响应，自己也有满足感而已。从这个角度说，自信、成功、尊重等，都不是一个人“自娱自乐”、关起门来的“自我”感受，而是在社会交往实践中的感觉，是一个人社会的地位与作用的心理反应。

培养自信，要从自知开始，学习自知，又以知人为先。努力促使学习者融入集体生活、社会生活之中，帮助学习者认识他人、认识社会、认识人类生活中一切美好的事物，学习者就会从与他人的互动中认识自己、信任自己，勇敢地去迎接生活的挑战。

真正自信的人，应该是无私的人，是能够在社会生活中找准个人位置并尽到个人责任的人，这些，都需要学习。

（原载《教育科学研究》2006年第2期）

95

“争论”才值得争论

关于“京剧进课堂”一事引起争论，首先应该肯定是正常的，是社会进步的反映。随着中国特色社会主义现代化进程的发展，社会阶层的多元化、价值选择和生活理念的差异化，都是题中应有之义。既然存在多元的社会阶层，有不同的生活理念与价值追求，那么，在中国共产党领导下，在中国特色社会主义理论指导下，人们通过民主协商，通过争论和妥协，最终实现统筹兼顾、和谐发展，就是中国社会进步的必由之路和唯一选择。从这个角度说，学唱京剧的争论是必然的甚至是必须的，是中国社会民主政治建设的具体表现，也是中国社会大众学会宽容、学会接纳的必修功课。

当然，这场争论也有极大的偶然性。在中小学校里，利用课外小组的形式、利用课程校本化的权力，教学生欣赏乃至学唱京剧或其他地方剧种、民间音乐，并不是什么新鲜事，是若干中小学校一直在做并受到家长赞成的事。这些学校在教学生欣赏或学唱京剧时，大多也是以现代京剧为主。一则经过“文化大革命”年代的教师大多听过并会唱其中的若干曲目，二则这些剧目不但与学生生活相对较近，而且由于其大多经过西洋音乐技法的改编，与中小学音乐课的教学内容（以西洋音乐技术理论为主）相对较近，因而便于学生欣赏学唱。多年以来，这些学校就这么教了，学生也就这么学了。犹如长期以来中小学音乐课选择了其他许多曲目进入课本，又拒绝了更多曲目进入课本一样，即使有些教师、家长有不同想法，甚至会有不同处理，例如利用教材的选择处理权力而多教、少教、不教、改教其中的一些曲目，但一般也没有发生大范围的争论。因为不论是社会方面或者学校方面，都把这种具体教学内容的选择，视为一种具体的业务工作、专业工作，是学校教师和教材编者的权力，是应该由教师和学生说了算的事情。所以，当教育部有关方面一介入，在一定意义上使之有了某种行政色彩，再加上又与“传承发扬传统文化”或“进行民族精神教育”之类的“重大意义”相连，引起广泛争论就是必然的事了。

京剧、地方戏曲都是中华民族民间文化的瑰宝，也是中华文化传统的有机组成部分，让少年儿童对其有所接触和了解乃至学唱几段，本来是合情理的音乐教学要求。犹如语文课要教唐诗宋词，美术课要教剪纸、水墨绘画等一样，社会公众一般不会反对也没有必要干预。让专业工作者决定专业的事情，除非涉及国计民生或重大原则是非问题，行外人可以建议或批评但无权决定，这是现代社会分工制度带来的必然结果，也是现代社会有序有效运行的基本要求。既然社会不必用民主表决之类的方法替法官断案、代医生开处方，那么中小学校的课堂教学内容或教学方法也同样不必由社会大众决定，大众媒体更不会将这类事项当做新闻炒作。所以，在我看来，学唱京剧的试点之所以成为问题，毛病主要出在行政色彩过浓和意义负载过重上。

这里面也不无误解成分。一是政府方面过于看重自身“领导责任”，干预了一些不需或不必干预的事情，如这次的学唱京剧，前几年的规定中小学校清晨开校门时间等。在这类业务色彩、学术色彩很浓的问题上，行政方面即使有所主张、有所倡导，也完全可以通过表彰奖励一类的方法加以传播，而不必用行政发文之类的方法。教育机构的领导者应该干什么、不该干什么，在必须有所干预的情况下又该如何干预，都是值得教育管理部门认真思考、不断改进的研究性课题。

另一方面的误解，似乎又与社会公众对政府管理的期望过大或不尽符合实际有关。长期以来，我们习惯了大政府，习惯了领导的一元化，因而不但有时会迷信政府的权威，还会要求政府去做一些它不必做、不该做的事情。在这种思路影响下，人们就特别看重政府文件，看重政府在某件事上支持什么、反对什么。如果是国家的大政方针、法规政策，这样关注政府决策过程及结果当然十分必要；然而在一些具体的业务问题或应该由市场、社会大众、专家们自行决定的问题上，这种过分关注就不太必要了。以减轻学生过重课业负担而论，新中国建立以来历届国家教育行政领导发了几十个红头文件，而效果如何不是有目共睹吗？所以，对学唱京剧一事的过度热炒，有些论者甚至立刻产生几亿中小学生同唱“样板戏”会不会引来第二次“文化大革命”之类的忧虑，其实也是一种过度反应，或是不了解中国教育内情的担忧。

总而言之，在我看来，学唱京剧本来是一件不大不小不旧不新的事，它成为社会关注焦点这件事，反倒是值得教育领导者与社会大众都去关注并深入反思的事情。

（原载《中国德育》2008 年第 5 期）

96

培养一代新人是全社会的共同责任

培养一代新人不仅是学校的责任，而且是各级政府、学生家长和整个社会的共同责任，是全社会的义务与追求。从人的发展规律看，任何个体的发展，都是一个不断变化的过程，都是在与自然、与社会、与他人的反复交互作用中实现的。儿童、少年、青年，成长为社会主义建设者与接班人的过程，既不开始于学校，也不终止于学校，更不仅在学校教育过程中实现，而是在一个开放的社会的多因素的影响中，通过学校教育这一加速器，依靠个人的主动进取与反复实践来完成的。因而，全社会都应自觉地积极为一代新人的健康发展与主动成长创造条件、消除阻力。

我们强调培养一代新人是全社会的共同责任，一方面是为了改变学校教育包揽过多，不断把人的各种发展需要纳入学校课程体系，从而大大增加师生课业负担的错误倾向。同时又是为了让学校教育厘清自身的主要工作内容，让学校教育工作者明确人的发展规律，从而更加积极主动地完成好自身的主要职责，并与社会共同实现促成人的全面发展的根本目标。另外，这种强调也是为了促进社会方方面面对培养一代新人有正确的、全面的理解，促成社会，尤其是各级政府部门、学生家长和大众媒体等，充分认识人发展的复杂性与长期性，充分意识自身促进人的全面发展方面的责任与义务，从而更主动地关心支持教育，也更加积极地参与教育决策与教育的改革活动。这种强调还为了从社会经济发展的宏观角度为教育发展、为一代新人的健康成长，营造良好的相对宽松的社会氛围。每个人类新成员的成长都离不开其所处的社会环境与历史背景，也需要相对宽松的社会条件。在社会主义初级阶段的中国，不论是促进义务教育的相对均衡发展，不论是努力创造更多的学习与发展机会，不论是为处境不利的学习者适度减轻物质和精神的压力，都是培养一代新人所必须的基础性条件，也是单靠学校教育无法实现的任务。

总之，只有社会与学校共同承担起培养一代新人的责任，并形成良性互动、相互促进的工作态势，培养人的任务才会真正得到全面落实。

（原载《中国德育》2008 年第 8 期）

97

也论“共同学习”

近年来，“师生共同学习”的理论时髦起来，“儿童是自主的求知者”，“教师和学生一起探究学习”一类的说法，在报刊、专著中被再三申说着。然而，我一直有些不明就里，说小学教师和学生“共同探究”“一起学习”，是小学教师一辈子探究“20 以内加减法”的规律，还是小学生与教师一起探究自身的认知特点？若是前者，岂不太轻看了小学教师；若是后者，可能又太高看了小学生？

其实，学习本来是主体个人的事：经历了，练习了，身心发生较为持久的变化了，就是学习了；经历了，练习了，身心没有发生变化，或变化不持久，就没有学习。谁经历、谁练习，谁就有可能发生变化，即发生学习活动；别人经历你看着，但你认识发生变化了，你也学习了，因为“看”也是经历。“看”，可能使认识变化，却不能提升技能。看别人游泳，作为观察者，也许能说得头头是道，但只要自己不下水游，一定学不会游泳，这叫“实践出真知”“技能靠练习”。从这个角度说，“学习”很难“共同”。“共同”可能是学习的“条件”或“环境”，何况“学校”“班级”“课堂教学”“师生对话”，都有另外的一方或多方存在，想不“共同”也难。再加上还有“学习化社会”“学习共同体”等诸多好词儿存在，连西欧多国都组织了“欧共体”，统一了货币，“共同”显然是大势所趋。然而，金融风暴以来，“欧共体”各国似乎也是说“共同”的时候多，而做“共同”的决心并不太大，行动更不够果断。所以，还是要对“共同”多留点心眼儿。

什么是“共同”？按照《现代汉语词典》的解释，“共同”有两个义项，一是“属于大家的；彼此都具有”，二是“大家一起（做）”。“欧洲共同体”理论上是“属于大家的”，所以希腊的国债危机，也是欧洲的债务危机，应该大家一起救援，然而德国人、法国人似乎未必都情愿。“共同学习”应该是“大家一起（做）”，“大家一起”学习，然而，前面已经举例了，教师和学生学的其实不一样，学生和学生学的也不见得全相同。所以，所谓的“大家一起学”，也许与“大家一起吃”一样，还是各人归各人，谁吃谁饱，谁学谁会，“共同”的也仅只是学习“环境”而已。即使是我向你学，你向我学，也还是彼此互相学习，而并非真正共同学习同一个内容、得到同一个结果，如同共同挖坑或共同盖房那样，最终真正实现了同一个目标。

当然，强调环境的共同性也有意义。因为这有助于促进儿童社会化过程，有利于儿童从自我中心的状态中走出来，关心他人，关注外在世界，从而在和谐共处的环境中成长。从这个角度说，“共同学习”与“合作学习”有点类似，它们都不像“探究学习”“体验学习”或“阅读学习”那样，是一种独特的学习方式，而只是学习活动的组织方式，是学习内容或学习目标的一个组成部分。

（原载《教育导刊》2011 年第 12 期）

98

模范的师生关系

——读罗尔纲的《师门五年记》

1943年，罗尔纲应同乡朋友之邀，撰写个人求学经历，他写了一本小册子，名为《师门辱教记》。原来，他1930年自上海的中国公学毕业后，前后陆续在老师胡适指导下，做了五年多的研究工作，其间还曾在胡适上海和北京的家里住过两三年，真正成了胡适的“入室弟子”。他的正差是整理抄录胡适父亲的遗著，辑录《聊斋全集》，以及在北大考古室编晚清学者缪荃孙收藏的三万多份金石拓本目录，同时又在胡适指导下，业余从事太平天国史实的考证研究，并在1937年春出版了一本引得胡适大为不快的《太平天国史纲》，违背了胡适再三要求的“有一分证据说一分话，有三分证据说三分话”的原则。罗尔纲自认有辱师教，在同乡要求他写学记性的自传时，才将其命名为《师门辱教记》。书中真实记叙了自己在胡适家中生活和受教经过。出版之后，因为“从来没有人这样坦白详细地描写他做学问的经验，从来也没有人留下这样亲切的一幅师友切磋乐趣的图画”（胡适语），所以颇受读者欢迎。1945年修改再版，特邀胡适做序，待1948年胡适完成序言之后，修改本和序言被出版者带到台湾，1952年转到胡适手中。1958年，胡适自美返台，接受友人的生日祝贺，作为贺礼的回馈，他自费印行本书，并改名为《师门五年记》，因为他认为“这本小书给他的光荣，比他得到35个名誉博士学位还光荣”（罗尔纲转述胡适信中的话）。在台湾，这本小书一直是学人的心仪之物。在大陆，三联书店1995年把罗尔纲十年浩劫后写的《胡适琐记》与本书合二为一正式出版。我看到的《师门五年记》，是1997年三联书店在罗尔纲去世后，又出的增补本，虽然内容丰富许多，最有意思的部分，还是《师门五年记》的本文，因为它的文字有一种特别朴实诚笃的味道。

其实，胡适作为罗尔纲的老师，除了在中国公学时教过他文化史以外，就罗尔纲研究专长的太平天国史而言，胡适本人并不擅长，甚至可以说是无“业”可“授”。胡适再三告诫要求罗尔纲的，主要是帮助他确定研究方向和指导研究方法。例如，他看到罗尔纲写文章说“明代官员好名而清代好利”，立刻写信批评罗尔纲，在列举了许多相反的证据后，严厉告诫他“这种文章是做不得的”。当罗尔纲虚心受教，他又要求罗尔纲在整理金石目录时，“挑选此项金石补订笔记之最工者，陆续送给《国学季刊》发表，用真姓名”，因为这些文字对确立罗尔纲学术地位有用。并叮嘱罗尔纲不要急于全面研究清代军制，而要深入考证“湘军以前是否真没有‘兵为将有’的情形”；还对罗尔纲研究湘军的计划做了全面调整，亲自为之具体列出了搜集材料的重点。在信尾，却又说“我是门外汉，所见如此，不知有可供你考虑的吗”，而或许正是这种中肯的教诲与细致的指导，才最终成就了中国一代太平天国史权威终生严谨的学风和扎实的学术成果。

从这对师生的事迹看，“师道”的核心，其实是人格影响与态度、方法的引导。就方法而言，虽然罗尔纲在1949年前一直谨受师教，承认自己的做法有所疏失，然而正像余英时所说，“科学方法的本质限定它只能解决一个一个的具体问题，但是它不能承担全面判断的任务”，所以在事过四十多年之后，罗尔纲虽然仍然秉承胡适要求的“说有证据的话”和下笨功夫的准则，但也以其四十多年的研究成果，实现了对太平天国是非功过宏观判断的任务。换言之，在方法上他也已经有超越、有发展了，当然，这种变化并不曾减少他对老师的敬意。

师生之间不仅会在认识上、方法上有矛盾，也会在生活态度的方方面面有矛盾、有冲突。罗尔纲作为一个狷介自守的青年学子，长期生活在一位社会名流的家中，怎样尊重保护他脆弱的自尊心，胡适确实也有许多周到考虑，细心安排。例如，虽然罗尔纲是他的入室弟子，他却一直把他当朋友、当客人对待，不但在家中来客时必要郑重介绍，而且在遇有特别宴请时，必让自己的堂弟先邀罗尔纲去家中做客，以避免可能的尴尬。特别让人感动的是，当罗尔纲在北京大学未能如愿升职，冯友兰又邀罗尔纲去清华大学任教却被胡适婉拒以后，这对师生产生了隔阂。在他人的怂恿下，罗尔纲也有段时间不再向胡适问教。事后当罗尔纲又接到南开大学的聘任，多少有些自得地到胡适面前征询去否时，胡适却坦率地说："尔纲你生气了，不上我家，你要知道，我不让你到清华去，为的是替你着想，中国近代史包括的部分很广，你现在只研究了太平天国一部分，如何去教人？何况蒋廷黻先生是清华名教授，你初出教书如何就接到他的手？如果你在清华站不住，你还回得北大来吗？"一席话，说得罗尔纲热泪盈眶，坚定了他留在北大的决心，而且胡适事后又想办法帮他解决职称与经济问题。可以说，这几年在胡适指导下的工作经历，的确为罗尔纲的学术生涯奠定了坚实基础。

"一日为师，终生为父"，这句话曾常常为人诟病，其实它只是强调学生应该尊重老师，而不是让学生一辈子服从老师，也不是说学生不可以超过老师，因为时代在发展，大多数"儿子"最终都要强过"老子"。胡适当然是中国现代史上有重大影响的人物，今天的中国，对胡适及其老师杜威倡导的实验主义，也有了更为全面的评价。但是，在中国人民面临大是大非问题时，罗尔纲却有与胡适全然不同也更为正确的选择，并且在始终保有对老师尊重的心态中，坚持走完自己选定的人生道路。这或者正是最好的学生的应有表现。而胡适在明知学生有别样的选择以后，依然珍重学生的一片真心，怕也是深得为师之道真谛的反映吧？看看胡适怎样做老师，罗尔纲又是如何做学生，对我们大家校正师生关系，校正做学问乃至为人处世之道，是否也会大有裨益呢？

（原载《中国德育》2010 年第 4 期）

99

一本有趣的书

——读《万物简史》

美国作家比尔·布莱森的《万物简史》是一本有趣的书，正像甘子钊院士撰写的推荐词所说，这本书会带给你“一次富于智慧、风趣幽默而又大开眼界的科学之旅”。

甘院士的评语确实抓住了本书的闪光点，正是由于“风趣幽默”，才让这本“富于智慧”且让人“大开眼界”（后两者是一切成功科普作品的应然品格）的书，变得好玩，变得有趣，变得能让人有信心一口气读下去。要知道，全书译成中文有 40 多万字，总共 400 余页，涉及“宇宙哲学、古生物学、物理学、化学、气候学、生命科学、地质学、人类学的许多基本常识”（许智宏院士在中译本序言中的归纳），对我们普通读者而言，要弄明白这么多大异其趣的学科的基本知识，又有兴致把偌大部头啃完，应该说也是颇为艰难哪！不过，碰到这样的开头，谁又会没有兴趣读下去呢：

欢迎，欢迎。恭喜，恭喜。我很高兴，你居然成功了。我知道，来到这个世界很不容易。事实上，我认为比你知道的还要难一些。

首先，你现在来到这个世界，几万亿个游离原子不得不以某种方式聚集在一起，以复杂而又奇特的方式创造了你。这种安排非常专门，非常特别，过去从未有过，存在仅此一回。在此后许多年里，（我希望）这些小粒子将任劳任怨地进行几十亿次的巧妙合作，把你保持完好，让你经历一次极其惬意而又赏心悦目的旅程。那就是生存。

为什么原子这样自找麻烦，这还搞不大清楚。形成你，对原子来说并不是一件心旷神怡的事情。尽管它们如此全神贯注，组成你的原子其实对你并不在乎——实际上甚至不知道你在哪里。它们实际上也不知道自己在哪里。它们毕竟是没有头脑的粒子，连自己也没有生命。（要是你拿起一把镊子，把原子一个一个从你的身上夹下来，你就会变成一大堆细微的原子尘土，其中哪个原子也从未有过生命，而它们又都曾是你的组成部分，这是个挺有意思的想法。）然而，在你的生存期间，它们都担负着同一个任务，使你成为你。

基督教认为人们“来自泥土，归于泥土”，现代科学认为世界本质的存在是物质存在，然而布莱森却别开生面，从原子构成的角度提示我们，我们来到这个世界多么不容易，有多大的偶然性，而让无生命的原子构成了有生命的人，又是大自然多么富于灵气的创造啊！

当然，布莱森是旅游文学作家，并不像《时间简史》的作者霍金那样是科学家。上面这段话，如果非要吹毛求疵的话，也许可以说得更严密。例如，从生命过程的角度看，要“恭喜”的，不仅是“几万亿个游离的原子不得不以某种方式聚集在一起”，还有成千成万的原子，每时每刻都在“离开”或“进入”你的身体，并在这种“离开”或“进入”中，维持和发展了你作为人的存在。（当然，在叙述生命过程时，作者对这个问题有比上述引文更准确的描述。）然而，无论如何，作者从原子聚集的角度来描述生命过程，从而帮助我们意识到生命如闪电般短暂而可贵，确实设计得别开生面，使人感到既出乎意料又理在事中，这种用风趣的口吻传达严谨科学常识的做法，正是本书价值所在。难怪作者会把一位美国读者的“对死亡不再恐惧”的感悟，当做“本书所能获得的最高评价”，因为，无论传播何种科学知识理论，最终还是为了让人正确认识自己，准确把握个体与他人、社会、自然的关系，从而能幸福无憾地度过一生。

其实，作为一个曾常年生活在英国的美国人，布莱森的旅游文学作品也同样风趣幽默，他不但擅长热辣的马克·吐温式的直接调侃，而且擅长冷峻的英国式的嘲讽。在《失落的大陆》一书中，他写自己在去英国十多年后，重回美国，重温小镇之旅，来到弗农山的华盛顿旧居，从那份“有趣而丰富”，“几乎对任何问题都有充分回答”的说明中得知，“这栋房子大部分来自华盛顿的创意，即使因战事离开时，他仍然潜心于如何装饰才最为高雅的问题”。然后说：“试想他在福奇村时，部下因寒冷和饥饿纷纷倒毙，他都在为买哪一种蕾丝皱领和茶壶保暖罩大伤脑筋，是多么令人诧异而又愉快啊，好一个伟大的家伙！好一位英雄！”几句话就把那个一味神化伟人，却又矛盾百出的“说明”的可笑之处呈现出来，其行文叙事风格，与本书并无二致。

用看似简单平易的话语描述复杂的事实、深刻的道理，把隐蔽的不为人注意的内存矛盾，一针见血地揭示出来，是“风趣幽默”而又能让人“大开眼界”的前提，也是让读者在会心一笑后能体验感悟科学态度和思想的基础。但是，与旅游文学不同，这本《万物简史》毕竟是科普著作，是作者花了三年时间，广泛查阅各种资料，并访谈请教了几百名科学家之后才写出来的巨著。不但要普及科学知识，还要为读者梳理主要成果，在风趣幽默之余，它必须保有相当的科学含量。在本书中，作者带领读者全面回顾了科学发现的历史，从宇宙到海洋、到地球深处，从夸克、原子到细菌和动植物，从基因的发现到 DNA 破译，从牛顿、达尔文到爱因斯坦、玻尔、弦理论和 M 理论，用举重若轻的陈述，把现代人类对自然，对生命本身的探索认识过程，提纲挈领地呈现出来。尤为可贵的是，作者没有罗列太多的专业术语和符号公式，却又让我们在“不完全是很肤浅的层面上，理解和领会——甚至是赞叹和欣赏——科学的奇迹和成就”。当然，不论作者的语言如何通俗，对于普通读者而言，真要理解爱因斯坦的“四维时空”，或者理解光的“波粒二重性”，理解“海森伯测不准原理”等，恐怕还会有障碍。因为理解这些还需要有非凡的想象力，正像作者所说，“认为原子主要是空荡荡的空间，我们身边的实体只是一种幻觉，这个见解现在依然令人吃惊”。“你坐在椅子上，其实没有坐在上面，而是以1埃（一亿分之一厘米）的高度浮在上面，你的电子和它的电子不可调和地互相排斥，不可能达到更密切的程度”，其实又何止你与椅子之间有空间呢，所谓的“你”和“椅子”，也是由无数聚集在原子核中的质子与中子连同他们外面的无数空间所构成的，彼此之间也有无数1埃的悬浮。“实体”并不真“实”，“空间”也不真“空”，这岂不是很有意思的思想吗?

认真说来，想要通过科普读物去学习科学，其实并不现实。科学发展到今天，已经形成许多相对成熟并各自独立的观察角度和研究方法及工具，要想真正弄懂转基因食品的利弊或大爆炸宇宙学说，需要更多的专业基础知识和相关训练，而《万物简史》这类科普作品的价值，则主要在于对科学思想与态度的传播。如果通过这本书对人类探究自然奥秘历史的生动描叙，能让我们这些普通读者，真正理解科学发展过程的艰难曲折，真心承认人类认识自然还在起步阶段，尚有许多未解之谜，并真诚地保持对自然和探索自然奥秘的人士的敬意，那么本书的作者已经是功德无量了。因为做科学研究的，可能永远是少数人，而应该用科学的态度与精神去生活，则是每个公民的权利和义务。

（原载《中国德育》2010年第6期）

100

读《权力与建筑》

根据作者为中文版写的前言，《权力与建筑》是作者迪耶·萨迪奇 1992 年第一次来中国观看新建的澳大利亚大使馆，观看了贝聿铭设计的香山宾馆，看到了“一个全新的中国刚刚崭露头角”，而“太阳落山后，整座城市（指北京）陷入一片漆黑之中，没有霓虹灯，没有闪亮的广告牌，见不到很多高楼大厦，也看不到多少宽阔的交通干线”的时候，才第一次兴起写作本书的念头，想要回答“建筑为何而建和它们如何建成”的问题，并最终得出了这样的结论：建筑“已成为人类心理的一种有力表述，具有非凡的启迪作用。它是最私人化的，也是最普遍的。它是一种手段，使个体自我得以膨胀到一处风景、一座城市甚至是一个国家的尺度。建筑折射了建造者的雄心抱负、不安全感和动机，正因为如此，它忠实地折射了权力的本质——它的策略、它的安慰和它给权力行使者带来的冲击”。而“对于建筑师而言，不管他们意图如何，最终无一例外地发现，定义自己的不是个人的艺术风格，而是驱使富豪和掌权者雇佣建筑师来重塑世界的冲动”。基于作者的自由主义立场，本书特别强调了“极权主义”同建筑的关系，强调“建筑的作用在美化和夸大个体独裁者，将个人淡化成群众的概念”，强调与百多年前德国哲学家尼采的“建筑是一种权力的雄辩术”类似的结论：“建筑对于这些最为自负的个人施加着恒久不变的魅力，引诱他们不顾一切的利用建筑来炫耀自己”。

虽然作者认为迟至 1992 年“一个全新的中国刚刚崭露头角”的说法，并不一定为每个中国读者赞同，但是，作者基于大量案例（从施佩尔为希特勒建造的总理府与新柏林规划，到萨达姆的清真寺的宏大设计，到洛克菲勒兄弟改造纽约曼哈顿风貌的努力，以及从美国的双塔大厦开始，最终波及亚洲诸多国家的建行造世界第一高楼的梦魇）分析，得出的诸多种不同性质的权力与建筑联姻，并借助建筑来炫耀或证明自己的结论，还是有一定道理的。因为作者在这里论列的“建筑”，都是那些体量超凡且标志性明显的公共建筑或准公共建筑，是那些视为城市和国家名片的，或是当作权力表征的建筑。由于它们都需要超长的建筑周期和超大的建筑投资，没有一定的权力基础（不管是专制的，还是民主的），这些建筑的立项设计、资金筹措乃至建筑周期的保证都会有巨大的困难。而一旦权力在手，也会有人禁不起流芳百世的诱惑，把从建筑风貌入手“改造世界”视为个人生命价值的不二选择，从而为建筑与权力的联姻，奠定心理和物质世界的基础。

当然，对作者关于权力与建筑关系结论的认同，似乎也只能止于上述层面。因为，就一般旨在满足人们基本的遮风避雨的居住需求而建设的茅屋，以及那些为劳动学习所必需的厂房或教室而言，我们可能曾有过另外的苦涩记忆。例如，高晓声在小说《李顺大造屋》中叙述的那位一辈子想造一间供自家居住的小屋而不得的苏北农民，最终通过“走后门”才造成的瓦屋，应该是不在作者论列的“建筑”范围之内的。在那里，是“权力”限制了“建筑”，是长时期的极左路线、政策制约了无权的民众的基本需求。所以，作为中国读者，我多少有些怀疑作者关于权力与建筑联姻结论的普世价值。从个人经验出发，我不仅曾亲身感受过“李顺大造屋”般尴尬的权力对建筑的限制，而且也曾经历过“新中国”（这是与本书作者口中的“全新的中国”不同的历史时期）百废待兴、物质匮乏时代的另一种价值选择。那里，中国政治权力中心更多关注的是“破旧立新”，是“打烂旧世界”，新中国建立十多年，除了北京的“十大建筑”（其中至少有两三项有凑数的嫌疑）之外，并不曾有太多的以树碑立传为目的的标志性建筑。相反，那时国家领导人关注的是一系列“工程”，不论是造福亿众的“根治淮河”和“五年计划”，还是影响深远的“两弹一星”，虽然也免不掉要建设众多的“建筑”，然而其兴奋点并不在“建筑”本身，唱主角的也不是建筑师，而是科学技术专家。那一代中国领导人自有其宏图大略，而救亡图存的民族历史努力仍在延续，作为掌权者，作为革命性变革的领导者，他们有更多的自信并受到广泛拥戴，并不特别在意用建筑去炫耀自身的价值。当然，“百废待兴”的国力限制，也是新中国领导中心摆布建设顺序时的制约因素。

也许，笔者从自身体验得出的中国例外论，并不能真正推翻本书作者的一般性诊断。在中国国力不断增强的今天，不论是富豪“大款”还是各级政府，不都在不断兴建各种标志性的现代或假古典建筑，不都在延聘世界或本国的“建筑大师”一展身手，而使中国变成世界的大工地，随时处在拆迁改造之中，以至建筑物年限短至二三十年的事实，岂不说明建筑与权力确有割不断的联系。在这个普世倡导低碳生活与可持续发展的时代，是否更应该警惕这种联姻所带来的负面效应呢？

这是一本并不一定让你全然心服口服的书，但绝对是一本可以引发思考的书。它会让你换个角度看待事物之间的联系，也会让你更全面地认识我们自己和我们所处的时代。

（原载《中国德育》2010 年第 8 期）

101

教育究竟是什么

——读《教育究竟是什么？100 位思想家论教育》

“教育究竟是什么?”是一本书的书名，2008 年北京大学出版社推出了这本书，书名就是《教育究竟是什么? 100 位思想家论教育》。不过你若想通过阅读这本书来寻求这个问题的答案，恐怕一定会失望而去。因为，虽然本书介绍了从孔子、苏格拉底到当代的加德纳、吉鲁等 100 位思想家或教育家的观点（对于书中若干现当代的教育学者而言，似乎称呼为教育家比称之为思想家要妥帖一些，因为比起那些古典哲学大师来，“思想家”的桂冠对他们似乎稍大一点，尽管他们在教育问题上也确有“思想”），然而这些学者对“教育究竟是什么”的看法却莫衷一是，相距甚远，并没有统一的答案。由于本书并不是选编这些学者的论著，而是请研究者对这些代表人物的生平和学术主张进行鸟瞰式的介绍，所以尽管介绍者已经尽心尽力，但对于读者来说依然有语焉不详的感觉。我们很难系统了解这些代表人士的主张，以至在他们的主张发生冲突时，也难以判定是非对错，妄加取舍，甚至会产生越读越不明白教育究竟是什么的感觉。当然，对一部以概括介绍各家学术主张为宗旨的著作而言，这并不一定是缺点。因为只要把各家主张的要点说清楚了，想穷究底蕴者，自然可以找原著去研读分析，而对我们这些一般读者来说，只要有了对教育认识复杂性的基本理解，也算完成了对教育研究的启蒙。做事之前先有畏难情绪固然不好，然而对那些把教育研究看得太容易，动不动就阐明本质、发现规律的人，翻翻本书是有好处的，至少它会让我们对教育研究保持一点敬畏之心，让我们批评教育时有一点分寸，别把复杂的事情说简单了。

时代与社会背景的不同，个人生活与工作经历的区别，都是教育认识差异的理由。巴西当代教育学家弗莱雷把教育视为政治行动（毛泽东也赞成教育为政治服务），主张“被压迫者教育学（是）与被压迫者（他们作为个人或作为全体人民）一起锻造出来的教育学，而不是为压迫者而建立的，是在为重获自己的人性的不间断的斗争中产生的”。作为20世纪批判教育理论与实践的“最重要和最有影响的作家之一”，他和阿普尔、吉鲁等当代批判教育理论家一起，帮助我们重新认识教育的价值，促使我们思考“传承文化”，特别是传承所谓的“主流文化”——在资本主义社会里，这就意味着传承压迫者的文化，传承“保持现有的社会范式以及权势与从属关系”的文化，有没有正当性，是否真正合理？另一方面，吉鲁等人又主张学校应该是文化生产和改造的场所，而不是文化再生产的场所。这一论断究竟是否适合全部教育实践，还是只对阶级压迫下的高等教育才有价值？在当代西方，后现代色彩的教育理论是显学，但在社会的教育实践中却未必有太大影响，当然这也不会影响探究者的探究热情，说起来这也是一件很有趣的事。实际上，几千年来，有人企图在教育中找到“完美”，找到“希望”（康德），有人要求学校“让每个学生掌握数量有限的基本技能和知识领域”，主张“少就是多”（赛泽），也有人要求“每个学校都成为雏形的社会生活”（杜威），还有人认为“教育意味着培养创造者，即使创造者不会很多，一个人的创造与其他人的创造相比较是有局限的”（皮亚杰），这些议论指向不同，要求各异，然而却都抓住了教育实践的不同侧面，强调了教育实践的某个重要特点，最终形成本书对教育究竟是什么的五花八门的解答。假如有人汇总古今100位物理学家对“力”或“能量”的看法，无疑也会有区别、有变化，但总体认识是在沿着大体相同的方向不断深化中，而决不会像本书这样，100 位学者，却有几十种不同的教育主张。千百年来，人们对教育究竟是什么的问题，一直无法达成比较接近的的共识，这看来是坏事，其实也许是好事。因为，教育实践太复杂、太多样了，它拒绝一切简单化定义，而也许正因为人们对教育始终没有统一的认识，这才会吸引更多的人去研究它、实践它。

《教育究竟是什么?》是本好书，因为它为读者开启了研究和思考的大门。当然，不论是 100 位思想家中中国只有孔子一位，还是选了若干位并不那么重要的教育家，却遗漏了马克思和苏霍姆林斯基等，都可视为本书的可议论之处。不过，如果你对书中涉及的论者重要性的定位有异议，那却不是原书编者的问题。人家本来编的是两本书：一本是《50 位重要思想家论教育——从孔子到杜威》，一本是《50 位当代思想家论教育——从皮亚杰到当代》，两书名称不同，人物取舍标准当然会有差异，中文版将它们合成一本书，自然会让人产生古代过严当代过宽的感觉。

（原载《中国德育》2010 年第 12 期）

102

《扬起自信的风帆　体验成功的快乐》序

梁威同志的“初中生数学学习障碍研究”，是一项很有生命力很有开发价值的教育科学研究，其中的单项成果——数学分层测试卡，更在北京及京外部分地区的学校中得到广泛推广应用，收到了明显的效果。现在，梁威同志选择六年来实验教师的优秀论文结集出版，供广大中小学教师与教育科研人员参考，这是一件值得高兴的好事。

多年来，教育界内外的同志都在倡导转变教育观念，也有不少专家学者写出了很有说服力的专著或论文，为我们介绍了许多不同于传统认识的新鲜的教育思想、教育方法，介绍了国内外许多生动的改革事例。但是，只要你真正深入到中小学校的课堂教学实际中去，只要你真正深入地同校长、教师或学生家长交换意见，就会发现陈旧的教育观念仍然在很大程度上统治着我们的课堂，那些新鲜的理念多少还只是点缀，并没有真正转化为基层教育工作者或者学生家长的实际认识。是不是可以这样说，我们至今尚没有找到真正有效的“转变观念”的途径或方法，我们的“转变观念”还多多少少停留在口号的层面上。

原因其实很简单，人的认识是从实践中产生的，没有新的教育理念固然难于指导新的实践，而没有新的教育实践，新的观念、新的理论自然也会是无源之水、无本之木，不可能对生活发生持久的实际影响，所以，转变观念的最根本途径也许不是“学习理论”

"座谈讨论"，最根本的，是要让老师们、干部们与学生家长们投身于新的教育实践之中，投身教育科研与教育改革的活动之中，在活动中、实践中发现矛盾、发现问题，并在发现与解决矛盾问题的过程中"学习理论""座谈讨论"，转变自己的认识。在我看来，这就是梁威同志六年来正在从事的工作，这本小册子，在一定程度上也反映了这一工作的效果。

关键是要找到一个好的题目，好的切入点，让基层教师能够投身于科研工作之中，同时还应该有一些有效的工具、有效的实际方法，让教师们能够尽快地进入情况，让教师们能够把研究同自己的日常教学结合起来。"学习障碍研究"就是这样一个既深刻又普遍的题目，研制与运用分层测试卡，就是这样一个既便于切入，又富有挑战性的实验工具与方法。从本书所载教师的论文中可以看出，他们确实是在创造性的思考、创造性的运用这套工具，并且在运用、实践的过程中转变了自己的教学观念、学生观念以及质量观念，他们也是在这种转变过程中开始了创造新的教育、新的教学的艰苦努力。所以不论是从实际提高学生学习质量的角度看，还是从切实提高一线教师自身的科研素质与思想认识的角度看，梁威同志及其实验课题组的同志都是在探索一条教育科研与教育科研成果传播推广的新路，一条或者能够更好的实现教育科研根本目标且更加符合教育科研本质特点的新路。

希望所有从事这一实验研究推广的同志都能遵照江泽民同志2000年2月1日重要谈话的精神，全面认识教学工作，全面研究与改进教学工作，在全面推进素质教育，全面实现基础教育创新的时代浪潮中，取得更扎实的、更深入的成果。

是为序。

（原载梁威主编：《扬起自信的风帆　体验成功的快乐》，
北京出版社2000年版）

103

《推动改革　贡献社会》序

“运用现代教育技术，推进素质教育的实施”，是一个跨世纪的基础教育改革的课题。一方面是因为“素质教育”自身就是一个创造中的新生事物，是社会主义中国教育自我更新、创造性发展的艰难过程；另一方面则因为所谓“现代教育技术”，特别是计算机技术、网络技术，也在迅猛发展，不断更新，不断开辟人类教育与学习的新方式与新前景。要运用一种正在发展变化的新鲜技术及观念，去推动一项事关国家民族前途命运的创造性事业的改革与发展，这怎么不会让一切有志于创新、有志于为社会主义中国蓬勃发展献身的人士怦然心动，跃跃欲试呢？又怎么不会吸引大批基础教育界改革的探索者与志愿兵去大胆实践、积极创新呢？我想，这或者就是国家教育部基础教育司和电教办的“千校工程”之所以响应踊跃、推进迅速、而且成果迭出的根本原因吧。

当然，这是一项创造性的事业，也是一场牵动全局极其深刻的教育改革。要求从事这项探索的校长、教师以及科研、教研工作人员，立刻拿出全新的创造性成果，既不现实，也不必要。因为，对于一项无论是深刻性或广泛性都在一定程度上带有“前无古人”味道的改革来说，重要的不是阶段成果多少大小或水平高低，重要的是要选择正确的方向，是要在正确的方向上不断向前推进，是要在推进的进程中团结更多的同盟者，争取更多的社会同情与支持。我想，在课题推进的过程中，总课题组决定进行科研论文、电化教育课件以及研究报告、调查报告的征集与评选，并汇总其中哪怕不免稚嫩而又确有新意的成果出版发行，其目的或者也在于此吧。

作为一名长期在基础教育领域工作而又较早参加到此项课题研究的工作人员，我以为，全面推进素质教育，全面推动中小学校教育的办学改革、管理改革、教育教学内容方法与考试评价改革，实际上就是在推动中国基础教育的跨越式发展。作为世界上最大的发展中国家，我国的社会主义现代化进程，实际肩负着多重创造性任务。一方面是要尽快在基础落后的条件下推进中国社会主义工业化，加快社会主义市场经济建设与发育的进程，是要在几十年间完成发达国家二百年中实现的发展任务；另一方面，在21世纪世界经济一体化与新经济形态挑战面前，又必须尽可能利用信息技术、生命工程等现代科技，改造传统产业，与发达国家争时间、抢速度，力争以更高的起点避开发达国家走过的弯路，创造跨越式发展模式，利用后发战略优势，同步实现工业化与信息化经济的发展目标；再一方面，作为世界上唯一的社会主义大国，中国的现代化、中国的市场经济又是有中国特色的社会主义特殊形态，与资本主义的现代化与市场经济应该有某种根本性的区别，有自身独特的内涵。显然，这种以“共同富裕”为标志的特点，其表现形式与实现途径，也正在创造与探索之中。那么，可不可以说，中国的基础教育，特别是正在创造中的素质教育改革的理论与实践，作为中国社会主义现代化的有机组成部分，也同样面临着这三重创造任务呢?

幸好，我们生活在一个不但科技进步迅捷异常而且正孕育着根本性变革的时代。新的发展观念，新的发展模式，新的发展技术与发展条件，不但为社会经济发展，而且为教育发展提供了极富想象力的前景，为一切有志于推动社会经济与教育改革发展的人士提供了广阔的舞台与锐利的武器工具，使我们可以有所作为、有所创新，并且催生了众多的改革与发展的灿烂之花。然而，一切科学技术的进步都是双刃剑。计算机不但可以用于改进航天飞机的设计，也可以用于算命，用于网上犯罪；基因工程固然可以帮助人类治疗或避免许多遗传性疾病，也可能会为某个疯狂的种族主义者灭绝人类效力。所以，在学习、运用现代教学技术推动素质教育改革时，掌握现代教育技术的教师和学生，仍然是改革的主体，是改革成败的关键。具备现代教育理念与改革意识的管理者与教师，可以让素质教育如虎添翼，让学习者在广阔丰富的知识海洋中茁壮成长主动搏击，而被陈旧的传统观念束缚的教育工作者和家长，也可以利用现代化的“题库”“题海”与反馈及时的特点，让学习者进一步成为“应试教育”的奴隶。“千校工程”实验学校与教师，确实创造出许多成功的范例，确实为推进素质教育进行了积极探索，这次优秀论文评比结果（参评论文近千篇，评出一、二、三等奖共 60 篇），只是一个侧面的反映，文集收录的也只是这些成功范例的代表。然而也许还有未能免俗之处，也许还有若干不彻底、不准确、不完善甚至不正确的地方。因为这些都是改革探索必然的伴生物，都是在推进素质教育这一关系到社会各方切身利益与观念意识的教育改革中的“题中应有之义”。只要我们的决心是坚定的，态度是真诚的，而努力又是持久的，那么就一定会达到改革成功的光辉彼岸。

当然，这会是一个艰苦的学习过程与探索过程，不论是收在本文集中的获奖论文的作者，或者是其他所有正在积极探索创造的实验学校的校长、教师以及我们这些参与实验工作的教育科研或信息技术人员，大家都需要在各自的基础上继续前进，都需要更广泛地学习他人的成功经验，学习现代科学技术，学习邓小平理论与江泽民同志有关教育、科技及“三个代表”的论述。21 世纪是一个变革的时代，21 世纪也是一个学习的时代。只有坚持学习，才能推动变革、跟上变革；只有投身于变革之中，才会坚持学习精神，才能进行有效的学习。希望本次论文征集评选只是我们改革实践与深入学习的初步收获，今后会有更多更好的改革成功经验与理论学习收获贡献给大家，贡献给社会。

（原载王珠珠主编：《现代教育技术与素质教育的实践探索》，中央广播电视大学出版社 2001 年版）

104

《重新认识　超越自我》序

“全面提高北京市初中教育质量”，是1994年北京在全国率先实现普及九年义务教育并通过国家验收之后，市委市政府对全市人民的庄严承诺，是北京市各级政府与基础教育工作者义不容辞的责任。同时，这又是首都师范大学1998年接受的北京市教育委员会下达的指令性课题的研究内容，是一项由首都师范大学与相关区政府教育行政部门及23所学校共同从事的行动性实验研究。作为政府的一项责任，多年来北京市各个有关部门启动了多项工程，有计划有步骤地进行结构布局调整，学校设备设施改造以及干部、教师队伍建设等基础建设工作，并取得了显著的效果。作为一项科研课题，全面提高教育质量，不仅仅是新中国成立五十多年以来基础教育工作者始终不渝的奋斗目标，而且是新世纪中国教育改革与发展的永恒主题之一。所以，以“全面提高北京市初中教育质量”命名的研究课题，从一开始，其研究的着眼点与归宿就不局限在参与的实验学校的质量提高上，这项研究的根本目的，则是为北京甚至可以大而言之说是为中国，探究一条能够真正有效提高初中质量并进而全面提高义务教育质量的道路。这就是为什么北京市教委与首都师范大学领导会如此重视这一课题研究，特别是首都师范大学在三年多的时间投入如此多的人力、物力来从事这项研究的原因。

让人高兴的是，经过所有参与研究的干部、教师与科研人员的共同努力，本项研究终于找到了“科研兴校”这个有效提高初中教育质量的重要途径。作为证明，不仅有23所学校在三年多不断提高质量并取得社会认可的实际例证，而且有眼前这一册汇编了部分参研学校干部、教师科研论文的文集作为书证。本书中收录的49篇文章，是从参加研究的干部、教师三年多来几百篇论文中选编出来的，是第一线的干部、教师从教育实践工作者向教育研究工作者转变的历史印记。这里面有调查报告，有个案分析，有理论探索，也有对实践研究活动的反思，主题多样，兴趣有别，文风也并不一致。但可以看得出来，都是有的放矢，言之有物的文章，都是针对教育实践中的具体问题进行深入调查研究分析思考的产物，都是在个人的教育实践中进行大胆改革创新尝试后的具体收获。纵然在理论深度上，在思考的全面性上，或许还有若干尚待完善的地方，然而在与教育实践联系的紧密程度上，在思考与探究特别是敢于否定自我，敢于超越旧知的勇气上，确实可以给我们以很大的启发与教益，值得所有关心教育、从事教育工作的人学习。

今天，在基础教育界“科研兴校”是一个耳熟能详的口号，似乎已经成为人们的共识。然而，究竟怎样才能使教育实践工作者转变成为教育科研工作者？怎样才能让已经习惯于日常的事务性很强的教育教学操作的干部教师，在平凡琐碎的工作中发现新的问题、新的现象？怎样才能让熟悉各种理论假说的科学研究人员真正深入中小学教育教学实际，让他们在论文、专著、职称的怪圈之外真正俯下身子接触一点中国教育的现实，从而超越自我，找到一些可以在实践中操作且行之有效的改革策略？怎样才能让社会方方面面的人们能够从切身感受的事实中认识科研的力量，认可各种教育改革设计的价值与意义，从而真心实意地支持改革、参与改革？凡此种种，都是长期以来并未真正解决的问题，也是本次首都师范大学及23所参与研究的学校干部、教师力求有所突破、有所前进的科研主攻方向。我想，当每位读者认真地读过本书之后，都会得出和我一样的下述认识，在三年的实验过程中，实验的参与者确实在转变，确实在超越自我，并且确实在积极探求“科研兴校”的道路和已经开始走上了这样一条正确的道路。原因在于，可以从本书的文字中感受到，对于他们来说，“科研兴校”不再仅仅是个口号，而是实实在在的科研行为，是他们在三年中扎扎实实地把教育实践工作者转变为具备初步科研意识与科研能力的人的行为，也是他们在三年中实实在在地把科研工作者转变为在进行教育科研的同时又积极从事教育实践、教育管理，主动承担指导组织教育改革活动的人的行为。在这样一项长达三年多的改革实践活动中，大学教师与中学教师在改变世界的同时改变自己，在创造新教育的同时创造了新的工作中的自己。

教育是生生不息、历久弥新的发展中的事业，教师每天接触的都是新的不停变化发展的生命，是变动不息的社会生活，是层出不穷的新的社会需求与多种多样的社会评价。因此，“科研兴校”教育改革也是永无休止的变化过程，是永远不会有最终结论与唯一答案的世纪主题。首都师范大学及 23 所学校在过去的教学探索中确乎取得了良好的社会效益与多项理论与实践收获，然而“全面提高初中教育质量”作为一项科学研究课题却永远不会结束，不会中止。特别是在北京人民满怀憧憬地迈进新世纪，正在为尽快进入中等发达国家首都社会发展水平行列而努力奋斗的今天，人们对高质量的教育的需求愈加迫切，人们对高质量教育的理解也愈加全面、深刻，基础教育工作者面临的社会需求与我们的实际工作之间，必然会存在着更大的落差。这是督促我们前进的动力，也是一切改革必须面对的压力，正是在这样的现实面前，有抱负有才智有责任感的教育工作者，才能寻找到自己的用武之地，才能真正实现自己生命的最高价值。

作为一直关注首都师范大学此项改革实验的教育工作者，我感谢三年来他们与所有参与课题研究的学校的干部、教师的辛勤劳动，更希望他们能在今后更严峻的机遇与挑战面前知难而上，给我们创造更多的教育科研成果，带来更多的提高质量的好消息。

（原载乔际平主编：《重新认识　超越自我》，
首都师范大学出版社 2001 年版）

105

在改革的实践中转变教育观念

课程教材改革，必须以转变教育观念为前提，教育观念的真正转变，又只能在投身于课程教材改革实验之后才会实现。在经历了一年来的北京 21 世纪中小学课程教材改革实验以后，我们发现，认识—实践—再认识—再实践，循环往复，以至无穷，不仅是人类认识发展的一般规律，而且是实现教育观念转变、推动基础教育课程改革的具体方法。

课程教材改革，必须从转变教育观念开始。因此，要学习，要培训，要扩大宣传。不了解世界发达国家教育改革的主要趋势与价值选择，不清楚中国传统教育的优势与不足，不接触新的教育理念、课程理论与学习方式，就无法发现现行教育体制、机制的问题，也不会感受到传统教育观念与教育模式的深层影响。那么，不但会迷失改革的方向，而且会削弱推进改革的积极性。所以，要坚持“先培训，后上岗，不培训，不上岗”的原则，要努力促成所有与课改实验相关的人员都在冲击与碰撞中学习新理念，在反思与讨论中把握课程改革的基本方向。

但是，一年来的课改实验经历告诉我们，不论是课改方案的设计者，教材的编写者，还是参与课改、感受课改的学校干部、教师、学生，以及其他与课改利益相关的人士，如果他的新认识仅停留在理论层面，如果他没有机会在现实的教育活动中真正做过涉及个人利益的价值选择，那么，那些学习来的理性认识可能只会停留在口头上或文字中，他本人也许还难以摆脱罗亭式的“理论上的巨人，行动中的矮子”的尴尬处境，而无法真正成为中国当代教育改革战线的坚定成员。因为，从收入这本汇编的文章中可以看出，不论事先的理论学习学得多么深入，一切积极投身改革的教育工作者，都是在改革的实践中，才真正体会到了固有教育观念的顽固性，也才真正理解了新的教育理念、课程理念的根本出发点。真知从实践来，真知也必须回到实践去。只有实践，才是检验人们认识的唯一标准，也是形成人们认识的根本源泉。

学习了新理论，有了新想法，然后有意识地在自己的教育教学实践中尝试改革，有意识地用新的设计、新的方法去改变自己的教学行为，并且在实验中认真记录实验操作过程及其结果，再深入反思决策过程，从而在矛盾与冲突中发现新问题，寻找更好的解决办法，寻求更深刻的理论解释——这似乎是一切有强烈改革追求与进取精神的干部、教师的共同的行动特点，也是这本汇编收录的论文作者的共同经历。应该说，这种行为方式不仅是一种有效的实验活动方式，也是许多改革先行者成功的行为体验的心得之一。教育改革实践，不同于一般的实践，它们是有目的、有计划、有明确理论指导的特殊实践。它们往往从学习开始，从实验假设开始，从广泛借鉴吸收国内外的先进经验开始。但是，任何先进的理论，都必须与中国实际相结合，必须经历本土化的转变过程。所以，在学习、研讨、借鉴之余，必须抱着尝试的态度，必须结合本国、本地区、本学校、本班级以至本人的具体情况，必须在这种结合中发现新的问题，寻找具体对策，争取切实的效果。这固然是实践的过程，但也是对外来的、先进的、他人的理论的重新学习、重新理解与重新阐释的过程。从这个角度说，教育改革实验中的学习，不是单纯的理论学习，而是一种在碰撞与整合中的学习；教育改革实验中的实践，也不是盲目的、随机的实践，而是一种既在理论指导下而又在不断深化、修正、完善理论的实践，是一种与学习活动互动共生的实践。

正是基于以上认识，我们才特别关注实验参与者的学习、实践与反思活动，才特别提倡一切课程教材改革的参与者要把工夫花到实践改革上，花到在实践中反思与学习上。呈现在读者面前的这本汇编，就是一年来北京市 21 世纪课改实验参与者学习、实践、反思的结晶，也是他们在转变观念过程中的点滴收获。我想，在读过这些文章之后，我们不但会从作者们的积极转变教育观念、大胆推动教育改革的奋斗精神中受到鼓舞，而且会从他们敢于揭示潜在的问题，善于发现萌芽中的新生事物的积极态度与科学方法中得到启发，从而激发起我们投身改革实践的更大勇气。

课程教材改革实验刚刚开始，转变教育观念是一个长期、反复的过程，所有的收获、体会、认识、感想都是初步的，都有待于深化发展，有待于更新更广的实践检验。但是，我们毕竟在整个社会的支持下迈出了改革的第一步，毕竟在这第一步改革中取得了若干收获，有了一个好的开始。那么，我们就一定会在今后继续勇敢地走出第二步、第三步，就一定会逐渐迈上现代教育发展的坦途。

这是我们的决心，也是我们的责任。

（原载《教学个案及评析（2001—2002）汇编》，
北京教育出版社 2002 年版）

106

《中小学课堂教学评价方案及实验研究》序

在新课程理念下进行课堂教学评价，是个生成性的问题。

因为不论新课程方案借鉴了多少国内外成功的中小学教育改革经验，在经济快速发展社会全面转型的中国，适应时代需要的实践中的中小学新课程与教学，也还是个创造中的事物。既然课程与教学自身尚在创造、实践之中，那么对于它的规律、特点的认识，就更在探求之中了，而建立在对这种规律、特点准确把握基础上的课堂教学评价方案，说它尚在生成之中，不是顺理成章的事吗？

那么，为什么还从事这样的研究，并且在两年多以前拿出三组不同评价方案的基础上，又拿出了这样一个综合性的评价方案以及各个学科的评价要点呢？难道是我们自己已经对新课程理念下的课堂教学的本质特征、规律特点已经完全掌握了吗？其实，不论是课题组的其他同志还是我本人，都没有也不会狂妄到以为自己已经充分把握了前述的规律或特点，但是我们之所以不揣冒昧地提出了自己的浅薄认识或主张，无非是由于这一事物的生成性特点，给了我们与时俱进的勇气。因为，新课程、新教材与新的课堂教学，正处在生成状态下，正在发展变化之中，所以，即使我们的认识片面浅薄，也会成为新事物发展历程中的有机组成部分，会在新事物发展的历程中或得到确认，或得到发展和生长，或受到批评，并得到纠正或完善。因此，不论我们的认识正确与否，不论我们所主张的评价要素得当与否，它们都会在新课程与新教学的发展实践中发挥作用，都会成为新课程理念下的课堂教学及评价改革探索历史的积极力量，那么，又有什么可顾虑或担心的呢？

当然，顾虑和担心还是有的，主要是怕误导读者，误导教学改革的实践。因为，在新课程改革实验已经进行了三年的今天，人们对课程或教学的认识正在发生变化，对传统的授受式教学固然不满，对片面地理解“对话”“交往”的做法也有了若干质疑。我提出的、建立在“教学是特殊认识过程”基础上的主张，即认为课堂教学本质上是由教师有目的、有计划组织学生实现有效学习的活动过程的认识，作为我们思考研究课堂教学评价方案的基点之一（当然，这样说也有点僭越，因为北京课题组的同志中也有人并不以我的主张为然，而评价方案又是在广泛借鉴多种认识的基础上制定的，自然我的主张也在这“广泛借鉴”的范围之内），而这一主张正确、妥当与否，还有待更多的实践证明。那么，建立在有待证明的认识基础上的课堂教学评价方案，难道不会误导读者、误导教学吗？我想，也会也不会。因为，说是“建立在有待证明的认识基础上的评价方案”，这个“有待证明”并不仅指我提出的主张，也包括新理念、新课程旗下的其他种种主张，甚至还包括政府文件中的主张，它们也都是“有待证明”的主张。因为正如中国的全面小康社会正在建设之中一样，中国的适应社会主义现代化的教育与课程、教学也在建设中、发展中。在这种建设目标初步实现以前的一切学说、观点、方案、设计，都是有待社会实践检验的主体性认识，都具备“有待证明”的性质。从这个角度说，人们只有也只能在实践的发展中，不断与时俱进、超越自我，不断提出并修正、完善自己的认识，这是时代发展的需要，也是人类认识发展的一般规律。在这里，“有待证明”并不是缺点。

要记住一切主体性认识都是“有待证明”的。这样既不会固执己见、故步自封，又不会盲从迷信、人为地限制实践的发展。也就是说，不论是对本书提出来的评价方案，或者对其他什么组织、机构、个人提出的评价主张、理论分析，都要抱着建设性的怀疑的态度，在学习、了解之后，拿到中国基础教育的实践中去尝试运用，检验评判，最终再确定自己的价值判断或价值选择。这里讲的“建设性怀疑态度”，就是毛泽东同志早就要求我们的凡事要问个为什么，要想一想它是否合乎实际，是否真有道理？就是不但要先怀疑、先问为什么，而且要积极地去验证，去考察、实践，去推动新认识、新主张，走向正确、走向完善。只有所有关注教学，关注教学评价的人们都去从事这样的探索和实验时，科学的、对实践起指导作用的教学理论与教学评价方案，才会真正诞生。能为这样的符合时代精神的理论与设想贡献自己的绵薄之力，也是我们的荣幸。

最后，要特别说明的是，呈现在读者面前的评价方案及各科的评价要点，是经过北京教科院基教研中心的教研人员及北京教科院其他的科研工作者，会同许多区县、学校的教研员、教师经过三年多反复讨论和大量试评试用之后总结出来的，是北京基础教育界集体智慧的结晶。不论它或许还有多少未能尽如人意之处，它的提出和试用，都是十分严肃、辛劳的工作，作为曾参与此项讨论的一个成员，我对所有为这一方案贡献过力量的教科研人员、校长、教师充满敬意，并相信这一方案会在各位读者的帮助下走向完善。

是为序。

（原载《中小学课堂教学评价方案及实验研究》，
首都师范大学出版社 2004 年版）

107

《探索反思》序

合并学校，是近两年教育界比较时髦的事情，小学、中学、大学，都有不少合并成功的范例，当然也有更多合并失败的例证。

怎么判断合并是否成功？我以为标准上有两条：第一，看合并起来的新学校能不能形成新的很好的校园文化，形成强于过去成员校的校园文化，真正发挥“1+1>2”的系统效应？第二，看合并起来的新学校能不能被社会认可，能不能为社会提供更好的教育，提供超过过去成员校提供的教育？这两个问题的答案都是肯定的，就是合并得成功；其中一个问题没有解决好，没有能超过合并以前的水平，就是合并得不甚成功；如果两个问题解决得都不够好，或者其中一个方面反而不如合并以前的成员学校，那就应该视为合并的失败。因为，一切合并，都是为了给社会提供好的教育，都是为了帮助学校组织的成员获得更好的发展，合并后倘若反而不如合并之前，那么为什么要让好端端的学校降低质量，让生机勃勃的学校组织遭受损失呢？

用上述标准去判断北京翠微小学的十年历程，我以为它不愧为合并成功的典型。证据之一就是摆在读者面前的这一套丛书，其中不但有反映学生成长经历的自编教材，也有反映教师发展历程的论文与教学案例，还有全面介绍学校十年改革历史与当前学校整体面貌的画册，把前述两个问题的肯定答案具体地展现在我们面前。证据之二呢？证据之二就是北京翠微小学近年来越来越火的招生，越来越出色、越多姿多彩的学生，以及越传越远的社会声誉，这些不能随时拿业绩来展示却又客观存在的办学成果，也向我们实实在在证明了翠微小学规模办学的成功魅力。因为曾是翠微小学的邻居，我有幸旁观了该校十年奋斗的经过，也有幸与学校的教师、学生、家长以及周边的居民做过多次正式非正式的接触。所以，当他们盘点自己十年辛勤劳作的成果时，作为旁观者，作为一名老教育工作者，我也想谈谈自己的若干浅见，供翠微小学的校长、教师，也供一些关心学校发展的朋友参考。

我常想，合并的学校不少，有些成功，也有不少不成功，个中原因到底是什么？看了田校长总结个人办学思想、教育思想的材料，读了学校的若干篇教师的论文与案例，我体会，翠微小学的经验归纳起来有以下四个方面。

第一，要信任尊重教师。合并之前，原翠微小学是这一带名声条件较好的学校，而另两所学校则存在诸多不尽如人意之处；合并了，是以原翠微小学为基本队伍改造另两所学校，还是不分彼此把三校人员团结起来共同奋斗？田校长采取的是后一种策略，合并之初，全部打乱三校原有建制，教师按年级组统一使用，甚至为了让一校的味道更浓而不惜把不同年级安排在不同校舍上学，我记得那一年开学，某某年级去卫国，某某年级在本校，某某年级去罗道庄，那可是引起不少原翠微小学学生家长愤怒抗争的一场“革命”啊！其实当时翠微小学领导此举的最大价值是打破旧有格局，而最大意义在于体现了对教师的信任与尊重。郑校长告诉我，从合并到现在，学校只调离了十多名确实不适合做教育工作的人员，三所学校的老师，尽管风格不同，水平有异，大家都在合并以后不断求得发展，求得进步，并且在新学校的建设中尽了自己的努力，成为新学校名副其实的主人！其实，这就是“以人为本”，就是以教师与学生的发展为本。因为只有学校领导相信教师，相信教师虽然过去工作经历不同，习惯各异，但他们都有能力改变自己，提升自己，因而给他们学习、提高、尝试、创造的机会，给他们改正不足、重新开始的机会，他们才会以校为家，以学校的改革发展为自己安身立命的根本，从而焕发出生命活力，焕发出青春的朝气，同学校一起开创光明的未来。“人心齐、泰山移”的古训，在翠微小学的发展中又一次得到证明，我为翠微小学高兴，也为古人的聪明自豪。

第二，要积极推进改革。什么叫文化？文化就是人们说话、做事的习惯方式，是人们在自然、社会条件影响下，在民族地域传统影响下形成的精神与物质财富的总和。文化是在实践中形成的，也会在实践中改变。三所学校舍并，各校原有的校园文化肯定有差异，也会各有优点、缺点，合并了，怎样才能实现优势互补而不是劣势相加，怎样才能真正形成不同于以往的更新更好的校园文化？翠微小学的办法就是不断推动教育教学改革，不断给学校、教师提出更富挑战性的奋斗目标，在改革的实践中锻造新的校园文化。“流水不腐，户枢不蠹”，正是在变动不居，日新月异的改革大潮面前，新时期的中国人民才明确了“与时俱进”的必要与认可了“与时俱进”的价值，从而涌现出众多富有创新精神与实践能力的时代新人。看看翠微小学的十年发展历史，一所普通的社区小学，合并十年来，尽管“立足欠稳”“尚待磨合”，学校领导却发动大家搞英语教学实验，还要搞信息技术教育与学科教学整合，搞探究学习与创新教育，搞各种各样的兴趣小组与课外活动，真正不怕忙，不嫌乱，并在风风火火的改革尝试中实现了校园文化的创新发展，实现了学校干部、教师队伍的同步提升。

“以改革求生存、求发展”，其实是中国人民近二十多年奋斗历史的主要体验，然而，改革要义在于超越自我，突破定势，却并不一定为每个有心改革的人所完全认同。当翠微小学的教师们在合并之初即接受了更新的教育教学改革任务时，他们正表现了这种敢于突破自我的勇气，表现了我们这个时代最可珍惜的精神品质，这是值得欣慰的。

第三，始终狠抓教学质量。质量是学校的生命线，是社会、家长最关注的问题，任何学校都不能放松教学质量，任何时候都不能忽视质量，特别是在学校刚刚合并，各种改革刚刚开始时，更应该抓住质量不放松。这些道理，都是中国教育的常识，本来不用我多说。

然而，不同时代，不同国家，不同文化背景与教育观的公民，他们口中的教育质量，其实有完全不同的含义，有大相径庭的标准。我们狠抓质量，到底应该以谁为准呢？我们怎样才能在新旧教育理念的碰撞中，在基础教育全面创新的过程中，准确地把握教育质量的全部内涵，科学审慎地推动教育教学的改革尝试呢？应该说，北京翠微小学的干部、教师们，用他们十年的奋斗历史，给我们提供了一份相当聪明又颇有启发的答案，提供了一份可资借鉴、思考的答案。在我看来，他们对教育质量的关注主要表现在以下几个方面。首先，一定不要忽视传统的读、写、算的基础知识与技能，无论何时何地，它们都是一生发展的基础；其次，要十分关心新时代所需的知识能力，计算机、网络、外语与科技发展，都应该成为小学生学习的重要方面，都会成为学生多样发展最有活力的因素；最后，教育质量归根到底表现为人的质量，是人在发展，人在学习，人在走向成熟，要始终关心每位儿童少年的内心感受与情绪体验，关心他们的身心健康。所以要有全面的发展观与质量观，要依靠学生去实现发展、走向成熟。当你接触到翠微小学学生自己倡议的废品收集机制时，当你与翠微小学学生交谈中感受到他们的友善、自信与求知若渴的精神时，“教学质量”就不再只是一张试卷、一个数字，而是立体的、生动的、变化中的生命，是一个个活泼可爱的人。

第四，主动接纳家长。新时期的学校，不再是封闭自足的独立系统，而是一个与社会、社区，尤其是与万千家长有复杂关联的开放系统，是学习型社会的节点和关键环节。走近翠微小学，我常常为他们与家长、与社区的融洽关系所感动，为学校的这种自信、开放的态度所感动，并且相信，正是这种主动接纳社会，接纳家长，主动邀请各方力量与自己一起研讨教育热点，探究教育难点的做法，才会使学校洋溢着乐观向上的气氛，才会使翠微小学逐渐成为学生满意、家长满意、社会满意的学校。

其实，当前教育改革与发展的社会环境并不宽松，翠微小学同全国各地的中小学校一样，也有许多难以克服的困难，也面临许多相互冲突、难以满足的不同要求。然而，翠微小学的管理者并没有把自己当成万能的救世主，并没有关起校门冥思苦索想主意，他们善于动员社会、动员家长，善于在争取到社区与家庭的支持下迈出可行的改革步伐。于是，他们就多多少少地走通了一条阻力最小的改革路线，从而为学校发展缓解了压力，增添了动力，开辟了比较光明的前景。应该说，在一个知识密集，价值多元，独生子女众多的北京市内的发达区域里，能做到这一点并不容易，不但要有先进的思想作风，事业追求与奉献精神，也要有技巧、有策略、有方法。

“尊重教师”，“推进改革”，“狠抓质量”，“团结家长”，这些都不是什么新鲜要求，也不是别人都不曾做不会做的事情。然而，在几所学校并成一校，各种矛盾冲突都在酝酿之中的时候；在社会上各种思潮主张纷至沓来，教育界内外都感到茫然，感到困惑的时候；在市场经济大潮席卷全国，浮躁与急功近利的心理在校园里弥散的时候；一所小学，十年如一日，抓住这些要求不放，锲而不舍，持之以恒地做下来，做到被同行、被世人、被社会认可，就确实需要有一点不寻常的精神，不寻常的勇气了。

北京翠微小学合校十年，想把部分成果结集出版，索序于我，看了丛书的一些样节样章，感动未名，不能自已，写下了以上的感想，一则太长，再则难免有理解错误的地方，还请翠微小学的同人与读者原谅。新时期教育改革的路还很长，也会有多种形式的反复或挫折，希望北京翠微小学的同人们有决心、有信心将探索进行下去，努力争取更大的收获，为社会提供更好的教育。

是为序。

（原载田志刚主编：《探索反思》，首都师范大学出版社 2004 年版）

108

《课堂中的学生资源》序

把学生看成是重要的教学资源，并不是什么新的教育认识。翻开一部《论语》，其中有多少篇章都在记录孔老夫子利用弟子们的表现与心得，或引申，或辩难，或明斥，或暗讽，并以此实现成功的启发诱导的例证。可以说，这一认识在中国历史上确乎是源远流长的传统教育要义之一，只不过是在近代教育发展中又渐渐湮没不彰而已。所以，才需要有人去把它作为一项科研课题加以研究，才会有呈现在我们面前的这一专著。

说句近乎玩笑的话，“都是教科书惹的祸”。孔夫子的时代，非但没有教科书，连一般意义的书籍或文字资料也不多，师生之间的知识传承，全凭口讲心授。所谓的六艺，其间也有不少需要操练演习的成分，所以教学当然是活泼、生动的生活过程。发明了纸张，发明了印刷术，又发明了录音、录像、计算机、多媒体，人类记录认识成果的手段越来越先进，越来越便捷，这种记录也就越来越多，越来越具体、形象、生动。在把最好的成果传授给下一代的理想要求下，学校教育的负担越来越重，教科书、教学辅导材料、音像辅助资料……铺天盖地地向师生压来，不但学生的书包越来越重，教学的时间也越来越紧张，再加上陈旧的考核观念与考试制度的挤压，教师连讲完教科书的时间都不够，哪里还有心思去关心教材以外的教学资源，哪里还有精力去开掘学生学习与发展中的实际问题？从孔夫子那里倒退，把生动活泼的课堂变得死气沉沉，不正是这些进步的必然苦果吗？倘若真能取消了教科书，取消了统一的教学计划与标准，大多数学生们的负担肯定会轻松一大截。不信就去看世界各国，凡是统一的教学计划不太健全的国家或地区，其学生负担果然不甚沉重，这似乎是当今世界的一个彰明较著的事实。当然，应该申明一点，我并不主张现在立即就取消统一的教学计划和教科书，我甚至以为有这些统一的要求是教育的一种进步。说上面的话，不过是为当代人的“退步”找个“理由”或“借口”而已。

因为，并不是有了教科书或统一要求以后就不能让教学过程变得生动活泼，也不是当代人全都比孔夫子退了好大一步。陈惠英老师课题的立项与其他类似的研究活动都说明了我们可以在孔夫子的基础上“接着说”“接着做”，可以继续发扬光大这种把学生当成教育资源、让师生在生命活力焕发的课堂里发展的想法和做法，可以把一个似乎刻板、机械的实施设计的过程，变成为一个有变数、幻想和意外惊喜的生命历程。对比起孔老夫子，当代的中国教师，其教学手段、教学工具和支撑条件是丰富多了，但同时也多了限制、束缚与压力。所以，能像陈惠英老师及其课题组的成员一样，有勇气也有信心、有计划地改造课堂、开掘教学资源的教师并不太多，而能够在有所开掘、有所体会之后又认真梳理、反思、总结、归纳的教师就更少。这也就是为什么我看了陈老师交给我的书稿之后，很快就答应为他们写下读后感想的原因。我希望我能够为这些有心的教师鼓一点劲，我希望我的鼓劲能够有助于他们渐行渐远，真正攀上现代教育的高峰。那么，对于我这个已经很难与他们携手前行的老教育工作者而言，“高山仰止，景行行止”，那也是一种幸福感受啊！

人类历史不断发展，前人积累下来的成功经验应该继承，这不但是我们后代人的责任，也是我们后来者的福分。正因为我们能继承，能从前人的肩膀开始攀登，这才使人类成为人类，成为所谓的“万物之灵”；如果我们真是每一代人都要“从零开始”，那么今天的人类也不会脱离你我的“远亲”而成为地球的主人。所以，尽管教科书在惹祸，人类的教育，还真是离不开教科书，离不开这样那样的计划或标准。当然，希望它们都不要太“统一”，太专制，从而为师生留出必要的发展空间，留出想象与生发的余地。

在没有教科书的时代，孔夫子为我们作出了典范，作出了有生命活力的课堂样板；在多媒体与考试制度双重挤压的时代，怎样让课堂真正能从学生的实际问题出发，让课堂真正成为学习者自我教育、主动发展的场所，还有待于当代中国教育工作者去努力探索与尝试。陈惠英老师及其课题组成员，已经迈出了坚实的第一步，我希望他（她）们继续走下去，也希望有更多的第一线中小学教师照着做、接着做，或者另辟蹊径地做下去。因为这是个大题目，是个极富挑战的题目，也是个与教育生存与发展关系极大的题目，值得我们大家下功夫去做。

（原载陈惠英主编：《课堂中的学生资源》，
中国轻工业出版社 2006 年版）

109

《成长中的心灵对话》序

当现代教育越来越关注从学生的角度去认识教育、认识学校、认识教师、认识教学活动的时候，研究学生、研究学生的发展需要、研究学生的发展历程，就成为现代教育学的热点与关键了。马熙玲老师奉献给教育界同人的《成长中的心灵对话》，就是这样一本多角度、多侧面、多途径地与学生交流沟通，用大量实例让我们了解学生、了解当代学生的所思所想、所作所为的图书，就是一本师生之间通过坦诚对话、相互启迪而共同完成的力作。

其实，通过周记，通过作文，通过其他种种教育教学设计来了解学生，认识学生，帮助学生克服种种心理上或认识上的障碍，去发现他们生命跳动的轨迹，去体味他们成功或失败的心灵体验，并在这种亲切而和谐的互动中，最终与他们建立起符合现代教育理念的师生关系，成为被他们从内心深处认可的朋友、亲人和导师，并不是一件新事，也不是近年来才提出来的新要求，更不是只有马熙玲老师一个人在从事这样一项探索。然而，难能可贵的是，作为一名优秀的语文教师，一位学校的管理干部，马熙玲老师所做的工作，不仅相当自觉，相当到位，而且在相当长的时间里一以贯之，不敢稍忽懈怠。因而她就能真正触摸到那一个个成长中的滚烫的心灵，就能得到那么多莘莘学子的衷心敬佩与无比依赖，因而才会有这本书中所呈现出来的那些令人欣慰、令人羡慕的师生对话，那些只有在坦诚相待的朋友之间才会产生的对话或独白。

教育是科学，也是艺术，犹如人与人的相处之道，既有规律性的反映，也有更多偶然性、随意性的表现一样。我们教育工作者，要想真正做好教育工作，也应该首先把学生视为一个个活生生的生命个体，一个个活生生有血有肉、有爱有恨、有成熟有幼稚也有率直的个体，然后才有可能了解或研究对象的共同性表现。从这个角度讲，我希望有更多的教师像马熙玲老师一样真诚地、持续地关注我们的教育对象，不断地亲近他们，了解他们，研究他们。因为，从根本上说，学习、发展、成长，都是学生自己的事情，都是只有他们自己有所要求并亲历亲为之后才能实现的事情。没有学习主体的主动性与积极性，教师的一切努力都不会有任何效果；而不能把教师的教育或教学设计建立在学习者真实自我的基础上，教师的一切教育教学设计又只能是沙基上筑塔，坍塌也只是迟早的事情。

作为一个教学的有心人，马熙玲老师一则关注教育对象，不断地运用多种方式了解自己的工作对象；再则注重思考，注重反思，不断通过调查发现自己认识深处的问题，修正自己对教育对象、对教育教学工作的认识，这样就为她个人的发展与进步创造了坚实的条件。先哲有云："学而不思则罔，思而不学则殆。"自觉地把思和学结合起来，在学的基础上思，在思的指导下学，这是不是就是马老师的成功经验呢？

马熙玲老师是燕化附中的教师，是位成功的语文教师，在她的第一本专著出版之际索序于我，作为马老师的同行，写下如上的读书体会，以就正于马熙玲老师和广大读者。不当之处，还望诸君有以教我。

是为序。

（原载马熙玲著：《成长中的心灵对话》，
中国文史出版社 2006 年版）

110

《课程改革的教学支持研究》序

摆在读者面前的这本书，是北京师范大学丛立新教授主持的教育部人文社会科学“十五”规划项目研究成果，也是一部对基础教育科研工作，尤其是对中小学教师的教育研究与实践工作，十分有用而适时，值得认真阅读、深入思考的书。

作为教育部立项的科研成果，本书的最大特点是比较扎实，而扎实又是丛老师的一贯风格。在我的印象中，丛立新老师一直是严谨、切实、亲切、平易近人的。在研究工作中，她并不刻意标新立异，追赶时髦，也不故步自封，回避矛盾，既能够坚持个人主张，自行其是，又能够在有所主张时坚持言必有据，言之成理。在当今这个不乏浮躁与机巧的社会里，她有时会显得不合时宜，但却是一位靠得住的朋友，一位说出话来可以信得过的科研人员。让我感到高兴的是，在她与几位青年朋友共同从事的这项研究活动中，这样一种可贵的风格与研究方法得到了延续。不论是对课程分类标准纷乱现状的剖析，还是对分层教学历史与现状的梳理，本书的专题研究，都坚持采用历史的比较与分析方法，都坚持广泛联系国内外的教育实践活动状况，也都注意全面翔实地占有资料，从而使研究者们得出的初步结论都有比较扎实的论证基础，都在一定程度上反映出丛老师的一贯风格。我想，这或者是本项研究的另一项收获，世界上多几位求实而不事张扬的教育研究工作者，不是一件好事吗？

说本书是一部适时而有用的书，其实也是有感而发。近些年来，基础教育改革的理论与实践都相当活跃，确实也涌现出若干很有价值的设想或尝试，但是也出现了种种浮躁的表现。一些引进的或自创的口号漫天飞舞，许多术语或概念虽然大多不知底里或莫衷一是，却人人学说而风行一时。其结果不但是败坏了教育界的学风，助成了浮夸与过度包装的做法，而且搅乱了人们的思想，把教育改革的实践引上了歧路，也引起许多关心教育发展的各界朋友的不解与叹息。在这样的背景下，丛老师主持的这项研究，能够不追求体系的完整，不为权威或流行所惑，实事求是地剖析现象，梳理概念的由来变化，帮助我们廓清诸多认识上的迷惑，当头棒喝，让我们从华丽话语的烟雾中洞悉事物的本来面目，实在是善莫大焉的一件好事。也许，本书所揭示的事实，所主张的认识，其实离常识不甚遥远，但是，敢讲真话，特别是许多人都在兴套话，说大家都不甚懂得而其实又了无新意的话的情况下讲真话，讲大家都明白而又有根据的话，仍然是需要很大的勇气的，是真让人尊敬和佩服的事。在阅读丛老师送来的书稿时，我不禁想起英国学者雷蒙·威廉斯的名著《关键词》，那是一本通过梳理若干个流行概念语词的由来与变化，来阐释作者的文化关怀与政治取向的著作。但是他所使用的具体的分析方法，所主张的把语词还原到社会现实与文化背景中去认识的方法，其实是有普遍意义的。丛立新教授主持的这一研究，虽然只涉及几个教育理论与实践中的概念，虽然在具体概念的材料搜集与概念阐释方法做的工作远远多于威廉斯的那本名著，但是它所采用的方法，特别是那种旨在还原语词本义的态度，或许多少受到《关键词》的影响，也或许是由于英雄所见略同而不谋而合。不论是前者或后者，我以为都是有趣的事，也是一件好事。

丛立新老师是我的老朋友，老朋友做了一本好书，索序于我，于情于理都不能推辞。粗读一遍书稿，写下如上感想，不知丛老师以为如何？

是为序。

（原载丛立新主编：《课程改革的教学支持研究》，教育科学出版社 2007 年版）

111

《教育使命感悟》序

在我看来，科学研究有三种境界。第一种境界中人，据说都是为了“好玩”或者“有趣”才从事研究的，他们衣食无忧（或者有忧而不去忧），职称、名分不愁，只是生来对某些事物的内在奥秘有兴趣，于是焚膏继晷、乐此不疲，终究成为一代名家、大家，对拓展人类认识做出巨大贡献云云。第二种境界中人，是以研究为生、为职业的人，他们在研究机构中工作，除了研究无事可做，虽然时有硬派下来的“任务”要承担，但是毕竟“术业有专攻”，从事的是自己比较熟悉的研究，即使难免“限时完成”或“奉命解经”的困扰，其可以“专职”从事研究的身份，还是保证了他们必要的工作时间和限定了工作范围，为他们成为专家创造了条件。第三种境界中人，则是那些对研究有兴趣而又没有机会成为专职研究工作者的人，或者是没有条件进入第一种境界的人。他们的工作任务本来与研究不搭界，而且又时常变换，今天做的事与明天要做的事可能毫不相干，然而又都必须“认真完成”，于是陷入李义山所谓“走马兰台类转蓬”的状态之中，身不由己地不断接触或有兴趣或无兴趣的问题。不过因为总有一种“穷究底蕴”的习惯，有一种“想一想才肯做”的需求，他们就会“把工作当成研究任务”，坚持“在研究状态下工作”，成为有“研究癖”的业余研究工作者。我以为，当前中小学界的许多痴迷于教育科学研究的人士，或者都有成为第三种境界中人的可能。

说研究有三种境界，说有三种人在从事教育科学研究，都不一定会得到科学界人士的首肯。但是，在我看来，《教育使命感悟》的作者耿申同志作为第三种境界人士的代表或许是确定无疑了。耿申同志本来是门里出身，作为“文化大革命”后的首届北京师范大学教育系的毕业生，曾受过严格的学院式研究训练，毕业后又分配到北京市教育科学研究所，也受到当时的老所长、中国著名的教育评价研究开拓者之一的梅克先生的重视，理应顺利地踏入专职研究的境界，成为专门从事某类教育研究的专家。然而，或者是由于毕竟是“听话”的“党的孩子”的家庭影响，或者是由于确实有各种各样的实际工作需要，耿申同志这些年来一直在变换工作岗位和工作任务，于是在《教育研究札记》之外，就又有了这本《教育使命感悟》的出版，且不计其中涉及的具体问题，光大类就要分成从“教育政策”到“刊物编辑”这样七类，其中，前若干年曾成为耿申同志研究工作重点的教育史，也只剩下“关于历史启迪”中的性质不一的十多篇短文了，是为耿申同志之幸乎，抑或为耿申同志之不幸乎？

其实，耿申同志的工作变换之勤也不是中国的特例，然而在变换之中始终不放弃思考，不放弃研究，不放弃把点滴的有些甚至是深刻的心得记录下来，与他人分享，求得师友的切磋评议，则确乎是难能可贵的，也是值得称道的。我和耿申同志相交有十多年了，作为痴长几岁的半路出家的野狐禅式的教育研究者，我一直十分欣赏耿申同志的好学深思，更佩服他的勤奋与执着。别的不讲，在繁忙的工作与病痛干扰之余，几年内又写出这近30万字的感悟随笔，就是值得我学习与效法的壮举。人，其实是非常容易懒下去的，我自己就是一个例子，所以，对那些始终热心于思考，热心于记录思考成果的人，我们都应该保持最大的敬意。

当然，作为耿申同志的友人，我在祝贺本书出版的同时，也还有一点小小的不满足，就是希望能够给他更宽松一点的工作条件，从而让他有机会、有时间更深入地研究一点问题，为解决当代中国教育的诸多困惑，有一些更加切实、更加深刻的贡献。因为，对于促进思考，催人猛醒而言，耿申式的“感悟”是需要的，另一些先生的“呼吁”或“理想”也是需要的；然而，其要转变现实，改革教育，就还需要有更系统、更具体的方案构想与操作设计，而这些成果的产生，不仅需要较多专注的思考时间，而且需要在教育实践中反复检验，单凭业余思考，可能是不济事的。

读到耿申同志的书稿，兴奋之余，信笔写下自己的一点感想，不当之处，耿申同志其不以为忤乎？

是为序。

（原载耿申著：《教育使命感悟》，北京体育大学出版社2007年版）